Warlam Schalamow

Die Auferweckung der Lärche
Erzählungen aus Kolyma 4

Werke in Einzelbänden

Band 4

# Warlam Schalamow

# Die Auferweckung der Lärche
## Erzählungen aus Kolyma 4

Aus dem Russischen von Gabriele Leupold
Herausgegeben, mit einem Glossar, Anmerkungen
sowie mit einem Nachwort versehen
von Franziska Thun-Hohenstein

Zba Šala

Matthes & Seitz Berlin

# Inhalt

Die Auferweckung der Lärche

Die Auferweckung der Lärche

Mein Buch »Die Auferweckung der Lärche«
ist Irina Pawlowna Sirotinskaja gewidmet.
Ohne sie gäbe es dieses Buch nicht.

# Der Pfad

In der Tajga hatte ich einen wunderbaren Pfad. Ich hatte ihn selbst angelegt im Sommer, als ich mir Brennholz für den Winter besorgte. Um die Hütte herum gab es viel Reisig – konusförmige Lärchen, grau und wie aus Pappmaché, steckten im Sumpf wie Pfähle. Die Hütte stand auf einer Anhöhe, umringt von Krummholzbüschen mit grünen Nadelquasten – zum Herbst hin zogen die von Nüssen geschwollenen Zapfen die Zweige zum Boden. Durch dieses Krummholzdickicht führte der Pfad in den Sumpf, aber der Sumpf war nicht immer ein Sumpf gewesen – ein Wald wuchs dort, aber dann sind die Baumwurzeln vom Wasser verfault und die Bäume gestorben, vor langer, langer Zeit. Der lebendige Wald hat sich um den Fuß des Berges bis an den Bach zurückgezogen. Der Weg, den Automobile und Menschen nahmen, lag auf der anderen Seite der Anhöhe, weiter oben am Berghang.

Die ersten Tage tat es mir leid, die fetten roten Maiglöckchen zu zertreten und die Iris, die mit ihren Blütenblättern und ihrem Muster aussahen wie riesige lila Schmetterlinge; die dicken blauen Riesenschneeglöckchen knackten unangenehm unter dem Fuß. Die Blüten hatten, so wie alle Blüten im Hohen Norden, keinen Duft; einmal ertappte ich mich bei einer automatischen Bewegung – du pflückst einen Strauß und führst ihn an die Nase. Doch dann habe ich es mir abgewöhnt. Am Morgen sah ich mir an, was über Nacht auf meinem Pfad passiert war – hier hat sich ein Maiglöckchen aufgerichtet, ein gestern von meinem Stiefel zerdrücktes, es ist zur Seite ausgewichen, aber doch wieder aufgelebt. Ein anderes Maiglöckchen ist schon für immer zerdrückt und liegt da wie ein umgekippter Telegrafenmast mit Porzellan-Isolatoren, und die zerrissenen Spinnweben hängen daran wie zerfaserte Leitungen.

Und dann war der Pfad ausgetreten, und ich nahm nicht mehr wahr, dass sich mir Krummholzzweige in den Weg legten, die, die mir ins Gesicht schlugen, brach ich ab und nahm die abgebrochene Stelle nicht mehr wahr. Zu beiden Seiten des Pfades standen junge Lärchen von etwa hundert Jahren – ich sah sie grün werden, sah sie die feinen Nadeln auf den Pfad streuen. Der Pfad wurde von Tag zu Tag dunkler und war schließlich ein gewöhnlicher dunkelgrauer Bergpfad. Niemand außer mir benutzte ihn. Blaue Eichhörnchen hüpften darauf, und die Spuren der ägyptischen Keilschrift der Rebhühner habe ich immer wieder gefunden, auch eine dreieckige Hasenspur kam vor, aber Vögel und Wildtiere zählen ja nicht.

Ich benutzte meinen Pfad fast drei Jahre lang. Darauf ließen sich gut Gedichte schreiben. Wenn ich, zurückgekehrt von einer Reise, wieder darauf ausschritt, stellte sich auf diesem Pfad ganz gewiss eine Strophe ein. Ich hatte mich an den Pfad gewöhnt, hielt mich dort auf wie in einem Arbeitszimmer im Wald. Ich erinnere mich, wie schon vor dem Winter Kälte und Eis den Matsch auf dem Pfad erfassten, und der Matsch sah verzuckert aus wie Marmelade. In zwei Herbsten ging ich vor dem Schnee auf diesen Pfad – um eine tiefe Spur zu hinterlassen, die vor meinen Augen für den ganzen Winter erstarrt. Und im Frühjahr, wenn der Schnee getaut war, sah ich meine Zeichen vom vorigen Jahr, trat in die alten Spuren, und Gedichte schrieben sich wieder leicht. Im

Winter stand mein Kabinett natürlich leer: Der Frost lässt einen nicht denken, schreiben kann man nur im Warmen. Im Sommer konnte ich alles herzählen, und alles war viel bunter als im Winter auf diesem Zauberpfad – das Krummholz und die Lärchen und die Heckenrosenbüsche brachten stets ein Gedicht, und wenn mir nicht fremde Gedichte von entsprechender Stimmung einfielen, dann murmelte ich ein eigenes, das ich, zurück in der Hütte, aufschrieb.

Im dritten Sommer lief über meinen Pfad ein Mensch. Ich war gerade nicht zu Hause, ich weiß nicht, ob es ein umherwandernder Geologe war oder ein Bergbriefträger oder ein Jäger – der Mensch hinterließ die Spuren seiner schweren Stiefel. Von da an konnte ich auf diesem Pfad keine Gedichte mehr schreiben. Die fremde Spur war im Frühjahr hinterlassen worden, und den ganzen Sommer schrieb ich auf diesem Pfad keine einzige Zeile. Zum Winter wurde ich an einen anderen Ort versetzt, und es tat mir auch nicht leid – der Pfad war hoffnungslos verdorben.

Manches Mal habe ich versucht, über diesen Pfad ein Gedicht zu schreiben, doch es ist mir trotz allem niemals gelungen.

<1967>

# Graphit

Womit werden Todesurteile unterschrieben: mit Kopierstift oder Passtusche, mit Kugelschreibertinte oder Alizarin, vermischt mit reinem Blut?

In jedem Fall wird kein einziges Todesurteil mit einfachem Bleistift unterschrieben.

In der Tajga können wir keine Tinte gebrauchen. Regen, Tränen und Blut lösen jede Tinte, jeden Kopierstift auf. Kopierstifte darf man in den Paketen nicht schicken, sie werden bei Durchsuchungen eingezogen – dafür gibt es zwei Gründe. Der erste: Der Häftling kann damit jedes Dokument fälschen; der zweite: So ein Stift dient als Druckfarbe bei der Herstellung der Spielkarten der Ganoven, der »*stirki*«, und also ...

Zugelassen ist nur ein schwarzer Bleistift, einfacher Graphit. Die Verantwortung des Graphits ist an der Kolyma außerordentlich, ungewöhnlich groß.

Die Kartographen haben mit dem Himmel gesprochen, haben den Sternenhimmel ins Auge gefasst, nach der Sonne geschaut und einen Festpunkt auf unserer Erde bestimmt. Und über diesem Festpunkt, einer auf dem Gipfel eines Bergs, auf einem Felsgipfel in den Stein getriebenen Marmortafel – stellten sie einen Dreifuß auf, ein Lattensignal. Dieser Dreifuß zeigt exakt die Stelle auf der Karte, und von ihm, vom Berg, vom Dreifuß, durch Talkessel und Schluchten über Lichtungen, Brachen und Sumpfräumden zieht sich ein unmerklicher Faden – ein unsichtbares Netz von Längen- und Breitenkreisen. In die dichte Tajga werden Schneisen geschlagen – jede Kerbe, jede Marke ist eingefangen im Fadennetz des Nivellierinstruments, des Theodoliten\*. Die Erde ist vermessen, die Tajga ist vermessen, und auf den frischen Kerben begegnen wir auf Schritt und Tritt der Spur des Kartographen, des Landvermessers – einfachem schwarzem Graphit.

Die Tajga des Kolymagebiets ist kreuz und quer durchzogen von den Schneisen der Topographen. Und doch gibt es die Schneisen nicht überall, nur in den Wäldern rund um die Siedlungen, um die »Produktion«. Die Brachen, Lichtungen und Räumden der Waldtundra und die nackten Bergkuppen sind nur von Luft-, von imaginären Linien durchzogen. Hier gibt es keinen einzigen Baum, um einen Anschluss zu markieren, keine verlässlichen Richtpunkte. Richtpunkte werden auf Felsen gesetzt, in Flussbetten, auf die schneelosen Bergkuppen. Und von diesen sicheren, biblischen Festpunkten aus erfolgt die Vermessung der Tajga, die Vermessung der Kolyma, die Vermessung des Gefängnisses. Die Kerben an den Bäumen sind das Netz von Schneisen, von denen durch das Rohr des Theodoliten, im Fadenkreuz die Tajga ins Auge gefasst und berechnet ist.

Ja, für die Kerben eignet sich nur der einfache schwarze Bleistift. Nicht der Kopierstift. Der Kopierstift verfließt, wird vom Saft des Baumes aufgelöst, vom Regen oder Tau, vom Nebel oder Schnee abgewaschen. Der künstliche Bleistift, der Kopierstift eignet sich nicht für Notizen über die Ewigkeit, über die Unsterblichkeit. Doch der Graphit, der Kohlenstoff, unter höchstem Druck Millionen Jahre zusammengepresst und wenn nicht in Steinkohle, dann in einen Brillanten verwandelt oder, noch wertvoller als ein Brillant, in einen Bleistift, in Graphit, der alles aufschreiben kann, was er gewusst und gesehen hat ... Ein größeres Wunder als der Diamant, obwohl die chemische Natur von Graphit und Brillant dieselbe ist.

Die Instruktion verbietet den Topographen nicht nur, für Marken und Kerben den Kopierstift zu benutzen. Jede Legende oder jeder Legendenentwurf bei der Vermessung nach Augenmaß braucht den Graphit für die Unsterblichkeit. Die Legende braucht den Graphit für die Unsterblichkeit. Der Graphit – ist Natur, der Graphit hat teil am irdischen Kreislauf und widersteht der Zeit manchmal besser als der Stein. Die Kalksteinberge zerfallen unter dem Regen, den Windstößen, den Flusswellen, aber die junge Lärche – sie ist erst zweihundert Jahre alt, sie muss noch leben – bewahrt auf ihrer Kerbe die Ziffer, die Marke der Verbindung von biblischem Geheimnis und Gegenwart.

Die Ziffer, das Kartenzeichen wird auf die frische Kerbe gemalt, auf die strömende frische Wunde des Baumes, eines Baumes, der Harz verströmt wie Tränen.

Nur mit Graphit kann man in der Tajga schreiben. Die Topographen haben in den Taschen ihrer Westen, Seelenwärmer, Feldblusen, Hosen und Halbpelze immer einen Stummel, ein Restchen Graphitstift.

Papier, Notizbuch, Messplan, ein Heft – und der Baum mit der Kerbe.

Das Papier ist eine der Masken, eine der Verwandlungen des Baumes in Diamant und Graphit. Der Graphit ist Ewigkeit. Größte Härte, die in größte Weichheit verwandelt wurde. Ewig ist die Spur, die der Graphitstift in der Tajga hinterlässt.

Die Kerbe wird behutsam gehauen. Am Stamm einer Lärche werden auf Gürtelhöhe zwei Sägeschnitte angebracht und mit der Ecke der Axt das noch lebendige Holz herausgebrochen, um Platz zu machen für eine Notiz. Es entsteht

ein Dach, ein Häuschen, eine saubere Tafel mit Vordach gegen den Regen, die bereit ist, die Notiz auf ewig zu bewahren – praktisch ewig, bis ans Ende des sechshundertjährigen
Lärchenlebens.

Der verletzte Körper der Lärche ist wie eine offenbarte
Ikone – eine Gottesmutter von Tschukotka, Jungfrau Ma-
ria von der Kolyma, die ein Wunder erwartet, ein Wunder
offenbart.

Und der leichte, zarte Harzduft, der Duft des Lärchen-
safts, der Duft des Bluts, das die menschliche Axt aufge-
wühlt hat, atmet sich wie der ferne Duft der Kindheit, der
Duft von Benzoeharz*.

Die Ziffer ist eingetragen, und die verletzte Lärche,
Wind und Sonne ausgesetzt, bewahrt diesen »Anschluss«,
der in die große Welt führt aus dem Tajgadickicht – durch
die Schneise zum nächsten Dreifuß, dem kartographischen
Dreifuß auf dem Berggipfel, wo unter dem Dreifuß, mit
Steinen zugeschüttet, in einer Vertiefung eine Marmortafel
liegt, der die wahre Länge und Breite eingeritzt ist. Diese
Inschrift ist keineswegs mit Graphitstift gemacht. Und an
den tausend Fäden, die sich von diesem Dreifuß spannen, an
den Tausenden Linien von Kerbe zu Kerbe kehren wir zurück in unsere Welt, um uns ewig an das Leben zu erinnern.
Der topographische Dienst ist ein Dienst am Leben.

Aber an der Kolyma ist nicht nur der Topograph verpflichtet, den Graphitstift zu benutzen.

Außer dem Dienst am Leben gibt es hier noch den Dienst
am Tod, wo der Kopierstift ebenfalls verboten ist. Die Instruktion des »Archivs Nr. 3« – der sogenannten Abteilung
Statistik von Häftlingstoden im Lager – lautete: Am linken
Unterschenkel des Toten ist ein Täfelchen zu befestigen,
ein Sperrholztäfelchen mit der Nummer der Lagerakte. Die
Nummer der Lagerakte ist mit einfachem Graphitstift zu

schreiben – nicht mit Kopierstift. Der künstliche Bleistift steht auch hier der Unsterblichkeit im Weg.

Man könnte meinen, wozu dieses Spekulieren auf Exhumierung? Auf Wiedererweckung? Auf Überführung der Asche? Es gibt wer weiß wie viele namenlose Massengräber an der Kolyma – in die man die Menschen ganz ohne Täfelchen warf. Doch Instruktion ist Instruktion. Theoretisch sind alle Gäste des ewigen Dauerfrostbodens unsterblich und bereit, zu uns zurückzukehren, damit wir die Täfelchen von ihren linken Unterschenkeln nehmen und Bekanntschaften und Verwandtschaften klären.

Sofern nur auf dem Täfelchen mit einfachem schwarzen Graphitstift die Nummer vermerkt ist. Die Lageraktennummer werden weder Regen noch unterirdische Quellen, noch Frühjahrshochwasser abwaschen, wird das Eis des Dauerfrostbodens nicht berühren, das manchmal der sommerlichen Wärme nachgibt und seine unterirdischen Geheimnisse verrät – nur einen Teil dieser Geheimnisse.

Die Lagerakte, das Formular – ist der Pass des Häftlings, mit Photos en face und en profil, Abdrücken der zehn Finger beider Hände und Beschreibung der besonderen Kennzeichen. Der Registraturverwalter, der Mitarbeiter des »Archivs Nr. 3« muss die Todesurkunde für jeden Häftling in fünf Exemplaren ausstellen mit Abdruck sämtlicher Finger plus dem Hinweis, ob die Goldzähne ausgebrochen wurden. Für die Goldzähne wird ein eigenes Protokoll ausgestellt. So ist es in den Lagern schon immer gewesen, und die Nachrichten von ausgebrochenen Zähnen in Deutschland haben an der Kolyma niemanden verwundert.

Die Staaten wollen das Gold der Toten nicht verlieren. Urkunden über ausgeschlagene Goldzähne wurden in Gefängnissen und Lagereinrichtungen schon immer ausgestellt. Das Jahr siebenunddreißig brachte den Untersuchungsverfahren und Lagern viele Menschen mit Goldzähnen. Bei denen, die in den Bergwerken der Kolyma starben – sie haben dort nicht lange gelebt –, waren die nach dem Tod ausgebrochenen Goldzähne das einzige Gold, das sie dem Staat in den Goldgruben der Kolyma gegeben haben. In den Prothesen war mehr Gold, als diese Menschen in ihrem kurzen Leben in den Gruben der Kolyma zusammengraben, zusammenschaufeln, zusammenhacken konnten. Wie beweglich die Wissenschaft der Statistik auch sei – dieser Aspekt der Sache ist wohl kaum erforscht.

Die Finger des Toten sind mit Druckfarbe zu färben, und ein Vorrat an dieser Farbe, ihr Verbrauch ist sehr hoch, liegt bei jedem Mitarbeiter der »Statistik«.

Getöteten Flüchtlingen hackt man die Hände ab, damit man zur Identifizierung den Körper nicht überführen muss – zwei menschliche Hände in einer Militärtasche sind wesentlich bequemer zu überführen als Körper, als Leichen.

Das Täfelchen am Bein ist ein Zeichen von Kultur. Andrej Bogoljubskij* hatte kein solches Täfelchen – man musste ihn anhand seiner Knochen identifizieren, auf Alphonse Bertillons* Berechungen zurückgreifen.

Wir glauben an die Daktyloskopie – diese Erfindung hat uns nie im Stich gelassen, wie sehr sich die Kriminellen auch die Fingerspitzen verstümmelten, sie mit Feuer oder Säure verbrannten, ihnen mit dem Messer Wunden beibrachten. Die Daktyloskopie hat uns nicht im Stich gelassen – es gibt ja zehn Finger –, und sie alle zehn abzubrennen unterfing sich kein einziger Ganove.

Wir glauben nicht Bertillon – dem Chef der französischen Kriminalpolizei, dem Vater des anthropologischen Prinzips in der Kriminologie, das die Identität anhand einer Serie von Messungen, anhand des Verhältnisses der Körperteile zueinander feststellt. Bertillons Entdeckungen taugen höchstens für Künstler, für Maler – die Abstände zwischen Nasenspitze und Ohrläppchen haben uns nichts enthüllt.

Wir glauben an die Daktyloskopie. Fingerabdrücke abgeben, »Klavierspielen« können alle. Im Jahr siebenunddreißig, als alle aufgezeichnet wurden, die schon früher gezeichnet waren, legte jeder mit routinierter Bewegung seine routinierten Finger in die routinierten Hände des Gefängnismitarbeiters.

Dieser Abdruck wird auf ewig in der Lagerakte aufbewahrt. Die Tafel mit der Nummer der Lagerakte bewahrt nicht nur den Todesort, sondern wahrt auch das Geheimnis des Todes. Diese Nummer auf dem Täfelchen ist mit Graphit geschrieben.

Der Kartograph, der neue Wege auf der Erde bahnt, neue Straßen für die Menschen, und der Totengräber, der auf die Einhaltung der Begräbnisregeln, der Totengesetze achtet, müssen ein und dasselbe Werkzeug benutzen – den schwarzen Graphitstift.

<1967>

# Ankerplatz der Hölle

Die schweren Türen des Laderaums öffneten sich über uns, und über eine schmale Eisenleiter stiegen wir einer nach dem anderen langsam an Deck. Die Begleitposten standen in geschlossener Reihe vor der Reling am Schiffsheck, die Gewehre auf uns gerichtet. Aber niemand beachtete sie. Jemand schrie – schneller, schneller, die Menge drängelte, wie auf jedem Bahnhof beim Einsteigen. Den Weg zeigten sie nur den ersten, an den Gewehren entlang zu dem breiten Steg – auf die Barke, und von der Barke über den anderen Steg – an Land. Unsere Schiffsreise war zu Ende. Zwölftausend Mann hatte unser Dampfer gebracht, und während sie an Land gingen, war Zeit, sich umzuschauen.

Nach den heißen, herbstlich sonnigen Tagen in Wladiwostok, nach den sehr reinen Farben des fernöstlichen Abendhimmels, makellos, klar, ohne Halbtöne und Übergänge, eingeprägt fürs ganze Leben ...

Es fiel ein kalter feiner Regen aus dem weißlich-trüben, düsteren, einfarbigen Himmel. Nackte, waldlose, felsige grünliche Bergkuppen standen direkt vor uns, und in den Lichtungen dazwischen, unmittelbar an ihrem Fuß, hingen zottige schmutzig-graue zerrissene Wolken. Als ob die Fetzen einer riesigen Decke dieses düstere Bergland bedeckten. Ich erinnere mich gut: Ich war vollkommen ruhig, zu allem bereit, aber mein Herz begann zu schlagen und krampfte sich unwillkürlich zusammen. Ich wandte die Augen ab und dachte – sie bringen uns zum Sterben hierher.

Meine Jacke wurde allmählich nass. Ich saß auf meinem Koffer, den ich, in ewiger menschlicher Geschäftigkeit, bei der Verhaftung von zu Hause mitgenommen hatte. Alle, alle hatten Sachen dabei: Koffer, Rucksäcke, zusammengerollte Decken … Viel später begriff ich, dass die ideale Ausrüstung eines Verhafteten ein kleiner Leinenbeutel ist, und darin ein Holzlöffel. Alles Übrige, ob Bleistiftstummel oder Decke, ist nur lästig. Ja, wenn man uns etwas gründlich beigebracht hat, dann das Geringschätzen von persönlichem Eigentum.

Ich schaute den Dampfer an, der sich an den Kai drückte, so klein und hin- und hergeschaukelt von den grauen, dunklen Wellen.

Durch das graue Netz des Regens traten die düsteren Silhouetten der Felsen hervor, die die Nagajewo-Bucht umgeben, und nur dort, wo der Dampfer hergekommen war, zeigte sich der unendlich bucklige Ozean, als läge ein riesiges Tier am Ufer, schwer seufzend, und der Wind zause sein Fell mit dem schuppigen, auch im Regen funkelnden Wellenmuster.

Es war kalt und schrecklich. Die heiße herbstliche Klarheit der Farben des sonnigen Wladiwostok war irgendwo dort geblieben, in der anderen, wirklichen Welt. Dies hier war eine feindselige und düstere Welt.

Kein Wohngebäude war in der Nähe zu sehen. Die einzige Straße umrundete die Bergkuppe und lief irgendwohin nach oben.

Schließlich waren alle an Land gegangen, und schon in der Dämmerung machte sich die Etappe langsam auf in die Berge. Niemand fragte etwas. Die Menge der nassen Menschen kroch die Straße entlang und blieb oft zum Atemholen stehen. Die Koffer wurden zu schwer, die Kleidung war nass.

Zwei Biegungen, und neben uns, oberhalb von uns, sahen wir auf einem Bergvorsprung Reihen von Stacheldraht. An den Stacheldraht pressten sich von innen Menschen. Sie schrien etwas, und plötzlich flogen Brotlaibe zu uns herüber. Das Brot wurde über den Stacheldraht geworfen, wir fingen es auf, brachen es durch und teilten es. Hinter uns lagen Monate im Gefängnis, fünfundvierzig Tage Etappe auf der Eisenbahn und fünf Tage Meer. Ausgehungert waren alle. Niemandem hatte man Geld auf den Weg mitgegeben. Das Brot wurde gierig gegessen. Der Glückliche, der ein Brot aufgefangen hatte, verteilte es unter allen, die wollten – eine Hochherzigkeit, die wir uns drei Wochen später für immer abgewöhnt hatten.

Man führte uns immer weiter, immer höher. Die Halte wurden immer häufiger. Und plötzlich ein Holztor, Stacheldraht und dahinter Reihen von regendunklen Segeltuchzelten – weiß und hellgrün, riesig. Wir wurden abgezählt und geteilt, ein Zelt nach dem anderen gefüllt. In den Zelten gab es zweistöckige Holzpritschen, Typus Eisenbahn, jede Pritsche für acht Mann. Jeder nahm seinen Platz ein. Das Segeltuch war leck, Pfützen standen sowohl auf dem Boden als auch auf den Pritschen, aber ich war so erschöpft (und alle anderen waren nicht weniger müde als ich – vom Regen, der Luft, dem Marsch, der durchnässten Kleidung, den Koffern), dass ich, irgendwie zusammengerollt, ohne an das Trocknen der Kleider zu denken – und wo sie auch trocknen –, mich hinlegte und einschlief. Es war dunkel und kalt ...

<1967>

# Stille

Wir alle, die ganze Brigade, setzten uns voller Verwunderung, Argwohn, Vorsicht und Scheu an die Tische der Lagerkantine – die schmutzigen, klebrigen Tische, an denen wir all unser hiesiges Leben lang aßen. Warum die Tische klebrig sein mussten – nicht die Suppe wurde ja hier verschüttet, »niemand führte den Löffel am Mund vorbei« und würde es auch nicht tun, aber es gab ja keine Löffel, und vergossene Suppe würde man mit dem Finger in den Mund holen und einfach auflecken.

Es war Essenszeit für die Nachtschicht. Unsere Brigade hatte man in die Nachtschicht gesteckt, vor irgendjemandes Augen verborgen – wenn es solche Augen gab! – in unserer Brigade waren die Allerschwächsten, Allerschlimmsten, Allerverhungertsten. Wir waren menschlicher Abfall, und doch musste man uns ernähren, und zwar keineswegs mit Abfällen, nicht einmal mit Resten. Auch für uns brauchte man Fette und warmes Essen, und vor allem – Brot, in der Qualität genau dasselbe Brot, das die besten Brigaden bekamen, die sich ihre Kräfte noch bewahrt hatten und den Plan noch brachten in der wichtigsten Produktion – die Gold, Gold, Gold brachten ...

Wenn sie uns schon ernährten, dann als allerletzte, ob nachts, ob tags – ganz egal.

Auch heute Nacht waren wir als letzte an die Reihe gekommen.

Wir wohnten alle in einer Baracke, in einer gemeinsamen Sektion. Ich kannte einige von diesen Halbleichen – aus dem Gefängnis, aus den Etappen. Ich bewegte mich jeden Tag mit einem Haufen von zerrissenen Steppjacken, von Stoff-Ohrenmützen, die von einem Badetag zum anderen auf dem Kopf blieben; von *burki*, aus zerrissenen Hosen zusammen-gesteppt und angesengt an den Lagerfeuern, und nur dank meines Gedächtnisses erkannte ich, dass unter ihnen sowohl der rotgesichtige Tatare Mutalow war – der einzige Bewoh-ner von ganz Tschimkent*, der ein zweistöckiges Haus mit Blechdach besaß, als auch Jefimow, ehemaliger Erster Se-kretär des Stadtparteikomitees von Tschimkent, der im Jahr dreißig Mutalow als Klasse liquidiert* hatte.

Hier war auch Oksman, der ehemalige Chef der Politabtei-lung einer Armeedivision, der von Marschall Timoschenko, damals noch nicht Marschall, als Jude aus seiner Division ge-jagt wurde.

Hier war auch Lupilow, der Referent des Generalstaats-anwalts der UdSSR, Referent Wyschinskijs. Shaworonkow, der Lokführer aus dem Sawjolowskij Lokomotivdepot. Und auch ein ehemaliger NKWD-Chef aus der Stadt Gorkij*, der während der Etappe einen Streit mit einem seiner »Mündel« begann:

»Man hat dich geschlagen? Ja und? Du hast unterschrie-ben – also bist du ein Feind, machst unsere Sowjetmacht irre, störst uns bei der Arbeit. Wegen solchen Scheusalen habe ich auch fünfzehn Jahre bekommen.«

Ich mischte mich ein:

»Ich höre dir zu und weiß nicht, was tun – lachen oder dir in die Fresse spucken ...«

Unterschiedliche Leute gab es in dieser »auf Grund lau-fenden« Brigade ... Es gab auch einen Anhänger der Sekte »Gott weiß«*, vielleicht hieß die Sekte auch anders – das war einfach die einzige beständige Antwort des Sektierers auf alle Fragen der Leitung.

Der Name des Sektierers ist mir im Gedächtnis geblieben, natürlich – Dmitrijew –, obwohl der Sektierer selbst niemals darauf reagierte. Die Hände der Kameraden und des Brigadiers bewegten Dmitrijew vom Fleck, stellten ihn in die Reihe, führten ihn.

Die Begleitposten wechselten häufig, und fast jeder neue Begleitposten versuchte, das Geheimnis der verweigerten Reaktion auf das drohende »*Antworten!*« zu begreifen – beim Abmarsch zum Einsatz zur so genannten Arbeit.

Der Brigadier erklärte kurz die Umstände, und der erfreute Begleitposten fuhr mit dem Appell fort.

Den Sektierer waren alle in der Baracke leid. Nachts schliefen wir nicht vor Hunger, wir wärmten uns, wärmten uns am eisernen Ofen, hielten ihn mit den Armen umfasst und fingen die entweichende Wärme des erkaltenden Eisens ein, hielten das Gesicht ans Eisen.

Selbstverständlich verstellten wir diese klägliche Wärme den übrigen Barackenbewohnern, die – so wie wir, die vor Hunger nicht schliefen – in den fernen, raureifbedeckten Ecken lagen. Von dort, aus diesen fernen dunklen, raureifbedeckten Ecken sprang jemand hervor, der das Recht hatte zu schreien, und sogar auch das Recht zu schlagen, und vertrieb die hungrigen Arbeiter mit Fluchen und Fußtritten vom Ofen.

Am Ofen durfte man stehen und legal Brot rösten, aber wer hatte Brot, um es zu rösten ... Und wie viele Stunden kann man ein Stückchen Brot rösten?

Wir hassten die Chefs, hassten uns gegenseitig, und am meisten hassten wir den Sektierer – für die Lieder, für die Hymnen, für die Psalmen ...

Wir alle schwiegen, wenn wir den Ofen umarmt hielten. Der Sektierer sang, sang mit heiserer, erkälteter Stimme –

nicht laut, aber er sang irgendwelche Hymnen, Psalmen und Verse. Die Lieder waren endlos.

Ich arbeitete gemeinsam mit dem Sektierer. Die übrigen Bewohner der Sektion erholten sich in der Arbeitszeit vom Hymnen- und Psalmensingen, erholten sich von dem Sektierer, aber ich hatte auch diese Erleichterung nicht.

»Sei still!«

»Ich wäre längst tot ohne die Lieder. Ich wäre gegangen – in den Frost. Mir fehlt die Kraft. Hätte ich ein bisschen mehr Kraft. Ich bitte Gott nicht um den Tod. Er sieht alles selbst.«

Es gab in der Brigade auch andere Leute, die in Lumpen gewickelt waren, genauso schmutzig und hungrig, mit demselben Glanz in den Augen. Wer sind sie? Generäle? Helden des Spanischen Kriegs*? Russische Schriftsteller? Kolchosbauern aus Wolokolamsk?

Wir saßen in der Kantine und begriffen nicht – warum gibt man uns nichts zu essen, worauf wartet man? Was für eine Neuigkeit wird man verkünden? Für uns konnte eine Neuigkeit nur gut sein. Es gibt eine Grenze, von der an alles, was mit einem Menschen passiert – Glück bedeutet. Eine Neuigkeit kann nur gut sein. Das begriffen alle, begriffen es mit ihrem Körper, nicht mit dem Gehirn.

Die Klappe des Ausgabefensters öffnete sich von innen, und man brachte uns Näpfe mit Suppe – heiß! Grütze – warm! Und Fruchtspeise, den dritten Gang – beinahe kalt! Jeder bekam einen Löffel, und der Brigadier machte uns darauf aufmerksam, dass wir den Löffel zurückgeben müssen. Natürlich geben wir die Löffel zurück. Wozu brauchen wir einen Löffel? Um ihn gegen Tabak einzutauschen in einer anderen Baracke? Natürlich geben wir die Löffel zurück. Wozu brauchen wir Löffel? Wir sind es längst gewöhnt, über Bord zu essen. Wozu brauchen wir einen Löffel? Was

27

am Grund bleibt, kann man mit dem Finger zum Bord, zum Ausgang schieben ...

Zu denken gab es hier nichts – vor uns stand Essen, Nahrung. Man gab uns Brot auf die Hand – jedem einen Zweihunderter.

»Brot nur nach Ration«, verkündete feierlich der Brigadier, »und alles andere zum Vollschlagen.«

Und wir schlugen uns voll. Jede Suppe besteht aus zwei Teilen: Dickem und Brühe. Zum Vollschlagen gab man uns die Brühe. Dafür war der zweite Gang, die Grütze, ganz ohne Betrug. Der dritte Gang – lauwarmes Wasser mit einem leichten Beigeschmack von Stärke und einer kaum wahrnehmbaren Spur von aufgelöstem Zucker. Das war die Fruchtspeise.

Häftlingsmägen sind keineswegs vergröbert, ihr Geschmacksvermögen durch den Hunger und die grobe Nahrung keineswegs abgestumpft. Im Gegenteil, das Geschmacksvermögen des hungernden Häftlingsmagens ist außerordentlich. Die qualitative Reaktion eines Häftlingsmagens nimmt es an Feinheit mit jedem physikalischen Labor eines beliebigen Landes in der zweiten Hälfte des zwanzigsten Jahrhunderts auf.

Kein freier Magen hätte das Vorhandensein von Zucker in jener Fruchtspeise festgestellt, die wir aßen oder vielmehr tranken in dieser Kolyma-Nacht im Bergwerk »Partisan«.

Uns aber erschien die Fruchtspeise süß, ausnehmend süß, uns erschien sie als Wunder, und jeder erinnerte sich daran, dass es noch Zucker gibt auf der weiten Welt und er sogar in den Häftlingskessel gelangt. Welcher Zauberer ...

Der Zauberer war nicht weit. Wir entdeckten ihn nach dem ersten Gang des zweiten Mittagessens.

»Brot nur nach Ration«, sagte der Brigadier, »den Rest zum Vollschlagen.« Und er sah den Zauberer an.

»Jaja«, sagte der Zauberer.

Das war ein kleines, sauberes, dunkles Männchen, sauber gewaschen, mit noch nicht erfrorenem Gesicht.

Unsere Leitung, unsere Aufseher, Vorarbeiter, Einsatzleiter, Lagerchefs und Begleitposten – alle hatten die Kolyma schon gekostet, und in jedem, in jedem Gesicht hatte die Kolyma ihre Worte eingeschrieben, ihre Spur hinterlassen, zusätzliche Furchen gekerbt, für immer den Fleck der Erfrierungen, ein unverwischbares Zeichen, ein unauslöschliches Brandmal gesetzt!

Auf dem rosigen Gesicht des sauberen dunklen Männchens gab es noch nicht einen einzigen Fleck, nicht ein Zeichen.

Das war der neue Obererzieher unseres Lagers, soeben vom Festland angereist. Der Obererzieher machte ein Experiment.

Der Erzieher hatte mit dem Natschalnik abgemacht, hatte durchgesetzt, dass gegen eine Gepflogenheit der Kolyma verstoßen wird: Täglich hatte man die Reste der Suppe und der Grütze nach alter, hundert- oder sogar tausendjähriger Tradition immer von der Küche in die Baracke der Ganoven getragen und »das Dicke« in der Baracke der besten Brigaden verteilt – um die Brigaden nicht mit dem größten, sondern mit dem kleinsten Hunger zu unterstützen und alles auf den Plan zu verwenden, alles in Gold zu verwandeln – die Seelen und Körper aller Natschalniks, Begleitposten und Häftlinge.

Jene Brigaden – und die Ganoven genauso – hatten schon gelernt, sich schon angewöhnt, auf diese Reste zu rechnen. Also – auch ein moralischer Schaden.

Aber der neue Erzieher war mit der Gepflogenheit nicht einverstanden, er bestand darauf, die Reste der Nahrung den Schwächsten, den Hungrigsten zu geben – damit wird dann wohl auch ihr Gewissen erwachen.

»Statt eines Gewissens ist ihnen ein Horn gewachsen«, versuchte sich der Vorarbeiter einzumischen, aber der Erzieher blieb standhaft und bekam die Genehmigung zu seinem Experiment.

Für den Versuch wurde die allerhungrigste, unsere Brigade ausgewählt.

»Sie werden sehen, der Mensch wird essen und zum Dank an den Staat besser arbeiten. Kann man denn von diesen *dochodjagi* Arbeit verlangen? *Dochodjagi* sage ich, ja? *Dochodjagi* – das ist das erste Wort aus der Gaunersprache, das ich an der Kolyma gelernt habe. Sage ich das richtig?«

»Ganz richtig«, sagte der Abschnittschef, ein Freier, ein Kolymaveteran, der in diesem Bergwerk einige Tausend Mann »an den Hügel« geschickt hat. Er war gekommen, um sich das Experiment anzuschauen.

»Aber diese Drückeberger, diese Simulanten kann man einen ganzen Monat mit Fleisch und Schokolade füttern, bei völliger Ruhe. Und selbst dann werden sie nicht arbeiten. In ihrem Hirnkasten hat sich etwas für immer verändert. Das ist Schlacke, Auswurf. Für die Produktion wäre es wertvoller, die zu füttern, die noch arbeiten, und nicht diese Drückeberger!«

An der Küchenluke begann ein Streit, ein Geschrei. Der Erzieher redete energisch. Der Abschnittschef hörte mit unzufriedenem Gesicht zu, und als der Name Makarenko* fiel, winkte er endgültig ab und zog sich zurück.

Wir beteten jeder zu seinem Gott, und der Sektierer – zu seinem. Wir beteten, dass sich die Luke nicht schließen, dass der Erzieher gewinnen möge. Der Häftlingswille von zwei Dutzend Mann strengte sich an – und der Erzieher gewann.

Wir aßen weiter und wollten uns von dem Wunder nicht trennen.

Der Abschnittschef zog die Uhr hervor, aber das Signal tönte schon – die durchdringende Lagersirene rief uns zur Arbeit.

»Also, ihr Arbeiter«, sagte der neue Erzieher, er sprach dieses hier nutzlose Wort unsicher aus. »Ich habe getan, was ich konnte. Habe das für euch erreicht. Jetzt seid ihr dran, darauf mit Arbeit zu antworten, nur mit Arbeit.«

»Wir werden arbeiten, Bürger Natschalnik«, sagte wichtig der ehemalige Referent des Generalstaatsanwalts der UdSSR, band die Steppjacke mit einem schmutzigen Handtuch zusammen und atmete in den Ärmel, um warme Luft hineinzublasen.

Die Tür ging auf und ließ weißen Dampf herein, und wir krochen hinaus in den Frost, um uns diesen Erfolg fürs ganze Leben zu merken – alle, die weiterleben würden. Der Frost erschien uns geringer, schwächer. Aber nicht lange. Der Frost war zu stark, sich nicht zu behaupten.

Wir kamen in der Grube an, setzten uns im Kreis, um auf den Brigadier zu warten, setzten uns an den Platz, an dem wir einmal ein Feuer gemacht und uns gewärmt, in die goldene Flamme geatmet hatten, an dem wir Handschuhe, Mützen, Hosen, Steppjacken und *burki* verbrannt hatten bei dem vergeblichen Versuch, uns zu wärmen, vor dem Frost zu retten. Aber das Feuer war lange her – anscheinend im letzten Jahr. Im jetzigen Winter erlaubte man den Häftlingen nicht, sich zu wärmen, es wärmt sich nur der Begleitposten. Unser Begleitposten setzte sich, schichtete die Scheite für sein Feuer und schürte die Flamme. Er wickelte sich in den langen Pelz, setzte sich auf einen Stamm und stellte das Gewehr auf.

Weißer Dunst umgab die Grube, die nur vom Feuer des Begleitpostens beleuchtet war. Mein Nachbar, der Sektierer, stand auf und lief am Feuer vorbei in den Nebel, in den Himmel ...

»Stehenbleiben! Stehenbleiben!«

Der Begleitposten war kein schlechter Kerl, aber mit dem Gewehr kannte er sich aus.

»Stehenbleiben!«

Dann ertönte ein Schuss, ein trockenes Gewehrknacken – der Sektierer war noch nicht im Dunst verschwunden – und ein zweiter Schuss …

»Na siehst du, du Gimpel«, sagte der Grubenchef auf Ganovenart zum Obererzieher – sie waren in die Grube gekommen. Aber der Erzieher wagte sich über den Mord nicht zu wundern, und der Abschnittschef konnte sich nicht wundern über solche Dinge.

»Hier hast du dein Experiment. Diese Kanaillen arbeiten jetzt noch schlechter. Ein Mittagessen mehr – mehr Kräfte, gegen den Frost anzukämpfen. Die Arbeit, merk dir das, du Gimpel, presst ihnen nur der Frost ab. Nicht dein Mittagessen und nicht meine Backpfeife, nur der Frost. Sie rudern mit den Händen, um sich zu wärmen. Und wir legen Hacken und Schaufeln in diese Hände – ist es nicht ganz egal, womit man rudert –, stellen ihnen Schubkarre, Körbe, Loren hin, und das Bergwerk erfüllt den Plan. Bringt uns Gold. Jetzt sind die Kerle satt und werden überhaupt nicht arbeiten. Bis ihnen kalt wird. Dann fangen sie an, mit den Schaufeln zu rudern. Sie zu füttern ist nutzlos. Das hast du gründlich verdummbeutelt mit diesem Mittagessen. Das erste Mal wird dir verziehen. Wir waren alle solche Gimpel.«

»Ich wusste nicht, dass sie solche Dreckskerle sind«, sagte der Erzieher.

»Das nächste Mal wirst du den Vorgesetzten glauben. Einen haben wir heute erschossen. Einen Drückeberger. Ein halbes Jahr hat er umsonst die staatliche Ration gegessen. Wiederhole das – ein Drückeberger.«

»Ein Drückeberger«, wiederholte der Erzieher.

Ich stand daneben, aber die Leitung genierte sich nicht vor mir. Zu warten hatte ich einen gesetzlichen Grund – der Brigadier musste mir einen neuen Partner bringen.

Der Brigadier brachte mir Lupilow – den ehemaligen Referenten des Generalstaatsanwalts der UdSSR. Und wir fingen an, den gesprengten Stein in die Körbe zu schütten – die Arbeit zu machen, die ich mit dem Sektierer gemacht hatte.

Wir liefen den bekannten Weg zurück, wie immer, ohne die Norm erfüllt zu haben, ohne uns um die Norm zu kümmern. Aber anscheinend hatten wir weniger gefroren als sonst.

Wir bemühten uns zu arbeiten, aber zu groß war der Abstand zwischen unserem Leben und dem, was man in Zahlen, in Schubkarren, in Planprozenten ausdrücken konnte. Die Zahlen waren Blasphemie. Aber für eine Stunde, einen Augenblick waren unsere Kräfte, die seelischen und physischen, nach diesem nächtlichen Mittagessen gewachsen.

Und ich begriff – und der Gedanke ließ mich erstarren –, dass dieses nächtliche Mittagessen dem Sektierer die Kraft zum Selbstmord gegeben hat. Das war die Portion Grütze, die meinem Partner gefehlt hatte, um den Entschluss zu fassen zu sterben – manchmal muss sich ein Mensch beeilen, um den Willen zum Tod nicht zu verlieren.

Wie immer standen wir um den Ofen. Nur Hymnen sang heute niemand. Und ich war am Ende sogar froh über diese Stille.

1966

# Zwei Begegnungen

Mein erster Brigadier war Kotur, ein Serbe, der sich nach der Zerschlagung des Internationalen Klubs in Moskau* an der Kolyma wiederfand. Kotur nahm seine Brigadierspflichten nicht sehr ernst, er begriff, dass sich sein Schicksal, wie das von uns allen, nicht in den Goldgruben entscheidet, sondern an ganz anderem Ort. Im Übrigen setzte uns Kotur jeden Tag zur Arbeit ein, vermaß mit dem Aufseher unsere Ergebnisse und schüttelte vorwurfsvoll den Kopf. Die Ergebnisse waren jämmerlich.

»Komm, du hier – du kennst das Lager. Zeig, wie man die Schaufel schwingt«, bat Kotur.

Ich nahm die Schaufel und karrte, die lockere Erde aufbrechend, die Schubkarre heran. Alle lachten.

»So arbeiten nur Drückeberger.«

»Sprechen wir darüber in zwanzig Jahren.«

Aber in zwanzig Jahren sollten wir nicht darüber sprechen. Im Bergwerk war ein neuer Chef angekommen, Leonid Michajlowitsch Anissimow. Schon bei der ersten Begehung der Gruben entließ er Kotur. Und Kotur verschwand ...

Unser Brigadier hatte in einer Schubkarre gesessen und war beim Näherkommen des Chefs nicht aufgestanden. Die Schubkarre ist ohne Zweifel sehr tauglich für die Arbeit. Aber noch tauglicher ist ihr Kasten für eine Pause. Es ist schwer, aufzustehen, sich zu erheben aus dem tiefen, tiefen Sessel – es braucht eine Willensanstrengung, es braucht

Kraft. Kotur saß in der Schubkarre und stand nicht auf, als der neue Chef kam, konnte nicht rechtzeitig aufstehen. Erschießung.

Mit der Ankunft des neuen Chefs – anfangs war er stellvertretender Bergwerkschef – wurden jeden Tag und jede Nacht Leute aus den Baracken geholt und weggefahren. Keiner von ihnen kehrte ins Bergwerk zurück. Aleksandrow, Kliwanskij – die Namen schwanden aus dem Gedächtnis.

Der neue Nachschub hatte erst gar keine Namen. Im Winter 1938 hatte die Leitung beschlossen, die Etappen zu Fuß von Magadan in die Gruben des Nordens zu schicken. Von einer Kolonne von fünfhundert Mann kamen nach den fünfhundert Kilometern bis Jagodnoje dreißig, vierzig an. Die anderen blieben auf dem Weg – erfroren, verhungert, erschossen. Mit Namen wurde niemand von diesen Ankömmlingen angesprochen – das waren Leute aus fremden Etappen, die weder an der Kleidung noch der Stimme, noch den Erfrierungsflecken auf den Wangen oder den Erfrierungsblasen an den Händen auseinanderzuhalten waren.

Die Brigaden schrumpften – auf der Straße zur »Serpantinka«, zur Erschießungsaußenstelle der Nördlichen Verwaltung, fuhren Tag und Nacht Fahrzeuge, die unbeladen zurückkamen.

Die Brigaden wurden zusammengelegt – es fehlten Leute, und die Regierung versprach Arbeitskräfte gegen Erfüllung des Plans. Jeder Bergwerkschef wusste, dass ihn für die Menschen niemand zur Verantwortung zieht: von wegen, sie sind das Wichtigste – die Menschen, die Kader*. All das hatte jeder Chef in den Politzirkeln gelernt, und die praktische Illustration bekam er in den Goldgruben seines Bergwerks.

Zu dieser Zeit war Chef des Bergwerks »Partisan« von der Nördlichen Bergwerksverwaltung Leonid Michaj-

lowitsch Anissimow, der künftige große Chef an der Kolyma, der sein Leben dem Dalstroj widmete – der künftige
Chef der Westlichen Verwaltung, Chef von Tschukotstroj*.

Ihren Anfang nahm Anissimows Lagerkarriere im Bergwerk »Partisan«, in meinem Bergwerk.

Eben zu seiner Zeit wurde das Bergwerk überschwemmt
mit Begleitposten, wurden Zonen und Verwaltungen des
»Fahnder«-Apparats eingerichtet, begann die Erschießung
von ganzen Brigaden, von Einzelpersonen. Es begann das
Verlesen der endlosen Erschießungsbefehle bei den Appellen und beim Ausrücken. Diese Befehle waren unterschrieben von Oberst Garanin, doch die Namen der Leute aus
dem Bergwerk »Partisan« – und das waren sehr viele – wurden Garanin genannt, an ihn herausgegeben von Anissimow.
Das Bergwerk »Partisan« war ein kleines Bergwerk. Dort
gab es 1938 nur zweitausend Mann an Listenbelegschaft.
Die Nachbarbergwerke »W. At-Urjach« und »Schturmowoj«
hatten eine Bevölkerung von je zwölftausend Mann.

Anissimow war ein eifriger Chef. Zwei persönliche Gespräche mit dem Genossen Anissimow haben sich mir gut
eingeprägt. Das erste im Januar 1938, als Bürger Anissimow
zum Ausrücken gekommen war, an der Seite stand und zu-
schaute, wie sich seine Gehilfen unter dem Blick des Chefs
schneller drehten als nötig. Aber nicht schnell genug für
Anissimow.

Jetzt trat unsere Brigade an, und der Einsatzleiter Sot-
nikow zeigte mit dem Finger auf mich, holte mich aus der
Reihe und stellte mich vor Anissimow hin.

»Das ist ein Drückeberger. Er will nicht arbeiten.«

»Wer bist du?«

»Ich bin Journalist, Schriftsteller.«

»Konservendosen wirst du hier beschriften. Ich frage –
wer bist du?«

»Hauer der Brigade Firsow, Häftling soundso, Haftdauer fünf Jahre.«

»Warum arbeitest du nicht, warum schadest du dem Staat?«

»Ich bin krank, Bürger Natschalnik.«

»Was heißt krank, so eine robuste Stirn?«

»Es ist das Herz.«

»Das Herz. Es ist das Herz. Ich habe selbst ein krankes Herz. Die Ärzte haben mir den Hohen Norden verboten. Trotzdem bin ich hier.«

»Sie sind etwas anderes, Bürger Natschalnik.«

»Sieh an, wie viele Worte in einer Minute. Du sollst den Mund halten und arbeiten. Überleg es dir, ehe es zu spät ist. Wir rechnen ab mit euch.«

»Zu Befehl, Bürger Natschalnik.«

Das zweite Gespräch mit Anissimow war im Sommer, bei Regen, im vierten Abschnitt, wo man uns völlig durchnässt festhielt. Wir bohrten Schurfgraben. Die Ganovenbrigade war längst in die Baracke entlassen wegen des Sturzregens, aber wir waren Achtundfünfziger, und wir standen in den Schurfen, nicht tief, bis zum Knie. Der Begleitposten schützte sich vor dem Regen unter einem Pilz.

In diesem Sturzregen, in diesem Guss besuchte uns Anissimow zusammen mit dem Chef für Sprengarbeiten im Bergwerk. Der Chef kam, um zu prüfen, ob wir ordentlich nass werden, ob sein Befehl zu Artikel achtundfünfzig erfüllt wird, für den es keinerlei Arbeitsunfähigkeit gibt und der sich rüsten soll fürs Paradies, fürs Paradies, fürs Paradies.

Anissimow trug einen langen Regenmantel mit einer besonderen Kapuze. Im Laufen wedelte der Chef mit den Lederhandschuhen.

Ich kannte Anissimows Gewohnheit, den Häftlingen mit den Handschuhen ins Gesicht zu schlagen. Ich kannte diese

Handschuhe, die in der Wintersaison von Pelz*kragi** bis zum
Ellbogen abgelöst wurden, kannte die Gewohnheit, mit den
Handschuhen ins Gesicht zu schlagen. Ich hatte die Handschuhe Dutzende Male in Aktion gesehen. Von dieser Eigen-
art Anissimows wurde im »Partisan« in den Häftlingsbaracken viel gesprochen. Ich war Zeuge stürmischer Diskussionen, beinahe blutiger Streits in der Baracke – schlägt der Chef
mit der Faust oder mit den Handschuhen, mit einem Knüppel oder mit dem Rohrstock, mit der Peitsche oder verwendet
er seinen »Handrevolver«. Der Mensch ist ein kompliziertes
Geschöpf. Diese Streits endeten beinahe in Schlägereien, dabei waren die Teilnehmer an diesen Streits ehemalige Professoren, Parteimitglieder, Kolchosbauern und Heerführer.

Insgesamt rühmten alle Anissimow – er schlägt, aber wer
schlägt nicht? Dafür blieben keine blauen Flecken von Anissimows Handschuhen, und wenn er einem mit den *kragi*
die Nase blutig schlug, dann lag das an der »pathologischen
Veränderung des Blutkreislaufs infolge langer Inhaftierung«,
wie ein Arzt erläuterte, den man zu Anissimows Zeiten
nicht zum ärztlichen Dienst zugelassen, sondern genauso
wie alle zur Arbeit gezwungen hatte.

Ich hatte mir längst das Wort gegeben, wenn man mich
schlägt, so wird das auch das Ende meines Lebens sein. Ich
werde den Chef schlagen, und man wird mich erschießen.
Leider war ich ein naiver Knabe. Als ich schwächer wurde,
wurden auch mein Wille, mein Verstand schwächer. Ich
brachte mich leicht dahin, es zu ertragen, und fand nicht die
seelische Kraft für den Gegenschlag, für den Selbstmord, für
den Protest. Ich war der allergewöhnlichste *dochodjaga* und
lebte nach den psychischen Gesetzen der *dochodjagi*. All das
war wesentlich später, aber damals, als ich dem Bürger Anissimow begegnete, besaß ich noch Kräfte, Stärke, Glaube,
Entschlusskraft.

gen – waren die anderen Häftlinge auf krankhafte, verrückte Weise neidisch. Man könnte meinen, neidisch worauf? Gut, du arbeitest zwei, drei Stunden beim Subbotnik, so wie alle anderen. Aber du siehst, die Kameraden werden befreit von dieser Arbeit, und du wirst nicht befreit. Und das ist maßlos kränkend, das merkt man sich fürs ganze Leben.

Kranke, Ärzte, Sanitäter, jeder holte sich einen Stein und manchmal auch zwei, stellte sich an den Rand des Morasts und warf die Steine in den Sumpf.

Mit dieser Methode baute man Wege, schüttete Dschingis Khan Meere zu, nur hatte Dschingis Khan mehr Leute als die Oberärztin dieses Kreiszentralkrankenhauses für Häftlinge, wie es sich geschraubt nannte.

Dschingis Khan hatte mehr Leute, und er schüttete auch Meere zu und nicht den grundlosen Dauerfrostboden, der im kurzen Sommer an der Kolyma auftaute.

Der Sommerweg war der Winterstraße weit unterlegen, konnte Schnee und Eis nicht ersetzen. Je weiter der Sumpf auftaute, umso grundloser wurde er, umso mehr Steine brauchte es, und all die wechselnden Kranken konnten in drei Sommern den Weg nicht zuverlässig auffüllen. Erst gegen den Herbst hin, wenn die Erde schon vom Frost erfasst war und das Auftauen des Dauerfrostbodens aufhörte, konnte man Erfolg haben mit diesem Dschingis Khanschen Baubetrieb. Das Unsichere dieses Unterfangens war sowohl der Oberärztin als auch den kranken Arbeitern längst klar, aber alle hatten sich schon lange an die Sinnlosigkeit der Arbeit gewöhnt.

Jeden Sommer trugen die genesenden Kranken, die Ärzte, Feldscher und Sanitäter Steine auf diesen verfluchten Weg. Der Sumpf schmatzte, tat sich auf und schluckte, verschluckte diese Steine komplett. Der Weg, bestreut mit weißem funkelndem Kalkstein, war nicht sicher gepflastert.

Das war ein Fenn, Morast, unwegsamer Sumpf, und die Piste, bestreut mit weißem bröckligem Kalkstein, zeigte nur den Weg, gab die Richtung an. Diese fünfhundert Meter konnte der Häftling, der Natschalnik, der Begleitposten von Platte zu Platte, von Stein zu Stein überwinden, mit einem großen Schritt, mit einem Sprung, mit einem Satz. Das Krankenhaus stand auf einer Anhöhe – ein Dutzend einstöckiger Baracken, den Winden von allen vier Seiten ausgesetzt. Eine Zone mit Stacheldraht rund um das Krankenhaus gab es nicht. Zum Abführen der Entlassenen schickte man Begleitposten aus der Verwaltung sechs Kilometer vom Krankenhaus.

Der »Willys« gab Gas, tat einen Sprung und blieb endgültig stecken. Die Soldaten sprangen vom Wagen ab, und jetzt sah Krist etwas Ungewöhnliches. An den alten Mänteln der Soldaten waren ganz neue Schulterstücke*. Und bei dem Mann, der aus dem Wagen stieg, waren die Schulterstücke silbern ... Krist sah Schulterstücke zum ersten Mal. Nur bei Filmaufnahmen hatte Krist Schulterstücke gesehen, und auch im Kino, auf der Leinwand, und in Zeitschriften wie »Die Sonne Russlands«*. Und dann hatte man nach der Revolution, im Halbdunkel der Provinzstadt, in der Krist geboren war, die Abzeichen von den Schultern irgendeines Offiziers gerissen, der auf der Straße erwischt wurde, wie er strammstand vor ... Vor wem stand der Offizier? Daran erinnerte sich Krist nicht. Auf seine frühe Kindheit waren eine solche späte Kindheit und Jugend gefolgt – gemessen an der Menge der Eindrücke, ihrer Schärfe und ihrem Lebensernst hätten in jedem Jahr Dutzende Leben Platz gehabt. Krist dachte, dass es auf seinem Weg keine Offiziere und Soldaten gegeben hatte. Jetzt zogen Offiziere und Soldaten den »Willys« aus dem Sumpf. Nirgends war ein Kameramann zu sehen, war ein Regisseur zu sehen, der an die Kolyma gekommen wäre, um ein zeitgenössisches Stück zu inszenieren. Die hiesigen Stücke wurden beständig unter seiner, Krists, Beteiligung gespielt – andere Stücke gingen Krist nichts an. Es war klar, dass der vorgefahrene »Willys«, die Soldaten und der Offizier einen Akt, eine Szene unter Beteiligung Krists spielten. Der mit den Schulterstücken war Fähnrich. Nein, jetzt heißt das anders: Leutnant.

Der »Willys« war über die unsicherste Stelle hinweggesprungen – der Wagen steuerte auf das Krankenhaus zu, auf die Bäckerei, und der einbeinige Bäcker, der dem Schicksal dankte für die Invalidität, für die Einbeinigkeit, sprang heraus und salutierte dem aus der Kabine des »Willys« steigenden Offizier nach Soldatenart. Auf den Schultern des Offiziers funkelten schöne silberne Sternchen, zwei ganz neue Sternchen. Der Offizier stieg aus dem »Willys«, der einbeinige Wächter machte eine schnelle Bewegung, hinkte, sprang irgendwie in die Höhe und zur Seite. Aber der Offizier hielt den Einbeinigen mutig und ohne Ekel an der Steppjacke zurück.

»Nicht nötig.«

»Bürger Natschalnik, erlauben Sie ...«

»Nicht nötig, habe ich gesagt. Geh in die Bäckerei. Wir finden uns selbst zurecht.«

Der Leutnant schwenkte die Arme, zeigte nach rechts und links, und drei Soldaten liefen los und bezogen Posten um die plötzlich menschenleere stumme große Siedlung. Der Fahrer stieg aus. Der Leutnant und der vierte Soldat stürmten die Vortreppe der chirurgischen Abteilung.

Von der Anhöhe herunter kam, mit den Absätzen der Soldatenstiefel klappernd, die Oberärztin, die zu warnen dem einbeinigen Wächter nicht mehr gelungen war.

Der zwanzigjährige Chef des selbständigen Lagerpunkts, ein ehemaliger Frontsoldat, aber von der Front befreit wegen eines eingeklemmten Bruchs, vielleicht wurde das auch nur gesagt, wahrscheinlich war es kein Bruch, sondern Beziehungen – eine Hand von oben, die den Leutnant mit der Beförderung in den nächsten Rang von Guderians Panzern* an die Kolyma versetzte.

Die Bergwerke verlangten Leute, Leute. Die unbeschränkte, rücksichtslose Goldgräberei, früher verboten, wurde jetzt von der Regierung gefördert. Leutnant Solowjow wurde geschickt, um sein Können, sein Verständnis, sein Wissen zu beweisen – und sein Recht.

Die Chefs der Lagereinrichtungen beschäftigen sich nicht persönlich mit dem Abtransport der Etappen, mischen sich nicht in die Krankengeschichten, besehen nicht die Zähne von Menschen und Pferden, befühlen nicht die Muskeln der Sklaven.

Im Lager tun all das die Ärzte.

Die Listenbelegschaft der Häftlinge – der Arbeitskräfte der Bergwerke – schmolz mit jedem Sommertag, mit jeder Nacht an der Kolyma rückten weniger und weniger zur Arbeit aus. Die Leute aus den Goldminen kamen »an den Hügel« und ins Krankenhaus.

Die Kreisverwaltung hatte längst alles herausgeholt, was sie konnte, alles gekürzt, was möglich war, außer selbstverständlich den persönlichen Offiziersburschen oder Gehilfen, wie sie an der Kolyma hießen, außer den Gehilfen der obersten Leitung, außer den aus den Häftlingen rekrutierten privaten Köchen, der persönlichen Dienerschaft. Alles war überall abgeschöpft.

Nur eine Abteilung, die dem jungen Chef unterstand, hatte nicht die nötige Abgabe geleistet – das Krankenhaus! Hier sind noch Reserven verborgen. Die verbrecherischen Ärzte decken die Simulanten.

Wir, die Reserven, wussten, warum der Leutnant ins Krankenhaus gekommen war, warum sein »Willys« am

Krankenhaustor vorfuhr. Übrigens hatte das Krankenhaus kein Tor und kein Gitter. Das Kreiskrankenhaus stand im Tajgasumpf auf einer Anhöhe, zwei Schritt weiter – Preiselbeeren, *burunduks** und Eichhörnchen. Das Krankenhaus hieß »Belitschja«*, obwohl es dort schon längst kein einziges Eichhörnchen mehr gab. In der Klamm unter dem üppigen purpurnen Moos lief ein kalter eisiger Bach. Und dort, wo der Bach in das Flüsschen mündet, steht das Krankenhaus. Bach und Flüsschen sind namenlos.

Die Topographie der Gegend kannte Leutnant Solowjow, als er seine Operation plante. Um ein solches Krankenhaus im Tajgasumpf zu umzingeln, hätte auch eine Kompanie Soldaten nicht ausgereicht. Die Disposition war eine andere. Die militärischen Kenntnisse des Leutnants ließen ihm keine Ruhe, brachen sich Bahn in seinem gewinnsicheren tödlichen Spiel, in der Schlacht gegen die rechtlose Häftlingswelt.

Dieses Jagdspielen brachte Solowjows Blut in Wallung, die Jagd auf Menschen, die Jagd auf Sklaven. Der Leutnant suchte nicht nach literarischen Vergleichen – das war ein militärisches Spiel, eine von ihm längst erdachte Operation, der Tag »T«*.

Aus dem Krankenhaus führten die Begleitposten Menschen heraus, die Beute Solowjows. Alle, die angezogen waren, alle, die der Chef auf den Beinen angetroffen hatte und nicht im Bett, und auch aus dem Bett Geholte, deren Sonnenbräune bei Solowjow Verdacht weckte, wurden zum Lagerhaus geführt, wo der »Willys« stand. Der Fahrer zog eine Pistole.

»Wer bist du?«

»Arzt.«

»Zum Lagerhaus. Dort wird man sehen.«

»Wer bist du?«

»Feldscher.«

»Zum Lagerhaus!«

»Wer bist du?«

»Nachtsanitäter.«

»Zum Lagerhaus.«

Leutnant Solowjow persönlich führte die Operation für den Nachschub von Arbeitskraft in den Goldbergwerken durch.

Der Chef persönlich prüfte alle Schränke, alle Dachböden, alle Verliese, in denen sich nach seiner Meinung die verbergen konnten, die sich vor dem Metall, vor dem »ersten Metall« versteckten.

Der einbeinige Wächter wurde auch zum Lagerhaus gebracht. Dort wird man sehen.

Vier Frauen, Krankenschwestern, wurden zum Lagerhaus gebracht. Dort wird man sehen.

Dreiundachtzig Mann standen dicht gedrängt am Lagerhaus.

Der Leutnant hielt eine kurze Rede:

»Ich werde euch zeigen, wie man Etappen zusammenstellt. Wir zerschlagen euer Nest. Die Papiere!«

Der Fahrer holte einige Blätter aus der Kartentasche seines Chefs.

»Ärzte, vortreten!«

Drei Ärzte traten vor – mehr gab es auch nicht im Krankenhaus.

Von den Feldschern traten zwei hervor – die übrigen vier blieben in der Reihe. Solowjow hielt das Stellenverzeichnis des Krankenhauses in der Hand.

»Frauen, vortreten; die anderen – warten!«

Aus dem Krankenhauskontor führte Solowjow ein Telefongespräch. Die schon gestern bestellten Lastwagen fuhren am Krankenhaus vor.

Solowjow nahm Kopierstift und Papier.

»Herkommen und eintragen. Ohne Artikel und Haftdauer. Nur der Name, dort wird man sehen. Los!«

Und der Chef stellte eigenhändig die Liste für die Etappe zusammen – die Etappe ins Gold, in den Tod.

»Name?«

»Ich bin krank.«

»Was hat er?«

»Polyarthritis«, sagte die Oberärztin.

»Solche Wörter kenne ich gar nicht. Eine robuste Stirn. Ins Bergwerk.« Die Oberärztin fing keinen Streit an.

Krist stand in der Menge, und eine bekannte Erbitterung pochte in seinen Schläfen. Krist wusste schon, was zu tun war.

Krist stand da und dachte ruhig nach. Wie wenig man dir doch traut, Chef, dass du persönlich die Krankenhausdachböden durchsuchst, mit deinen hellen Augen unter jedes Krankenhausbett schaust. Du könntest doch einfach anordnen, und alle würden auch ohne dieses Spektakel geschickt. Wenn du der Chef bist, der Herr des Lagerbereichs in den Bergwerken, schreibst du dann eigenhändig Listen, fängst eigenhändig ein ... Ich werde dir zeigen, wie man flieht. Wenn sie bloß eine Minute zum Fertigmachen geben ...

»Fünf Minuten zum Fertigmachen! Schnell!«

Auf diese Worte hatte Krist gewartet. In der Baracke, in der er wohnte, holte Krist nicht seine Sachen, er nahm nur die Weste, die Ohrenklappenmütze, ein Stück Brot, Streichhölzer, Machorka und eine Zeitung, kippte seine Notvorräte in die Tasche, steckte eine leere Konservendose in die Weste und ging los, aber nicht zum Lagerhaus, sondern zur Baracke, in die Tajga, nachdem er zuvor den Posten einfach umgangen hatte, einen, für den die Operation, die Jagd schon beendet war.

Krist lief eine ganze Stunde bachaufwärts, bis er einen sicheren Platz fand, legte sich aufs trockene Moos und wartete.

Was war das für ein Kalkül? Das Kalkül sah so aus. Wenn das eine einfache Razzia ist – wen man draußen antrifft, der wird in den Wagen gesteckt und ins Bergwerk gefahren –, dann wird man wegen eines Einzelnen den Wagen nicht bis zur Nacht hier halten. Wenn das aber eine regelrechte Jagd ist, dann wird man am Abend nach Krist schicken, ihn nicht einmal ins Krankenhaus hineinlassen und versuchen, Krist zu fassen zu kriegen, ihn auszuheben und hinterherzuschicken.

Eine neue Haftzeit wird man ihm für ein solches Fernbleiben nicht geben. Wenn die Kugel nicht getroffen hat, als Krist loslief – man hatte gar nicht auf Krist geschossen –, dann wird Krist weiter Sanitäter im Krankenhaus sein. Und wenn ausgerechnet Krist weggeschickt werden soll, dann macht das die Oberärztin auch ohne den Leutnant Solowjow.

Krist schöpfte Wasser, trank sich satt, rauchte in den Ärmel, streckte sich aus, und als die Sonne sank, lief er die Klamm hinab zum Krankenhaus.

Auf dem Brettersteg traf er die Oberärztin. Die Oberärztin lächelte, und Krist war klar, dass er leben wird.

Das tote, entvölkerte Krankenhaus lebte auf. Neue Kranke zogen die alten Kittel an und wurden zu Sanitätern ernannt, vielleicht begannen sie damit ihren Weg zur Rettung. Ärzte und Feldscher gaben Arzneien aus, maßen Fieber und fühlten den Schwerkranken den Puls.

1965

## Furchtlose Augen

Die Welt der Baracken lag zusammengepresst in einer engen Bergschlucht. War begrenzt von Himmel und Stein. Die Vergangenheit kam durch die Mauer, die Tür, das Fenster herein; innen erinnerte sich niemand an etwas. Innen war die Welt der Gegenwart, die Welt der alltäglichen Kleinigkeiten, die man nicht einmal eitel nennen konnte, denn diese Welt hing von einem fremden, nicht von unserem Willen ab.

Ich verließ diese Welt zum ersten Mal auf einem Bärenpfad.

Wir waren eine Erkundungsstation und machten in jedem Sommer, dem kurzen Sommer, Vorstöße in die Tajga – fünftägige Märsche durch die Bachbetten, durch die Arme namenloser Flüsschen.

Für die Leute in der Station – Gräben, Schächte, Schürfe; für die Leute auf dem Marsch – das Sammeln von Mustern. In der Station sind die Stärkeren, auf dem Marsch die Schwächeren. Also, das ist der ewige Streiter Kalmajew – der Gerechtigkeitssucher, der Verweigerer.

In der Erkundung wurden Baracken gebaut, und im schütteren Tajgawald die abgesägten acht Meter langen Lärchenstämme abzufahren ist eine Arbeit für Pferde. Aber es gab keine Pferde, und alle Stämme schleppten Menschen, mit Gurten, mit Seilen, wie die Treidler, eins, zwei – hopp. Diese Arbeit gefiel Kalmajew nicht.

»Ich sehe, Sie brauchen einen Traktor«, sagte er dem Vorarbeiter Bystrow beim Ausrücken. »Sperren Sie doch einen Traktor ins Lager, und dann rücken Sie, dann schleppen Sie die Bäume. Ich bin kein Pferd.«

Der zweite war der fünfzigjährige Pikulew – ein Sibirjake, ein Zimmermann. Einen stilleren Menschen als Pikulew gab es bei uns nicht. Aber der Vorarbeiter Bystrow hatte mit seinem erfahrenen, im Lager geschärften Auge an Pikulew eine Besonderheit entdeckt.

»Was bist du für ein Zimmermann«, sagte Bystrow zu Pikulew, »wenn dein Hintern ständig einen Platz sucht. Kaum bist du fertig mit der Arbeit, bleibst du keinen Moment mehr stehen, machst keinen Schritt, sondern setzt dich gleich auf einen Stamm.«

Dem Alten fiel das Arbeiten schwer, aber Bystrow sprach überzeugend.

Der dritte war ich – ein alter Feind von Bystrow. Schon im Winter, schon im vergangenen Winter, als ich zum ersten Mal zur Arbeit herausgeführt wurde und zum Vorarbeiter kam, hatte Bystrow mit Vergnügen seinen alten Witz angebracht, in den er seine ganze Seele legte, seine ganze Verachtung, alle Feindseligkeit und den Hass auf Leute wie mich:

»Und was wünschen Sie für eine Arbeit, feine oder grobe?«

»Ganz egal.«

»Feine haben wir nicht. Gehen wir eine Baugrube graben.«

Und obwohl ich diesen Spruch sehr gut kannte, und obwohl ich alles konnte – ich machte jede Arbeit nicht schlechter als andere und konnte sie anderen beibringen –, behandelte mich der Vorarbeiter Bystrow feindselig. Selbstverständlich bat ich nicht, »kroch« nicht, gab und versprach kein Bestechungsgeld – den Alkohol hätte ich Bystrow abgeben können. Manchmal gab es bei uns Alkohol. Aber, kurz gesagt, als sie einen dritten Mann für den Marsch brauchten, nannte Bystrow meinen Namen.

Der vierte war ein Vertragsarbeiter, der freie Geologe Machmutow.

Der Geologe war jung und wusste alles. Unterwegs lutschte er mal Zucker, mal Schokolade, er holte Schiffszwieback und Konserven aus dem Beutel und aß getrennt von uns. Uns versprach er, ein Rebhuhn, ein Birkhuhn zu schießen, und wirklich, auf dem Weg schlugen zwei Mal die Flügel nicht eines Birkhahns, sondern die gewässerten Flügel eines Auerhahns, aber der Geologe war aufgeregt und schoss daneben. Auf fliegende Ziele konnte er nicht schießen. Die Hoffnung darauf, dass er uns einen Vogel schießt, zerschlug sich. Die Fleischkonserven kochten wir für den Geologen in einem getrennten Kessel, aber das galt nicht als Verstoß gegen die Sitten. In den Gefangenenbaracken verlangt niemand, das Essen zu teilen, und hier hatten wir die noch speziellere Situation von zwei Welten. Trotzdem wurden wir alle drei, Pikulew und Kalmajew und ich, in der Nacht vom Knochenkrachen, von Machmutows Schmatzen und Rülpsen wach. Aber das regte uns nicht sehr auf.

Die Hoffnung auf Wild hatte sich schon am ersten Tag zerschlagen. In der Dämmerung stellten wir das Zelt am Ufer eines Baches auf, der sich als silbernes Fädchen zu unseren Füßen hinzog, und am anderen Ufer war dichtes Gras, dreihundert Meter dichtes Gras bis zum nächsten rechten Felsufer ... Dieses Gras wuchs auf dem Grund des Bachs – im Frühjahr war hier alles ringsum überschwemmt, und wie eine Bergaue grünte die Wiese jetzt mit aller Macht.

Plötzlich merkten alle auf. Die Dämmerung hatte sich noch nicht verdichtet. Durch das Gras, das es zum Schwanken brachte, kam ein Tier gelaufen – ein Bär, ein Vielfraß, ein Luchs. Die Bewegung im Grasmeer konnten alle sehen: Pikulew und Kalmajew nahmen eine Axt, und Machmutow, der sich als Held von Jack London fühlte, nahm das Kleinkalibergewehr von der Schulter und hielt es schussbereit: Es war mit einem *shakan* geladen, einem Stück Blei zum Empfang des Bären.

Doch das Gebüsch war zu Ende, und auf dem Bauch kriechend und schwanzwedelnd kam der Welpe Genrich auf uns zu – der Sohn unserer erschossenen Hündin Tamara.

Der Welpe war zwanzig Kilometer durch die Tajga gerannt und hatte uns eingeholt. Wir beratschlagten und scheuchten den Welpen zurück. Er begriff lange nicht, warum wir ihn so grob empfangen. Aber schließlich begriff er und tauchte wieder ins Gras, und das Gras bewegte sich wieder, diesmal in umgekehrter Richtung.

Die Dämmerung verdichtete sich, und unser nächster Tag begann mit Sonne und frischem Wind. Wir stiegen die Verzweigungen der zahllosen, endlosen Flüsschen hinauf und suchten Erdrutsche an den Hängen, um Machmutow zu den Kahlstellen zu führen, damit der Geologe die Zeichen der Kohle lesen könnte. Aber die Erde blieb stumm, und wir nahmen den Bärenpfad nach oben – einen anderen Weg gab es nicht in diesem Windbruch, dem Chaos, das von den Winden einiger Jahrhunderte in die Schlucht geschlagen war. Kalmajew und Pikulew schleppten das Zelt bachaufwärts, und der Geologe und ich gingen in die Tajga, fanden einen Bärenpfad und liefen, uns durch den Windbruch schlagend, den Pfad hinauf.

Die Lärchen waren grün, und der Duft ihrer Nadeln schlug durch den Fäulnisgeruch der gestorbenen Stämme – der Schimmel schien ebenfalls frühlingshaft, grün, schien ebenfalls lebendig, und die toten Stämme verströmten den

Duft des Lebens. Der grüne Schimmel am Stamm schien lebendig, erschien als Symbol, als Zeichen des Frühlings. In Wahrheit ist das die Farbe der Hinfälligkeit, die Farbe der Fäulnis. Aber die Kolyma gab uns noch schwierigere Fragen auf, und die Ähnlichkeit von Leben und Tod verwirrte uns nicht.

Der Pfad war solide, alt, ein bewährter Bärenpfad. Jetzt liefen ihn Menschen, zum ersten Mal seit der Erschaffung der Welt, der Geologe mit dem Kleinkalibergewehr und dem Geologenhämmerchen in der Hand und hinten ich mit der Axt.

Es war Frühling, alle Blumen blühten gleichzeitig, die Vögel sangen alle Lieder gleichzeitig, und die Tiere beeilten sich, die Bäume einzuholen in der unvernünftigen Fortpflanzung ihrer Art.

Schräg über dem Bärenpfad lag der tote Stamm einer Lärche, ein gewaltiger Stumpf, ein Baum, dessen Gipfel vom Sturm geknickt, gekippt war ... Wann? Vor einem oder vor zweihundert Jahren? Ich kenne die Zeichen der Jahrhunderte nicht, und gibt es sie überhaupt? Ich weiß nicht, wie viele gewesene Bäume an der Kolyma auf dem Erdboden stehen und welche Spuren die Zeit Jahr um Jahr auf dem Stumpf hinterlässt. Lebende Bäume zählen die Zeit in Ringen — jedes Jahr ein Ring. Wie die Jahresfolge für Baumstümpfe, für tote Bäume verzeichnet wird, weiß ich nicht. Wie lange man eine gestorbene Lärche, einen zerschlagenen Fels, einen vom Sturm gefällten Wald nutzen kann — für eine Höhle nutzen, für eine Bärenhöhle —, wissen die Tiere. Ich weiß das nicht. Was bringt den Bären dazu, sich eine andere Höhle zu suchen? Was bringt ein Tier dazu, sich zwei oder drei Mal in ein und dieselbe Höhle zu legen?

Der Sturm hatte die geknickte Lärche gebeugt, aber aus der Erde reißen konnte er sie nicht — dazu fehlte dem Sturm die Kraft. Der geknickte Stamm hing über dem Pfad, und der Bärenpfad ging um den toten Stamm herum und führte gerade weiter. Man konnte leicht die Höhe des Vierfüßlers abschätzen.

Machmutow schlug mit dem Geologenhämmerchen an den Stamm, und der Baum antwortete mit einem dumpfen Laut, dem Laut eines hohlen Stamms, der Leere. Die Leere war Höhlung, Rinde, Leben. Aus der Leere fiel direkt auf den Weg ein Wiesel, ein winziges Tierchen. Das Tierchen verschwand nicht im Gras, in der Tajga, im Wald. Das Wiesel hob die Augen zu den Menschen, voller Verzweiflung und Wagemut. Das Wiesel war im letzten Moment der Schwangerschaft – die Geburtswehen gingen auf dem Pfad, vor uns weiter. Bevor ich irgend etwas tun konnte, schreien, begreifen, ihn aufhalten, schoss der Geologe aus dem mit einem *shakan*, einem Stück Blei zum Empfang des Bären, geladenen Berdan-Gewehr aus nächster Nähe auf das Wiesel. Machmutow schoss schlecht nicht nur auf fliegende Ziele ...

Das verwundete Wiesel kroch auf dem Bärenpfad direkt auf Machmutow zu, und Machmutow machte einen Rückzieher, wich zurück vor seinem Blick. Das Hinterpfötchen des schwangeren Wiesels war abgeschossen, und das Wiesel zog den blutigen Brei seiner ungeborenen, nicht geborenen Jungen hinter sich her, der Kinder, die in einer Stunde geboren wären, wenn Machmutow und ich weit weg gewesen wären von der geknickten Lärche, sie wären geboren und wären eingetreten in die harte und ernste Tierwelt der Tajga.

Ich sah, wie das Wiesel auf Machmutow zukroch, sah die Verwegenheit, die Erbitterung, die Rache, die Verzweiflung in seinen Augen. Ich sah, dass da keine Angst war.

»Das beißt mir noch die Stiefel durch, das Aas«, sagte der Geologe, zurückweichend und die guten neuen Sumpfstiefel schützend. Und das Berdan-Gewehr am Lauf gepackt, setzte der Geologe den Kolben ans Schnäuzchen des sterbenden Wiesels.

Doch die Augen des Wiesels erloschen, und die Erbitterung in seinen Augen verschwand.

Pikulew kam heran, er beugte sich über das tote Tierchen und sagte:

»Es hatte furchtlose Augen.«

Hatte er etwas begriffen? Oder nicht? Ich weiß nicht. Auf dem Bärenpfad liefen wir zum Ufer des Flüsschens, zum Zelt, zum Sammelpunkt. Morgen werden wir den Rückweg antreten – aber nicht auf diesem, auf einem anderen Pfad.

1966

# Marcel Proust

Das Buch war verschwunden. Der riesige, schwere Foliant, der auf der Bank gelegen hatte, war vor den Augen Dutzender Kranker verschwunden. Wer den Diebstahl gesehen hat – wird es nicht sagen. Es gibt auf der Welt kein Verbrechen ohne Zeugen – belebte und unbelebte Zeugen. Und wenn es so ein Verbrechen doch gäbe? Das Geheimnis des Diebstahls eines Romans von Marcel Proust* darf man wohl vergessen. Außerdem bringt eine Drohung zum Schweigen, nebenbei hingeworfen, ohne Adressat und trotzdem zuverlässig wirkend. Wer es gesehen hat, wird schweigen von wegen »ich habe Angst«. Das Wohltätige solchen Schweigens bestätigt das gesamte Leben im Lager und nicht nur im Lager, sondern auch alle Erfahrung des zivilen Lebens. Das Buch konnte irgendein *frajer* gestohlen haben auf Befehl eines Diebes, um seine Kühnheit und seinen Wunsch zu beweisen, der Verbrecherwelt, den Herren des Lagerlebens zuzugehören. Es konnte irgendein *frajer* einfach so stehlen, weil das Buch schlecht lag. Das Buch lag wirklich schlecht: ganz am Rand einer Bank im riesigen Hof des dreistöckigen steinernen Krankenhausgebäudes. Auf der Bank saßen ich und Nina Bogatyrjowa. Hinter mir lagen die Bergkuppen der Kolyma, zehn Jahre Umherwandern durch diese Bergdörfer* und hinter Nina – die Front. Das Gespräch, traurig und beklommen, war längst zu Ende.

An dem sonnigen Tag wurden die Kranken zum Spaziergang geführt – die Frauen getrennt –, und Nina, als Sanitäterin, bewachte die Kranken.

Ich begleitete Nina bis an die Ecke, lief zurück, die Bank war noch immer leer: Die spazierengehenden Kranken hatten Angst, sich auf diese Bank zu setzen, sie hielten sie für die Bank der Feldscher und Krankenschwestern, der Aufsicht, der Begleitposten.

Das Buch war verschwunden. Wer wird diese sonderbare Prosa lesen, die fast schwerelose, wie zum Flug in den Kosmos bereite, in der alle Dimensionen verrückt und verschoben sind, in der es nicht Großes und Kleines gibt? Vor der Erinnerung, wie vor dem Tod, sind alle gleich, und der Autor hat das Recht, sich an das Kleid des Dienstmädchens zu erinnern und die Juwelen der Herrin zu vergessen. Die Horizonte der Sprachkunst sind in diesem Roman ungewöhnlich erweitert. Ich, der Kolymabewohner, der *seka*, wurde in eine längst verlorene Welt versetzt, in andere Gewohnheiten, vergessene, überflüssige. Zeit zu lesen hatte ich. Ich, der Feldscher im Nachtdienst. Ich war niedergeschmettert von den »Guermantes«*. Mit den »Guermantes«, mit dem vierten Band, begann meine Bekanntschaft mit Proust. Das Buch hatte mein Bekannter, der Feldscher Kalitinskij geschickt bekommen, der schon im Krankensaal herumstolzierte in samtenen Knickerbockern, mit einer Pfeife zwischen den Zähnen, die den unwahrscheinlichen Geruch von Capstan* verströmte. Capstan wie Knickerbocker waren im Päckchen gewesen, zusammen mit den »Guermantes« von Proust. Ach, die Ehefrauen, die lieben naiven Freunde! Anstatt Machorka – Capstan, anstatt Hosen aus Englischleder – samtene Knickerbocker, anstatt eines breiten, zwei Meter langen Kamelhaarschals – etwas Luftiges, einer Schleife, einer Fliege Ähnliches, ein üppiger Seidenschal, der sich am Hals zu einem Bindfaden von Bleistiftdicke zusammenrollt.

Die gleichen Samthosen, den gleichen Seidenschal hatten sie im Jahr siebenunddreißig Fritz David geschickt, dem holländischen Kommunisten, und vielleicht hieß er auch anders, meinem Nachbarn in der RUR – der Rotte mit verschärftem Regime. Fritz David konnte nicht arbeiten, er war zu entkräftet, und die Samthosen und die prachtvolle seidene Krawattenschleife konnte man im Bergwerk nicht einmal gegen Brot eintauschen. Und Fritz David starb – er fiel auf den Barackenboden und starb. Übrigens war es so eng – alle schliefen im Stehen –, dass der Tote nicht gleich am Boden ankam. Mein Nachbar Fritz David starb erst, und dann fiel er hin.

All das war vor zehn Jahren – was hat die »Suche nach der verlorenen Zeit« damit zu tun? Kalitinskij und ich – wir beide dachten zurück an unsere Welt, an unsere verlorene Zeit. In meiner Zeit gab es keine Knickerbocker, aber Proust hatte es gegeben, und ich war glücklich, die »Guermantes« zu lesen. Ich ging nicht zum Schlafen ins Wohnheim. Proust war wertvoller als der Schlaf. Und Kalitinskij trieb mich auch zur Eile.

Das Buch war verschwunden. Kalitinskij raste, er war außer sich. Wir kannten uns wenig, und er war sicher, dass ich das Buch selbst gestohlen hatte, um es möglichst teuer weiterzuverkaufen. Diebstahl im Vorbeigehen war Kolymatradition, Hungertradition. Schals, Fußlappen, Handtücher, Brotscheiben, Machorka – Abgeschüttetes, Abgezweigtes – verschwanden spurlos. Stehlen konnten an der Kolyma, nach Kalitinskijs Meinung, alle. Ich dachte das auch. Das Buch war gestohlen. Bis zum Abend konnte man noch abwarten, ob ein Freiwilliger, ein heroischer Zuträger kommt und »pfeift«, sagt, wo das Buch, wer der Dieb ist. Aber der Abend verging, Dutzende Abende, und die »Guermantes« blieben spurlos verschwunden.

Wenn sie es nicht einem Liebhaber verkaufen – Proust-liebhaber unter den Lagerchefs!! Wenn es Verehrer von Jack London gibt in dieser Welt, aber von Proust!! –, dann für Spielkarten: »Guermantes« ist ein wuchtiger Foliant. Das war einer der Gründe, warum ich das Buch nicht auf den Knien hielt, sondern auf der Bank ablegte. Das ist ein dicker Band. Für Spielkarten, für Spielkarten ... Man schneidet sie aus, und fertig.

Nina Bogatyrjowa war eine Schönheit, eine russische Schönheit, die vor Kurzem vom Festland in unser Kranken-haus gebracht wurde. Vaterlandsverrat. Achtundfünfzig eins »a« oder eins »b«*.

»Aus der Okkupation?«

»Nein, wir waren nicht in der Okkupation. Es war an der Front. Fünfundzwanzig und fünf* – das hat mit den Deut-schen nichts zu tun. Mit dem Major. Ich wurde verhaftet, der Major wollte, dass ich mit ihm zusammenlebe. Und ich wollte nicht. Dann die Haftstrafe. Die Kolyma. Ich sitze auf dieser Bank. Alles ist wahr. Und alles nicht wahr. Ich wollte nicht mit ihm leben. Da verkehre ich schon lieber mit den eigenen Leuten. Mit dir zum Beispiel ...«

»Ich bin besetzt, Nina.«

»Das habe ich gehört.«

»Du wirst es schwer haben, Nina. Wegen deiner Schön-heit.«

»Sie soll verflucht sein, die Schönheit.«

»Was verspricht dir die Leitung?«

»Mich als Sanitäterin im Krankenhaus zu behalten. Ich lerne Krankenschwester.«

»Hier behält man keine Frauen, Nina. Bis jetzt.«

»Aber mir hat man versprochen, mich hier zu behalten. Ich habe jemanden. Er hilft mir.«

»Wer ist das?«

»Geheimnis.«

»Schau, das ist ein staatliches Krankenhaus, ein offizielles. Niemand hat hier solche Macht. Von den Häftlingen. Arzt oder Feldscher – ganz gleich. Das ist kein Bergwerkskrankenhaus.«

»Ganz egal. Ich habe Glück. Ich werde Lampenschirme machen. Und dann gehe ich auf den Lehrgang, wie du.«

Im Krankenhaus wurde Nina behalten, um Lampenschirme aus Papier zu machen. Und als die Lampenschirme fertig waren, schickte man sie wieder in die Etappe.

»Ist das deine Alte, die mit dieser Etappe fährt?«

»Ja.«

Ich sah mich um. Hinter mir stand Wolodja, ein alter Tajgawolf, Feldscher ohne medizinische Ausbildung. Ein ehemaliger Bildungsfunktionär oder Sekretär des Stadtsowjets.

Wolodja war weit über vierzig, und die Kolyma kannte er schon lange. Auch die Kolyma kannte Wolodja schon lange. Geschichten mit den Ganoven, Bestechungsgelder an die Ärzte. Hierher geschickt hatte man Wolodja zum Lehrgang, um seinen Posten mit Wissen zu untermauern. Wolodja hatte auch einen Nachnamen, offenbar Ragusin, aber alle nannten ihn Wolodja. Wolodja als Beschützer von Nina? Das war zu schrecklich. Hinter meinem Rücken sagte Wolodjas ruhige Stimme:

»Auf dem Festland damals hatte ich vollkommene Ordnung im Frauenlager. Sobald einer ›pfeift‹, dass du mit einer Frau zusammenlebst, setze ich sie auf die Liste – hopp! Und in die Etappe. Und lade eine neue ein. Lampenschirme machen. Dann ist wieder alles in Ordnung.«

Nina war abgefahren. Im Krankenhaus war ihre Schwester Tonja geblieben. Die lebte mit dem Brotschneider zusammen – eine lohnende Freundschaft –, mit Solotnizkij, einem kerngesunden brünetten Schönen, einem *bytowik*. Ans Krankenhaus, an die Stelle des Brotschneiders, die Millionengewinne verhieß und erbrachte, war Solotnizkij gegen ein hohes Bestechungsgeld gekommen, das er, so hieß es, dem Krankenhauschef selbst gegeben hat. Alles war gut, aber der brünette Schöne Solotnizkij erwies sich als Syphilitiker: Er brauchte eine Auffrischung der Behandlung. Der Brotschneider wurde entlassen und in die Venerologische Männerzone geschickt, das Lager für Geschlechtskranke. Im Krankenhaus hatte Solotnizkij mehrere Monate verbracht, aber nur eine Frau angesteckt – Tonja Bogatyrjowa. Und Tonja wurde in die Verenologische Frauenzone gebracht.

Das Krankenhaus war in Aufregung. Das gesamte medizinische Personal – zur Analyse, zur Wassermannschen Reaktion*. Der Feldscher Wolodja Ragusin hatte vier Kreuze. Der Syphilitiker Wolodja verschwand aus dem Krankenhaus.

Ein paar Monate später brachte ein Begleitposten kranke Frauen und darunter Nina Bogatyrjowa ins Krankenhaus. Aber Nina fuhr weiter – im Krankenhaus ruhte sie sich nur aus. Man brachte sie in die Verenologische Frauenzone.

Ich ging hinaus zur Etappe.

Nur die tief eingefallenen großen braunen Augen – sonst nichts mehr von Ninas früherem Aussehen.

»Ich fahre jetzt in die Verenologische Zone ...«

»Warum denn in die Verenologische Zone?«

»Wie, du bist Feldscher und weißt nicht, warum man Leute in die Verenologische Zone schickt? Das sind Wolodjas Lampenschirme. Ich habe Zwillinge bekommen. Sie waren nicht lebensfähig. Sind gestorben.«

»Die Kinder sind gestorben? Das ist dein Glück, Nina.«

71

»Ja, jetzt bin ich frei wie ein Vogel. Kuriere mich ein biss-chen. Und hast du das Buch damals gefunden?«

»Nein, ich habe es nicht gefunden.«

»Ich habe es genommen. Wolodja wollte gern etwas zu lesen.«

1966

# Die verwaschene Photographie

Eines der vorherrschenden Gefühle im Lager ist das Gefühl der Uferlosigkeit der Erniedrigung, das tröstliche Gefühl, dass immer, in jeder Situation, irgendjemand schlechter dran ist als du. Diese Stufung ist vielgestaltig. Dieser Trost ist rettend, und vielleicht liegt darin das wichtigste Geheimnis des Menschen verborgen. Dieses Gefühl ... Dieses Gefühl ist rettend wie die weiße Fahne, und zugleich ist es Versöhnung damit, womit man sich nicht versöhnen kann.

Krist hatte sich gerade vor dem Tod gerettet, gerettet bis zum morgigen Tag, nicht mehr, denn der morgige Tag des Häftlings ist ein Geheimnis, das sich nicht enträtseln lässt. Krist ist ein Sklave, ein Wurm, ganz gewiss ein Wurm, denn nur der Wurm, so scheint es, hat in der ganzen Welt des Lebendigen kein Herz.

Krist liegt im Krankenhaus, die trockene Pellagra-Haut schuppt, die Falten haben in Krists Gesicht sein endgültiges Urteil eingeschrieben. In dem Bemühen, auf dem Grund seiner Seele, in den letzten erhaltenen Zellen seines knochigen Körpers eine Kraft zu finden, eine physische und seelische, um den morgigen Tag zu erleben, zieht Krist den schmutzigen Sanitäterkittel an, fegt die Krankensäle, richtet die Betten, wäscht die Kranken und misst Fieber.

Krist ist schon ein Gott – und die neuen Hungrigen, die neuen Kranken schauen Krist an wie ihr Schicksal, wie eine Gottheit, die helfen kann, die sie befreien kann – wovon, weiß der Kranke selbst nicht. Der Kranke weiß nur, dass vor ihm ein Sanitäter steht, auch er ein Kranker, der beim Arzt ein Wort einlegen kann, und dann lässt man den Kranken einen weiteren Tag im Krankenhaus liegen. Oder der sogar, wenn er entlassen wird, dem Kranken seinen Posten, seine Schüssel Suppe, seinen Sanitäterkittel überlässt. Und wenn nicht – das ist kein Unglück, Enttäuschungen gibt es viele im Leben.

Krist hatte den Kittel angezogen und war zur Gottheit geworden.

»Ich wasche dir das Hemd. Das Hemd. Nachts im Bad. Und trockne es auf dem Ofen.«

»Hier gibt es kein Wasser. Es wird gebracht.«

»Dann heb einen halben Eimer auf.«

Krist wollte schon lange seine Feldbluse waschen. Er hätte sie auch selbst gewaschen, aber er fiel tot um vor Müdigkeit. Die Feldbluse war aus dem Bergwerk – ganz salzig vom Schweiß, Fetzen bloß, keine Bluse. Und vielleicht wird schon die erste Wäsche diese Feldbluse in Staub, in Spreu, in Mulm verwandeln. Eine Tasche war abgerissen, aber die zweite war heil, und darin lag alles, was für Krist irgendwie wichtig und unentbehrlich war.

Und trotzdem musste man sie waschen. Krist war schließlich im Krankenhaus, war Sanitäter, das Hemd war schmutzig. Krist erinnerte sich, wie man ihn vor einigen Jahren die Kärtchen in der Wirtschaftsabteilung abschreiben ließ – die Kärtchen der Dekaden-Verpflegung, nach Prozentsätzen des Ausstoßes. Und wie alle, die in Krists Baracke lebten, ihn hassten wegen dieser schlaflosen Nächte, die einen zusätzlichen Talon fürs Mittagessen brachten. Und wie man Krist sofort verkaufte, »abschob«, sich an einen hauptamtlichen Buchhalter von den *bytowiki* wandte und auf Krists Kragen zeigte, auf dem eine Laus, hungrig wie Krist, hervorkroch.

Eine Laus, so blass wie Krist. Und wie Krist im selben Moment von einer eisernen Hand aus dem Kontor gezogen und auf die Straße gesetzt wurde.

Ja, es wäre besser, die Feldbluse zu waschen.

»Du schläfst, und ich wasche sie. Ein Stückchen Brot, und wenn du kein Brot hast, dann so.«

Krist hatte kein Brot. Aber auf dem Grund seiner Seele schrie jemand, dass man hungrig bleiben und das Hemd trotzdem waschen müsste. Und Krist hörte auf, sich dem fremden, schrecklichen Willen eines hungrigen Menschen zu widersetzen.

Krist schlief, wie immer, nicht tief, sondern bewusstlos.

Vor einem Monat, als Krist noch nicht im Krankenhaus lag, sondern in der riesigen Menge der *dochodjagi* taumelte – von der Kantine zum Ambulatorium, vom Ambulatorium zur Baracke im weißen Nebel der Lagerzone –, war ein Unglück geschehen. Man hatte Krist den Tabaksbeutel gestohlen. Den leeren Beutel natürlich. Schon seit Jahren war keinerlei Machorka im Tabaksbeutel. Aber im Tabaksbeutel bewahrte Krist – weshalb? – die Photographien und Briefe seiner Frau auf, viele Briefe. Viele Photographien. Und obwohl Krist diese Briefe niemals wieder las und die Photographien nicht anschaute – das war zu hart –, hob er dieses Päckchen, wahrscheinlich für bessere Zeiten, auf. Es war schwer zu erklären, warum Krist diese Briefe, in großer Kinderschrift geschrieben, auf all seinen Häftlingswegen herumtrug. Bei Durchsuchungen wurden die Briefe nicht eingezogen. Eine Menge Briefe hatte sich angesammelt im Tabaksbeutel. Und jetzt war der Tabaksbeutel gestohlen. Wahrscheinlich hatten sie gedacht, dass Geld darin ist, dass zwischen den Photos irgendwo ein ganz dünner Rubel liegt. Es gab nicht einen Rubel ... Krist fand diese Briefe niemals wieder. Nach den bekannten Regeln beim Diebstahl, an die man sich in Freiheit hält, an die sich die Ganoven halten und Leute, die die Ganoven nachahmen, muss man Papiere in einen Müllkübel stecken und Photos mit der Post schicken oder auf eine Müllgrube werfen. Aber Krist wusste, dass diese Reste von Menschlichkeit in der Welt der Kolyma komplett ausgerottet sind. Die Briefe wurden natürlich an irgendeinem Feuer oder im Lagerofen verbrannt, damit die Flamme plötzlich hell aufscheint – die Briefe wird man ihm natürlich nicht zurückgeben, nicht zustecken. Aber die Photographien, wozu die Photographien?

»Du wirst sie nicht finden«, sagte sein Nachbar zu Krist. »Die Ganoven haben sie genommen.«

»Aber wozu denn?«

»Ach du! Eine Frauenphotographie?«

»Na ja.«

»Eben für die Séance.«

Und Krist hörte auf zu fragen.

Im Tabaksbeutel hatte Krist die alten Briefe aufbewahrt. Den neuen Brief aber und das Photo – ein neues kleines Passphoto – bewahrte er in der linken, einzigen Tasche der Feldbluse auf.

Krists schlief, wie immer, nicht tief, sondern bewusstlos. Und er wachte auf mit dem Gefühl: Heute muss etwas Gutes kommen. Krist überlegte nicht lange. Das saubere Hemd! Krist schwang die schweren Beine von der Liegebank und ging in die Küche. Der Kranke von gestern empfing Krist.

»Ich trockne es, trockne es. Auf dem Ofen trockne ich es.«

Plötzlich überlief Krist kalter Schweiß.

»Und der Brief?«

»Was für ein Brief?«

»In der Tasche.«

»Ich habe die Taschen nicht aufgeknöpft. Darf ich denn Ihre Taschen aufknöpfen?«

Krist streckte die Hände nach dem Hemd aus. Der Brief war heil, der feuchte, nasse Brief. Die Feldbluse war fast trocken, der Brief aber war nass, mit Spuren von Wasser oder Tränen. Die Photographie war verwaschen, verwischt, entstellt und erinnerte nur in den allgemeinen Zügen an das Krist bekannte Gesicht.

Die Buchstaben des Briefs waren verwischt, verwaschen, aber Krist kannte den ganzen Brief auswendig und konnte jeden Satz lesen.

Das war der letzte Brief von seiner Frau, den Krist bekommen hatte. Er trug diesen Brief nicht lange mit sich herum. Die Worte dieses Briefs verblichen bald endgültig, lösten sich auf, und auch den Text wusste Krist nicht mehr genau. Photo und Brief waren bald vollständig verwischt, zerfallen, verschwunden nach einer besonders gründlichen Desinfektion auf dem Feldscherlehrgang in Magadan, der Krist zu einer wahren und nicht erfundenen Kolyma-Gottheit machte.

Für den Lehrgang war kein Preis zu hoch, schien kein Verlust zu groß.

So wurde Krist vom Schicksal gestraft. Nach reiflichem Nachdenken, viele Jahre später, sah Krist ein, dass das Schicksal im Recht war – er hatte noch kein Recht gehabt auf das Waschen seines Hemdes durch fremde Hände.

1966

## Der Chef der Politverwaltung

Das Fahrzeug hupte, hupte, hupte ... Es rief den Krankenhauschef, schlug Alarm ... Und die Gäste stiegen schon die Treppenläufe hinauf. Sie hatten weiße Kittel übergezogen, und die Kittel platzten über den Schulterstücken wegen der für die militärischen Gäste zu engen Krankenhausuniform.

Allen um zwei Stufen voraus lief ein hochgewachsener weißhaariger Mann, dessen Namen im Krankenhaus alle kannten, aber den von Angesicht zu Angesicht noch niemand gesehen hatte.

Es war Sonntag, die Freien hatten Sonntag, der Krankenhauschef spielte Billard mit den Ärzten und schlug sie alle – alle verloren gegen den Chef.

Der Chef verstand das brüllende Hupen gleich und wischte sich die Kreide von den schwitzenden Fingern. Er schickte einen Boten – zu sagen, dass er kommt, dass er gleich kommt.

Aber die Gäste warteten nicht.

»Fangen wir mit der Chirurgischen an ...«

In der Chirurgischen lagen um die zweihundert Mann, zwei große Krankensäle zu je achtzig Betten, der eine sterile Chirurgie, der andere septische; in der Sterilen liegen alle geschlossenen Brüche, alle Verstauchungen. Dann – die postoperativen kleinen Säle. Und ein Saal mit sterbenden Kranken der septischen Abteilung: Blutvergiftungen, Gangräne.

»Wo ist der Chirurg?«

»Er ist in die Siedlung gefahren. Zu seinem Sohn. Sein Sohn geht dort zur Schule.«

»Und der Chirurg vom Dienst?«

»Der Chirurg vom Dienst kommt sofort.«

Aber der diensthabende Chirurg Utrobin, den man im ganzen Krankenhaus als Ugrobin* hänselte, war betrunken und erschien nicht auf den Ruf der hohen Chefs.

Durch die Chirurgische begleitete die hohen Chefs der Oberfeldscher, ein Häftling.

»Nein, wir brauchen deine Erläuterungen, deine Krankengeschichten nicht. Wir wissen, wie sie geschrieben werden«, sagte der hohe Chef dem Feldscher, als er den großen Krankensaal betrat und die Tür hinter sich schloss. »Lasst auch den Krankenhauschef erstmal hier nicht hinein.«

Einer der Adjutanten, ein Major, bezog Posten an der Tür zum Krankensaal.

»Hören Sie«, sagte der weißhaarige Chef, er trat in die Mitte des Krankensaals und führte die Hand über die Betten, die in zwei Reihen entlang der Wände standen, »hören Sie. Ich bin der neue Chef der Politverwaltung von Dalstroj. Wer von euch Brüche und Prellungen hat, die er im Bergwerk oder in der Baracke von Vorarbeitern und Brigadieren, kurz, infolge von Schlägen bekommen hat, meldet euch. Wir sind gekommen, um das Verletzungsgeschehen zu untersuchen. Das Verletzungsgeschehen ist ungeheuerlich. Aber wir machen Schluss damit. Alle, die ihr solche Verletzungen erlitten habt, erzählt es meinem Adjutanten. Major, schreiben Sie!«

Der Major klappte einen Block auf und zückte den Füllhalter.

»Na?«

»Und Erfrierungen, Bürger Natschalnik?«

»Erfrierungen nicht. Nur Schläge.«

Ich war Feldscher dieses Krankensaals. Von den achtzig Kranken hatten siebzig solche Verletzungen, und in der Krankengeschichte war all das aufgezeichnet. Aber kein einziger Kranker reagierte auf den Aufruf der Leitung. Niemand glaubte dem weißhaarigen Chef. Beklag dich, und sie werden mit dir abrechnen, gleich am Bett. So aber wird man dich, zum Dank für den sanften Charakter, für die Einsicht, einen Tag länger im Krankenhaus halten. Zu schweigen war sehr viel vorteilhafter.

»Ich – mir hat ein Soldat die Hand gebrochen.«

»Ein Soldat? Schlagen etwa bei uns die Soldaten die Häftlinge? Wahrscheinlich war das kein Wachsoldat, sondern ein Brigadier?«

»Ja, wahrscheinlich ein Brigadier.«

»Na seht ihr, was ihr für ein schlechtes Gedächtnis habt. So eine Gelegenheit wie meine Anreise gibt es ja selten. Ich bin die oberste Kontrolle. Wir erlauben nicht zu schlagen. Überhaupt muss Schluss sein mit der Roheit, dem Rowdytum, mit den schmutzigen Flüchen. Ich habe schon auf der Beratung des Wirtschaftsaktivs gesprochen. Habe gesagt – wenn der Chef des Dalstroj unhöflich ist in seinen Gesprächen mit dem Verwaltungschef, wenn sich der Chef der Bergwerksverwaltung, wenn er die Bergwerkschefs rüffelt, beleidigende, schmutzige Schimpfworte erlaubt – wie soll dann der Bergwerkschef mit den Abschnittschefs sprechen? In schmutzigen Flüchen. Aber das sind noch die Festlands-Flüche. Der Abschnittschef rüffelt seine Einsatzleiter, Brigadiere und Meister schon mit den Ganovenflüchen von der Kolyma. Und was soll dann der Meister, der Brigadier noch tun? Einen Stock nehmen und die Arbeiter dreschen. Stimmts oder nicht?«

»Stimmt, Genosse Natschalnik«, sagte der Major.

»Auf derselben Beratung hat Nikischow* gesprochen. Er sagt, ihr seid neu, ihr kennt die Kolyma nicht, hier herrschen besondere Bedingungen, eine besondere Moral. Aber ich habe ihm gesagt: Wir sind zum Arbeiten hergekommen, und wir werden arbeiten, bloß wir werden nicht so arbeiten, wie Nikischow sagt, sondern so, wie der Genosse Stalin sagt.«

»Stimmt, Genosse Natschalnik«, sagte der Major. Die Kranken hörten, dass die Sache bis zu Stalin ging, und verstummten völlig.

Hinter der Tür traten die Abteilungsleiter von einem Fuß auf den anderen, man hatte sie schon aus den Wohnungen herbeigerufen, dort stand der Krankenhauschef und wartete auf das Ende der Rede des hohen Natschalniks.

»Wahrscheinlich setzen sie Nikischow ab«, mutmaßte Bajkow, der Leiter der zweiten inneren Abteilung, aber er wurde angezischt und war still.

Der Chef der Politverwaltung trat aus dem Krankensaal und begrüßte die Ärzte per Handschlag.

»Ich bitte zum Imbiss«, sagte der Krankenhauschef. »Das Mittagessen steht auf dem Tisch.«

»Nein, nein.« Der Chef der Politverwaltung sah auf die Uhr. »Ich muss fahren, noch vor der Nacht in der Westlichen, in Sussuman ankommen. Morgen ist Beratung. Übrigens ... Nur kein Mittagessen. Folgendes. Geben sie mir meine Aktentasche.« Der weißhaarige Chef nahm die schwere Aktentasche aus den Händen des Majors entgegen. »Können Sie mir Glukose geben?«

»Glukose?«, sagte der Krankenhauschef und begriff nicht.

»Nun ja, Glukose. Eine Injektion in die Vene. Ich trinke ja keinerlei Alkohol von Kind auf ... Rauche nicht. Aber jeden zweiten Tag lasse ich mir Glukose geben. Zwanzig

Kubik Glukose intravenös. Das hat mir mein Arzt schon in Moskau empfohlen. Und was glauben Sie? Das Beste für den Tonus. Besser als aller Ginseng, alle Testosterone. Ich habe immer Glukose bei mir. Aber Spritzen habe ich nicht dabei – die Injektion macht mir jedes Krankenhaus. Geben Sie mir also eine Injektion.«

»Ich kann das nicht«, sagte der Krankenhauschef. »Ich halte lieber den Schlauch. Hier der Chirurg vom Dienst – der hat alle Trümpfe in der Hand.«

»Nein«, sagte der Chirurg vom Dienst, »ich kann das auch nicht. Solche Spritzen, Genosse Natschalnik, gibt nämlich nicht jeder Arzt.«

»Dann der Feldscher.«

»Wir haben keine freien Feldscher.«

»Und er hier?«

»Das ist ein Häftling.«

»Sonderbar. Na, ganz egal. Kannst du es machen?«

»Ja«, sagte ich.

»Koch die Spritze ab.«

Ich kochte eine Spritze ab und ließ sie abkühlen. Der weißhaarige Chef zog ein Kästchen mit der Glukose aus der Aktentasche, und der Krankenhauschef schüttete sich Alkohol über die Hände, schlug gemeinsam mit dem Partorg* die Ampulle auf und zog die Glukoselösung in die Spritze. Der Krankenhauschef setzte eine Nadel auf die Spritze, gab mir die Spritze in die Hand, nahm einen Gummischlauch und band den Arm des hohen Chefs ab; ich verabreichte die Glukose und drückte ein Stückchen Watte auf die Einstichstelle.

»Ich habe Venen wie ein Verladearbeiter«, scherzte der Chef wohlwollend mit mir.

Ich schwieg.

»So, ich habe mich erholt, und jetzt muss ich fahren.« Der weißhaarige Chef stand auf.

»Und auf die Innere?«, sagte der Krankenhauschef, der fürchtete, wenn die Gäste zurückkehren zur Untersuchung der Kranken auf der Inneren, einen Verweis zu bekommen, dass er nicht rechtzeitig daran erinnert hat.

»Auf der Inneren haben wir nichts zu tun«, sagte der Chef der Politverwaltung. Unsere Fahrt hat ein bestimmtes Ziel.«

»Und das Mittagessen?«

»Keinerlei Mittagessen. Die Arbeit geht vor.«

Das Fahrzeug hupte, und der Wagen des Chefs der Politverwaltung verschwand im Frostnebel.

<1967>

# Rjabokon

Rjabokons Nachbar im Krankensaal – auf einem Gestell mit einer mit Krummholzzweigen gestopften Matratze – war Peters, ein Lette, der sich, wie alle Letten, an sämtlichen Fronten des Bürgerkriegs* geschlagen hatte. Die Kolyma war für Peters die letzte Front. Der riesige Körper des Letten sah aus wie eine Wasserleiche – blau-weiß und aufgedunsen, aufgeblasen vom Hunger. Ein junger Körper, auf dessen Haut alle Falten geglättet, alle Runzeln verschwunden waren – alles war verstanden, alles erzählt, alles erklärt. Peters hatte tagelang geschwiegen, aus Angst, eine überflüssige Bewegung zu machen – seine Druckgeschwüre rochen, stanken schon. Und nur die weißlichen Augen folgten aufmerksam dem Arzt, Doktor Jampolskij, wenn er den Krankensaal betrat. Doktor Jampolskij, der Chef der Sanitätsabteilung, war kein Doktor. Er war auch kein Feldscher. Doktor Jampolskij war einfach ein Zuträger und Flegel, der sich mit Anzeigen den Weg gebahnt hatte. Aber Peters wusste das nicht und ließ in seinen Augen Hoffnung aufscheinen.

Wer Doktor Jampolskij kannte, war Rjabokon, schließlich war Rjabokon ein ehemaliger Freier. Aber Rjabokon hasste Peters wie Jampolskij gleichermaßen und schwieg böse.

Rjabokon sah nicht aus wie eine Wasserleiche. Riesig, knochig, mit ausgedorrten Sehnen. Die Matratze war kurz, die Decke bedeckte nur die Schultern, aber Rjabokon war alles egal. Aus seinem Bett hingen Füße von Gulliver-Maßen, und die gelben knochigen Fersen, Billardkugeln ähnlich, klopften auf dem Rundholzboden, wenn Rjabokon losging, um sich zu bücken und den Kopf aus dem Fenster zu strecken – die knochigen Schultern konnte er nicht nach außen, zum Himmel, in die Freiheit durchdrängen.

Doktor Jampolskij erwartete den Tod des Letten von Stunde zu Stunde – solche Distrophiker sterben schnell. Aber der Lette klammerte sich an das Leben und erhöhte die durchschnittlichen Liegetage. Auf den Tod des Letten wartete auch Rjabokon. Peters lag auf dem einzigen langen Liegebett im Krankenhaus, und nach dem Letten hatte Doktor Jampolskij dieses Bett Rjabokon versprochen. Rjabokon atmete am Fenster, ohne sich vor der kalten berauschenden Frühlingsluft zu fürchten, er atmete mit der ganzen Brust und dachte, wie er sich in Peters' Bett legen wird, wenn Peters tot ist, und die Füße wenigstens für ein paar Tage wird ausstrecken können. Er muss sich nur hinlegen und ausstrecken – dann ruhen sich irgendwelche wichtigen Muskeln aus, und Rjabokon wird leben.

Die Visite war beendet. Zum Behandeln war nichts da – Permangansäure und Jod wirkten Wunder sogar in Jampolskijs Händen. Zum Behandeln war nichts da, und Jampolskij hielt durch und sammelte Erfahrungen und Berufsjahre. Tode legte man ihm nicht zur Last. Und wurden Tode überhaupt jemandem zur Last gelegt?

»Heute machen wir dir ein Bad, ein warmes Bad. Gut?«

Erbitterung flimmerte in Peters' weißlichen Augen, aber er sagte, er flüsterte nichts.

Vier Krankensanitäter und Doktor Jampolskij drückten Peters' riesigen Körper in ein hölzernes Solidol-Fass, das mit Dampf und Wasser gereinigt war.

Doktor Jampolskij merkte sich die Zeit auf der Armbanduhr – ein Geschenk an den beliebten Doktor von den Ganoven aus dem Bergwerk, in dem Jampolskij vorher gearbeitet hatte, vor dieser steinernen Mausefalle.

Nach fünfzehn Minuten begann der Lette zu röcheln. Die Sanitäter und der Doktor zogen den Kranken aus dem Fass und schleppten ihn auf die Liege, auf die lange Liege. Der Lette sagte deutlich:

»Wäsche! Wäsche!«

»Was für Wäsche?«, fragte Doktor Jampolskij. »Wäsche haben wir keine.«

»Er bittet bestimmt um ein Totenhemd«, erriet Rjabokon.

Und auf Peters' zitterndes Kinn starrend, auf die halbgeschlossenen Augen und die über den Körper tastenden aufgedunsenen blauen Finger, dachte Rjabokon, dass Peters' Tod sein, Rjabokons, Glück war, nicht nur wegen der langen Liege, sondern auch, weil Peters und er alte Feinde waren – sie hatten sich in den Gefechten irgendwo bei Schepetowka* getroffen.

Rjabokon war Machno-Mann. Sein Traum wurde wahr – er legte sich in Peters' Bett. Und in Rjabokons Bett legte ich mich – und schreibe diese Erzählung.

Rjabokon sputete sich, zu erzählen, er sputete sich, zu erzählen, und ich sputete mich, es mir zu merken. Wir kannten uns beide aus mit dem Tod wie dem Leben.

Wir kannten das Gesetz der Memoirenschreiber, ihr wichtigstes, ihr Grundgesetz: Recht hat, wer später schreibt, wer den Strom der Zeugen überlebt, durch ihn hindurchgeht und sein Urteil mit der Miene eines Menschen spricht, der im Besitz der absoluten Wahrheit ist.

Suetons Geschichte der zwölf Kaiser* gründet auf etwas Subtilem – auf grober Schmeichelei für die Zeitgenossen und den Verstorbenen nachgeschickten Verwünschungen, auf die niemand von den Lebenden reagiert.

»Glaubst du, Machno war Antisemit? Blödsinn. Das ist

eure Agitation. Seine Ratgeber waren Juden. Iuda Grossman-Roschtschin. Ein Baron. Ich bin ein einfacher Soldat mit MG-Wagen. Ich gehörte zu den Zweitausend, die der Batko* nach Rumänien geführt hat. In Rumänien gefiel es mir nicht. Ein Jahr später ging ich wieder über die Grenze. Sie gaben mir drei Jahre Verbannung, ich kam zurück, war in einer Kolchose, siebenunddreißig haben sie mich eingesackt ...«

»Prophylaktische Inhaftierung? Eben die ›fünf Jahre ferne Lager‹.«

Rjabokons Brustkorb war rund und gewaltig – die Rippen standen hervor wie Reifen am Fass. Wenn Rjabokon früher als Peters gestorben wäre, hätte man wohl aus dem Brustkorb des Machno-Manns Reifen für das Fass machen können – für das Todesbad des Letten nach dem Rezept von Doktor Jampolskij.

Die Haut spannte über dem Skelett – der ganze Rjabokon sah aus wie ein Lehrmittel für das Studium der topographischen Anatomie, wie ein folgsames lebendiges Lehrmittelgerippe, nicht wie ein Modell. Er sprach nicht viel, aber fand noch die Kräfte, sich vor dem Durchliegen zu schützen, indem er sich im Bett drehte, aufstand, herumging. Die trockene Haut schuppte sich am ganzen Körper, und die blauen Flecken künftiger Druckgeschwüre zeichneten sich an den Hüften und im Kreuz ab.

»Also, ich komme an. Wir sind zu dritt. Machno auf der Vortreppe. ›Schießen kannst du?‹ ›Kann ich, Batko!‹ ›Dann sag mal, wenn dich drei Mann überfallen, was wirst du tun?‹ ›Ich denke mir etwas aus, Batko!‹ ›Das hast du richtig gesagt. Wenn du gesagt hättest, ich lege sie alle um – hätte ich dich nicht in meine Einheit genommen. Eine List muss man anwenden, eine List.‹ Und übrigens, was reden wir über Machno. Immerzu Machno und Machno. Der Ataman. Wir alle werden sterben. Ich habe gehört – er ist gestorben ...«

»Ja. In Paris.«

»Gott habe ihn selig. Es ist Zeit zu schlafen.«

Rjabokon zog die verschlissene Decke über den Kopf, entblößte die Beine bis zu den Knien und schnarchte.

»Hörst du ...«

»Ja?«

»Erzähl von Maruska*, von ihrer Bande.« Rjabokon hatte die Decke vom Gesicht gezogen.

»Was denn? Eine Bande halt. Mal mit uns, mal mit euch. Sie ist eine Anarchistin, Maruska. Zwanzig Jahre war sie in der *katorga*. Ist aus dem Moskauer Nowinskij-Gefängnis geflohen. Slaschtschow hat sie erschossen auf der Krim. »Es lebe die Anarchie!«, rief sie und starb. Weißt du, wer sie war? Nikiforowa hieß sie mit Nachnamen. Ein echter Hermaphrodit. Hast du gehört? Na, schlafen wir.«

Als die fünf Haftjahre des geborenen Machno-Manns vorbei waren, kam Rjabokon frei ohne Anrecht auf Ausreise von der Kolyma. Aufs Festland ließ man ihn nicht fahren. Der Machno-Mann musste als Ladearbeiter im selben Lagerhaus arbeiten, in dem er fünf Jahre im Rang eines *seka* geschuftet hatte. Als Freier, als freier Mann im selben Lagerhaus, auf derselben Arbeit. Das war eine unerträgliche Beleidigung, eine Ohrfeige, eine Backpfeife, die nur wenige aushielten. Von den Spezialisten natürlich abgesehen. Für die anderen Häftlinge ist das die wichtigste Hoffnung: Etwas wird sich ändern, wird sich wenden mit der Entlassung. Abreise, Abtransport, ein Ortswechsel können auch beruhigen und retten.

Der Arbeitslohn war gering. Aus dem Lagerhaus stehlen wie früher? Nein, Rjabokon hatte andere Pläne.

Zusammen mit drei ehemaligen Häftlingen ging Rjabokon »ins Eis« – er floh tief in die Tajga. Sie bildeten eine Banditenbande – alles *frajer*, die der kriminellen Welt fernstanden, aber die Luft dieser Welt für einige Jahre geatmet hatten.

Das war die einzige Flucht von Freien an der Kolyma, nicht von Häftlingen, die bewacht und bei den Appellen viermal am Tag gezählt wurden, sondern von freien Bürgern. Unter ihnen war der Hauptbuchhalter des Bergwerks, ein ehemaliger Häftling wie Rjabokon auch. Er war dabei. Vertragsarbeiter gab es in der Bande natürlich keine – die Vertragsarbeiter kommen wegen des schnellen Rubels –, sondern alles ehemalige *seki*. Letztere bekommen keine Zuschläge, und an ihren schnellen Rubel kommen sie mit bewaffneter Hand.

Die vier Mörder plünderten auf der Tausendkilometer-Trasse, der zentralen Chaussee, ein ganzes Jahr. Ein Jahr lang trieben sie sich herum, plünderten Fahrzeuge und die Wohnungen in den Siedlungen. Sie beschafften sich einen Lastwagen, als Garage diente ein Talkessel.

Rjabokon und seinen Freunden fiel das Morden leicht. Vor einer neuen Haftstrafe fürchtete sich niemand.

Ein Monat, ein Jahr, zehn Jahre, zwanzig Jahre – all diese Haftzeiten sind beinahe gleich nach den Maßstäben der Kolyma, nach der Moral des Nordens.

Es endete so, wie all diese Dinge enden. Irgendein Zank, ein Streit, eine falsche Verteilung der Beute. Verlust der Autorität beim Ataman – dem Buchhalter. Der Buchhalter hatte irgendwelche falschen Angaben gemacht, einen Fehler. Gerichtsverhandlung. Fünfundzwanzig plus fünf, Aberkennung der bürgerlichen Rechte. Damals wurde für Mord nicht erschossen.

In dieser Gruppe gab es keinen einzigen Berufsverbrecher. Alle waren gewöhnliche *frajer*. Auch Rjabokon war einer. Die seelische Bereitschaft zum Morden hatte er durch sein Leben getragen seit Guljaj-Pole*.

1966

# Die Vita des Ingenieurs Kiprejew*

Viele Jahre dachte ich, dass der Tod eine Form des Lebens ist, und beruhigt durch das Fließende dieser Sicht entwickelte ich eine Formel der aktiven Verteidigung meines Existierens auf dieser traurigen Erde.

Ich dachte, dass der Mensch sich dann für einen Menschen halten kann, wenn er jeden Moment mit seinem ganzen Körper fühlt, dass er bereit ist sich umzubringen, bereit ist, sich selbst in die eigene Vita einzumischen. Dieses Bewusstsein gibt auch den Willen zum Leben.

Ich prüfte mich viele Male, und die Kraft zum Tod spürend blieb ich am Leben.

Viel später begriff ich, dass ich mir einfach eine Zuflucht gebaut hatte, der Frage ausgewichen war, denn im Moment der Entscheidung werde ich nicht derselbe sein wie jetzt, wo Leben und Tod ein Spiel des Willens sind. Ich werde schwächer werden, mich verändern, mich verraten. Ich hörte auf, an den Tod zu denken, aber spürte, dass die frühere Lösung eine andere Antwort erfordert, dass das Versprechen an mich selbst, die Schwüre der Jugend zu naiv und sehr relativ sind.

Davon überzeugte mich die Geschichte von Ingenieur Kiprejew.

Ich habe im Leben niemanden verraten, verkauft. Aber ich weiß nicht, wie ich durchgehalten hätte, wenn man mich geschlagen hätte. Ich bin sehr glücklich durch all meine Untersuchungen gekommen – ohne Schläge, ohne Methode

Nummer drei. Meine Untersuchungsführer haben mich in all meinen Untersuchungsverfahren mit keinem Finger angerührt. Das ist ein Zufall, nicht mehr. Ich bin einfach früh durch das Untersuchungsverfahren gegangen – in der ersten Hälfte des Jahres siebenunddreißig, als noch keine Folter angewandt wurde.

Ingenieur Kiprejew aber wurde 1938 verhaftet, und der ganze fürchterliche Umstand des Schlagens während der Untersuchung war ihm bekannt. Er hielt diesen Schlägen stand, als man ihn schlug, stürzte er sich auf den Untersuchungsführer und wurde in den Karzer gesetzt. Doch die geforderte Unterschrift bekamen die Untersuchungsführer von Kiprejew leicht: Sie machten ihm Angst mit der Verhaftung seiner Frau, und Kiprejew unterschrieb.

Diesen schrecklichen moralischen Schlag trug Kiprejew durchs ganze Leben. Im Häftlingsleben fehlt es nicht an Erniedrigungen und Zerstörungen. In den Tagebüchern der Menschen der russischen Freiheitsbewegung gibt es ein schreckliches Trauma – das Gnadengesuch. Das galt als Schande vor der Revolution, als ewige Schande. Auch nach der Revolution lehnte die Vereinigung der politischen *katorga*-Häftlinge und Verbannten* strikt die Aufnahme von sogenannten »Ansuchern« ab, das heißt von Leuten, die irgendwann aus irgendeinem Anlass den Zaren um Befreiung, um Milderung der Strafe gebeten hatten.

In den dreißiger Jahren wurde nicht nur den »Ansuchern« alles verziehen – sogar Leuten, die gegen sich und andere eine offenkundige, eine manchmal blutige Lüge unterschrieben hatten, verzieh man.

Die lebendigen Vorbilder sind längst alt geworden, sind längst umgekommen im Lager und in der Verbannung, und wer gesessen und die Untersuchung durchlaufen hat, waren alles »Ansucher«. Darum wusste auch niemand, zu welchen moralischen Foltern sich Kiprejew verurteilte, als er ans Ochotskische Meer fuhr, nach Wladiwostok, nach Magadan.

Kiprejew war Physikingenieur aus eben jenem Charkower Physikalischen Institut, in dem man als erstes in der Sowjetunion zur Kernreaktion kam. Dort arbeitete auch Kurtschatow*. Das Charkower Institut entging der Säuberung nicht. Eines der ersten Opfer in unserer Atomwissenschaft war Ingenieur Kiprejew.

Kiprejew war sich seines Werts bewusst. Aber seine Chefs waren sich Kiprejews Werts nicht bewusst. Dabei zeigte sich, dass moralische Standfestigkeit wenig mit Talent, mit wissenschaftlicher Erfahrung, sogar mit wissenschaftlicher Leidenschaft zu tun hat. Das waren unterschiedliche Dinge. Vom Prügeln während der Untersuchung wissend, bereitete sich Kiprejew sehr einfach vor – er wird sich verteidigen wie eine Bestie, jeden Schlag mit einem Schlag beantworten, ohne zu unterscheiden, wer der Erfüller und wer der Erschaffer dieses Systems ist, der Methode Nummer drei. Kiprejew wurde geprügelt und in den Karzer geworfen. Alles begann von vorn. Die physischen Kräfte versagten, und gleich nach der physischen versagte auch die seelische Festigkeit. Kiprejew unterschrieb. Man hatte ihm mit der Verhaftung seiner Frau gedroht. Kiprejew war eine solche Schwäche, die Tatsache, dass bei der Begegnung mit der groben Kraft er, der Intellektuelle Kiprejew, klein beigegeben hat, maßlos peinlich. Schon damals, im Gefängnis, schwor sich Kiprejew fürs ganze Leben, diesen schändlichen Schritt niemals zu wiederholen. Übrigens, nur Kiprejew selbst erschien sein Handeln als schändlich. Seine Pritschennachbarn hatten genauso unterschrieben und verleumdet. Sie lagen auf den Pritschen und starben nicht. Die Schande kennt keine Grenzen, vielmehr sind die Grenzen immer persönliche, und die Ansprüche an sich selbst sind bei jedem Bewohner der Untersuchungszelle unterschiedlich.

Mit fünf Jahren Haft kam Kiprejew an die Kolyma, überzeugt, dass er einen Weg zur vorzeitigen Freilassung finden, sich in die Freiheit, aufs Festland wird losmachen können. Natürlich, den Ingenieur wird man zu schätzen wissen. Und der Ingenieur wird sich die Anrechnung von Arbeitstagen, die Freilassung, eine Ermäßigung der Haftzeit verdienen. Kiprejew verabscheute die physische Arbeit im Lager, er begriff schnell, dass nichts als der Tod am Ende dieses Wegs steht. Zu arbeiten, wo er wenigstens eine Spur der Spezialkenntnisse anwenden konnte, die Kiprejew besaß – und er wird freikommen. Und verliert wenigstens nicht die Qualifikation.

Die Erfahrung der Arbeit im Bergwerk, gebrochene Finger, die in den Schrapper geraten sind, physische Schwäche, sogar Gebrechlichkeit – all das brachte Kiprejew ins Krankenhaus, und vom Krankenhaus in die Etappe.

Das Unglück war auch noch, dass der Ingenieur es nicht fertigbrachte, nichts zu erfinden, nicht nach wissenschaftlichtechnischen Lösungen zu suchen im Chaos des Lageralltags, in dem der Ingenieur lebte.

Das Lager aber, die Lagerleitung betrachtete Kiprejew als Sklaven, mehr nicht. Kiprejews Energie, für die er sich selbst tausendmal verwünschte, suchte nach einem Ventil.

Nur sollte der Einsatz in diesem Spiel eines Ingenieurs, eines Wissenschaftlers würdig sein. Dieser Einsatz war die Freiheit.

Die Kolyma ist nicht nur darum ein »wundersamer Planet«, weil dort »neun Monate im Jahr«* Winter ist. Dort bezahlte man im Krieg hundert Rubel für einen Apfel, und ein Fehler bei der Verteilung der frischen Tomaten, die vom Festland kamen, führte zu blutigen Dramen. All das – so wohl Äpfel als auch Tomaten – war selbstverständlich für die freie, für die Vertragsarbeiterwelt da, zu der der Häftling Kiprejew nicht gehörte. »Wundersamer Planet« nicht nur darum, weil dort »die Tajga Gesetz« ist. Nicht darum, weil die Kolyma Stalins spezielles Vernichtungslager ist. Nicht darum, weil dort ein Defizit an Machorka und *tschifir*-Tee herrscht, weil diese die Währung sind an der Kolyma, ihr wahres Gold, für das man alles bekommt.

Trotz alledem war das größte Defizit das Glas – Glaswaren, Laborutensilien, Instrumente. Die Sprödigkeit des Glases war gesteigert durch die Fröste, und die »Bruch«-Norm wurde nicht erhöht. Ein einfaches Fieberthermometer kostete um die dreihundert Rubel. Aber einen Schwarzmarkt für Thermometer gab es nicht. Der Arzt muss den Bevollmächtigten der Kreisabteilung von seinem Antrag informieren, denn ein Fieberthermometer ist schwerer zu verstecken als die Gioconda*. Aber der Arzt stellte keinerlei Anträge. Er zahlte einfach dreihundert Rubel und brachte das Thermometer von zu Hause mit, um den Schwerkranken das Fieber zu messen.

An der Kolyma ist eine Konservendose ein Poem. Eine Konservendose aus Blech ist ein Maß, ein bequemes Maß, das immer bei der Hand ist. Es ist ein Maß für Wasser, Graupen, Mehl, Fruchtspeise, Suppe, Tee. Es ist ein Becher für den *tschifir*, darin kann man bequem »ein *tschifir*chen aufkochen«. Dieser Becher ist steril – er ist vom Feuer gereinigt. Tee und Suppe wärmt man, kocht man im Ofen, über einem Feuer.

Eine Dreiliterdose ist das klassische Kochgeschirr der *dochodjagi*, mit einem Henkel aus Draht, der bequem am Gürtel befestigt wird. Und wer war oder wird an der Kolyma kein *dochodjaga* sein?

Ein Konservenglas – das ist Licht in der hölzernen Fenstereinfassung, die aus kleinen Zellen besteht, für Glasbruchstücke gedacht. Das ist ein durchsichtiger Behälter, in dem man im Ambulatorium so bequem Medikamente aufbewahren kann.

Das Halbliterglas ist ein Gefäß für den dritten Gang in der Lagerkantine.

Aber weder Thermometer noch Laborutensilien, noch Konservengläser sind das größte Defizit an Glas an der Kolyma.

Das größte Defizit sind die Glühbirnen.

An der Kolyma gibt es Hunderte Bergwerke und Minen, Tausende Abschnitte, Gruben und Schächte, Zehntausende Gold-, Uran-, Zinn- und Wolframstollen, Tausende Lageraußenstellen, freie Siedlungen, Lagerzonen und Baracken der Wachtrupps, und überall braucht man Licht, Licht, Licht. Die Kolyma lebt neun Monate ohne Sonne, ohne Licht. Das heftige, niemals sinkende Sonnenlicht rettet nicht, ändert nichts.

Licht und Energie liefern die gekoppelten Traktoren, die Lokomotive.

Maschinen, Waschtrommeln und Minen brauchen Licht. Mit Scheinwerfern beleuchtete Minen verlängern die Nachtschicht, machen die Arbeit produktiver.

Überall braucht man Glühbirnen. Man bringt sie vom Festland – mit dreihundert, fünfhundert und tausend Candela, die eine Baracke oder eine Grube beleuchten können. Der ungleichmäßige Strom der Kleinmotoren verurteilt die Lampen zu frühzeitigem Verschleiß.

Die Glühbirne ist ein staatswichtiges Problem an der Kolyma.

Nicht nur die Grube muss beleuchtet sein. Auch die Zone und der Stacheldraht mit den Wachtürmen müssen beleuchtet sein, nach einer Norm, die der Hohe Norden erhöht und nicht senkt.

Der Wachtrupp muss mit Licht versorgt sein. Mit einem einfachen Protokoll (wie in den Gruben des Bergwerks) ist es hier nicht getan, hier gibt es Menschen, die fliehen können, und obwohl klar ist, dass man im Winter nirgendwohin fliehen kann und an der Kolyma niemand je im Winter irgendwohin geflohen ist, bleibt Gesetz Gesetz, und wenn es keinen Strom oder keine Glühbirnen gibt, verteilt man rund um die Zone brennende Fackeln und lässt sie im Schnee bis zum Morgen, bis zum Licht. Eine Fackel – ist ein Lappen mit Heizöl oder Benzin.

Glühbirnen brennen schnell durch. Und reparieren kann man sie nicht.

Kiprejew verfasste ein Memorandum, das den Chef des Dalstroj erstaunte. Der Chef spürte schon einen Orden auf seiner Uniformjacke, natürlich auf der Uniformjacke und nicht dem Feldrock oder dem Jackett.

Glühbirnen kann man reparieren – wenn nur das Glas heil ist.

Und da flogen über die Kolyma furchtgebietende Befehle. Alle durchgebrannten Glühbirnen wurden sorgsam nach Magadan geschafft. Im Industriekombinat bei Kilometer siebenundvierzig baute man eine Fabrik. Eine Fabrik zur Wiederherstellung von elektrischem Licht.

Ingenieur Kiprejew wurde zum Chef der Abteilung gemacht. Alles übrige Personal, der Stellenplan, der um die Aufarbeitung von Glühbirnen wuchs, waren ausschließlich Freie. Der Erfolg wurde in solide, freie Hände gelegt. Aber Kiprejew nahm das nicht wichtig. Ihn konnten ja die Gründer der Fabrik nicht übergehen.

Das Ergebnis war glänzend. Natürlich funktionierten die Glühbirnen nach der Aufarbeitung nicht lange. Aber einige Stunden, einige goldene Tage sparte Kiprejew der Kolyma. Zusammengenommen waren es sehr viele Tage. Der Staat erhielt daraus einen enormen Gewinn, militärischen Gewinn, goldenen Gewinn.

Der Direktor des Dalstroj wurde mit einem Lenin-Orden ausgezeichnet. Alle Chefs, die mit der Aufarbeitung von Glühbirnen zu tun gehabt hatten, erhielten Orden.

Weder Moskau noch Magadan allerdings dachten auch nur daran, den Häftling Kiprejew zu würdigen. Für sie war Kiprejew ein Sklave, ein kluger Sklave, und weiter nichts.

Trotzdem hielt es der Direktor des Dalstroj nicht für möglich, seinen Korrespondenten aus der Tajga ganz zu vergessen.

Zu einem großen Fest an der Kolyma, das Moskau feierte, im kleinen Kreis, an einem großen Abend zu Ehren – wessen Ehren? – des Direktors von Dalstroj und aller, die einen Orden und Dank erhalten hatten – denn neben der Verordnung der Regierung hatte der Direktor des Dalstroj eine eigene Verordnung über Dankesbezeigungen, Auszeichnungen und Förderungen erlassen –, hatte man für alle an der Aufarbeitung der Glühbirnen Beteiligten, alle Führungskräfte der Fabrik, in der die Abteilung zur Wiederherstellung des Lichts angesiedelt war, außer Orden und Dankesbezeigungen auch noch amerikanische Päckchen aus der Kriegszeit vorbereitet. Diese Päckchen, die zur Lieferung über Lend-Lease* gehörten, bestanden aus Anzug, Krawatte, Hemd und Schuhen. Der Anzug war offenbar beim Transport verschwunden, dafür waren die Schuhe – amerikanische Schuhe aus rotem Leder auf dicker Sohle – der Traum jedes Chefs.

Der Direktor des Dalstroj besprach sich mit einem Berater, und alle fanden, dass der *seka*-Ingenieur von einem besseren Glück, von einem besseren Geschenk nicht einmal träumen könne.

In Moskau um eine Verkürzung der Haftzeit des Ingenieurs, um seine vollständige Freilassung zu bitten, hatte der Direktor des Dalstroj in dieser aufregenden Zeit gar nicht vor. Der Sklave muss auch mit den alten Schuhen des Herrn und einem Anzug von den Schultern des Herrn zufrieden sein.

Von diesen Geschenken sprach ganz Magadan, die ganze Kolyma. Die hiesigen Chefs hatten Orden und Dankesbezeigungen übergenug bekommen. Aber der amerikanische Anzug, Schuhe auf dicker Sohle – das war etwas wie eine Reise auf den Mond, ein Flug in eine andere Welt.

Der große Abend kam, die glänzenden Kartons mit den Anzügen türmten sich auf dem mit rotem Tuch bezogenen Tisch.

Der Direktor des Dalstroj verlas eine Order, in der natürlich Kiprejews Name nicht erwähnt wurde, nicht erwähnt werden konnte.

Der Chef der Politverwaltung verlas die Liste für die Geschenke. Als letzter Name wurde der Kiprejews genannt. Der Ingenieur kam an den Tisch, der von Glühlampen – seinen Lampen – hell erleuchtet war, und nahm den Karton aus den Händen des Dalstroj-Direktors entgegen.

Kiprejew sagte deutlich und laut: »Ich werde die amerikanischen Altkleider nicht tragen«, und legte den Karton auf den Tisch.

Sofort wurde Kiprejew verhaftet und bekam acht Jahre zusätzliche Haft nach Artikel – welcher, weiß ich nicht, und das hat auch keinerlei Bedeutung an der Kolyma, interessiert niemanden.

Übrigens – einen Artikel für das Ablehnen amerikanischer Geschenke? Nicht nur, nicht nur. Im Gutachten des Untersuchungsführers in Kiprejews neuem »Verfahren« heißt es: Er hat gesagt, die Kolyma ist Auschwitz ohne Öfen.

Diese zweite Haftstrafe nahm Kiprejew ruhig auf. Er hatte gewusst, was er riskiert, wenn er die amerikanischen

Geschenke ablehnt. Aber bestimmte Maßnahmen zur persönlichen Sicherheit hatte Ingenieur Kiprejew ergriffen. Folgende Maßnahmen. Kiprejew hatte einen Bekannten gebeten, seiner Frau aufs Festland zu schreiben, dass er, Kiprejew, gestorben sei. Und hatte selbst aufgehört, Briefe zu schreiben.

Aus der Fabrik wurde der Ingenieur ins Bergwerk geschafft, zu den allgemeinen Arbeiten. Bald war der Krieg zu Ende, das Lagersystem wurde noch komplizierter – und Kiprejew als Rückfalltäter erwartete das Nummernlager.

Der Ingenieur wurde krank und kam ins zentrale Häftlingskrankenhaus. Hier wurde Kiprejews Arbeit sehr gebraucht – man musste den Röntgenapparat zusammenbauen und in Gang setzen, zusammenbauen aus Schrott, aus invaliden Einzelteilen. Der Krankenhauschef Doktor Doktor versprach die Befreiung, eine Haftverkürzung. Ingenieur Kiprejew glaubte solchen Versprechungen wenig – er galt als »Kranker«, und Anrechnungen bekommen nur feste Mitarbeiter des Krankenhauses. Aber dem Versprechen des Chefs wollte er doch glauben, das Röntgenkabinett ist nicht das Bergwerk, nicht die Goldgrube.

Hier erlebten wir Hiroshima.

»Das ist die Bombe, das ist das, womit wir uns in Charkow beschäftigt haben.«

»Der Selbstmord Forrestals*. Eine Flut von höhnischen Telegrammen.«

»Weißt du, worum es geht? Für einen westlichen Intellektuellen ist die Entscheidung, die Atombombe zu werfen, sehr schwierig, sehr schwer. Psychische Depression, Wahnsinn, Selbstmord – das ist der Preis, den der westliche Intellektuelle für solche Entscheidungen zahlt. Unser Forrestal wäre nicht wahnsinnig geworden. Wie viele gute Menschen sind dir im Leben begegnet? Wirkliche, die du nachahmen, denen du dienen wolltest?«

»Warte, ich sag es dir: Miller, ein Ingenieur und Schädling, und noch vielleicht fünf Personen.«

»Das ist sehr viel.«

»Die Generalversammlung hat ein Protokoll über den Genozid* unterzeichnet.«

»Genozid? Womit isst man das?«

»Wir haben die Konvention unterschrieben. Natürlich, das Jahr siebenunddreißig, das ist kein Genozid. Das ist die Vernichtung von Volksfeinden. Wir können die Konvention unterschreiben.«

»Alle Schrauben werden angezogen. Wir dürfen nicht schweigen. Wie in der Fibel: ›Nicht Sklaven sind wir. Wir sind Sklaven nicht.‹* Wir müssen etwas tun, es uns selbst beweisen.«

»Sich selbst beweist man nur die eigene Dummheit. Leben, überleben – das ist unsere Aufgabe. Und nicht untergehen ... Das Leben ist ernster, als du denkst.«

.............................................

Spiegel bewahren keine Erinnerungen. Aber das, was in meinem Koffer verschlossen ist, kann man kaum Spiegel nennen – eine Glasscherbe, so als hätte sich eine Wasseroberfläche getrübt und als wäre der Fluss für immer trübe und schmutzig geblieben, nachdem er sich etwas Wichtiges, unendlich viel Wichtigeres gemerkt hatte, als der kristallene Strom des durchsichtigen, bis auf den Grund offenen Flusses. Der Spiegel hat sich getrübt und spiegelt schon nichts mehr. Aber irgendwann war der Spiegel ein Spiegel gewesen, war ein selbstloses Geschenk gewesen und wurde von mir durch zwei Jahrzehnte getragen – durch das Lager, eine Freiheit, die dem Lager ähnlich war, und alles, was nach dem XX. Parteitag kam. Der Spiegel, den mir Ingenieur Kiprejew schenkte, war kein Geschäft – das war ein Experiment, ein wissenschaftliches Experiment, die Spur dieses Experiments in der Dunkelheit des Röntgenkabinetts. Ich machte mir zu diesem Spiegelstück einen hölzernen Rahmen. Machte ihn nicht selbst, sondern bestellte ihn. Der Rahmen ist bis heute heil, ihn hat ein lettischer Tischler gemacht, ein genesender Kranker – für eine Brotration. Damals konnte ich schon eine Brotration geben für einen so ausgesprochen persönlichen, ausgesprochen leichtfertigen Auftrag.

Ich schaue diesen Rahmen an – er ist grob, mit der Ölfarbe gestrichen, mit der man Fußböden streicht, das Krankenhaus wurde renoviert, und der Tischler hatte um ein wenig Farbe gebeten. Dann hatte er den Rahmen lackiert – der Lack war längst abgerieben. Im Spiegel ist nichts zu sehen, aber vor Zeiten in Ojmjakon* habe ich mich davor rasiert, und alle Freien beneideten mich. Beneideten mich bis 1953, als irgendein freier, irgendein kluger Mensch ein Päckchen mit Spiegeln in die Siedlung schickte, billigen Spiegeln. Und diese winzigen, ein paar Kopeken kostenden Spiegel – runde und quadratische – wurden zu Preisen verkauft, die an die Preise für Glühbirnen erinnerten. Aber alle hoben Geld vom Sparbuch ab und kauften. Die Spiegel waren an einem Tag, in einer Stunde ausverkauft.

Da weckte mein selbstgemachter Spiegel schon nicht mehr den Neid meiner Gäste.

Den Spiegel habe ich bei mir. Er ist kein Amulett. Ob dieser Spiegel Glück bringt, weiß ich nicht. Vielleicht zieht der Spiegel die Strahlen des Bösen an, spiegelt die Strahlen des Bösen und verhindert, dass ich mich auflöse in einem Menschenstrom, in dem niemand außer mir die Kolyma kennt und den Ingenieur Kiprejew kennt.

Kiprejew war alles egal. Irgendein Krimineller, beinahe ein Ganove, ein etwas gebildeter Rückfalltäter, ein vom Chef zur Ausbildung eingeladener gebildeter Ganove, der das Geheimnis des Röntgenkabinetts begriffen hatte und die Hebel ein- und ausschaltete, ein Ganove, der unter dem Namen Rogow lief, lernte bei Kiprejew die Röntgentechnik.

Hier hatte die Leitung große Pläne, und am allerwenigsten dachte die Leitung an Rogow, den Ganoven. Nein, aber Rogow zog mit Kiprejew in das Röntgenkabinett, und so kontrollierte, verfolgte und meldete er und beteiligte sich an der staatlichen Arbeit, als Volksfreund. Ständig informierte er, wies im Voraus auf alle möglichen Gespräche und Visiten hin. Und wenn er nicht störte, dann meldete und beaufsichtigte er doch.

Das war das wichtigste Ziel der Leitung. Und außerdem bildete Kiprejew die eigene Ablösung aus, einen *bytowik*.

Sobald Rogow das Geschäft gelernt hätte – das war ein Beruf fürs ganze Leben –, hätte man Kiprejew ins Berlag* geschickt, ein Nummernlager für Rückfalltäter.

All das begriff Kiprejew, und er hatte nicht vor, dem Schicksal zu widersprechen. Er lernte Rogow an und dachte nicht an sich selbst.

Kiprejews Glück war, dass Rogow schlecht lernte. Wie jeder *bytowik*, der das Wichtigste verstanden hat, dass die Leitung die *bytowiki* unter keinen Umständen vergisst, lernte Rogow nicht sehr aufmerksam. Aber seine Stunde kam. Rogow sagte, er könne arbeiten, und Kiprejew wurde ins Nummernlager abtransportiert. Dann fiel am Röntgenapparat etwas aus, und über die Ärzte wurde Kiprejew von Neuem ins Krankenhaus geschickt. Das Röntgenkabinett funktionierte wieder.

In jene Zeit fällt Kiprejews Experiment mit der Blende.

Das Fremdwörterbuch von 1964 erklärt das Wort »Blende« so: »... 4) Diaphragma (Klappe mit willkürlich veränderbarer Öffnung), das in der Photographie, der Mikroskopie und der Röntgenoskopie verwendet wird.«

Zwanzig Jahre früher gab es im Fremdwörterbuch keine »Blende«. Das ist eine Neuerung aus der Kriegszeit – eine Erfindung in Zusammenhang mit dem Elektronenmikroskop.

Kiprejew war eine abgerissene Seite aus einer technischen Zeitschrift in die Hände gefallen, und die Blende wurde eingesetzt im Röntgenkabinett des Häftlingskrankenhauses am linken Ufer der Kolyma.

Die Blende war der Stolz von Ingenieur Kiprejew – seine Hoffnung, eine schwache Hoffnung übrigens. Über die Blende wurde auf der ärztlichen Konferenz berichtet, ein Bericht nach Magadan, nach Moskau geschickt. Keine Antwort.

»Kannst du einen Spiegel machen?«

»Natürlich.«

»Einen großen. Eine Art Trumeau.«

»Ganz egal. Wenn es Silber gäbe.«

»Und Silberlöffel?«

»Die gehen.«

Dickes Glas für die Tische in den Chefkabinetts wurde aus dem Lagerhaus bestellt und ins Röntgenkabinett gebracht.

Der erste Versuch misslang, und Kiprejew zerhackte den Spiegel wütend mit dem Hammer.

Eines der Bruchstücke ist mein Spiegel, ein Geschenk Kiprejews.

Das zweite Mal ging alles gut, und die Leitung bekam aus Kiprejews Händen ihren Traum, einen Trumeau.

Der Chef dachte nicht einmal daran, sich Kiprejew irgendwie erkenntlich zu zeigen. Wozu? Der gebildete Sklave muss schon dankbar sein, dass man ihn als Kranken im Krankenhaus hält. Hätte die Blende die Aufmerksamkeit der Leitung gefunden, dann hätte es einen Dank gegeben, nicht mehr. Ein Trumeau, das ist Realität, aber die Blende ist ein Mythos, Nebel ... Kiprejew war ganz derselben Meinung wie der Chef.

Doch in den Nächten, wenn er auf der Liege in der Ecke des Röntgenkabinetts einschlief, nachdem endlich die x-te Freundin seines Gehilfen, Schülers und Informanten gegangen war, wollte Kiprejew weder der Kolyma glauben noch sich selbst. Die Blende war ja kein Witz. Das war eine technische Großtat. Nein, weder Moskau noch Magadan ging die Blende des Ingenieurs Kiprejew etwas an.

Im Lager antwortet man nicht auf Briefe und mahnt nicht gern. Man kann bloß warten. Auf eine Gelegenheit, auf ein wichtiges Treffen.

All das zerrte an den Nerven – falls dieses zerissene, zerrüttete Chagrinleder noch vorhanden war.

Die Hoffnung bedeutet für einen Häftling immer eine Fessel. Hoffnung ist immer Unfreiheit. Ein Mensch, der auf etwas hofft, ändert sein Verhalten und verstellt sich öfter als ein Mensch, der keine Hoffnung hat. Solange der Ingenieur auf die Entscheidung über diese verdammte Blende wartete, biss er sich auf die Zunge, überhörte alle passenden und unpassenden Scherze, mit denen sich seine unmittelbaren Chefs vergnügten, ganz zu schweigen schon von dem Gehilfen, der auf seinen Tag und seine Stunde wartete, wenn er der Herr sein wird. Rogow hatte inzwischen auch gelernt, Spiegel herzustellen – der Gewinn, die Fettaugen waren gesichert.

Von der Blende wussten alle. Ihre Scherze über Kiprejew machten alle – darunter auch der Parteisekretär des Krankenhauses, der Apotheker Krugljak. Der pausbäckige Apotheker war kein schlechter Kerl, aber heißblütig, und vor allem hatte man ihm beigebracht, dass ein Häftling ein Wurm ist. Und dieser Kiprejew ... Der Apotheker war erst kürzlich ins Krankenhaus gekommen, die Geschichte von der Aufarbeitung der Glühbirnen hatte er nirgends gehört. Niemals hatte er daran gedacht, was es kostete, mitten in der Tajga im Hohen Norden ein Röntgenkabinett zusammenzubauen.

Die Blende erschien Krugljak als schlauer Einfall Kiprejews, als »Nebelwerfen«, eine »*tufta*« – diese Worte hatte der Apotheker ja schon gelernt.

Im Behandlungsraum der chirurgischen Abteilung putzte Krugljak Kiprejew herunter. Der Ingenieur griff sich einen Hocker und holte nach dem Parteisekretär aus. Sofort wurde Kiprejew der Hocker entrissen, und man brachte ihn ins Zelt.

Kiprejew drohte die Erschießung. Oder der Abtransport in ein Strafbergwerk, in eine Spezialzone, was schlimmer ist als Erschießung. Kiprejew hatte im Krankenhaus viele Freunde, und nicht nur wegen der Spiegel. Die Geschichte mit den Glühbirnen war allseits bekannt und frisch. Man half ihm. Aber da war Artikel achtundfünfzig und Punkt acht – Terror.

Man ging zum Krankenhauschef. Das taten die Ärztinnen. Der Krankenhauschef Winokurow mochte Krugljak nicht. Winokurow schätzte den Ingenieur, wartete auf die Ergebnisse der Anfrage bezüglich der Blende, und vor allem war er ein gutmütiger Mensch. Ein Chef, der seine Macht nicht für das Böse nutzte. Der Profiteur und Karrierist Winokurow tat den Menschen nichts Gutes, aber auch Böses wollte er niemandem.

»Gut, ich werde das Material dann nicht an den Beauftragten für ein weiteres Verfahren gegen Kiprejew geben«, sagte Winokurow, »wenn kein Bericht von Krugljak selbst vorliegt, vom Geschädigten. Wenn der Bericht vorliegt, wird das Verfahren eingeleitet. Strafbergwerk ist das Minimum.«

»Danke.«

Mit Krugljak sprachen die Männer, sprachen seine Freunde.

»Verstehst du denn nicht, dass der Mann erschossen wird. Er ist doch rechtlos. Das bin nicht ich und nicht du.«

»Aber er hat die Hand erhoben.«

»Die Hand hat er nicht erhoben, das hat niemand gesehen. Und wenn ich mich mit dir streiten würde, dann würde ich dir beim zweiten Wort eins in die Fresse geben, weil du dich in alles einmischst, alle schikanierst.«

Krugljak, im Grunde ein guter Kerl und überhaupt nicht geeignet zum Chef an der Kolyma, ließ sich überreden. Krugljak reichte keinen Bericht ein.

Kiprejew blieb im Krankenhaus: Es verging noch ein Monat, und ins Krankenhaus kam Generalmajor Derewjanko angereist, der Stellvertretende Direktor des Dalstroj für das Lager – der oberste Chef für die Häftlinge.

Im Krankenhaus quartierten sich die Chefs gern ein. Dort fanden die hohen Nördlichen Chefs Quartier, Schnaps und einen Imbiss, einen Ort, sich zu erholen.

Generalmajor Derewjanko, in einen weißen Kittel gehüllt, ging von Abteilung zu Abteilung und verschaffte sich vor dem Mittagessen Bewegung. Die Stimmung des Generalmajors war rosig, und Winokurow beschloss, es zu riskieren.

»Ich habe hier einen Häftling, der eine für den Staat wichtige Arbeit geleistet hat.«

»Was für eine Arbeit?«

Der Krankenhauschef erklärte dem Generalmajor irgendwie, was eine Blende ist.

»Ich möchte diesen Häftling zur Vorfristigen vorschlagen.«

Der Generalmajor erkundigte sich nach den Fragebogendaten und schnaubte, als er die Antwort erhalten hatte.

»Das sage ich dir, Chef«, sagte der Generalmajor, »Blende hin oder her, schick du lieber diesen Ingenieur ... Kornejew ...«

»Kiprejew, Genosse Natschalnik.«

»Ja, ja, Kiprejew. Schick ihn dorthin, wohin er seinen Fragebogendaten nach gehört.«

»Jawohl, Genosse Natschalnik.«

Eine Woche später wurde Kiprejew abtransportiert, und nach einer weiteren Woche versagte der Röntgenapparat, und Kiprejew wurde wieder ins Krankenhaus gerufen.

Jetzt war Winokurow nicht mehr nach Scherzen – er fürchtete, dass der Zorn des Generalmajors ihn treffen könnte.

Der Verwaltungschef wird nicht glauben, dass der Röntgenapparat versagt. Kiprejew wurde zur Etappe eingeteilt, aber er wurde krank und blieb.

Jetzt konnte gar keine Rede sein von Arbeit im Röntgenkabinett. Kiprejew verstand das genau.

Kiprejew hatte Mastoiditis, er hatte sich den Kopf erkältet im Bergwerk auf dem Lagerbett, und eine Operation war lebensnotwendig. Aber niemand wollte dem Fieber oder den Arztberichten glauben. Winokurow tobte und forderte die sofortige Operation.

Die besten Chirurgen des Krankenhauses wollten Kiprejews Mastoiditis operieren. Der Chirurg Braude war beinahe ein Spezialist für Mastoiditis. An der Kolyma gab es mehr als genug Erkältungen, Braude war sehr erfahren und hatte Hunderte solcher Operationen gemacht. Aber Braude sollte bloß assistieren. Die Operation sollte Doktor Nowikowa machen, eine große Otolaryngologin, Wojatschek-Schülerin, die viele Jahre bei Dalstroj gearbeitet hatte. Nowikowa war niemals inhaftiert gewesen, doch sie arbeitete schon viele Jahre nur an der nördlichen Peripherie. Und nicht für den schnellen Rubel. Sondern deshalb, weil man Nowikowa im Hohen Norden vieles nachsah. Nowikowa war Quartalssäuferin. Nach dem Tod ihres Mannes war die talentierte Ohrenärztin, eine Schönheit, jahrelang durch den Hohen Norden gezogen. Überall begann sie glänzend, und dann stürzte sie für viele Wochen ab.

Nowikowa war um die fünfzig. Von der Qualifikation her stand niemand über ihr. Jetzt war die Ohrenärztin gerade im Vollrausch, der Rausch ging zu Ende, und der Krankenhauschef erlaubte, Kiprejew noch ein paar Tage dazubehalten.

In diesen paar Tagen erholte sich Nowikowa. Ihre Hände zitterten nicht mehr, und die Ohrenärztin machte Kiprejew die Operation glänzend – ein sehr medizinisches Abschiedsgeschenk an ihren Röntgentechniker. Braude assistierte, und Kiprejew wurde ins Krankenhaus gelegt.

Kiprejew begriff, dass er weiter nicht mehr hoffen durfte, dass man ihn auch nicht eine Stunde zu lang im Krankenhaus behalten wird.

Ihn erwartete das Nummernlager, wo man im Fünferverband zur Arbeit geht, Ellbogen an Ellbogen, wo jeweils dreißig Hunde die Menschenkolonne einkreisen, wenn man sie zum Einsatz treibt.

In dieser letzten Hoffnungslosigkeit blieb sich Kiprejew treu. Als der Abteilungschef dem Mastoiditis-Operierten, dem *seka*-Ingenieur nach der schweren Operation eine Sonderbestellung verschrieb, das heißt Diätkost, bessere Kost, lehnte Kiprejew ab und erklärte, in einer Abteilung mit dreihundert Mann gebe es schwerer Erkrankte als ihn, mit größerem Recht auf eine Sonderbestellung.

Und Kiprejew wurde weggebracht.

....................................................

Fünfzehn Jahre suchte ich den Ingenieur Kiprejew. Ich hatte seinem Andenken ein Stück gewidmet – das ist ein wirksames Mittel des Menschen für die Einmischung ins Jenseits.

Es hatte nicht ausgereicht, ein Stück über Kiprejew zu schreiben, es seinem Andenken zu widmen. Es musste noch auf einer zentralen Straße Moskaus in einer Kommunalwohnung, in der meine alte Bekannte lebt, die Nachbarin wechseln. Auf eine Annonce hin, im Tausch.

Die neue Nachbarin stellte sich den Mietern vor, kam ins Zimmer und sah das Kiprejew gewidmete Stück auf dem Tisch; sie drehte das Stück in den Händen.

»Die Initialbuchstaben sind dieselben wir bei meinem Bekannten. Nur ist er nicht an der Kolyma, sondern an einem ganz anderen Ort.«

Meine Bekannte rief mich an. Ich wollte das Gespräch nicht fortsetzen. Das ist ein Fehler. Außerdem ist der Held im Stück ein Arzt, und Kiprejew ist Ingenieur und Physiker.

»Ganz genau, Ingenieur und Physiker.«

Ich zog mich an und fuhr zu der neuen Mieterin in die Kommunalwohnung.

Sehr raffinierte Muster flicht das Schicksal. Und warum? Warum brauchte es so viele Übereinstimmungen, damit der Wille des Schicksals sich so überzeugend zeigte? Wir suchen wenig nacheinander, und das Schicksal nimmt unsere Leben in seine Hände.

Ingenieur Kiprejew ist am Leben geblieben und lebt im Norden. Freigelassen wurde er schon vor zehn Jahren. Man hatte ihn nach Moskau gebracht, und er hatte in geschlossenen Lagern gearbeitet. Nach seiner Freilassung kehrte er in den Norden zurück. Er will im Norden arbeiten bis zur Pensionierung.

Ich habe Ingenieur Kiprejew getroffen.

»Wissenschaftler werde ich nicht mehr sein. Ein gewöhnlicher Ingenieur – ja. Eine Rückkehr als Rechtloser, Hinter-
herhinkender – all meine Berufs- und Studienkollegen sind
längst Preisträger.«

»Was für ein Quatsch.«

»Nein, kein Quatsch. Es atmet sich leichter im Norden.
Bis zur Rente wird es sich leichter atmen.«

<1967>

# Der Schmerz

Das ist eine sonderbare Geschichte, so sonderbar, dass sie gar nicht verstehen kann, wer nicht im Lager war, wer die dunklen Tiefen der kriminellen Welt, des Reichs der Ganoven nicht kennt. Das Lager ist der tiefste Grund des Lebens. Die Verbrecherwelt – ist nicht der Grund des Grundes. Sie ist etwas ganz, ganz anderes, etwas Nichtmenschliches.

Es gibt den banalen Satz: Die Geschichte wiederholt sich zweimal – das eine Mal als Tragödie, das andere Mal als Farce*.

Nein. Es gibt noch eine dritte Spiegelung derselben Ereignisse, desselben Stoffs, eine Spiegelung im Hohlspiegel der unterirdischen Welt. Das Sujet ist unvorstellbar und trotzdem real, es existiert tatsächlich, lebt neben uns.

In diesem Hohlspiegel der Gefühle und Handlungen spiegelt sich der durchaus reale Galgen auf den Bergwerks-»prawilki«*, den »Ehrengerichten« der Ganoven. Hier spielt man Krieg, man wiederholt die Spektakel des Krieges und es fließt echtes Blut.

Es gibt eine Welt der höheren Kräfte, die Welt der Homerischen Götter, die zu uns herabsteigen, um sich zu zeigen und durch ihr Beispiel die menschliche Gattung zu verbessern. Allerdings kommen die Götter zu spät. Homer lobte die Achäer, und wir begeistern uns für Hektor – das sittliche Klima hat sich etwas geändert. Manchmal rufen die Götter die Erdbewohner in den Himmel, um den Menschen zum

Zuschauer der »erhabenen Schauspiele« zu machen. All das hat der Dichter längst durchschaut. Es gibt die Welt und eine unterirdische Hölle, aus der die Menschen ab und zu zurückkehren, sie verschwinden nicht für immer. Weshalb kehren sie zurück? Das Herz dieser Menschen ist erfüllt mit ewiger Unruhe, mit dem ewigen Schrecken einer dunklen Welt, die keineswegs das Jenseits ist.

Diese Welt ist realer als Homers Himmel.


Schelgunow »setzte sich fest« im Durchgangslager in Wladiwostok – abgerissen, schmutzig, hungrig, ein vom Begleitposten halb totgeschlagener Arbeitsverweigerer. Er musste leben, aber hier gab es Schiffe, die, wie die Karren zu den Gasöfen von Auschwitz, seinesgleichen über das Meer fuhren, Dampfer um Dampfer, Etappe um Etappe. Am anderen Ufer, von dem niemand zurückkam, war Schelgunow im letzten Jahr schon gewesen, im Todestal beim Krankenhaus hatte er seinen Rücktransport aufs Festland abgewartet – ins Gold hatte man Schelgunows Knochen nicht nehmen wollen.

Jetzt näherte sich die Gefahr wieder, immer deutlicher spürte Schelgunow die ganze Unsicherheit des Häftlingslebens. Und es gab keinen Ausweg aus dieser Unsicherheit, aus dieser Unverlässlichkeit.

Das Durchgangslager ist eine riesige Siedlung, kreuz und quer durchschnitten von den regelmäßigen Quadraten der Zonen, umgeben von Stacheldraht und zu beschießen von hundert Wachtürmen, beleuchtet und durchleuchtet von tausend Scheinwerfern, die die schwachen Häftlingsaugen blenden.

Die Pritschen in diesem riesigen Durchgangslager – dem Tor zur Kolyma – leerten sich mal unerwartet, mal füllten sie sich wieder mit erschöpften schmutzigen Menschen, neuen Etappen aus der Freiheit.

Die Dampfer kamen zurück, das Durchgangslager rülpste

eine neue Portion Menschen aus, leerte sich und füllte sich wieder.

In der Zone, in der Schelgunow lebte, der größten Zone des Durchgangslagers, wurden alle Baracken geräumt außer der neunten. In der neunten wohnten die Ganoven. Dort amüsierte sich der König* selbst – der Anführer. Die Aufseher zeigten sich dort nicht, die Lagerversorgung holte jeden Tag an der Vortreppe die Leichen derer ab, die sich mit dem König angelegt hatten.

In diese Baracke schleppten die Köche aus der Küche ihre besten Gerichte und die besten Sachen – um die Klamotten aller Etappen wurde garantiert in der neunten, der Königs-Baracke, gespielt.

Schelgunow, ein direkter Nachkomme der Schelgunows* von »Land und Freiheit«*, dessen Vater im freien Leben Akademiemitglied war und die Mutter Professorin, lebte seit seinen Kinderjahren mit Büchern und für die Bücher; als Bibliophiler und Bibliomane hatte er die gesamte russische Kultur mit der Muttermilch eingesogen. Das neunzehnte Jahrhundert, das goldene Zeitalter der Menschheit, hatte Schelgunow geprägt.

Teile dein Wissen. Vertraue den Menschen, liebe die Menschen – das lehrte die große russische Literatur, und Schelgunow spürte in sich schon lange die Kräfte, der Gesellschaft das Ererbte zurückzugeben. Sich zu opfern – für jeden. Aufzustehen gegen das Unrecht, auch das kleinste, besonders, wenn das Unrecht in der Nähe war.

Gefängnis und Verbannung waren die erste Antwort des Staates auf Schelgunows Versuche, so zu leben, wie ihn die Bücher gelehrt hatten, wie ihn das neunzehnte Jahrhundert gelehrt hatte.

Schelgunow war erschüttert von der Niedertracht der Menschen, die ihn umgaben. Im Lager gab es keine Helden.

Schelgunow wollte nicht glauben, dass das neunzehnte Jahrhundert ihn betrogen hatte. Die tiefe Enttäuschung von den Menschen während der Untersuchung, der Etappe und des Durchgangslagers wurde plötzlich abgelöst von der früheren Frische, der früheren Begeisterung. Schelgunow hatte gesucht und gefunden, was er wollte, das, wovon er träumte — lebendige Vorbilder. Er war einer Kraft begegnet, von der er früher viel gelesen hatte und an die zu glauben Schelgunow in Fleisch und Blut eingegangen war. Das war die Ganovenwelt, die Welt der Verbrecher.

Die Leitung, die Schelgunows Nachbarn und Freunde und Schelgunow selbst trat, schlug und verachtete — fürchtete und verehrte die Kriminellen.

Das war eine Welt, die sich dem Staat kühn entgegenstellte, eine Welt, der Schelgunow in seinem blinden, romantischen Drang nach dem Guten, dem Drang nach Rache helfen konnte ...

»Habt ihr hier keinen Romanisten?«

Jemand zog sich andere Schuhe an, einen Fuß auf die Pritsche gestellt. An der Krawatte, an den Socken erkannte Schelgunow in einer Welt, in der viele Jahre lang nur Fußlappen existierten, zweifelsfrei — aus der neunten Baracke.

»Einen gibt es. Hej, Schriftsteller!«

»Hier ist der Schriftsteller!«

Schelgunow glitt aus der Dunkelheit.

»Komm mit zum König — du stanzt irgendwas.«

»Nein.«

»Was heißt nein? Dann erlebst du den Abend nicht, du Dummerchen!«

Die schöne Literatur hatte Schelgunow auf die Begegnung mit der Verbrecherwelt gut vorbereitet. Voller Verehrung trat Schelgunow über die Schwelle der neunten Baracke. All seine Nerven, all sein Verlangen nach dem Guten waren gespannt und klangen wie Saiten. Schelgunow musste Erfolg haben, sich die Aufmerksamkeit, das Vertrauen, die Liebe des hohen Zuhörers erobern – des Hausherrn hier, des Königs. Und Schelgunow hatte Erfolg. All seine Missgeschicke endeten im selben Moment, als die trockenen Lippen des Königs sich zu einem Lächeln öffneten.

Was Schelgunow »gestanzt« hatte – gebe Gott ein Gedächtnis! Die sichere Karte, »Graf Monte Christo«, wollte Schelgunow gar nicht ausspielen. Nein. Stendhals Chroniken und die Autobiographie Cellinis, die blutigen Legenden des italienischen Mittelalters ließ Schelgunow vor dem König erstehen.

»Bravo, bravo!«, krächzte der König. »Da haben wir uns schön Kultur eingepfiffen.«

Von irgendeiner Lagerarbeit konnte für Schelgunow nach diesem Abend keine Rede sein. Man brachte ihm ein Mittagessen, Tabak, und am folgenden Tag wurde die neunte Baracke sein ständiger Wohnsitz, wenn es einen solchen Wohnsitz im Lager gibt.

Schelgunow wurde zum Hof-Romanisten.

»Warum so trübselig, Romanist?«

»Ich denke an zu Hause, an meine Frau ...«

»Na, na ...«

»Ja, die Untersuchung, die Etappe, das Durchgangslager. Man darf ja erst korrespondieren, wenn man ins Gold gebracht wird.«

»Ach, du Gimpel. Und wir? Wozu sind wir da? Schreib deiner Schönen, und wir schicken es ab – ohne Briefkästen, mit unserer Eisenbahn. Hm, Romanist?«

»Ich werde euch ewig zu Diensten sein.« – »Schreib.«

Und einmal pro Woche schickte Schlegunow jetzt Briefe nach Moskau.

Schelgunows Frau war Schauspielerin, eine Moskauer Schauspielerin aus einer Generalsfamilie.

Damals in der Stunde der Verhaftung hatten sie sich umarmt.

»Wenn auch ein Jahr oder zwei keine Briefe kommen, ich werde warten, ich werde immer bei dir sein.«

»Die Briefe kommen schneller«, beruhigte Schelgunow seine Frau in zuversichtlichem Ton, auf Männerart. »Ich finde meine Kanäle. Und über diese Kanäle wist du meine Briefe bekommen. Und sie beantworten.«

»Ja! Ja! Ja!«

»Den Romanisten rufen? Bist du ihn nicht leid?«, fragte Kolja Karsubyj besorgt seinen Chef. »Nicht ein Peterle aus der neuen Etappe rufen? ... Einen von uns, oder einen Achtundfünfziger?«

»Peterle« nannten die Ganoven die Päderasten.

»Nein. Ruf den Romanisten. Kultur haben wir uns ja genug eingepfiffen. Aber das sind alles Romane und Theorie. Mit diesem *frajer* werden wir noch ein Spiel spielen. Zeit haben wir mehr als genug.«

..........................................

»Mein Traum ist, Romanist«, sagte der König, als alle Zeremonien zum Rückzug in den Schlaf verrichtet waren: die Fersen gekrault, das Kreuz um den Hals gehängt und die Gefängnis»schröpfköpfe« – Zupfen und Kneifen – auf den Rücken gesetzt, »mein Traum ist, Romanist, dass mir ein Weib wie deins Briefe aus der Freiheit schreibt. Sie ist hübsch!« Der König drehte in den Fingern ein zerknicktes, abgeschabtes Photo von Marina, Schelgunows Frau, das Schelgunow durch Tausende Durchsuchungen, Desinfektionen und Diebstähle getragen hat. »Sie ist hübsch! Für die Séance geeignet. Generalstochter! Schauspielerin! Ihr seid glücklich, ihr *frajer*, wir haben nur Syphilinen. Den Tripper beachtet man schon gar nicht mehr. Gut, lasst uns pennen. Ich träume schon.«

Auch am nächsten Abend stanzte der Romanist keine Romane.

»Irgendwas gefällt mir an dir, *frajer*. Gimpel hin, Gimpel her, aber du hast einen Tropfen Gaunerblut. Schreib doch einen Brief an die Frau von meinem Kumpel, kurz gesagt, einem Menschen*. Du bist ein Schriftsteller. Bist sanfter und klüger, wo du so viele Romane kennst. Einem Brief von dir kann wahrscheinlich keine widerstehen. Wir sind ja unwissendes Volk. Schreib. Mein Mensch schreibt es ab und schickt es los. Ihr habt sogar denselben Namen – Aleksandr. Drollig. Naja, Aleksandr heißt er nur in dem Verfahren, unter dem er läuft. Aber trotzdem Aleksandr. Schura also, Schurotschka.«

»Ich habe solche Briefe nie geschrieben«, sagte Schelgunow. »Aber versuchen kann ich es.«

Jeden Brief, den Sinn jedes Briefes, sagte ihm der König mündlich, und Schelgunow-Cyrano* setzte die Einfälle des Königs in die Tat um.

Fünfzig solcher Briefe schrieb Schelgunow.

In einem hieß es: »Ich habe alles gestanden und bitte die Sowjetmacht, mir zu verzeihen ...«

»Bitten denn *urki**, das heißt Ganoven«, fragte Schelgunow und unterbrach unwillkürlich den Brief, »um Verzeihung?«

»Na und ob«, sagte der König. »Das ist ein Kassiber – Schummelei, Maskerade, *tufta*. Eine Kriegslist.«

Weiter fragte Schelgunow nicht mehr, sondern schrieb ergeben alles, was ihm der König diktierte.

Schelgunow las die Briefe noch einmal laut, verbesserte den Stil und war stolz auf die Kraft seines noch nicht erloschenen Hirns. Der König stimmte bei und zog die Lippen ein wenig zu seinem Königslächeln auseinander.

Alles endet einmal. Auch das Briefeschreiben für den König ging zu Ende. Vielleicht gab es auch einen wichtigen Grund, es ging das Gerücht, die »Latrinenparole«, man werde den König doch mit einer Etappe an die Kolyma schicken, wohin er, durch Töten und Betrügen, so viele geschickt hat. Im Schlaf also werde man ihn ergreifen, ihm Hände und Füße binden und – auf den Dampfer. Es war Zeit, den Briefwechsel zu beenden, sowieso sprach Schelgunow-Cyrano schon fast ein Jahr lang Worte der Liebe zu Roxane mit der Stimme Christians. Aber man muss das Spiel auf Ganovenart beenden, so dass echtes Blut fließt ...

Das Blut war geronnen an der Schläfe des Mannes, dessen Leiche vor den Augen des Königs lag.

Schelgunow wollte das Gesicht und die vorwurfsvoll blickenden Augen bedecken.

»Siehst du, wer das ist? Das ist nämlich dein Namensvetter, Schura, für den du die Briefe geschrieben hast. Heute haben ihn die *operatiwniki** umgelegt, ihm mit dem Beil den Kopf abgeschlagen. Anscheinend hat er einen Schal umgehabt! Schreib: ›Es schreibt Ihnen ein Kamerad von Schura! Schura wurde gestern erschossen, und ich beeile mich, Ihnen seine letzten Worte mitzuteilen ...‹ Hast du geschrieben?«, fragte der König. »Wir schreiben es ab – und gut. Jetzt brauchst du keine Briefe mehr schreiben. Diesen Brief hätte ich auch ohne dich schreiben können«, der König lächelte. »Uns ist Bildung teuer, Schriftsteller. Wir sind unwissende Leute ...«

Schelgunow hatte die Todesnachricht geschrieben.

Der König hatte es kommen sehen – in der Nacht wurde er ergriffen und übers Meer geschickt.

Schelgunow aber, der keine Verbindung nach Hause fand, verlor auch die Hoffnung. Einsam plagte er sich ein Jahr, zwei, drei – er wanderte zwischen Krankenhaus und

Arbeit und entrüstete sich über seine Frau, die sich als Aas oder Angsthase herausstellte und die »sicheren Kanäle« nicht nutzte, die ihn, Schelgunow, vergessen und alle Erinnerung an ihn zertrampelt hatte.

Doch auch die Lagerhölle ging eines Tages zu Ende, Schelgunow wurde freigelassen und kam nach Moskau.

Seine Mutter sagte, dass sie nichts von Marina weiß. Sein Vater war gestorben. Schelgunow machte eine Freundin von Marina ausfindig, eine Kollegin vom Theater, und ging in die Wohnung, in der sie lebte.

Die Freundin schrie auf:

»Du bist nicht tot, Schura?..«

»Wieso tot? Wenn ich hier stehe!«

»Sie werden ewig leben«, aus dem Nachbarzimmer glitt ein Mann heraus. »Das ist ein Omen.«

»Ewig leben, das muss nicht sein«, sagte Schelgunow leise. »Aber was ist los? Wo ist Marina?«

»Marina ist tot. Nachdem du erschossen wurdest, hat sie sich vor den Zug geworfen. Aber nicht an derselben Stelle wie Anna Karenina, sondern in Rastorgujewo*. Sie hat den Kopf unter die Räder gelegt. Der Kopf wurde exakt, sauber abgetrennt. Du hast doch alles gestanden, aber Marina wollte es nicht hören, sie glaubte an dich.«

»Gestanden?«

»Das hast du doch selbst geschrieben. Und dass sie dich erschossen haben, hat ein Kamerad geschrieben. Hier ist ihre Truhe.«

In der Truhe waren alle fünfzig Briefe, die Schelgunow Marina über seine Kanäle aus Wladiwostok geschrieben hatte. Die Kanäle funktionierten hervorragend, aber nicht für *frajer*.

Schelgunow verbrannte seine Briefe, die Marina umgebracht haben. Aber wo waren denn Marinas Briefe, wo das Photo von Marina, das sie nach Wladiwostok geschickt hatte? Schelgunow stellte sich den König vor, wie er die Liebesbriefe liest. Stellte sich vor, wie das Photo dem König »für die Séance« dient. Und Schelgunow weinte. Später weinte er jeden Tag, sein ganzes Leben.

Schelgunow lief zur Mutter, um wenigstens etwas, wenigstens eine Zeile, von Marinas Hand geschrieben, zu finden. Selbst wenn sie nicht an ihn war. Und er fand solche Briefe, zwei abgeschabte Briefe, und Schelgunow lernte diese Briefe auswendig.

Die Generalstochter und Schauspielerin schreibt Briefe an einen Ganoven. In der Gaunersprache gibt es das Wort *chlestatsja*, d.h. prahlen, und dieses Wort der Gaunersprache stammt aus der großen Literatur. *Chlestatsja* bedeutet »Chlestakow* spielen«, der König hatte etwas, womit er prahlen konnte: Dieser *frajer* ist ein Romanist. Zum Totlachen. Lieber Schura. So muss man Briefe schreiben, aber du alte Kanaille kriegst nicht mal zwei Worte zusammen ... Der König las Soja Talitowa, der Prostituierten, Auszüge aus seinem eigenen Roman vor.

»Ich habe keine Bildung.« – »Keine Bildung. Lernt, ihr Kreaturen, wie man lebt.«

All das konnte sich Schelgunow, der im dunklen Moskauer Treppenaufgang stand, leicht vorstellen. Die Szene mit Cyrano, Christian und Roxane, gespielt im neunten Kreis der Hölle*, praktisch auf dem Eis des Hohen Nordens. Schelgunow hatte den Ganoven geglaubt, und sie hatten dafür gesorgt, dass er seine Frau mit eigenen Händen umbrachte.

Beide Briefe waren stockfleckig, aber die Tinte war nicht verblasst, das Papier nicht zu Staub zerfallen.

Jeden Tag las Schelgunow diese Briefe. Wie sie ewig bewahren? Mit welchem Klebstoff die Sprünge, die Risse verkleistern in diesen dunklen Briefbögen, die einmal weiß waren? Bloß nicht mit Flüssigglas. Flüssigglas versengt, macht kaputt.

Aber trotzdem – man kann die Briefe so kleben, dass sie ewig leben werden. Jeder Archivar kennt dieses Verfahren, besonders ein Archivar im Literaturmuseum. Man muss die Briefe zum Sprechen bringen – das ist alles.

Das liebliche Frauengesicht wurde auf Glas gelegt neben einer russischen Ikone aus dem zwölften Jahrhundert, etwas oberhalb der Ikone – der Gottesmutter von den drei Händen*. Das Frauengesicht, das Photo von Marina war hier vollkommen am Platz, übertraf die Ikone … Was unterscheidet Marina von der Gottesmutter, von einer Heiligen? Was? Warum sind so viele Frauen Heilige, Apostelgleiche, Großmärtyrerinnen, und Marina ist nur eine Schauspielerin, eine Schauspielerin, die den Kopf unter den Zug gelegt hat? Oder nimmt die orthodoxe Religion Selbstmörder nicht in den Engelsrang auf? Die Photographie verschwand unter Ikonen und war selbst eine Ikone.

Manchmal wachte Schelgunow nachts auf und tastete, suchte, ohne Licht zu machen, auf dem Tisch nach dem Photo von Marina. Die im Lager erfrorenen Finger konnten die Ikone nicht von einem Photo unterscheiden, Holz nicht von Karton.

Aber vielleicht war Schelgunow einfach betrunken. Schelgunow trank jeden Tag. Natürlich ist der Wodka – Verderben, Alkohol ein Gift und Antabus* – ein Segen. Aber was tun, wenn auf dem Tisch Marinas Ikone liegt.

...........................................

»Genka, erinnerst du dich an den *frajer*, den Romanisten, den Schriftsteller? Hm? Oder hast du ihn längst vergessen?«, fragte der König, wenn die Zeit des Rückzugs in den Schlaf kam und alle Zeremonien verrichtet waren.

»Wieso denn vergessen? Ich erinnere mich. Das war doch dieser *loch*\*, dieser Esel!« Und Genka wedelte mit den gespreizten Fingern über seinem rechten Ohr.

1967

# Die namenlose Katze

Die Katze hatte es nicht geschafft, herauszuspringen, und
der Fahrer Mischa fing sie im Flur. Mit einem alten Vor-
bohrer, einem kurzen stählernen Brecheisen, brach Mischa
der Katze Wirbelsäule und Rippen. Er griff sie am Schwanz,
öffnete mit dem Fuß die Tür und warf die Katze nach draußen in den Schnee, in die Nacht, in die fünfzig Grad Frost.
Die Katze gehörte Krugljak, dem Parteisekretär des Krankenhauses. Krugljak belegte eine ganze Wohnung in einem zweistöckigen Haus in einer freien Siedlung und hielt
im Zimmer über Mischa ein Ferkel. Der Putz an Mischas
Decke war feucht geworden, aufgequollen und dunkel geworden, und gestern fiel er herunter, und der Stalldung rann
von der Decke dem Fahrer auf den Kopf. Mischa wollte
mit seinem Kollegen reden und ging zu ihm hinauf, aber
Krugljak warf den Fahrer hinaus. Mischa war ein gutmütiger Mensch, aber die Kränkung war groß, und als die Katze
Mischa in die Hände geriet ...

Oben, in Krugljaks Wohnung, war es still – auf das Quie-
ken, auf das Wimmern, auf die Hilfeschreie der Katze kam
niemand heraus. Und schrie denn die Katze auch um Hilfe?
Die Katze glaubte nicht, dass die Menschen ihr beispringen
könnten – ob Krugljak oder der Fahrer, ganz egal.

Im Schnee kam die Katze wieder zu sich und kroch aus
der Schneewehe auf den vereisten, im Mondlicht glänzenden Weg. Ich lief vorbei und nahm die Katze mit ins Kran-

kenhaus, ins Häftlingskrankenhaus. Wir durften keine Katzen im Krankensaal halten – obwohl es eine Unmenge Ratten gab, und kein Strichnin, kein Arsen konnte helfen, ganz zu schweigen von Rattenfallen und Fangeisen. Arsen und Strichnin wurden hinter Schloss und Riegel gehalten und waren nicht für die Ratten bestimmt. Ich beschwor den Feldscher der neuropsychiatrischen Abteilung, diese Katze zu den Irren zu nehmen. Dort lebte die Katze auf und kam zu Kräften. Der abgefrorene Schwanz fiel ab, es blieb ein Stumpf, eine Pfote war gebrochen, die Rippen gebrochen. Aber das Herz war heil, und die Knochen wuchsen wieder zusammen. Nach zwei Monaten kämpfte die Katze schon mit den Ratten und machte die neuropsychiatrische Abteilung des Krankenhauses rattenfrei.

Zum Beschützer der Katze wurde Ljonetschka, ein Simulant, den zu entlarven man schon zu faul war, eine Null, die den ganzen Krieg über hatte untertauchen können wegen einer unverständlichen Laune des Doktors, eines Beschützers der Ganoven, den jeder Gewohnheitsverbrecher erbeben ließ, erbeben nicht vor Angst, sondern vor Begeisterung, vor Achtung, vor Andacht. »Ein großer Dieb«, sagte der angesehene Doktor von seinen Patienten, offensichtlichen Simulanten. Nicht, dass der Arzt ein »kommerzielles« Ziel gehabt hätte – Schmiergelder, Abgaben. Nein. Der Doktor hatte einfach nicht die Energie, Gutes zu bewirken, und darum befehligten ihn die Diebe. Die wirklichen Kranken aber verstanden es nicht, ins Krankenhaus zu kommen, verstanden es nicht einmal, dem Doktor unter die Augen zu kommen. Außerdem – wo ist die Grenze zwischen wirklicher und vermeintlicher Krankheit, besonders im Lager. Ein Simulant, ein Aggravant und ein wirklich leidender Kranker unterscheiden sich wenig voneinander. Ein wirklich Kranker muss Simulant sein, um in ein Krankenhausbett zu kommen.

Aber der Katze rettete diese Laune der Irren das Leben. Bald begann die Katze zu stromern, bekam Junge. Das Leben ist das Leben.

Aber dann kamen Ganoven in die Abteilung, töteten die Katze und zwei ihrer Jungen und kochten sie im Kochgeschirr, und meinem Freund, dem diensthabenden Feldscher, gaben sie einen Napf Fleischsuppe – für sein Schweigen und zum Zeichen der Freundschaft. Der Feldscher rettete für mich ein Katzenjunges, das dritte Katzenjunge, so ein graues, von dem ich nicht weiß, wie es heißt: Ich hatte Angst, ihm einen Namen zu geben, es zu taufen, um kein Unglück heraufzubeschwören.

Ich fuhr damals los auf mein Tajgagrundstück und trug im Hemd das Kätzchen, die Tochter der namenlosen Krüppel-Katze, die die Ganoven gegessen hatten. In meinem Ambulatorium fütterte ich die Katze, machte ihr eine Spule, ein Spielzeug, und stellte ihr eine Dose mit Wasser hin. Das Unglück war, dass meine Arbeit im Herumfahren bestand.

Die Katze für mehrere Tage im Ambulatorium einschließen konnte ich nicht. Ich musste die Katze jemandem geben, dessen Tätigkeit im Lager es erlaubte, jemand anderen zu füttern, Mensch oder Tier – ganz gleich. Der Vorarbeiter? Der Vorarbeiter verabscheute Tiere. Die Begleitposten? Im Gebäude der Wache wurden nur Hunde gehalten, Schäferhunde, und das Kätzchen zu ewigen Qualen, zu tagtäglicher Verhöhnung, Hetze und Fußtritten zu verurteilen ...

Ich gab das Kätzchen dem Lagerkoch Wolodja Bujanow. Wolodja war Essensverteiler in dem Krankenhaus gewesen, in dem ich früher gearbeitet hatte. In der Suppe der Kranken, im Kessel, im Trog hatte Wolodja eine Maus entdeckt, eine gekochte Maus. Wolodja schlug Krach, obwohl der Krach nicht groß war und unbegründet, denn kein einziger Kranker hätte eine weitere Schüssel dieser Suppe mit der Maus verweigert. Die Geschichte endete damit, dass Wolodja beschuldigt wurde, er habe mit Absicht ... und so weiter. Die Küchenleiterin war eine Freie, eine Vertragsarbeiterin, und Wolodja wurde entlassen und in den Wald geschickt zum Holzeinschlag. Eben dort arbeitete ich als Feldscher. Die Rache der Küchenleiterin ereilte Wolodja auch im Wald. Die Stelle als Koch ist eine geneidete Stelle. Wolodja wurde denunziert, Freiwillige überwachten ihn Tag und Nacht. Jeder weiß, dass er diese Stelle nicht bekommen wird, und trotzdem zeigt er an, überwacht, entlarvt. Schließlich wurde Wolodja entlassen, und er brachte mir das Kätzchen zurück.

Ich gab das Kätzchen dem Fährmann.

Das Flüsschen oder, wie man an der Kolyma sagt, die Duskanja-»Quelle«, an deren Ufern unser Holzeinschlag stattfand, war, wie alle Flüsse, Flüsschen und Bäche an der Kolyma, von unbestimmter, schwankender Breite, es hing vom Wasser ab, und das Wasser war abhängig vom Regen, vom Schnee, von der Sonne. Doch wie sehr die Quelle im Sommer auch austrocknete, man brauchte eine Fähre, ein Boot, um die Menschen von Ufer zu Ufer zu bringen.

Am Bach stand eine Hütte, und darin wohnte der Fährmann, zugleich auch Fischer.

Die Krankenhausstellen, die man »über Beziehungen« bekam, waren nicht immer leicht. Gewöhnlich füllten diese Leute drei Arbeiten aus anstatt einer, und für die Kranken, die ein Bett belegten, die als »Krankengeschichte« zählten, war es noch komplizierter, noch heikler.

Als Fährmann hatte man jemanden ausgewählt, der für die Leitung Fische fing. Frischen Fisch auf den Tisch des Krankenhauschefs. In der Duskanja-Quelle gibt es Fisch – wenig, aber es gibt ihn. Für den Krankenhauschef persönlich fischte dieser Fährmann sehr fleißig. Jeden Abend holte der Krankenhaus- und Holzfahrer bei dem Fischer einen dunklen nassen Sack, voll mit Fisch und feuchtem Gras, stopfte den Sack ins Führerhaus, und das Fahrzeug fuhr zum Krankenhaus. Am Morgen brachte der Fahrer dem Fischer den leeren Sack.

Wenn es viel Fisch gab, nahm der Chef den besten für sich und rief den Oberarzt und andere niedrigere Ränge.

Der Fischer bekam von der Leitung nicht einmal Machorka, sie fand, wer als »Geschichte«, d.h. als Krankengeschichte geführt wird, muss die Stelle als Fischer zu schätzen wissen.

Bevollmächtigte – Brigadiere und Kontorkräfte – verfolgten von sich aus, dass der Fischer den Fisch nicht hinter dem Rücken des Chefs verkaufte. Und wieder denunzierten und entlarvten alle und zeigten an.

Der Fischer war ein alter Lagerinsasse, und er wusste genau, nur ein Missgeschick – und er landet im Bergwerk. Aber Missgeschicke kamen nicht vor.

Äschen, Lenoks und Omule schwammen im Schatten unter dem Fels, entlang des hellen Hauptwassers, entlang des Stroms, entlang der schnellen Strömung, und schlüpften ins Dunkle, wo es tiefer, ruhiger und sicherer war.

Aber genau hier lag der Kahn des Fischers, und Angelruten hingen vom Bug und reizten die Äschen. Auch die Katze saß da, versteinert wie der Fischer, und schaute auf die Schwimmer.

Und es war, als hätte sie, die Katze, diese Angelruten und diese Köder über dem Fluss ausgeworfen. Die Katze hatte sich schnell an den Fischer gewöhnt.

Vom Boot geworfen, schwamm die Katze mühelos und widerwillig ans Ufer, nach Hause. Das Schwimmen musste man ihr nicht beibringen. Aber die Katze lernte nicht, allein zum Fischer hinauszuschwimmen, wenn sein Boot an zwei Stangen quer zur Strömung stand und der Fischer angelte.

Die Katze erwartete geduldig die Rückkehr ihres Herrn ans Ufer.

Über das Flüsschen, oder auch am Ufer entlang in Vertiefungen, über Becken und Rinnen hinweg spannte der Fischer Setzangeln – eine Leine mit Haken, mit Fischbrut-Ködern. So wurden größere Fische gefangen. Später sperrte der Fischer einen der Arme des Flüsschens mit Steinen ab, bis auf vier Durchflüsse, und versperrte die Durchflüsse mit Reusen, die er selbst aus Purpurweide flocht. Die Katze schaute dieser Arbeit aufmerksam zu. Die Reusen stellte der Fischer frühzeitig auf, damit ihm, wenn die herbstliche Zugzeit begann, nichts entging.

Bis zum Herbst war es noch weit, aber dem Fischer war klar, dass die herbstliche Zugzeit seine letzte Arbeit als Fischer beim Krankenhaus sein würde. Man würde den Fischer ins Bergwerk schicken. Eine Zeitlang würde der Fischer zwar Beeren und Pilze sammeln können. Eine zusätzliche Woche würde er, wenn es hochkommt, durchhalten. Die Katze konnte ja keine Beeren und Pilze sammeln.

Doch der Herbst kam noch nicht morgen und auch nicht übermorgen. Vorläufig angelte die Katze – mit der Pfote im flachen Wasser, fest auf den Uferkies gestützt. Diese Jagd war wenig erfolgreich, dafür gab der Fischer der Katze alle Fischreste.

Nach jedem Fang, nach jedem Fischereitag sortierte der Fischer die Beute: das Größere für den Krankenhauschef – in ein besonderes Versteck in der Weidenreuse, im Wasser. Fische von mittlerer Größe – für die weniger hohen Chefs, alle wollen frischen Fisch. Die noch kleineren – für sich selbst und die Katze.

Die Soldaten unserer »Außenstelle« wurden an einen neuen Ort verlegt und ließen einen Welpen, etwa drei Monate alt, beim Fischer zurück, um ihn später nachzuholen. Die Soldaten wollten den Welpen jemandem von der Leitung verkaufen, aber sie hatten keinen Interessenten im Auge oder wurden sich über den Preis nicht einig – jedenfalls holte den Welpen bis in den Spätherbst niemand ab.

Der Welpe fügte sich leicht in die Fischerfamilie ein und freundete sich mit der Katze an, die älter war, nicht an Jahren, aber an Lebensklugheit. Vor dem Welpen hatte die Katze keinerlei Angst, und den ersten scherzhaften Überfall wehrte sie stumm mit den Krallen ab und zerkratzte dem Welpen die Schnauze. Dann versöhnten sie sich und freundeten sich an.

Die Katze brachte dem Welpen das Jagen bei. Dazu hatte sie gute Gründe. Vor zwei Monaten, als die Katze noch beim Koch lebte, hatte man einen Bären getötet, man zog ihm das Fell ab, und die Katze stürzte sich auf den Bären und hieb triumphierend die Krallen in den feuchten roten Bärenkörper. Der Welpe aber hatte gewinselt und sich in der Baracke unter einem Bett versteckt.

Diese Katze hatte niemals mit ihrer Mutter gejagt. Niemand hatte sie die Kunst gelehrt. Ich hatte das Kätzchen, das nach dem Tod der Mutter am Leben geblieben war, mit Milch aufgezogen. Und siehe da – es war eine kampflustige Katze, die alles wusste, was eine Katze wissen muss.

Schon beim Koch hatte das winzige Kätzchen eine Maus gefangen, die erste Maus. Die Wühlmäuse sind an der Kolyma groß, kaum kleiner als das Kätzchen. Das Kätzchen erstickte den Feind. Wer hatte ihm diese Erbitterung, diese Feindschaft beigebracht? Ein sattes Kätzchen, das in der Küche lebt.

Stundenlang saß die Katze an der Höhle der Wühlmaus, und der Welpe erstarrte wie die Katze, ahmte sie in jeder Bewegung nach und wartete auf das Ergebnis der Jagd, des Sprungs.

Die Katze teilte mit dem Welpen wie mit einem Katzenjungen, warf ihm die gefangene Maus hin, und der Welpe knurrte und lernte Mäuse fangen.

Die Katze selbst lernte nichts. Sie wusste alles von Geburt an. Wie oft habe ich gesehen, wie dieser Jagdinstinkt sich meldete – nicht nur der Instinkt, sondern auch Wissen und Meisterschaft.

Wenn die Katze auf Vögel lauerte, erstarrte der Welpe in höchster Aufregung und erwartete den Sprung, den Schlag.

Mäuse und Vögel gab es viele. Und die Katze war nicht träge.

Die Katze freundete sich sehr mit dem Welpen an. Zusammen erfanden sie ein Spiel, von dem mir der Fischer viel erzählt hat, aber ich habe dieses Spiel auch selbst drei oder vier Mal gesehen.

Vor der Fischerhütte war eine große Waldwiese, und in der Mitte der Wiese ein dicker Lärchenstumpf von drei Metern Höhe. Das Spiel begann damit, dass Welpe und Katze durch die Tajga sausten und gestreifte Burunduks – Erdeichhörnchen, kleine großäugige Tierchen – auf die Wiese hinausjagten, einen nach dem anderen. Der Welpe lief im Kreis und versuchte, den Burunduk zu fangen, und der Burunduk rettete sich, rettete sich mühelos, hüpfte auf den Stumpf und wartete, bis der Welpe nicht aufpasst, um dann abzuspringen und in der Tajga zu verschwinden. Der Welpe lief im Kreis, um die Wiese zu sehen, um den Baumstumpf und den Burunduk oben auf dem Stumpf zu sehen.

Durchs Gras näherte sich die Katze dem Baumstumpf und hüpfte dem Burunduk hinterher. Der Burunduk sprang und geriet in die Zähne des Welpen. Die Katze sprang vom Baum, und der Welpe gab die Beute heraus. Die Katze besah das tote Tierchen und schob mit der Pfote den Burunduk dem Welpen zu.

Ich fuhr damals oft diesen Weg, kochte in der Hütte des Fährmanns »*tschifir*«, aß und schlief vor dem langen Fußweg durch die Tajga — zwanzig Kilometer musste ich laufen, um nach Hause, zum Ambulatorium zu kommen.

Ich schaute die Katze, den Welpen, den Fischer an, ihr fröhliches Hin und Her miteinander, und dachte jedes Mal an die Unerbittlichkeit des Herbstes, an die Unbeständigkeit dieses kleinen Glücks und an das Recht eines jeden auf diese Unbeständigkeit: des Tiers, des Menschen, des Vogels. Der Herbst wird sie trennen, dachte ich. Aber die Trennung kam vor dem Herbst. Der Fischer war ins Lager gefahren, Lebensmittel holen, und als er zurückkam — war die Katze nicht zu Hause. Der Fischer suchte sie zwei Nächte, fuhr weit bachaufwärts, besah all seine Fangeisen, alle Fallen, schrie, rief die Katze bei ihrem Namen, den sie nicht hatte, nicht kannte.

Der Welpe war zu Hause, aber er konnte nichts erzählen. Der Welpe jaulte und rief nach der Katze.

Aber die Katze kam nicht.

<1967>

# Fremdes Brot

Es war fremdes Brot, das Brot meines Kameraden. Der Kamerad vertraute nur mir, er war zum Arbeiten in die Tagschicht gegangen, und das Brot blieb bei mir in einem kleinen russischen hölzernen Handköfferchen. Heute werden solche Köfferchen nicht mehr hergestellt, aber in den zwanziger Jahren prahlten Moskauer Schönheiten damit – mit den sportlichen »Kroko«-Täschchen aus Kunstleder. In dem Köfferchen war das Brot, die Brotration. Wenn man das Köfferchen rüttelte, rutschte das Brot im Innern des Kastens. Der Koffer lag unter meinem Kopf. Ich schlief lange nicht ein. Hungrige Menschen schlafen schlecht. Aber ich schlief deshalb nicht ein, weil an meinem Kopfende das Brot war, das fremde Brot, das Brot meines Kameraden. Ich setze mich im Bett auf ... Mir schien, als schauten mich alle an, als wüssten alle, was ich zu tun vorhabe. Aber der Barackendienst setzte irgendwo einen Flicken auf. Ein anderer Mann, dessen Nachnamen ich nicht weiß, arbeitete genauso wie ich in der Nachtschicht und lag jetzt auf einem fremden Platz in der Mitte der Baracke, mit den Füßen zum warmen Eisenofen. Bis zu mir kam diese Wärme nicht. Dieser Mann lag auf dem Rücken, das Gesicht nach oben. Ich ging hin – seine Augen waren geschlossen. Ich schaute auf die obere Pritsche – dort, in der Barackenecke, schlief oder lag jemand, zugedeckt mit einem Haufen Lumpen. Ich legte mich wieder auf meinen Platz, mit dem festen Entschluss, einzuschlafen. Ich zählte bis tausend und stand wieder auf. Ich klappte den Koffer auf und nahm das Brot heraus. Das war eine Dreihunderterration, kalt, wie ein Stück Holz. Ich hielt es an die Nase, und die Nasenlöcher fingen heimlich den kaum merklichen Brotgeruch auf. Ich legte das Stück zurück in den Koffer und holte es wieder hervor. Ich kippte den Kasten und schüttete mir ein paar Brotkrümel auf die Hand. Ich leckte sie mit der Zunge auf, sofort füllte sich der Mund mit Speichel, und die Krümel schmolzen. Ich schwankte nicht mehr. Ich zwickte drei Brotstückchen ab, nicht groß, so groß wie der Nagel des kleinen Fingers, tat das Brot in den Koffer und legte mich hin. Ich hatte die Brotkrümel abgezwickt und lutschte sie. Und ich schlief ein, stolz darauf, dass ich das Brot des Kameraden nicht gestohlen hatte.

<1967>

# Der Diebstahl

Es schneite, der Himmel war grau, die Erde war grau, und die feine Kette von Menschen, die von einem verschneiten Hügel auf den anderen hinüberstiegen, zog sich über den ganzen Horizont. Dann mussten wir lange warten, während der Brigadier seine ganze Brigade antreten ließ, als verberge sich hinter dem verschneiten Hügel irgendein General.

Die Brigade trat paarweise an und bog ab vom Pfad, dem kürzesten Weg nach Hause, in die Baracke – auf einen anderen Weg, für Pferde. Kürzlich war hier ein Traktor gefahren, der Schnee hatte seine Spuren, die aussahen wie die Pfotenabdrücke eines prähistorischen Tiers, noch nicht zugestreut. Das Laufen ging sehr viel schlechter als auf dem Pfad, alle beeilten sich, jeden Augenblick trat jemand daneben, blieb zurück, zog eilig die schneegefüllten Watte*burki* aus dem Schnee und rannte, um die Kameraden einzuholen. Plötzlich zeigte sich hinter einer Biegung an einer großen Schneewehe die schwarze Figur eines Mannes im weißen langen Pelz. Erst als ich näher kam, sah ich, dass die Schneewehe ein flacher Stapel aus Mehlsäcken war. Wahrscheinlich war hier ein Fahrzeug steckengeblieben und entladen worden, und der Traktor hatte es unbeladen abgeschleppt.

Die Brigade lief direkt auf den Wächter zu, in schnellem Schritt am Stapel vorbei. Dann wurde der Schritt der Brigade etwas langsamer, ihre Reihen zerfielen. Im Dunkeln strauchelnd, erreichten die Arbeiter schließlich das Licht der großen Lampe, die am Lagertor hing.

Die Brigade trat vor dem Tor eilig und ungeordnet an und klagte über den Frost und die Müdigkeit. Der Aufseher trat heraus, öffnete das Tor und ließ die Leute in die Zone ein. Die Leute liefen auch innerhalb des Lagers selbst weiter im Verband, aber ich verstand noch immer nichts.

Erst gegen Morgen, als sie das Mehl aus den Säcken verteilten, mit einem Kochgeschirr anstelle eines Maßes schöpfend, verstand ich, dass ich zum ersten Mal im Leben an einem Diebstahl beteiligt war.

Große Aufregung rief das bei mir nicht hervor: Ich hatte keine Zeit, über all das nachzudenken, ich musste meinen Anteil kochen, auf irgendeine Weise, die uns damals möglich war – Mehlklößchen, dünner Weizenbrei, die berühmten »Wasserspatzen« oder einfach Roggenfladen, Pfannkuchen oder -küchlein.

<1967>

# Die Stadt auf dem Berg

In diese Stadt auf dem Berg war ich das zweite und letzte Mal im Leben im Sommer fünfundvierzig gebracht worden. Aus dieser Stadt hatte man mich vor zwei Jahren zum Verfahren vor das Tribunal geholt, man gab mir zehn Jahre, und ich wanderte durch – todverheißende – Vitaminaußenstellen, zupfte Krummholz, lag im Krankenhaus, arbeitete wieder in Außenstellen und bin aus dem Abschnitt »Diamantenquelle«, wo die Bedingungen unerträglich waren – geflohen, wurde gefasst und der Ermittlung übergeben. Meine neue Haftzeit hatte gerade begonnen – der Untersuchungsführer entschied, dass der Staat keinen großen Nutzen haben wird von einer neuen Untersuchung, einem neuen Urteil, einem neuen Beginn der Haftzeit, einer neuen Zählung der Zeit meines Häftlingslebens. Die Aktennotiz sprach vom Strafbergwerk, von der Spezialzone, in der ich von nun an und bis an der Welt Ende* sein sollte. Aber ich wollte nicht sagen – Amen.

In den Lagern gibt es eine Regel – erneut Verurteile nicht in jene Bergwerke zu schicken, zu »etappieren«, in denen sie früher gearbeitet haben. Darin liegt ein großer praktischer Sinn. Der Staat verbürgt seinen Geheimen Mitarbeitern, seinen Denunzianten, Meineidigen und falschen Zeugen das Leben. Das ist ihr rechtliches Mindestmaß.

Aber mit mir verfuhr man anders – und nicht nur wegen der Faulheit des Untersuchungsführers. Nein, die Helden der Gegenüberstellung, die Zeugen meines früheren Verfahrens waren aus der Spezialzone schon weggebracht worden. Weder der Brigadier Nesterenko noch der stellvertretende Brigadier, der Vorarbeiter Kriwizkij, noch der Journalist Saslawskij, noch der mir unbekannte Schajlewitsch* waren noch in Dshelgala. Als Leute, die sich gebessert, Ergebenheit bewiesen hatten, waren sie schon aus der Spezialzone weggebracht worden. Also hatte der Staat die Denunzianten und falschen Zeugen ehrlich für ihre Arbeit bezahlt. Mein Blut, meine neue Haftzeit waren dieser Preis, diese Bezahlung.

Zum Verhör wurde ich nicht mehr gerufen, und ich saß nicht ohne Vergnügen in der vollgestopften Untersuchungszelle der Nördlichen Verwaltung. Was sie mit mir tun werden, wusste ich nicht, ob meine Flucht als eigenmächtiges Fernbleiben gewertet wird – ein weitaus geringeres Vergehen als die Flucht?

Nach etwa drei Wochen rief man mich und führte mich in eine Etappenzelle, am Fenster saß ein Mann im Mantel, in guten Stiefeln und in einer dicken, fast neuen Weste. Mich hatte er gleich »gesichtet«, wie die Ganoven sagen, er verstand gleich, dass ich der allergewöhnlichste *dochodjaga* bin, der keinen Zugang hat zur Welt seines Nachbarn. Und ich hatte ihn auch »gesichtet«: immerhin war ich nicht einfach ein »*frajer*«, sondern ein »beschlagener *frajer*«*. Vor mir hatte ich einen Ganoven, den man, so schloss ich, mit mir gemeinsam irgendwo hinbringen würde.

Sie brachten uns in eine Spezialzone, in das mir bekannte Dshelgala.

Nach einer Stunde ging die Tür unserer Zelle auf:

»Wer ist Iwan Grek?«

»Das bin ich.«

»Eine Übergabe für dich.« Der Soldat händigte Grek ein Bündel aus, und der Ganove legte das Bündel ohne Eile auf die Pritsche.

»Bestimmt bald?«

»Das Fahrzeug kommt.«

Ein paar Stunden später kroch das Fahrzeug, Gas gebend und schnaufend, an Dshelgala heran, an die Wache.

Der Lagerälteste trat hervor und prüfte unsere Papiere – Iwan Greks und meine.

Das war eben die Zone, in der man »bis auf den letzten« zur Arbeit ausrückte, in der Schäferhunde vor meinen Augen ausnahmslos alle, Gesunde und Kranke, zur Wache hinausjagten, in der man zum Ausrücken zur Arbeit hinter der Wache antrat, am Tor der Zone, von wo der steile Weg bergab, die Flugbahn durch die Tajga losging. Das Lager lag auf dem Berg, und gearbeitet wurde unten, und das bewies, dass die menschliche Grausamkeit grenzenlos ist. Auf dem Platz vor der Wache packten zwei Aufseher jeden Verweigerer an Armen und Beinen, holten Schwung und warfen ihn nach unten. Der Häftling rollte und stürzte an die dreihundert Meter, unten empfing ihn ein Soldat, und wenn der Verweigerer nicht aufstand, unter den Stößen und Schlägen nicht lief, band man ihn an den Pferdeschlitten, und die Pferde zogen den Verweigerer zur Arbeit – bis zu den Gruben war es nicht weniger als ein Kilometer. Diese Szene habe ich täglich gesehen, bis man mich aus Dshelgala wegbrachte. Jetzt war ich zurück.

Nicht dass man den Berg hinuntergeworfen wurde – so war die Spezialzone angelegt –, war das Allerschwerste. Nicht dass das Pferd den Arbeiter zur Arbeit schleppte. Schrecklich war das Ende der Arbeit – denn nach der zehrenden Arbeit im Frost, nach einem ganzen Arbeitstag musste man sich an Zweigen, Ästen und Baumstümpfen festkrallen und nach oben kriechen. Kriechen, und noch Holz für die Wache schleppen. Holz ins eigentliche Lager schleppen, nach den Worten der Leitung »für euch selbst«.

Dshelgala war ein seriöses Unternehmen. Selbstverständlich gab es hier Stachanow-Brigaden, wie die Brigade Margarjan, es gab eine schlechtere Brigade, wie unsere, und es gab auch Ganoven. Hier, wie in allen Bergwerken in den Lagerpunkten der ersten Kategorie, gab es eine Wache mit der Aufschrift: »Die Arbeit ist eine Sache der Ehre, eine Sache des Ruhmes, der Tapferkeit und des Heldentums«.

Selbstverständlich gab es hier Denunziationen, Läuse, Untersuchungen, Verhöre.

In der Sanitätsabteilung von Dshelgala war nicht mehr Doktor Mochnatsch, der mich über einige Monate jeden Tag in der Sprechstunde des Ambulatoriums gesehen hatte und auf Forderung des Untersuchungsführers in meinem Beisein schrieb: Hftl. Soundso, ist gesund und hat sich nie mit Beschwerden an die Sanitätsstelle von Dshelgala gewandt.

Und der Untersuchungsführer Fjodorow hatte gelacht und zu mir gesagt: nennen Sie mir zehn Namen von Lagerinsassen – beliebige, nach Ihrer Wahl. Ich schleuse sie durch mein Kabinett, und sie alle werden gegen Sie aussagen. Das war die reine Wahrheit, und ich wusste das genauso gut wie Fjodorow ...

Jetzt war Fjodorow nicht mehr in Dshelgala – man hatte ihn an einen anderen Ort versetzt. Und auch Mochnatsch war nicht mehr da.

Wer war denn in der Sanitätsabteilung von Dshelgala? Doktor Jampolskij, ein Freier, ehemaliger Häftling.

Doktor Jampolskij war nicht einmal Feldscher. Im Bergwerk »Spokojnyj«, wo ich ihn zum ersten Mal traf, behandelte er die Kranken nur mit Kaliumpermanganat und mit Jod, und kein Professor hätte etwas verordnet, das sich von Doktor Jampolskijs Verordnung unterschieden hätte ... Die oberste Leitung, die wusste, dass es keine Medikamente gab, verlangte auch nicht viel. Der Kampf gegen die Verlausung war hoffnungs- und nutzlos, ein formaler Vermerk der Vertreter der Sanitätsabteilung in den Akten, eine allgemeine »Aufsicht« – das war alles, was die oberste Leitung von Jampolskij verlangte. Das Paradoxe war, dass Jampolskij, der für nichts einstand und niemanden kurierte, allmählich Erfahrungen sammelte und nicht weniger geschätzt wurde als jeder Arzt an der Kolyma.

Ich hatte mit ihm eine Begegnung der besonderen Art. Der Oberarzt jenes Krankenhauses, in dem ich lag, hatte Jampolskij einen Brief mit der Bitte geschrieben, mir zu helfen, ins Krankenhaus zu kommen. Jampolskij fiel nichts Besseres ein, als diesen Brief dem Lagerchef zu geben, mich sozusagen zu denunzieren. Aber Jemeljanow verstand Jampolskijs wahre Absicht nicht und sagte, als er mich empfing: Wir schicken dich, schicken dich. Und sie schickten mich. Jetzt begegneten wir uns erneut. Gleich in der ersten Sprechstunde verkündete Jampolskij, dass er mich nicht von der Arbeit befreien und mich entlarven und Lügen strafen wird.

Vor zwei Jahren war ich in einer schwarzen Militäretappe hierher gekommen – nach der Liste des Herrn Karjakin, des Abschnittschefs im Schacht von Arkagala. Diese Opfer-Etappe hatte man nach Listen aus allen Verwaltungen, allen Bergwerken zusammengestellt und ins nächste Auschwitz an der Kolyma geführt, in die Kolyma-Spezialzonen und Vernichtungslager nach dem Jahr achtunddreißig, als die ganze Kolyma ein solches Vernichtungslager war.

Vor zwei Jahren wurde ich von hier zur Verhandlung geführt, achtzehn Kilometer durch die Tajga – eine Kleinigkeit für die Soldaten, sie wollten schnell ins Kino, und keineswegs eine Kleinigkeit für einen Menschen, der einen Monat im fensterlosen dunklen Karzer gesessen hat bei einem Becher Wasser und einem »Dreihunderter« Brot.

Auch den Karzer fand ich, vielmehr Spuren des Karzers, denn schon längst war der Isolator, der Lagerisolator neu – das Unternehmen wuchs. Ich erinnerte mich, wie der Chef des Isolators, ein Wachsoldat, Angst hatte, mich zum Geschirrwaschen hinauszulassen in die Sonne – an den Durchfluss, nicht des Flüsschens, sondern der hölzernen Rinne aus der Waschtrommel –, trotzdem bedeutete es Sommer, Sonne und Wasser. Der Isolatorchef hatte Angst, mich hinauszulassen, um das Geschirr abzuwaschen, und es selbst abzuwaschen, war er nicht zu faul, es war einfach blamabel für einen Isolatorchef. Seinem Amt nicht gemäß. Und Häftling, der ohne Ausgang saß, gab es nur einen – mich. Die anderen Sträflinge liefen herum – und ihr Geschirr musste abgewaschen werden. Ich wusch es auch gern ab – für die Luft, für die Sonne, für ein Süppchen. Wer weiß, ob ich ohne den täglichen Spaziergang damals bis vor Gericht gekommen wäre, alle Schläge ertragen hätte, die ich abbekam.

Der alte Isolator war abgetragen, und nur die Spuren seiner Mauern, die verbrannten Gruben von den Öfen waren geblieben, und ich setzte mich ins Gras und erinnerte mich an meine Verhandlung, meinen »Prozess«.

Ein Haufen alter Eisenstücke, ein Stoß, der leicht zerfiel, und als ich die Eisenstückchen durchsah, sah ich plötzlich mein Messer, ein kleines Finnenmesser, das mir der Krankenhausfeldscher irgendwann zum Abschied geschenkt hatte. Ich brauchte das Messer im Lager nicht sehr – ich kam leicht auch ohne Messer aus. Aber jeder Lagerinsasse ist stolz auf einen solchen Besitz. Auf beiden Seiten der Klinge war mit einer Feile eine kreuzförmige Markierung gemacht. Dieses Messer hatte man mir bei der Verhaftung vor zwei Jahren abgenommen. Und jetzt hatte ich es wieder in der Hand. Ich legte das Messer auf den Haufen der rostigen Eisenstücke.

Vor zwei Jahren war ich mit Warpachowskij* hier heraufgefahren – er war längst in Magadan, mit Saslawskij –, er war längst in Sussuman, und ich? Ich komme zum zweiten Mal in die Spezialzone.

Iwan Grek hatte man weggebracht.

»Komm her.«

Ich wusste schon, worum es geht. Der Rückengürtel an meiner Weste, der offene Kragen an meiner Weste, der gestrickte Baumwollschal, der breite Anderthalbmeterschal, den ich sorgfältig zu verbergen versuchte, hatte das erfahrene Auge des Lagerältesten angezogen.

»Aufknöpfen!« Ich knöpfte die Weste auf.

»Wir tauschen.« Der Älteste zeigte auf den Schal.

»Nein.«

»Überlegs dir, du bekommst dafür ordentlich.«

»Nein.«

»Nachher ist es zu spät.«

»Nein.«

Es begann eine regelrechte Jagd auf meinen Schal, aber ich hütete ihn gut, band ihn mir während des Schwitzbades um und nahm ihn niemals ab. Im Schal hatten sich bald Läuse eingenistet, aber auch diese Qualen war ich bereit zu ertragen, um nur den Schal zu behalten. Manchmal nahm ich den Schal nachts ab, um mich von den Läusebissen zu erholen, und ich sah im Licht, wie der Schal sich regte, sich bewegte. So viele Läuse waren darin. In irgendeiner Nacht war es unerträglich, der Ofen war angeheizt, es war ungewohnt heiß, und ich nahm den Schal ab und legte ihn neben mich auf die Pritsche. Augenblicklich war der Schal verschwunden, und verschwunden für immer. Eine Woche später, als ich zum Ausrücken ging und mich darauf einstellte, den Aufsehern in die Hände zu fallen und den Berg hinunter zu fliegen – sah ich den Ältesten, der am Tor der Wache stand. Um den Hals des Ältesten war mein Schal gewickelt. Selbstverständlich war der Schal gewaschen, gekocht, desinfiziert. Der Älteste sah mich nicht einmal an. Und auch ich sah meinen Schal nur einmal an. Zwei Wochen hatte meine Kraft, hatte mein unablässiger Kampf gehalten. Wahrscheinlich hatte der Älteste dem Dieb weniger Brot bezahlt, als er mir am Tag der Ankunft gegeben hätte. Wer weiß. Ich dachte darüber nicht nach. Mir wurde sogar leichter, die Bisse am Hals heilten jetzt ab und ich schlief jetzt besser.

Und trotzdem werde ich diesen Schal niemals vergessen, den ich so kurze Zeit besaß.

In meinem Lagerleben gab es fast niemals namenlose Hände, die mich im Schneesturm, im Sturm unterstützt, namenlose Kameraden, die mir das Leben gerettet hätten. Aber ich erinnere mich an jedes Stück Brot, das ich aus fremden, nichtstaatlichen Händen gegessen habe, an jede Machorka-Papirossa. Viele Male war ich ins Krankenhaus gekommen, neun Jahre lebte ich zwischen Krankenhaus und Bergwerk, ohne auf irgendetwas zu hoffen, doch auch ohne irgendjemandes Almosen zu verschmähen. Viele Male verließ ich das Krankenhaus, und schon im ersten Durchgangslager zogen mich die Ganoven oder die Lagerleitung aus.

Die Spezialzone hatte sich ausgedehnt; Wache und Isolator, von den Wachtürmen aus zu beschießen, waren neu. Neu waren auch die Wachtürme, aber die Kantine war noch dieselbe, in der zu meiner Zeit, vor zwei Jahren, der ehemalige Minister Kriwizkij und der ehemalige Journalist Saslawskij sich vor den Augen aller Brigaden mit einer schrecklichen Lagerzerstreuung amüsierten. Sie legten ein Brot hin, ließen eine Dreihunderter-Ration ohne Aufsicht auf dem Tisch zurück, als herrenlos, als Ration eines Dummkopfs, der sein Brot hat »liegenlassen«, und irgendein *dochodjaga*, halbverrückt vor Hunger, stürzte sich auf diese Ration, schnappte sie vom Tisch, trug sie in eine dunkle Ecke und versuchte, mit den Skorbut-Zähnen, die auf dem Brot Blutspuren hinterließen, dieses Schwarzbrot zu verschlingen. Aber der ehemalige Minister – er war auch ehemaliger Arzt – wusste, dass der Hungrige das Brot nicht in einem Moment verschlingt, er hat zu wenig Zähne, und er ließ das Schauspiel sich entwickeln, damit kein Weg mehr zurück führte, damit die Beweise überzeugender wären.

Eine Gruppe vertierter Arbeiter stürzte sich auf den »geköderten« Dieb. Jeder hielt es für seine Pflicht, ihn für das Verbrechen zu schlagen, zu strafen, und wenn auch die Schläge der *dochodjagi* keine Knochen brechen konnten, schlugen sie ihm doch die Seele heraus.

Das ist eine durchaus menschliche Herzlosigkeit. Ein Zug, der zeigt, wie weit sich der Mensch vom Tier entfernt hat.

Der verprügelte, blutende Dieb und Pechvogel verkroch sich in eine Ecke der Baracke, und der ehemalige Minister, der Vertreter des Brigadiers, hielt vor der Brigade dröhnende Reden über den Schaden des Diebstahls und die Heiligkeit der Gefängnisration.

All das lebte vor meinen Augen, und die essenden *dochodjagi* betrachtend, die ihre Näpfe mit einer klassischen, geschickten Bewegung der Zunge ausleckten, und den eigenen Napf genauso geschickt ausleckend, dachte ich: »Bald wird auf dem Tisch die Brot-Lockspeise erscheinen, der Brot-Köder. Wahrscheinlich sind sie schon da, der ehemalige Minister und der ehemalige Journalist, die Spitzel, falschen Zeugen und Anstifter von Verfahren.« Das »Köder«-Spiel war sehr gängig in der Spezialzone zu meiner Zeit.

Irgendwie erinnerte diese Herzlosigkeit an die Romane der Ganoven mit den hungrigen Prostituierten (und waren sie denn Prostituierte?), in denen als »Honorar« eine Brotration dient oder vielmehr, so die Abmachung, soviel von dieser Brotration, wie die Frau essen kann, während sie zusammenliegen. Alles, was sie nicht essen konnte, nahm der Ganove ihr ab und trug es wieder fort.

»Ich lasse ja die Ration vorher im Schnee gefrieren und stecke sie ihr in den Mund – viel von dem Gefrorenen nagt sie nicht ab … Dann gehe ich wieder, und die Ration ist noch heil.«

Diese Herzlosigkeit der Ganovenliebe hat nichts Menschliches. Ein Mensch kann sich solche Zerstreuungen nicht ausdenken, das kann nur ein Ganove.

Tag um Tag bewegte ich mich auf den Tod zu und erwartete nichts.

Noch immer strengte ich mich an und kroch aus dem Zonentor hinaus, um zur Arbeit zu gehen. Nur keine Arbeitsverweigerung. Für drei Verweigerungen – Erschießung. So war es im Jahr achtunddreißig. Jetzt hatten wir das Jahr fünfundvierzig, Herbst fünfundvierzig. Die Gesetze waren die alten, besonders für die Spezialzonen.

Mich warfen die Aufseher noch nicht den Berg hinab. Das Handzeichen des Begleitpostens abwartend, stürzte ich mich an den Rand des Eisbergs und rutschte hinunter, gebremst von Zweigen, Felsvorsprüngen und Eisbrocken. Ich schaffte es, mich in die Reihe zu stellen und auszuschreiten unter den Verwünschungen der ganzen Brigade, weil ich schlecht ausschritt; übrigens, kaum schlechter, kaum langsamer als die anderen. Aber eben dieser unwesentliche Kraftunterschied machte mich zum Gegenstand der allgemeinen Erbitterung, des allgemeinen Hasses. Die Kameraden, so scheint es, hassten mich mehr als der Begleitposten.

Mit den *burki* über den Schnee schlurfend, bewegte ich mich zum Arbeitsplatz, das Pferd zog im Schlitten das nächste Opfer des Hungers und der Schläge an uns vorbei. Wir machten dem Pferd Platz und krochen in dieselbe

Richtung – zum Beginn des Arbeitstags. An das Ende des Arbeitstags dachte niemand. Das Ende der Arbeit kam von selbst, und irgendwie war nicht wichtig, kommt dieser neue Abend, eine neue Nacht, ein neuer Tag – oder nicht.

Die Arbeit war von Tag zu Tag schwerer, und ich spürte, dass besondere Maßnahmen nötig waren.

»Gussew. Gussew! Gussew wird mir helfen.«

Seit gestern war Gussew mein Partner beim Aufräumen einer neuen Baracke – den Müll verbrennen, und den Rest unter die Erde, in den Keller, in den Dauerfrostboden.

Ich kannte Gussew. Vor etwa zwei Jahren waren wir uns im Bergwerk begegnet, und eben Gussew hatte geholfen, mein gestohlenes Päckchen wiederzufinden, hatte gezeigt, wen man schlagen muss, und er wurde von der ganzen Baracke geschlagen, und das Päckchen fand sich. Ich gab damals Gussew ein Stück Zucker, eine Handvoll Kompott – nicht alles musste ich ja abgeben für das Auffinden, für die Denunziation. Gussew kann ich mich anvertrauen.

Ich hatte einen Ausweg gefunden – mir den Arm zu brechen. Mit einem kurzen Brecheisen schlug ich auf meinen linken Arm, aber außer blauen Flecken kam nichts dabei heraus. Entweder hatte ich nicht die Kraft, einen menschlichen Arm zu brechen, oder irgendein innerer Wächter ließ mich nicht richtig ausholen. Sollte Gussew ausholen.

Gussew weigerte sich.

»Ich könnte dich denunzieren. Nach dem Gesetz werden Selbstverstümmler entlarvt, und du würdest drei Jahre Zuschlag kriegen. Das tue ich nicht. Ich erinnere mich an das Kompott. Aber das Brecheisen in die Hand zu nehmen bitte mich nicht, das werde ich nicht tun.«

»Warum?«

»Weil du dem Fahnder sagen wirst, sobald sie dich schlagen, dass ich es war.«

»Das sage ich nicht.«

»Das Gespräch ist beendet.«

Ich musste eine Arbeit finden, die leichter war als leicht, und ich bat Doktor Jampolskij, mich zu sich zum Bau des Krankenhauses zu holen. Jampolskij hasste mich, aber er wusste, dass ich früher als Sanitäter gearbeitet hatte.

Ich erwies mich als ungeeigneter Arbeiter.

»Wieso«, sagte Jampolskij und kratzte sein assyrisches Bärtchen, »willst du nicht arbeiten.«

»Ich kann nicht.«

»Du sagst ›ich kann nicht‹ zu mir, dem Arzt.«

»Sie sind ja kein Arzt«, wollte ich sagen, denn ich wusste, wer Jampolskij war. Aber »wenn du es nicht glaubst, nimms als Märchen«. Im Lager ist jeder – ob Häftling oder Freier, ob Arbeiter oder Chef, ganz gleich – der, für den er sich ausgibt ... Damit rechnet man sowohl formal als auch ganz real.

Natürlich, Doktor Jampolskij ist der Chef der Sanitätsabteilung, und ich bin Arbeiter, Insasse der Strafabteilung, der Spezialzone.

»Jetzt habe ich dich verstanden«, sagte der Doktor boshaft. »Ich bringe dir bei, zu leben.«

Ich schwieg. Wie viele Leute haben mich in meinem Leben leben gelehrt.

»Morgen werde ich es dir zeigen. Morgen erfährst du von mir ...« Aber morgen kam nie.

In der Nacht, bachaufwärts durchbrechend, erreichten unsere Stadt auf dem Berg zwei Fahrzeuge, zwei Lastwagen. Brummend und Gas gebend krochen sie bis ans Tor der Zone und wurden entladen.

In den Lastwagen waren Leute in einer ausländischen schönen Uniform.

Das waren Repatrianten. Aus Italien, Arbeitseinheiten aus Italien. Wlassow-Leute? Nein. Übrigens klang »Wlassow-

Leute« für uns, die alten, von der Welt abgeschnittenen Kolymabewohner, allzu unklar, und für die Neulinge allzu nah und lebendig. Ein Schutzreflex sagte ihnen: Schweigen! Und uns verbot die Ethik der Kolyma, sie zu befragen.

In der Spezialzone, im Bergwerk Dshelgala wurde schon lange gemunkelt, dass Repatrianten hierher gebracht werden. Ohne Haftstrafe. Die Urteile wird man nachträglich herbringen, später. Aber die Menschen waren lebendig, lebendiger als die *dochodjagi* der Kolyma.

Für die Repatrianten war das das Ende des Wegs, der in Italien, auf den Meetings begonnen hatte. Die Heimat ruft euch, die Heimat verzeiht. Von der russischen Grenze an wurden bei den Waggons Begleitposten aufgestellt. Die Repatrianten kamen direkt an die Kolyma, um mich von Doktor Jampolskij zu trennen, mich vor der Spezialzone zu retten.

Nichts als ihre Seidenwäsche und die schönen neuen ausländischen Militäruniformen war den Repatrianten geblieben. Die goldenen Uhren, die Anzüge und Hemden hatten die Repatrianten unterwegs gegen Brot getauscht – auch bei mir war das so gewesen, der Weg war lang, und ich kannte diesen Weg gut. Von Moskau bis Wladiwostok transportiert man eine Etappe fünfundvierzig Tage. Dann der Dampfer Wladiwostok–Magadan fünf Tage, dann die endlosen Tage im Durchgangslager, und das Ende des Weges – Dshelgala.

In den Fahrzeugen, die die Repatrianten gebracht hatten, wurden in die Verwaltung – ins Ungewisse – fünfzig Häftlinge aus dem Speziallager geschickt. Ich war nicht auf diesen Listen, aber Doktor Jampolskij stand darauf, und er ist mir in meinem Leben nicht wieder begegnet.

Der Älteste wurde weggefahren, und zum letzten Mal sah ich an seinem Hals meinen Schal, der mir solche Qualen und Sorgen bereitet hatte. Die Läuse waren natürlich verdampft, vernichtet.

Also werden die Aufseher im Winter die Repatrianten mit Schwung nach unten schleudern und dort an den Schlitten binden und in die Grube zur Arbeit schleppen. So wie sie uns geworfen haben ...

Es war Anfang September, es begann der Winter an der Kolyma ...

Bei den Repatrianten wurde eine Durchsuchung gemacht und alle zum Zittern gebracht. Die erfahrenen Lageraufseher holten ans Licht, was »in Freiheit« durch Dutzende Durchsuchungen gegangen war, von Italien an – ein kleiner Zettel, ein Dokument, ein Manifest von Wlassow! Aber diese Nachricht machte nicht den geringsten Eindruck. Von Wlassow, von seiner Russischen Befreiungsarmee hatten wir nichts gehört, und jetzt plötzlich ein Manifest.

»Und was werden sie dafür bekommen?«, fragte einer der Männer, die am Ofen Brot trockneten.

»Gar nichts werden sie bekommen.«

Wie viele von ihnen Offiziere waren, weiß ich nicht. Wlassow-Offiziere wurden erschossen; vielleicht waren hier nur Gemeine, wenn man sich an einige Eigenschaften der russischen Psychologie und Natur erinnert.

Etwa zwei Jahre nach diesen Ereignissen ergab es sich, dass ich als Feldscher in der Japanerzone arbeitete. Dort wurde in jeder Funktion – Barackendienst, Brigadier, Sanitäter – unbedingt ein Offizier eingesetzt, und das galt als selbstverständlich, auch wenn die gefangenen japanischen Offiziere in der Krankenhauszone keine Uniform trugen.

Bei uns aber entlarvten und enthüllten die Repatrianten nach längst bekannten Mustern.

»Sie arbeiten in der Sanitätsabteilung?«

»Ja, in der Sanitätsabteilung.«

»Malinowskij wurde zum Sanitäter bestimmt. Erlauben Sie, Ihnen vorzutragen, dass Malinowskij mit den Deutschen zusammengearbeitet hat, er hat in einer Kanzlei gearbeitet, in Bologna. Ich habe es selbst gesehen.«

»Das ist nicht meine Sache.«

»Und wessen sonst? An wen muss ich mich wenden?«

»Ich weiß nicht.«

»Sonderbar. Und braucht jemand ein Seidenhemd?«

»Ich weiß nicht.«

Der erfreute Barackendienst kam dazu, er fuhr, fuhr, fuhr ab aus der Spezialzone.

»Na, reingefallen, mein Lieber? In italienischen Uniformen in den Dauerfrost. Das geschieht euch recht. Dient nicht bei den Deutschen!«

Und da sagte der Neue leise:

»Wir haben wenigstens Italien gesehen. Und ihr?«

Und der Barackendienst machte ein finsteres Gesicht und war still. Die Kolyma hatte die Repatrianten nicht erschreckt.

»Uns gefällt hier im großen Ganzen alles. Man kann leben. Ich verstehe nur nicht, warum eure Leute in der Kantine nie das Brot essen – diese zweihunderter oder dreihunderter – je nachdem, wie jeder gearbeitet hat. Hier gibt es doch Prozente?«

»Ja, hier gibt es Prozente.«

»Alle essen Suppe und Grütze ohne Brot, und das Brot tragen sie aus irgendeinem Grund in die Baracke.«

Der Repatriant hatte zufällig die wichtigste Frage des Alltags an der Kolyma berührt.

Aber ich mochte nicht antworten:

»Noch zwei Wochen, und jeder von euch wird dasselbe tun.«

<1967>

# Das Examen

Ich hatte nur überlebt und die Hölle der Kolyma verlassen, weil ich Arzt geworden war, den Feldscherlehrgang im La-ger abgeschlossen, das Staatsexamen abgelegt hatte. Aber noch davor, zehn Monate früher, hatte es ein anderes Exa-men gegeben – die Aufnahme-, die wichtigere Prüfung, mit einem besonderen Sinn – für mich wie auch für mein Schicksal. Die Zerreißprobe war bestanden. Der Napf mit Lagerkohlsuppe war wohl eine Art Ambrosia: In der Mittel-schule hatte ich keine Kenntnisse über die Speise der Götter bekommen. Aus denselben Gründen, aus denen ich die che-mische Formel für Gips nicht kannte.

Die Welt, in der Götter und Menschen leben – ist eine gemeinsame Welt. Es gibt Ereignisse, die für Menschen wie Götter gleichermaßen bedrohlich sind. Homers For-meln sind sehr richtig. Aber zu Homers Zeiten gab es keine kriminelle Unterwelt, keine Welt der Konzentrationslager. Plutos Unterwelt erscheint als Paradies, als Himmel im Ver-gleich zu dieser Welt. Aber auch diese unsere Welt – liegt nur eine Etage unter der Plutos; auch von hier erheben sich die Menschen in den Himmel, und die Götter kommen manchmal herab, steigen die Leiter herunter – weiter als bis in die Hölle.

In diesen Lehrgang sollten auf Befehl des Staates »*byto-wiki*« aufgenommen werden, und von Artikel achtundfünf-zig nur Punkt zehn: »Agitation« – keine anderen Punkte.

Ich hatte ausgerechnet Artikel achtundfünfzig, Punkt zehn – im Krieg hatte man mich verurteilt für die Behauptung, Bunin sei ein russischer Klassiker. Aber ich war ja schon zwei, drei Mal verurteilt nach Artikeln, die für einen vollwertigen Lehrgangsteilnehmer nicht taugten. Doch den Versuch war es wert: In der Lagerregistratur herrschte nach den Aktionen des Jahres siebenunddreißig und auch nach dem Krieg ein solches Durcheinander, dass es wert war, das Leben aufs Spiel zu setzen.

Das Schicksal ist ein Bürokrat, ein Formalist. Man hat bemerkt, dass das über den Kopf des Verurteilten erhobene Henkersschwert genauso schwer anzuhalten ist wie die Hand des Gefängniswärters, der die Tür zur Freiheit aufschließt. Das Gelingen, das Roulette, Monte Carlo, das von Dostojewskij poetisierte Symbol des blinden Zufalls*, erwiesen sich plötzlich als wissenschaftlich erkennbares Schema – als Gegenstand einer großen Wissenschaft. Der leidenschaftliche Wille, das »System« im Casino zu erkennen, hat es zu einem wissenschaftlichen, dem Studium zugänglichen gemacht.

Ist der Glaube an das Glück, an den Erfolg, an einen höchsten Grad dieses Erfolgs dem menschlichen Verstehen zugänglich? Und ist nicht der Instinkt, der blinde tierische Wille zur Wahl in etwas Größerem begründet als dem Zufall? »Solange es gelingt, muss man mit allem einverstanden sein«, sagte mir der Lagerkoch. Geht es um das Gelingen? Das Unglück ist nicht aufzuhalten. Aber auch das Glück ist nicht aufzuhalten. Vielmehr das, was die Häftlinge Glück nennen, Häftlingsglück.

Sich dem Schicksal anvertrauen bei günstigem Rückenwind und zum millionsten Mal die Fahrt der »Kon-Tiki*« über die menschlichen Meere wiederholen?

Oder anders – dich durch eine Ritze des Käfigs drücken – kein Käfig ohne Ritzen! – und zurück, in die Dunkelheit gleiten. Oder dich in die Kiste zwängen, die ans Meer gebracht wird und in die du nicht gehörst, aber bis man das herausfindet, werden dich die bürokratischen Formalien retten.

All das ist der tausendste Teil der Gedanken, die mir damals in den Kopf hätten kommen können, aber nicht kamen.

Das Urteil war betäubend. Mein Lebendgewicht war schon in den für den Tod notwendigen Zustand gebracht. Untersuchung im dunklen Karzer, ohne Fenster und Licht, unter der Erde. Einen Monat bei einem Becher Wasser und einem Dreihunderter Schwarzbrot.

Übrigens hatte ich schon in schlimmeren Karzern gesessen. Die Transportaußenstelle in Kadyktschan war auf dem Gebiet einer Strafzone untergebracht. Strafzonen, Spezialzonen, die Auschwitz-Lager und Goldbergwerke der Kolyma wandern von Ort zu Ort, sie befinden sich in ewiger bedrohlicher Bewegung und hinterlassen Massengräber und Karzer. In der Transportaußenstelle Kadyktschan war der Karzer in den Fels gehauen, in den Dauerfrostboden. Man brauchte dort nur einmal zu übernachten, um zu sterben, sich zu Tode zu erkälten. Acht Kilogramm Holz retten nicht in einem solchen Karzer. Diesen Karzer nutzten die Straßenbauer. Die Straßenbauer hatten eine eigene Verwaltung, eigene begleitpostenfreie Gesetze – eine eigene Praxis. Nach den Straßenbauern ging der Karzer auf das Lager Arkagala über, und der Chef des Abschnitts Kadyktschan, Ingenieur Kisseljow, erhielt auch das Recht, »bis zum Morgen« einzusperren. Der erste Versuch misslang: zwei Männer, zwei Lungenentzündungen, zwei Tode.

Der dritte war ich. »Ausziehen bis auf die Wäsche und in den Karzer bis zum Morgen.« Aber ich war erfahrener als die beiden. Der Ofen, den zu heizen sonderbar war, denn die Eiswände schmolzen und froren dann wieder, Eis über

dem Kopf und unter den Füßen. Der Fußboden aus Rund-
hölzern war längst verbrannt. Ich lief die ganze Nacht auf
und ab, den Kopf in die Weste gesteckt, und kam mit zwei
erfrorenen Zehen davon.

.............................................

Die blass gewordene Haut, von der Junisonne in zwei, drei
Stunden braun verbrannt. Ich stand im Juni vor Gericht –
ein winziges Zimmer in der Siedlung Jagodnyj, in dem alle
aneinandergedrängt saßen – die Leute vom Tribunal und
die Begleitposten, Beschuldigter und Zeugen – in dem es
schwer war, zu verstehen, wer der Angeklagte ist und wer
der Richter.

Wie sich zeigte, brachte das Urteil statt des Todes das
Leben. Mein Verbrechen wurde nach einem leichteren Artikel bestraft als dem, mit dem ich an die Kolyma gekommen
war.

Meine Knochen schmerzten, die offenen Geschwüre
wollten nicht heilen. Und das Wichtigste, ich wusste nicht,
ob ich lernen konnte. Vielleicht sind die Narbenfurchen in
meinem Hirn, die mir Hunger, Schläge und Schubser beigebracht haben – für immer, und ich bin bis an mein Lebensende dazu verdammt, nur über dem Lagernapf zu knurren
wie ein Tier – und nur an Lagerdinge zu denken. Aber das
Risiko war es wert – so viele Zellen hatte ich noch in meinem Hirn, um diese Entscheidung zu treffen. Die animalische Entscheidung zu einem animalischen Sprung, um ins
Reich des Menschen zu gelangen.

Und wenn sie mich verprügeln und gleich aus dem Lehrgang werfen – zurück in die Grube, zur verhassten Schaufel,
zur Hacke –, na und! Dann bleibe ich einfach ein Tier –
und Schluss.

All das war mein Geheimnis, ein Geheimnis, das ganz einfach zu bewahren war – ich brauchte nur nicht daran zu denken. Und so machte ich es.

Das Fahrzeug war längst abgefahren von der glatten zentralen Trasse, der Todesstraße, es hüpfte durch Schlaglöcher, Schlaglöcher, Schlaglöcher und warf mich an die Seitenwand. Wohin brachte mich das Fahrzeug? Mir war ganz gleich, wohin – schlechter wird es nicht sein als das, was hinter mir lag in diesen neun Lagerjahren der Wanderschaft zwischen Grube und Krankenhaus. Das Rad des Lagerfahrzeugs zog mich zum Leben, und gierig wollte ich glauben, dass das Rad niemals stehenbleibt.

Ja, man nimmt mich in die Lagerabteilung auf, bringt mich in die Zone. Der Diensthabende hat das Paket geöffnet und brüllt mich nicht an: »Geh zur Seite! Warte!« Das Badehaus, in dem ich die Wäsche abwerfe, ein Geschenk des Arztes – ich hatte ja nicht immer Wäsche gehabt auf meinen Wanderungen durch die Bergwerke. Ein Abschiedsgeschenk. Neue Wäsche. Hier, im Krankenhauslager, gelten andere Regeln – hier ist die Wäsche »unpersönlich«, nach der alten Lagermode. Statt der festen Nesselwäsche gibt man mir irgendwelche geflickten Fetzen. Das ist ganz gleich. Von mir aus Fetzen. Von mir aus unpersönliche Wäsche. Aber ich freue mich nicht besonders lange über die Wäsche. Wenn »ja«, dann werde ich mich noch beim nächsten Mal im Badehaus waschen können, und wenn »nein«, dann lohnt es auch nicht, sich zu waschen. Man führt uns in die Baracken, Doppelpritschen-Baracken Typus Eisenbahn. Also ja, ja, ja ... Aber alles liegt noch vor mir. Alles versinkt in einem Meer von Gerüchten. Achtundfünfzig sechs wird nicht genommen. Nach dieser Ankündigung wird einer von uns, Lunew, weggefahren, und er verschwindet für immer aus meinem Leben.

Achtundfünfzig acht, eins – a! – wird nicht genommen.
KRTD – auf keinen Fall. Das ist schlimmer als jeder Vaterlandsverrat.

Und KRA*? KRA – das ist dasselbe wie achtundfünfzig, Punkt zehn. KRA wird genommen.

Und ASA*? Wer hat ASA? »Ich«, sagte ein Mann mit blassem und schmutzigem Gefängnisgesicht – wir waren zusammen in dem Fahrzeug durchgerüttelt worden.

ASA – das ist dasselbe wie KRA. Und KRD*? KRD – das ist natürlich nicht KRTD, aber auch nicht KRA. In den Lehrgang wird KRD nicht aufgenommen.

Am besten reiner achtundfünfzig, Punkt zehn ohne jede Ersetzung durch Kürzel.

Achtundfünfzig, Punkt sieben – Sabotage. Wird nicht genommen. Achtundfünfzig, acht. Terror. Wird nicht genommen.

Ich habe achtundfünfzig. Punkt zehn. Ich bleibe in der Baracke.

Die Aufnahmekommission für den Feldscherlehrgang beim Zentralen Lagerkrankenhaus ließ mich zu den Prüfungen zu. Prüfungen? Ja, Examina. Das Aufnahmeexamen. Was habt ihr denn gedacht? Der Lehrgang ist eine ernsthafte Einrichtung, die Urkunden ausgibt. Der Lehrgang muss wissen, mit wem er es zu tun hat.

Aber erschreckt nicht. Zu jedem Fach, russische Sprache – ein schriftliches, Mathematik – ein schriftliches und Chemie – ein mündliches Examen. Drei Fächer, drei Testate. Mit allen künftigen Teilnehmern werden die Krankenhausärzte, die Dozenten des Lehrgangs, vor den Examina Gespräche führen. Ein Diktat. Neun Jahre hat sich meine Hand nicht aufgebogen, für immer gekrümmt um den Stiel der Schaufel – sie biegt sich nur unter Knirschen auf, nur mit Schmerzen, nur im Badehaus, aufgeweicht im warmen Wasser.

Ich bog die Finger mit der linken Hand auf, legte den Federhalter hinein, tauchte die Feder ins standsichere Tintenfass und schrieb mit zitternder Hand, von kaltem Schweiß bedeckt, dieses verdammte Diktat. Mein Gott!

Im Jahr sechsundzwanzig – vor zwanzig Jahren – hatte ich das letzte Mal ein Examen in russischer Sprache abgelegt, bei der Bewerbung an der Moskauer Universität. Beim »freien« Thema hatte ich zweihundert Prozent »gemacht« – und war von den mündlichen Prüfungen befreit worden. Hier gab es keine mündlichen Prüfungen. Dann erst recht! Dann erst recht – Achtung: Turgenjew oder Babajewskij*? Das war mir entschieden gleich. Ein leichter Text ... Ich prüfte die Kommas und Punkte. Nach dem Wort »Mastodont« ein Semikolon. Offensichtlich Turgenjew. Bei Babajewskij kann es keine Mastodonte geben. Und auch kein Semikolon.

»Ich wollte einen Text von Dostojewskij oder Tolstoj geben, aber ich habe Angst bekommen, dass man mir konterrevolutionäre Propaganda vorwirft«, erzählte mir später der Prüfer, der Feldscher Borskij. Die Prüfungen in russischer Sprache abzunehmen weigerten sich einträchtig sämtliche Professoren, sämtliche Lehrer, die sich nicht auf ihre Kenntnisse verließen. Am nächsten Tag die Antwort. Eine Fünf*. Die einzige Fünf: Die Bilanz des Diktats war jämmerlich.

Das Gespräch über Mathematik versetzte mich in Angst. Die kleinen Aufgaben, die zu lösen waren, wurden gelöst wie eine Erleuchtung, eine Eingebung, und riefen einen schrecklichen Kopfschmerz hervor. Und waren trotzdem gelöst.

Diese vorbereitenden Gespräche, die mir anfangs Angst gemacht hatten, hatten mich beruhigt. Und ich wartete gierig auf das letzte Examen, vielmehr das letzte Gespräch – über Chemie. Chemie konnte ich nicht, aber ich dachte, die Kameraden werden erzählen. Aber niemand übte mit jemand anderem, jeder wiederholte für sich. Den anderen zu helfen ist im Lager nicht üblich, und ich war nicht gekränkt, sondern erwartete einfach mein Schicksal und zählte auf das Gespräch mit dem Dozenten. Chemie las auf dem Lehrgang das Mitglied der Ukrainischen Akademie der Wissenschaften Bojtschenko – Haftzeit fünfundzwanzig plus fünf, und Bojtschenko nahm auch die Prüfungen ab.

Am Ende des Tages, als die Examina in Chemie angekündigt wurden, sagte man uns, dass Bojtschenko keinerlei vorbereitende Gespräche führen wird. Er hält sie für unnötig. Er wird sich beim Examen orientieren.

Für mich war das eine Katastrophe. Ich hatte niemals Chemie gelernt. Unser Chemielehrer in der Mittelschule, Sokolow, war im Bürgerkrieg erschossen worden. Ich lag lange da in dieser Winternacht in der Baracke der Kursteilnehmer und dachte an Wologda im Bürgerkrieg. Über mir lag Suworow – zum Examen angereist aus einer ebenso fernen Bergwerksverwaltung wie ich, und an Bettnässen leidend. Ich war zu faul, zu fluchen. Ich fürchtete, dass er mir anbietet, die Plätze zu tauschen – und dann wäre er es gewesen, der sich über seinen Nachbarn von oben beschwert. Ich wandte einfach das Gesicht ab von diesen übelriechenden Tropfen.

Ich bin in Wologda geboren und aufgewachsen. Diese nördliche Stadt ist eine ungewöhnliche Stadt. Hier hat sich im Lauf der Jahrhunderte die zaristische Verbannung angelagert – Protestierende, Rebellen, unterschiedliche Kritiker haben im Laufe vieler Generationen hier ein besonderes ethisches Klima geschaffen, von höherem Niveau als in jeder anderen russischen Stadt. Hier waren die moralischen Ansprüche, die kulturellen Ansprüche erheblich höher. Die Jugend drängte hier früher zu den lebendigen Vorbildern an Opferbereitschaft und Selbsthingabe.

Und immer dachte ich mit Erstaunen daran, dass Wologda die einzige Stadt in Russland war, in der es nie einen einzigen Aufruhr gegen die Sowjetmacht gegeben hat. Solche Aufruhre erschütterten den gesamten Norden: Murmansk, Archangelsk, Jaroslawl, Kotlas. Die nördlichen Ränder brannten im Aufruhr – bis nach Tschukotka, bis nach Ola, ganz zu schweigen vom Süden, wo jede Stadt nicht nur einmal einen Machtwechsel erlebte.

Und nur Wologda, das verschneite Wologda, das Verbannten-Wologda – schwieg. Ich wusste warum ... Dafür gab es eine Erklärung.

1918 war der Chef der Nordfront M.S. Kedrow* nach Wologda gekommen. Seine erste Verfügung zur Befestigung der Front und des Hinterlandes war die Erschießung von Geiseln. Zweihundert Mann wurden erschossen in Wologda, einer Stadt mit sechzehntausend Einwohnern. Kotlas, Archangelsk – zählen noch einmal gesondert.

Kedrow war jener Schigaljow*, den Dostojewskij vorhergesagt hat.

Die Aktion war derart ungewöhnlich selbst für jene blutigen Zeiten, dass Moskau von Kedrow Erklärungen verlangte. Kedrow zuckte nicht mit der Wimper. Er legte nicht mehr und nicht weniger als eine persönliche Notiz Lenins auf den Tisch. Sie wurde Anfang der Sechziger in der Militärhistorischen Zeitschrift veröffentlicht, vielleicht ein wenig früher. Hier der ungefähre Text: »Lieber Michail Stepanowitsch. Sie werden auf einen republikswichtigen Posten ernannt. Ich bitte, keine Schwäche zu zeigen. Lenin.«

Später arbeitete Kedrow einige Jahre in der WTschK* – im MWD, ständig entlarvte er irgendjemanden, denunzierte, verfolgte, überprüfte und vernichtete Feinde der Revolution. In Jeshow sah Kedrow den am stärksten leninistischen Volkskommissar – einen stalinistischen Volkskommissar. Aber Berija, der Jeshow ablöste, gefiel Kedrow nicht. Kedrow organisierte die Bespitzelung Berijas ... Er beschloss, die Ergebnisse der Beobachtung Stalin zu überreichen. Zu jener Zeit war Kedrows Sohn herangewachsen, Igor, ein Mitarbeiter des MWD. Sie verabredeten sich so, dass der Sohn den Bericht an seine Vorgesetzten übergeben sollte – und falls er verhaftet würde, würde der Vater Stalin mitteilen, dass Berija ein Feind ist. Kedrows Verbindungskanäle dorthin waren sehr verlässlich.

Der Sohn übergab den Bericht offiziell, wurde verhaftet und erschossen. Der Vater schrieb einen Brief an Stalin, wurde verhaftet und einem Verhör unterzogen, das Berija persönlich führte. Berija brach Kedrow mit einer Eisenstange das Rückgrat.

Stalin hatte Berija einfach Kedrows Brief gezeigt.

Kedrow schrieb einen zweiten Brief an Stalin über seinen gebrochenen Rücken und die Verhöre, die Berija führte.

Danach erschoss Berija Kedrow in der Zelle. Auch diesen Brief hatte Stalin Berija gezeigt. Zusammen mit dem ersten wurde er nach Stalins Tod in dessen persönlichem Safe gefunden.

Von beiden Briefen, ihrem Inhalt und den Umständen dieses Briefwechsels »auf höchster Ebene« berichtete Chruschtschow ganz offen auf dem XX. Parteitag. All das wiederholte Kedrows Biograph in seinem Buch über ihn.

Ob sich Kedrow vor seinem Tod an die Geiseln von Wologda erinnerte, die er erschossen hat, weiß ich nicht.

Unser Chemielehrer Sokolow wurde als eine dieser Geiseln erschossen. Und darum habe ich niemals Chemie gelernt. Ich kannte nicht die Wissenschaft des Herrn Bojtschenko, der keine Zeit für Konsultationen fand.

Also zurückfahren, ins Bergwerk, und dann eben kein Mensch sein. Allmählich sammelte sich meine alte Erbitterung, sie pochte in den Schläfen, und ich hatte schon vor nichts mehr Angst. Etwas sollte passieren. Eine Periode des Erfolgs ist so wenig abzuwenden wie eine Periode des Unglücks – das weiß jeder Kartenspieler, jeder Spieler von Terz, Rams und Siebzehn und Vier ... Der Einsatz war sehr hoch.

Die Kameraden um ein Lehrbuch bitten? Es gab keine Lehrbücher. Sie bitten, wenigstens irgendetwas aus der Chemie zu erzählen. Aber habe ich denn das Recht, die Zeit meiner Kameraden zu beanspruchen? Ein Fluch ist die einzige Antwort, die ich bekommen kann.

Blieb nur, sich zu sammeln, sich anzuspannen – und abzuwarten.

Wie oft sind Ereignisse höherer Ordnung gebieterisch, machtvoll in mein Leben eingetreten und haben diktiert, gerettet, zurückgewiesen und mir Wunden beigebracht, unverdiente, unerwartete ... Ein wichtiges Motiv meines Lebens war mit diesem Examen verbunden, mit dieser Erschießung vor einem Vierteljahrhundert.

Ich wurde als einer der ersten geprüft. Ein lächelnder Bojtschenko, der mir in höchstem Maße wohlgesonnen war. Tatsächlich – vor ihm stand wenn auch kein Mitglied der Ukrainischen Akademie der Wissenschaften, kein Professor der Chemie, so doch ein offenbar gebildeter Mann, ein Journalist, zwei Mal eine Fünf. Allerdings ärmlich gekleidet, auch abgemagert, ein Drückeberger wahrscheinlich, ein Simulant. Bojtschenko war noch nicht weiter gefahren als bis Kilometer 23 von Magadan, vom Meeresspiegel. Das war sein erster Winter an der Kolyma. Was für ein Faulenzer auch vor ihm stand, er musste ihm helfen.

Das Buch der Protokolle – Fragen und Anworten – lag vor Bojtschenko.

»Nun, mit Ihnen, so hoffe ich, werden wir uns nicht aufhalten. Schreiben Sie die Formel für Gips.«

»Ich weiß sie nicht.«

Bojtschenko erstarrte. Vor ihm stand ein Frechling, der nicht lernen wollte.

»Und die Formel für Kalk?«

»Ich weiß sie auch nicht.«

Wir gerieten beide in Raserei. Als erster fing sich Bojtschenko. Hinter dieser Antwort verbargen sich irgendwelche Geheimnisse, die Bojtschenko nicht verstehen wollte und konnte, aber es war möglich, dass man diese Geheimnisse respektieren musste. Außerdem hatte man ihn informiert. Hier ist ein sehr geeigneter Teilnehmer. Schikanieren Sie ihn nicht.

»Nach dem Gesetz muss ich dir«, Bojtschenko war schon zum ›du‹ übergegangen, »drei Fragen stellen und protokollieren. Zwei habe ich schon gestellt. Jetzt die dritte: ›Das periodische Elementensystem von Mendelejew‹*.«

Ich schwieg und rief mir ins Hirn, in die Kehle, auf Zunge und Lippen alles, was ich über das Periodensystem der Elemente wissen konnte. Natürlich wusste ich, dass Blok mit der Tochter Mendelejews verheiratet war, ich hätte alle Einzelheiten dieses sonderbaren Liebesverhältnisses erzählen können. Aber nicht das brauchte ja der Professor der chemischen Wissenschaften. Irgendwie brummelte ich unter dem verächtlichen Blick des Prüfers etwas sehr entfernt mit dem Periodensystem der Elemente Verbundenes.

Bojtschenko gab mir eine Drei, und ich hatte überlebt, war der Hölle entkommen.

Ich schloss den Lehrgang ab und schloss meine Haftzeit ab, erlebte den Tod Stalins und kehrte nach Moskau zurück.

Bojtschenko und ich haben uns nicht bekannt gemacht und sind nicht ins Gespräch gekommen. Während meiner Zeit im Lehrgang hasste mich Bojtschenko und fand, dass meine Antworten in der Prüfung eine persönliche Beleidigung für den Wissenschaftler waren.

Bojtschenko erfuhr niemals vom Schicksal meines Chemielehrers, der erschossenen Geisel von Wologda.

Und dann kamen acht Monate Glück, ununterbrochenes Glück, gieriges Verschlingen und Aufsaugen von Kenntnissen, ein Lernen, bei dem die Testatnote für jeden Teilnehmer das Leben war, und die Dozenten, die das wussten – alle, außer Bojtschenko –, dieser bunten, undankbaren Häftlingsmenge all ihre Kenntnisse, alles Können gaben, das sie bei Arbeiten von nicht geringerem Rang als Bojtschenkos erworben hatten.

Das Examen fürs Leben war bestanden, das Staatsexamen abgelegt. Wir alle hatten das Recht erhalten, zu behandeln, zu leben, zu hoffen. Ich wurde als Feldscher in die chirurgische Abteilung des großen Lagerkrankenhauses geschickt, behandelte, arbeitete, lebte und verwandelte mich – sehr allmählich – in einen Menschen.

Es verging ungefähr ein Jahr.

Überraschend wurde ich zum Krankenhauschef Doktor Doktor gerufen. Das war ein früherer Politabteilungsmann, der sein ganzes Leben an der Kolyma der Beschnüffelung, dem Entlarven, der Wachsamkeit, der Nachforschung, der Denunziation und Verfolgung von nach politischen Artikeln verurteilten Häftlingen gewidmet hatte.

»Häftling Feldscher Soundso auf ihre Aufforderung ...«

Doktor Doktor war hellblond, rotblond – und trug einen Puschkin-Backenbart. Er saß am Tisch und blätterte in meiner Lagerakte.

»Erzähl mir doch mal, wie bist du auf diesen Lehrgang gekommen?«

»Wie ein Häftling auf diesen Lehrgang kommt, Bürger Natschalnik? Er wird gerufen, man holt seine Lagerakte, gibt die Akte dem Begleitposten, setzt ihn in ein Fahrzeug und fährt ihn nach Magadan. Wie denn sonst, Bürger Natschalnik?«

»Geh weg von hier«, sagte Doktor Doktor, weiß vor Wut.

<1966>

# Der Brief

Der halbbetrunkene Funker riss meine Tür weit auf.

»Du hast Post aus der Verwaltung, komm in meine Hütte.« Und verschwand im Dunkeln im Schnee.

Ich schob die Hasenkörper vom Ofen weg, die ich von meiner Ausfahrt mitgebracht hatte – es hatte eine Unmenge an Hasen gegeben, dass man kaum nachkam, die Schlingen aufzustellen, und das Barackendach war zur Hälfte mit Hasenkörpern belegt, gefrorenen Hasenkörpern … Verkaufen konnten die Arbeiter sie niemandem, sodass das Geschenk – zehn Hasenkörper – nicht zu teuer war und keine Entlohnung, Belohnung verlangte. Aber die Hasen mussten erst aufgetaut werden. Jetzt war mir nicht nach den Hasen.

Post aus der Verwaltung, ein Telegramm, ein Radiogramm, ein Telefonogramm auf meinen Namen – das erste Telegramm in fünfzehn Jahren. Betäubend und aufregend wie auf dem Dorf, wo jedes Telegramm tragisch ist, mit dem Tod verbunden. Die Einbestellung zur Freilassung – nein, mit der Freilassung hatten sie es nicht eilig, und ich war ja schon lange frei. Ich ging zum Funker in sein befestigtes Schloss, die Station mit Schießscharten und dreifachem Palisadenzaun, mit dreifachem Törchen mit Klinken und Schlössern, die die Frau des Funkers vor mir öffnete, zwängte mich durch die Türen und lief auf die Wohnung des Hausherrn zu. Eine letzte Tür, und ich stand im Geknatter von Flügeln, im Gestank von Vogelmist, bahnte mir, gebückt und das Gesicht schützend, den Weg durch die flügelschlagenden Hühner und krähenden Hähne, überwand eine weitere Schwelle, aber auch dort war kein Funker. Dort waren nur Schweine, gewaschen und gepflegt, drei kleinere Eber und ein größeres Muttertier. Und das war das letzte Hindernis.

Der Funker saß inmitten von Kisten mit Gurkensetzlingen und Kisten mit Lauchzwiebeln. Der Funker schickte sich wirklich an, Millionär zu werden. An der Kolyma kann man auch so reich werden. Der schnelle Rubel, ein hoher Satz, die Polarration, die Anrechnung von Prozenten – das ist der eine Weg. Der Handel mit Machorka und Tee der zweite. Und Hühnerzucht und Schweinezucht der dritte.

Von all seiner Fauna und Flora ganz an den Rand des Tisches gedrückt, streckte mir der Funker ein Häufchen Zettel hin – alle waren gleich –, wie ein Papagei*, der mein Glück ziehen sollte.

Ich wühlte in den Telegrammen, aber begriff nichts, fand meins nicht, und der Funker zog herablassend mit den Fingerspitzen mein Telegramm heraus ...

»Kommen Brief«, d.h. kommen Sie einen Brief abholen – der Fernmeldedienst sparte am Sinn, aber der Adressat verstand natürlich, worum es ging.

Ich ging zum Revier-Chef und zeigte ihm das Telegramm.

»Wie viel Kilometer?«

»Fünfhundert.«

»Na, warum nicht ...«

»In fünf Tagen bin ich zurück.«

»Gut. Aber beeil dich. Auf ein Fahrzeug brauchst du nicht zu warten. Morgen nehmen dich die Jakuten mit den Hunden mit bis Baragon. Und dort übernehmen dich die Rentiergespanne der Post, wenn du dich nicht lumpen lässt. Hauptsache, du kommst auf die zentrale Trasse.«

»In Ordnung, danke.«

Ich verließ den Chef und begriff, dass ich nicht bis an diese verdammte Trasse komme, nicht einmal bis Baragon komme, weil ich keinen Halbpelz habe. Ich bin ein Kolymabewohner ohne Halbpelz. Ich war selbst schuld. Vor einem Jahr, als ich aus dem Lager entlassen wurde, schenkte mir der Gerätewart Sergej Iwanowitsch Korotkow einen beinahe neuen weißen Halbpelz. Er schenkte mir auch ein großes Kissen. Aber bei dem Versuch, mich von den Krankenhäusern loszumachen, aufs Festland zu fahren, verkaufte ich Halbpelz und Kissen – einfach um keine überflüssigen Sachen zu haben, die nur auf eine Weise enden: Sie werden gestohlen oder von den Ganoven weggenommen. So hatte ich es in der Vergangenheit gemacht. Zu fahren war mir nicht gelungen – die Kaderabteilung im Verein mit dem Magadaner MWD genehmigte mir die Übersiedlung nicht, und als das Geld zu Ende war, musste ich wieder in die Dienste des Dalstroj treten. Das tat ich, und ich fuhr dorthin, wo der Funker und die fliegenden Hühner waren, aber kam nicht dazu, einen Halbpelz zu kaufen. Ihn mir für fünf Tage von jemandem zu erbitten – über eine solche Frage lacht man nur an der Kolyma. Ich musste mir in der Siedlung einen eigenen Halbpelz kaufen.

Es fanden sich ein Halbpelz und ein Verkäufer. Nur glich der Halbpelz, schwarz und mit luxuriösem Schaffellkragen, eher einer Weste – er hatte keine Taschen, hatte keine Schöße, nur einen Kragen und breite Ärmel.

»Du hast die Schöße wohl abgeschnitten?«, fragte ich den Verkäufer, den Lageraufseher Iwanow. Iwanow war Junggeselle und mürrisch. Die Schöße hatte er für *kragi*, für Stulpenhandschuhe abgeschnitten, die in Mode waren – fünf Paar solcher *kragi* ließen sich aus den Schößen machen, und jedes Paar kostete einen ganzen Halbpelz. Das, was übrig war, konnte sich natürlich nicht Halbpelz nennen.

»Ist dir das nicht egal? Ich verkaufe einen Halbpelz. Für fünfhundert Rubel. Du kaufst ihn. Die Frage ist überflüssig, ob ich die Schöße abgeschnitten habe oder nicht.«

Und wirklich, die Frage war überflüssig, und ich beeilte mich, Iwanow zu bezahlen und trug den Halbpelz nach Hause, probierte ihn an und wartete.

Ein Hundegespann, der schnelle Blick aus den schwarzen Augen des Jakuten, die tauben Finger, mit denen ich mich an den Schlitten klammerte, Flug und Wende – irgendein Flüsschen, Eis und Büsche, die mir schmerzhaft ins Gesicht schlugen. Aber ich hatte alles verschnürt, alles befestigt. Zehn Minuten Flug, und die Postsiedlung, in der ...

»Marja Antonowna, kann man mich mitnehmen?«

»Man kann.«

Hier hatte sich schon im vorigen Jahr, im vorigen Sommer ein kleiner Jakutenjunge verirrt, ein fünfjähriges Kind, und Marja Antonowna und ich versuchten, nach dem Kind suchen zu lassen. Seine Mutter hielt uns zurück. Sie rauchte Pfeife, rauchte lange, und dann richtete sie die schwarzen Augen auf Marja Antonowna und mich.

»Ihr braucht nicht zu suchen. Er kommt von allein. Er verirrt sich nicht. Das ist seine Erde.«

Und da sind die Rentiere – Schellen, der schmale Schlitten, der *kajur* mit Stock. Bloß heißt dieser Stock hier *chorej*, nicht *osto*, wie beim Hundeschlitten.

Marja Antonowna, der so langweilig ist, dass sie jeden Durchreisenden ein großes Stück begleitet, bis an die Tajga-»Grenze« – was sich Grenze nennt in der Tajga.

»Leben Sie wohl, Marja Antonowna.«

Ich laufe neben dem Schlitten her, aber meistens steige ich auf, setze mich hin, klammere mich am Schlitten fest, falle und laufe wieder. Gegen Abend die Lichter der großen Trasse, das Getöse der brüllenden, durch den Nebel vorbeieilenden Fahrzeuge.

Ich bezahle die Jakuten, gehe zum Warteraum, zum LKW-Bahnhof. Der Ofen dort wird nicht geheizt – kein Holz. Aber trotzdem ein Dach und Wände. Hier gibt es schon eine Schlange für ein Fahrzeug zum Zentrum, nach Magadan. Die Schlange ist nicht lang, eine Person. Ein Fahrzeug heult, der Mann läuft in den Nebel hinaus. Das Fahrzeug heult. Der Mann ist weggefahren. Jetzt muss ich in den Frost hinauslaufen.

Der Fünftonner zittert, hält mit Mühe und Not wegen mir an. Der Platz in der Kabine ist frei. Im Kasten kann man nicht fahren über eine solche Entfernung, bei solchem Frost.

»Wohin?«

»Ans Linke Ufer.«

»Nein. Ich fahre Kohle nach Magadan, und bis zum Linken Ufer lohnt es nicht einzusteigen.«

»Ich bezahle dich bis Magadan.«

»Das ist etwas anderes. Steig ein. Du kennst den Tarif?«

»Ja. Ein Rubel pro Kilometer.«

»Geld im voraus.«

Ich holte das Geld hervor und zahlte.

Das Fahrzeug versank im weißen Dunst und drosselte das Tempo. Wir können nicht weiterfahren – Nebel.

»Dann schlafen wir, ja? Bei der *jewraschka*.«

Was ist eine *jewraschka*? Eine *jewraschka* ist ein Murmeltier. Die Murmeltierstation. Wir rollten uns bei laufendem Motor in der Kabine zusammen. Blieben liegen, bis es hell wurde, und der weiße Winternebel schien nicht mehr so schrecklich wie am Abend.

»Jetzt noch ein *tschifir*chen gekocht, und wir fahren.«

Der Fahrer kochte in einer Konservenbüchse ein Päckchen Tee auf, ließ ihn im Schnee abkühlen und trank aus. Er kochte den Tee noch einmal auf, zweiter Aufguss, trank wieder aus und steckte die Büchse weg.

»Fahren wir! Und woher kommst du?«

Ich sagte es.

»Ich war schon bei euch. Ich habe sogar in eurem Revier als Fahrer gearbeitet. In eurem Lager gibt es einen Halunken, Iwanow, den Aufseher. Er hat mir meinen langen Pelz gestohlen. Hat mich gebeten, ihn das letzte Stück mitzunehmen – es war kalt im vorigen Jahr – und weg war er. Keinerlei Spuren. Und hat ihn nicht zurückgegeben. Ich habe über Leute nachgefragt. Er sagt: Ich habe ihn nicht genommen, und fertig. Ich will immer hinfahren, ihm den Pelz abnehmen. So ein schwarzer, teurer. Wozu braucht er einen langen Pelz? Er zerschneidet ihn höchstens für *kragi* und verkauft sie. Ganz in Mode heute. Ich hätte selbst diese *kragi* nähen können, und jetzt weder *kragi* noch Pelz, noch Iwanow.«

Ich drehte mich um und drückte den Kragen meines Halbpelzes zusammen.

»Auch so ein schwarzer, wie deiner. Kanaille. So, geschlafen haben wir, jetzt muss ich auf die Tube drücken.«

Das Fahrzeug flog los, dröhnte, quietschte in den Kurven – der *tschifir* hatte den Fahrer auf Trab gebracht.

Kilometer um Kilometer, Brücke um Brücke, Bergwerk um Bergwerk. Es war schon hell. Die Fahrzeuge überholten einander, begegneten einander. Plötzlich krachte es, alles brach zusammen, und das Fahrzeug blieb stehen, landete im Randstreifen.

»Alles zum Teufel!«, der Fahrer tanzte. »Die Kohle – zum Teufel! Die Kabine – zum Teufel! Die Seitenwand – zum Teufel! Fünf Tonnen Kohle – zum Teufel!«

Er selbst hatte nicht mal einen Kratzer abbekommen, und ich begriff gar nicht, was geschehen war.

Unser Fahrzeug war mit einer tschechoslowakischen »Tatra« kollidiert, die uns entgegenkam. An ihrer eisernen Außenwand war nicht mal ein Kratzer geblieben. Die Fahrer hatten das Fahrzeug abgebremst und waren ausgestiegen.

»Rechne schnell«, schrie der »Tatra«-Fahrer, »was dein Schaden kostet, die Kohle, die neue Seitenwand. Wir zahlen. Aber kein Protokoll, verstanden?«

»Gut«, sagte mein Fahrer. »Das macht ...«

»In Ordnung.«

»Und ich?«

»Ich setze dich in ein vorbeikommendes Fahrzeug. Jetzt sind es noch vierzig Kilometer, sie bringen dich hin. Tu mir den Gefallen. Vierzig Kilometer – das ist eine Stunde Fahrt.«

Ich willigte ein, stieg in den Kasten irgendeines Fahrzeugs und winkte dem Freund des Aufsehers Iwanow.

Ich war noch nicht ganz durchgefroren, als das Fahrzeug zu bremsen anfing – die Brücke. Das Linke Ufer. Ich stieg aus.

Ich musste einen Platz zum Übernachten finden. Dort, wo der Brief war, konnte ich nicht übernachten.

Ich ging in das Krankenhaus, in dem ich einmal gearbeitet hatte. Aber im Lagerkrankenhaus dürfen sich Fremde nicht aufwärmen, und ich ging nur hinein, um einen Moment im Warmen zu stehen. Ein Bekannter, ein freier Feldscher kam vorbei, und ich bat um eine Übernachtung.

Am nächsten Tag klopfte ich an der Wohnung, trat ein und bekam den Brief in die Hand, dessen Schrift ich gut kannte – rasch, beschwingt und zugleich klar und leserlich.

Es war ein Brief von Pasternak*.

1966

# Die Goldmedaille

Im Anfang* waren die Detonationen. Aber noch vor den Detonationen, vor der Apothekerinsel, wo das Anwesen Stolypins* in die Luft flog, war das Rjasaner Mädchengymnasium, die Goldmedaille. Für ausgezeichnete Erfolge und gutes Betragen.

Ich suche die Gassen. Leningrad, die Museumsstadt, bewahrt die Züge Petersburgs. Ich werde das Anwesen Stolypins finden auf der Apothekerinsel, die Laternengasse, die Morskaja Straße, den Sagorodnyj Prospekt. Werde in die Trubezkoj-Bastion der Peter und Pauls-Festung* gehen, wo das Gericht war und das Urteil, das ich auswendig kann und dessen Kopie mit dem Bleisiegel eines Moskauer Notariatskontors ich kürzlich in den Händen hielt.

»Im August 1906, als Mitglied einer verbrecherischen Gemeinschaft, die sich selbst Kampforganisation der Sozialrevolutionäre-Maximalisten nennt und sich bewusst zum Ziel ihrer Tätigkeit die gewaltsame Veränderung der vom Gesetz geregelten Grundform des Regierens setzt ...«

»... stellt die notwendige Beihilfe beim Attentat auf das Leben des Ministers für Innere Angelegenheiten mittels Sprengung des von ihm bewohnten Anwesens auf der Apothekerinsel bezüglich der Erfüllung seiner Dienstpflichten ...«

Den Richtern ist nicht nach Grammatik. Die literarischen Fehler solcher Urteile bemerkt man nach fünfzig Jahren, nicht früher.

»Die Adlige Natalja Sergejewna Klimowa 21 Jahre und die Kaufmannstochter Nadeshda Andrejewna Terentjewa* 25 Jahre ... der Todesstrafe durch Erhängen zu unterwerfen mit den in Art. genannten Folgen.«

Was das Gericht unter den »Folgen des Erhängens« versteht, ist nur den Juristen, den Rechtsfachleuten bekannt.

Klimowa und Terentjewa wurden nicht hingerichtet.

Der Vorsitzende des Bezirkgerichts erhielt während der Untersuchung ein Bittschreiben des Vaters von Klimowa, einem Rjasaner Rechtsanwalt. Das ist ein Bittschreiben in sehr sonderbarem Ton, weder einer Bitte noch einer Beschwerde ähnlich – etwas wie ein Tagebuch, ein Selbstgespräch.

»... Ihnen muss mein Gedanke richtig erscheinen, dass Sie es im gegebenen Fall mit einem leichtsinnigen Mädchen zu tun haben, das sich begeistern ließ von der zeitgenössischen revolutionären Epoche.«

............................................

»In ihrem Leben war sie ein gutes, weiches und liebes Mädchen, aber immer leicht zu begeistern. Vor kaum anderthalb Jahren begeisterte sie sich für die Lehre Tolstojs, der das ›töte nicht‹ als wichtigstes Gebot predigte. Zwei Jahre lang etwa führte sie das Leben einer Vegetarierin und verhielt sich wie eine einfache Arbeiterin, die nicht erlaubte, dass das Personal ihr beim Wäschewaschen oder beim Aufräumen des Zimmers oder beim Bödenwischen half, und nun ist sie plötzlich beteiligt an einem schrecklichen Mord, dessen Motiv angeblich in der den zeitgenössischen Bedingungen nicht entsprechenden Politik des Herrn Stolypin liegt.«

............................................

»Ich wage Ihnen zu versichern, dass meine Tochter von Politik absolut gar nichts versteht, sie war offensichtlich eine Marionette in den Händen stärkerer Menschen, denen die Politik des Herrn Stolypin vielleicht tatsächlich in höchstem Maße schädlich erscheint.«

..........................................

»Korrekte Ansichten habe ich meinen Kindern zu vermitteln versucht, aber in einer solchen, muss ich bekennen, chaotischen Zeit hat der elterliche Einfluss keinerlei Bedeutung. Unsere Jugend bereitet ihrer Umgebung das größte Unglück und Leid, darunter auch den Eltern ...«

Die Argumentation ist originell. Die beiläufigen Bemerkungen sind sonderbar. Erstaunlich ist der bloße Ton des Briefs.

Dieser Brief rettete Klimowa. Genauer gesagt, nicht der Brief rettete sie, sondern der plötzliche Tod Klimows, der diesen Brief soeben geschrieben und abgeschickt hatte.

Der Tod gab der Bittschrift ein solches moralisches Gewicht, überführte den gesamten Gerichtsprozess auf solche moralische Höhen, dass kein einziger Gendarmeriegeneral sich entschlossen hätte, das Todesurteil für Natalja Klimowa zu bestätigen. Ergebendsten Dank!

Auf dem echten Urteil steht folgende Konfirmation: »Den Richterspruch bestätige ich, jedoch für beide Verurteilten mit Ersetzung der Todesstrafe durch die Verbannung und *katorga*-Arbeiten unbefristet mit allen Folgen jener Bestrafung, den 29. Januar 1907. Stellvertretender Oberkommandierender General der Infanterie Gasenkampf. Beglaubigt und überprüft von: Gerichtssekretär Staatsrat Mentschukow. Aufgedrückt das Siegel des Sankt Petersburger Bezirksgerichts.«

In der Gerichtsverhandlung in der Sache Klimowa und Terentjewa gibt es eine in höchstem Grade eigenartige, einmalige Szene, die in den politischen Prozessen Russlands und nicht nur Russlands beispiellos ist. Diese Szene ist im Protokoll des Gerichts in der kargen Formel des Kanzelaristen festgehalten.

Den Angeklagten wurde das letzte Wort gegeben.

Die gerichtliche Untersuchung in der Trubezkoj-Bastei der Peter und Pauls-Festung war sehr kurz – zwei Stunden, nicht mehr.

Die Angeklagten verzichteten auf Widerspruch gegen das Plädoyer des Staatsanwalts. Das Faktum ihrer Beteiligung am Attentat auf Stolypin gaben sie zu, doch bekannten sich nicht schuldig. Die Angeklagten verzichteten darauf, Berufung einzulegen.

Und jetzt in ihrem letzten Wort – vor dem Tod, vor der Hinrichtung gab die »leicht zu begeisternde« Klimowa plötzlich ihrer Natur, ihrem schäumenden Blut nach – sie sagte und tat etwas, wofür der Vorsitzende des Gerichts, das letzte Wort unterbrechend, Klimowa aus dem Gerichtssaal entfernen ließ wegen »unschicklichen Betragens«.

...............................................

Das Gedächtnis atmet in Petersburg leicht. Schwerer in Moskau, wo das Chamowniki*-Viertel von Prospekten zerhackt, die Presnja* zerquetscht, das Netz der Gassen zerrissen und die Verbindung der Zeiten gerissen ist ...

Die Mersljakowskij-Gasse. Ich war oft in der Mersljakowskij in den zwanziger Jahren, als Student an der Universität. In der Mersljakowskij war das Studentinnenwohnheim – dieselben Zimmer, in denen vor zwanzig Jahren ganz zu Beginn des Jahrhunderts eine Studentin wohnte, die Hörerin des Moskauer Pädagogischen Instituts und künftige Lehrerin Nadja Terentjewa. Aber Lehrerin ist sie doch nicht geworden.

Powarskaja Nr. 6, wo das Meldebuch von 1905 das gemeinsame Wohnen von Natalja Klimowa und Nadeshda Terentjewa festhält – belastendes Ermittlungsmaterial.

Wo ist das Haus, in das Natalja Klimowa drei Ein-Pud-Dynamit-Bomben schleppte – Morskaja 49, Wohnung 4.

Aber war es nicht in der Powarskaja Nr. 6, wo Michail Sokolow*, »der Bär«, der Klimowa begegnete, um sie in den Tod und zum Ruhm zu führen, weil es keine vergeblichen Opfer, keine anonyme Heldentat gibt? In der Geschichte geht nichts verloren, nur die Maßstäbe verzerren sich. Und wenn die Zeit den Namen Klimowas verlieren will – werden wir gegen die Zeit ankämpfen.

Wo ist dieses Haus?

Ich suche nach den Gassen. Das ist eine Zerstreuung der Jugend – die Treppen hinaufzusteigen, die von der Geschichte schon markiert, aber noch nicht zum Museum gemacht sind. Ich errate, ich wiederhole die Bewegungen der Menschen, die dieselben Stufen hochgestiegen sind, die an denselben Straßenkreuzungen gestanden haben, um den Gang der Ereignisse zu beschleunigen, den Lauf der Zeit voranzutreiben.

Und die Zeit hat sich vom Fleck bewegt.

Auf den Altar des Sieges legt man Kinder. Das ist eine alte Tradition. Klimowa war 21, als sie verurteilt wurde.

Die Leiden des Herrn, das Mysterium, in dem die Revolutionäre im Theater von Dolch und Degen spielten, sich verkleideten, in Torwegen versteckten, von der Pferdebahn auf den Traber umstiegen, die Fähigkeit, dem Beschatter zu entgehen, war eines der Eintrittsexamina in diese russische Universität. Wer den gesamten Kurs absolviert hatte, kam an den Galgen.

Über all das wurde viel geschrieben, sehr viel, zu viel.

Aber ich brauche ja nicht Bücher, sondern Menschen, nicht die Skizzen der Straßen, sondern stille Gassen.

Im Anfang war die Tat. Im Anfang waren die Detonationen, die Verurteilung Stolypins, drei Pud Dynamit, die in drei Aktentaschen aus schwarzem Leder steckten, und woraus die Überzüge gemacht waren und wie die Bomben aussahen, behalte ich für mich – »Die Bomben wurden von mir gebracht, aber wann und woher, und ebenso worin – behalte ich für mich.« Was lässt einen Menschen größer wachsen? Die Zeit. Die Jahrhundertwende war die Blüte des Jahrhunderts, als die russische Literatur, Philosophie und Wissenschaft und die Moral der russischen Gesellschaft sich in ungekannte Höhen erhoben. Alles, was das große 19. Jahrhundert an ethisch Wichtigem, Starken angesammelt hatte – alles wurde in die lebendige Tat, in lebendiges Leben, in lebendiges Beispiel verwandelt und in den letzten Kampf gegen die Selbstherrschaft geworfen. Opferbereitschaft, Selbstverleugnung bis zur Anonymität – wie viele Terroristen sind umgekommen, und niemand hat ihre Namen erfahren. Die Opferbereitschaft des Jahrhunderts, das in der Verbindung von Wort und Tat die höchste Freiheit, die höchste Kraft fand. Sie begannen mit »töte nicht«, mit »Gott ist Liebe«, mit Vegetariertum, mit dem Dienst am Nächsten. Die moralischen Forderungen und die Selbstlosigkeit waren so groß, dass die Besten der Besten, enttäuscht vom Nichtwiderstehen, vom »töte nicht« zu den »Akten« übergingen, zu den Revolvern, zu den Bomben, zum Dynamit griffen. Für die Enttäuschung von den Bomben hatten sie keine Zeit – alle Terroristen starben jung.

Natalja Klimowa stammte aus Rjasan. Nadeshda Terentjewa wurde in Belorezk Sawod im Ural geboren. Michail Sokolow stammte aus Saratow.

Die Terroristen waren in der Provinz geboren. In Petersburg starben sie. Das hat eine Logik. Die klassische Literatur, die Poesie des neunzehnten Jahrhunderts mit ihren moralischen Forderungen hatte sich am tiefsten in der Provinz verwurzelt und führte eben dort zur Notwendigkeit einer Antwort auf die Frage »Worin besteht der Sinn des Lebens«.

Nach dem Sinn des Lebens suchte man leidenschaftlich und selbstlos. Klimowa fand den Sinn des Lebens, indem sie sich rüstete, die Heldentat Perowskajas* zu wiederholen und zu übertreffen. Es zeigte sich, dass Klimowa die seelischen Kräfte besaß, dass sie ihre Kindheit nicht umsonst in einer in höchstem Maße bemerkenswerten Familie verbracht hatte – die Mutter von Natalja Sergejewna war die erste russische Ärztin.

Es brauchte nur eine persönliche Begegnung, ein persönliches Beispiel, dass alle seelischen, geistigen und physischen Kräfte in höchste Anspannung versetzt würden und die reiche Natur der Natalja Klimowa Anlass gab, sie sofort in die Reihe der hervorragendsten Frauen Russlands zu stellen.

Ein solcher Anstoß, eine solche persönliche Bekanntschaft war die Begegnung Natascha Klimowas mit Michail Sokolow – dem »Bären«.

Diese Bekanntschaft führte Natalja Klimowa auf die höchsten Höhen des russischen revolutionären Heroismus, eine Prüfung durch Selbstentsagung, Selbstaufopferung.

Die »Tat«, die vom Maximalisten Sokolow inspiriert war, war der Kampf gegen die Selbstherrschaft. Der geborene Organisator, war Sokolow auch ein bedeutender Parteitheoretiker. Der Agrarterror und der Fabrikterror – das sind die Beiträge des »Bären« zum Programm der »Oppositionen« der Sozialrevolutionäre.

Oberkommandierender der Kämpfe an der Presnja während des Dezemberaufstands* – ihm hat es die Presnja zu verdanken, dass sie sich so lange hielt – harmonierte Sokolow nicht mit der Partei und trat nach dem Moskauer Aufstand aus und schuf seine eigene »Kampforganisation der Sozialrevolutionäre-Maximalisten«.

Natalja Klimowa war seine Gehilfin und Frau.

Frau?

Die keusche Welt des revolutionären Untergrunds gibt eine besondere Antwort auf diese einfache Frage.

»Sie lebten mit dem Pass der Wera Schaposchnikowa und ihres Ehemanns Semjon Schaposchnikow.«

»Ich wünsche hinzuzufügen: dass Semjon Schaposchnikow und Michail Sokolow dieselbe Person waren, wusste ich nicht.«

Mit dem Pass? Und auf der Morskaja Straße lebte Natalja Klimowa mit dem Pass der Jelena Morosowa und ihres Mannes Michail Morosow – eben dessen, der in Stolypins Empfangszimmer von der eigenen Bombe gesprengt wurde.

Die Untergrundwelt der gefälschten Pässe und nichtgefälschten Gefühle. Man fand, dass alles Persönliche zu unterdrücken und dem großen Ziel des Kampfes unterzuordnen sei, für den Leben und Tod – ein und dasselbe sind.

Hier eine Abschrift aus dem Polizeilehrbuch der »Geschichte der Partei der Revolutionären Sozialisten«, verfasst von Gendarmeriegeneral Spiridowitsch*:

»Am 1. Dezember wurde auf der Straße Sokolow selbst ergriffen und nach dem Gerichtsurteil am 2. des Monats hingerichtet.

Am 3. des Monats wurde die konspirative Wohnung Klimowas gefunden, wo unter verschiedenen Dingen anderthalb Pud Dymamit, 7 600 Rubel in Banknoten und sieben Siegel verschiedener Regierungsstellen entdeckt wurden. Auch Klimowa selbst und weitere prominente Maximalisten wurden verhaftet.«

Warum hielt sich Klimowa ganze drei Monate nach der Sprengung auf der Apothekerinsel in Petersburg auf? Man wartete auf den »Bären« – die Maximalisten hatten einen Kongress in Finnland, und erst Ende November kehrten der »Bär« und andere Maximalisten nach Russland zurück.

Während ihrer kurzen Untersuchung erfuhr Natascha vom Tod Sokolows. Nichts Unerwartetes war an dieser Hinrichtung, an diesem Tod, und doch – Natascha lebt, und der »Bär« nicht mehr. Im »Brief vor der Hinrichtung« wird vom Tod naher Freunde ruhig gesprochen. Aber Natascha vergaß Sokolow niemals.

In den Kasematten der Petersburger DPS* schrieb Natalja Klimowa den berühmten »Brief vor der Hinrichtung«, der um die Welt ging.

Das ist ein philosophischer Brief, geschrieben von einem zwanzigjährigen Mädchen. Das ist kein Abschied vom Leben, sondern ein Lob der Lebensfreude.

Im Ton der Einheit mit der Natur gehalten – ein Motiv, dem Klimowa ihr Leben lang treu blieb –, ist dieser Brief ungewöhnlich. In seiner Frische des Gefühls, in seiner Aufrichtigkeit. Im Brief gibt es auch nicht einen Schimmer von Fanatismus oder Didaktik. Dieser Brief handelt von der höchsten Freiheit, vom Glück der Vereinigung von Wort und Tat. Dieser Brief ist keine Frage, sondern eine Antwort. Der Brief wurde abgedruckt in der Zeitschrift »Bildung«*, neben einem Roman von Marcel Prévost*.

Ich las diesen Brief, der beschnitten ist durch eine Reihe von Zensur»herauswürfen«, bedeutsamen Auslassungen. Fünfzig Jahre später wurde der Brief in New York wieder abgedruckt – die Streichungen waren dieselben, die Ungenauigkeiten, die Schreibfehler ebenfalls. In dieser, der New Yorker Kopie hatte die Zensur der Zeit ihre eigenen Kürzungen gemacht: Der Text war verblasst und verwischt, aber die

Worte hatten ihre Kraft behalten, ihren hohen Sinn nicht verändert. Der Brief Klimowas erschütterte Russland.

Auch heute noch, 1966, so sehr die Verbindung der Zeiten auch gerissen ist, findet der Name Klimowa sofort Widerhall in den Herzen und im Gedächtnis der russischen Intelligenz.

»Ach, Klimowa! Das ist der Brief vor der Hinrichtung ... Ja. Ja. Ja.«

Nicht nur das Gefängnisgitter, nicht nur der Galgen, nicht nur das Echo der Detonation ist in diesem Brief. Nein. In Klimowas Brief war etwas für den Menschen besonders Bedeutsames, etwas besonders Wichtiges.

Der Philosoph Frank* widmete Klimowas Brief in der großen hauptstädtischen Zeitung »Das Wort« den riesigen Artikel »Die Überwindung der Tragödie«.

Frank sieht in diesem Brief das Phänomen eines neuen religiösen Bewusstseins und schreibt, dass »diese sechs Seiten in ihrem moralischen Wert schwerer wiegen als die gesamte vielbändige zeitgenössische Philosophie und Poesie des Tragischen«.

Erschüttert von der Tiefe der Gedanken und Gefühle Klimowas – und sie war erst 21 Jahre alt –, vergleicht Frank ihren Brief mit Oscar Wildes »De profundis«*. Das ist ein Brief als Befreiung, ein Brief als Ausweg, ein Brief als Antwort.

Aber warum sind wir nicht in Petersburg? Weil das Attentat auf Stolypin wie auch der »Brief vor der Hinrichtung«, wie sich zeigte, nicht genug waren für dieses Leben, das groß und bedeutend war und vor allem – das sich in seiner Zeit verwirklichte.

Der »Brief vor der Hinrichtung« wurde im Herbst 1908 gedruckt. Die Licht-, Schall- und Magnetwellen, die dieser Brief hervorrief, gingen um die ganze Welt, und auch nach einem Jahr hatten sie sich nicht beruhigt, nicht gelegt, als sich plötzlich eine neue erstaunliche Nachricht bis in alle Winkel des Erdballs verbreitete. Aus dem Moskauer Nowinskij-Frauengefängnis waren dreizehn *katorga*-Häftlinge geflohen, gemeinsam mit der Gefängnisaufseherin Tarassowa.

Hier ist sie, die »Liste der Personen, die in der Nacht vom 30. Juni auf den 1. Juli 1909 aus dem Moskauer Gouvernements-Frauengefängnis flohen«.

»Nr. 6. Klimowa Natalja Sergejewna, verurteilt vom Petersburger Militär-Bezirksgericht am 29. Januar 1907 zur Todesstrafe durch Erhängen, doch die Hinrichtung wurde vom Stellvertr. Kom. Petersb. Mil. Bez. in unbefristete *katorga* umgewandelt.

Alter 22, stämmiger Körperbau, dunkle Haare, blaue Augen, rosiges Gesicht, russischer Typ.«

Diese Flucht, die an einem so dünnen Faden hing, dass eine halbstündige Verspätung den Tod bedeutet hätte – gelang glänzend.

German Lopatin, ein Mann, der etwas von Fluchten verstand, nannte die *katorga*-Häftlinge, die aus dem Nowinskij-Gefängnis geflohen waren, Amazonen. Aus dem Mund Lopatins war dieses Wort nicht einfach ein freundschaftliches, ein wenig ironisches und beifälliges Lob. Lopatin hatte die Realität eines Mythos gespürt.

Lopatin verstand wie niemand sonst, was die erfolgreiche Flucht aus einer Gefängniszelle bedeutet, in der zufällig und seit Kurzem *katorga*-Häftlinge mit den allerunterschiedlichsten »Verfahren«, Interessen und Schicksalen versammelt waren. Lopatin verstand, dass zur Verwandlung dieses bunten Kollektivs in eine Kampfeinheit mit der Disziplin des Untergrunds, die noch größer ist als die militärische – unbedingt der Wille eines Organisators gehört. Und ein solcher Organisator war Natalja Sergejewna Klimowa.

Mit den allerunterschiedlichsten »Verfahren«: An dieser

Flucht beteiligt war die Anarchistin Marija Nikiforowa, die spätere Atamanin Maruska aus den Zeiten Machnos und des Bürgerkriegs. General Slaschtschow erschoss die Atamanin Maruska. Schon vor langer Zeit hat sich Maruska in die Filmheldin der schönen Banditin verwandelt, aber Marija Nikiforowa war ein echter Hermaphrodit und hätte die Flucht beinahe platzen lassen.

In der Zelle (Zelle acht!) lebten auch Kriminelle – zwei kriminelle Frauen mit ihren Kindern.

Das ist dieselbe Flucht, für die die Familie Majakowskij die Kleidung für die Flüchtigen nähte – und Majakowskij selbst saß wegen dieser Sache im Gefängnis (er wurde auf der Polizei zu dieser Sache verhört).

Die *katorga*-Häftlinge lernten die Drehbücher des künftigen Schauspiels auswendig, paukten sich die chiffrierten Rollen auswendig ein.

Die Flucht wurde lange vorbereitet. Zur Befreiung der Klimowa selbst reiste ein ausländischer Vertreter des ZK der Sozialrevolutionären Partei an, der »General«, wie ihn die Organisatoren der Flucht Koridse und Kalaschnikow* nannten. Die Pläne des Generals wurden abgelehnt. Die Moskauer Sozialrevolutionäre Koridse und Kalaschnikow saßen schon an der »Ausarbeitung«. Das war eine Befreiung »von innen«, durch die *katorga*-Häftlinge selbst. Die Gefängnisaufseherin Tarassowa sollte die *katorga*-Häftlinge befreien und mit ihnen ins Ausland fliehen.

In der Nacht auf den 1. Juli entwaffneten die *katorga*-Häftlinge die Aufseherinnen und traten hinaus auf die Moskauer Straßen.

Von der Flucht der Dreizehn, von der »Befreiung der Dreizehn« wurde in Zeitschriften und Büchern viel geschrieben. Diese Flucht – gehört auch in die Chrestomathie der russischen Revolution.

Es ist der Erinnerung wert, wie der Schlüssel, ins Schlüsselloch der Ausgangstür gesteckt, sich nicht drehen ließ in den Händen Tarassowas, die vorausging. Wie sie kraftlos die Arme sinken ließ. Und wie die festen Finger der *katorga*-Insassin Helme* Tarassowa den Schlüssel aus der Hand nahmen, ihn ins Schlüsselloch steckten und drehten – und die Tür in die Freiheit öffneten.

Es ist der Erinnerung wert: Die *katorga*-Häftlinge verließen das Gefängnis, als auf dem Tisch der diensthabenden Aufseherin das Telefon klingelte. Klimowa nahm den Hörer ab und antwortete mit der Stimme der Aufseherin. Der Ober-Polizeimeister sagte: »Wir haben Kenntnis, dass im Nowinskij Gefängnis eine Flucht vorbereitet wird. Ergreifen Sie Maßnahmen.« – »Ihr Befehl wird ausgeführt, Euer Exzellenz. Maßnahmen werden ergriffen.« Und Klimowa legte den Hörer auf die Gabel.

Der Erinnerung wert ist der ausgelassene Brief der Klimowa – hier ist er, ich halte zwei zerknitterte, noch lebendige Briefbögen in der Hand. Der Brief, geschrieben am 22. Mai an die Kinder, an die jüngeren Brüder und Schwestern, die kleinen Krümel, mit denen die Stiefmutter, Olga Nikiforowna Klimowa, mehrfach zum Besuch Nataschas nach Moskau gekommen war. Diesen Besuch der Kinder im Gefängnis hatte Natalja Sergejewna selbst ausgeheckt. Klimowa fand, dass solche Begegnungen, solche Eindrücke der kindlichen Seele nur nützlich sind. Und so schreibt Klimowa am 22. Mai einen ausgelassenen Brief, der mit Worten endet, die es in keinem einzigen anderen Brief der zu unbefristeter *katorga* Verurteilten gab: »Auf Wiedersehen! Auf baldiges Wiedersehen!« Der Brief war am 22. Mai geschrieben, und am 30. Juni floh Klimowa aus dem Gefängnis. Im Mai war die Flucht nicht nur beschlossen – alle Rollen waren gelernt, und Klimowa konnte sich einen Scherz nicht verkneifen.

Übrigens, ein baldiges Wiedersehen gab es nicht, die Brüder und Schwestern sahen die ältere Schwester niemals wieder. Der Krieg, die Revolution, Nataschas Tod.

Die befreiten *katorga*-Häftlinge, die von Freunden empfangen wurden, verschwanden in der heißen schwarzen Moskauer Nacht des ersten Juli. Natalja Sergejewna Klimowa war die bedeutendste Figur bei diesem Ausbruch, und ihre Rettung, ihre Flucht war besonders schwierig. Die Parteiorganisationen jener Zeit waren voller Provokateure, und Kalaschnikow erriet die Gedanken der Polizei und löste das Schachproblem. Kalaschnikow persönlich übernahm das Verschwindenlassen Klimowas und übergab Natalja Sergejewna in derselben Nacht in die Hände eines Mannes, der keinerlei Parteiverbindungen hatte – das war eine private Bekanntschaft, nicht mehr, ein Eisenbahningenieur, der mit der Revolution sympathisierte. Im Moskauer Haus des Ingenieurs blieb Klimowa einen Monat. Sowohl Kalaschnikow als auch Koridse waren längst verhaftet, ganz Rjasan wurde bei Durchsuchungen und Razzien auf den Kopf gestellt.

Nach einem Monat fuhr der Ingenieur Natalja Sergejewna, als seine Frau, über die Transsibirische Magistrale aus. Auf Kamelen durch die Wüste Gobi kam Klimowa bis Tokio. Von Japan mit dem Dampfer nach Italien. Paris.

Zehn *katorga*-Häftlinge kommen bis nach Paris. Drei hat man am Tag der Flucht gefasst – Kartaschowa, Iwanowa, Schischkarjowa. Sie werden vor Gericht gestellt, bekommen eine weitere Haftstrafe, und als Anwalt in ihrem Prozess tritt Nikolaj Konstantinowitsch Murawjow* auf – der künftige Vorsitzende der Regierungskommission zum Verhör der Minister des Zaren, der künftige Anwalt Ramsins.

So verflechten sich in Klimowas Leben die Namen von Menschen von den unterschiedlichsten Stufen der sozialen

Leiter – aber immer sind es die Besten der Besten, die Fähigsten der Fähigsten.

Klimowa war ein Mensch der neunten Welle*. Kaum von der zweijährigen *katorga* erholt, nach der Flucht rund um die Erde, sucht Klimowa wieder eine Kampfaufgabe. 1910 beauftragt das ZK der Partei der Sozialrevolutionäre Sawinkow* mit der Bildung einer neuen Kampfgruppe. Die Zusammenstellung einer Gruppe ist eine schwierige Sache. Im Auftrag Sawinkows reist ihr Mitglied Tschernawskij* durch Russland und bis nach Tschita. Die ehemaligen Kämpfer wollen keine Bomben mehr anrühren. Tschernawskij kommt unverrichteter Dinge zurück. Hier sein Bericht, veröffentlicht in »*katorga* und Verbannung«*.

»Meine Reise (durch Russland und nach Tschita zu A.W. Jakimowa und W. Smirnow*) ergab keine Erweiterung der Gruppe. Beide ausgewählten Kandidaten lehnten es ab, sich ihr anzuschließen. Auf dem Rückweg hatte ich ein Vorgefühl davon, wie dieser Misserfolg die ohnehin üble Laune der Genossen drücken würde. Meine Befürchtungen haben sich nicht bewahrheitet. Der von mir mitgeteilte Misserfolg wurde wettgemacht durch einen Erfolg in meiner Abwesenheit. Man machte mich mit einem neuen Gruppenmitglied bekannt, Natalja Sergejewna Klimowa, der bekannten Maximalistin, die kürzlich mit einer Gruppe politischer *katorga*-Häftlinge aus einem Moskauer *katorga*-Gefängnis geflohen war. Ein Mitglied unseres ZK wusste immer, wo sich unsere Gruppe gerade befand, und wir hatten uns mit ihr in Verbindung gesetzt. Über ihn auch hatte N.S. ihren Wunsch an Sawinkow übermittelt, in die Gruppe einzutreten, und wurde selbstverständlich freudig aufgenommen. Wir alle verstanden genau, wie sehr der Eintritt von N.S. die Gruppe stärkte. Oben habe ich schon erwähnt, dass nach meiner Meinung M.A. Prokofjewa* die stärkste Person in der Gruppe war. Jetzt hatten wir zwei starke Personen, und ich verglich sie unwillkürlich, stellte sie einander gegenüber. Ich dachte an Turgenjews bekanntes Prosagedicht »Die Schwelle«*. Ein russisches Mädchen überschreitet eine schicksalhafte Schwelle, ungeachtet einer warnenden Stimme, die ihr dort, jenseits dieser Schwelle, allerhand Unglück verheißt: ›Kälte, Hunger, Hass, Spott, Verachtung, Kränkung, Gefängnis, Krankheit, Tod‹ – bis hin zur Enttäuschung davon, woran sie heute glaubt. Klimowa und Prokofjewa hatten diese Schwelle längst überschritten und die von der warnenden Stimme prophezeiten Nöte in ausreichendem Maße erlebt, doch ihr Enthusiasmus war keinesfalls schwächer geworden von den durchlaufenen Prüfungen, und ihr Wille hatte sich sogar gestählt und gefestigt. Was die Hingabe an die Revolution und die Bereitschaft zu jedem Opfer betrifft, konnte man zwischen diesen Frauen ohne weiteres ein Gleichheitszeichen setzen: Sie waren gleich stark und gleich wertvoll. Doch man brauchte sie nur ein paar Tage lang aufmerksam zu betrachten, und man überzeugte sich davon, wie unterschiedlich und in einigen Hinsichten diametral entgegengesetzt sie waren. Vor allem springt der Kontrast in ihrem Gesundheitszustand ins Auge. Klimowa, die sich nach dem *katorga*-Gefängnis erholt hatte, war eine blühende, gesunde, starke Frau; Prokofjewa hatte Tuberkulose, und der Prozess war so weit fortgeschritten und zeigte sich so deutlich in ihrer physischen Gestalt, dass man unwillkürlich an eine sich verzehrende Kerze dachte.

Ebenso unterschiedlich war ihr Geschmack, ihr Verhältnis zum Leben um sie herum, ihre gesamte innere Verfassung.

Prokofjewa war in einer Altgläubigenfamilie* aufgewachsen, in der sektiererische, asketische Gepflogenheiten und Stimmungen von Generation zu Generation weitergegeben wurden. Die Schule, und dann die Begeisterung für die Befreiungsbewegung hatten die religiösen Ansichten vollkommen aus ihrer Weltanschauung verfliegen lassen, doch in ihrem Charakter blieb eine kaum merkliche Spur von Verachtung oder von Herablassung gegenüber allen Freuden des Seins, die Spur eines unbestimmten Strebens zum Höheren, nach Loslösung von der Erde und den irdischen Dingen. Vielleicht wurde diese Nuance in ihrem Charakter zum Teil gestützt und betont von ihrem Leiden. Das vollkommene Gegenteil war Klimowa. Sie nahm jegliche Freuden des Seins an, weil sie das Leben im Ganzen annahm, mit all seinen Kümmernissen und Freuden, die organisch miteinander verbunden, voneinander untrennbar sind. Es war keine philosophische Anschauung, sondern das unmittelbare Empfinden einer reichen, starken Natur. Sowohl Heldentaten wie Opfer betrachtete sie als die größten, die willkommensten Freuden des Seins.

Sie kam freudig und lachend zu uns und brachte eine deutliche Belebung in unsere Gruppe. Es war, als müssten wir nicht weiter warten. Warum nicht zur Tat schreiten mit den vorhandenen Kräften? Aber Sawinkow wies darauf hin, dass über der Gruppe wieder ein Fragezeichen stand. Er erzählte, dass in meiner Abwesenheit Kirjuchin* mit der Gruppe gelebt hatte, der aus Russland kam und schon innerhalb kurzer Zeit in Sawinkow Zweifel weckte.

›Er lügt viel‹, erklärte Sawinkow. ›Ich musste ihm einmal eine ganze Strafpredigt über die Notwendigkeit halten, strenger mit dem eigenen Gerede umzugehen. Vielleicht ist das einfach eine Schludrigkeit der Sprache. Jetzt ist er wieder in Russland, er hat eine Tochter bekommen. Dieser Tage muss er zurückkommen. Wir sollten ihn uns näher ansehen.‹

Bald nach meiner Ankunft auf Guernsey* erschien ein weiterer schwarzer Punkt an unserem Horizont. ›Ma‹

(M.A. Prokofjewa) schmolz merklich dahin und wurde mit jedem Tag schwächer. Natürlich kamen Befürchtungen auf, die sich verzehrende Kerze könnte bald erlöschen. Alle spürten, wie teuer und unentbehrlich ihr stilles, reines Licht in unserem düsteren Untergrund ist, und alle waren in Aufregung. Der örtliche Arzt riet, die Kranke in einem Lungensanatorium unterzubringen, am besten in Davos. Es kostete Sawinkow einige Energie, um M.A. Prokofjewa zu überzeugen, nach Davos zu fahren. Nach langem Kampf trafen sie eine Abmachung, offenbar auf folgender Grundlage: Sawinkow wird sie informieren, wenn die Gruppe bereit sein wird zur Abreise nach Russland, und sie behält das Recht, je nach ihrem Befinden, die Frage selbst zu entscheiden, ob sie die Kur fortsetzen oder das Sanatorium verlassen und sich der Gruppe anschließen will.

Zu jener Zeit erhielt Sawinkow die Nachricht, dass der ihm bekannte Kämpfer F.A. Nasarow* die *katorga* beendet und zur Ansiedlung gegangen war. Nasarow hatte den Provokateur Tatarow* getötet, er war in irgendeiner anderen Sache verurteilt zur einer kurzen *katorga*-Haft. Zeitgleich mit der Abreise von M.A. nach Davos schickte Sawinkow aus Paris nach Sibirien einen jungen Mann zu Nasarow, um ihm anzubieten, in die Gruppe einzutreten. Letzterer hatte während der Bildung der Gruppe seine Kandidatur erklärt, doch die Aufnahme war ihm verweigert worden. Jetzt war ihm versprochen, im Fall der gelungenen Ausführung des Auftrags, ihn in die Gruppe aufzunehmen.

Von der Insel Guernsey zog die Gruppe auf den Kontinent und ließ sich in einem kleinen französischen Dörfchen fünf, sechs Kilometer von Dieppe* nieder. Kirjuchin ist angereist. Jetzt sind wir sieben: Sawinkow und seine Frau, Klimowa, Fabrikant*, Moissejenko*, Kirjuchin und Tschernawskij. Kirjuchin verhält sich wie zuvor schlicht und ruhig.

Keinerlei Lügen zu bemerken. Unser Leben ist langweilig. Die flache, trübsinnige Küste. Trübsinniges Herbstwetter. Am Tag sammeln wir am Ufer vom Meer ausgeworfenes Strandgut als Brennholz. Die Karten werden vernachlässigt seit der Zeit, als wir in Newquay* saßen, das Schachspiel ist auch vergessen. Von den früheren Alltagsgesprächen keine Spur mehr. Selten werfen wir uns abgerissene Sätze zu, meistens schweigen wir. Jeder verfolgt die Tänze des Feuers im Kamin und verbindet damit seine traurigen Gedanken. Es scheint, wir machen alle die Erfahrung, dass die zehrendste aller Arbeiten ist – die Hände in den Schoß zu legen und nicht zu wissen, wie lange man warten muss.

Einmal schlug jemand vor: ›Lasst uns im Kamin Kartoffeln backen. So schlagen wir zwei Fliegen mit einer Klappe: 1) am Abend haben wir eine interessante Beschäftigung; 2) wir sparen am Abendessen.‹

Der Vorschlag wurde angenommen, aber die gesamte Intelligenz erwies sich als schlechte Bäcker, nur der Matrose (Kirjuchin) zeigte in dieser Hinsicht großes Talent. Ich entschuldige mich sehr, dass ich solchen Bagatellen so viel Aufmerksamkeit widme. Aber die Backkartoffeln kann ich nicht übergehen.

Es verging etwa ein Monat; also war wohl Dezember 1910. Wir alle langweilten uns, am meisten aber Kirjuchin. Er ging jetzt manchmal nach Dieppe, und einmal kam er angeheitert zurück. Am Abend setzte sich Kirjuchin an seinen Platz am Kamin und machte sich an seine gewohnte Sache. Am Feuer war er völlig aufgelöst: die Kartoffeln gehorchen ihm nicht, und selbst die eigenen Hände wollen ihm nicht gehorchen. Natascha Klimowa fängt an, ihn aufzuziehen:

›Offenbar haben Sie, Jakow Ipatytsch, irgendwo in Dieppe Ihr Können verloren ... Heute, sehe ich, gelingt Ihnen nichts ...‹

Es entspinnt sich eine Stichelei. Kirjuchin äußert immer öfter den vielsagenden Satz: ›Wir kennen euch.‹

›Gar nichts kennen Sie. Sagen Sie doch, was Sie wissen?‹. Kirjuchin geriet immer mehr in Wut:

›Sagen? Erinnern Sie sich, Sie, die Maximalisten, haben unter dem Vorwand eines Gelages in einem Nebenraum des Restaurants Palkin* eine Beratung abgehalten! Damals saß im großen Saal des Restaurants der Vizedirektor der Polizeiabteilung. Erinnern Sie sich? Und nach der Beratung, erinnern Sie sich, wohin Sie gefahren sind — und nicht allein!‹, schloss er triumphierend.

Vor Erstaunen krochen Natascha die Augen auf die Stirn, fielen ihr fast die Augen aus dem Kopf. Sie nimmt Sawinkow beiseite und teilt ihm mit: Alles stimmt, unter dem Vorwand eines Gelages fand die Beratung im Nebenraum statt. Man sagte ihnen, dass sich im großen Saal der Vizedirektor der Abteilung befindet. Die Beratung wurde trotzdem abgeschlossen, und sie brachen wohlbehalten auf. Natascha fuhr zum Übernachten mit ihrem Mann in eine Herberge auf die Inseln.

Am nächsten Morgen wird Kirjuchin die Frage gestellt, woher er ein solches Wissen hat. Er antwortet, Fejt* habe ihm das erzählt. Sawinkow fährt nach Paris, ruft Kirjuchin dorthin und kehrt bald allein zurück. Wie sich zeigte, hatte Fejt nichts gesagt und konnte nichts sagen, weil ihm die Fakten, um die es geht, unbekannt waren. Kirjuchin wurde wieder die Frage gestellt, woher er die angeführten Fakten kannte. Jetzt antwortete er, seine Frau habe sie ihm erzählt, und die habe sie von bekannten Gendarmen erfahren. Er wurde davongejagt.

Zurück in der Gruppe, stellte Sawinkow die Frage zur Abstimmung, ob wir das Recht haben, Kirjuchin zum Provokateur zu erklären. Die Antwort war einstimmig positiv.

Es war beschlossen, dass wir uns an das ZK wenden und bitten, im Parteiorgan eine Erklärung zu Kirjuchin als Provokateur zu drucken. Als wir nach dem Sitzen in Newquay zu der Überzeugung gekommen waren, dass Rotmistr* ein Provokateur ist, konnten wir uns trotzdem nicht entschließen, ihn zum Provokateur zu erklären, wir fanden, dass unsere Informationen nicht ausreichten für diesen Schritt. Darum beschränkten wir uns darauf, dem ZK seinen Ausschluss aus der Gruppe wegen des Verdachts auf Provokation mitzuteilen. Wir wussten, dass er sich in Meudon ansiedelte (mir scheint, ich nenne sie richtig, die kleine Stadt bei Paris), weit weg von der Emigration.

Der unerwartete Vorfall mit Kirjuchin zeigte uns, wie lächerlich und ungeschickt wir waren, Versteck zu spielen in abgelegenen Winkeln von Westeuropa, während die Polizeiabteilung alles über uns wusste, was sie brauchte: Wenn sie sich dafür interessiert hätte, hätte sie sogar erfahren können, wer von uns am liebsten Backkartoffeln isst. Darum verließen wir das Dörfchen und zogen um nach Paris. Das war die erste Konsequenz aus dem Vorfall. Die zweite Konsequenz daraus war die Entscheidung, die Angelegenheit Rotmistr zu revidieren. Weil sich unser Scharfblick in Bezug auf Kirjuchin so blamiert hatte, entstanden natürlich Zweifel – haben wir nicht einen ebenso groben Fehler gemacht, nur in umgekehrter Richtung und in Bezug auf Rotmistr, d.h. haben wir nicht einen unschuldigen Menschen verdächtigt? Denn als sich Kirjuchin so offenbarte, dass in Bezug auf ihn kein Zweifel mehr bestehen konnte, stellte sich uns natürlich die Frage: ›Und was ist mit Rotmistr? Heißt das, er ist kein Provokateur?‹ Sawinkow beschloss, sich mit Rotmistr zu treffen und eine aufrichtige Aussprache mit ihm zu erreichen. Aber vorläufig schlug er mir und Moissejenko vor, nach Davos zu fahren und Prokofjewa von den wichtigen Ereignissen in unserer Gruppe zu unterrichten.

Wir blieben wohl etwa zwei Wochen in Davos. Jeden Tag besuchten wir ›Ma‹ im Sanatorium. In ihrem Zustand war eine wesentliche Besserung eingetreten. Sie hatte ein wenig zugenommen, die Ärzte lockerten allmählich ihr Regime, gestatteten Spaziergänge etc. Wir hätten den Aufenthalt in Davos gern ausgedehnt, als plötzlich ein Telegramm von Sawinkow kam: ›Kommt. Rotmistr tot.‹

Beim Wiedersehen mit Sawinkow verblüffte mich seine sehr niedergeschlagene Miene. Er gab mir ein Blatt Papier und sagte düster: ›Lesen Sie. Wir haben einen Menschen überfahren.‹ Es war Rotmistrs Abschiedsbrief. Er war kurz, kaum mehr als 10 Zeilen, einfach geschrieben, und ähnelte ganz dem geschraubten Brief, der uns nach Newquay geschickt wurde. Ich will nicht versuchen, ihn genau zu zitieren. Ich gebe nur den Kern wieder. ›Ja, so ist das also, Ihr habt mich der Provokation verdächtigt, und ich dachte, alles Unglück liegt im Streit mit B.W. Vielen Dank Euch, Genossen!‹

Und so hatte sich alles zugetragen. Sawinkow hatte sich mit der Bitte an Rotmistr gewandt, zu einer Unterhaltung nach Paris zu kommen. Rotmistr kam. Sawinkow erzählte ihm vom Reinfall mit Kirjuchin und bekannte, dass er Rotmistr wegen des Verdachts auf Provokation ausgeschlossen hatte. Er bekniete ihn, aufrichtig zu sein und zu erklären, warum er in Bezug auf die Eisenbahn und die Wanne gelogen hatte. Rotmistr bekannte, dass eins wie das andere eine Lüge war, aber gab keinerlei Erklärungen und schwieg düster. Leider konnten sie das Gespräch nicht zu Ende führen, weil in der Wohnung, in der das Treffen stattfand, Besucher erschienen und die weitere Unterhaltung störten. Sawinkow bat Rotmistr, am nächsten Tag zu kommen, um das Gespräch abzuschließen. Rotmistr versprach es, doch er kam nicht, man fand ihn erschossen in seinem Zimmer, fand auch den Abschiedsbrief.

Wir hatten die Selbstentlarvung des ›Mannes mit dem ruhigen Gewissen‹ noch nicht verdaut, als man uns einen Leichnam ins Gesicht schleuderte. Alles stand innerlich kopf. Wir alle nahmen Sawinkows Formel an, ›Wir haben einen Menschen überfahren.‹

Einige Zeit später mussten wir W.O. Fabrikant in ein Sanatorium für Nervenkranke bringen. Alle waren bedrückt, aber noch nahmen sie sich zusammen und dachten – ›Jetzt kommt Nasarow, und wir fahren sofort nach Russland.‹ Ich erinnere mich nicht mehr, wie lange wir warten mussten. Schließlich kam der junge Mann zurück, den wir nach Sibirien geschickt hatten. Er erzählte, dass Nasarow zugestimmt habe, der Gruppe beizutreten, beide waren bis an die Grenze gefahren, aber beim Übergang verschwand Nasarow. An der Grenze hatten sie sich in irgendeiner Scheune versteckt. Der junge Mann musste sich wegen irgendetwas entfernen, und als er zurückkam, war Nasarow nicht in der Scheune. Offensichtlich hatte man ihn verhaftet: so dachte der junge Mann, und so dachten auch wir. Dieses Unglück zerschlug die Gruppe endgültig. Sie ging auseinander.

Nach der Auflösung der Gruppe rief mich einmal auf einer Pariser Straße jemand an. Das war Mischa*. Ich wusste, dass man ihn nach dem Ausschluss aus der Gruppe, auf Bitten Sawinkows, in Paris als Fahrer bei einer Autofirma eingestellt hatte. Jetzt stand er mit seinem Wagen in Erwartung eines Fahrgastes. Wir sprachen über Vergangenes, über Gegenwärtiges. Er schlug vor: ›Ich möchte Sie ein wenig herumfahren. Steigen Sie ein.‹ Ich lehnte ab. Das Gespräch ging weiter, aber bald bemerkte ich in Mischas Augen aufsteigende Tränen und verabschiedete mich rasch.

›Noch immer so unausgeglichen‹, dachte ich.

Ich fuhr nach Italien. Nach ein paar Monaten erhielt ich dort Nachricht, dass Mischa sich erschossen habe und dass er in seinem Abschiedsbrief darum bitte, ihn neben Rotmistr zu beerdigen ...«

So nah kam der Tod dem Leben dieser Menschen, ihrem täglichen Alltag. Wie leicht beschloss man den eigenen Tod. Das Recht auf den Tod wurde sehr großzügig und ungezwungen genutzt.

Die Gruppe Sawinkow, Guernsey-Dieppe-Paris — waren Natalja Klimowas letzte Kampfetappen. Der Misserfolg bedrückte sie wohl kaum. Das lag ihr nicht. Klimowa hatte sich an die großen Tode gewöhnt, sie waren ihr vertraut, und menschliche Gemeinheit war wohl kaum etwas Neues im revolutionären Untergrund. Längst waren Asef* entlarvt, Tatarow getötet. Die Misserfolge der Gruppe konnten Natalja Sergejewna nicht von der Allmacht der Selbstherrschaft und der Hoffnungslosigkeit aller Anstrengungen überzeugen. Und dennoch — das war Klimowas letzte Beteiligung am Kampf. Irgendwelche Spuren hatte diese Verletzung in Natalja Sergejewnas Psyche natürlich hinterlassen ...

1911 macht Natalja Sergejewna die Bekanntschaft eines Sozialrevolutionärs und Kämpfers, der aus der *katorga* in Tschita geflohen ist. Er ist ein Landsmann von Michail Sokolow, dem »Bären«.

Sich in Natalja Sergejewna zu verlieben ist leicht. Natalja Sergejewna weiß das selbst genau. Der Gast fährt in die Kolonie der »Amazonen« mit einem Brief an Natalja Sergejewna und den scherzhaften Worten zum Geleit: »Verlieb dich nicht in Klimowa.« Die Haustür öffnet Aleksandra Wassiljewna Tarassowa — dieselbe, die die »Amazonen« aus dem Nowinskij-Gefängnis befreit hat —, und der Gast, der Tarassowa für die Hausherrin hält und sich an die Warnung der Freunde erinnert, wundert sich über die Haltlosigkeit der menschlichen Urteile. Aber Natalja Sergejewna kommt heraus, und der Gast, der schon nach Hause fahren wollte, kehrt an der ersten Station wieder um.

Die eilige Affäre, die eilige Ehe Natalja Sergejewnas.

Alle leidenschaftliche Selbstbehauptung richtet sich plötzlich auf die Mutterschaft. Das erste Kind. Das zweite Kind. Das dritte Kind. Der schwere Alltag in der Emigration.

Klimowa war ein Mensch der neunten Welle. In den 33 Jahren ihres Lebens trug das Schicksal Natalja Klimowa auf die höchsten, die gefährlichsten Wellenkämme des Revolutionssturms, der die russische Gesellschaft erschütterte, und Natalja Klimowa hatte diesen Sturm gemeistert.

Die Windstille brachte sie um.

Die Windstille, der sich Natalja Sergejewna genauso leidenschaftlich, genauso selbstlos hingab wie auch dem Sturm ... Ihre Mutterschaft — das erste Kind, das zweite Kind, das dritte Kind — war genauso aufopfernd, genauso absolut, wie ihr ganzes Leben als Sprengstoff-Attentäterin und Terroristin.

Die Windstille brachte sie um. Eine verfehlte Ehe, die Fallstricke des Alltags, die Kleinigkeiten, der Mäusetritt* des Lebens fesselten sie an Händen und Füßen. Als Frau nahm sie auch dieses ihr Los an — sie hörte auf die Natur, der zu folgen sie von Kind an so gewohnt war.

Eine verfehlte Ehe — Natalja Sergejewna hatte den »Bären« nie vergessen, ob er ihr Mann war oder nicht, ist entschieden gleichgültig. Ihr Mann ist ein Landsmann von Sokolow, *katorga*-Häftling, Untergrundkämpfer, ein in höchstem Grade würdiger Mensch, und diese Affäre entfaltet sich mit aller Klimowaschen Begeisterung und Tollkühnheit. Aber Klimowas Mann war ein gewöhnlicher Mensch, und der »Bär«, ein Mensch der neunten Welle, war die erste und einzige Liebe der Hörerin der Kurse von Lochwizkaja-Skalon*.

Anstelle von Dynamitbomben muss sie Windeln schleppen, Berge von Kinderwindeln, und waschen, bügeln, aufwaschen.

Klimowas Freunde? Die engsten Freunde waren 1906 am Galgen gestorben. Nadeshda Terentjewa, aus dem gleichen Verfahren um die Apothekerinsel, war keine enge Freundin Nataschas. Terentjewa war eine Genossin in der revolutionären Sache, nicht mehr. Gegenseitige Achtung und Sympathie – und fertig. Weder Korrespondenz noch Treffen, noch der Wunsch, mehr über das Schicksal der anderen zu erfahren. Terentjewa hatte die *katorga* in der Malzew-Abteilung abgebüßt, im Ural, wo Akatuj* ist, sie kam mit der Revolution frei.

Aus dem Nowinskij-Gefängnis, wo die Zusammensetzung der Frauen in der Zelle sehr bunt gewesen war, hatte Natalja Sergejewna nur eine Freundschaft fürs Leben behalten – die mit der Aufseherin Tarassowa. Diese Freundschaft hielt ewig.

Von der Insel Guernsey waren mehr Leute in Klimowas Leben eingetreten – Fabrikant, der Tarassowa heiratete, und Moissejenko werden ihre engen Freunde. Natalja Sergejewna unterhält keine enge Beziehung mit der Familie Sawinkows und strebt nicht danach, diese Bekanntschaft zu festigen.

Wie auch Terentjewa ist Sawinkow für Klimowa ein Kampfgefährte, nicht mehr.

Klimowa ist keine Theoretikerin, keine Fanatikerin, keine Agitatorin und keine Propagandistin. All ihre Impulse – ihre Handlungen – sind ein Tribut an das eigene Temperament, an die »Sentimente mit Philosophie«.

Klimowa war für alles geeignet, aber nicht für den Alltag. Wie sich zeigt, gibt es schwerere Dinge für sie als das monatelange hungrige Warten, als sie Kartoffeln buken zum Abendessen.

Die ständigen Bemühungen um einen Verdienst, eine Unterstützung, und zwei kleine Kinder, die Sorge und Entscheidungen verlangen.

Nach der Revolution fährt ihr Mann der Familie nach Russland voraus, und die Verbindung ist für einige Jahre unterbrochen. Natalja Sergejewna drängt es nach Russland. Schwanger mit dem dritten Kind, zieht sie von der Schweiz nach Paris, um über London nach Russland auszureisen. Die Kinder und N.S. werden krank und verpassen den speziellen Kinderdampfer.

Ach, wie oft hatte Natalja Klimowa in Briefen aus dem Petersburger Untersuchungsgefängnis Ratschläge an ihre kleinen Schwestern gegeben, die die Stiefmutter, Olga Nikiforowna Klimowa, versprochen hatte, aus Rjasan zu Natascha ins Gefängnis nach Moskau zu bringen.

Tausend Ratschläge: Erkältet euch nicht. Steht nicht unter der Luftklappe. Sonst wird nichts aus der Reise. Und die Kinder hörten auf die Ratschläge ihrer älteren Schwester und fuhren behütet nach Petersburg zum Besuch im Gefängnis.

1917 hatte Natascha Klimowa keinen solchen Ratgeber. Die Kinder erkälteten sich, der Dampfer fuhr ab. Im September wird das dritte Kind geboren, ein Mädchen, es lebt nicht lange. 1918 macht Natalja Sergejewna den letzten Versuch, nach Russland zu fahren. Die Fahrkarten für den Dampfer sind gekauft. Aber – beide Mädchen von Natalja Sergejewna, Natascha und Katja, erkranken an Grippe. Während sie sie pflegt, wird Klimowa selbst krank. Die Grippe von 1918, das ist eine Pandemie, das ist die »Spanierin«. Klimowa stirbt, und die Kinder werden von Freunden Natalja Sergejewnas erzogen. Der Vater – er ist in Russland – trifft die Kinder erst 1923.

Die Zeit läuft schneller, als die Menschen denken.

Glück hat es in dieser Familie nicht gegeben.

Der Krieg. Natalja Sergejewna — als aktiver, leidenschaftlicher *oboronez\** — nahm die militärische Niederlage Russlands sehr schwer, und die Revolution mit ihren trüben Strömen erlebte sie sehr schmerzlich.

Es scheint keinen Zweifel zu geben, dass sich Natalja Sergejewna in Russland gefunden hätte. Aber — fand sich Sawinkow? Nein. Fand sich Nadeshda Terentjewa? Nein.

Hier berührt sich das Schicksal Natalja Sergejewna Klimowas mit der großen Tragödie der russischen Intelligenz, der revolutionären Intelligenz.

Die besten Leute der russischen Revolution brachten allergrößte Opfer, kamen jung und namenlos um, nachdem sie den Thron ins Wanken gebracht hatten — sie brachten solche Opfer, dass im Moment der Revolution diese Partei keine Kräfte mehr hatte, keine Menschen mehr hatte, um Russland anzuführen.

Der Riss, an dem die Zeit zersprang, nicht nur in Russland, sondern auf der Welt — auf der einen Seite der ganze Humanismus des 19. Jahrhunderts, seine Opferbereitschaft, sein moralisches Klima, seine Literatur und Kunst, und auf der anderen Hiroshima, der blutige Krieg und die Konzentrationslager, die mittelalterliche Folter und Zerstörung der Seelen, der Verrat als moralischer Wert — sind das erschreckende Vorzeichen des totalitären Staats.

Leben und Schicksal der Klimowa sind auch darum ins menschliche Gedächtnis eingeschrieben, weil dieses Leben und Schicksal der Riss sind, an dem die Zeit zersprang.

Das Schicksal der Klimowa — das ist Unsterblichkeit und ein Symbol.

Das bürgerliche Leben hinterlässt weniger Spuren als das Leben im Untergrund, das absichtlich versteckte, unter fremdem Namen und fremder Kleidung absichtlich verborgene.

Irgendwo wird diese Chronik geschrieben und kommt bsiweilen an die Oberfläche, als »Brief vor der Hinrichtung«, als Erinnerung, als Aufzeichnung von etwas sehr Wichtigem.

So sind alle Erzählungen über Klimowa. Es gibt auf der Welt nicht wenige davon. An Spuren hat Natalja Sergejewna genug hinterlassen. Nur wurden all diese Aufzeichnungen nicht zum einheitlichen Korpus eines Denkmals vereint.

........................................

Eine Erzählung ist ein Palimpsest, der all seine Geheimnisse bewahrt. Die Erzählung ist ein Anlass zur Zauberei, ist Gegenstand der Hexerei, ein lebendiges, noch nicht totes Ding*, das den Helden gesehen hat. Dieses Ding kann im Museum eine Reliquie sein; auf der Straße: ein Haus, ein Platz; in einer Wohnung: ein Bild, eine Photographie, ein Brief ...
Das Schreiben einer Erzählung ist eine Suche, und in das trübe Bewusstsein des Hirns muss der Duft des Halstuchs, Schals oder Umschlagtuchs eingehen, das der Held oder die Heldin verloren hat.

Eine Erzählung ist eine *paleja** und keine Paläographie. Die Erzählung gibt es nicht. Was erzählt, ist das Ding. Selbst im Buch, in der Zeitschrift soll die materielle Seite des Textes ungewöhnlich sein: das Papier, die Schrift, die Nachbararartikel.

Ich habe Natalja Sergejewna Klimowas Brief aus dem Gefängnis und Briefe aus ihren letzten Lebensjahren aus Italien, der Schweiz und Frankreich in der Hand gehalten. Diese Briefe sind schon an sich eine Erzählung, eine *paleja* mit einem vollendeten, strengen und beunruhigenden Sujet.

Ich habe Natalja Klimowas Briefe in der Hand gehalten nach dem blutigen eisernen Besen der dreißiger Jahre, als sowohl der Name des Menschen wie auch die Erinnerung an ihn getilgt, vernichtet wurden – nur wenige eigenhändige Briefe Klimowas sind auf der Welt erhalten geblieben. Aber diese Briefe existieren und sind erhellend wie nichts sonst. Das sind Briefe aus Petersburg, aus dem Nowinskij-Gefängnis, aus dem Ausland, nach der Flucht – an ihre Stiefmutter und Tante, an die jüngeren Brüder und Schwestern, an den Vater. Gut, dass man am Anfang des Jahrhunderts das Briefpapier aus Lumpen machte, das Papier ist nicht vergilbt und die Tinte nicht verblasst ...

Der Tod des Vaters von Natalja Sergejewna im entscheidensten Moment ihres Lebens, während der Untersuchung in der Sache der Detonation auf der Apothekerinsel, ein Tod, der der Klimowa das Leben rettete – denn kein Richter wird es wagen, eine Tochter zum Tod zu verurteilen, wenn der Vater, der eine Bitte äußert, selbst stirbt.

Die Tragödie des Rjasaner Hauses näherte Natascha ihrer Stiefmutter an, verband ihr Blut – Nataschas Briefe werden ungewöhnlich herzlich.

Ihre Aufmerksamkeit für die häuslichen Sorgen wächst.

An die Kinder – Erzählungen von roten Blumen, die auf den Gipfeln der höchsten Berge wachsen. Für die Kinder wurde der Kurzroman »Die rote Blume« geschrieben. Klimowa war zu allem begabt. In ihren Briefen an die Kinder aus dem Gefängnis steckt ein ganzes Programm der Erziehung der kindlichen Seele, ohne Belehrung, ohne Schulmeisterlichkeit.

Die Formung eines Menschen ist eines der Lieblingsthemen Natalja Sergejewnas.

In den Briefen gibt es auch Zeilen, die noch lebhafter sind als der »Brief vor der Hinrichtung«. Eine gewaltige Lebenskraft – das Lösen eines Problems, und nicht Zweifel an der Richtigkeit des Weges.

Auslassungspunkte waren das Lieblingssatzzeichen von Natalja Sergejewna Klimowa. Auslassungspunkte kommen deutlich öfter vor als in der normalen russischen Literatursprache üblich. Nataschas Auslassungspunkte verdecken nicht nur eine Anspielung, einen geheimen Sinn. Das ist eine Redeweise. Klimowa kann die Auslassungspunkte in höchstem Maße ausdrucksvoll machen und nutzt dieses Zeichen sehr oft. Auslassungspunkte der Hoffnungen, der Kritik. Auslassungspunkte der Argumente, der Streitgespräche. Die Auslassungspunkte sind ein Mittel der scherzhaften, der drohenden Beschreibung.

In den Briefen der letzten Jahre gibt es keine Auslassungspunkte.

Die Schrift wird weniger sicher. Punkte und Kommas stehen weiter an ihrem Platz, aber die Auslassungspunkte sind völlig verschwunden. Alles ist auch ohne Auslassungspunkte klar. Für Berechnungen des Franc-Kurses braucht man keine Auslassungspunkte.

Die Briefe an die Kinder sind voller Beschreibungen der Natur, und man spürt, das ist kein buchgelehrtes philosophisches Begreifen des Sinns der Dinge, sondern der von Kind an geübte Umgang mit dem Wind, dem Berg, dem Fluss.

Es gibt einen wunderbaren Brief über die Gymnastik und den Tanz.

Die Briefe an die Kinder berücksichtigen natürlich das kindliche Verständnis des Problems und auch die Gefängniszensur.

Klimowa kann auch von Karzerstrafen schreiben – Natalja Sergejewna saß oft im Karzer, und der Grund dafür war in allen Gefängnissen ihr Eintreten für die Rechte der Häftlinge. I. Kachowskaja*, die Klimowa in Petersburg und in Moskau begegnet war – selbstverständlich in den Gefängniszellen –, erzählt viel davon.

I. Kachowskaja beschreibt, wie Natascha Klimowa in der benachbarten Einzelzelle des Petersburger Durchgangsgefängnisses »zum rhythmischen Klirren der Fesseln allerlei wunderliche Tänze« tanzte.

Wie sie ein Gedicht von Balmont* an die Wand trommelte:

»Wer gern möchte, dass die Schatten
Sich verziehen und sich trollen,
Wer nicht möchte, dass das Alte
Und der Kummer wiederkommen,
Der hilft sich am besten selbst –
Schlägt das Unnütze energisch
Und für immer aus dem Feld –

das trommelte mir an die Wand als Antwort auf meine Lamentationen in dieser Sache die zu unbefristeter Haft einsitzende N. Klimowa. Vor einem halben Jahr hatte sie die Hinrichtung ihrer nächsten Menschen erlebt, die Peter und Pauls-Festung und das Todesurteil.«

Balmont war der Lieblingsdichter von Natalja Sergejewna. Das war ein »Modernist« – und dass »die Kunst aufseiten des Modernismus ist«, spürte Natalja Sergejewna, auch wenn das nicht ihre Worte sind.

Den Kindern schrieb sie aus dem Gefängnis einen ganzen Brief über Balmont. Natalja Sergejewnas Natur brauchte die sofortige logische Rechtfertigung ihrer Gefühle. »Sentimente mit Philosophie« – nannte diese Charaktereigenschaft von Natalja Sergejewna ihr Bruder Mischa.

Balmont – das bedeutet, dass sich Natalja Sergejewnas literarischer Geschmack, so wie ihr ganzes Leben, ebenfalls an den vordersten poetischen Linien ihrer Zeit orientierte. Und wenn Balmont die Hoffnungen Klimowas rechtfertigte, dann reicht das Leben der Klimowa aus, um die Existenz Balmonts, das Werk Balmonts zu rechtfertigen. Die Gedichte lässt sich Klimowa in den Briefen außerordentlich angelegen sein, sie ist bemüht, die Sammlung »Seien wir wie die Sonne«* immer bei sich zu haben.

Wenn es in Balmonts Gedichten ein Motiv, eine Melodie gab, die Saiten von solcher Gestimmtheit wie Klimowas Seele zum Klingen brachten – ist Balmont gerechtfertigt. Man könnte meinen, einfacher und ihr entsprechender wären Gorkij und sein Sturmvogel* gewesen, Nekrassow ... Nein. Klimowas Lieblingsdichter ist Balmont.

Bloks Motiv des bettelarmen, winddurchblasenen Russlands* war auch sehr stark in Klimowa, besonders in ihren einsamen Jahren, den Auslandsjahren.

Natalja Sergejewna fand sich selbst undenkbar außerhalb Russlands, ohne Russland und nicht für Russland. Die Sehnsucht nach der russischen Natur, nach den russischen Menschen, nach dem Haus in Rjasan – die Nostalgie in ihrer reinsten Form ist in den ausländischen Briefen sehr lebhaft und, wie immer, leidenschaftlich und logisch ausgedrückt.

Und noch ein Brief ist schrecklich. Natalja Sergejewna, die die Trennung mit aller Leidenschaft erlebte und ständig an die Heimat dachte und sie ständig beschwor, zögert plötzlich und sagt Worte, die gar nicht zu einer Rationalistin, Voltairianerin und Erbin der Ungläubigkeit des 19. Jahrhunderts passen – Natalja Sergejewna schreibt beklommen, von einem Vorgefühl ergriffen, dass sie Russland vielleicht niemals wiedersehen wird.

.............................................

Und was ist geblieben von diesem leidenschaftlichen Leben? Nur die Goldmedaille aus der Schule in der Tasche der Lagerweste der ältesten Tochter* von Natalja Sergejewna Klimowa.

Ich folge Klimowas Spur nicht allein. Mit mir ist ihre älteste Tochter, und wenn wir das Haus finden, das wir suchen, geht die Frau hinein, in die Wohnung, und ich bleibe auf der Straße oder drücke mich, wenn ich ihr folge, irgendwo an eine Wand und verschmelze mit der Fenstergardine.

Ich habe sie als Neugeborenes gesehen und erinnere mich, wie die starken, festen Arme der Mutter, die leicht die pudschweren, für den Mord an Stolypin gedachten Dynamitbomben schleppten, mit gieriger Zärtlichkeit das Körperchen ihres ersten Kindes an sich drückten. Das Kind wird Natascha genannt – die Mutter gibt ihm den eigenen Namen, damit die Tochter zu einer Großtat, zur Fortsetzung der Sache der Mutter verurteilt ist, damit ihr Leben lang diese Stimme des Blutes, dieser Aufruf des Schicksals klingt, damit die nach der Mutter Genannte ihr Leben lang auf diese mütterliche Stimme reagiert, die sie beim Namen ruft.

Sie war sechs Jahre alt, als die Mutter starb.

1934 besuchten wir Nadeshda Terentjewa, die Maximalistin und Mitangeklagte Natalja Sergejewna Klimowas im ersten großen Verfahren, zur Apothekerinsel.

»Du bist deiner Mutter nicht ähnlich, nicht ähnlich«, schrie Terentjewa die neue Natascha an, die dunkelblonde Tochter, die der brünetten Mutter nicht ähnelte.

Terentjewa hatte die mütterliche Kraft nicht entdeckt, nicht erahnt, die gewaltige Lebenskraft nicht gespürt, die die Tochter Klimowas für noch größere Prüfungen brauchte, als die Feuerproben, die der Mutter beschieden waren.

Wir haben Nikitina* besucht – eine Teilnehmerin an der Flucht der Dreizehn, haben ihre beiden Bücher über diese Flucht gelesen.

Wir haben das Revolutionsmuseum besucht. Auf der Schautafel der neunzehnhunderter Jahre waren zwei Photographien, Natalja Klimowa und Michail Sokolow. »Schickt mir die Photographie, auf der ich in der weißen Bluse und im umgehängten Mantel bin – viele bitten mich, und wenn sie nicht da ist (Mischa sagte, sie sei verloren), dann die aus dem Gymnasium. Es bitten mich viele.«

Diese innigen Zeilen stammen aus dem ersten Brief Natalja Sergejewnas nach der Flucht.

Jetzt ist das Jahr '47, und wir stehen wieder zusammen in der Siwzew Wrashek-Gasse*.

In der Weste hängt noch, wie ein Zeichen teuren Parfums, der kaum spürbare Geruch der Pferdeställe des Kasachstaner Lagers.

Das war ein Urgeruch, von dem alle Gerüche der Welt herkommen, der Geruch der Erniedrigung und der Eleganz, der Geruch der Armut und des Luxus.

Im Lager, in der Steppe von Kasachstan, hatte die Frau an den Pferden Gefallen gefunden, wegen ihrer Freiheit, der Entfesselung der Herde, die aus irgendeinem Grund niemals versuchte, zu zertreten, zu vernichten, zu zermalmen und vom Erdboden hinwegzufegen. Die Frau in der Lagerweste, die Tochter Klimowas, verstand erst spät ihre erstaunliche Gabe, das Vertrauen von wilden Tieren und Vögeln zu gewinnen. Die Städterin erlebte die Anhänglichkeit von Hunden, Katzen, Gänsen und Tauben. Der letzte Blick des Schäferhundes bei der Trennung in Kasachstan war auch eine Grenze, eine Brücke, die in ihrem Leben verbrannt wurde – die Frau ging nachts in den Pferdestall und lauschte dem Leben der Pferde, das frei war, anders als das der Menschen, die die Frau umgaben, mit einem eigenen Interesse, einer eigenen Sprache, eigenem Leben. Später in Moskau, im Hippodrom, versucht die Frau erneut, den Pferden zu begegnen.

Eine Enttäuschung erwartete sie. Die Rennpferde, im Geschirr, mit Bändern und Hüten, vom Fieber der Kommandos ergriffen, waren den Menschen ähnlicher als Pferden. Die Frau begegnete keinen Pferden mehr.

All das war später, und jetzt hing in der Weste noch der kaum spürbare Geruch der Pferdeställe des Lagers in Kasachstan.

Was war davor gewesen? Der Lachsfisch war in den heimatlichen Bach zurückgekehrt, um sich die Seiten an den Uferfelsen blutig zu schinden. »Ich habe sehr gern getanzt – das ist meine ganze Sünde vor dem düsteren Moskau des Jahres siebenunddreißig.« Sie war zurückgekommen, um auf der Erde zu wohnen, auf der ihre Mutter gewohnt, auf dem Dampfer bis nach Russland zu fahren, den Natalja Klimowa verpasst hatte. Der Lachsfisch hört nicht auf Warnungen, die innere Stimme ist stärker, mächtiger.

Der unheilvolle Alltag der dreißiger Jahre: Verrat der engsten Freunde, Misstrauen, Argwohn, Erbitterung und Neid. Die Frau hatte damals für ihr Leben begriffen, dass es keine schlimmere Sünde gibt als die Sünde des Misstrauens, und schwor ... Aber bevor sie schwor, wurde sie verhaftet.

Man verhaftete ihren Vater, er verschwand in den blutglitschigen Kellern der Lager »ohne Recht auf Briefwechsel«*. Der Vater hatte Kehlkopfkrebs, nach der Verhaftung hatte er nur noch kurze Zeit zu leben. Doch als man versuchte, Erkundigungen einzuziehen, kam die Antwort, er sei 1942 gestorben. Diese märchenhafte Antikrebswirkung, die wunderbare Anticarcerogenität des Lagers, in dem der Vater lebte und starb – erregte nicht die Aufmerksamkeit der internationalen Medizin. Ein düsterer Scherz, wie es damals nicht wenige gab. Viele Jahre lang werden zwei Frauen auch nur nach dem Schatten einer Spur des Vaters und Ehemanns suchen und nichts finden.

Zehn Jahre Lager, die endlosen allgemeinen Arbeiten, erfrorene Hände und Füße – bis ans Lebensende wird kaltes Wasser ihren Händen weh tun. Die tödlichen Schneestürme, wenn du gleich, gleich aufhörst zu leben. Die namenlosen Hände, die dich halten im Schneesturm, in die Baracke führen, trocknen, wärmen und beleben. Wer sind sie, diese namenlosen Menschen, namenlos, wie die Terroristen der Jugend Natalja Klimowas.

Herden von Pferden. Von kasachischen Lagerpferden, die freier sind als die Menschen, ihr besonderes Leben haben – die Frau aus der Stadt besaß die seltsame Gabe, das Vertrauen von wilden Tieren und Vögeln zu gewinnen. Tiere haben ja ein feineres Gefühl für Menschen, als die Menschen füreinander, und kennen sich mit menschlichen Eigenschaften besser aus als die Menschen. Tiere und Vögel hatten zur Tochter Natascha Klimowas Vertrauen – eben jenes Gefühl, das den Menschen so fehlte.

1947, als die Untersuchung und fünf Jahre Lager hinter ihr lagen – fingen die Prüfungen erst an. Der Mechanismus, der zermalmte und tötete, erschien ewig. Wer durchgehalten, wer das Ende der Haftzeit erlebt hatte, der war zu neuen Wanderschaften verdammt, zu neuen unendlichen Qualen. Diese hoffnungslose Rechtlosigkeit, die Verdammnis – ist das blutdunkle Frührot des morgigen Tages.

Dichtes, schweres goldenes Haar. Was wird noch kommen? Rechtlosigkeit, vieljährige Wanderschaft durch das Land, polizeiliche Anmeldungen*, Arbeitssuche. Nach der Freilassung, nach dem Lager die erste Arbeit als Dienstmagd bei einem Lagerchef, das Ferkel, das gewaschen und versorgt werden muss, oder – zurück an die Säge, ans Holzfällen. Und die Rettung: eine Arbeit als Kassiererin. Die Bemühungen um die polizeiliche Anmeldung, »Regime«städte und -kreise*, das Pass-Brandmal, die Pass-Beleidigung ...

Wie viele Grenzen werden noch zu überschreiten, wie viele Brücken zu verbrennen sein ...

Und in diesem Jahr 1947 begriff und spürte die junge Frau zum ersten Mal, dass sie nicht auf die Welt gekommen ist, um den Namen der Mutter berühmt zu machen, dass ihr Schicksal nicht der Epilog, nicht das Nachwort zu einem wenn auch nahen, wenn auch bedeutenden Leben ist.

Dass sie ihr eigenes Schicksal hat. Und der Weg der Bekräftigung dieses ihres Schicksals eben erst begonnen hat. Dass sie eine ebensolche Vertreterin des Jahrhunderts und ihrer Zeit ist, wie ihre Mutter auch.

Dass den Glauben an den Menschen zu bewahren bei ihrer persönlichen Erfahrung, bei ihrem Leben keine geringere Heldentat ist, als die Tat ihrer Mutter.

Ich dachte oft, warum hat der allmächtige, allgewaltige Lagermechanismus die Seele der Tochter Klimowas nicht zertrampelt, ihr Gewissen nicht zermahlen? Und ich fand eine Antwort: Für den Zerfall, für die Vernichtung und Verletzung des Menschen durch das Lager braucht es eine nicht geringe Vorbereitung.

Die Zerstörung ist ein Prozess, und ein langwieriger, ein vieljähriger Prozess. Das Lager ist das Finale, das Ende, der Epilog.

Das Emigrantenleben hat die Tochter der Klimowa geschützt. Aber auch die Emigranten hielten sich ja in den Untersuchungen des Jahres '37 nicht besser als die »Dagebliebenen«. Die Familientraditionen haben sie gerettet. Und jene gewaltige Lebenskraft, die eine Prüfung durch das Ferkel des Hausherrn erträgt – nur das Weinen gewöhnt sie einem für immer ab.

Nicht nur, dass sie den Glauben an die Menschen nicht verliert, sie macht den Wiederaufbau dieses Glaubens, den stündlichen Beweis des Glaubens an die Menschen zu ihrer

Lebensregel: »Von vornherein annehmen, dass jeder Mensch ein guter Mensch ist. Zu beweisen ist nur das Gegenteil.«

Unter dem Bösen, dem Misstrauen, dem Neid, der Erbitterung – wird ihre reine Stimme sehr wahrnehmbar sein.

»Die Operation war sehr schwer, Nierensteine. Es war das Jahr 1952, das mühsamste, schlimmste Jahr meines Lebens. Und auf dem Operationstisch dachte ich ... Diese Operationen, Nierensteine, werden nicht unter Vollnarkose gemacht. Bei Vollnarkose sterben hundert Prozent der Operierten. Mich hatten sie örtlich betäubt, und ich dachte nur an eins. Ich muss aufhören mich zu quälen, muss aufhören zu leben – und das ist so leicht, den Willen ein wenig lockern – und die Schwelle ist überschritten, die Tür ins Nichtsein geöffnet ... Wozu leben? Wozu wieder aufleben für ein 1937? Für die Jahre 1938, 1939, 1940, 41, 42, 43, 44, 45, 46, 47, 48, 49, 1950, 1951 meines ganzen Lebens, das so schrecklich ist?

Die Operation war im Gange, und obwohl ich jedes Wort hörte, bemühte ich mich, an etwas Eigenes zu denken, und irgendwo aus meiner größten Tiefe, aus dem innersten Kern meines Wesens stieg ein feiner Strahl des Willens, des Lebens. Dieser Strahl wurde immer mächtiger, immer voller, und plötzlich atmete es sich leicht. Die Operation war beendet.

1953 starb Stalin, und es begann ein neues Leben mit neuen Hoffnungen, ein lebendiges Leben mit lebendigen Hoffnungen.

Meine Wiedererweckung war die Begegnung mit dem März 1953. Als ich auf dem Operationstisch erwachte, wusste ich, dass ich leben muss. Und war wiedererweckt.«

In der Siwzew Wrashek-Gasse warten wir auf Antwort. Die Hausherrin kommt heraus, mit den Absätzen klappernd, der weiße Kittel ist zugeknöpft, das weiße Mützchen sitzt fest auf den akkurat gelegten grauen Haaren. Die Hausherrin schaut den Gast mit ihren großen, schönen dunklen weitsichtigen Augen ruhig an.

Ich stand, mit der Fenstergardine verschmelzend, mit dem schweren eingestaubten Vorhang. Ich, der die Vergangenheit gekannt und die Zukunft gesehen hatte. Ich war im Konzentrationslager gewesen, ich selbst war ein Wolf und wusste den Wolfsbiss zu schätzen. Ich verstand etwas vom Benehmen der Wölfe.

In mein Herz trat Bangigkeit ein – nicht Angst, sondern Bangigkeit – ich sah den morgigen Tag dieser mittelgroßen, dunkelblonden Frau, der Tochter von Natalja Klimowa. Ich sah ihren morgigen Tag, und mein Herz schmerzte.

»Ja, ich habe von dieser Flucht gehört. Eine romantische Zeit. Und den ›Brief vor der Hinrichtung‹ habe ich gelesen. Mein Gott! Die ganze russische Intelligenz ... Ich erinnere mich, erinnere mich an alles. Aber Romantik ist das eine, und das Leben – verzeihen Sie mir –, das Leben ist etwas anderes. Wie viele Jahre waren Sie im Lager?«

»Zehn.«

»Sehen Sie. Ich kann Ihnen helfen – um Ihrer Mama willen. Aber ich lebe ja nicht auf dem Mond. Ich bin ein Erdenbewohner. Vielleicht haben Ihre Verwandten irgendetwas aus Gold, einen Reif vielleicht, einen Ring ...«

»Sie haben nur eine Medaille, Mamas Schulmedaille. Einen Ring haben sie nicht.«

»Sehr schade, dass sie keinen Ring haben. Eine Medaille, das ist für Zahnkronen. Ich bin ja Zahnärztin und Prothesistin. Das Gold wird bei mir immer schnell verbraucht.«

»Sie müssen gehen«, flüsterte ich.

»Ich muss leben«, sagte die Tochter von Natalja Klimowa fest. »Hier ...« Und aus der Tasche ihrer Lagerweste holte sie ein Stoffsäckchen hervor.

1966

# Am Steigbügel

Der Mann war alt, langarmig und kräftig. In seiner Jugend hatte er ein seelisches Trauma erlitten, als Schädling wurde er zu zehn Jahren verurteilt und in den Nordural zum Bau des Papierkombinats von Wischera gebracht. Hier zeigte sich, dass das Land seine Ingenieurkenntnisse brauchte – man schickte ihn nicht zum Erdeschaufeln, sondern zur Bauleitung. Er leitete einen von drei Bauabschnitten gleichberechtigt mit anderen Häftlingsingenieuren – Morduchaj-Boltowskij und Budsko. Pjotr Petrowitsch Budsko war kein Schädling. Er war ein Säufer, verurteilt nach Artikel einhundertneun*. Aber für die Leitung war ein *bytowik* noch bequemer, und für die Kameraden sah Budsko aus wie ein echter Achtundfünfziger, Punkt sieben*. Der Ingenieur wollte an die Kolyma. Bersin, der Direktor von Wischchims, brach auf ins Gold, er übergab seine Geschäfte und stellte seine Mannschaft zusammen. An der Kolyma erwartete einen ja das Schlaraffenland und die beinahe sofortige vorfristige Befreiung. Pokrowskij hatte eine Eingabe gemacht und verstand nicht, wieso man Budsko nimmt und ihn nicht, die Ungewissheit quälte ihn, und er beschloss, einen Empfang bei Bersin selbst zu erwirken.

Fünfunddreißig Jahre später schrieb ich Pokrowskijs Erzählung auf.

Diese Erzählung, diesen Tonfall hatte Pokrowskij durch sein ganzes Leben als großer russischer Ingenieur getragen.

»Unser Chef war ein großer Demokrat.«

»Ein Demokrat?«

»Ja, wissen Sie, wie schwer es ist, an einen großen Natschalnik heranzukommen? An einen Trust-Direktor, einen Sekretär des Gebietskomitees? Vormerkungen beim Sekretär. Weshalb? Warum? Wohin? Wer bist du?

Und hier – du bist ein rechtloser Mensch, ein Häftling, und plötzlich ist es so einfach, einen so hohen, auch noch militärischen Natschalnik zu sehen. Auch noch mit einer solchen Biographie – die Lockhart-Affäre, Arbeit mit Dsershinskij. Ein Wunder.«

»An den General-Gouverneur?«

»Ganz genau. Ich kann Ihnen sagen, ohne mich zu verstecken und mich zu schämen – ich habe selbst etwas für Russland getan. Und auf meinem Gebiet bin ich, scheint mir, auf der ganzen Welt bekannt. Mein Fachgebiet ist Wasserversorgung. Mein Name – Pokrowskij, haben Sie gehört?«

»Nein, habe ich nicht gehört.«

»Da kann man nur lachen. Ein Tschechowsches Sujet* – oder, wie man heute sagt, Modell. Das Tschechowsche Modell aus der Erzählung ›Der Reisende erster Klasse‹. Naja, vergessen wir, wer Sie sind und wer ich bin. Begonnen habe ich meine Ingenieurskarriere mit der Verhaftung, mit dem Gefängnis, mit der Anklage und dem Urteil zu zehn Jahren Lager wegen Sabotage.

Ich war in der zweiten Welle der Schädlings-Prozesse: den ersten, den Schachty-Prozess, haben wir noch gebrandmarkt, verurteilt. Wir waren als zweite dran – das Jahr dreißig. Ins Lager kam ich im Frühjahr einunddreißig. Was war das mit den Schachty-Leuten? Ein Blödsinn. Eine Einübung, die Vorbereitung der Bevölkerung und der eigenen Kader auf gewisse Neuheiten, die siebenunddreißig klar wurden. Aber damals, im Jahr dreißig, war eine Haftstrafe von zehn

Jahren überwältigend. Eine Haftstrafe – wofür? Die Willkür ist überwältigend. Und dann bin ich schon an der Wischera und baue, errichte etwas. Und kann vom obersten Chef empfangen werden.

Bersin hatte keine Empfangstage. Jeden Tag schickte man ihm ein Pferd zum Kontor, gewöhnlich zum Reiten, manchmal eine Kutsche. Und bis der Chef im Sattel saß, empfing er jeden Häftling, der ihn sprechen wollte. Zehn Mann am Tag, ohne Bürokratie, selbst einen Ganoven, selbst einen Sektierer, selbst einen russischen Intelligenzler. Übrigens wandten sich weder Ganoven noch Sektierer mit Bitten an Bersin. Eine Warteschlange. Am ersten Tag kam ich hin, war zu spät – ich war der elfte, und als zehn Mann durch waren, setzte Bersin das Pferd in Bewegung und galoppierte zur Baustelle.

Ich wollte mich während der Arbeit an ihn wenden – die Kameraden rieten ab, ich sollte die Sache nicht verderben. Reglement ist Reglement. Zehn Mann am Tag, bis der Chef im Sattel sitzt. Am nächsten Tag war ich früher da und kam dran. Ich bat darum, mich mitzunehmen an die Kolyma.

An dieses Gespräch erinnere ich mich, an jedes Wort.

›Wer bist du?‹, Bersin schob das Pferdemaul mit der Hand beiseite, um besser zu hören.

›Ingenieur Pokrowskij, Bürger Natschalnik. Ich arbeite als Abschnittschef bei Wischchims. Ich baue den Hauptblock, Bürger Natschalnik.‹

›Und was willst du?‹

›Nehmen Sie mich mit an die Kolyma, Bürger Natschalnik.‹

›Was hast du für eine Haftzeit?‹

›Zehn Jahre, Bürger Natschalnik.‹

›Zehn? Ich nehme dich nicht. Wenn du drei oder fünf hättest, das wäre etwas anderes. Aber zehn? Das heißt, da ist etwas. Da ist etwas.‹

›Ich schwöre, Bürger Natschalnik …‹

›Na schön. Ich schreibe dich ins Buch. Wie ist dein Name? Pokrowskij. Ich schreibe dich auf. Du bekommst Antwort.‹

Bersin setzte das Pferd in Bewegung. An die Kolyma nahm er mich nicht mit. Ich erhielt die Vorfristige auf derselben Baustelle und fuhr hinaus aufs große Meer. Arbeitete überall. Aber besser als an der Wischera, besser als unter Bersin war die Arbeit für mich nirgends. Die einzige Baustelle, wo alles fristgerecht fertig wurde, und wenn nicht fristgerecht, dann wird Bersin den Befehl erteilen, und alles erscheint wie von selbst. Die Ingenieure (Häftlinge, man denke nur!) erhielten das Recht, Leute bei der Arbeit festzuhalten, um die Norm überzuerfüllen. Wir alle bekamen Prämien, wurden zur Vorfristigen vorgeschlagen. Die Anrechnung von Arbeitstagen gab es damals nicht.

Und die Leitung sagte uns: Arbeitet gewissenhaft, wer schlecht arbeitet – wird weggeschickt. In den Norden. Und sie zeigten mit der Hand wischeraaufwärts. Aber ich weiß gar nicht, was der Norden ist.«

...............................................

Ich kannte Bersin. Von der Wischera. An der Kolyma, wo Bersin starb, habe ich ihn nicht gesehen – man hat mich zu spät an die Kolyma gebracht.

...............................................

General Groves hatte volle Verachtung für die Gelehrten des »Manhattan-Projekts«*. Und scheute sich nicht, diese Verachtung zu äußern. Was war allein das Dossier Robert Oppenheimers wert. In seinen Memoiren erklärt Groves seinen Wunsch, den Generalsrang eher zu bekommen als die Ernennung zum Chef des »Manhattan Projekts«: »Ich musste oft beobachten, dass die Symbole von Macht und Rang auf die Wissenschaftler stärker wirkten als auf Militärs.«

Bersin hatte volle Verachtung für die Ingenieure. All diese Schädlinge – Morduchaj-Boltowskij, Pokrowskij, Budsko. Die Häftlings-Ingenieure, die das Wischera-Kombinat bauten. Wir erfüllen fristgerecht! Blitzartig! Der Plan! Diese Leute weckten beim Chef nichts als Verachtung. Zum Staunen, zu einem philosophischen Staunen über die Bodenlosigkeit, die Grenzenlosigkeit der Erniedrigung des Menschen, der Zerstörung des Menschen, hatte Bersin einfach nicht die Zeit. Die Kraft, die ihn zum Chef machte, kannte die Menschen besser als er selbst.

Die Helden der ersten Schädlingsprozesse – die Ingenieure Bojarschinow, Inosemzew, Dolgow, Miller, Findikaki – arbeiteten munter für die Brotration, für die vage Hoffung, zur vorfristigen Freilassung vorgeschlagen zu werden.

Anrechnungen gab es damals noch nicht, aber es war schon klar, dass man irgendeine Magenstaffelung zur leichten Lenkung des menschlichen Gewissens brauchte.

Bersin hatte das Bauen des Wischera-Kombinats 1928 übernommen. Er verließ die Wischera Richtung Kolyma Ende 1931.

Ich, der ich von April 1929 bis Oktober 1931 an der Wischera war, habe sie nur unter Bersin gekannt und gesehen.

Der persönliche Pilot Bersins (im Wasserflugzeug) war der Häftling Wolodja Ginze – ein Moskauer Flieger, der wegen Sabotage in der Luftfahrt zu drei Jahren verurteilt war. Die Nähe zum Chef gab Ginze Hoffnung auf vorfristige Freilassung, und Bersin mit seiner Verachtung für die Menschen verstand das genau.

Auf seinen Reisen schlief Bersin immer, wo es ging – bei der Leitung selbstverständlich, ohne sich eine Wache zu besorgen. Seine Erfahrung sagte ihm, dass im russischen Volk jede Verschwörung verraten und verkauft wird, freiwillige Denunzianten werden auch schon vom Schatten einer Verschwörung berichten – so oder so. Diese Denunzianten sind gewöhnlich ehemalige Kommunisten, Schädlinge, oder Intelligenzler aus guter Familie, oder angestammte Ganoven. Sie werden denunzieren, keine Sorge. Schlafen Sie ruhig, Bürger Natschalnik. Diese Seite des Lagerlebens verstand Bersin gut, er schlief ruhig, fuhr und flog ruhig und wurde, als die Zeit gekommen war, von seiner eigenen Leitung umgebracht.

Jener Norden, mit dem man den jungen Pokrowskij erschreckt hatte, existierte, und ob er existierte. Der Norden sammelte noch Kräfte und Tempo. Der Norden – seine Leitung war in Ust-Uls, an der Mündung des Flüsschens Uls in die Wischera –, dort hatte man jetzt Diamanten gefunden. Schon Bersin hatte danach gesucht, aber nichts gefunden. Im Norden betrieb man Holzeinschlag – die schwerste Häftlingsarbeit an der Wischera. Der Tagebau an der Kolyma, die Hacke in den Steinbrüchen der Kolyma, die Arbeit bei sechzig Grad Frost – all das lag noch vor uns. Die Wischera hat nicht wenig dafür getan, dass die Kolyma möglich wurde. Wischera – das sind die zwanziger Jahre, das Ende der zwanziger Jahre.

Im Norden, in den Waldabschnitten Pela und Myka, Waja und Wetrjanka verlangten die Häftlinge beim Treiben (die Häftlinge gehen ja nicht, sie werden getrieben, das ist der offizielle Wortschatz), dass man ihnen die Hände auf dem Rücken fesselt, damit der Begleitposten sie unterwegs nicht »beim Fluchtversuch« erschießen kann. »Binden Sie mir die Hände, dann laufe ich. Machen Sie ein Protokoll.« Wer nicht darauf kam, die Leitung anzuflehen, ihm die Hände zu fesseln, begab sich in Lebensgefahr. Die »bei Fluchtversuch Getöteten« waren sehr zahlreich.

In einer der Lagerabteilungen nahmen die Ganoven den *frajern* jedes Paket ab. Der Chef beherrschte sich nicht und erschoss drei Ganoven. Und stellte die Leichen in Särgen bei der Wache aus. Die Leichen standen drei Tage und drei Nächte. Die Diebstähle hörten auf und der Chef wurde entlassen, irgendwohin versetzt.

Verhaftungen, provozierte Verfahren, Verhöre und Untersuchungen innerhalb des Lagers waren in vollem Schwang. Die dritte Abteilung, riesig vom Personalbestand, wurde aus verurteilten Tschekisten rekrutiert, die sich etwas hatten zu schulden kommen lassen und unter Spezialbegleitung bei Bersin ankamen, um sofort ihren Platz an den Tischen der Untersuchungsführer einzunehmen. Sämtliche ehemaligen Tschekisten arbeiteten in ihrem Beruf. Oberst Uschakow, der Chef der Ermittlungsabteilung von Dalstroj, der Bersin durchaus wohlbehalten überlebte, war wegen Überschreitung seiner Amtsbefugnisse zu drei Jahren nach Artikel hundertzehn verurteilt. Uschakow verbüßte seine Haft in einem Jahr, blieb in Bersins Diensten und fuhr gemeinsam mit Bersin los, um die Kolyma aufzubauen. Und nicht wenige Leute saßen »wegen Uschakow«, als Verhinderungsmaßnahme – die vorbeugende Verhaftung ... Uschakow war allerdings kein »Politiker«. Seine Sache war die Ermittlung, die Ermittlung von Flüchtigen. Uschakow war auch Chef der Verfahrensabteilungen an der Kolyma, er hatte sogar die »Rechte der Hftl./Hftl.*« unterschrieben oder vielmehr die Regeln der Haltung von Häftlingen, die aus zwei Teilen bestanden: 1. Verpflichtungen: der Häftling muss, der Häftling darf nicht. 2. Rechte: das Recht auf Beschwerde, das Recht, Briefe zu schreiben, das Recht, ein wenig zu schlafen, das Recht, ein wenig zu essen.

In seiner Jugend war Uschakow Agent der Moskauer Kriminalpolizei gewesen, er hatte einen Fehler gemacht, bekam eine dreijährige Haftstrafe und fuhr an die Wischera.

Shigalow, Uspenskij und Pesnjakewitsch führten ein großes Lagerverfahren gegen den Chef der dritten Abteilung (Beresniki). Dieses Verfahren – um Schmiergelder, um falsche Berichterstattung – endete ergebnislos wegen der Standhaftigkeit einiger Häftlinge, die zur Untersuchung, unter Drohungen je drei, vier Monate in Lager-Isolationsgefängnissen saßen.

Eine zusätzliche Haftzeit war keine Seltenheit an der Wischera. So eine Haftzeit bekamen Lasarenko und Glucharjow.

Für Flucht bekam man damals keine Haftstrafe, es gab drei Monate Isolator mit Eisenboden, was für die Unbekleideten, nur in der Unterwäsche, im Winter tödlich war.

Ich wurde dort von den lokalen Organen zwei Mal verhaftet, zwei Mal mit Sonderkonvoj aus Beresniki nach Wishaicha gebracht, bin zwei Mal durch Untersuchungen und Verhöre gegangen.

Diesen Isolator fürchteten die Erfahrenen. Flüchtige und Ganoven flehten den Kommandanten der ersten Abteilung Nesterow an, sie nicht in den Isolator zu setzen. Sie wollen nie wieder, werden nicht fliehen. Und der Kommandant Nesterow zeigte die behaarte Faust und sagte:

»Na, suchs dir aus, Kinnhaken oder in den Isolator!«

»Kinnhaken!«, antwortete kläglich der Flüchtling.

Nesterow holte aus, und der Flüchtige kippte blutüberströmt um.

In unserer Etappe, im April 1929, machten die Begleitposten die Zahnärztin Soja Wassiljewna, verurteilt nach Artikel achtundfünfzig im Verfahren um den »Stillen Don«*, betrunken und vergewaltigten sie jede Nacht kollektiv. In derselben Etappe war der Sektierer Sajaz. Er weigerte sich, zum Appell anzutreten. Der Begleitposten traktierte ihn bei jedem Appell mit den Füßen. Ich trat aus der Reihe, protestierte und wurde in derselben Nacht in den Frost hinausgeholt, nackt ausgezogen und stand solange im Schnee, wie der Begleitposten wollte. Das war im April 1929.

Im Sommer dreißig hatten sich im Lager Beresniki etwa 300 Häftlinge angesammelt, die nach Artikel vierhundertachtundfünfzig invalide geschrieben waren – zur Freilassung wegen Krankheit. Das waren ausschließlich Menschen aus dem Norden – mit schwarzblauen Flecken, mit Brüchen vom Skorbut und mit Stümpfen von den Erfrierungen. Selbstverletzer wurden nach Artikel vierhundertachtundfünfzig nicht freigelassen, und bis zum Ende ihrer Haftzeit oder ihrem zufälligen Tod lebten die Selbstverletzer in den Lagern.

Der Chef der Lagerabteilung Stukow hatte anfangs zu Heilungszwecken Spaziergänge verfügt, aber alle Transithäftlinge verweigerten den Spaziergang – dann wirst du womöglich noch gesund und landest wieder im Norden.

Ja, mit dem Norden machte man Pokrowskij nicht umsonst Angst. Im Sommer 1929 sah ich zum ersten Mal eine Etappe aus dem Norden – eine lange staubige Schlange, die den Berg hinabkroch und von weitem zu sehen war. Dann blitzten durch den Staub die Bajonette auf, dann die Augen. Zähne blitzten dort nicht, sie waren vom Skorbut ausgefallen. Die geplatzten, trockenen Münder, die grauen *solowtschanka*\*-Mützen, die Tuch-Ohrenklappen, die Tuch-Jacken, die Tuch-Hosen. Diese Etappe hat sich mir für das ganze Leben eingeprägt.

Gab es das alles nicht unter Bersin, an dessen Steigbügel Ingenieur Pokrowskij bebte?

Das ist ein schrecklicher Zug des russischen Charakters – die erniedrigende Unterwürfigkeit und Ehrfurcht vor jedem Lagerchef. Der Ingenieur Pokrowskij ist nur einer von Tausenden, die bereit sind, einen großen Chef anzubeten, vor ihm zu katzbuckeln.

Der Ingenieur – ein Vertreter der Intelligenz –, er machte seinen Rücken nicht weniger krumm.

»Was hat Ihnen *so* gefallen in Wishaicha?«

»Naja. Man ließ uns die Wäsche im Flüsschen waschen. Nach dem Gefängnis, nach der Etappe ist das eine große Sache. Außerdem das Vertrauen. Ein erstaunliches Vertrauen. Wir haben direkt am Fluss, am Ufer gewaschen, und die Wachsoldaten haben es gesehen und nicht geschossen! Haben es gesehen und nicht geschossen!«

»Der Fluss, in dem Sie gebadet haben, liegt in der Wachzone, im ringförmigen Gürtel der Wachtürme in der Tajga. Welches Risiko geht denn Bersin ein, wenn er Sie die Wäsche waschen lässt? Und hinter dem Wachturmring liegt der zweite Ring der Tajga-Geheimnisse – Patrouillen, Fahnder. Und dann kontrollieren die fliegenden Patrouillen einander noch gegenseitig.«

»Ja-a-a ...«

»Und wissen Sie, was der letzte Satz war, mit dem mich die Wischera, Ihre und meine, verabschiedet hat, als ich im Herbst einunddreißig freigelassen wurde? Sie haben damals schon Ihre Wäsche im Flüsschen gewaschen.«

»Was denn?«

»Auf Wiedersehen. Sie haben eine kleine Außenstelle gesehen, sie werden auch noch eine große sehen.«

Wegen seines für den gewöhnlichen Menschen exotischen Beginns – die »Lockhart«-Verschwörung, Lenin, Dsershinskij! – und des tragischen Endes – Bersin wurde von Jeshow und Stalin im Jahr achtunddreißig erschossen – wächst sich die Bersin-Legende zu einer üppigen Blüte der Übertreibungen aus.

In der Lockhart-Affäre mussten alle Menschen in Russland wählen, eine Münze werfen – Adler oder Zahl. Bersin beschloss, Lockhart auszuliefern, zu verkaufen. Solche

Schritte sind ja oft von Zufällen diktiert – schlecht geschlafen, und das Blasorchester vor dem Fenster hat zu laut gespielt. Oder der Lockhart-Emissär hatte etwas im Gesicht, das Widerwillen weckte. Oder der zaristische Offizier sah in seinem Schritt den Beleg seiner Hingabe an die noch nicht geborene Macht?

Bersin war der allergewöhnlichste Lagerchef und eifriger Erfüller des Willens seines Entsenders. Bersin beschäftigte in seinem Dienst an der Kolyma alle Leningrader OGPU-Leute aus den Zeiten der Kirow-Affäre*. Dorthin, an die Kolyma, hatte man die Leute einfach dienstlich versetzt – das Dienstalter, die Aufschläge etc. blieben ihnen erhalten. F. Medwed, der Chef der Leningrader Abteilung der OGPU, war an der Kolyma Chef der Südlichen Bergbauleitung und wurde in der Bersin-Affäre erschossen, gleich nach Bersin, den man nach Moskau rief und bei Aleksandrow aus dem Zug holte.

Weder Medwed noch Bersin noch Jeshow noch Berman* noch Prokofjew* waren irgendwie fähige, irgendwie bemerkenswerte Leute.

Ruhm gab ihnen der Rock, der Rang, die Militäruniform, die Dienststellung.

Bersin tötete 1936 genauso auf Befehl von oben. Die Zeitung »Die Sowjetische Kolyma« ist voll von Nachrichten und Artikeln über die Prozesse, voll von Aufrufen zur Wachsamkeit und von Worten der Reue, von Aufrufen zu Härte und Schonungslosigkeit.

Während der Jahre sechsunddreißig und siebenunddreißig trat Bersin selbst mit diesen Reden auf – ununterbrochen, eifrig, voller Angst, etwas auszulassen, zu übersehen. Erschießungen von Volksfeinden fanden an der Kolyma auch im Jahr sechsunddreißig statt.

Eines der wichtigsten Prinzipien der Morde der Stalinzeit war die Vernichtung der einen Reihe von Parteifunktionären durch die andere. Diese wiederum starben durch neue – durch Mörder aus der dritten Reihe.

Ich weiß nicht, wer hier Glück hatte und in wessen Verhalten Gewissheit, Gesetzmäßigkeit lag. Und ist das auch so wichtig?

Bersin wurde im Dezember 1937 verhaftet. Er kam um, nachdem er für denselben Stalin getötet hatte.

Die Legende von Bersin zu zerstreuen ist nicht schwer, man muss sich nur die Zeitungen jener Zeit an der Kolyma ansehen – aus dem Jahr sechsunddreißig! Sechsunddreißig! Und natürlich siebenunddreißig. Die »Serpantinnaja«, das Untersuchungsgefängnis der Nördlichen Bergwerksverwaltung in dem Oberst Garanin im Jahr 1938 Massenerschießungen durchführte – diese Außenstelle wurde zu Bersins Zeit eröffnet.

Schwerer zu verstehen ist etwas anderes. Warum findet ein Talent nicht genügend innere Kräfte, um sich selbst zu achten und nicht vor der Uniform, vor dem Rang zu kriechen?

Warum modelliert ein begabter Bildhauer voller Begeisterung, Hingabe und Ehrfurcht irgendeinen GULag-Chef? Was zieht einen Künstler so gebieterisch an an einem GULag-Chef? Allerdings war auch Ovidius Naso GULag-Chef. Aber schließlich ist Ovid nicht für seine Arbeit in den Lagern berühmt.

Nehmen wir an, ein Künstler, ein Bildhauer, ein Dichter, ein Komponist kann inspiriert sein von einer Illusion, ergriffen und davongetragen von einer emotionalen Aufwallung und schafft eine Sinfonie, wobei ihn nur der Strom der Farben, der Strom der Töne interessiert. Warum ist dieser Strom trotz allem hervorgerufen von der Figur eines GULag-Chefs?

Warum schreibt der Gelehrte seine Formeln vor demselben GULag-Chef an die Tafel und lässt sich in seinen praktischen Ingenieur-Arbeiten eben von dieser Figur inspirieren? Warum empfindet der Gelehrte dieselbe Ehrfurcht vor irgendeinem Chef eines Lagerpunkts? Darum nur, weil jener der Chef ist.

Die Gelehrten, Ingenieure und Schriftsteller, Intelligenzler, die an die Kette geraten sind, sind bereit, sich jedem halbgebildeten Dummkopf zu unterwerfen.

»Bringen Sie mich nicht um, Bürger Natschalnik«, sagte im Jahr dreißig in meinem Beisein der verhaftete Verwalter der Lagerabteilung zum örtlichen Bevollmächtigten der OGPU. Der Name des Verwalters war Ossipenko. Und bis zum Jahr siebzehn war Ossipenko Sekretär des Metropoliten Pitirim* gewesen und hatte teilgenommen an Rasputins* Gelagen.

Doch warum Ossipenko! All diese Ramsins, Otschkins, Bojarschinows benahmen sich genauso ...

Da war Majssuradse, Filmvorführer in der »Freiheit«, der in Bersins Nähe Lagerkarriere machte und sich bis zur Stelle eines Chefs der URO* hinaufdiente. Majssuradse hatte begriffen, dass er »am Steigbügel« steht.

»Ja, wir sind in der Hölle«, sagte Majssuradse. »Wir sind im Jenseits. In Freiheit waren wir die Letzten. Und hier werden wir die ersten sein. Und jeder Iwan Iwanowitsch wird damit zu rechnen haben.«

»Iwan Iwanowitsch« – das ist der Spitzname eines Intelligenzlers in der Gaunersprache.

Ich dachte viele Jahre, dass all das nur »Rasseja«* ist, die unvorstellbare Tiefe der russischen Seele.

Aber in Groves' Memoiren über die Atombombe habe ich gesehen, dass der Welt der Gelehrten, der Welt der Wissenschaft diese Speichelleckerei gegenüber dem General nicht weniger eigen ist.

Was ist die Kunst? Die Wissenschaft? Macht sie den Menschen edler? Nein, nein und nein. Nicht aus der Kunst und nicht aus der Wissenschaft gewinnt der Mensch jene winzig kleinen positiven Eigenschaften. Etwas anderes gibt ihm moralische Kraft, aber nicht sein Beruf und nicht das Talent.

Das ganze Leben beobachte ich die Unterwürfigkeit, die Liebedienerei, die Selbsterniedrigung der Intelligenz, von den anderen Schichten der Gesellschaft ganz zu schweigen.

In meiner frühen Jugend sagte ich jedem Schurken ins Gesicht, dass er ein Schurke ist. In meinen reifen Jahren erlebe ich dasselbe. Nichts hat sich verändert nach meinen Verwünschungen. Nur ich selbst habe mich verändert, ich bin vorsichtiger, feiger geworden. Ich kenne den Schlüssel zu diesem Geheimnis der Menschen, die »am Steigbügel« stehen. Das ist eines der Geheimnisse, die ich ins Grab mitnehmen werde. Ich werde es nicht sagen. Ich weiß es – und werde es nicht sagen.

An der Kolyma hatte ich einen guten Freund, Moissej Moissejewitsch Kusnezow. Ob Freund oder nicht – Freundschaft gibt es dort nicht –, aber einfach ein Mensch, für den ich Achtung empfand. Der Lagerschmied. Ich arbeitete bei ihm als Hämmerer. Er erzählte mir eine weißrussische Parabel darüber, wie drei Herren – noch unter Nikolaj natürlich – drei Tage und drei Nächte ohne Pause einen armen weißrussischen Mushik prügelten. Der Mushik weinte und schrie: »Aber ich habe doch noch nicht gegessen.«

Wozu diese Parabel? Nur so. Eine Parabel – und fertig.

1967

# Khan-Girej

Aleksandr Aleksandrowitsch Tamarin-Merezkij* war nicht
Tamarin und nicht Merezkij. Er war der tatarische Fürst
Khan-Girej, General aus dem Gefolge Nikolajs II*. Als
Kornilow* im Sommer siebzehn gegen Petrograd zog, war
Khan-Girej Stabschef der Wilden Division* – dem Zaren besonders ergebener Militäreinheiten aus dem Kaukasus. Kornilow kam nicht bis Petrograd, und Khan-Girej blieb ohne
Amt. Später, nach einem Aufruf Brussilows* und eingehen-
der Prüfung seines Offiziersgewissens, wechselte Khan-Girej
in die Rote Armee und richtete die Waffe gegen seine früheren Freunde. Jetzt verschwand Khan-Girej, und es erschien
der Kavallerie-Kommandeur Tamarin, der Kommandeur des
Kavallerie-Korps – drei Romben nach der Vergleichstabelle
der militärischen Dienstgrade jener Zeit. Tamarin nahm in
diesem Rang am Bürgerkrieg teil, und gegen Ende des Bürgerkriegs kommandierte er selbständig Operationen gegen
die Basmatschen*, gegen Enver Pascha*. Die Basmatschen
waren zerschlagen und zerstreut, aber Enver Pascha war
den Roten Kavalleristen im Sand Mittelasiens entschlüpft,
irgendwo in Buchara verschwunden, und tauchte an den
sowjetischen Grenzen wieder auf – um in einem zufälligen
Schusswechsel der Patrouillen getötet zu werden. So endete
das Leben von Enver Pascha, einem talentierten Feldherrn
und Politiker, der irgendwann dem Sowjetischen Russland
den Ghazawat*, den Heiligen Krieg erklärt hatte.

Tamarin kommandierte die Operation zur Vernichtung der Basmatschen, und als klar war, dass Enver Pascha geflohen, entschlüpft, verschwunden war, begann die Untersuchung in der Sache Tamarin. Tamarin versuchte seine Schuldlosigkeit zu beweisen und den Misserfolg bei der Ergreifung Envers zu erklären. Aber Enver war eine zu bedeutende Figur. Tamarin wurde demobilisiert, und der Fürst hatte keine Zukunft, keine Gegenwart mehr. Tamarins Frau war gestorben, doch am Leben und gesund war die alte Mutter, war die Schwester. Tamarin, der Brussilow vertraut hatte, fühlte Verantwortung für die Familie.

Das beständige Interesse Tamarins für die Literatur, selbst für die zeitgenössische Poesie, sein Interesse und Geschmack gaben dem ehemaligen General die Möglichkeit eines Verdienstes im Bereich der Literatur. Aleksandr Aleksandrowitsch veröffentlichte mehrere Überblicksartikel in der »Komsomolskaja Prawda«*. Unterschrift: A.A. Merezkij.

Das Hochwasser zieht sich zurück. Aber irgendwo rascheln Fragebögen, irgendwo werden Pakete geöffnet und wird, ohne es der Akte anzuheften, ein Dokument zum Vortrag getragen.

Tamarin ist verhaftet. Die neue Untersuchung wird schon vollkommen offiziell geführt. Drei Jahre Konzentrationslager für mangelnde Reue. Ein Geständnis hätte die Schuld gemildert.

1928 gab es nur ein Konzentrationslager in Russland, das USLON. Die vierte Abteilung der Solowezker Lager für besondere Verwendung wurde später am Oberlauf der Wischera gegründet, hundert Kilometer von Solikamsk, nahe dem Dorf Wishaicha. Tamarin fährt in einer Häftlingsetappe im »Stolypin«-Waggon in den Ural und legt sich einen Plan zurecht, einen sehr wichtigen, weitreichenden Plan. Der Waggon, in dem Aleksandr Aleksandrowitsch in den Norden gebracht wird, ist einer der letzten »Stolypin«-Wagen. Die gewaltige Beanspruchung des Waggonparks, die schlechte Wartung – alles führte dazu, dass die »Stolypins« allmählich dahinschwanden, auseinanderfielen. Er sprang irgendwo aus dem Gleis, diente den Wartungsarbeitern als Behausung und wurde baufällig, wurde ausgemustert, und der Waggon verschwand. Es war keineswegs im Interesse der neuen Regierung, ausgerechnet den »Stolypin«-Waggonpark zu erneuern.

Es gab die »Stolypin-Krawatte« – den Galgen. Stolypin-Gehöfte. Die Stolypinsche Bodenreform ist in die Geschichte eingegangen. Aber von den »Stolypin«-Waggons behauptet jeder in aller Unschuld, dass das Häftlingswaggons mit Gittern sind, ein spezieller Waggon zum Transport von Häftlingen.

In Wirklichkeit aber hat der Staat die letzten »Stolypin«-Waggons, erfunden im Jahr neunzehnhundertfünf, in den Zeiten des Bürgerkriegs abgefahren. »Stolypin«-Waggons gibt es schon lange nicht mehr. Heute nennt man jeden Waggon mit Gittern »Stolypin«-Waggon.

Der echte »Stolypin«-Waggon, Modell 1905, war ein beheizter Güterwagen mit einer kleinen Ritze in der Mitte der Wand, mit kleinmaschigem Eisengitter, mit einer Blendtür und einem schmalen Korridor für den Begleitposten auf drei Seiten des Waggons. Aber was hat ein »Stolypin«-Waggon mit dem Häftling Tamarin zu tun?

Aleksandr Aleksandrowitsch Tamarin war nicht nur Kavallerie-General. Tamarin war Obstgärtner und Blumenzüchter. Ja, Tamarin träumte: Er wird Rosen züchten – wie Horaz, wie Suworow*. Der weißhaarige General mit der Gartenschere in der Hand, der den Gästen einen duftenden Strauß »Tamarins Stern« schneidet, eine Rose von besonderer Sorte, die den ersten Preis auf der internationalen

Ausstellung in Den Haag bekommen hat. Oder eine weitere Sorte, »Tamarins Hybride«, eine nördliche Schönheit, eine Petersburger Venus.

Das war Tamarins Traum von Kind an: Rosen züchten – der klassische Traum aller pensionierten Militärs, aller Präsidenten und aller Minister der Weltgeschichte.

In der Kadettenanstalt, vor dem Einschlafen, sah sich Khan-Girej mal als Suworow, wie er die Teufelsbrücke überschreitet, mal als Suworow mit Gartenschere in seinem Garten im Dorf Kontschanskoje. Übrigens, nein. Kontschanskoje bedeutet für Suworow die Ungnade. Khan-Girej aber, erschöpft von den Großtaten zum Ruhm des Mars, züchtet einfach darum Rosen, weil der Moment gekommen, die Zeit reif ist. Nach den Rosen gibt es keinen Mars mehr.

Dieser schüchterne Traum glomm und glomm immerzu, bis er zur Leidenschaft wurde. Und als er zur Leidenschaft geworden war – begriff Tamarin, dass das Züchten von Rosen die Kenntnis des Bodens und nicht nur von Vergils Gedichten verlangt. Der Blumenzüchter wurde unmerklich zum Gemüsegärtner und Gartenbauer. Khan-Girej verschlang dieses Wissen schnell, lernte leicht. Niemals scheute Tamarin die Zeit für irgendein blumenzüchterisches Experiment. Er scheute keine Zeit, um ein weiteres Lehrbuch des Pflanzenbaus, der Gemüsezucht zu lesen.

Ja, Blumen und Verse! Das silberne Latein rief zu den Versen der zeitgenössischen Dichter. Aber vor allem – Vergil und die Rosen. Doch vielleicht nicht Vergil, sondern Horaz. Vergil wurde aus irgendeinem Grund von Dante als Führer durch die Hölle gewählt. Ist das ein gutes oder ein schlechtes Symbol? Ist ein Dichter der ländlichen Freuden ein verlässlicher Führer durch die Hölle?

Tamarin hat die Antwort auf diese Frage erlebt.

Noch früher als das Rosenzüchten kam die Revolution – die Februarrevolution*, die Wilde Division, der Bürgerkrieg, das Konzentrationslager im Nordural. Tamarin beschloss einen neuen Einsatz in seinem Lebens-Spiel.

Die Blumen, die Tamarin im Konzentrationslager, in der Landwirtschaft* an der Wischera züchtete, wurden mit großem Erfolg auf Ausstellungen in Swerdlowsk gezeigt. Tamarin begriff, dass die Blumen im Norden für ihn der Weg in die Freiheit sind. Seitdem stellte der sauber rasierte alte Mann mit dem geflickten *tschekmen** auf den Tisch des Direktors von Wischchims und Chefs der Wischera-Lager Eduard Petrowitsch Bersin jeden Tag eine frische Rose.

Bersin hatte auch schon von Horaz und dem Rosenzüchten gehört. Das humanistische Gymnasium vermittelte diese Kenntnisse. Aber vor allem vertraute Bersin ganz und gar dem Geschmack von Aleksandr Aleksandrowitsch Tamarin. Der alte zaristische General, der jeden Tag eine frische Rose auf den Schreibtisch des jungen Tschekisten stellte. Das war nicht schlecht. Und verlangte Dankbarkeit.

Bersin, selbst zaristischer Offizier, hatte seinerzeit mit 24 Jahren in der Lockhart-Affäre seinen Lebens-Einsatz auf die Sowjetmacht gesetzt. Bersin verstand Tamarin. Das war nicht Mitleid, sondern die Gemeinsamkeit ihrer Schicksale, die beide für lange verband. Bersin verstand, dass nur durch einen Zufall er selbst im Kabinett des Dalstroj-Direktors und Tamarin mit der Schaufel in der Hand im Gemüsegarten des Lagers stand. Sie waren Männer der gleichen Erziehung, der gleichen Katastrophe. In Bersins Leben hatte es keinerlei Aufklärung und Gegenaufklärung gegeben, bis Lockhart auftauchte und die Notwendigkeit der Wahl.

Mit vierundzwanzig erscheint das Leben unendlich. Der Mensch glaubt nicht an den Tod. Kürzlich hat man an kybernetischen Maschinen das Durchschnittsalter der Verräter der

Weltgeschichte errechnet, von Hamilton* bis Wallenrod*. Dieses Alter ist vierundzwanzig Jahre. Also war Bersin auch hier ein Mann seiner Zeit ... Regimentsadjutant, Fähnrich Bersin ... Ein Freizeitmaler, ein Kenner der Barbizon-Schule*. Ein Ästhet, wie alle Tschekisten jener Zeit. Übrigens war er noch nicht Tschekist. Die Lockhart-Affäre war der Preis für diesen Rang, Bersins Eintrittsbeitrag in die Partei.

Ich kam im April an, und im Sommer ging ich zu Tamarin, setzte mit einem besonderen Passierschein über den Fluss. Tamarin wohnte an der Orangerie. Ein Zimmerchen mit einem gläsernen Treibhausdach, der matte, schwere Geruch der Blumen, der Geruch feuchter Erde, Treibhausgurken und Setzlinge, Setzlinge ... Aleksandr Aleksandrowitsch sehnte sich nach einem Gesprächspartner. Kein einziger Pritschennachbar Tamarins, kein einziger Gehilfe und Chef konnte die Akmeisten von den Imaginisten* unterscheiden.

Bald begann die Epidemie der »Umschmiedung«. Die Besserungsanstalten wurden an die OGPU übergeben, und die neuen Chefs fuhren nach den neuen Gesetzen in alle vier Himmelsrichtungen und eröffneten immer neue und neue Lagerabteilungen. Das Land überzog sich mit einem dichten Netz von Konzentrationslagern, die man damals umbenannte in »Arbeitsbesserungslager«.

Ich erinnere mich an ein großes Häftlings-Meeting im Sommer 1929 in der Verwaltung des UWLON*, an der Wischera. Nach dem Vortrag von Bersins Stellvertreter, dem Arrestanten und Tschekisten Teplow über neue Pläne der Sowjetmacht und über neue Linien bezüglich der Lager, stellte Pjotr Peschin, ein Partei-Dozent aus Swerdlowsk, eine Frage:

»Sagen Sie, Bürger Natschalnik, worin unterscheiden sich Arbeitsbesserungslager von Konzentrationslagern?«

Teplow wiederholte die Frage volltönend und zufrieden.

»Das ist es, was Sie fragen?«

»Ja, genau das«, sagte Peschin.

»In gar nichts unterscheiden sie sich«, sagte Teplow mit tönender Stimme.

»Sie haben mich nicht verstanden, Bürger Natschalnik.«

»Ich habe Sie verstanden.« Und Teplow führte den Blick mal oben, mal unten an Peschin vorbei und reagierte in keiner Weise auf Peschins Signale – die Bitte, eine weitere Frage stellen zu dürfen.

Die Welle der »Umschmiedung« trug mich nach Beresniki, an die Station Ussolskaja, wie sie zu jener Zeit hieß.

Aber noch davor, in der Nacht vor meiner Abreise, kam Tamarin ins Lager, in die vierte Rotte, wo ich wohnte, um sich zu verabschieden. Es zeigte sich, dass man nicht mich wegbringt – man bringt Tamarin weg, mit einem Sonderkonvoj, nach Moskau.

»Glückwunsch, Aleksandr Aleksandrowitsch. Das ist zur Revision, zur Freilassung.«

Tamarin war unrasiert. Er hatte einen solchen Bartwuchs, dass er sich am Zarenhof zweimal am Tag rasieren musste. Im Lager rasierte er sich einmal am Tag.

»Das ist nicht die Freilassung und nicht die Revision. Ich habe noch ein Jahr Haftzeit, von dreien. Glauben Sie denn, dass irgendjemand die Verfahren revidiert? Die staatsanwaltliche Aufsicht oder irgendeine andere Organisation. Ich habe keinerlei Eingaben gemacht. Ich bin alt. Ich möchte hier leben, im Norden. Hier ist es gut – früher, in meiner Jugend, habe ich den Norden nicht gekannt. Meiner Mutter gefällt es hier. Meiner Schwester auch. Ich wollte hier sterben.«

Und jetzt der Sonderkonvoj.

»Ich werde morgen mit der Etappe geschickt – zur Eröffnung der Außenstelle Beresniki, zum ersten Spatenstich auf der Hauptbaustelle des zweiten Fünfjahrplans ... Wir können nicht zusammen fahren.«

»Nein, ich habe einen Sonderkonvoj.«

Wir verabschiedeten uns, und am nächsten Tag setzte man uns auf einen flachen Kahn, und der Kahn fuhr bis Dedjuchin, bis Lenwa, wo man in einem alten Lagerhaus den ersten Trupp von Häftlingen unterbrachte, die auf ihren Rücken, mit ihrem Blut die Gebäude von Beresnikchimstroj errichteten.

Skorbut war zu Bersins Zeiten im Lager sehr häufig, und nicht nur aus dem fürchterlichen Norden, woher als staubige Schlange von Zeit zu Zeit die Etappen jener angekrochen, die Berge hinabgekrochen kamen, die ihre Arbeit abgeleistet hatten. Mit dem Norden drohte man in der Verwaltung, drohte man in Beresniki. Der Norden – das ist Ust-Uls und Kutim, wo es heute Diamanten gibt. Man hatte auch früher schon nach Diamanten gesucht, aber die Emissäre Bersins hatten kein Glück. Außerdem weckte ein Lager mit Skorbut, mit Schlägen, mit Handgreiflichkeiten im Vorübergehen und Morden ohne Gerichtsverfahren bei der örtlichen Bevölkerung kein Vertrauen. Erst später zeigte das Schicksal der im Zuge der Kollektivierung verbannten Familien von Entkulakisierten aus dem Kuban, dass sich das Land auf ein Blutbad vorbereitet: Man warf sie in den Wäldern des Urals in den Schnee und in den Tod.

Das Durchgangslager Lenwa war in derselben Baracke, in der wir untergebracht waren, genauer, in einem Teil dieser Baracke – in ihrer oberen Etage.

Ein Begleitposten hatte gerade einen Mann mit zwei Koffern und in einem schäbigen *tschekmen* dorthin geführt... Sein Rücken kam mir sehr bekannt vor.

»Aleksandr Aleksandrowitsch?«

Wir umarmten uns. Tamarin war schmutzig, aber fröhlich, wesentlich fröhlicher als in Wishaicha – bei unserer letzten Begegnung. Und ich verstand sofort, warum.

»Revision?«

»Revision. Ich hatte drei Jahre, und jetzt haben sie mir zehn gegeben – das Höchstmaß* mit Ersetzung durch zehn Jahre – und ich kehre zurück! An die Wischera!«

»Warum freuen Sie sich denn?«

»Wie? Hierbleiben – das ist das Wichtigste in meiner Philosophie. Ich bin 65. Das Ende der neuen Haftzeit werde ich sowieso nicht mehr erleben. Dafür ist alle Ungewissheit zu Ende. Ich werde Bersin bitten, mich in der Landwirtschaft sterben zu lassen, in meinem hellen Zimmer mit der Decke aus Treibhausrahmen. Nach dem Urteil hätte ich mir jeden Ort erbitten können, aber ich habe viele Kräfte darauf verwandt, mich zurück, zurück zu bitten. Und die Haftzeit ... Das ist alles Unsinn – die Haftzeit. Eine große Außenstelle oder eine kleine Außenstelle, das ist der ganze Unterschied. Jetzt ruhe ich mich aus und übernachte, und morgen an die Wischera.«

Zu den Gründen, den Gründen ... Natürlich gibt es Gründe. Gibt es Erklärungen.

Im Ausland sind die Memoiren Envers erschienen. In den Memoiren selbst steht kein Wort über Tamarin, aber das Vorwort zum Buch stammt von dem ehemaligen Adjutanten Envers. Der Adjutant schreibt, Enver habe nur entwischen können dank des Beistands durch Tamarin, mit dem Enver, nach den Worten des Adjutanten, bekannt und befreundet war und schon während des Dienstes von Khan-Girej am Zarenhof korrespondierte. Dieser Briefwechsel wurde auch später fortgesetzt. Die Untersuchung stellte natürlich fest, dass, wäre Enver nicht an der Grenze getötet worden, Tamarin, der heimliche Moslem, dem Ghazawat hätte vorsitzen und Enver Moskau und Petrograd zu Füßen legen müssen. Dieser gesamte Stil der Untersuchung trieb in den dreißiger Jahren üppige blutige Blüten. Die »Schule«, die Handschrift ist ein- und dieselbe.

Aber Bersin war die Handschrift der Provokateure bekannt, und er glaubte der neuen Untersuchung im Verfahren Tamarin kein Wort. Bersin hatte die Erinnerungen Lockharts und Lockharts Artikel über das eigene, Bersins Verfahren gelesen. Das Jahr 1918. In diesen Artikeln und Memoiren wurde der Lette* als Verbündeter Lockharts, als englischer und nicht sowjetischer Spion dargestellt. Der Platz in der Landwirtschaft war Tamarin auf ewig sicher. Versprechungen des Chefs sind etwas Heikles, aber trotzdem, so zeigte die Zeit, dauerhafter als die Ewigkeit.

Tamarin bereitete sich auf eine etwas andere Arbeit vor als die, der er sich in den ersten Zeiten nach der »Revision« seines Verfahrens hatte widmen wollen. Und obwohl der Agronom im *tschekmen* nach wie vor jeden Tag eine frische Rose von der Wischera, eine Orchidee von der Wischera auf Bersins Tisch stellte, dachte er nicht nur an Rosen.

Die erste Dreijahreshaft von Tamarin war zu Ende, aber daran dachte er gar nicht. Das Schicksal braucht ein Blutopfer, und dieses Opfer wird gebracht. Tamarins Mutter war gestorben, die riesige fröhliche kaukasische Greisin, der der Norden so gefiel, die den Sohn aufmuntern, an seine Begeisterung, an seinen Plan, an seinen Weg, den unsicheren Weg glauben wollte. Als sich herausstellte, dass die neue Haftzeit zehn Jahre beträgt, starb die alte Frau. Sie starb schnell, innerhalb einer Woche. Ihr gefiel der Norden so gut, aber das Herz hielt den Norden nicht aus. Es blieb die Schwester. Jünger als Aleksandr Aleksandrowitsch, aber auch sie eine weißhaarige alte Frau. Die Schwester arbeitete als Stenotypistin im Kontor von Wischchims und glaubte noch immer an den Bruder, an sein Glück, an sein Schicksal.

1931 nahm Bersin eine neue große Berufung an – an die Kolyma, als Direktor von Dalstroj. Das war ein Posten, auf dem Bersin die höchste Macht in der Randregion – dem achten Teil der Sowjetunion – in sich vereinte, die Partei-, die Sowjet-, die militärische, die gewerkschaftliche Macht etc.

Die geologische Erkundung, die Expedition von Bilibin und Zaregradskij* hatte hervorragende Resultate ergeben. Die Goldvorräte waren reich, es blieb eine Kleinigkeit: dieses Gold bei sechzig Grad Frost zu fördern.

Dass es an der Kolyma Gold gibt, weiß man seit dreihundert Jahren. Aber kein einziger Zar konnte sich entschließen, dieses Gold durch Zwangsarbeit, durch Häftlingsarbeit, durch Sklavenarbeit zu fördern, dazu entschloss sich erst Stalin ... Nach dem ersten Jahr, dem Weißmeerkanal, nach der Wischera – war man zu dem Schluss gekommen, dass man mit dem Menschen alles machen kann, dass die Grenzen seiner Erniedrigung unermesslich, seine physische Stärke unermesslich ist. Es wurde klar, was man erfinden kann um eines zweiten Gerichts zum Mittagessen willen je nach Stufe – der Produktions-, der *udarnik*- und der Sta-chanow-Stufe, so nannte sich um das Jahr siebenunddreißig die höchste Brotration für Lagerhäftlinge oder Kolyma-Armisten, wie sie damals in den Zeitungen hießen. Für diesen Goldbetrieb, für diese Kolonisierung des Landes, und später für die physische Vernichtung von Volksfeinden, suchte man einen Mann. Und einen besseren als Bersin fand man nicht. Bersin hegte volle Verachtung für die Menschen, keinen Hass, aber Verachtung.

Als der erste Chef an der Kolyma, mit größeren Rechten als der Generalgouverneur des Östlichen Sibiriens – Iwan Pestel, der Vaters des Dekabristen Pestel* –, nahm Bersin Tamarin mit, für den Bereich der Landwirtschaft, zum Experimentieren, Beweisen und Berühmtmachen. Es wurden Landwirtschaften nach dem Vorbild jener an der Wischera gegründet – anfangs rund um Wladiwostok und dann in der Nähe von Elgen.

Ein landwirtschaftlicher Stützpunkt in Elgen, im Zentrum der Kolyma, war eine fixe Idee von Bersin wie von Tamarin.

Bersin fand, dass das künftige Zentrum der Kolyma nicht das am Meer gelegene Magadan, sondern das Taskan-Tal sein sollte. Magadan ist nur der Hafen.

Im Taskan-Tal gab es ein wenig mehr Erde als auf den nackten Felsen des gesamten Landes an der Kolyma.

Dort wurde eine Sowchose gegründet, Millionen zum Beweis des nicht zu Beweisenden umgebracht. Die Kartoffeln wollten nicht reif werden. Sie wurden in Treibbeeten gezüchtet, sie wurden, wie der Kohl, auf den endlosen *udarniks* gesetzt, den Lager-Subbotniks, man zwang die Häftlinge, dort zu arbeiten, diese Setzlinge »für sich« zu setzen. »Für sich«! Ich habe nicht wenig Arbeit in solche »Subbotniks« gesteckt ...

Ein Jahr später brachte die Lager-Kolyma das erste Gold, 1935 wurde Bersin mit dem Leninorden ausgezeichnet. Aleksandr Aleksandrowitsch erhielt die Rehabilitation, die Vorstrafe wurde aufgehoben. Seine Schwester war damals auch schon gestorben, aber Aleksandr Aleksandrowitsch hielt sich noch. Er schrieb Artikel für Zeitschriften – diesmal nicht über die junge Komsomol-Poesie, sondern über seine landwirtschaftlichen Experimente. Aleksandr Aleksandrowitsch hatte eine Kohlsorte »Tamarins Hybride« gezüchtet, eine besondere, nördliche, quasi eine Mitschurin*-Sorte. 32 Tonnen pro Hektar. Kohl, keine Rose! Auf den Photographien sieht der Kohl aus wie eine riesige Rose – eine große, harte Knospe. »Tamarins Melone«, Gewicht 40 Kilogramm! Kartoffeln aus der Zucht Tamarins!

Aleksandr Aleksandrowitsch wurde an der Kolyma zum Chef der Abteilung Pflanzenzucht der Fernöstlichen Akademie der Wissenschaften.

Tamarin hielt Vorträge an der Akademie der Landwirtschaftswissenschaft, fuhr nach Moskau, beeilte sich.

Die Aufregung des Jahres fünfunddreißig, das Blut des Jahres fünfunddreißig, die Häftlingsströme, in denen es viele Freunde und Bekannte von Bersin selbst gab, erschreckten Tamarin, mahnten ihn zur Vorsicht. Bersin trat auf und brandmarkte, entlarvte und verurteilte allerlei Schädlinge und Spione unter seinen Untergebenen, die sich »in unsere Reihen gedrängt, sich eingeschlichen« haben, bis zu dem Tag, als er selbst zum »Schädling und Spion« wurde.

Kommission um Kommission studierte Bersins Reich, verhörte, lud vor ...

Tamarin spürte die ganze Unbeständigkeit, die ganze Unsicherheit seiner Lage. Denn erst im Jahr fünfunddreißig war Tamarins Vorstrafe getilgt und er »in alle Rechte wiedereingesetzt« worden.

Tamarin hatte das Recht erhalten, als Vertragsarbeiter für die Landwirtschaft des Nordens, als Mitschurin des Fernen Ostens, als Zauberer des Dalstroj an die Kolyma zu fahren. Der Vertrag wurde 1935 in Moskau unterschrieben.

Die Gemüseernten in den Lagern bei Wladiwostok waren ein großer Erfolg. Die kostenlose Arbeitskraft der Häftlinge, unbegrenzt vorhanden im Durchgangslager des Dalstroj, wirkte Wunder. Die aus den Etappen gewählten Agronomen, inspiriert vom Versprechen einer vorfristigen Freilassung und der Anrechnung von Arbeitstagen, schonten sich nicht und machten jedes Experiment. Für Misserfolge wurde man hier vorläufig nicht belangt. Fieberhaft suchte man den Erfolg. Doch all das war das Festland, das Große Land, Ferner Osten und nicht Hoher Norden. Aber auch im Hohen Norden begannen die Experimente – im Taskan-Tal, in Elgen, in Sejmtschan, an der Küste bei Magadan.

Was es nicht gab, war Freiheit, die so sorgfältig, mit solch endloser Erniedrigung, Findigkeit und Vorsicht vorbereitete. An die Kolyma kamen vom Festland Häftlingstransporte.

Die Welt, die Bersin für Tamarin geschaffen hatte, zerfiel in Stücke. Viele Funktionäre der Kirow- und Vor-Kirow-Zeit fanden bei Bersin ein Amt quasi in der Reserve. So war F. Medwed, der Chef der Leningrader OGPU, während des Mordes an Kirow bei Bersin Chef der Südlichen OGPU. GP bedeutet im ersten Fall »staatlich-politisch«, und im zweiten einfach »Bergbauleitung« – linguistische Spielereien der Mitarbeiter der »Organe«.

Es kam das Jahr sechsunddreißig, mit Erschießungen, mit Entlarvungen, mit Reuebezeigungen. Und nach sechsunddreißig – siebenunddreißig.

An der Kolyma gab es viele »Prozesse«, aber diese lokalen Opfer waren Stalin zu wenig. In den Rachen des Molochs musste ein größeres Opfer geworfen werden.

Im November siebenunddreißig wurde Bersin für ein Jahr beurlaubt und nach Moskau gerufen. Zum Direktor des Dalstroj wurde Pawlow* ernannt. Bersin stellte den neuen Direktor dem Dalstroj-Parteiaktiv vor. Gemeinsam mit Pawlow in die Bergwerke zu fahren und die Geschäfte zu übergeben, war keine Zeit – Moskau drängte.

Vor der Abreise half Bersin Tamarin, Urlaub »aufs Festland« zu bekommen. Als Dalstrojmitarbeiter mit zwei Dienstjahren hatte Aleksandr Aleksandrowitsch noch keinen Anspruch auf Urlaub. Dieser Urlaub war die letzte Wohltat, die der Direktor des Dalstroj dem General Khan-Girej erwies.

Sie fuhren im selben Waggon. Bersin war, wie immer, finster. Kurz vor Moskau, in Aleksandrow, in einer eisigen Dezember-Schneesturmnacht trat Bersin hinaus auf den Bahnsteig. Und kehrte nicht in den Waggon zurück. Der Zug kam in Moskau ohne Bersin an. Tamarin, der einige Tage seiner wirklichen Freiheit – der ersten in zwanzig Jahren – zugewartet hatte, versuchte sich nach dem Schicksal seines vieljährigen Chefs und Beschützers zu erkundigen. Bei einer seiner Visiten in der Vertretung des Dalstroj erfuhr Tamarin, dass auch er selbst »aus dem System« entlassen war, entlassen in Abwesenheit und für immer.

Tamarin beschloss, noch einmal sein Glück zu versuchen. Jede Eingabe, Beschwerde oder Bitte zog in jenen Jahren die Aufmerksamkeit auf den Einreichenden und barg ein tödliches Risiko. Aber Tamarin war alt. Er wollte nicht warten. Ja, er war ein alter Mann, er wollte und konnte nicht warten. Tamarin schrieb eine Eingabe an die Dalstroj-Verwaltung und bat, ihn zur Arbeit zurück an die Kolyma zu schicken. Tamarin erhielt eine Absage – solche Spezialisten wurden an der Nach-Bersin-Kolyma nicht gebraucht.

Es war März achtunddreißig, alle Durchgangslager des Landes waren vollgestopft mit Häftlingstransporten. Der Sinn dieser Antwort war der: Und wenn man dich hinschickt, dann nur mit Begleitposten.

Das war die letzte Spur von Khan-Girej, dem Gärtner und General, auf dieser Erde.

Bersins und Tamarins Schicksale gleichen einander sehr. Beide dienten der Macht und gehorchten dieser Macht. Sie glaubten an die Macht. Und die Macht hat sie betrogen.

Die Lockhart-Affäre wurde Bersin niemals verziehen und vergessen. Im Westen hielten die Memoirenschreiber Bersin für einen treuen Teilnehmer der englischen Verschwörung. Weder Lenin noch Dsershinskij, die die Einzelheiten der Lockhart-Affäre kannten, waren mehr am Leben. Und als die Stunde gekommen war, tötete Stalin Bersin. Um Staatsgeheimnisse herum ist es für die Menschen zu heiß, selbst für solche mit so kaltem Blut wie Bersin.

<1967>

240

# Das Abendgebet

Seit dem Jahr dreißig gab es diese Mode: Ingenieure zu verkaufen. Das Lager hatte nicht geringen Gewinn vom Auswärts-Verkauf der Träger von technischem Wissen. Das Lager erhielt den vollen Satz, und davon zog man die Ernährung des Häftlings, Kleidung, Begleitposten, Untersuchungsapparat, selbst den GULag ab. Doch nach Abzug aller kommunalen Kosten blieb noch eine ordentliche Summe. Diese Summe gelangte keineswegs in die Hände des Häftlings oder auf sein laufendes Konto. Nein. Die Summe ging als Gewinn an den Staat, und der Häftling erhielt völlig willkürliche Prämiengelder, die manchmal für ein Päckchen »Puschka«-Papirossy reichten und manchmal auch für mehrere Päckchen. Eine klügere Lagerleitung versuchte, von Moskau die Erlaubnis zu bekommen, einen zwar kleinen, aber festgelegten Prozentsatz des Arbeitslohns auszuzahlen, dem Häftling diese Summe in die Hand zu geben. Doch die Erlaubnis zu einer solchen Abrechnung gab Moskau nicht, und die Ingenieure wurden willkürlich bezahlt. Wie übrigens auch die Erdarbeiter und Zimmerleute. Die Regierung fürchtete aus irgendeinem Grund schon die bloße Illusion eines Arbeitslohns, sie machte ihn zu einer Auszeichnung, zur Prämie, und nannte diesen Arbeitslohn »Prämie«.

Unter den ersten Häftlings-Ingenieuren, die vom Lager an den Baubetrieb verkauft wurden, war in unserer Lagerabteilung Viktor Petrowitsch Findikaki, mein Nachbar in der Baracke.

Viktor Petrowitsch Findikaki, Haftzeit fünf Jahre, Artikel achtundfünfzig, Punkte sieben und elf, war der erste russische Ingenieur, der – das war in der Ukraine – das Walzen von Buntmetallen bewerkstelligte. Seine Arbeiten auf seinem Fachgebiet sind in der russischen Technik gut bekannt, und als sein neuer Arbeitgeber, das Chemiekombinat von Beresniki, Viktor Petrowitsch anbot, ein Lehrbuch zu seinem Fach zu redigieren, machte sich Viktor Petrowitsch enthusiastisch an die Arbeit, aber bald wurde er traurig, und nur mit Mühe erfuhr ich von Viktor Petrowitsch den Grund für seine Betrübnis.

Viktor Petrowitsch erklärte ohne die Spur eines Lächelns, dass in dem von ihm redigierten Lehrbuch das Wort »sabotiert« vorkommt – und er hat dieses Wort überall ausgestrichen. Er hat es durch das Wort »behindert« ersetzt. Jetzt liegt seine Arbeit bei der Leitung.

Viktor Petrowitschs Korrekturen stießen bei der Leitung nicht auf Widerspruch, und Viktor Petrowitsch blieb auf der Ingenieursstelle.

Eine Kleinigkeit, natürlich. Aber für Viktor Petrowitsch war das eine ernste, prinzipielle Sache, und warum – erkläre ich hier.

Viktor Petrowitsch war »umgefallen«, wie die Ganoven und die Lagerchefs sagen. In seinem Prozess hatte er der Untersuchung geholfen und bei Gegenüberstellungen mitgemacht, er war eingeschüchtert, umgehauen und zertreten. Und offenbar nicht nur im übertragenen Sinn. Viktor Petrowitsch hatte mehrere Fließbänder* hinter sich, wie man das vier, fünf Jahre später überall nennen würde.

Der Chef des Produktionslagers Pawel Petrowitsch Miller kannte Findikaki aus dem Gefängnis. Und obwohl Miller selbst Fließbänder wie Backpfeifen ertragen und zehn Jahre bekommen hatte, war er irgendwie gleichgültig gegenüber Viktor Petrowitschs Fehltritt. Viktor Petrowitsch selbst jedoch quälte sich entsetzlich mit seinem Verrat. In all diesen Sabotage-Verfahren hatte es Erschießungen gegeben. Nicht viele zwar, aber es gab schon Erschießungen. Ins Lager kam der Schachty-Mann Bojarschinow, und auch er sprach scheinbar feindselig mit Findikaki.

Das Bewusstsein eines Scheiterns, eines maßlosen moralischen Verfalls ließ Findikaki lange nicht los. Viktor Petrowitsch (in der Baracke stand sein Bett neben meinem) wollte nicht einmal auf einer Ganoven-, einer priviliegierten Stelle arbeiten, als Brigadier, Vorarbeiter oder Gehilfe von Pawel Petrowitsch Miller selbst.

Findikaki war ein physisch kräftiger Mann, untersetzt, breitschultrig. Ich erinnere mich, ein wenig erstaunte er Miller, als er um Aufnahme in die Packerbrigade der Sodafabrik bat. Diese Brigade, die nicht frei herumlaufen durfte, wurde zu jeder Tages- und Nachtzeit zum Beladen und Entladen von Waggons aus dem Lager in die Sodafabrik gerufen. Das Arbeitstempo war es, worum es der Verwaltung der Sodafabrik wegen des drohenden Eisenbahnzuschlags vor allem ging. Miller riet dem Ingenieur, mit dem Brigadier der Packer zu sprechen. Judin, der Brigadier, wohnte in derselben Baracke und lachte laut, als er Findikakis Bitte hörte. Der geborene Bandenchef Judin mochte keine Weißhändchen, Ingenieure, überhaupt Studierte. Aber auf Millers Wunsch nahm er ihn in seine Brigade auf.

Seit jener Zeit begegneten Findikaki und ich uns selten, obwohl wir nebeneinander schliefen.

Es verging einige Zeit, und im Chimstroj* wurde ein kluger Sklave gebraucht, ein studierter Sklave. Ein Ingenieurhirn wurde gebraucht. Es gibt Arbeit für Findikaki. Aber

243

Viktor Petrowitsch weigerte sich: »Nein, ich will nicht in eine Welt zurückkehren, in der mir jedes Wort verhasst ist und jeder technische Terminus nach der Sprache der Denunzianten, dem Wortschatz der Verräter klingt.« Miller zuckte die Schultern, und Findikaki arbeitete weiter als Packer.

Aber bald beruhigte sich Findikaki ein wenig, das Trauma seines Gerichtsverfahrens legte sich ein wenig. Im Lager kamen andere Ingenieure an, Umgefallene wie er. Viktor Petrowitsch sah sie sich aufmerksam an. Sie leben, und sie sterben weder an der eigenen Scham noch an der Verachtung der Umgebenden. Und es gibt auch keinerlei Boykott – Leute wie alle anderen. Und allmählich bedauerte Viktor Petrowitsch seine Grille, seine Kinderei ein wenig.

Wieder gab es eine Ingenieurstelle im Baubetrieb, und Miller – über ihn ging das Gesuch an den Chef – sagte einigen gerade angekommenen Ingenieuren ab. Viktor Petrowitsch wurde noch einmal gefragt und war bereit. Doch die Berufung weckte scharfen, wütenden Protest beim Brigadier der Packer: »Für irgendeine Kontorarbeit nimmt man mir den besten Packer. Nein, Pawel Petrowitsch. Schluss mit der Vetternwirtschaft. Ich gehe bis zu Bersin, ich entlarve euch alle.«

Tatsächlich begann ein Untersuchungsverfahren wegen Sabotage gegen Miller, aber zum Glück erteilte ein früherer Chef dem Packer-Brigadier einen Verweis. Und Viktor Petrowitsch Findikaki kehrte zu seiner Arbeit als Ingenieur zurück.

Wie früher schliefen wir wieder gemeinsam ein – unsere Liegen standen nebeneinander. Wieder hörte ich, wie Findikaki vor dem Einschlafen flüsterte, wie ein Gebet: »Das Leben ist Scheiße. Einfach beschissen.« Fünf Jahre lang.

Weder der Ton noch der Wortlaut von Viktor Petrowitschs Beschwörung hatte sich verändert.

<1967>

# Boris Jushanin

An einem Herbsttag des Jahres dreißig kam eine Häftlingsetappe an – der beheizbare Güterwagen Nummer vierzig
von irgendeinem Transport in den Norden, den Norden, den
Norden. Alle Strecken waren verstopft. Die Eisenbahn war
der Beförderung der »Entkulakisierten« kaum gewachsen –
mit Frauen und kleinen Kindern wurden die »Entkulakisierten« in den Norden geschafft, um die Kubankosaken, die im
Leben noch keinen Wald gesehen hatten, in die dichte Ural-
Tajga zu werfen. In die Forstbetriebe von Tscherdyn musste
man schon nach einem Jahr Kommissionen schicken – die
Umsiedler starben reihenweise, der Holzeinschlagplan war
in Gefahr. Aber all das war später, jetzt trockneten sich die
»*lischenzy*«* noch mit bunten ukrainischen Handtüchern ab,
wuschen sich, waren froh und nicht froh über die Erholung,
die Verzögerung. Der Zug wurde aufgehalten, er gab den
Weg frei – für wen? – für Häftlingstransporte. Die Häftlinge
wussten, sie kommen an und stehen unter dem Gewehrlauf,
und dann wird jeder tricksen, seinem Schicksal die Stirn bieten, sein Schicksal »wenden«. Die Kubankosaken aber wussten nichts – nicht welchen Tod sie sterben würden, nicht wo
und wann. Die Kubankosaken wurden alle in beheizbaren
Güterwagen abtransportiert. Auch die Häftlingstransporte
– von der Zahl her größer – wurden in beheizbaren Güterwagen losgeschickt. Echte »Stolypin«-Waggons – beheizte,
gab es wenige, und für die Häftlingsetappen wurden jetzt

in den Fabriken gewöhnliche Waggons der ehemals zweiten Klasse eingerichtet, bestellt. »Stolypin-Waggons« hießen diese Häftlingswaggons aus demselben Grund, aus dem man an der Kolyma die zentralen Teile Russlands »das Festland« nennt, obwohl die Kolyma keine Insel ist, sondern ein Gebiet auf der Halbinsel Tschukotka – aber der Sprachgebrauch von Sachalin, die Abfahrt nur auf Dampfern, der vieltägige Weg über das Meer – all das schafft die Illusion einer Insel. Psychologisch ist das keine Illusion. Die Kolyma – ist eine Insel. Von dort kehrt man zurück aufs »Festland«, aufs »Große Land«. Das Festland wie das Große Land – sind der Alltagswortschatz in Zeitschriften, Zeitungen, Büchern.

Genauso hielt sich für die Häftlingswaggons mit Gittern der Name »Stolypin-Waggon«. Auch wenn der Häftlingswaggon der Version von 1907 ganz anders aussieht.

Also, auf der Liste zu Güterwaggon Nummer vierzig standen sechsunddreißig Häftlinge. Die Norm! Eine Etappe ohne Überladung. In der Liste für den Begleitposten, von Hand geschrieben, gab es die Rubrik »Beruf«, und ein Eintrag zog die Aufmerksamkeit des Prüfers auf sich. »Blaue Bluse«*! Was ist das für ein Beruf? Nicht Schlosser, nicht Buchhalter, nicht Kulturarbeiter, sondern »Blaue Bluse«. Man sah, dass der Häftling mit dieser Antwort auf den Lagerfragebogen, auf die Gefängnisfrage etwas ihm Wichtiges festhalten will. Oder jemandes Aufmerksamkeit wecken.

Auf der Liste stand:

Gurewitsch Boris Semjonowitsch (Jushanin*), Art. V-Sp. (Kürzel: »Verdacht auf Spionage«), Haftzeit 3 Jahre – undenkbar für einen solchen Artikel selbst für jene Zeiten! –, Geburtsjahr 1900 (ein Altersgenosse des Jahrhunderts!), Beruf »Blaue Bluse«.

Gurewitsch wurde ins Lagerkontor geführt. Ein brünetter geschorener großköpfiger Mann mit schmutziger Haut. Ein zerbrochener Kneifer ohne Gläser war auf der Nase befestigt. Und noch mit irgendeinem Bindfaden um den Hals gebunden. Weder Unter- noch Oberhemd, auch keine Wäsche. Nur dunkelblaue enge Baumwollhosen ohne Knöpfe, sichtlich fremd, sichtlich Ersatz. Alles hatten natürlich die Ganoven eingesammelt. Sie spielten um fremde Sachen, um die Klamotten der »*frajer*«. Schmutzige bloße Füße mit langen Nägeln und ein klägliches, irgendwie zutrauliches Lächeln im Gesicht, in den großen bräunlichen, mir gut bekannten Augen. Das war Boris Jushanin, der berühmte Leiter der berühmten »Blauen Blusen«, deren fünfjähriges Bestehen im Bolschoj Theater gefeiert wurde, und nicht weit von mir hatte Jushanin gesessen, umgeben von den Stützen der Blaue Blusen-Bewegung: Tretjakow*, Majakowskij, Foregger*, Jutkewitsch*, Tenin*, Kirssanow* – die Autoren und Mitarbeiter der Zeitschrift »Die Blaue Bluse« – lauschten dem Ideologen und Führer der Bewegung Boris Jushanin ergeben und fingen jedes seiner Worte auf.

Und zu lauschen gab es genug: Jushanin redete ununterbrochen, versuchte zu überzeugen und mitzureißen.

Heute sind die »Blauen Blusen« vergessen. Anfang der zwanziger Jahre setzte man viele Hoffnungen auf sie. Nicht nur eine neue Form des Theaters, der Welt gebracht von der Oktoberrevolution, die überging in die Weltrevolution.

Die Blauen Blusen fanden selbst Meyerhold* nicht links genug, und sie boten eine neue Form nicht nur der Theateraktion – die »lebende Zeitung«, wie Jushanin seine »Blauen Blusen« nannte –, sondern auch eine Lebensphilosophie.

Die »Blauen Blusen« waren, nach der Idee des Führers der Bewegung, eine Art Orden. Die Ästhetik, in den Dienst der Revolution gestellt, führte auch zu ethischen Siegen.

In den ersten Nummern des neuen literarischen Sammelwerks, der Zeitschrift »Die Blauen Blusen« (in fünf, sechs

Jahren erschienen sehr viele), zeichneten die Autoren, wie berühmt sie auch waren (Majakowskij, Tretjakow, Jutkewitsch), ihre Beiträge nicht.

Der einzige Namenszug: Redakteur Boris Jushanin. Die Honorare gingen in den Fonds der »Blauen Blusen« – zur weiteren Entwicklung der Bewegung. Die »Blauen Blusen« sollten, nach der Idee Jushanins, nicht professionell sein. Jede Institution, jede Fabrik, jedes Werk sollten eigene Kollektive haben. Laienkollektive.

Die Blaue Blusen-Texte erforderten einfache bekannte Melodien. Stimmen waren gar nicht gefordert. Aber wenn sich eine Stimme, ein Talent fand – umso besser. Die Blauen Blusen wurden zum »Vorzeige«-kollektiv befördert. Dieses bestand aus Profis – auf Zeit, so Jushanins Idee.

Jushanin wandte sich öffentlich gegen die alte Theaterkunst. Er wandte sich scharf gegen das Künstler- und das Kleine Theater*, gegen das schiere Prinzip ihrer Arbeit.

Den Theatern fiel es lange schwer, sich der neuen Macht anzupassen. Jushanin ergriff das Wort in deren Namen, versprach eine neue Kunst.

In dieser neuen Kunst wurde der wichtigste Platz dem Theater des Intellekts zugewiesen, einem Theater der Losung, einem politischen Theater.

Die »Blauen Blusen« wandten sich scharf gegen das Theater der Emotionen. Alles, was man »Brecht-Theater« nannte, wurde von Jushanin entdeckt und vorgeführt. Nur war Jushanin, der auf empirischem Weg eine ganze Reihe von neuen künstlerischen Prinzipien fand, nicht in der Lage, diese zu verallgemeinern, zu entwickeln und vor ein internationales Forum zu bringen. Das tat Brecht – ihm sei Ehre und Ruhm!

Die ersten »Blauen Blusen« betraten eine Klubbühne, eine Komsomol-Bühne im Jahr 1921. Fünf Jahre später gab es in Russland vierhundert Kollektive. Als Hauptsitz mit Vorstellungen rund um die Uhr erhielten die »Blauen Blusen« das Kino »Le Chat noir« auf dem Strastnaja Platz, eben das, das im Sommer 1967 abgerissen wurde.

Die schwarze Flagge der Anarchisten hing noch auf einem Nachbarhaus – auf dem Klub der Anarchisten auf der Twerskaja*, wo noch kürzlich Mamont-Dalskij*, Iuda Grossman-Roschtschin, Dmitrij Furmanow* und andere Apostel des Anarchismus aufgetreten waren. Der begabte Journalist Jaroslaw Gamsa beteiligte sich an der Polemik über Wege und Schicksal des neuen sowjetischen Theaters, der neuen Theaterformen.

Zentrale Kollektive gab es acht: das »Vorzeige«-, das »Muster«-, das »Best«-, das »Haupt«-Kollektiv, so hießen sie. Jushanin wahrte die Gleichheit.

1923 trat als separates das Theater Foregger den »Blauen Blusen« bei.

Und bei all dieser Entfaltung, bei diesem Wachsen in die Breite und die Tiefe – fehlte den »Blauen Blusen« etwas.

Der Beitritt des Theaters Foregger war der letzte Sieg der »Blauen Blusen«.

Plötzlich zeigte sich, dass die »Blauen Blusen« nichts zu sagen haben, dass die Theater»linke« mehr dem Theater Meyerholds, dem Theater der Revolution, dem Kammertheater* zuneigte. Diese Theater hatten ihre Energie und ihre Phantasie bewahrt, hatten ihre Kader bewahrt – wesentlich qualifiziertere als die »Vorzeige«-Kollektive von Jushanin. Boris Tenin und Klawdija Kornejewa, die später zum »Theater für Kinder« wechselten, sind die einzigen Namen, die die »Blauen Blusen« hervorgebracht haben. Jutkewitsch zog es zum Kino. Tretjakow und Kirssanow – zur »Neuen Lef«*. Und auch der »Blaue Blusen«-Komponist Konstantin Listow* wurde der »lebenden Zeitung« untreu.

Es zeigte sich auch, dass die akademischen Theater sich von der Erschütterung erholt hatten und bereit, sogar sehr bereit waren, der neuen Macht zu dienen.

Die Zuschauer kehrten zurück in die Säle mit dem Vorhang, auf dem eine Möwe* gezeichnet war, die Jugend stürmte in die Studios der alten Theaterschulen.

Für die »Blauen Blusen« war kein Platz mehr. Und irgendwann war klar, dass das ein Bluff, ein Trugbild ist. Dass die Kunst ihre erprobten Wege hat.

Aber das war am Ende, am Anfang war der ununterbrochene Triumph. Mit blauen Blusen bekleidete Schauspieler betraten die Bühne – mit einem Parademarsch zum Entree begannen die Vorstellungen. Diese Parademärsche zum Entree waren immer dieselben – wie der Sportmarsch vor Radioübertragungen von Fußballspielen:

Wir sind die Blauhemden,
Wir sind Gewerkschafter,
Sind keine Barden, Nachtigallen.
Wir sind nur Rädchen
Im großen Getriebe
Der großen, der werktätigen Familie.

Der Lef-Mann S.M. Tretjakow war ein Meister dieser »Rädchen und Getriebe«. Der Redakteur der »Blauen Blusen« schrieb ebenfalls einige Oratorien, Sketche und Szenen.

Nach der Parade wurden einige Szenen aufgeführt. Die Schauspieler ohne Maske, in »Berufskleidung«, wie man später sagen wird – »ohne Kostüme« – nur Applikationen – Symbole. Die Parade schloss mit einer »Schlussvignette«:

All unsere Lieder
Haben wir euch gesungen,

Haben euch gesungen alle Lieder.
Und ohne Zweifel, wir wären glücklich,
Wenn wir euch Nutzen bringen konnten.

Diese dürftige Welt der Zeitungsleitartikel, im Theaterjargon nacherzählt, hatte ungewöhnlichen Erfolg. Die neue Kunst des Proletariats.

Die »Blauen Blusen« fuhren nach Deutschland. Zwei Kollektive mit Jushanin selbst an der Spitze. Wahrscheinlich im Jahr vierundzwanzig. In die Arbeiterklubs der Weimarer Republik. Hier begegnete Jushanin Brecht und frappierte Brecht mit der Neuheit seiner Ideen. Frappierte – das ist Jushanins eigener Ausdruck. Jushanin traf sich mit Brecht so oft, wie es zu jenen Zeiten voller Verdächtigungen und gegenseitiger Verfolgung möglich war.

Die erste Reise der »Best«-Arbeiter ins Ausland, eine Reise um die Welt, fällt ins Jahr 1933. Dort kam auf jeden Bestarbeiter ein Politkommissar.

Mit Jushanin fuhren auch nicht wenige Politkommissare. Andrejewa Marija Fjodorowna* organisierte diese Reisen.

Von Deutschland aus fuhren die »Blauen Blusen« in die Schweiz und kehrten, erschlagen vom Triumph, in die Heimat zurück.

Ein Jahr später brachte Jushanin zwei weitere Blaue Blusen-Kollektive nach Deutschland – die, die an der ersten Reise nicht teilgenommen hatten.

Der Triumph war derselbe. Wieder Begegnungen mit Brecht. Rückkehr nach Moskau. Die Kollektive bereiten sich auf eine Reise nach Amerika, nach Japan vor.

Jushanin hatte eine Eigenschaft, die ihn als Führer der Bewegung behinderte – er war ein schlechter Redner. Es gelang ihm nicht, seinen Auftritt vorzubereiten, seine Gegner in der Diskussion, im Vortrag zu schlagen. Und damals waren solche Diskussionen große Mode – Beratung folgte auf Beratung, Disput auf Disput. Jushanin war ein sehr bescheidener, sogar scheuer Mann. Und zugleich wollte er keineswegs die zweite Geige spielen, in den Schatten, beiseite treten.

Ein Kampf hinter den Kulissen fordert viel Phantasie, viel Energie. Diese Eigenschaften fehlten Jushanin. Jushanin war Dichter und nicht Politiker. Ein dogmatischer Dichter, ein fanatischer Dichter seiner Blaue Blusen-Sache.

...........................................

Ein schmutziger Habenichts stand vor mir. Die bloßen schmutzigen Füße wussten nicht wohin – Boris Jushanin trat von einem Fuß auf den anderen.

»Die Ganoven?«, fragte ich, und zeigte mit dem Kopf auf seine nackten Schultern.

»Ja, die Ganoven. Ich fühle mich so sogar besser, leichter. Bin braungebrannt unterwegs.«

...........................................

In den höchsten Sphären wurden schon Anordnungen und Befehle zu den »Blauen Blusen« vorbereitet – ihnen die Mittel zu kürzen, die Zuwendungen zu streichen. Schon gab es auch Anwärter für das Theater »Le Chat noire«. Der theoretische Teil der »Blaue Blusen«-Manifeste wurde immer schwächer und schwächer.

Jushanin hatte sein Theater nicht in die Weltrevolution geführt, es war ihm nicht gelungen. Und gegen Mitte der zwanziger Jahre war auch diese ganze Perspektive verblasst.

Die Liebe zu den Blaue Blusen-Ideen! Das erwies sich als zu wenig. Liebe – das ist Verantwortung, das sind Diskussi-

onen in der Sektion von Mossowjet*, das sind Memoranden
– ein Sturm im Wasserglas, Gespräche mit den Schauspie-
lern, die ihren Arbeitslohn verloren. Die prinzipielle Frage
– wer sind nun die »Blauen Blusen« – Profis oder Laien-
kunst?

Der Ideologe und Leiter der »Blauen Blusen« zerschlug
alle diese Fragen mit einem einzigen Streich.

Boris Jushanin floh ins Ausland.

Ein Kind, das er war, floh er ungeschickt. Sein gesamtes
Geld hatte er irgendeinem Matrosen in Batumi ausgehändigt, und der Matrose brachte ihn in die OGPU. Jushanin
saß lange im Gefängnis.

Die Moskauer Untersuchung gab dem Helden der neuen
Theaterform das Kürzel »V.Sp.«. Verdacht auf Spionage und
drei Jahre Haft im Konzentrationslager.

»Was ich im Ausland gesehen habe – war so anders als
das, was unsere Zeitungen schrieben. Ich wollte keine lebende Zeitung mehr sein. Ich wollte das wirkliche Leben.«

Ich freundete mich mit Jushanin an. Ich konnte ihm ein
paar kleine Gefälligkeiten erweisen, wie Wäsche oder das
Badehaus, aber bald wurde er in die Verwaltung gerufen,
nach Wishaicha, wo das Zentrum des USLON war – um in
seinem Beruf zu arbeiten.

Der Ideologe und Gründer der Blaue Blusen-Bewegung
wurde zum Leiter der »Blauen Blusen« in den Konzentrationslagern an der Wischera, einer lebenden Häftlingszeitung.
Ein eindrucksvolles Ende!

Für diese »Blauen Blusen« im Lager schrieb auch ich in
Zusammenarbeit mit Boris Jushanin einige Sketche, Oratorien und Couplets.

Jushanin wurde Redakteur der Zeitschrift »Die neue Wischera«. In der Lenin-Bibliothek* kann man Exemplare dieser Zeitschift finden.

Der Name Jushanin ist für die Nachwelt bewahrt. Die große Erfindung Gutenbergs, selbst wenn die Druckmaschine abgelöst ist durch den Abziehapparat.

Eines der Prinzipien der »Blauen Blusen« ist die Nutzung jedes beliebigen Textes, jedes beliebigen Sujets.

Wenn es nützlich ist, können Wort wie Musik von beliebigen Autoren stammen. Hier gibt es keinen literarischen Diebstahl. Hier ist das Plagiat – prinzipiell.

Im Jahr einunddreißig wurde Jushanin nach Moskau gebracht. Revision seines Verfahrens? Wer weiß?

Einige Jahre lebte Jushanin in Aleksandrow – also wurde sein Verfahren nicht allzu sehr revidiert.

Im Jahr siebenundfünfzig erfuhr ich zufällig, dass Jushanin lebt – das Moskau der zwanziger Jahre musste ihn kennen und sich an ihn erinnern.

Ich schrieb ihm einen Brief, schlug ihm vor, vor den Moskauern vom Ende der fünfziger Jahre von den »Blauen Blusen« zu erzählen. Dieser Vorschlag stieß auf scharfen Protest beim Chefredakteur der Zeitschrift* – er hatte von den »Blauen Blusen« noch niemals gehört. Ich hatte keine Möglichkeit, den eigenen Vorschlag zu bekräftigen, und schimpfte mit mir wegen meiner Überstürzung. Und dann wurde ich krank, und Jushanins Brief aus dem Jahr siebenundfünfzig liegt noch immer in meinem Schreibtisch.

<1967>

# Der Besuch des Mister Popp

Mister Popp war Vizedirektor der amerkanischen Firma »Nitrogen«, die Gasbehälter für den ersten Bauabschnitt von Beresnikchimstroj lieferte.

Der Auftrag war groß, die Arbeit lief gut, und der Vizedirektor hielt es für notwendig, bei der Übergabe der Arbeiten persönlich anwesend zu sein.

In Beresniki bauten unterschiedliche Firmen. Die »kapitalistische Internationale«, wie M. Granowskij sagte, der Chef des Baubetriebs. Die Deutschen – »Hanomag«-Kessel. Dampfmaschinen der englischen Firma »Brown Boveri«, Kessel von »Babcock-Wilcox«, amerikanische Gasbehälter.

Es hakte bei den Deutschen – später wurde all das zur Sabotage erklärt. Es hakte bei den Engländern im Kraftwerk. Später wurde das ebenfalls zur Sabotage erklärt.

Ich arbeitete damals im Kraftwerk, im Heizkraftwerk, und erinnere mich gut an die Anreise des Chefingenieurs der Firma »Babcock-Wilcox«, Mister Holmes. Das war ein sehr junger Mann, etwa dreißig Jahre. Am Bahnhof wurde Holmes vom Chef des Chimstroj Granowskij empfangen, aber Holmes fuhr nicht ins Hotel, sondern fuhr direkt zu den Kesseln, zur Montage. Einer der englischen Monteure nahm Holmes den Mantel ab, half dem Ingenieur in den Schutzanzug, und Holmes verbrachte drei Stunden im Kessel und hörte sich die Erklärungen des Monteurs an. Am Abend war eine Besprechung. Von allen Ingenieuren war Mister

Holmes der Jüngste. Auf alle Berichte, auf alle Bemerkungen antwortete Mister Holmes mit einem kurzen Wort, das der Dolmetscher so übersetzte: »Das macht Mister Holmes keine Sorgen.« Jedoch verbrachte Holmes zwei Wochen im Kombinat, der Kessel lief an, zu etwa achtzig Prozent der projektierten Leistung – Granowskij unterschrieb das Protokoll, und Mister Holmes flog ab nach London.

Ein paar Monate später fiel die Leistung des Kessels ab, und der einheimische Spezialist Leonid Konstantinowitsch Ramsin wurde zur Konsultation gerufen. Ramsin, der Held des Sensationsprozesses*, war, nach einer Klausel, noch nicht freigelassen, noch nicht mit dem Leninorden ausgezeichnet, hatte noch nicht den Stalin-Preis erhalten. All das würde später kommen, und Ramsin wusste davon und verhielt sich im Kraftwerk sehr selbstbewusst. Er reiste nicht allein an, sondern mit einem Begleiter von sehr sprechendem Äußeren, gemeinsam mit ihm reiste er auch ab. In den Kessel stieg Ramsin, anders als Mister Holmes, nicht, sondern saß im Kabinett des technischen Werkdirektors Kapeller, auch er ein Verbannter, verurteilt wegen Sabotage in den Schächten von Kisel.

Nomineller Direktor des Heizkraftwerks war ein gewisser Ratschew, ein ehemaliger roter Direktor*, kein übler Kerl, der sich nicht um Dinge kümmerte, von denen er nichts verstand. Ich arbeitete im Heizkraftwerk im Büro für Arbeitsökonomie und trug dann lange eine Eingabe der Heizer an Ratschew mit mir herum. In dieser Eingabe, in der sich die Heizer über ihre zahlreichen Nöte beklagten, gab es eine äußerst typische, äußerst treuherzige Anordnung Ratschews: »An den Leiter des Büros für Arbeitsökonomie. Ich bitte, die Sache zu klären und nach Möglichkeit abzulehnen.«

Ramsin gab einige praktische Ratschläge, aber die Arbeit von Mister Holmes bewertete er überaus gering.

Mister Holmes erschien im Kraftwerk in Begleitung –
nicht von Granowskij, dem Chef des Baubetriebs, sondern
von seinem Stellvertreter, von Chefingenieur Tschistjakow.
Es gibt im Leben nichts Dogmatischeres als die diploma-
tische Etikette, in der die Form zugleich der Inhalt ist. Es
ist ein Dogma, das das Leben vergällt, es nötigt beschäftigte
Menschen, Zeit zu verwenden auf die Erarbeitung von Regeln der gegenseitigen Höflichkeit, der Ämterbesetzung,
einer Rangordnung, die historisch keine Bagatelle und in
ihrem Wesen unsterblich ist. Also fand sich Granowskij, obwohl er freie Zeit hatte, soviel er wollte, nicht berechtigt, den
Chefingenieur der Firma über die Baustelle zu begleiten. Ja,
wenn der Unternehmer selbst angereist wäre.

Mister Holmes wurde auf die Baustelle begleitet von
Chefingenieur Tschistjakow, einem schweren, massiven
Mann – dem, was man in Romanen einen »großen Herrn«
nennt. Im Kontor des Kombinats hatte Tschistjakow ein riesiges Kabinett gegenüber dem Kabinett Granowskijs, und
dort verbrachte er nicht wenige Stunden, eingeschlossen mit
der jungen Kurierin des Kontors.

Ich war damals jung und wusste nichts von dem physiolo-
gischen Gesetz, das erklärt: warum die großen Chefs außer
mit ihren Frauen mit Kurierinnen, Stenographistinnen und
Sekretärinnen zusammenleben. Ich musste oft dienstlich zu
Tschistjakow, und ich habe an dieser verschlossenen Tür
nicht wenig geflucht.

Ich wohnte in demselben Gasthaus bei der Sodafabrik, in
dem Konstantin Paustowskij seinen »Kara-Bugas« herunter-
schrieb. Nach dem zu urteilen, was Paustowskij von jener
Zeit erzählt – den Jahren dreißig und einunddreißig –, hat
er das Wesentliche gar nicht gesehen, das diese Jahre für das
ganze Land, die ganze Geschichte unserer Gesellschaft aus-
machte.

Hier wurde vor den Augen Paustowskijs das große Experiment der Zerstörung menschlicher Seelen durchgeführt, das später auf das ganze Land ausgedehnt wurde und ins blutige Jahr siebenunddreißig führte. Eben hier und zu jener Zeit wurden erste Experimente mit dem neuen Lagersystem gemacht – Selbstbewachung*, »Umschmiedung«, Ernährung je nach Ausstoß, Anrechnung von Arbeitstagen je nach Arbeitsleistung. Ein System, das seine Blütezeit am Weißmeerkanal erreichte und am Moskanal* zusammenbrach, wo man bis heute in Massengräbern menschliche Knochen findet.

Das Experiment in Beresniki führte Bersin durch. Nicht Bersin persönlich natürlich. Bersin war immer ein treuer Vollstrecker fremder Ideen, ob blutiger oder unblutiger, ganz gleich. Aber Direktor von Wischchims – auch ein Bauprojekt des ersten Fünfjahrplans – war Bersin. Sein Stellvertreter für das Lager war Filippow – und das Lager an der Wischera, zu dem sowohl Beresniki als auch Solikamsk mit seinen Kalium-Minen gehörte, war riesig. Allein in Beresniki waren drei- bis viertausend Mann, auf der Baustelle von Beresnikchimstroj. Die Arbeiter des ersten Fünfjahrplans.

Hier, und eben hier, entschied sich die Frage von Sein oder Nichtsein der Lager – nach einer Überprüfung am Rubel, am Verdienst. Nach dem Experiment an der Wischera – einem, nach Meinung der Leitung, gelungenen Experiment – erfassten die Lager die gesamte Sowjetunion, und es gab kein Gebiet ohne Lager, kein Bauprojekt, in dem nicht Häftlinge arbeiteten. Eben nach der Wischera erreichte die Zahl der Häftlinge im Land 12 Millionen. Eben die Wischera bezeichnete den Beginn des neuen Wegs der Haftanstalten. Die Besserungsanstalten wurden an den NKWD übergeben, und der machte sich an die von Dichtern, Dramatikern und Filmregisseuren besungene Arbeit.

Und all das entging Paustowskij, der beschäftigt war mit seinem »Kara-Bugas«.

Ende einunddreißig wohnte mit mir im Zimmer des Gasthauses der junge Ingenieur Lewin. Er arbeitete bei Beresnikchimstroj als Übersetzer aus dem Deutschen und war einem der ausländischen Ingenieure zugeordnet. Als ich Lewin fragte – warum er, der ausgebildete Chemie-Ingenieur, als einfacher Übersetzer für dreihundert Rubel im Monat arbeitet, sagte er: »Natürlich, aber so ist es besser. Keinerlei Verantwortung. Da wird die Inbetriebnahme zum zehnten Mal verschoben, und hundert Mann werden eingesperrt – und ich? Ich bin Übersetzer. Dabei arbeite ich wenig, habe freie Zeit soviel ich will. Und ich verbringe sie nutzbringend.« Lewin lächelte.

Ich lächelte auch.

»Sie haben nicht verstanden?«

»Nein.«

»Haben Sie nicht gemerkt, dass ich erst gegen Morgen zurückkomme?«

»Nein, das habe ich nicht gemerkt.«

»Sie sind ein schlechter Beobachter. Ich mache eine Arbeit, die mir ein ausreichendes Einkommen bringt.«

»Und was ist das?«

»Ich spiele Karten.«

»Karten?«

»Ja. Poker.«

»Mit den Ausländern?«

»Warum denn mit den Ausländern. Bei den Ausländern kann ich mir, außer einem Untersuchungsverfahren, nichts holen.«

»Mit unseren Leuten?«

»Natürlich. Hier gibt es Junggesellen in rauen Mengen. Und hohe Einsätze. Und das Geld habe ich – ich verdanke

alles meinem Vater: er hat mir das Pokerspielen gut beigebracht. Wollen Sie es nicht auch probieren? Ich bringe es Ihnen im Nu bei.«

»Nein, ich danke Ihnen.«

Nur durch Zufall habe ich Lewin in die Erzählung über
Mister Popp hineingenommen, zu dem ich einfach nicht
komme.

Bei der Firma »Nitrogen« lief die Montage hervorragend,
der Auftrag war groß, und der Vizedirektor kam selbst nach
Russland. M. Granowskij, der Chef von Beresnikchimstroj,
wurde rechtzeitig und tausendfach von der Ankunft Mister
Popps informiert. Entsprechend seiner Einschätzung, dass
er, M. Granowskij, als altes Parteimitglied und Chef des
Baubetriebs des größten Projekts des ersten Fünfjahrplans
vom diplomatischen Protokoll her höher stand als der Besitzer der amerikanischen Firma, beschloss er, Mister Popp
nicht persönlich an der Station Ussolje (später hieß diese
Station dann Beresniki) zu empfangen. Das wäre unsolide.
Sondern ihn im Kontor zu empfangen, in seinem Zimmer.

M. Granowskij wusste, dass der amerikanische Gast in einem Sonderzug anreist – mit eigener Lok und Wagen –, von
der Ankunftszeit des Zuges an der Station Ussolje wusste
der Chef des Baubetriebs schon drei Tage im Voraus durch
ein Telegramm aus Moskau.

Das Ritual des Empfangs wurde beizeiten entwickelt –
man schickt dem Gast den persönlichen Wagen des Chefs
des Baubetriebs, und der Fahrer fährt den Gast ins Hotel für
Ausländer, in dem der Kommandant des Hotels, der Genosse
und Entwicklungskader* Zyplakow, schon drei Tage lang für
den ausländischen Gast das beste Zimmer im Hotel für Ausländer hütete. Nach Toilette und Frühstück ist Mister Popp
ins Kontor zu bringen, wonach der geschäftliche Teil des
Treffens, bis auf die Minute vorausgeplant, stattfinden soll.

Der Sonderzug mit dem ausländischen Gast sollte um 9 Uhr morgens eintreffen, und schon vom Abend an wurde der persönliche Fahrer Granowskijs mehrfach gerufen, instruiert und schmutzig beschimpft.

»Vielleicht, Genosse Natschalnik, fahre ich den Wagen schon am Abend zur Station. Und übernachte auch dort«, schlug der Fahrer besorgt vor.

»Auf keinen Fall. Wir müssen zeigen, dass bei uns alles auf die Minute genau geschieht. Der Zug pfeift, drosselt das Tempo, und du fährst an der Station vor. Nur so.«

»In Ordnung, Genosse Natschalnik.«

Ermüdet von den vielfachen Proben – der Wagen war zehn Mal unbeladen zur Station gefahren, der Fahrer hatte die Geschwindigkeit berechnet, die Zeit berechnet – schlief der Fahrer M. Granowskijs in der Nacht vor der Anreise Mister Popps ein, und er träumte von einer Gerichtsverhandlung – oder träumte man im Jahr einunddreißig noch nicht von einer Gerichtsverhandlung?

Der Diensthabende der Garage – mit ihm hatte der Chef des Baubetriebs keinerlei vertrauliche Unterredungen gehabt – weckte den Fahrer nach einem Anruf von der Station, und der Fahrer ließ schnell den Motor an und raste los, um Mister Popp zu empfangen.

Granowskij war ein beschäftigter Mann. Er war an diesem Tag gegen 6 Uhr in sein Kabinett gekommen und hatte zwei Besprechungen und drei »Standpauken« hinter sich. Auf den geringsten Lärm von unten schob er die Vorhänge zurück und schaute durchs Fenster auf die Straße. Der ausländische Gast war nicht da.

Um halb zehn kam ein Anruf vom Diensthabenden der Station, man verlangte den Chef des Baubetriebs. Granowskij nahm den Hörer ab und hörte eine tonlose Stimme mit starkem ausländischem Akzent. Die Stimme drückte

ihr Erstaunen aus, dass man Mister Popp so schlecht emp-
fange. Kein Wagen. Mister Popp bitte, einen Wagen zu
schicken.

Granowskij wurde fuchsteufelswild. Jede zweite Stufe
nehmend und schwer atmend, erschien er in der Garage.

»Ihr Fahrer ist um halb acht losgefahren, Genosse Natschalnik.«

»Wie, um halb acht?«

Aber ein Wagen brummte. Mit einem kleinen betrunke-
nen Lächeln trat der Fahrer über die Schwelle der Garage.

»Was machst du, zum Teufel nochmal.«

Aber der Fahrer erklärte. Um halb acht kam der Moskauer Personenzug. Mit diesem Zug kehrte der Chef der
Finanzabteilung des Bauprojekts Grosowskij mit seiner Familie aus dem Urlaub zurück und rief Granowskijs Wagen,
wie er es früher immer getan hatte. Der Fahrer versuchte die
Sache mit Mister Popp zu erläutern. Aber Grosowskij erklärte das alles als Fehler – er weiß von nichts – und befahl
dem Fahrer, sofort zur Station zu fahren. Der Fahrer fuhr.
Er dachte, dass das mit dem Ausländer abgesagt war, und
überhaupt, Grosowskij, Granowskij, auf wen soll er hören –
er weiß nicht, wo ihm der Kopf steht. Und dann fuhren sie
die vier Kilometer in die neue Siedlung Tschurtan, wo Gro-
sowskijs neue Wohnung war, der Fahrer half, das Gepäck zu
tragen, dann bewirteten die Hausleute zur Begrüßung ...

»Wer hier wichtiger ist auf der Welt, Grosowskij oder
Granowskij, darüber unterhalten wir uns später. Und jetzt
mach, dass du an die Station kommst.«

Der Fahrer flog zur Station – es war noch nicht zehn.
Mister Popps Laune war ziemlich schlecht.

Ohne Rücksicht auf den Weg raste der Fahrer mit Mister Popp ins Hotel für Ausländer. Mister Popp bezog sein
Zimmer, wusch sich, zog sich um und beruhigte sich.

Jetzt regte Zyplakow sich auf, der Kommandant des Hotels für Ausländer – so hieß er damals, nicht Direktor, nicht Leiter, sondern Kommandant. Ob eine solche Stelle billiger kommt als zum Beispiel ein »Direktor einer Mineralwasserbude« – weiß ich nicht, aber diese Position hieß genau so.

Der Sekretär von Mister Popp erschien auf der Schwelle des Hotelzimmers.

»Mister Popp bittet um das Frühstück.«

Der Kommandant des Hotels nahm am Buffet zwei große Stücke Konfekt ohne Papier, zwei Butterbrote mit Pflaumenmus, zwei mit Wurst, platzierte all das auf einem Tablett und trug es, noch mit zwei Gläsern Tee, sehr dünnem Tee, Mister Popp ins Zimmer.

Sofort brachte der Sekretär das Tablett zurück und stellte es auf ein Tischchen an der Tür des Hotelzimmers.

»Mister Popp wird dieses Frühstück nicht essen.«

Zyplakow stürzte zum Bericht in die Leitung des Baubetriebs. Aber Granowskij wusste schon alles, man hatte es ihm telefonisch mitgeteilt.

»Was denn, du alte Kanaille«, brüllte Granowskij. »Du machst nicht mir Schande, du machst dem Staat Schande. Gib die Stelle ab! An die Arbeit! In die Sandgrube! Die Schaufel in die Hand! Schädlinge! Dreckskerle! Ich lasse euch in den Lagern verfaulen!«

Der weißhaarige Zyplakow ließ den Chef zu Ende schimpfen und dachte: »Stimmt, er lässt uns verfaulen.«

Es war Zeit, zum dienstlichen Teil des Besuchs überzugehen, und hier beruhigte sich Granowskij ein wenig. Die Arbeit der Firma auf der Baustelle war gut. Die Gasbehälter in Solikamsk und in Beresniki waren aufgestellt. Mister Popp wird unbedingt auch nach Solikamsk fahren. Dazu war er hergekommen und will keineswegs sagen, dass er gekränkt ist. Und er ist auch nicht gekränkt. Eher erstaunt. Das sind alles Kleinigkeiten.

Auf die Baustelle ging mit Mister Popp Granowskij selbst, er hatte seine diplomatischen Erwägungen fallenlassen und alle Beratungen, alle Treffen verschoben.

Nach Solikamsk begleitete Mister Popp Granowskij selbst, er kam auch mit ihm zurück.

Die Protokolle waren unterzeichnet, der zufriedene Mister Popp bereitete sich auf die Heimreise nach Amerika vor.

»Ich habe Zeit«, sagte Mister Popp zu Granowskij, »ich habe zwei Wochen gespart dank der guten Arbeit unserer ...«, der Gast machte eine Pause, »und Ihrer Meister. Die Kama ist ein wunderbarer Fluss. Ich möchte auf dem Dampfer kamaabwärts fahren bis Perm, vielleicht auch bis Nishnij Nowgorod. Ist das möglich?«

»Natürlich«, sagte Granowskij.

»Und einen Dampfer kann ich heuern?«

»Nein. Wir haben doch ein anderes System, Mister Popp.«

»Und kaufen?«

»Auch nicht kaufen.«

»Nun, wenn ich kein Passagierschiff kaufen kann, ich verstehe, es stört die Zirkulation auf der Wasserader, dann vielleicht einen Schlepper, hm? So etwas wie diese ›Tschajka‹« — und Mister Popp zeigte auf einen Schlepper, der an den Fenstern des Kabinetts des Chefs des Bauprojekts vorbeifuhr.

»Nein, auch keinen Schlepper. Ich bitte Sie, zu verstehen ...«

»Natürlich, ich habe viel gehört ... Kaufen — das wäre das allereinfachste. Ich lasse ihn in Perm. Ich schenke ihn Ihnen.«

»Nein, Mister Popp — bei uns nimmt man solche Geschenke nicht an.«

»Was soll ich dann tun? Es ist doch absurd. Sommer, wunderbares Wetter. Einer der schönsten Flüsse der Welt, sie ist ja die wahre Wolga – habe ich gelesen. Und man kann nicht darauf fahren. Fragen Sie in Moskau an.«

»Wieso Moskau. Moskau ist weit«, zitierte Granowskij gewohnheitsgemäß.

»Sie müssen entscheiden. Ich bin Ihr Gast. Wie Sie sagen, so wird es gemacht.«

Granowskij bat um eine halbe Stunde Bedenkzeit und rief den Chef des Schifffahrtsbetriebs Mironow und den Chef des operativen Sektors der OGPU Osols in sein Kabinett. Granowskij erzählte vom Wunsch Mister Popps.

An Beresniki fuhren damals nur zwei Passagierschiffe vorbei, der »Rote Ural« und die »Rote Tatarei«. Die Strecke Tscherdyn-Perm. Mironow meldete, dass der »Rote Ural« flussabwärts liegt, bei Perm, und auf keinen Fall bald hier sein kann. Flussaufwärts fährt die »Rote Tatarei« Richtung Tscherdyn. Wenn man sie schnell zurückruft – und da werden deine Burschen helfen, Osols! – und ohne Halt flussabwärts jagt, dann erreicht die »Rote Tatarei« morgen tagsüber die Anlegestelle Beresniki. Mister Popp kann fahren.

»Setz dich ans interne Telefon«, sagte Granowskij zu Osols, »und mach Druck auf deine Leute. Soll einer von euch in den Dampfer steigen und mitfahren, zusehen, dass keine Zeit vergeudet wird, er nicht hält. Sag, ein staatlicher Auftrag.«

Osols bekam Verbindung mit Annowyj – der Anlegestelle von Tscherdyn. Die »Rote Tatarei« hatte Tscherdyn verlassen.

»Mach Druck.«

»Wir machen Druck.«

Der Chef des Bauprojekts besuchte Mister Popp in seinem Hotelzimmer – der Kommandant hatte schon gewechselt – und teilte mit, dass der Passagierdampfer morgen um zwei Uhr mittags die Ehre haben wird, den teuren Gast an Bord zu nehmen.

»Nein«, sagte Mister Popp, »sagen Sie es genau, damit wir nicht am Ufer herumstehen.«

»Dann um fünf Uhr. Um vier schicke ich den Wagen nach dem Gepäck.«

Um fünf erschienen Granowskij, Mister Popp und sein Sekretär an der Anlegestelle. Der Dampfer war nicht da.

Granowskij bat um Verzeihung, entfernte sich und stürzte zum OGPU-Telefon.

»Er hat Itscher noch nicht passiert.« Granowskij stöhnte. Gute zwei Stunden.

»Vielleicht fahren wir ins Hotel zurück und kommen her, wenn der Dampfer eintrifft. Wir nehmen einen Imbiss«, schlug Granowskij vor.

»Wir früh-stü-cken, wollen Sie sagen«, sprach Mister Popp ausdrucksvoll. »Nein, ich danke Ihnen. Jetzt ist ein herrlicher Tag. Die Sonne. Der Himmel. Wir warten am Ufer.«

Granowskij blieb mit den Gästen an der Anlegestelle, lächelte, sagte etwas, schaute von Zeit zu Zeit auf die fluss-aufwärts gelegene Landzunge, hinter der der Damfer jeden Moment hervorkommen musste.

Währenddessen hingen die Mitarbeiter von Osols und der Chef der Kreisabteilung an allen Leitungen und machten Druck, Druck, Druck.

Um acht Uhr am Abend zeigte sich die »Rote Tatarei« hinter der Landzunge und näherte sich langsam der Anlege-stelle. Granowskij lächelte, dankte und verabschiedete sich. Mister Popp dankte ohne zu lächeln.

Der Dampfer war da. Und hier kam es zu jener uner-warteten Schwierigkeit, der Verzögerung, die den herzkranken M. Granowskij beinahe ins Grab gebracht hätte, einer Schwierigkeit, die nur dank der Erfahrung und Umsicht des Chefs der Kreisabteilung Osols überwunden wurde.

Der Dampfer war besetzt, überfüllt mit Menschen. Es gab wenige Fahrten, es reiste eine irrsinnige Menge Leute, und alle Decks, alle Kajüten und sogar der Maschinenraum waren voll. Mister Popp hatte auf der »Roten Tatarei« keinen Platz. Nicht nur sämtliche Karten für die Kajüten waren verkauft und besetzt. In jeder fuhren in den Urlaub nach Perm Sekretäre der Kreiskommites, Chefs der Werkhallen und Direktoren von Betrieben von gesamtsowjetischer Bedeutung.

Granowskij spürte, wie er das Bewusstsein verliert. Aber Osols hatte erheblich mehr Erfahrung in solchen Dingen.

Osols stieg auf das Oberdeck der »Roten Tatarei«, mit vier seiner Männer, bewaffnet und in Uniform.

»Alles nach unten. Das Gepäck runtergetragen!«

»Aber wir haben Fahrkarten. Fahrkarten bis Perm!«

»Zum Teufel mit dir und deiner Fahrkarte! Runter, in den Schiffsbauch. Ich gebe drei Minuten Bedenkzeit.«

»Der Begleitposten fährt mit Ihnen bis Perm. Ich erkläre es unterwegs.«

Nach fünf Minuten war das Oberdeck leer, und Mister Popp, der Vize-Direktor der Firma »Nitrogen«, ging an Deck der »Roten Tatarei«.

<1967>

# Das Eichhörnchen

Der Wald umgab die Stadt, ging bis in die Stadt hinein. Es muss nur übersetzen auf den Nachbarbaum – und ist schon in der Stadt, auf dem Boulevard, und nicht mehr im Wald.

Kiefern und Tannen, Ahorn und Pappeln, Ulmen und Birken, alles war gleich, auf der Waldlichtung wie auf dem Platz des »Kampfes gegen die Spekulation«, wie man den Marktplatz der Stadt eben erst umbenannt hatte.

Wenn das Eichhörnchen aus der Ferne auf die Stadt schaute, schien ihm, dass die Stadt mit einem grünen Messer, einem grünen Strahl in zwei Hälften zerschnitten ist, dass der Boulevard ein grünes Flüsschen ist, in dem man schwimmen kann und bis in einen ebenso grünen ewigen Wald schwimmt wie der, in dem das Eichhörnchen lebte. Dass der Stein bald zu Ende ist.

Und das Eichhörnchen entschloss sich.

Das Eichhörnchen setzte über von Pappel zu Pappel, von Birke zu Birke – sachlich, ruhig. Aber die Pappeln und Birken endeten nicht, sondern führten immer tiefer in dunkle Hohlwege, auf steinerne Lichtungen, die umgeben waren von niedrigem Gebüsch und einsamen Bäumen. Die Zweige der Birke waren elastischer als die der Pappel – aber das Eichhörnchen hatte das alles schon vorher gewusst.

Bald wurde dem Eichhörnchen klar, dass der Weg falsch gewählt war, dass der Wald nicht dichter wird, sondern lichter. Aber umzukehren war zu spät.

Es musste diesen grauen toten Platz überqueren, und dahinter – wieder Wald. Aber schon kläfften Hunde, die Passanten legten die Köpfe in den Nacken.

Der Nadelwald war sicher – der Harnisch der Kiefern, die Seide der Tannen. Das Rauschen der Pappelblätter war verräterisch. Ein Birkenzweig hielt stärker, länger, und der biegsame Körper des Tierchens, Schwung holend mit seinem Gewicht, bestimmte selbst die Grenze der Spannkraft des Zweiges – das Eichhörnchen löste die Pfoten und flog in die Luft, halb Vogel, halb Wildtier. Die Bäume brachten dem Eichhörnchen den Himmel, das Fliegen bei. Die Zweige loslassend, die Krallen an allen vier Pfötchen ausgefahrend, flog das Eichhörnchen – auf der Suche nach einem festeren, sichereren Halt als die Luft.

Das Eichhörnchen glich auch tatsächlich einem Vogel, sah aus wie ein gelber Habicht, der über dem Wald kreist. Wie beneidete das Eichhörnchen die Habichte um ihren überirdischen Flug. Aber ein Vogel war das Eichhörnchen nicht. Den Ruf der Erde, die Last der Erde, das eigene Hundertpudgewicht spürte das Eichhörnchen jeden Augenblick, ein wenig begannen die Muskeln des Baumes zu erschlaffen, und der Zweig begann sich unter dem Körper des Eichhörnchens zu biegen. Es musste Kraft sammeln, irgendwoher aus dem Innern des Körpers neue Kräfte aufrufen, um wieder auf einen Zweig zu springen oder auf die Erde zu fallen und niemals das Grün der Kronen zu erreichen.

Mit den schmalen Augen blinzelnd, sprang das Eichhörnchen, hielt sich an den Zweigen, holte Schwung, nahm Maß und sah dabei nicht, dass ihm Menschen hinterherlaufen.

Auf den Straßen der Stadt hatte sich schon eine Menge versammelt.

Es war eine stille Provinzstadt, die mit der Sonne, mit den Hähnen aufstand. Der Fluss floss darin so still, dass die

Strömung manchmal vollkommen stockte – und das Wasser sogar rückwärts floss. Die Stadt hatte zwei Zerstreuungen. Die erste – die Brände, die Alarmkugeln auf der Feuerwarte, das Rumpeln der Feuerwagen, die über das Kopfsteinpflaster flogen, der Feuerwehrkommandos – der Braunen, der Apfelschimmel, der Schwarzen – in der Farbe jeder der drei Feuerwehren. Teilnahme am Feuer – für die Unerschrockenen, und das Zuschauen – für alle übrigen. Erziehung zur Kühnheit für jedermann; alle, die laufen konnten, nahmen die Kinder und ließen nur die Lahmen und Blinden zu Hause und liefen »zum Feuer«.

Der zweite Volksspektakel war die Eichhörnchenjagd – die klassische Zerstreuung der Städter.

Durch die Stadt liefen Eichhörnchen, sie liefen oft – aber immer nachts, wenn die Stadt schlief.

Die dritte Zerstreuung war die Revolution – in der Stadt wurden *burshujs*\* umgebracht, Geiseln erschossen, irgendwelche Gräben gegraben, Gewehre verteilt, junge Soldaten ausgebildet und in den Tod geschickt. Aber keine Revolution der Welt dämpft den Drang nach der traditionellen Volksbelustigung.

Jeder in der Menge hatte den brennenden Wunsch, der erste zu sein, das Eichhörnchen mit dem Stein zu treffen, das Eichhörnchen zu töten. Der Treffsicherste zu sein, der beste Schütze an der Zwille – der biblischen Schleuder –, die von Goliaths Hand auf das gelbe Körperchen Davids geworfen wird. Die Goliaths sausten dem Eichhörnchen hinterher, pfeifend, johlend und einander in der Mordgier schubsend. Da war der Bauer, der einen halben Sack Roggen auf den Markt gebracht hatte und darauf rechnete, diesen Roggen gegen ein Klavier, gegen Spiegel einzutauschen – Spiegel waren im Jahr der Tode billig –, da war der Vorsitzende des Revolutionskomitees der Städtischen Eisenbahnwerkstätten, der auf den Basar kam, um Schieber zu jagen, da waren der Rechnungsführer der »Allsowjetischen Konsumgenossenschaften« und der aus Zarenzeiten berühmte Gemüsegärtner Sujew und der rote Kommandeur in himbeerfarbenen Stiefelhosen – die Front war nur hundert Werst entfernt.

Die Frauen der Stadt standen an den Palisaden, an den Törchen, schauten aus den Fenstern, stachelten die Männer auf und hielten die Kinder in die Höhe, damit die Kinder die Jagd sehen, die Jagd lernen konnten ...

Die kleinen Jungen, denen die selbständige Verfolgung des Eichhörnchens nicht erlaubt war – und es gab genug Erwachsene –, schleppten Steine und Stöcke an, damit das Tierchen nicht entwischen kann.

»Hier, Onkelchen, wirf.«

Und das Onkelchen warf, und die Menge grölte, und die Jagd ging weiter.

Alle rannten die städtischen Boulevards entlang dem rotbraunen Tierchen nach: die schwitzenden, rotgesichtigen, von leidenschaftlicher Mordgier ergriffenen Herren der Stadt.

Das Eichhörnchen beeilte sich, hatte dieses Gegröle, dieses Fieber längst durchschaut.

Es musste abspringen, wieder hochklettern, die Äste, einen Zweig auswählen und den Flug bemessen, Schwung holen und fliegen ...

Das Eichhörnchen schaute die Menschen an und die Menschen das Eichhörnchen. Die Menschen verfolgten seinen Lauf, seinen Flug – eine Menge von erfahrenen Gewohnheitsmördern ...

Die Älteren, die Veteranen der Provinzgefechte, -zerstreuungen, -jagden und -schlachten, träumten nicht einmal davon, mit den Jungen Schritt zu halten. Abgeschlagen, der Menge folgend, gaben die erfahrenen Mörder vernünftige

Ratschläge, gescheite Ratschläge, wichtige Ratschläge an die, die rennen, fangen und töten konnten. Selbst konnten sie schon nicht mehr rennen, konnten das Eichhörnchen nicht mehr fangen. Daran hinderte sie die Kurzatmigkeit, das Fett, die Beleibtheit. Aber sie hatten große Erfahrung, und sie gaben Ratschläge – von welcher Seite zu kommen sei, um das Eichhörnchen zu erwischen.

Die Menge wurde immer größer – jetzt teilten die Alten die Menge in Einheiten, in Armeen ein. Die Hälfte ging in den Hinterhalt, zum Wegabschneiden.

Das Eichhörnchen sah die aus der Gasse laufenden Menschen, noch bevor die Menschen es sahen, und begriff alles. Es musste abspringen, zehn Schritt laufen, und dann kommen wieder Bäume, die des Boulevards, und das Eichhörnchen wird es diesen Hunden, diesen Helden noch zeigen.

Das Eichhörnchen sprang auf die Erde, warf sich direkt in die Menge, obwohl ihm Steine und Stöcke entgegenflogen. Und durch diese Stöcke, durch die Menschen hindurchgeschlüpft – drauf! drauf! lass ihm keine Atempause! – sah sich das Eichhörnchen um. Die Stadt holte es ein. Ein Stein traf die Seite, das Eichhörnchen fiel hin, aber sprang sofort auf und ergriff die Flucht. Das Eichhörnchen rannte bis zum Baum, bis zur Rettung, es kletterte den Stamm hinauf und hüpfte auf einen Zweig, einen Kiefernzweig.

»Unsterblich, das Aas!«

»Jetzt müssen wir es am Fluss, an der Sandbank einkreisen!«

Aber einkreisen musste man nicht. Das Eichhörnchen kam kaum über den Zweig, und das wurde sofort bemerkt, das Gebrüll ging los.

Das Eichhörnchen schaukelte auf dem Zweig, spannte zum letzten Mal seine Kräfte an und fiel direkt in die heulende, kreischende Menge.

In der Menge entstand Bewegung wie in einem aufkochenden Kessel, und wie in einem vom Feuer genommenen Kessel erstarb diese Bewegung, und die Menschen begannen sich zu entfernen von dem Platz im Gras, wo das Eichhörnchen lag.

Die Menge lichtete sich schnell — jeder musste ja zur Arbeit, jeder hatte in der Stadt, im Leben zu tun. Aber nicht einer ging nach Hause, ohne das tote Eichhörnchen angeschaut, sich mit eigenen Augen überzeugt zu haben, dass die Jagd erfolgreich, die Pflicht erfüllt war.

Ich schob mich durch die sich lichtende Menge dichter heran, ich hatte ja auch gejohlt, auch getötet. Ich hatte das Recht, wie alle, wie die ganze Stadt, alle Klassen und Parteien ...

Ich warf einen Blick auf das gelbe Körperchen des Eichhörnchens, auf das Blut, das auf den Lippen, dem Schnäuzchen getrocknet war, und auf die Augen, die ruhig in den blauen Himmel unserer stillen Stadt schauten.

1966

# Der Wasserfall

Im Juli, wenn die Temperatur bei Tag vierzig Grad Celsius erreicht – das thermische Gleichgewicht der kontinentalen Kolyma –, erheben sich auf den Waldwiesen, von der Wucht des plötzlichen Regens geweckt und zum Schrecken der Menschen, unnatürlich riesige Butterpilze mit glitschigen Schlangenhäuten, bunten Schlangenhäuten – rote, blaue, grüne ... Dieser plötzliche Regen bringt der Tajga, dem Wald, den Steinen, dem Moos, der Flechte nur flüchtige Erleichterung. Die Natur hat gar nicht gerechnet mit diesem fruchtbringenden, lebensspendenden, wohltätigen Regen. Der Regen offenbart alle verborgenen Kräfte der Natur, und die Hüte der Butterpilze werden schwer und wachsen – bis zu einem halben Meter im Durchmesser. Das sind erschreckende, gigantische Pilze. Der Regen bringt nur flüchtige Erleichterung – in den tiefen Felsspalten liegt das winterliche, das ewige Eis. Die Pilze, ihre junge Pilzkraft, sind keineswegs für das Eis gemacht. Und kein Regen, keine Wasserströme werden diesen glatten Aluminium-Eisschollen gefährlich. Das Eis überzieht den Stein des Flussbetts, es gleicht dem Zement auf der Startbahn am Flugplatz ... Und über das Flussbett, über diese Startbahn, die eigene Bewegung, den eigenen Lauf beschleunigend, fliegt das Wasser, das sich sammelt auf den Gesteinsschichten nach vieltägigem Regen, sich mit dem getauten Schnee vereint, den Schnee in Wasser verwandelt und in den Himmel ruft, zum Flug ...

Das ungestüme Wasser läuft, fließt von den Berggipfeln durch die Felsspalten und strebt dem Flussbett zu, wo der Zweikampf zwischen Sonne und Eis schon beendet, das Eis getaut ist. Im Bach ist das Eis noch nicht getaut. Aber das Dreimetereis ist dem Bach kein Hindernis. Das Wasser läuft direkt zum Fluss über diese gefrorene Startbahn. Der Bach wirkt vor dem dunkelblauen Himmel aluminiumfarben, wie opakes, aber helles und leichtes Aluminium. Der Bach nimmt Anlauf auf dem glatten glänzenden Eis. Nimmt Anlauf und springt in die Luft. Der Bach hält sich längst, schon vom Beginn seines Laufs, schon von hoch oben auf den Felsen für ein Flugzeug, und sich aufzuschwingen über dem Fluss ist der einzige Wunsch des Bachs.

Nach dem Anlauf, zigarrenartig gerollt, fliegt der Aluminiumbach auf in die Luft, springt von der Steilwand in die Luft. Du bist der Leibeigene Nikitka*, der sich Flügel ausgedacht, Vogelflügel ausgedacht hat. Du bist Tatlin-Letatlin*, der dem Holz die Geheimnisse des Vogelflügels anvertraute. Du bist Lilienthal ...

Nach dem Anlauf springt der Bach und kann nicht anders als springen – die anbrandenden Wellen drängen jene zurück, die der Steilwand näher sind.

Er springt in die Luft und zerspringt an der Luft. Die Luft hat, so zeigt sich, die Kraft des Steins, den Widerstand des Steins – nur dem ersten Blick aus der Ferne erscheint die Luft als das »Medium« aus dem Lehrbuch, als freies Medium, in dem man atmen, sich bewegen, leben und fliegen kann.

Man sieht deutlich, wie der kristalline Wasserstrahl an die hellblaue Luftwand, die harte Wand, die Luftwand schlägt. Anschlägt und in Scherben zerspringt – in Spritzer, in Tropfen – und kraftlos aus zehn Metern Höhe in die Felsspalte fällt.

Es erweist sich, dass das gigantische Wasser, das sich gesammelt hat in den Felsspalten, im Anlauf einer Kraft, die ausreicht, um Uferfelsen zu zerschmettern, Bäume mit der Wurzel herauszudrehen und in den Strom zu werfen, Felsen ins Wanken zu bringen und niederzureißen, alles hinwegzufegen auf seinem Weg im Zeichen des Hochwassers, des Stroms – dass diese Kraft zu gering ist, gegen den Widerstand der Luft anzukommen, derselben Luft, die sich so leicht atmet, der Luft, die durchsichtig und nachgiebig ist, nachgiebig bis zur Unsichtbarkeit, und als Symbol einer solchen Freiheit erscheint. Diese Luft, so erweist sich, hat Widerstandskräfte, mit denen sich kein Fels, kein Wasser messen kann.

Spritzer und Tropfen vereinen sich im Nu erneut, fallen wieder, zerspringen wieder und streben kreischend und brüllend dem Flussbett zu – den riesigen Findlingssteinen, geschliffen von Jahrhunderten, Jahrtausenden ...

Der Bach kriecht zum Flussbett über tausend kleine Pfade zwischen Findlingen, Steinen und Steinchen, die auch nur anzurühren die Tropfen, Bächlein und Fädchen seines – gebändigten – Wassers fürchten. Der Bach, zersprungen und gebändigt, kriecht langsam und lautlos in den Fluss und beschreibt einen hellen Halbkreis in den dunklen vorübereilenden Wasserfluten. Der Fluss macht sich nichts aus diesem Bach-Letatlin, diesem Bach-Lilienthal. Der Fluss hat keine Zeit zu warten. Trotzdem tritt der Fluss ein wenig zurück und macht Platz für das helle Wasser des zersprungenen Bachs, und man sieht, wie aus der Tiefe, mit einem Blick in den Bach, die Bergäschen zu dem hellen Halbkreis hochsteigen. Die Äschen stehen im dunklen Fluss bei dem hellen Wasserhalbkreis, an der Mündung des Baches. Der Fischfang ist hier immer gut.

1966

# Das Feuer bändigen

Ich bin im Feuer gewesen, und nicht nur einmal. Als Junge lief ich durch die Straßen der brennenden Holzstadt, und mein Leben lang erinnere ich mich an die hellen, erleuchteten Tagesstraßen, als ob die Sonne der Stadt nicht genügte und sie selbst um das Feuer gebeten hätte. Der windstille Alarm des heißen hellblauen glühenden Himmels. Die Kraft war im Feuer selbst gespeichert, in der anschwellenden Flamme selbst. Es gab keinen Wind, aber die Stadthäuser brüllten, am ganzen Körper zitternd, und schleuderten brennende Bretter auf die Häuser der anderen Straßenseite.

Innen war es einfach trocken, warm und hell, und ich ging als Junge mühelos, ohne Angst durch diese Straßen, die mich lebend passieren ließen und auf der Stelle völlig niederbrannten. Das gesamte Gebiet auf der anderen Flussseite brannte nieder, und nur der Fluss rettete den Hauptteil der Stadt.

Dieses Gefühl der Ruhe mitten im Feuer erlebte ich auch als Erwachsener. Waldbrände habe ich nicht wenige gesehen. Ich bin durch das heiße, dunkelblaue, üppige, wie ein Gewebe durchglühte meterdicke Moos gelaufen. Habe mich durch den vom Brand niedergeworfenen Lärchenwald geschlagen. Nicht der Wind hatte die Lärchen mit der Wurzel ausgerissen und umgeworfen – das Feuer.

Das Feuer war wie ein Sturm, es erzeugte selbst den Sturm, warf Bäume um, hinterließ in der Tajga auf ewig eine schwarze Spur. Und verfiel dann am Ufer irgendeines Baches in Kraftlosigkeit.

Durch das trockene Gras lief eine helle, gelbe Flamme. Das Gras schwankte und bewegte sich, als glitte eine Schlange hindurch. Aber es gibt keine Schlangen an der Kolyma.

Die gelbe Flamme lief den Baum hinauf, den Stamm der Lärche, und das Feuer, schon Kraft gewinnend, brüllte und ließ den Stamm erbeben.

Diese Krämpfe der Bäume, die Todeskrämpfe waren überall gleich. Die hippokratische Maske des Baumes habe ich viele Male gesehen.

Über dem Krankenhaus hatte es drei ganze Tage geschüttet, und darum dachte ich an den Brand, erinnerte mich an das Feuer. Ein Regen hätte die Stadt gerettet, das Lagerhaus der Geologen, die brennende Tajga. Wasser ist stärker als Feuer.

Die genesenden Kranken gingen auf der anderen Seite des Flüsschens Beeren und Pilze sammeln – dort gab es Unmengen Heidelbeeren, Preiselbeeren und ganze Kolonien von ungeheuerlichen glitschigen vielfarbigen Butterpilzen mit glitschigem und kaltem Hut. Die Pilze erschienen uns als kalte, kaltblütige lebendige Wesen, als Schlangen – was auch immer, nur nicht als Pilze. Die hiesigen Pilze passten nicht in die gewohnten Klassifizierungen der Naturkunde und sahen aus wie Wesen aus einer benachbarten Reihe von Amphibien und Schlangen ...

Die Pilze kommen spät heraus, nach dem Regen, kommen nicht jedes Jahr, aber einmal gekommen – stehen sie um jedes Zelt, füllen jeden Wald, jedes Unterholz.

Nach diesen Wildwüchslingen gingen wir jeden Tag.

Heute war es kalt, es blies ein kalter Wind, aber der Regen hatte aufgehört, durch die zerfetzten Wolken war der bleiche Herbsthimmel zu sehen, und es war klar, dass es heute nicht regnen würde.

Man konnte, man musste in die Pilze gehen. Auf den Regen – die Ernte. In einem kleinen Boot setzten wir zu dritt über das Flüsschen, so, wie wir es jeden Morgen taten. Das Wasser war ein klein wenig gestiegen, es lief ein klein wenig schneller als gewöhnlich. Die Wellen waren dunkler als sonst.

Safonow zeigte mit dem Finger aufs Wasser, zeigte stromaufwärts, und wir alle drei begriffen, was er sagen wollte.

»Wir schaffen es. Pilze reichlich«, sagte Werigin.

»Wir sollten doch nicht umkehren«, sagte ich.

»Machen wir es so«, sagte Safonow, »um vier Uhr steht die Sonne gegenüber dem Berg, um vier kommen wir ans Ufer zurück. Wir binden das Boot etwas höher an ...«

Wir liefen in verschiedene Richtungen – jeder hatte seine Lieblingspilzstellen.

Aber mit den ersten Schritten im Wald merkte ich, dass ich mich beeilen musste, dass ein Pilzreich hier, zu meinen Füßen lag. Die Hüte der Butterpilze waren mützengroß, handtellergroß – zwei Körbe zu füllen dauerte nicht lange.

Ich trug die Körbe zur Lichtung am Traktorweg, um sie schnell zu finden, und ging unbeschwert vorwärts, um wenigstens mit einem Auge zu schauen, was denn für Pilze dort gewachsen waren, an meinen besten Stellen, den vor Langem gefundenen.

Ich ging in den Wald, und die Pilzseele war erschüttert: Überall standen riesige Steinpilze, einzeln, höher gewachsen als das Gras, höher als die Preiselbeersträucher, die festen, elastischen, frischen Pilze waren unglaublich.

Aufgepeitscht vom Regenwasser, waren die Pilze zu Ungeheuern herangewachsen, mit Halbmeterhüten, sie standen, wohin man auch schaute – und die Pilze waren alle so kräftig, so frisch, so fest, dass keine andere Entscheidung möglich war. Umkehren, alles früher Gesammelte ins Gras werfen und mit diesem Pilzwunder hier in Händen zurück ins Krankenhaus fahren.

So machte ich es auch.

Alles brauchte Zeit, aber nach meiner Berechnung würde ich über den Pfad eine halbe Stunde laufen.

Ich stieg hinunter zum Fuß des Berges, schob die Büsche auseinander – das kalte Wasser hatte den Pfad über Meter überflutet. Der Pfad war verschwunden unter dem Wasser, während ich die Pilze sammelte.

Der Wald rauschte, das kalte Wasser stieg immer höher. Das Grollen wurde immer stärker. Ich kletterte den Hang hinauf und lief am Berg entlang rechts zu unserem Treffpunkt. Die Pilze hatte ich nicht weggeworfen – die zwei schweren Körbe, mit einem Handtuch verbunden, hingen an meinen Schultern.

Oben näherte ich mich dem Hain, wo das Boot sein musste. Der Hain war ganz mit Wasser überflutet, das Wasser stieg ständig.

Ich arbeitete mich heraus ans Ufer, an den Fuß des Berges.

Der Fluss tobte, riss Bäume aus und warf sie in den Strom. Von dem Wald, an dem wir morgens festgemacht hatten, war kein Busch geblieben – die Bäume waren unterspült, ausgerissen und davongetragen von der schrecklichen Kraft dieses muskulösen Wassers, des Flusses, der einem Ringer glich. Das andere Ufer war felsig – der Fluss hielt sich schadlos am rechten, an meinem, am Lärchenufer.

Das Flüsschen, über das wir am Morgen gekommen waren, hatte sich längst in ein Ungeheuer verwandelt.

Es wurde dunkel, und ich begriff, dass ich im Dunkeln in die Berge gehen und dort den Tagesanbruch erwarten musste, möglichst weit von dem rasenden eisigen Wasser.

Nass bis auf die Haut, jeden Moment ins Wasser stolpernd, im Dunkeln von Erdhöcker zu Erdhöcker springend, schleppte ich die Körbe an den Fuß des Berges.

Die Herbstnacht war schwarz, sternlos und kalt, das dumpfe Brüllen des Flusses verhinderte, dass ich auf Stimmen zu hören versuchte – und wo hätte ich auch irgendeine Stimme hören können.

In einer kleinen Schlucht erstrahlte plötzlich ein Licht, und ich verstand nicht gleich, dass das nicht der Abendstern war, sondern ein Lagerfeuer. Ein Feuer von Geologen? Von Fischern? Von Heumähern? Ich lief Richtung Feuer, ließ die beiden Körbe an einem großen Baum, bis es hell wird, und einen kleinen nahm ich mit.

Die Entfernungen in der Tajga sind trügerisch – eine Hütte, ein Fels, ein Wald, ein Fluss, das Meer können unerwartet nah oder unerwartet fern sein.

Die Entscheidung, ob »ja oder nein«, war einfach. Ein Feuer – da geht man hin, ohne nachzudenken. Das Feuer war eine neue wichtige Kraft in meiner heutigen Nacht. Eine rettende Kraft.

Ich nahm mir vor, unbeirrt weiterzulaufen, mich notfalls vorwärtzutasten – denn es gab das nächtliche Feuer, und also gab es dort Menschen, gab es Leben, gab es Rettung. Ich lief durch die kleine Schlucht und behielt das Feuer im Blick, und nach einer halben Stunde, nach Umrunden eines riesigen Felses, sah ich plötzlich das Lagerfeuer direkt vor mir, oberhalb, auf einem kleinen Felspodest. Das Feuer brannte vor einem Zelt, das flach war wie der Fels. Am Feuer saßen Menschen. Die Menschen schenkten mir nicht die geringste Aufmerksamkeit. Was sie hier tun, fragte ich nicht, sondern ging ans Feuer und wärmte mich.

Der älteste Heumäher wickelte einen schmutzigen Lappen auf und streckte mir stumm ein Stückchen Salz hin, und bald begann das Wasser im Kessel zu winseln, zu springen und weiß zu werden vor Schaum und Hitze.

Ich hatte meinen geschmacklosen Wunderpilz gegessen, dazu siedend heißes Wasser getrunken und mich ein wenig gewärmt. Ich döste am Lagerfeuer, und langsam, unhörbar kam der Tagesanbruch, kam der Tag, und ich machte mich auf zum Ufer, ohne den Heumähern für die Zuflucht zu danken. Meine beiden Körbe am Baum waren über einen Werst zu sehen.

Das Wasser war schon gefallen.

Ich lief durch den Wald und hielt mich an den heil gebliebenen Bäumen mit gebrochenen Ästen und abgerissener Rinde fest.

Ich trat auf Felsstücke, manchmal auf Verwehungen von Bergsand.

Das Gras, das noch wachsen sollte nach dem Sturm, hatte sich tief in den Sand, in den Stein verkrochen und klammerte sich an die Rinde der Bäume.

Ich kam ans Ufer. Ja, das war ein Ufer – ein neues Ufer – und nicht die schwankende Linie des Hochwassers.

Der Fluss strömte, noch schwer vom Regen, aber man sah, dass das Wasser sinkt.

Weit weg, am anderen Ufer, wie an einem anderen Ufer des Lebens, sah ich die Figürchen von Menschen, die mit den Armen winkten. Sah ich das Boot. Ich winkte auch, ich wurde verstanden, erkannt. Das Boot hatten sie auf Stöcken am Ufer entlang hinaufgetragen, bis zwei Kilometer oberhalb der Stelle, an der ich stand. Safonow und Werigin legten wesentlich tiefer bei mir an. Safonow hielt mir die heutige Brotration hin – sechshundert Gramm Brot, aber ich mochte nicht essen.

Ich hatte meine Körbe mit den Wunderpilzen hergeschleppt.

Der Regen, und dann hatte ich ja die Pilze durch den Wald getragen und war nachts an Bäumen hängengeblieben – im Korb lagen nur Bruchstücke, Pilzbruchstücke.

»Wegwerfen?«

»Nein, wieso denn ...«

»Wir haben unsere gestern liegenlassen. Haben gerade noch rechtzeitig das Boot weggeschafft. Und von dir dachten wir«, sagte Safonow fest, »man wird uns mehr nach dem Boot fragen als nach dir.«

»Nach mir fragt man nicht viel«, sagte ich.

»Eben, eben. Weder wir noch der Chef fragen viel nach dir, aber nach dem Boot ... Habe ich es richtig gemacht?«

»Richtig«, sagte ich.

»Steig ein«, sagte Safonow, »und nimm diese verdammten Körbe.«

Und wir stießen uns vom Ufer ab und begannen die Überfahrt – ein zerbrechlicher Kahn auf dem ungestümen, noch gewittrigen Fluss.

Im Krankenhaus wurde ich ohne Fluchen und ohne Freude empfangen. Safonow hatte recht gehabt, sich zuallererst um das Boot zu kümmern.

Ich aß zu Mittag, zu Abend, frühstückte und aß wieder zu Mittag, zu Abend – aß meine ganze Zweitagesration, und ich wurde schläfrig. Ich hatte mich aufgewärmt.

Ich stellte den Kessel mit Wasser aufs Feuer. Aufs gebändigte Feuer das gebändigte Wasser. Und bald begann der Kessel zu brodeln, zu kochen. Aber ich schlief schon ...

1966

# Die Auferweckung der Lärche

Wie sind abergläubisch. Wir verlangen ein Wunder. Wir erfinden Symbole, und in diesen Symbolen leben wir.

Ein Mann im Hohen Norden sucht ein Ventil für seine Empfindsamkeit – die nicht zerstört, nicht verdorben wurde durch Jahrzehnte Leben an der Kolyma. Der Mann schickt per Luftpost ein Päckchen: keine Bücher, keine Photos, keine Gedichte, sondern einen Lärchenzweig, einen toten Zweig der lebendigen Natur.

Dieses sonderbare Geschenk, der ausgetrocknete, von den Winden der Flugzeuge durchgepustete, im Postwaggon gedrückte und geknickte, hellbraune, harte, verknöcherte Zweig des nördlichen Baums wird ins Wasser gestellt.

Er wird in ein Konservenglas gestellt mit bösem gechlortem desinfiziertem Moskauer Leitungswasser, einem Wasser, das vielleicht selbst mit Freuden alles Lebendige austrocknet – Moskauer totes Leitungswasser.

Lärchen sind seriöser als blühende Sträucher. In diesem Zimmer gibt es viele Blüten, leuchtende Blüten. Hier stellt man Faulbeersträuße, Fliedersträuße in heißes Wasser, man spaltet die Zweige und taucht sie in kochendes Wasser.

Die Lärche steht im kalten, kaum angewärmten Wasser. Die Lärche hat näher an Tschornaja Retschka gelebt als all diese Sträucher, all diese Zweige – Faulbeere und Flieder.

Das begreift die Hausherrin. Auch die Lärche begreift das.

Unter dem Einfluss des leidenschaftlichen menschlichen Willens nimmt der Zweig alle Kräfte zusammen, physische und geistige, denn der Zweig kann sich nicht wiederbeleben allein durch physische Kräfte: die Moskauer Wärme, das gechlorte Wasser, das gleichgültige Konservenglas. Im Zweig sind andere, geheime Kräfte geweckt.

Es vergehen drei Tage und drei Nächte, und die Hausherrin wird wach von einem sonderbaren, unbestimmten Terpentingeruch, einem schwachen, feinen, neuen Geruch. Durch die harte verholzte Haut durchgebrochen und ans Licht ausgetrieben sind neue, junge, lebendige, hellgrüne frische Nadeln.

Die Lärche lebt, die Lärche ist unsterblich, dieses Wunder der Auferweckung musste geschehen, denn die Lärche wurde ins Glas gestellt am Jahrestag seines Todes an der Kolyma – für den Mann der Hausherrin, den Dichter*.

Selbst diese Erinnerung an den Toten hat mit teil am Aufleben, an der Auferweckung der Lärche.

Dieser zarte Duft, dieses blendende Grün – sind wichtige Quellen des Lebens. Schwach, aber lebendig, auferweckt von einer geheimen geistigen Kraft, die in der Lärche verborgen und ans Licht gekommen ist.

Der Duft der Lärche war schwach, aber deutlich, und keine Kraft auf der Welt hätte diesen Duft übertäuben, hätte dieses grüne Licht und Leuchten ersticken können.

Wie viele Jahre hatte die Lärche – verkrüppelt von den Winden und Frösten, nach der Sonne sich drehend – jedes Frühjahr ihre jungen grünen Nadeln in den Himmel gestreckt!

Wie viele Jahre? Hundert. Zweihundert. Sechshundert. Ihre Reife erreicht die Dahurische Lärche mit dreihundert Jahren.

Dreihundert Jahre! Die Lärche, deren Zweig, deren Zweiglein auf dem Moskauer Tisch atmet, ist eine Altersgefährtin von Natalja Scheremetewa-Dolgorukowa* und kann uns an ihr trauriges Schicksal erinnern: an die Wechselfälle des Lebens, an Treue und Festigkeit, an seelische Standhaftigkeit, an physische und moralische Qualen, die sich in nichts unterscheiden von den Qualen des Jahres siebenunddreißig mit der wütenden nördlichen Natur, die den Menschen hasst, mit der Todesgefahr in den Frühjahrshochwassern und Winterschneestürmen, mit den Denunziationen und der groben Willkür der Chefs, mit dem Tod, mit dem Vierteilen und Rädern des Mannes, des Bruders, des Sohnes, des Vaters, die einander denunziert, die einander verraten haben.

Ist denn das nicht das ewige russische Sujet?

Nach der Rhetorik des Moralisten Tolstoj und der besessenen Predigt Dostojewskijs hat es Kriege, Revolutionen, Hiroshima und die Konzentrationslager, Denunziationen und Erschießungen gegeben.

Die Lärche hat die Maßstäbe der Zeit verschoben, das menschliche Gedächtnis beschämt, an das Unvergessliche erinnert.

Die Lärche, die den Tod Natalja Dolgorukowas gesehen hat und Millionen Leichen gesehen hat, unsterbliche im Dauerfrostboden der Kolyma, die den Tod des russischen Dichters gesehen hat, diese Lärche lebt irgendwo im Norden, und sie sieht, und sie schreit, dass sich nichts geändert hat in Russland – nicht die Schicksale, nicht die menschliche Bosheit, nicht die Gleichgültigkeit. Natalja Scheremetewa hat alles erzählt, alles aufgeschrieben mit ihrer traurigen Kraft und Zuversicht. Die Lärche, deren Zweig auflebte auf dem Moskauer Tisch, war schon am Leben, als Scheremetewa ihren traurigen Weg nach Berjosowo fuhr, der dem Weg nach Magadan, über das Ochotskische Meer hinaus, so ähnelt.

Die Lärche verströmte, ja, verströmte ihren Duft wie einen Saft. Der Duft ging über in Farbe, und zwischen ihnen war keine Grenze.

Die Lärche atmete in der Moskauer Wohnung, um die Menschen an ihre menschliche Pflicht zu erinnern, damit die Menschen die Millionen Leichen nicht vergessen – jene Menschen, die an der Kolyma umkamen.

Der schwache nachdrückliche Duft – das war die Stimme der Toten.

Im Namen dieser Toten auch wagte es die Lärche, zu atmen, zu sprechen und zu leben.

Für die Auferweckung braucht es Kraft und Zuversicht. Den Zweig ins Wasser zu stellen – das ist längst nicht alles. Auch ich habe einen Lärchenzweig in ein Glas mit Wasser gestellt: Der Zweig ist vertrocknet, ist leblos, spröde, zerbrechlich geworden – das Leben hat sich daraus verflüchtigt. Der Zweig hat sich ins Nichts verflüchtigt, ist verschwunden, ist nicht wieder auferstanden. In der Wohnung des Dichters aber ist die Lärche im Glas mit Wasser aufgelebt.

Ja, es gibt die Fliederzweige, die Faulbeerzweige, es gibt herzergreifende Romanzen; die Lärche ist kein Gegenstand, kein Thema für Romanzen.

Die Lärche ist ein sehr seriöser Baum. Sie – und nicht der Apfelbaum, nicht die Birke! – ist der Baum der Erkenntnis von Gut und Böse, der Baum, der im Paradiesgarten steht bis zur Vertreibung von Adam und Eva aus dem Paradies.

Die Lärche ist der Baum der Kolyma, der Baum der Konzentrationslager.

An der Kolyma singen die Vögel nicht. Die Blüten an der Kolyma sind bunt, eilig, grob – sie duften nicht. Ein kurzer Sommer in der kalten, leblosen Luft – trockene Hitze und durchdringende Kälte nachts.

An der Kolyma duftet nur die Bergheckenrose – rubinrote Blüten. Es duften weder das rosa, grob geformte Maiglöckchen noch die riesigen, faustgroßen Veilchen, noch der abgezehrte Wacholder, noch das immergrüne Krummholz.

Und nur die Lärche erfüllt die Wälder mit ihrem unbestimmten Terpentingeruch. Anfangs scheint es, als wäre es der Geruch der Verwesung, Leichengeruch. Doch dann schaust du näher hin, atmest diesen Duft tiefer ein und begreifst, dass es der Duft des Lebens ist, der Duft der Auflehnung gegen den Norden, der Duft des Sieges.

Außerdem – die Toten riechen nicht an der Kolyma, sie sind zu ausgemergelt, ausgezehrt, und sie bleiben auch im Dauerfrostboden erhalten.

Nein, die Lärche ist ein Baum, der nicht taugt für Romanzen, von diesem Zweig wirst du nicht singen und keine Romanze schreiben. Hier geht es um Worte von anderer Tiefe, eine andere Schicht der menschlichen Gefühle.

Der Mann schickt per Luftpost einen Zweig von der Kolyma: Nicht sich selbst will er in Erinnerung rufen. Die Erinnerung nicht an ihn, sondern die Erinnerung an jene Millionen Getötete und Gequälte, die in den Massengräbern liegen nördlich von Magadan.

Den anderen helfen, sich daran zu erinnern und diese schwere Last von der eigenen Seele nehmen: so etwas zu sehen und den Mut aufzubringen, nicht zu erzählen, aber sich daran zu erinnern. Der Mann und seine Frau haben ein Mädchen angenommen – ein gefangenes Mädchen einer im Krankenhaus gestorbenen Mutter –, um wenigstens im eigenen, persönlichen Sinn eine Verpflichtung einzugehen, eine persönliche Pflicht zu erfüllen.

Den Kameraden helfen – jenen, die am Leben blieben nach dem Konzentrationslager im Hohen Norden ...

Und diesen harten, geschmeidigen Zweig nach Moskau schicken.

Als er den Zweig schickte, hat der Mann nicht begriffen, nicht gewusst, hätte er nicht gedacht, dass man den Zweig in Moskau wiederbeleben und dass er, auferweckt, nach der Ko-

lyma zu duften und zu blühen beginnen wird in einer Moskauer Straße, dass die Lärche ihre Kraft, ihre Unsterblichkeit
beweisen wird; die sechshundert Jahre Leben einer Lärche
sind die praktische Unsterblichkeit für den Menschen; dass
die Menschen in Moskau diesen rauen, anspruchslosen harten Zweig mit den Händen berühren, seine blendend grünen
Nadeln, seine Wiedergeburt, seine Auferweckung ansehen,
seinen Duft einatmen werden – nicht als Erinnerung an Vergangenes, sondern als lebendiges Leben.

1966

# Der Handschuh

# Der Handschuh

Für Irina Pawlowna Sirotinskaja

Irgendwo im Eis liegen meine Ritterhandschuhe, die meine Finger ganze sechsunddreißig Jahre umschlossen haben, enger als Glacéhandschuhe und feiner als das Wildleder von Ilse Koch*.

Diese Handschuhe leben im Museumseis – ein Zeugnis, ein Dokument, ein Exponat des phantastischen Realismus meiner damaligen Wirklichkeit, sie warten auf ihren Moment, wie ein Molch oder Quastenflosser, um die Latimeria* unter den Quastenflossern zu werden.

Ich vertraue der protokollierenden Aufzeichnung, bin selbst von Beruf Faktograph, Faktologe, aber was tun, wenn es diese Aufzeichnungen nicht gibt. Es gibt keine Akten, keine Archive, keine Krankengeschichten ...

Die Dokumente unserer Vergangenheit sind vernichtet, die Wachtürme abgesägt, die Baracken dem Erdboden gleichgemacht, der rostige Stacheldraht aufgewickelt und an einen anderen Ort gebracht. Auf den Ruinen der Serpantinka blüht das Waldweidenröschen – die Feuerblume, Blume des Vergessens, der Feind der Archive und des menschlichen Gedächtnisses.

Hat es uns gegeben?

Ich antworte: »ja« – mit der ganzen Beredsamkeit des Protokolls, mit der Haftung und Strenge des Dokuments.

...........................................

Das ist eine Erzählung über meinen Kolyma-Handschuh,
ein Exponat vielleicht für ein Museum des Gesundheitswesens oder der Landeskunde?

Wo bist du jetzt, meine Kampfansage an die Zeit, mein
Ritterhandschuh, in den Schnee, dem Eis der Kolyma ins
Gesicht geworfen im Jahr 1943?

Ich bin ein *dochodjaga*, ein Berufsinvalide beim Krankenhaus, von den Ärzten aus den Klauen des Todes gerettet,
sogar gerissen. Aber ich sehe keinen Segen in meiner Unsterblichkeit, weder für mich selbst noch für den Staat. Unsere Begriffe haben die Maßstäbe, die Grenzen von Gut und
Böse verschoben und überschritten. Die Rettung kann ein
Segen sein oder auch nicht: Diese Frage habe ich für mich
bis heute nicht entschieden.

Kann man denn eine Feder halten in solch einem Handschuh, der in Formalin oder Spiritus im Museum liegen
sollte und stattdessen im anonymen Eis liegt?

Ein Handschuh, der in sechsunddreißig Jahren Teil meines Körpers wurde, Teil und Symbol meiner Seele.

Alles endete glimpflich, und die Haut wuchs wieder nach.
Um das Skelett wuchsen Muskeln, ein wenig gelitten hatten die Knochen, die krumm waren von einer Osteomyelitis
nach den Erfrierungen. Sogar die Seele wuchs augenschein-
lich nach um diese beschädigten Knochen. Selbst der Finger-
abdruck ist ein und derselbe an jenem toten Handschuh und
dem heutigen, lebendigen, der jetzt den Bleistift hält. Das ist
ein wahres Wunder der Kriminalistik. Diese Zwillingshand-
schuhe. Irgendwann schreibe ich einen Krimi zu einem solchen Handschuh-Sujet und leiste meinen Beitrag zu diesem
literarischen Genre. Aber jetzt ist mir nicht nach dem Genre
des Krimis. Meine Handschuhe, das sind zwei Menschen,

zwei Doppelgänger mit ein und demselben daktyloskopi-schen Muster – ein Wunder der Wissenschaft. Ein würdi-ger Gegenstand des Nachdenkens für die Kriminalisten der ganzen Welt, für Philosophen, Historiker und Ärzte.

Nicht nur ich kenne das Geheimnis meiner Hände. Der Feldscher Lesnjak und die Ärztin Sawojewa haben diesen Handschuh in der Hand gehalten.

Haben denn die nachgewachsene Haut, die neue Haut und die Muskeln um die Knochen das Recht zu schreiben? Wenn schon schreiben, dann dieselben Worte, die jener Handschuh von der Kolyma hätte aufschreiben können, der Arbeiter-Handschuh, die schwielige Hand, blutig gerieben vom Brecheisen, mit um den Schaufelgriff gekrümmten Fin-gern. Jener Handschuh hätte diese Erzählung gar nicht mehr aufgeschrieben. Jene Finger lassen sich nicht mehr geradebie-gen, um die Feder zu nehmen und über sich zu schreiben.

War das Feuer meiner neuen Haut, die rosa Flamme am zehnarmigen Leuchter meiner erfrorenen Hände etwa kein Wunder?

Wird nicht in jenem Handschuh, der der Krankenge-schichte beigelegt ist, die Geschichte nicht bloß meines Kör-pers, meines Schicksals und meiner Seele geschrieben, son-dern die Geschichte eines Staates, einer Zeit, der Welt?

In jenem Handschuh konnte man Geschichte schreiben.

Jetzt betrachte ich – obwohl das daktyloskopische Mus-ter dasselbe ist – im Licht eine feine rosa Haut und nicht schmutzige blutige Handflächen. Ich bin jetzt weiter vom Tod entfernt als 1943 oder 1938, als meine Finger die Finger eines Toten waren. Wie eine Schlange habe ich im Schnee meine alte Haut abgeworfen. Aber noch heute reagiert die neue Hand auf kaltes Wasser. Die Schäden der Erfrierungen sind unumkehrbar, ewig. Und doch ist meine Hand nicht die Hand des *dochodjaga* von der Kolyma. Jener Balg ist abgerissen von meinem Fleisch, abgelöst von den Muskeln wie ein Handschuh und der Krankengeschichte beigelegt.

Das daktyloskopische Muster beider Handschuhe ist dasselbe: Das ist das Muster meiner Gene, der Gene eines Opfers und der Gene des Widerstands. Genauso wie meine Blutgruppe. Die Erythrozyten eines Opfers und nicht eines Eroberers. Der erste Handschuh wurde im Museum von Magadan zurückgelassen, im Museum der Sanitätsverwaltung, und der zweite wurde aufs Große Land gebracht, in die Welt der Menschen, um alles Nichtmenschliche jenseits des Ozeans, hinter dem Jablonowy-Gebirge zurückzulassen.

Gefangenen Flüchtigen hackte man an der Kolyma die Hände ab, um sich nicht mit dem Körper, dem Leichnam abzuschleppen. Die abgehackten Hände kann man in der Aktentasche transportieren, in der Feldtasche, denn der Pass eines Menschen an der Kolyma – ob eines Freien oder eines flüchtigen Häftlings – ist das Muster seiner Finger. Alles für die Identifizierung Notwendige kann man in der Aktentasche transportieren, in der Feldtasche, und nicht auf dem Lastwagen, nicht auf einem »Lieferwagen« oder »Willys«.

Und wo ist mein Handschuh? Wo wird er aufbewahrt? Meine Hand ist ja nicht abgehackt.

Im Spätherbst 1943, bald nach der Verurteilung zu weiteren zehn Jahren Haft, ohne Kraft noch Hoffnung zu leben – die Muskeln und Sehnen auf den Knochen waren zu wenig, um darin noch ein längst vergessenes, abgeworfenes, vom Menschen nicht gebrauchtes Gefühl wie Hoffnung zu bewahren –, geriet ich, der *dochodjaga*, den man aus allen Ambulatorien der Kolyma verjagt hatte, in die glückliche Welle des offiziell gebilligten Kampfs gegen die Dysenterie. Ich, ein alter Durchfallpatient, hatte jetzt gewichtige Argumente für eine Hospitalisierung. Ich war stolz, dass ich meinen Hintern jedem Arzt – und vor allem jedem Nichtarzt – hinhalten konnte, und der Hintern spuckte ein Stückchen rettenden Schleims aus, zeigte der Welt den grünlichgrauen Smaragd mit den blutigen Adern, den Dysenterie-Edelstein.

Das war mein Passierschein ins Paradies, das ich niemals gesehen hatte in den achtunddreißig Jahren meines Lebens.

Ich war fürs Krankenhaus vorgemerkt, durch irgendein Loch in der Lochkarte aufgenommen in die endlosen Listen, aufgenommen und mitgenommen in den rettenden, den Rettungsring. Übrigens dachte ich damals am allerwenigsten an Rettung, und was das Krankenhaus ist, wusste ich gar nicht, ich unterwarf mich nur dem ewigen Gesetz der Häftlingsroutine: Wecken – Ausrücken – Frühstück – Mittagessen – Arbeit – Abendessen, Schlafen oder Vorladung zum Bevollmächtigten.

Ich war viele Male aufgelebt und wieder auf Grund gelaufen, war viele Jahre, nicht Tage und nicht Monate, sondern Jahre, viele Kolyma-Jahre vom Krankenhaus ins Bergwerk gewandert. Man kurierte mich, bis ich selbst anfing zu kurieren, und dasselbe automatische Rad des Lebens warf mich aus aufs Große Land.

..............................................

Ich, der *dochodjaga*, wartete auf die Etappe, aber nicht ins Gold, wo man mir gerade zehn weitere Jahre Haft gegeben hatte. Für das Gold war ich zu ausgezehrt. Mein Schicksal wurden die »Vitamin«-Außenstellen.

Ich wartete auf die Etappe im Kommandanten-Lagerpunkt von Jagodnyj – die Regeln des Durchgangslagers sind bekannt: alle *dochodjagi* werden mit Hunden, mit Begleitposten zur Arbeit getrieben. Wenn es Begleitposten gibt – dann gibt es auch Arbeiter. All ihre Arbeit wird nirgendwo aufgezeichnet, sie werden gewaltsam hinausgetrieben, und sei es bis zum

Mittagessen – stoß mit dem Brecheisen Löcher in den gefrorenen Boden oder schlepp ein Stämmchen für Brennholz ins Lager, zersäg wenigstens Baumstümpfe und stapele sie, zehn Kilometer von der Siedlung entfernt.

Verweigerung? Karzer, ein Dreihunderter Brot, ein Napf Wasser. Ein Protokoll. Und 1938 gab es für drei Verweigerungen nacheinander – die Erschießung an der Serpantinka, dem Untersuchungsgefängnis des Nordens. Mit dieser Praxis gut bekannt, dachte ich gar nicht daran, mich zu drücken oder zu verweigern, wohin man uns auch führen würde.

Auf einem der Fußmärsche brachte man uns in die Schneiderei. Hinter dem Zaun stand eine Baracke, dort wurden Handschuhe genäht aus alten Hosen, und Schuhsohlen, auch sie aus einem Stück wattiertem Stoff.

Neue Zelttuchhandschuhe mit Lederbesatz halten beim Bohren mit dem Brecheisen – und ich habe nicht wenig per Hand gebohrt –, sie halten ungefähr eine halbe Stunde. Die wattierten etwa fünf Minuten. Der Unterschied ist nicht so groß, als dass man auf die Lieferung von Spezialkleidung vom Großen Land hätte rechnen können.

In der Schneiderei von Jagodnyj nähten etwa sechzig Mann Handschuhe. Dort gab es Öfen und auch einen Zaun gegen den Wind – ich wollte sehr gern Arbeit in dieser Schneiderei bekommen. Leider konnten die vom Schaufelstiel und der Hacke gekrümmten Finger eines Goldgrubenhauers die Nadel nicht in der richtigen Stellung halten, und selbst zum Reparieren von Handschuhen nahm man stärkere Leute als mich. Der Meister sah zu, wie ich mit der Nadel umging, und machte eine ablehnende Geste mit der Hand. Ich hatte die Prüfung zum Schneider nicht bestanden und machte mich bereit für den weiten Weg*. Übrigens, weit oder nah – das war mir vollkommen gleich. Die neue Haftzeit, die ich bekommen hatte, schreckte mich nicht im mindesten. Das Leben für länger als einen Tag zu planen hatte keinerlei Sinn. Schon der Begriff »Sinn« selbst ist kaum zu rechtfertigen in unserer phantastischen Welt. Diese Lösung – das Planen für einen Tag – war nicht vom Gehirn gefunden, sondern einem animalischen Häftlingsgespür, dem Gespür der Muskeln – gefunden war ein Axiom, das keinem Zweifel unterlag.

Anscheinend hatte ich die weitesten Wege, die dunkelsten, entlegensten Straßen hinter mich gebracht, die tiefsten Winkel des Gehirns beleuchtet, das Äußerste an Erniedrigung, hatte Schläge, Ohrfeigen, Fausthiebe und tägliches Prügeln erlebt. All das hatte ich sehr gründlich erlebt. Alles Wichtigste hatte mir der Körper suggeriert.

Schon beim ersten Schlag des Begleitpostens, des Brigadiers, des Arbeitsanweisers, eines Ganoven, irgendeines Chefs fiel ich um, und das war keine Simulation. Keineswegs! Die Kolyma hatte meinen Vestibularapparat mehrfach auf die Probe gestellt, hatte nicht nur mein »Menière-Syndrom«* auf die Probe gestellt, sondern auch mein Leichtgewicht im absoluten, d.h. im Häftlingssinn.

Wie ein Kosmonaut für den Flug in den Himmel, hatte ich eine Prüfung durchlaufen auf den Eiszentrifugen der Kolyma.

Mit trübem Bewusstsein nahm ich wahr: Man hat mich geschlagen, umgeworfen, man tritt mich, die Lippen sind zerschlagen, das Blut läuft aus den Skorbut-Zähnen. Ich muss mich zusammenkauern, mich hinlegen, an die Erde drücken, an die feuchte Mutter Erde*. Aber die Erde war Schnee und Eis und im Sommer Stein, und nicht feuchte Erde. Viele Male wurde ich geschlagen. Für alles. Dafür, dass ich Trotzkist war, dass ich »Iwan Iwanytsch*« war. Alle Sünden der Welt verantwortete ich mit meinen Flanken, hielt her für die offiziell erlaubte Rache. Und doch kam es irgendwie nicht zum letzten Schlag, zum letzten Schmerz.

Ich dachte damals nicht an das Krankenhaus. »Krank« und »Krankenhaus« – das sind unterschiedliche Begriffe, besonders an der Kolyma.

Zu überraschend war der Schlag durch den Arzt Mochnatsch gewesen, den Leiter der Sanitätsstelle in der Spezialzone von Dshelgala, wo ich erst vor wenigen Monaten vor Gericht gestanden hatte. Jeden Tag war ich ins Ambulatorium gegangen, in dem Doktor Wladimir Ossipowitsch Mochnatsch arbeitete, in die Sprechstunde, und hatte versucht, auch nur einen Tag Befreiung von der Arbeit zu bekommen.

Als ich im Mai 1943 verhaftet wurde, verlangte ich sowohl eine medizinische Begutachtung als auch eine Bescheinigung über meine Behandlung im Ambulatorium.

Der Untersuchungsführer notierte meine Bitte, und in derselben Nacht ging die Tür meines Karzers auf, in dem ich ohne Licht, bei einem Becher Wasser und einem Dreihunderter-Brot eine ganze Woche verbrachte – ich lag auf dem festgestampften Boden, denn im Karzer gab es weder Pritsche noch Möbel –, und auf der Schwelle erschien ein Mann im weißen Kittel. Das war der Arzt Mochnatsch. Ohne näherzukommen schaute er mich, den aus dem Karzer Geführten, Gestoßenen an, leuchtete mir mit der Laterne ins Gesicht und setzte sich an den Tisch, er fackelte nicht lange und schrieb etwas auf einen Zettel. Und ging. Diesen Zettel sah ich am 23. Juni 1943 vor dem Revolutionstribunal während meiner Verhandlung. Er galt als Dokument. Auf dem Zettel stand wortwörtlich – ich kenne den Text auswendig: »Bescheinigung: Der Häftling Schalamow hat sich nicht an das Ambulatorium Nr. 1 der Spezialzone Dshelgala gewandt. Leiter der Sanitätsstelle Arzt Mochnatsch.«

Diese Bescheinigung wurde während meiner Verhandlung laut verlesen, zum höheren Ruhm des Bevollmächtigten Fjodorow, der mein Verfahren leitete. Alles war Lüge in meinem Prozess, die Anklage wie die Zeugen wie die Expertise. Echt war nur die menschliche Gemeinheit.

Ich kam nicht einmal dazu, mich zu freuen in jenem Juni 1943, dass die zehn Jahre Haft ein Geschenk zu meinem Geburtstag waren. »Ein Geschenk«, sagten mir alle Kenner von dergleichen Situationen. »Du wurdest ja nicht erschossen. Du hast die Strafe nicht in Blei bekommen – ein Gewicht von sieben Gramm.«

All das erschien als Bagatelle vor der Realität der Nadel, die ich nicht nach Schneider-Art halten konnte.

Aber auch das ist eine Bagatelle.

.................................................

Irgendwo – ob oben oder unten, habe ich mein Leben lang nicht erfahren – gingen die Schraubenräder, die den Dampfer des Schicksals bewegten, ein Pendel, das von Leben zu Tod schwang – im hohen Stil gesprochen.

Irgendwo wurden Rundschreiben verfasst, klingelten die internen Telefone. Irgendwo war irgendjemand für irgendetwas verantwortlich. Und als winziges Resultat des hochbürokratischen medizinischen Widerstands gegen den Tod wurden vor dem strafenden Schwert des Staates die Instruktionen, Befehle und Formschreiben der obersten Leitung geboren. Wellen eines Papiermeers, die an die Ufer eines keineswegs papierenen Schicksals schlugen. Aufgrund ihrer wahren Krankheit hatten die *dochodjagi* und Dystrophiker der Kolyma kein Recht auf medizinische Hilfe, auf das Krankenhaus. Selbst in der Morgue verfälschte der Pathologe standhaft die Wahrheit, er stellte eine andere Diagnose und log sogar nach dem Tod. Die wahre Diagnose der alimentären Dystrophie tauchte in den medizinischen Dokumenten des Lagers erst nach der Leningrader Blockade auf, während des Krieges wurde es erlaubt, den Hunger Hunger zu nennen, doch bis dahin legte man die *dochodjagi* mit der Diagnose Polyavitaminose, grippöse Pneumonie zum Sterben, in seltenen Fällen RFI – extreme physische Auszehrung.

Selbst für den Skorbut gab es Kontrollziffern, die die Ärzte bezüglich der Liegetage und der Gruppen »W« und »B« besser nicht zu überschreiten hatten. Hohe Liegetage, ein Anschnauzer von der obersten Leitung, und der Arzt war nicht mehr Arzt.

Dysenterie – damit durfte man Häftlinge hospitalisieren. Der Strom der Dysenterie-Kranken fegte alle offiziellen Barrieren hinweg. Ein *dochodjaga* hat ein feines Gespür für Schwachstellen – wo, durch welches Tor wird man eingelassen zur Erholung, auf eine Atempause, nur für eine Stunde, nur für einen Tag. Der Körper, der Magen des Häftlings ist kein Barometer. Der Magen warnt nicht vor. Doch der Trieb zur Selbsterhaltung lässt den *dochodjaga* auf die Tür zum Ambulatorium schauen, die vielleicht in den Tod führt und vielleicht ins Leben.

»Tausendfach krank« ist ein Ausdruck, über den alle Kranken und die medizinische Leitung lachen – er ist tief, zutreffend, genau und wichtig.

Der *dochodjaga* zwingt dem Schicksal wenigstens einen Tag der Erholung ab, um auf seine irdischen Wege zurückzukehren, die den himmlischen Wegen sehr ähnlich sind.

Das Wichtigste ist die Kontrollziffer, der Plan. In diesen Plan zu passen ist eine schwere Aufgabe – wie mächtig der Strom der Durchfallkranken auch sei, die Tür zum Krankenhaus ist schmal.

Das Vitaminkombinat, in dem ich wohnte, hatte nur zwei Plätze für Dysenterie im Kreiskrankenhaus, zwei teure Einweisungsscheine, und selbst diese unter Kämpfen abgerungen für die »*vitaminki*«*, denn die Dysenterie des Gold- oder Zinnbergwerks oder die Dysenterie des Straßenbaus wiegen schwerer als die Durchfallkranken des Vitaminkombinats.

Vitaminkombinat hieß einfach ein Schuppen, in dem man in Kesseln Krummholzextrakt kochte — eine giftige, elende, sehr bittere Mischung von brauner Farbe, mittels vieltägigen Siedens zu einem dicken Gemisch eingekocht. Dieses Gemisch wurde aus Krummholznadeln gekocht, die die Häftlinge an der ganzen Kolyma, die *dochodjagi* — in der Goldmine Entkräftete —, »rupften«. Wer sich aus dem Goldtagebau herausgearbeitet hatte, wurde zum Sterben gezwungen durch die Herstellung eines Vitaminprodukts — des Nadelextrakts. Die bitterste Ironie lag schon im Namen des Kombinats. Nach Ansicht der Leitung und jahrhundertelanger Erfahrung der Nordlandreisen waren Krummholznadeln das einzige lokal vorhandene Mittel gegen die Krankheit der Polarfahrer und der Gefängnisse, den Skorbut.

Mit diesem Extrakt als dem einzigen Rettungsmittel rüstete sich offiziell die gesamte Nördliche Lagermedizin — wenn schon das Krummholz nicht hilft, dann wird niemand helfen.

Dieses widerwärtige Gemisch gab man uns drei Mal am Tag, sonst gab es kein Essen in der Kantine. Wie angestrengt auch der Häftlingsmagen auf jede dünne Mehlsuppe wartet, um jedes Essen zu preisen — diesen wichtigen Moment, der täglich drei Mal kam, verdarb die Verwaltung hoffnungslos, indem sie uns zwang, vorweg einen Schluck von diesem Nadelextrakt zu nehmen. Von dem etxrem bitteren Gemisch bekommt man einen Schluckauf, der Magen krampft ein paar Minuten, und der Appetit ist hoffnungslos verdorben. In diesem Krummholz lag auch ein Moment von Strafe, von Vergeltung.

Bajonette sicherten den schmalen Durchgang in die Kantine, den Tisch, an dem mit einem Eimer und einer winzigen, aus einer Konservendose gefertigten Blechkelle der »Knochenklempner« des Lagers saß, der *lekpom*\*, und jedem die heilsame Giftdosis in den Mund goss.

Die Besonderheit dieser jahrelangen Folter mit dem Krummholz, der Bestrafung mit der Kelle, die in der ganzen Union durchgeführt wurde, bestand darin, dass in diesem Extrakt, dem in sieben Kesseln gekochten, keinerlei Vitamin C enthalten war, das vor Skorbut bewahren konnte. Vitamin C ist sehr flüchtig, es verschwindet nach fünfzehn Minuten Kochen.

Aber es wurde eine medizinische Statistik geführt, eine durchaus glaubwürdige, mit der man überzeugend, »mit den Zahlen in der Hand« nachwies, dass das Bergwerk mehr Gold bringt, die Liegetage abnehmen. Dass die Menschen, vielmehr die *dochodjagi*, die an Skorbut starben, nur darum starben, weil sie das rettende Gemisch ausgespuckt hatten. Es wurde sogar Protokoll geführt über die Ausspucker, sie wurden in den Karzer, in die Rotte mit verschärftem Regime gesetzt. Solche Aufstellungen gab es nicht wenige.

Der gesamte Kampf gegen den Skorbut war eine blutige, tragische Farce, durchaus passend zum phantastischen Realismus unseres damaligen Lebens.

Erst nach dem Krieg, als man diesen blutigen Gegenstand auf allerhöchster Ebene analysiert hatte – wurde das Krummholz komplett und überall verboten.

Nach dem Krieg wurden in großen Mengen Hagebutten in den Norden gebracht, die reales Vitamin C enthalten.

Heckenrosen gibt es an der Kolyma in großen Mengen – Bergheckenrosen, niedrigwachsend, mit lila Fruchtfleisch. Uns aber, zu unserer Zeit war es verboten, während der Arbeitszeit an den Heckenrosenstrauch zu gehen, man schoss sogar und tötete jeden, der diese Beere, diese Frucht essen wollte, ohne überhaupt von ihrem heilsamen Gehalt zu wissen. Der Begleitposten verteidigte die Hagebutten gegen die Häftlinge.

Die Hagebutten faulten, vertrockneten, verschwanden unter dem Schnee, um im Frühling wieder aufzutauchen, unter dem Eis herauszuschauen als süßestes, zartestes Lockmittel, das die Zunge nur mit dem Geschmack, mit einem geheimen Glauben verführt, nicht mit einem Wissen, einer Wissenschaft, vorgetragen in den Rundschreiben, die nur das Krummholz, die Zirbel, den Extrakt aus dem Vitaminkombinat empfahlen. Der von der Hagebutte bezauberte *dochodjaga* übertrat die Zone, den magischen Kreis, den die Wachtürme umrissen, und bekam eine Kugel in den Hinterkopf.

Um sich den Einweisungsschein wegen Dysenterie zu erkämpfen, musste man »Stuhl« vorweisen, ein Klümpchen Schleim aus dem After. Der Häftling und *dochodjaga* hat bei normaler Lagernahrung »Stuhl« einmal in fünf Tagen, nicht öfter. Wieder ein medizinisches Wunder. Jeder Krümel wird von einer beliebigen Körperzelle aufgesaugt, offenbar nicht nur vom Darm und dem Magen. Auch die Haut wollte gern, wäre bereit die Nahrung aufzusaugen. Was der Darm herausgibt, auswirft, ist schwer zu begreifen – man kann kaum erklären, was er auswirft.

Der Häftling kann seinen Enddarm nicht immer zwingen, das dokumentarische und rettende Klümpchen Schleim in die Hände des Arztes auszustoßen. Doch von Betretenheit und Scham kann natürlich nicht die Rede sein. Scham – dieser Begriff ist zu menschlich.

Aber da kommt eine Chance, dich zu retten, und der Darm funktioniert nicht, wirft dieses Klümpchen Schleim nicht aus.

Der Arzt wartet geduldig. Wenn es kein Klümpchen gibt, gibt es kein Krankenhaus. Die Einweisung wird ein anderer bekommen, und von diesen anderen gibt es viele. Jetzt hast du Glück gehabt, nur dein Hintern, der Enddarm kann den Ruck, den Spuckefleck, den Start in die Unsterblichkeit nicht aufbringen.

Schließlich fällt etwas heraus, herausgepresst aus den Labyrinthen des Darms, aus diesen zwölf Metern Schlauch, dessen Peristaltik plötzlich versagt hatte.

Ich saß hinter dem Zaun, presste aus allen Kräften auf meinen Bauch und flehte den Enddarm an, das ersehnte Stückchen Schleim herauszudrücken, herauszugeben.

Der Arzt saß geduldig und rauchte seine Machorka-Papirossa. Der Wind bewegte den kostbaren Einweisungsschein, der auf dem Tisch unter einem »Kolymtschanka«-Benzinlämpchen klemmte. Solche Einweisungsscheine durfte nur der Arzt unterschreiben, bei persönlicher Verantwortung des Arztes für die Diagnose.

Ich rief all meine Erbitterung zu Hilfe. Und der Darm funktionierte. Der Enddarm warf irgendeine Spucke, einen Klecker aus – falls das Wort »Klecker« einen Singular hat, ein Klümpchen Schleim von grau-grüner Farbe mit dem kostbaren roten Faden – einem Streifen von besonderem Wert.

Die Menge Kot fand Platz auf der Mitte eines Erlenblatts, und zuerst kam es mir vor, als wäre in meinem Schleim gar kein Blut.

Aber der Arzt war erfahrener als ich. Er hob den Spuckefleck aus meinem Enddarm zu den Augen, roch an dem Schleim, warf das Erlenblatt weg und unterschrieb, ohne sich die Hände zu waschen, die Einweisung.

In derselben weißen nördlichen Nacht wurde ich ins Kreiskrankenhaus »Belitschja« gebracht. Auf dem Stempel des

Krankenhauses »Belitschja« stand »Zentrales Kreiskrankenhaus der Nördlichen Bergwerksverwaltung« – diese Wortverbindung wurde sowohl im Gespräch, im Alltag verwendet als auch in der offiziellen Korrespondenz. Was zuerst aufkam – ob der Alltag das bürokratische Muster sanktionierte oder die Formel nur die Bürokratenseele ausdrückte, ich weiß es nicht. »Wenn du es nicht glaubst, nimms als Märchen«, nach einem Ganovensprichwort. In Wirklichkeit aber bediente »Belitschja« neben den anderen Regionen der Kolyma – der Westlichen, Südwestlichen und Südlichen – die Nördliche Region, war Kreiskrankenhaus. Das Zentralkrankenhaus für Häftlinge aber war das riesige, bei Magadan, an Kilometer 23 der Haupttrasse Magadan-Sussuman-Nera errichtete Krankenhaus mit tausend Betten, das später ans Linke Ufer des Kolyma-Flusses verlegt wurde.

Ein riesiges Krankenhaus mit Hilfsbetrieben, mit Fischerei und Sowchose, und mit tausend Betten, mit tausend Toden pro Tag in den »Spitzen«monaten der *dochodjagi* an der Kolyma. Hier, bei Kilometer 23, wurde die Arbeitsbefreiung gegeben, die letzte Etappe vor dem Meer – und der Freiheit oder dem Tod irgendwo in einem Invalidenlager bei Komsomolsk. Bei Kilometer 23 öffneten sich die Zähne des Drachens zum letzten Mal und entließen in die »Freiheit« – selbstverständlich nur den, der zufällig am Leben geblieben war in den Schlachten, den Frösten der Kolyma.

»Belitschja« aber lag an Kilometer 501 dieser Trasse nahe Jagodnoje, nur sechs Kilometer vom nördlichen Zentrum, das sich längst in eine Stadt verwandelt hatte, aber 1937 bin ich selbst durch den Fluss gewatet, und unser Soldat erschoss einen großen Auerhahn, einfach so, ohne die Etappe beiseite zu führen oder sich auch nur hinsetzten zu lassen.

In Jagodnoje hatte man mich auch vor einigen Monaten vor Gericht gestellt.

»Belitschja« war ein Häftlingskrankenhaus mit etwa hundert Betten, mit bescheidenem Versorgungspersonal – vier Ärzte, vier Feldscher und Sanitäter, alles Häftlinge. Nur die Oberärztin war Vertragsarbeiterin, Parteimitglied, Nina Wladimirowna Sawojewa, eine Ossetin mit dem Spitznamen »Schwarze Mama«.

Neben diesem Personal konnte das Krankenhaus alle möglichen Genesungspunkte und Genesungskommandos halten – es war ja nicht 1938, zu Garanins Erschießungszeiten, als es beim Krankenhaus des Bergwerks »Partisan« keinerlei GP und GK gab.

Der Verlust, der Schwund an Leuten wurde in jener Zeit leicht vom Festland ersetzt, und man schickte immer neue Etappen in das Todeskarussell. Achtunddreißig führte man die Etappen sogar zu Fuß nach Jagodnoje. Aus einer Kolonne von 300 Mann kamen acht in Jagodnoje an, die anderen blieben auf dem Weg, hatten sich die Füße erfroren, starben. Für Volksfeinde gab es keinerlei Genesungskommandos.

Anders war es im Krieg. Menschlichen Ersatz konnte Moskau nicht schicken. Man befahl der Lagerleitung, den Listenbestand zu halten, der schon hingeschafft, zugeteilt war. Und hier erhielt auch die Medizin gewisse Rechte. Damals stieß ich im Bergwerk »Spokojnyj« auf eine erstaunliche Zahl. Aus dem Listenbestand von 3000 Mann waren bei der Arbeit in der ersten Schicht 98. Der Rest war in stationären oder halbstationären Einrichtungen oder im Krankenhaus, oder er war vom Ambulatorium freigestellt.

Und damals besaß auch »Belitschja« das Recht, sich ein Kommando aus genesenden Kranken zu halten. GK oder sogar GP – ein Genesungskommando oder einen Genesungspunkt.

Um die Krankenhäuser konzentrierte sich damals auch eine große Zahl von kostenlosen Arbeitskräften, von Häftlingen, die bereit waren, für eine Brotration oder einen weiteren Tag im Krankenhaus ganze Berge von beliebiger Gesteinsart zu versetzen, außer dem steinernen Grund des Goldbergwerks.

Die Genesenden von »Belitschja« waren fähig, waren imstande, goldene Berge zu versetzen und hatten es schon getan, die Spur ihrer Arbeit sind die Goldgruben in den Bergwerken des Nordens, aber sie schafften es nicht, »Belitschja« trockenzulegen – der blaue Traum* der Oberärztin, der »Schwarzen Mama«. Sie konnten den Sumpf um das Krankenhaus nicht zuschütten. »Belitschja« steht auf einer Anhöhe, einen Kilometer von der zentralen Trasse Magadan-Sussuman. Dieser Kilometer stellte im Winter kein Problem dar – weder für Fußgänger noch für Pferde oder Automobile. Der »Winterweg« ist die größte Stärke der Straßen an der Kolyma. Aber im Sommer schmatzt und gluckst der Sumpf, der Begleitposten führt die Kranken einzeln und zwingt sie, von Höcker zu Höcker, von Steinchen zu Steinchen, von Pfad zu Pfad zu springen, obwohl erst im Winter von der erfahrenen Hand eines Ingenieurs, eines der Kranken, ein ideal gezeichneter Pfad in den Frostboden gehauen wurde.

Aber im Sommer geht die Verfrostung zurück, und die Grenze, die letzte Linie, bis an die heran die Verfrostung zurückgeht, ist unbekannt. Um einen Meter? Um tausend Meter? Niemand weiß das. Kein Hydrograph, der in einer »Douglas« aus Moskau kommt, und kein Jakute, dessen Väter und Großväter hier geboren wurden, auf dieser sumpfigen Erde.

Die Schlammlöcher werden mit Steinen zugeschüttet. Berge von Kalkstein lagern gleich hier, nebenan, unterirdische Stöße und Einstürze, lebensbedrohliche Erdrutsche – all das bei blendend klarem Himmel: An der Kolyma gibt es keinen Regen, Regen und Nebel gibt es nur an der Küste.

Um die Melioration kümmert sich die niemals untergehende Sonne selbst.

In diesen sumpfigen Weg – den Kilometer von Belitschja bis an die Trasse – sind vierzigtausend Arbeitstage, Millionen (Arbeits-)Stunden von Genesenden versenkt. Jeder muss einen Stein in die weglose Tiefe des Sumpfes werfen. Die Versorgung warf an jedem Sommertag Steine in den Sumpf. Der Sumpf schmatzte und schluckte die Gaben.

Der Sumpf der Kolyma ist ein bedeutsameres Grab als irgendwelche slawischen Kurgane oder die Landenge, die Xerxes' Armee zugeschüttet hat.

Jeder Kranke, der aus »Belitschja« entlassen wurde, musste einen Stein in den Krankenhaussumpf werfen – eine Kalksteinplatte, die hier von anderen Kranken oder der Versorgung während der »Subbotniks« hergestellt wurden. Tausende Menschen warfen Steine in den Sumpf. Der Sumpf schmatzte und schluckte die Platten.

In drei Jahren tatkräftiger Arbeit wurde keinerlei Ergebnis erzielt. Wieder wurde ein Winterweg gebraucht, und der schmachvolle Kampf mit der Natur erstarb bis zum Frühling. Im Frühling begann alles von neuem. Aber in drei Jahren war es nicht gelungen, eine Straße zum Krankenhaus anzulegen, über die ein Wagen durchgekommen wäre. Wie früher musste man die Entlassenen mit Sprüngen von Höcker zu Höcker hinausbegleiten. Und über dieselben Höcker zur Behandlung herholen.

Nach drei Jahren ununterbrochener allgemeiner Anstrengungen war nur eine punktierte Linie gezeichnet – ein zickzackförmiger unsicherer Weg von der Trasse bis zum Krankenhaus »Belitschja«, ein Weg, den man nicht laufen, gehen oder fahren konnte, man konnte nur von Platte zu Platte springen – wie vor tausend Jahren von Höcker zu Höcker.

Dieses schmachvolle Duell mit der Natur erbitterte die Oberärztin »Schwarze Mama«.

Der Sumpf triumphierte.

Ich arbeitete mich mit Sprüngen zum Krankenhaus durch. Der Fahrer, ein gewitzter Mann, war auf der Trasse beim Wagen geblieben – damit niemand den Lastwagen klaut und den Motor ausschlachtet. In dieser weißen Nacht erscheinen Plünderer, unbekannt woher, und die Fahrer lassen die Fahrzeuge keine Stunde allein. Das ist Alltag.

Der Begleitposten nötigte mich, über die weißen Platten bis zum Krankenhaus zu springen, ließ mich an der Vortreppe auf der Erde sitzen und trug mein Paket in die kleine Hütte.

Gleich hinter den beiden Holzbaracken zogen sich, grau, wie die Tajga selbst, Reihen von riesigen Segeltuchzelten hin. Zwischen den Zelten war ein Belag aus Stangen verlegt, ein Trottoir aus Weidengehölz, das deutlich höher lag als die Steine. »Belitschja« steht an der Mündung eines Bachs und fürchtet die Überschwemmungen, die Gewitterregen, die Hochwasser der Kolyma.

Die Segeltuchzelte erinnerten nicht nur an die Vergänglichkeit der Welt, sondern bekräftigten im strengsten Ton, dass du, der *dochojaga*, hier unerwünscht bist, wenn auch nicht zufällig. Auf dein Leben wird man hier wenig Rücksicht nehmen. In »Belitschja« spürte man keine Behaglichkeit – sondern nur den Großalarm.

Der Segeltuchhimmel der Zelte von »Belitschja« unterschied sich in nichts vom Segeltuchhimmel der Zelte im Bergwerk »Partisan« 1937 – zerrissen und von allen Winden durchweht. Er unterschied sich auch nicht von den mit Torf verkleideten, dicht gemachten zweipritschigen Erdhütten des Vitaminkombinats, die nur vor dem Wind schützten, nicht vor dem Frost. Doch auch der Schutz vor dem Wind ist für den *dochodjaga* eine große Sache.

Die Sterne jedoch, die man durch die Löcher der Segeltuchdecke sah, waren überall dieselben: die verzerrte Himmelskarte des Hohen Nordens.

In den Sternen, in den Hoffnungen war kein Unterschied, aber weder an Sternen noch an Hoffnungen gab es auch Bedarf.

In »Belitschja« fuhr der Wind durch alle Zelte, die sich Abteilungen des Zentralen Kreiskrankenhauses nannten, und öffnete den Kranken die Tür, schlug die Kabinette zu.

Mich bestürzte das wenig. Ich war einfach unempfänglich für die Behaglichkeit einer hölzernen Wand – und für ihren Vergleich mit dem Segeltuch. Aus Segeltuch waren meine Wände, aus Segeltuch der Himmel. Die zufälligen Übernachtungen in den Holzhäusern der Durchgangslager haben sich mir weder als Glück eingeprägt noch als Hoffnung, als Möglichkeit, die man erringen kann.

Die Grube von Arkagala. Dort gab es das meiste Holz. Aber dort war vieles Quälende, und eben von dort war ich nach Dshelgala gefahren, um eine Haftstrafe zu erhalten: In Arkagala war ich schon als Opfer gezeichnet, war schon auf den Listen und in den kundigen Händen der Provokateure aus der Spezialzone.

Das Segeltuch des Krankenhauses war eine Enttäuschung des Körpers und nicht der Seele. Mein Körper zitterte von jedem Windhauch, ich krümmte mich und konnte das Zittern meiner gesamten Haut nicht anhalten – von den Zehen bis zum Hinterkopf.

In dem dunklen Zelt gab es nicht einmal einen Ofen. Irgendwo in der Mitte der unzähligen frisch gezimmerten Holzliegen war auch mein morgiger, mein heutiger Platz – eine Liege mit hölzernem Kopfkeil, weder Matratze noch Kissen, sondern nur Liege, Kopfkeil und eine schäbige alte Decke, in die man sich hüllen konnte wie in eine römische

Toga oder den Mantel der Sadduzäer. Durch die schäbige Decke wirst du die römischen Sterne sehen. Aber die Sterne der Kolyma waren nicht die römischen Sterne. Die Sternenkarte des Hohen Nordens ist eine andere als an den Orten des Evangeliums.

Ich wickelte den Kopf fest in die Decke wie in einen Himmel und wärmte mich auf die, wie ich wusste, einzig mögliche Weise.

Jemand nahm mich bei den Schultern und führte mich über einen Erdpfad irgendwohin. Ich stolperte mit den nackten Füßen, stieß irgendwo an. Meine Zehen eiterten von den Erfrierungen, die schon seit dem Jahr achtunddreißig nicht mehr heilten.

Ehe ich mich auf die Liege lege, muss ich gewaschen werden. Und waschen wird mich ein gewisser Aleksandr Iwanowitsch, ein Mann in zwei Kitteln über der Weste – ein Krankenhaussanitäter, Häftling, noch dazu ein Kürzelträger, das heißt Artikel achtundfünfzig, also geführt als »Krankengeschichte« und nicht angestellt, denn angestellt sein konnte nur ein *bytowik*.

Ein hölzerner Zuber, ein Fass mit Wasser, eine Schöpfkelle, ein Wäscheschrank – all das hatte Platz in der Barackenecke, in der Aleksandr Iwanowitschs Liege stand.

Aleksandr Iwanowitsch goss mir einen Zuber Wasser aus dem Fass ein, aber ich war über viele Jahre an symbolisches Baden gewöhnt, an den übersparsamen Verbrauch von Wasser, das im Sommer aus ausgetrockneten Bächen gewonnen und im Winter aus Schnee geschmolzen wird. Ich wusste mich mit jeder beliebigen Menge Wasser zu waschen – vom Teelöffel bis zur Zisterne. Sogar mit einem Teelöffel Wasser, ich hätte mir die Augen gewaschen – und Schluss. Aber hier gab es keinen Löffel, sondern einen ganzen Zuber.

Scheren brauchte man mich nicht, ich war mit dem Maschinchen ordentlich geschoren, vom ehemaligen Oberst des Generalstabs, dem Friseur Rudenko.

Das Wasser, das symbolische Krankenhauswasser, war natürlich kalt. Aber nicht eisig, wie im Sommer und Winter alles Wasser an der Kolyma. Und das war auch nicht wichtig. Selbst kochendes Wasser hätte meinen Körper nicht gewärmt. Und wenn man mir eine Kelle kochenden Höllenteer über die Haut gegossen hätte – die Höllenhitze hätte das Innerste nicht gewärmt. An die Verbrennungen hatte ich selbst in der Hölle gar nicht gedacht, als ich mich in der Goldgrube des Bergwerks »Partisan« mit dem nackten Bauch ans heiße Boilerrohr drückte. Das war im Winter 1938 gewesen – vor tausend Jahren. Seit dem »Partisan« bin ich unempfindlich gegen den Höllenteer. Aber in »Belitschja« wurde auch kein Höllenteer benutzt. Der Zuber mit kaltem Wasser konnte vom Anschauen oder vielmehr vom Anfühlen, nach Meinung von Aleksandr Iwanowitschs Finger, heiß oder warm gar nicht sein. Nicht eisig – und das reicht völlig aus, nach Meinung von Aleksandr Iwanowitsch. Und mir war das alles schon vollkommen gleichgültig, nach der Meinung meines eigenen Köpers – und der Körper ist ernster und kapriziöser als die menschliche Seele, der Körper hat mehr moralische Qualitäten, Rechte und Pflichten.

Vor meiner Waschung rasierte mir Aleksandr Iwanowitsch mit dem Rasierapparat eigenhändig den Schamhügel, ging um die Achselhöhlen herum und führte mich, eingekleidet in geflickte, aber saubere alte Krankenhauswäsche, ins Kabinett des Arztes; das Kabinett war innerhalb derselben Segeltuchwände vom Zelt abgeteilt.

Der Segeltuchvorhang wurde zurückgeschlagen, und auf der Schwelle erschien ein Engel im weißen Kittel. Unter den Kittel hatte er eine Weste gezogen. Der Engel trug wattierte

Hosen, und über dem Kittel einen getragenen, altgedienten, aber durchaus soliden Halbpelz.

Die Juninächte spaßen weder mit den Freien noch mit den Häftlingen, weder mit den *pridurki** noch mit den Arbeitern. Von den *dochodjagi* ganz zu schweigen. Die *dochodjagi* haben einfach die Grenze von Gut und Böse, von Warm und Kalt überschritten.

Das war der diensthabende Arzt, Doktor Lebedew. Lebedew war kein Arzt und kein Doktor, noch nicht einmal Feldscher, sondern einfach ein Mittelschullehrer für Geschichte – ein bekanntlich feuergefährlicher Beruf.

Als ehemaliger Kranker praktizierte er nun als Feldscher. Die Anrede »Doktor« machte ihn schon lange nicht mehr verlegen. Übrigens war er ein gutmütiger Mensch, er denunzierte in Maßen, und vielleicht denunzierte er auch gar nicht. Jedenfalls nahm Doktor Lebedew an den Intrigen, die jede Krankenhauseinrichtung zerriss – und »Belitschja« war keine Ausnahme – nicht teil, er verstand, dass jeder Übereifer ihn nicht nur die medizinische Karriere, sondern auch das Leben kosten konnte.

Mich empfing er gleichgültig, ohne jedes Interesse füllte er die »Krankengeschichte« aus. Ich aber war verblüfft. Mein Name wird in schöner Handschrift in ein echtes Formular der Krankengeschichte geschrieben, kein gesetztes, kein gedrucktes zwar, aber von geschickter Hand akkurat liniert.

Das Formular war authentischer als das Gespenstische, Phantastische der weißen Nacht an der Kolyma und das Segeltuchzelt mit zweihundert Häftlingsliegen. Das Zelt, aus dem durch das Segeltuch der mir so bekannte nächtliche Lärm der Häftlingsbaracken von der Kolyma herüberdrang.

Der Mann im weißen Kittel schrieb, stieß verbissen die Schülerfeder in das standsichere Tintenfass und griff nicht zum schönen Tintenzeug, das im Zentrum des Tischs vor ihm stand, der Bastelarbeit eines Häftlings aus dem Krankenhaus: ein geschnitzter Ast, die Gabelung einer drei- oder dreitausendjährigen Lärche, einer Zeitgenossin irgendeines Ramses oder Asarhaddon* – ich hatte keine Möglichkeit, ihr Alter zu bestimmen, die Jahresringe der Schnittfläche zu zählen. Von der geschickten Hand des Schnitzenden war listig eine einzige, einmalige natürliche Krümmung des Holzes eingefangen, das, sich zusammenduckend, gegen die Fröste des Hohen Nordens ankämpfte. Die Krümmung ist eingefangen, der Ast wurde erfasst und beschnitten von der Hand eines Meisters, und das Wesen der Krümmung, das Wesen des Holzes bloßgelegt. Unter der abgezogenen Rinde erschien das Klischee der Klischees, eine vollkommen marktgängige Ware – ein Mephistokopf, über ein Fässchen gebeugt, aus dem gleich Wein hervorschießen soll. Wein, und nicht Wasser. Das Wunder von Kana* oder das Wunder in Fausts Keller* wurde nur darum nicht zum Wunder, weil an der Kolyma menschliches Blut hervorschießen konnte und nicht Alkohol – es gibt keinen Wein an der Kolyma –, nicht ein Geysir mit warmem unterirdischen Wasser, die Heilquelle des jakutischen Kurorts Taloj.

Und diese Gefahr: Schlag den Korken heraus, und es fließt nicht Wasser, sondern Blut, hielt auch den Wundertäter Mephisto oder Christus, ganz gleich, zurück.

Der diensthabende Arzt Lebedew fürchtete diese Überraschung ebenfalls und zog es vor, das standsichere Fässchen zu benutzen. Die Vitamineinweisung wurde akkurat auf das neue Formular geklebt. Als Klebstoff diente Lebedew wieder der Krummholzextrakt, von dem ein ganzes Fass beim Tisch stand. Das Krummholz pappte das arme Schriftstück auf ewig fest.

Aleksandr Iwanowitsch führte mich an meinen Platz und machte sich mir aus irgendeinem Grund mit Zeichen verständlich; wahrscheinlich war es offiziell Nacht, obwohl es hell war wie am Tag, und man sollte nach der Instruktion oder nach der medizinischen Tradition flüsternd sprechen, obwohl man die Kolymabewohner, die schlafenden *dochodjagi*, selbst mit einem Kanonenschuss direkt am Ohr des Kranken nicht hätte wecken können, denn jeder dieser meiner zweihundert neuen Nachbarn galt als künftiger Toter, nicht mehr.

Aleksandr Iwanowitschs Zeichensprache beschränkte sich auf einige Ratschläge: Wenn ich auf den Abort will, so soll ich um Gotteswillen nicht einfach zum Klosett, auf die Brille laufen, auf das in der Ecke des Zelts aus den Brettern gehauene »Auge«. Ich muss mich zuerst bei Aleksandr Iwanowitsch einschreiben, eintragen, und unbedingt in seinem Beisein das Ergebnis meines Auf-der-Brille-Sitzens vorweisen.

Aleksandr Iwanowitsch muss dieses Ergebnis eigenhändig, mit einem Stock, in das spritzende stinkende Meer des menschlichen Kots des Dysenterie-Krankenhauses herabstoßen, ein Meer, das, anders als die weißen Platten, von keinem Frostboden der Kolyma aufgesaugt wurde, sondern auf Abfuhr an irgendwelche anderen Orte im Krankenhaus wartete.

Aleksandr Iwanowitsch benutzte weder Chlor- noch Karbol-, noch die universale hervorragende Permangansäure, nichts dergleichen war auch nur in der Nähe. Aber was hatte ich zu tun mit all diesen allzu menschlichen Problemen. Unser Schicksal brauchte auch keine Desinfektion.

Ich lief einige Male auf die »Brille«, und Aleksandr Iwanowitsch notierte das Ergebnis der Arbeit meines Darms, der ebenso kapriziös und eigenwillig arbeitete wie schon am Zaun des Vitaminkombinats – Aleksandr Iwanowitsch beugte sich dicht über meinen Kot und setzte irgendwelche geheimnisvollen Zeichen auf eine Sperrholztafel, die er in der Hand hielt.

Die Rolle Aleksandr Iwanowitschs in der Abteilung war
sehr bedeutend. Die Sperrholztafel der Dysenterieabteilung
stellte ein äußerst genaues tägliches, stündliches Bild des
Krankheitsverlaufs jedes Durchfallkranken dar …

Aleksandr Iwanowitsch hütete die Tafel und schob sie unter die Matratze in den wenigen Stunden, wenn Aleksandr
Iwanowitsch, von der Wachsamkeit seines Tag- und Nacht-
diensts entkräftet, bewusstlos schlief – den gewöhnlichen
Schlaf des Kolyma-Häftlings –, ohne die Weste oder die beiden grauen Kittel auszuziehen, einfach an die Segeltuchwand
seines Daseins gewälzt und augenblicklich das Bewusstsein
verlierend, um nach einer, höchstens zwei Stunden wieder
aufzustehen, zum Bereitschaftstisch hervorzukriechen und
die »Fledermaus« anzuzünden, anzustecken.

Aleksandr Iwanowitsch war früher Sekretär des Gebietskomitees einer der Republiken Georgiens* gewesen und
war nach Artikel achtundfünfzig mit einer astronomischen
Haftstrafe an die Kolyma gekommen.

Aleksandr Iwanowitsch hatte keine medizinische Ausbildung und keine Erfahrung in der Buchhaltung, auch wenn
er in Kalembets Terminologie schon ein »Buchhalter« war.
Aleksandr Iwanowitsch war durch das Bergwerk gegangen,
»auf Grund gelaufen« und über den gewöhnlichen Weg des
*dochodjaga* ins Krankenhaus gekommen. Er war der geborene Diener, eine treue Seele für jeden Chef.

Aleksandr Iwanowitsch wurde mit allen Tricks nicht darum auf der »Krankengeschichte« gehalten, weil er ein bedeutender Spezialist in der Chirurgie oder Nierenkunde war;
Aleksandr Iwanowitsch war ein Bauer und geborener Diener. Er diente treu jeder Leitung und hätte Berge versetzt auf
Weisung der obersten Chefs. Die Idee mit der Sperrholztafel war nicht ihm gekommen, sondern dem Leiter der Abteilung, Kalembet. Die Tafel sollte in treuen Händen sein,

und diese treuen Hände fand Kalembet in der Person Aleksandr Iwanowitschs. Kalembet hielt Aleksandr Iwanowitsch auf der »Krankengeschichte«, und Aleksandr Iwanowitsch sicherte der Abteilung eine genaue Statistik, und dazu eine dynamische.

Fester Sanitäter konnte Aleksandr Iwanowitsch nicht sein, das hatte ich gleich gemerkt. Welcher festangestellte Sanitäter wäscht die Kranken selbst? Ein fester Sanitäter ist ein Gott, unbedingt ein *bytowik*, der Schrecken aller nach Artikel achtundfünfzig Verurteilten, das wachsame Auge der örtlichen Kreisabteilung. Ein fester Sanitäter hat viele freiwillige Helfer – gegen ein »Süppchen«. Höchstens zum Essenholen in der Küche geht der festangestellte Sanitäter selbst, und auch das in Begleitung eines Dutzends Sklaven von unterschiedlicher Nähe zum Halbgott, dem Essensverteiler, dem Herrn über Leben und Tod der *dochodjagi*. Ich habe immer gestaunt über die urrussische Gewohnheit, sich unbedingt einen dienstfertigen Sklaven zu halten. So heuerte bei den *bytowiki* der Barackendienst – nicht Barackendienst, sondern ein Gott – für eine Papirossa, für Machorka, für ein Stück Brot einen Arbeiter mit Artikel achtundfünfzig an. Aber auch der Arbeiter mit Artikel achtundfünfzig lässt sich nichts entgehen. Immerhin ist er Lieferant\*, also sucht er einen Sklaven. Der Arbeiter schüttet die Hälfte der Machorka in seine Tasche, halbiert das Brot oder die Suppe und bringt seine Kameraden, die Häuer aus der Goldmine, die vor Müdigkeit und Hunger wanken nach vierzehn Stunden Arbeitstag im Bergwerk, zum Putzen bei den *bytowiki*. Ich war selbst so ein Arbeiter, der Sklave von Sklaven, und kenne den Preis all dessen.

Darum hatte ich gleich begriffen, warum Aleksandr Iwanowitsch alles mit eigenen Händen zu tun bemüht ist – waschen, Wäsche waschen, das Essen ausgeben und Fieber messen.

Diese Universalität machte Aleksandr Iwanowitsch gewiss zu einem wertvollen Menschen für Kalembet, für jeden Abteilungsleiter, der selbst Häftling war. Doch das alles lag nur an seiner Akte, an der Erbsünde. Schon der erste Arzt von den *bytowiki*, der nicht so abhängig war von Aleksandr Iwanowitschs Arbeit wie Kalembet – entließ Aleksandr Iwanowitsch ins Bergwerk, wo er auch starb, denn bis zum Zwanzigsten Parteitag war es noch weit. Er starb wahrscheinlich als Gerechter.

Und darin lag auch die Hauptgefahr für viele sterbende *dochodjagi* – in Aleksandr Iwanowitschs Unbestechlichkeit, seiner Abhängigkeit von der eigenen Krankengeschichte. Wie immer und überall, setzte Aleksandr Iwanowitsch vom ersten Tag an auf die Chefs, auf Genauigkeit und Ehrlichkeit in Aleksandr Iwanowitschs Hauptbeschäftigung, in der Jagd auf den menschlichen Kot der zweihundert Dysenteriekranken.

Aleksandr Iwanowitsch war die Stütze der Heilbehandlung in der Dysenterieabteilung. Und alle verstanden das.

Die Sperrholztafel der Registratur war in Kästchen unterteilt nach der Zahl der Durchfallkranken, die zu kontrollieren waren. Kein Ganove, der auf der modischen Welle der Dysenterie ins Krankenhaus gekommen war, konnte Aleksandr Iwanowitsch bestechen. Aleksandr Iwanowitsch hätte es sofort der Leitung hintertragen. Er hätte nicht auf die Stimme der Angst gehört. Aleksandr Iwanowitsch hatte noch ein Hühnchen zu rupfen mit den Ganoven seit den Bergwerks-, den Grubenarbeiten. Doch die Ganoven bestechen die Ärzte, nicht die Sanitäter. Sie drohen den Ärzten, nicht den Sanitätern, und erst recht nicht Sanitätern, die selbst Kranke sind und »auf der Geschichte« sitzen.

Aleksandr Iwanowitsch war bemüht, das Vertrauen der Ärzte und des Staats zu rechtfertigen. Die Wachsamkeit

Aleksandr Iwanowitschs betraf nicht politische Materien. Aleksandr Iwanowitsch erledigte pünktlich alles, was die Kontrolle über die menschlichen Exkremente betraf.

Bei dieser Flut von Dysenterie-Simulanten (tatsächlich Simulanten?) war es extrem wichtig, den täglichen »Stuhl« des Kranken zu kontrollieren. Was denn sonst? Die maßlose Müdigkeit? Die starke Auszehrung – all das blieb außerhalb der Wachsamkeit nicht nur des Sanitäters, sondern auch des Abteilungsleiters. Den »Stuhl« des Kranken kontrollieren muss immer der Arzt. Jede Niederschrift »nach fremden Worten« ist an der Kolyma verdächtig. Und weil das absolute Zentrum des Dysenteriekranken der Darm ist, war es außerordentlich wichtig, die Wahrheit zu sehen, wenn nicht mit eigenen Augen, dann durch eine Vertrauensperson, durch einen persönlichen Repräsentanten in der phantastischen Welt der Häftlingsverliese der Kolyma, im verzerrten Licht der Flaschenglasfenster – die Wahrheit wenigstens grob und annähernd zu fassen.

An der Kolyma ist die Bedeutung von Begriffen und Wertungen verschoben und manchmal auf den Kopf gestellt.

Aleksandr Iwanowitsch war angehalten, nicht die Genesung, sondern den Betrug zu kontrollieren, den Diebstahl von Liegetagen vom Wohltäter Staat. Aleksandr Iwanowitsch hielt es für ein Glück, die Statistik der Ausscheidungen der Dysenterie-Baracke zu führen, und Doktor Kalembet, ein wirklicher Arzt und kein Doktor, ebenso wie der symbolische Doktor, Doktor Lebedew – hätte es für ein Glück gehalten, die Scheiße zu zählen und nicht die Schubkarre zu schieben, wie er und alle Intelligenzler, alle »Iwan Iwanowitschs«, alle »Buchhalter« es mussten – ausnahmslos.

Pjotr Semjonytsch Kalembet, auch wenn er professioneller Arzt war, sogar Professor der Militärmedizinischen Akademie, hielt es für ein Glück, 1943 den »Stuhl« in die

Krankengeschichte einzutragen und nicht auf dem Abort-
stuhl den eigenen »Stuhl« auszuscheiden, zur Berechnung
und Analyse.

Die wunderbare Sperrholztafel – das wichtigste Dokument der Diagnostik und der klinischen Beobachtung in
der Dysenterieabteilung von »Belitschja« – beinhaltete eine
Liste aller Durchfallkranken, die sich permanent änderte.

Es gab eine Regel: bei Tag auf den Abort nur vor den
Augen des Feldschers. Als Feldscher, vielmehr die Pflichten
eines Feldschers Wahrnehmender, erwies sich überraschend
der engelgleiche Doktor Lebedew. Aleksandr Iwanowitsch
liegt um diese Zeit im Halbschlaf, um plötzlich in Kampf-
pose aufzuwachen, bereit zur nächtlichen Schlacht mit den
Durchfallkranken.

Solchen wahrhaft staatlichen Nutzen kann eine einfache
Sperrholztafel in den tugendhaften Händen eines Aleksandr
Iwanowitsch bringen.

Leider erlebte er den Zwanzigsten Parteitag nicht mehr.
Ebensowenig erlebte ihn Pjotr Semjonytsch Kalembet.
Nachdem er zehn Jahre abgesessen hatte, freigelassen wurde
und irgendwo den Posten eines Chefs der Sanitätsabteilung
übernommen hatte, spürte Kalembet, dass sich an seinem
Schicksal nichts geändert hatte außer der Bezeichnung seiner
Stelle – die Rechtlosigkeit ehemaliger Häftlinge sprang ins
Auge. Hoffnungen hatte Kalembet, wie jeder anständige Ko-
lyma-Bewohner, keine. Auch nach Kriegsende änderte sich
die Situation nicht. Kalembet brachte sich 1948 in »Elgen«
um, wo er Leiter der Sanitätsabteilung war – er spritzte sich
eine Morphiumlösung in die Vene und hinterließ eine Notiz
von seltsamem, aber durchaus Kalembetschen Inhalt: »Die
Dummköpfe lassen mich nicht leben.«

Auch Aleksandr Iwanowitsch starb als *dochodjaga*, ohne
seine fünfundzwanzig Jahre Haftzeit abgesessen zu haben.

Die Sperrholztafel war vertikal in Rubriken unterteilt: Nummer, Name. Die apokalyptischen Rubriken Artikel und Haftzeit gab es dort nicht, was mich ein wenig wunderte, als ich zum ersten Mal die mit dem Messer abgeschabte, mit Glasscherben abgekratzte kostbare Holztafel berührte – die auf den Namen folgende Rubrik hieß »Farbe«. Doch hier ging es nicht um Hühner oder Hunde.

Die nächste Rubrik hatte keine Bezeichnung, obwohl es eine Bezeichnung gab. Möglich, dass Aleksandr Iwanowitsch sie für schwierig, für einen längst vergessenen, womöglich vollkommen unbekannten Terminus aus der verdächtigen lateinischen Küche hielt, dieses Wort war »Konsistenz«, aber Aleksandr Iwanowitschs Lippen konnten es nicht richtig nachsprechen, um den wichtigen Terminus auf eine neue Holztafel zu übertragen. Aleksandr Iwanowitsch ließ ihn einfach aus, behielt ihn »im Kopf« und verstand wunderbar den Sinn der Antwort, die er in dieser Rubrik geben sollte.

Der »Stuhl« konnte flüssig, fest, halbflüssig und halbfest, geformt und ungeformt, breiig sein ... – all diese wenigen Antworten hatte Aleksandr Iwanowitsch im Kopf.

Noch wichtiger war die letzte Rubrik, die »Häufigkeit« hieß. Verfasser von Häufigkeitswörterbüchern könnten sich auf die Priorität von Aleksandr Iwanowitsch und Doktor Kalembet besinnen.

Eben die »Häufigkeit«, das Häufigkeitswörterbuch des Hinterns – das war diese Sperrholztafel.

In dieser Rubrik also machte Aleksandr Iwanowitsch mit einem abgekauten Kopierstift einen Strich, wie in einer kybernetischen Maschine, und markierte eine Einheit des Kotausstoßes.

Doktor Kalembet war sehr stolz auf diesen schlauen Einfall, der es erlaubte, Biologie und Physiologie zu mathematisieren – mit der Mathematik in die Prozesse des Gedärms einzudringen.

Er hat sogar auf irgendeiner Konferenz den Nutzen seiner Methode dargelegt und betont, seine Priorität betont; vielleicht war das eine Zerstreuung des Professors der Militärmedizinischen Akademie, ein Spotten über das eigene Schicksal – wenn es nicht eine ganz ernstliche Verrücktheit des Nordens war, ein Trauma, das die Psychologie nicht nur der *dochodjagi* betraf.

Aleksandr Iwanowitsch führte mich zu meiner Liege, und ich schlief ein. Ich schlief bewusstlos, zum ersten Mal auf dem Boden der Kolyma nicht in einer Arbeiterbaracke, nicht im Isolator und nicht in der Rotte mit verschärftem Regime.

Beinahe augenblicklich – vielleicht waren auch viele Stunden, Jahre, Jahrhunderte vergangen – erwachte ich vom Licht der »Fledermaus«, einer Laterne, die mir direkt ins Gesicht leuchtete, obwohl es eine weiße Nacht und alles auch so gut zu sehen war.

Jemand im weißen Kittel, im Halbpelz, den er sich über dem Kittel umgelegt hatte – die Kolyma ist für alle gleich –, leuchtete mir ins Gesicht. Der engelgleiche Doktor Lebedew ragte gleich daneben auf, ohne Halbpelz um die Schultern.

Eine Stimme über mir klang in fragendem Ton:

»Buchhalter?«

»Buchhalter, Pjotr Semjonytsch«, bestätigte der engelgleiche Doktor Lebedew, der, der meine »Daten« in die Krankengeschichte eingetragen hatte.

Als Buchhalter bezeichnete der Abteilungschef die gesamte Intelligenz, die in diesen verheerenden Kolyma-Sturm des Jahres siebenunddreißig geraten war.

Kalembet war selbst auch Buchhalter.

Buchhalter war auch der Feldscher der chirurgischen Abteilung Lesnjak, Student im ersten Kurs der Medizinischen

Fakultät der ersten MGU*, mein Moskauer Landsmann und Hochschulkollege, der die allergrößte Rolle spielte für mein Schicksal an der Kolyma. Er arbeitete nicht in Kalembets Abteilung. Er arbeitete bei Traut, in der chirurgischen Abteilung, im Nachbarzelt – als Operationspfleger.

In mein Schicksal hatte er sich noch nicht eingemischt, wir kannten einander noch nicht.

Buchhalter war auch Andrej Maksimowitsch Pantjuchow, der mich auf den Feldscherlehrgang für Häftlinge schickte, was im Jahr 1946 mein Schicksal entschied. Der Abschluss dieses Feldscherlehrgangs, das Diplom über die Berechtigung zu pflegen war die Antwort gleich auf all meine damaligen Probleme. Doch bis 1946 war es noch weit, drei ganze Jahre, für die Begriffe der Kolyma eine Ewigkeit.

Buchhalter war auch Walentin Nikolajewitsch Traut, ein Chirurg aus Saratow, der – von deutscher Abkunft – mehr abbekam als andere, und selbst das Ende seiner Haftzeit löste seine Probleme nicht. Erst der Zwanzigste Parteitag beruhigte Traut, brachte seinen begabten Chirurgenhänden Sicherheit und Ruhe.

Als Person war Traut von der Kolyma vollkommen gebrochen, er ängstigte sich vor jedem Chef, schwärzte an, wen die Chefs befahlen, und verteidigte keinen, dem die Chefs zusetzten. Doch die Chirurgenseele und die Chirurgenhände hatte er sich bewahrt.

Die Hauptsache aber – Buchhalterin war auch Nina Wladimirowna Sawojewa, Ossetin und Vertragsarbeiterin, Parteimitglied und Oberärztin von »Belitschja«, eine junge Frau von etwa dreißig Jahren.

Diese Frau konnte viel Gutes tun. Und viel Böses. Wichtig war, die heroische, unglaubliche Energie der vielgerühmten Verwalterin von rein männlichem Typus in die richtige Richtung zu lenken.

Nina Wladimirowna war allen hohen Fragen sehr fern. Das jedoch, was sie verstand, verstand sie gründlich, und sie bemühte sich, ihre Einschätzung oder einfach ihre Macht praktisch zu beweisen. Die Macht von Bekanntschaften, von Protektion, von Einfluss und Lüge kann man auch für eine gute Sache einsetzen.

Als extrem ehrgeiziger Mensch, der keinen Widerspruch duldet, zerschlug Nina Wladimirowna im damaligen Höheren Offizierskorps der Kolyma die schändlichen Privilegien all dieser Chefs und eröffnete selbst den Kampf gegen die Schändlichkeit mit denselben Mitteln.

Als außerordentlich fähige Verwalterin brauchte Nina Wladimirowna nur eins: dass sie ihre Wirtschaft überblicken und alle Arbeiter direkt beschimpfen konnte.

Ihre Beförderung auf die Stelle des Chefs der Kreissanitätsabteilung führte nicht zum Erfolg. Mithilfe von Schriftstücken zu kommandieren und zu lenken war nicht ihre Stärke.

Eine Reihe von Konflikten mit der obersten Leitung – und schon steht Sawojewa auf den schwarzen Listen.

An der Kolyma sorgen alle Chefs für sich selbst. Nina Wladimirowna stellte keine Ausnahme dar. Aber sie schrieb wenigstens keine Denunziationen über die anderen Chefs – und hatte zu leiden.

Nun schrieb man über sie Denunziationen, man lud sie vor, verhörte sie, gab ihr Ratschläge – im engen Kreis der Parteileitung.

Als dann ihr Landsmann und Beschützer Oberst Gagkajew abreiste, auch wenn es auf einen Posten in Moskau war, geriet Nina Wladimirowna in Bedrängnis.

Ihr Zusammenleben mit dem Feldscher Lesnjak führte zu Sawojewas Ausschluss aus der Partei. Und in diesem Moment lernte ich die berühmte »Schwarze Mama« kennen. Sie ist noch heute in Magadan. Auch Boris Lesnjak ist in Magadan, auch ihre Kinder sind in Magadan. Nach der Freilassung von Boris Lesnjak hat ihn Nina Wladimirowna sofort geheiratet, aber das änderte nichts an ihrem Schicksal.

Nina Wladimirowna gehörte immer irgendeiner Partei an oder stand selbst an der Spitze dieser Partei, sie verwandte unmenschliche Energie darauf, zu erreichen, dass irgendein Schuft entlassen wird. Ebenso unmenschliche Energie wurde darauf verwandt, irgendeine lichte Persönlichkeit auszustechen.

Boris Lesnjak trug andere, sittliche Ziele in ihr Leben, trug eine Kultur von jenem Niveau in ihr Leben, auf dem er selbst erzogen war. Boris ist der geborene »Buchhalter«, seine Mutter hat Gefängnis und Verbannung abgebüßt. Seine Mutter ist Jüdin. Sein Vater ist Mitarbeiter der KWShD*, Zollbeamter.

Boris fand die Kraft, seinen Beitrag zu Fragen des persönlichen Anstands zu leisten, er hatte sich ein paar Dinge geschworen und hielt seine Schwüre.

Nina Wladimirowna folgte ihm, lebte nach seinen Werten – und hasste all ihre Kollegen, die Vertragsarbeiter.

Der Güte Lesnjaks und Sawojewas in meiner schwersten Zeit bin ich auch verpflichtet.

Ich werde nicht vergessen, wie mir Lesnjak jeden Abend, buchstäblich jeden Abend Brot oder eine Handvoll Machorka in die Baracke brachte – kostbare Dinge in meiner damaligen Halbexistenz eines fortgeschrittenen *dochodjaga* von der Kolyma.

Jeden Abend wartete ich auf diese Stunde, dieses Stückchen Brot, diese Prise Machorka und fürchtete, dass Lesnjak nicht kommt, dass all das meine Einbildung, mein Traum, mein Hungertrugbild ist.

Aber Lesnjak kam, erschien auf der Schwelle.

Ich wusste damals gar nicht, dass Nina Wladimirowna, die Oberärztin, mit meinem Wohltäter befreundet war. Ich nahm diese Almosen als Wunder. Alles Gute, das Lesnjak für mich tun konnte, tat er: Arbeit, Essen, Erholung. Er war mit der Kolyma vertraut. Aber handeln konnte er nur durch Vermittlung Nina Wladimirownas, der Oberärztin, und sie war ein starker Mensch, war zwischen Intrigen, Zänkereien und Ränken groß geworden. Lesnjak zeigte ihr eine andere Welt.

Ich hatte keine Dysenterie.

Meine Krankheit nannte sich Pellagra, alimentäre Dystrophie, Skorbut, extreme Polyavitaminose, aber nicht Dysenterie.

Nach vielleicht zweiwöchiger Behandlung und zweitägiger ungesetzlicher Erholung wurde ich aus dem Krankenhaus entlassen und zog meine Klamotten an, übrigens vollkommen gleichgültig, schon am Ausgang des Segeltuchzelts, aber noch darin – und im allerletzten Moment wurde ich in Doktor Kalembets Kabinett gerufen, in denselben Verschlag mit Mephisto, in dem mich Lebedew empfangen hatte.

Ob er selbst dieses Gespräch arrangiert oder Lesnjak es ihm geraten hatte, weiß ich nicht. Kalembet war weder mit Lesnjak noch mit Sawojewa befreundet.

Ob Kalembet in meinen hungrigen Augen einen besonderen Glanz entdeckt hatte, der ihm Hoffnungen machte, weiß ich nicht. Aber während der Hospitalisierung hatte man mein Bett mehrmals zu unterschiedlichen Nachbarn gerückt, den hungrigsten, hoffnungslosesten unter den »Buchhaltern«. So stellte man meine Liege in die Nachbarschaft Roman Kriwizkijs, des verantwortlichen Sekretärs der »Iswestija«, eines Namensvetters, aber nicht Verwandten des bekannten Stellvertretenden Ministers der Streitkräfte – den Ruchimow erschossen hatte.

Roman Kriwizkij war erfreut über die Nachbarschaft und erzählte etwas von sich, aber das Aufgedunsene, Aufgeschwemmte seiner weißen Haut erschreckte Kalambet. Roman Kriwizkij starb neben mir. Sein ganzes Interesse galt natürlich dem Essen, so wie bei uns allen. Aber Roman, noch früher zum *dochodjaga* geworden, tauschte Suppe gegen Grütze, Grütze gegen Brot, Brot gegen Tabak – all das körnerweise, prisenweise, grammweise. Dennoch waren das tödliche Verluste. Roman starb an Dystrophie. Das Bett meines Nachbarn wurde frei. Es war keine gewöhnliche Stangenpritsche. Kriwizkijs Bett hatte Sprungfedern, ein echtes Netz und runde gestrichene Seitenwände, ein richtiges Krankenhausbett unter zweihundert Liegen. Das war auch eine Grille des schweren Dystrophikers gewesen, und Kalembet hatte ihr nachgegeben.

Und jetzt sagte Kalembet: »Hör zu, Schalamow, du hast keine Dysenterie, aber ausgezehrt bist du. Du kannst zwei Wochen bleiben und Sanitäter sein, du wirst Fieber messen, die Kranken begleiten, den Boden wischen. Kurz, all das, was Makejew macht, der jetzige Sanitäter. Er liegt schon zu lange, mäkelt am Essen herum und geht heute zur Entlassung. Entscheide dich. Hab keine Angst, dass du jemandem etwas wegnimmst. Viel verspreche ich dir nicht, aber zwei Wochen halte ich dich auf der ›Krankengeschichte‹.«

Ich war einverstanden, und an meiner Stelle wurde Makejew entlassen, der Protegé eines Vertragsarbeiters und Feldschers, Michno war sein Name.

Hier gab es einen Kampf, einen ernsten Krieg um Einfluss, und der Feldscher Michno, Vertragsarbeiter und Komsomolze, sammelte einen Stab für den Kampf gegen eben jenen Kalembet. Kalembets Akte war mehr als angreifbar – ein Trupp von Zuträgern, angeführt von Michno, wollte den Abteilungschef an die Kandare nehmen. Aber Kalembet schlug zurück und entließ den Vertrauten Michnos, den *bytowik* Makejew, ins Bergwerk.

All das begriff ich später, in diesem Moment machte ich mich eifrig an die Arbeit als Sanitäter. Doch fehlte mir nicht nur die Makejewsche, sondern jede Kraft. Ich war zu wenig rührig, zu wenig ehrerbietig gegenüber den Oberen. Kurz, gleich am Tag nach der Versetzung Kalembets wurde ich hinausgeworfen. Doch bis dahin, in diesem einen Monat, hatte ich Lesnjak kennengelernt. Und eben Lesnjak hatte mir eine ganze Reihe von wichtigen Ratschlägen gegeben. Lesnjak sagte:»Lass dir einen Einweisungsschein geben. Wenn du einen Einweisungsschein hast, wird man dich nicht zurückschicken, dir die Hospitalisierung nicht verweigern.« Boris mit seinen guten Ratschlägen verstand nicht, dass ich schon lange ein *dochodjaga* war, dass keine Arbeit, selbst die allersymbolischste wie Korrespondenz, die gesündeste wie Beeren- und Pilzesammeln oder Holzeinschlag und Fischfang – ohne jede Norm, an der frischen Luft – mir noch helfen kann.

Dennoch tat Boris all das gemeinsam mit Nina Wladimirowna und wunderte sich, wie wenig meine Kräfte zurückkehrten. Ich konnte mich nicht auf Tuberkulose oder Nephritis berufen, und mit Auszehrung, mit alimentärer Dystrophie an der Krankenhaustür vorzusprechen war riskant, man konnte durchfallen und landete nicht im Krankenhaus, sondern in der Morgue. Nur mit großer Mühe gelang es mir, noch einmal ins Krankenhaus zu kommen, aber es gelang. Der Feldscher des Vitaminpunkts, ich habe seinen Namen vergessen, schlug mich, er ließ mich jeden Tag beim Ausrücken vom Begleitposten schlagen – als Faulenzer, Drückeberger, Spekulant und Verweigerer – und lehnte meine Hospitalisierung rundweg ab. Mir gelang es, den Feldscher zu betrügen, nachts wurde mein Name auf eine fremde Einweisung dazugeschrieben – der Feldscher war beim ganzen Lagerpunkt verhasst, man war froh, mich so auf Kolyma-Art zu unterstützen, und ich schleppte mich nach »Belitschja«. Sechs Kilometer kroch ich auf allen vieren, doch ich schleppte mich bis in die Aufnahme. Die Dysenterie-Zelte standen leer, und ich wurde ins Hauptgebäude gelegt – wo der Arzt Pantjuchow war. Wir alle, vier neue Kranke, schichteten sämtliche Matratzen und Decken auf uns – wir lagen zusammen und klapperten auch zusammen mit den Zähnen bis zum Morgen –, der Ofen wurde nicht in allen Sälen geheizt. Am folgenden Tag verlegte man mich in einen Saal mit Ofen, und dort stand ich am Ofen, bis man mich zu Spritzen oder Untersuchungen rief, und verstand kaum, wie mir geschah, und spürte nur Hunger, Hunger, Hunger.

Meine Krankheit hieß Pellagra.

Und während dieser zweiten Hospitalisierung lernte ich auch Lesnjak und die Oberärztin Nina Wladimirowna Sawojewa, Traut und Pantjuchow kennen – sämtliche Ärzte von »Belitschja«.

Mein Zustand war so, dass man mir schon nichts Gutes mehr tun konnte. Mir war gleichgültig, ob man mir Gutes oder Böses tut. Auf meinen Pellagra-Körper eines *dochodjaga* von der Kolyma auch nur einen Tropfen Gutes zu verwenden, war vergebliche Mühe. Wärme war mir wichtiger als Gutes. Doch man versuchte, mich mit heißen Injektionen zu behandeln – die Ganoven kauften eine »PP«-Injektion* für eine Brotration, die Pellagrakranken verkauften ihre heiße Injektion gegen Brot, eine Mittagsration von dreihundert Gramm, und im Kabinett erschien zur Infusion anstelle des *dochodjaga* irgendein Krimineller. Und bekam die Injektion. Ich verkaufte meine »PP« an niemanden und bekam alles in die eigene Vene, nicht »per os« – als Brot.

Wer hier Recht hat, wer schuld ist – sollen andere entscheiden. Ich verurteile niemanden, weder die *dochodjagi*, die die heißen Injektionen verkaufen, noch die kaufenden Ganoven.

Nichts änderte sich. Der Wunsch zu leben kam nicht auf. Ich aß alles wie in Gedanken, schluckte jedes Essen ohne Appetit.

Bei dieser zweiten Hospitalisierung spürte ich, dass meine Haut sich unaufhaltsam schälte – am ganzen Körper juckte, kribbelte und löste sich die Haut in Schuppen, sogar in Schichten ab. Ich war ein Pellagrapatient des klassischen diagnostischen Musters, ein Ritter der drei »D« – Demenz, Dysenterie und Dystrophie.

Nicht vieles habe ich behalten von dieser zweiten Hospitalisierung in »Belitschja«. Irgendwelche neuen Bekanntschaften, irgendwelche Gesichter, irgendwelche abgeleckten Löffel, ein vereistes Flüsschen, einen Ausflug in die Pilze, auf dem ich wegen Hochwassers des Flüsschens eine ganze Nacht durch die Berge streifte und vor dem Fluss zurückwich. Ich sah, wie die Pilze, riesige Butterpilze und Rotkappen, tatsächlich vor meinen Augen wuchsen, zu Ein-Pud-Pilzen wurden und nicht in den Eimer passten. Das war kein Zeichen von Demenz, sondern ein vollkommen reales Schauspiel – welche Wunder bewirkt die Hydroponik: Pilze verwandeln sich in Gullivers, buchstäblich vor deinen Augen. Die Beeren, die ich nach der Kolyma-Methode sammelte, auf einen Streich – ich schlug mit dem Eimer auf die Blaubeerbüsche ... Aber all das war nach dem Abschuppen.

Damals fiel die Haut von mir ab wie Schuppen. Zusätzlich zu meinen Skorbutgeschwüren eiterten die Zehen nach der Osteomyelitis von den Erfrierungen. Wackelnde Skorbutzähne und pyodermische Geschwüre, deren Spuren noch heute an meinen Füßen sind. Ich erinnere mich an den leidenschaftlichen beständigen Wunsch zu essen, der durch nichts zu stillen war – und als Krönung des Ganzen: die in Schichten abfallende Haut.

Dysenterie hatte ich nicht, aber ich hatte Pellagra – jenes Klümpchen Schleim, das mich auf diese obskuren irdischen Wege geführt hatte, war ein Klümpchen, das der Darm eines Pellagrakranken ausgeworfen hatte. Mein Kot war Pellagra-Kot.

Das war noch fürchterlicher, aber mir war damals alles gleich. Ich war nicht der einzige Pellagrakranke in »Belitschja«, aber der schwerste, der ausgeprägteste.

Ich schrieb schon ein Gedicht, »Der Traum des Polyavitaminosekranken« – als Pellagrakranken mochte ich mich nicht einmal in Gedichten bezeichnen. Im Übrigen wusste ich auch nicht richtig, was Pellagra ist. Ich spürte nur, dass meine Finger schreiben, Gereimtes und Ungereimtes, dass meine Finger ihr letztes Wort noch nicht gesagt haben.

Und in diesem Moment spürte ich, dass sich der Handschuh löst, von meiner Hand abfällt. Es war unterhaltsam und gar nicht schrecklich, die eigene Haut in Schichten vom Körper abfallen, Plättchen von Schultern, Bauch und Armen fallen zu sehen.

Als Pellagrakranker war ich so ausgeprägt, so klassisch, dass man mir von beiden Händen komplette Handschuhe abnehmen konnte und von beiden Füßen die Füßlinge.

Man führte mich der medizinischen Leitung vor, wenn sie auf der Durchreise war, aber auch diese Handschuhe erstaunten niemanden.

Es kam der Tag, an dem sich meine Haut vollständig erneuert hatte – nur die Seele hatte sich nicht erneuert.

Es war beschlossen, dass man von meinen Händen die Pellagrahandschuhe abnehmen musste und von den Füßen die Füßlinge.

Diese Handschuhe und Füßlinge wurden mir von Lesnjak und Sawojewa, Pantjuchow und Traut abgenommen und der »Krankengeschichte« beigelegt. Nach Magadan geschickt zusammen mit meiner Krankengeschichte, als lebendiges Exponat für ein Museum der Regionalgeschichte oder mindestens der Geschichte des örtlichen Gesundheitswesens.

Lesnjak schickte nicht all meine Überreste zusammen mit der Krankengeschichte. Geschickt wurden nur die Füßlinge und ein Handschuh, und den zweiten lagerte ich bei mir zusammen mit meiner damaligen Prosa, einer ziemlich schüchternen, und den unentschlossenen Gedichten.

Mit dem toten Handschuh konnte man keine guten Verse oder gute Prosa schreiben. Der Handschuh selbst war Prosa, Anklage, Dokument, Protokoll.

Aber der Handschuh kam um an der Kolyma – und darum auch wird diese Erzählung geschrieben. Der Autor verbürgt sich dafür, dass das daktyloskopische Muster an beiden Handschuhen dasselbe ist.

................................................

Über Boris Lesnjak und Nina Wladimirowna Sawojewa hätte ich längst schreiben müssen. Eben Lesnjak und Sawojewa, und auch Pantjuchow, verdanke ich reale Hilfe in meinen schwersten Tagen und Nächten an der Kolyma. Verdanke ich mein Leben. Wenn man das Leben für einen Segen hält, woran ich zweifle, verdanke ich reale Hilfe, nicht Mitgefühl, nicht Mitleiden, sondern reale Hilfe drei realen Menschen des Jahres 1943. Man muss wissen, dass sie nach acht Jahren Wanderschaft von den Goldbergwerken bis ins Untersuchungskombinat und Erschießungsgefängnis der Kolyma in mein Leben traten, in das Leben eines *dochodjaga* aus dem Goldbergwerk der Jahre siebenunddreißig und achtunddreißig, eines *dochodjaga*, der seine Meinung über das Leben als einen Segen geändert hatte. Damals beneidete ich nur die Leute, die den Mut gefunden hatten, sich umzubringen während der Zusammenstellung unserer Etappe an die Kolyma, im Juli siebenunddreißig, im Etappentrakt des Butyrka-Gefängnisses. Diese Menschen beneide ich wirklich – sie haben das nicht gesehen, was ich in den folgenden siebzehn Jahren gesehen habe.

Meine Vorstellung vom Leben als einem Segen, einem Glück hat sich geändert. Die Kolyma hat mich etwas ganz anderes gelehrt.

Die Maxime meines Jahrhunderts, meiner persönlichen Existenz und meines ganzen Lebens, der Schluss aus meiner persönlichen Erfahrung, die Regel, die ich mir aus dieser Erfahrung gewonnen habe, lässt sich in wenigen Worten ausdrücken. Als erstes muss man die Ohrfeigen zurückgeben und erst an zweiter Stelle die Almosen. An das Böse sich vor dem Guten erinnern. An alles Gute sich hundert Jahre erinnern, an alles Schlechte – zweihundert. Darin unterscheide ich mich von allen russischen Humanisten des neunzehnten und des zwanzigsten Jahrhunderts.

&lt;1972&gt;

# Galina Pawlowna Sybalowa

Im ersten Kriegsjahr wurde der rußende Docht in der Lampe der Wachsamkeit ein wenig heruntergedreht. Um die Baracke von Artikel achtundfünfzig entfernte man den Stacheldraht, und man ließ die Volksfeinde zur Erfüllung wichtiger Funktionen wie der Tätigkeit eines Heizers, Gehilfen und Wächters zu, die nach der Lagerverfassung nur ein *bytowik*, im schlimmsten Fall ein krimineller Rückfalltäter übernehmen konnte.

Doktor Lunin, Häftling und Chef unserer Sanitätsabteilung, ein Realist und Pragmatiker, fand zu recht, man müsse den Moment ergreifen und das Eisen schmieden, solange es heiß ist. Der Gehilfe im Chemielabor des Kohlereviers von Arkagala wurde beim Diebstahl von staatlichem Glyzerin (Honig! Fünfzig Rubel das Glas!) erwischt, und der ihn ablösende neue Wächter stahl schon in der ersten Nacht das Doppelte – die Lage spitzte sich zu. Auf all meinen Wanderungen durch die Lager habe ich beobachtet, dass jeder Häftling, wenn er auf eine neue Arbeit kommt, sich vor allem umschaut: Was könnte man hier stehlen? Das gilt für alle – von den Barackendiensten bis zu den Verwaltungschefs. Es steckt etwas Mystisches in dieser Neigung des russischen Menschen zum Diebstahl. Zumindest unter den Bedingungen des Lagers, den Bedingungen des Nordens, den Bedingungen der Kolyma.

All diese Momente, die Lösungen für die wiederkehrenden Situationen machen sich auch die Volksfeinde zunutze.

Nach dem Scheitern der Karriere gleich des zweiten *bytowik*-Gehilfen empfahl Lunin mich als Gehilfen im Chemielabor – er wird nämlich die kostbare Chemie nicht stehlen, und den Fassofen zu heizen, auch noch mit Steinkohle, dafür war jeder Häftling nach Artikel achtundfünfzig in jenen Jahren an der Kolyma qualifizierter als irgendein Heizer. Das Bodenwischen auf Matrosenart, den Lappen auf einen Stock gezogen, beherrschte ich gut aus dem Jahr 1939, aus dem Durchgangslager in Magadan. Schließlich hatte ich, der berühmte Magadaner Bodenwischer, mich das ganze Frühjahr 1939 damit beschäftigt und es für mein Leben gelernt.

Ich arbeitete damals im Schacht, erfüllte die »Prozente« – die Kohle hatte nichts zu tun mit dem Goldbergwerk, aber von der märchenhaften Arbeit als Gehilfe im Chemielabor konnte ich natürlich nur träumen.

Ich bekam die Möglichkeit mich auszuruhen, mir Gesicht und Hände zu waschen – der von Kohlestaub getränkte Auswurf sollte erst viele Monate oder auch Jahre nach meiner Zeit als Gehilfe eine helle Farbe annehmen. Über die Farbe des Auswurfs brauchte ich nicht nachzudenken.

Das Labor, das in der Siedlung eine ganze Baracke einnahm und viel Personal hatte – zwei Chemieingenieure, zwei Techniker, drei Laboranten –, leitete die junge hauptstädtische Komsomolzin Galina Pawlowna Sybalowa, eine Vertragsarbeiterin, ebenso wie ihr Mann, Pjotr Jakowlewitsch Podossenow, Autoingenieur und Verwalter des Kraftverkehrsbetriebs des Kohlereviers von Arkagala.

Das Leben der Freien schauen sich die Häftlinge an wie einen Kinofilm – wie ein Drama, einen komischen, einen Landschaftsfilm, nach der klassischen vorrevolutionären Genre-Unterteilung im Filmverleih. Selten treten die Helden des Kinofilms von der Leinwand in den Zuschauersaal des Elektrotheaters (wie das Kinotheater früher hieß). Das

Leben der Freien schauen sich die Häftlinge an wie einen Kinofilm. Das bedeutet ein Vergnügen der besonderen Art. Man braucht nichts zu entscheiden. Einmischen soll man sich nicht in dieses Leben. Vor irgendwelche realen Probleme stellt diese Koexistenz der unterschiedlichen Welten die Häftlinge nicht. Einfach eine andere Welt.

Hier heizte ich die Öfen. Mit Steinkohle muss man umgehen können, aber es ist keine schwierige Wissenschaft. Ich wischte die Böden. Und vor allem behandelte ich meine Zehen – die Osteomyelitis aus dem Jahr achtunddreißig heilte erst auf dem Festland ab, fast schon zum Zwanzigsten Parteitag. Und vielleicht war sie auch da noch nicht abgeheilt.

Ich rollte saubere Flicken auf, wechselte den Verband an den eiternden Zehen beider Füße und erstarrte in Seligkeit vor dem geheizten Ofen, bei einem ganz feinen Schmerz und Reißen in diesen vom Bergwerk verwundeten, vom Gold verkrüppelten Zehen. Vollkommene Seligkeit erfordert auch ein wenig Schmerz, davon zeugen die Gesellschafts- wie die Literaturgeschichte.

Jetzt dröhnte und schmerzte mein Kopf, die schmerzenden Zehen hatte ich vergessen, das eine Gefühl wurde vom anderen, prägnanteren, für das Leben wichtigeren verdrängt.

Ich hatte mich noch an nichts erinnert, nichts gelöst, nichts gefunden, aber mein ganzes Hirn, seine vertrockneten Zellen spannten sich alarmiert an. Das für den Kolymabewohner unnötige Gedächtnis – tatsächlich, was braucht ein Lagerbewohner ein so unzuverlässiges, so hinfälliges, so zupackendes und so mächtiges Gedächtnis? – sollte mir eine Lösung eingeben. Ach, was hatte ich früher für ein Gedächtnis, vor vier Jahren! Mein Gedächtnis war wie ein Schuss, und wenn ich mich an etwas nicht sofort erinnern konnte – wurde ich krank und konnte mich mit nichts beschäftigen, bis mir einfiel, was ich brauchte. Solche Fälle der verzögerten Herausgabe hatte es in meinem Leben sehr selten, ein paar wenige Male gegeben. Schon die Erinnerung an so eine Verzögerung wirkte anspornend, beschleunigend auf die ohnehin schnelle Arbeit des Gedächtnisses.

Doch mein heutiges Arkagala-Hirn, erschöpft von der Kolyma des Jahres achtunddreißig, gequält von vier Jahren Wanderschaft zwischen Krankenhaus und Mine, hütete ein Geheimnis und wollte sich dem Befehl, der Bitte, dem Flehen, dem Gebet, der Klage einfach nicht beugen.

Ich flehte mein Gehirn an, wie man ein höheres Wesen anfleht, zu antworten, mir irgendeine Wand aufzutun, irgendeine dunkle Spalte zu erleuchten, in der verborgen ist, was ich suche.

Und das Hirn erbarmte sich, erfüllte die Bitte, bequemte sich meinem Flehen.

Was war das für eine Bitte?

Ich sprach ohne Ende den Nachnamen meiner Laborleiterin – Galina Pawlowna Sybalowa! Sybalowa, Pawlowna! Sybalowa!

Irgendwo hatte ich diesen Namen gehört. Ich kannte einen Menschen mit diesem Nachnamen. Sybalow – nicht Iwanow, nicht Petrow, nicht Smirnow. Das ist ein Name aus den Hauptstädten. Und plötzlich, vor Anspannung schwitzend, erinnerte ich mich. Nicht Moskau, nicht Leningrad, nicht Kiew waren es gewesen, wo der Mensch mit dem hauptstädtischen Namen in meiner Nähe war.

1929, während meiner ersten Haftzeit im Nordural, in Beresniki, war ich bei der Arbeit in der Sodafabrik Beresniki einem Ökonomen, dem Chef der Planabteilung, dem Verbannten Sybalow begegnet, Pawel Pawlowitsch, glaube ich. Sybalow war Mitglied des ZK der Menschewiki*, und man zeigte ihn anderen Verbannten aus der Ferne, von der

Türschwelle des Kontors der Sodafabrik, in der Sybalow arbeitete. Bald, nach Beginn der aufsehenerregenden Prozesse, wurde Beresniki überschwemmt von einem Strom der verschiedensten Häftlinge – von Verbannten, Lagerhäftlingen, umgesiedelten Kolchosbauern –, und der Name Sybalow trat unter den neuen Helden etwas in den Schatten. Sybalow war nicht mehr die Sehenswürdigkeit von Beresniki.

Die Sodafabrik selbst, das ehemalige Solvay*, wurde Teil des Chemiekombinats von Beresniki, ging auf in einer der Giganten-Baustellen des ersten Fünfjahrplans, Beresnikchimstroj, die Hunderttausende Arbeiter, Ingenieure und Techniker aufnahm, einheimische und ausländische. Es gab in Beresniki eine Siedlung von Ausländern, einfachen Verbannten, Spezialumsiedlern und Lagerinsassen. Allein an Lagerinsassen brachen zu einer Schicht bis zu zehntausend Mann auf. Eine Baustelle mit unwahrscheinlicher Fluktuation, in der im Monat dreitausend Freie per Vertrag und Anwerbung aufgenommen wurden und viertausend ohne Abrechnung flohen. Diese Baustelle wartet noch auf ihre Beschreibung. Die Hoffnungen auf Paustowskij haben sich nicht erfüllt. Paustowskij schrieb und beendete dort »Kara-Bugas«, er versteckte sich vor der brodelnden, tobenden Menge im Hotel in Beresniki und streckte die Nase nicht auf die Straße hinaus.

Der Ökonom Sybalow wechselte vom Dienst in der Sodafabrik zu Beresnikchimstroj – dort gab es mehr Geld, auch die Dimensionen waren andere, und auch das Kartensystem* machte sich bemerkbar.

Im Chemiekombinat von Beresniki leitete er einen Zirkel ›ökonomische Bildung für Freiwillige‹. Ein kostenloser Zirkel für alle Interessierten. Der Zirkel war die gesellschaftliche Arbeit von Pawel Pawlowitsch Sybalow, und er traf sich im Hauptkontor von Chimstroj. In diesem Zirkel war ich ein paar Mal bei Sybalow im Unterricht.

Sybalow, ein Professor aus der Hauptstadt, ein Verbannter, leitete die Veranstaltung mit Vergnügen und Leichtigkeit. Er sehnte sich nach den Vorlesungen, nach dem Unterrichten. Ich weiß nicht, ob er in seinem Leben elftausend Vorlesungen gehalten hat wie ein anderer Lagerbekannter von mir, aber dass sie nach Tausenden zählten, war gewiss.

Dem Verbannten Sybalow starb in Beresniki die Frau, ihm blieb eine Tochter, ein Mädchen von etwa zehn Jahren, das manchmal während unseres Unterrichts zum Vater kam.

In Beresniki kannte man mich gut. Ich hatte es abgelehnt, mit Bersin an die Kolyma zu fahren, zur Eröffnung von Dalstroj, und versucht, in Beresniki Arbeit zu finden*.

Aber als was? Als Jurist? Ich hatte eine unabgeschlossene juristische Ausbildung. Niemand anders als Sybalow riet mir zur Annahme einer Stelle als Leiter des Büros für Arbeitsökonomie, BET, bei der Wärmeelektrozentrale Beresniki, der TEZ, so die berühmten linguistischen Glücksgriffe* jener Zeit, die auch bei uns, auf der Baustelle des ersten Fünfjahrplans, sofort aufkamen. Direktor des TEZ war ein Schädling – der Ingenieur Kapeller, ein Mann, der durch den Schachty- oder irgendeinen anderen Prozess gegangen war. Die TEZ war schon Ausbeutung und nicht mehr Baustelle, die Inbetriebsetzung zog sich unverschämt hin, aber diese Unverschämtheit war zum Gesetz erhoben. Kapeller, zu zehn oder sogar fünfzehn Jahren verurteilt, war einfach unfähig, sich auf den Ton dieser ganzen lärmenden Baustelle einzustellen, auf der die Arbeiter und Techniker täglich wechselten und auf der schließlich die Chefs verhaftet und erschossen und Züge mit Verbannten, Opfern der Kollektivierung, ausgeladen wurden. Kapeller war bei sich in Kisel für wesentlich geringere Vergehen verurteilt worden, [als] die Schludereien in der Produktion, die hier zu einer machtvollen Lawine anwuchsen. Neben seinem Kabinett klopften noch die Hämmer, und zu dem von der Firma »Hanomag« montierten Kessel rief Moskau schon mit Telegrammen Heilkundige aus dem Ausland herbei.

Kapeller stellte mich ein, stellte mich überaus gleichgültig ein – ihn beschäftigten technische Fragen und technische Tragödien, die nicht geringer waren als die ökonomischen und alltagspraktischen.

Zu Kapellers Unterstützung hatte die Parteiorganisation als Stellvertretenden Direktor für die Produktionsberatungen Timofej Iwanowitsch Ratschew empfohlen, einen wenig kenntnisreichen, aber tatkräftigen Mann, der vor allem die Bedingung stellte, niemanden »die Klappe aufreißen zu lassen«. Das Büro für Arbeitsökonomie war Ratschew unterstellt, und ich habe lange bei mir ein Blatt mit seiner Anordnung aufbewahrt. Die Heizer hatten eine große begründete Eingabe eingereicht über zu geringe Löhne, über ihre Neuberechnung – lange waren sie zu Ratschew gelaufen in dieser Frage. Ohne ihren Bericht durchzulesen, schrieb Ratschew: »An den Leiter BET Gen. Schalamow. Bitte um Klärung und nach Möglichkeit Ablehnung.«

An diese Arbeit war ich, ein Jurist mit nicht abgeschlossener Ausbildung, eben auf Sybalows Raten gekommen.

»Nur Mut! Gehen Sie hin und fangen Sie an. Selbst wenn man Sie nach zwei Wochen hinauswirft – früher wird man nach Kollektivvertrag nicht entlassen –, werden Sie in diesen zwei Wochen eine gewisse Erfahrung sammeln. Dann treten Sie wieder an. Fünf solcher Entlassungen, und Sie sind fertiger Ökonom. Haben Sie keine Angst. Wenn Sie auf Schwierigkeiten treffen, kommen Sie. Ich helfe Ihnen. Ich werde ja nirgendwohin verschwinden. Unterliege nicht den Gesetzen der Fluktuation.«

Ich nahm diese gut bezahlte Stelle an.

Zur gleichen Zeit organisierte Sybalow eine Abend-fachschule für Ökonomie. Pawel Pawlowitsch (ich glaube, Pawlowitsch) war der Hauptdozent an dieser Fachschule. Ich sollte dort ebenfalls einen Kurs zur »Hygiene und Physiologie der Arbeit« halten.

Ich hatte schon einen Antrag bei dieser neuen Fachschule eingereicht, hatte den Plan der ersten Stunde im Kopf, als ich plötzlich einen Brief aus Moskau erhielt. Meine Eltern waren am Leben, meine Universitätskollegen waren auch am Leben, und in Beresniki zu bleiben kam dem Tod gleich. Ich verließ die TEZ ohne Abrechnung, und Sybalow blieb in Beresniki.

An all das erinnerte ich mich in Arkagala, im Chemielabor des Kohlereviers von Arkagala, an der Schwelle zum Geheimnis der Huminsäuren*.

Die Rolle des Zufalls ist sehr groß im Leben, und obwohl die allgemeine Weltordnung das Ausnutzen eines Zufalls zu persönlichen Zwecken straft, kommt es vor, dass sie auch nicht straft. Die Frage mit Sybalow musste ergründet werden. Aber vielleicht auch nicht. Mir fehlte es in jener Zeit schon nicht mehr an einem Stück Brot. Der Schacht ist nicht das Bergwerk, die Kohle nicht das Gold. Vielleicht lohnte es nicht, dieses Kartenhaus zu bauen – der Wind wird das Bauwerk umwerfen und in alle vier Himmelsrichtungen zerstreuen.

Die Verhaftung in der »Juristen-Affäre« vor drei Jahren hatte mir ja ein wichtiges Lagergesetz beigebracht: sich niemals mit Bitten an Menschen zu wenden, die man persönlich aus der Freiheit kennt – die Welt ist klein, solche Begegnungen kommen vor. Fast immer an der Kolyma ist so eine Bitte unangenehm, manchmal unmöglich, manchmal führt sie zum Tod des Bittenden.

Diese Gefahr ist an der Kolyma – so wie in jedem Lager – vorhanden. Ich hatte eine Begegnung mit Tschekanow,

meinem Zellennachbarn aus dem Butyrka-Gefängnis. Tschekanow erkannte mich nicht nur wieder unter der Menge der
Arbeiter, als er unseren Abschnitt als Vorarbeiter übernahm,
er riss mich jeden Tag am Arm aus dem Verband, schlug
mich und setzte mich bei den schwersten Arbeiten ein, bei
denen ich natürlich auch die Prozente nicht bringen konnte.
Tschekanow trug dem Abschnittschef jeden Tag über mein
Betragen vor und versicherte ihm, er werde diese Kanaille
vernichten, er streite die persönliche Bekanntschaft nicht
ab, aber werde seine Ergebenheit zeigen und das Vertrauen
rechtfertigen. Tschekanow war nach demselben Paragraphen
verurteilt wie ich. Am Ende schob mich Tschekanow in einen Strafpunkt ab, und ich blieb am Leben.

Ich kannte auch Oberst Uschakow, den Chef der Ermitt-
lungs- und später der Binnenwasserabteilung der Kolyma
– kannte Uschakow als einfachen Kriminalpolizisten, der
verurteilt war für ein Dienstvergehen.

Ich habe niemals versucht, Oberst Uschakow an mich zu
erinnern. Ich wäre in kürzester Zeit umgebracht worden.

Zu guter Letzt kannte ich sämtliche hohen Chefs an der
Kolyma, angefangen von Bersin selbst: Waskow*, Majssuradse, Filippow, Jegorow, Zwirko.

Mit der Lagertradition bekannt, bin ich niemals aus den
Reihen der Häftlinge hervorgetreten, um eine Bitte an einen
mir persönlich bekannten Chef zu richten, auf mich aufmerksam zu machen.

In der »Juristenaffäre« bin ich nur zufällig einer Kugel
entgangen, Ende 1938 im Bergwerk »Partisan«, während
der Erschießungen an der Kolyma. In der »Juristen-Affäre« richtete sich die gesamte Provokation gegen den Vorsitzenden des Dalkraj*-Gerichts Winogradow. Man warf
ihm vor, er habe seinem Kollegen von der Fakultät für
Sowjetisches Recht Dmitrij Sergejewitsch Parfentjew, dem

ehemaligen Staatsanwalt von Tscheljabinsk und Staatsanwalt von Karelien, Brot gegeben und ihn zur Arbeit eingestellt.

Bei seinem Besuch im Bergwerk »Partisan« hatte es der Vorsitzende des Dalkraj-Gerichts Winogradow nicht für nötig gehalten, seine Bekanntschaft mit dem Hauer – Professor Parfentjew – zu verbergen, und er hatte den Bergwerkschef L.M. Anissimow gebeten, Parfentjew zu einer leichteren Arbeit einzusetzen.

Der Befehl wurde sofort ausgeführt und Parfentjew zum Hämmerer bestimmt – eine leichtere Arbeit fand sich im Bergwerk nicht, aber immerhin nicht im Wind bei sechzig Grad Frost in der offenen Grube, nicht das Brecheisen, nicht die Schaufel, nicht die Hacke. Zwar die Schmiede mit einer halbgeöffneten Flügeltür, mit offenen Fenstern, aber trotzdem ist dort das Feuer des Schmiedeherds, dort kann man wenn nicht der Kälte, so doch dem Wind entgehen. Und der Trotzkist Parfentjew, der Volksfeind Parfentjew war an einer Lunge operiert wegen Tuberkulose.

Den Wunsch Winogradows erfüllte der Chef des Bergwerks Partisan Leonid Michajlowitsch Anissimow, doch er schrieb sofort einen Rapport an alle gebotenen und denkbaren Instanzen. Die »Juristen-Affäre« war eingeleitet. Hauptmann Stolbow, der SPO*-Chef von Magadan, verhaftete alle Juristen an der Kolyma, prüfte ihre Verbindungen, bemaß die Fangschlinge der Provokation, warf sie aus und zog sie straff.

Im Bergwerk »Partisan« wurden Parfentjew und ich verhaftet, nach Magadan gebracht und ins Magadaner Gefängnis gesetzt.

Doch am Tag darauf wurde Hauptmann Stolbow selbst verhaftet und sämtliche auf von ihm unterzeichnete Anweisungen hin Verhafteten freigelassen.

Ich habe davon ausführlich in meiner Erzählung »Die Juristenverschwörung«* erzählt, in der jeder Buchstabe dokumentarisch ist.

Entlassen wurde ich nicht in die Freiheit, die Freiheit der Kolyma verstanden als die freie Unterbringung gleichfalls im Lager, jedoch in der allgemeinen Baracke und mit denselben Rechten wie die anderen. An der Kolyma gibt es keine Freiheit.

Entlassen wurde ich gemeinsam mit Parfentjew ins Durchgangslager, in ein Dreißigtausender Transitlager – entlassen mit einem besonderen lila Stempel auf der Akte: »Eingetroffen aus dem Gefängnis Magadan«. Dieser Stempel verdammte mich auf unendliche Jahre dazu, unter der Laterne der Wachsamkeit, unter der Aufmerksamkeit der Leitung zu stehen, bis der lila Stempel auf der alten Akte ersetzt wurde durch den neuen reinen Umschlag einer neuen Akte, einer neuen Haftstrafe. Gut noch, wenn diese neue Strafe nicht »in Gewicht« verabreicht wurde – einer Kugel von sieben Gramm. Übrigens, ob gut oder nicht, die »in Gewicht« verabreichte Strafe hätte mich von vielen weiteren Qualen befreit, vieljährigen Qualen, die niemand brauchte, nicht einmal ich selbst zur Vergrößerung meiner seelischen oder moralischen Erfahrung und physischen Stärke.

Meiner ganzen Wanderschaft nach der Verhaftung in der »Juristenaffäre« im Bergwerk »Partisan« eingedenk, habe ich es mir jedenfalls zur Regel gemacht: Wende dich niemals aus eigener Initiative an Bekannte und ruf die Geister des Festlands nicht an die Kolyma.

Aber im Fall Sybalowas schien mir aus irgendeinem Grund, dass ich der Besitzerin dieses Namens keinen Schaden zufüge. Sie war ein guter Mensch, und wenn sie einen Unterschied machte zwischen einem Freien und einem

Häftling, dann nicht als aktive Feindin des Häftlings – das bringt man allen Vertragsarbeitern in allen Politabteilungen des Dalstroj schon bei Vertragsabschluss bei. Der Häftling spürt in einem Freien immer eine Nuance: steht etwas in den Verträgen, das über die staatlichen Dienstanweisungen hinausgeht, oder nicht. Die Nuancen sind hier zahlreich – so zahlreich wie die Menschen selbst. Doch es gibt eine Grenze, einen Übergang, eine Trennlinie von Gut und Böse, eine moralische Grenze, die man sofort spürt.

Galina Pawlowna und auch ihr Mann Pjotr Jakowlewitsch vertraten nicht die Extremposition des aktiven Feindes jedes Häftlings, allein schon darum, weil ihr Mann Häftling war, obwohl Galina Pawlowna Komsomolsekretärin des Kohlereviers von Arkagala war. Pjotr Jakowlewitsch war parteilos.

An den Abenden blieb Galina Pawlowna oft im Labor – die Familienbaracke, in der sie wohnten, war wohl kaum gemütlicher als die Kabinette des Chemielabors.

Ich fragte Galina Pawlowna, ob sie in Beresniki im Ural gelebt hat Ende der zwanziger, Anfang der dreißiger Jahre.

»Ja!«

»Und Ihr Vater ist Pawel Pawlowitsch Sybalow?«

»Pawel Ossipowitsch.«

»Ganz richtig. Pawel Ossipowitsch. Und Sie waren ein Mädchen von etwa zehn Jahren.«

»Vierzehn.«

»Trugen einen bordeauxroten Mantel.«

»Einen kirschroten Pelz.«

»Gut, einen Pelz. Sie haben Pawel Ossipowitsch das Frühstück gebracht.«

»Ja. Meine Mutter ist dort gestorben, in Tschurtan.« Pjotr Jakowlewitsch saß gleich nebenan.

»Sieh nur, Petja*, Warlam Tichonowitsch kennt Papa.«

»Ich habe seinen Zirkel besucht.«

»Und Petja stammt aus Beresniki. Er ist von dort. Seine Eltern haben ein Haus in Weretje.«

Podossenow nannte mir einige Namen, die in Beresniki und Ussolje, in Solikamsk, in Weretje, in Tschurtan und Dedjuchino bekannt waren – die Sobjanikows, die Kitschins –; aber durch die Umstände meiner Biographie hatte ich keine Möglichkeit gehabt, mich an dort Einheimische zu erinnern und sie zu kennen.

Für mich klangen all diese Namen wie »Tschiktosy und Komantschi«*, wie Verse in einer fremden Sprache, aber Pjotr Jakowlewitsch sprach sie wie Gebete, immer begeisterter.

»Heute ist das alles mit Sand zugeschüttet«, sagte Podossenow. »Das Chemiekombinat.«

»Und Papa ist jetzt im Donbass*«, sagte Galina Pawlowna, und ich verstand, dass ihr Vater erneut verbannt war.

Dabei blieb es. Ich spürte wahre Zufriedenheit und Freude, weil mein armes Hirn so gut funktionierte. Eine rein akademische Zufriedenheit.

Etwa zwei Monate waren vergangen, nicht mehr, Galina Pawlowna kam zur Arbeit und rief mich in ihr Kabinett.

»Ich habe einen Brief von Papa bekommen. Hier.«

Ich las die deutlichen Zeilen einer großen, mir ganz unbekannten Schrift:

»Schalamow kenne ich nicht und erinnere mich nicht an ihn. Ich habe ja solche Zirkel zwanzig Jahre lang veranstaltet in der Verbannung, wo immer ich war. Ich veranstalte sie noch heute. Es geht nicht darum. Was hast du mir für einen Brief geschrieben? Was ist das für eine Überprüfung? Und wessen? Schalamows? Deiner selbst? Meiner Person? Was mich betrifft«, schrieb Pawel Ossipowitsch Sybalow in großer Schrift, »lautet meine Antwort so. Geh mit Schalamow um, wie Du mit mir umgehen würdest, wenn Du mich an der Kolyma anträfst. Aber um meine Antwort zu kennen, hättest du keinen Brief schreiben müssen.«

»Sehen Sie, was herausgekommen ist«, sagte Galina Pawlowna gekränkt. »Sie kennen Papa schlecht. Er wird mir diesen Patzer niemals verzeihen.«

»Ich habe Ihnen nichts Besonderes gesagt.«

»Auch ich habe Papa nichts Besonderes geschrieben. Aber sehen Sie, wie Papa diese Dinge betrachtet. Jetzt können Sie schon nicht mehr als Gehilfe arbeiten«, überlegte Galina Pawlowna traurig. »Wieder einen neuen Gehilfen suchen. Und Sie stelle ich als Techniker ein – wir haben eine Vakanz bei den Stellen für Freie. Wenn Swischtschew abreist, der Chef des Kohlereviers, wird ihn Oberingenieur Jurij Iwanowitsch Kotschura ersetzen. Und über ihn werde ich Sie einstellen lassen.«

Aus dem Labor wurde niemand entlassen, ich musste niemanden verdrängen, und angeleitet und unterstützt von den Ingenieuren Sokolow und Oleg Borissowitsch Maksimow, letzterer noch heute rüstiges Mitglied der Fernöstlichen Akademie der Wissenschaften, begann ich meine Karriere als Laborant und Techniker.

Für den Mann von Galina Pawlowna, Pjotr Jakowlewitsch Podossenow, schrieb ich auf seine Bitte eine große literaturwissenschaftliche Arbeit – ich verfasste aus dem Gedächtnis ein Wörterbuch der Ganovenausdrücke, ihre Entstehung, Veränderungen, Auslegungen. Das Wörterbuch hatte etwa sechshundert Wörter – nicht wie jene Spezialliteratur, die die Kriminalpolizei für ihre Mitarbeiter herausgibt, sondern unter einem anderen, umfassenderen Aspekt und in subtilerer Form. Das Wörterbuch, das ich Podossenow geschenkt habe, ist die einzige Prosaarbeit, die ich an der Kolyma geschrieben habe.

Mein ungetrübtes Glück wurde dadurch nicht verdüstert, dass Galina Pawlowna ihren Mann verließ, die Liebesgeschichte blieb ein Kinofilm. Ich war nur Zuschauer, und dem Zuschauer vermittelte selbst die Großaufnahme eines fremden Lebens, eines fremden Dramas, einer fremden Tragödie nicht die Illusion des Lebens.

Und nicht die Kolyma, eine Gegend der extremen Zuspitzung sämtlicher Aspekte des Familien- und des Frauenproblems, einer Zuspitzung bis zum Abnormen und zur Verschiebung jeglicher Maßstäbe, war der Grund für das Zerfallen dieser Familie.

Galina Pawlowna war ein kluger Kopf, eine Schönheit mit leicht mongolischem Einschlag, Chemieingenieurin, Vertreterin des damals modischsten, allerneusten Berufs, die einzige Tochter eines russischen politischen Verbannten.

Pjotr Jakowlewitsch war ein schüchterner Permjake, der seiner Frau in allem nachstand – in den Fähigkeiten wie den Interessen und den Ansprüchen. Dass die Eheleute kein Paar waren, sprang ins Auge, und obwohl es für Familienglück kein Gesetz gibt, schien es dieser Familie bestimmt, zu zerfallen – wie übrigens jeder Familie.

Beschleunigend, als Katalysator in diesem Zerfallsprozess wirkte die Kolyma.

Galina Pawlowna hatte eine Liebesaffäre mit dem Oberingenieur des Kohlereviers Jurij Iwanowitsch Kotschura, nicht eine Affäre, sondern vielmehr eine zweite Liebe. Und Kotschura hatte Kinder, hatte Familie. Ich wurde Kotschura auch vorgeführt, bevor ich die Weihen als Techniker bekam.

»Das ist er, Jurij Pawlowitsch.«

»Gut«, sagte Jurij Pawlowitsch und sah weder mich noch Galina Pawlowna an, sondern schaute direkt vor sich auf den Boden. »Reichen Sie den Rapport zur Anstellung ein.«

Allerdings stand in diesem Drama alles noch bevor. Kotschuras Frau machte eine Eingabe bei der Politverwaltung des Dalstroj, es begannen Besuche der Kommission, Zeugenvernehmungen, Unterschriftensammlung. Die Staatsmacht nutzte ihren gesamten Apparat zur Verteidigung der ersten Familie, für die sie in Moskau den Vertrag mit Dalstroj unterzeichnet hatte.

Auf den Rat aus Moskau, eine Trennung werde die Liebe garantiert töten und Jurij Pawlowitsch seiner Frau zurückgeben, entließen die obersten Magadaner Instanzen Galina Pawlowna und versetzten sie an einen anderen Ort.

Selbstverständlich kam bei solchen Versetzungen nie etwas heraus und konnte nichts herauskommen. Dennoch ist die Trennung von der Geliebten der einzige staatlich gebilligte Weg zur Verbesserung der Lage. Andere Methoden als die aus »Romeo und Julia« existieren nicht. Das ist eine Tradition der Urgesellschaft, und die Zivilisation hat zu dieser Frage nichts Neues beigetragen.

Nach der Antwort ihres Vaters war Galina Pawlownas und mein Verhältnis vertrauensvoller geworden.

»Postnikow ist hier, Warlam Tichonowitsch, der mit den Händen.«

Und ob ich Postnikow mit den Händen sehen wollte!

Vor einigen Monaten, als ich noch in Kadyktschan schuftete und eine Versetzung nach Arkagala – auch nur in den Kohleschacht, nicht ins Labor – als unvorstellbares Wunder erschien, war eben in unsere Baracke, das heißt ein Segeltuchzelt, das für die sechzig Grad Frost mit einer Schicht Teerpappe oder Ruberoid, ich weiß nicht mehr, und zwanzig Zentimetern Luft gewärmt wurde – die Luftschicht entsprechend der Magadan-Moskauer Instruktion –, nachts ein Flüchtiger aufgetaucht.

Durch Arkagala, durch die Tajga von Arkagala, ihre Flüsschen, Bergkuppen und Talkessel, führt der kürzeste Landweg vom Festland her – über Jakutien, den Aldan, die Kolyma, die Indigirka.

Die Marschroute der Ausbrecher, ihre geheimnisvolle Karte tragen die Flüchtigen in der Brust – die Menschen laufen und erahnen die Richtung mit einer inneren Witterung. Und diese Richtung stimmt, wie die Flugroute der Gänse oder Kraniche. Tschukotka ist ja keine Insel, sondern eine Halbinsel, und Festland nennt man das Große Land aufgrund von tausend Analogien: der weite Seeweg, die Abfahrt aus Häfen, vorüber an der Insel Sachalin, dem Ort der zaristischen *katorga*.

All das weiß auch die Leitung. Darum stehen im Sommer eben um Arkagala herum Posten, fliegende Einsatztrupps, Operativgruppen in Zivil und in Uniform.

Vor einigen Monaten hatte der Unterleutnant Postnikow einen Flüchtigen gefasst, ihn nach Kadyktschan zu bringen über zehn, fünfzehn Kilometer hatte er keine Lust, und der Unterleutnant erschoss den Flüchtigen auf der Stelle.

Was weist man vor in der Registratur bei einer Fahndung beinahe auf der ganzen Welt? Wie identifiziert man einen Menschen? Es gibt einen Pass, einen sehr genauen – das ist der daktyloskopische Abdruck aller zehn Finger. Solche Fingerabdrücke liegen in der Akte jedes Häftlings – in Moskau, in der zentralen Kartothek, und in Magadan, in der lokalen Verwaltung.

Um sich nicht die Mühe zu machen, den gefassten Häftling nach Arkagala zu bringen, schlug der junge Leutnant dem Flüchtigen mit der Axt beide Hände ab, steckte sie in seine Tasche und lief los, um das Ergreifen des Häftlings zu melden.

Der Flüchtige aber stand auf und erschien nachts in unserer Baracke, bleich, nach großem Blutverlust, sprechen konnte er nicht, er streckte nur die Arme vor. Unser Brigadier lief nach dem Begleitposten, und der Flüchtige wurde weggebracht in die Tajga.

Ob man den Flüchtigen lebend nach Arkagala überstellte oder ihn einfach in die Büsche führte und endgültig umbrachte – das wäre der einfachste Ausweg gewesen für den Flüchtigen wie den Begleitposten wie für den Unterleutnant Postnikow.

Bestraft wurde Postnikow nicht. Und es hatte auch niemand eine solche Strafe erwartet. Aber gesprochen wurde viel über Postnikow, selbst in jener hungrigen Sklavenwelt, in der ich damals lebte – der Vorfall war frisch.

Darum kam ich, ein Stück Kohle in der Hand, um den Ofen aufzufüllen und zu schüren, ins Kabinett des Chefs.

Postnikow war hellblond, aber nicht wie ein Albino, sondern eher der nördliche, blauäugige, Eismeer-Typ – etwas über mittelgroß. Ein ganz und gar gewöhnlicher Mensch.

Ich erinnere mich, ich sah ihn gierig an und suchte wenigstens nach einem winzigen Zeichen des Lavater-, des Lombroso-Typs* im erschrockenen Gesicht des jungen Leutnants Postnikow ...

Wir saßen am Abend am Ofen, und Galina Pawlowna sagte:

»Ich möchte mich mit Ihnen beraten.«

»Worüber denn?«

»Über mein Leben.«

»Seit ich erwachsen bin, Galina Pawlowna, lebe ich nach einem wichtigen Gebot: ›Du sollst nicht belehren deinen Nächsten.‹ Wie im Evangelium. Jedes Schicksal ist unwiederholbar. Jedes Rezept falsch.«

»Und ich dachte, dass Schriftsteller ...«

»Das Unglück der russischen Literatur, Galina Pawlowna, besteht darin, dass sie sich in fremde Angelegenheiten mischt, fremde Schicksale lenkt und sich zu Fragen äußert, von denen sie nichts versteht – ohne jedes Recht, in moralische Probleme hineinzureden und zu verurteilen, ohne etwas zu wissen und wissen zu wollen.«

»Gut. Dann erzähle ich Ihnen ein Märchen, und Sie beurteilen es als literarisches Werk. Alle Verantwortung für das Konventionelle oder Realistische – was mir als ein und dasselbe erscheint – übernehme ich.«

»Hervorragend. Probieren wir es mit einem Märchen.«

Galina Pawlowna zeichnete schnell die Skizze eines höchst banalen Dreiecks, und ich riet ihr, ihren Mann nicht zu verlassen.

Aus tausend Gründen. Erstens die Gewohnheit, die Vertrautheit mit einem Menschen, wie gering sie auch sei, aber unersetzlich, während dort – das Unerwartete ist, ein Korb voller Überraschungen. Natürlich, auch ihn kann man verlassen.

Der zweite Grund – Pjotr Jakowlewitsch Podossenow war offenkundig ein guter Mensch. Ich war in seiner Heimat gewesen, hatte für ihn mit echter Sympathie eine Arbeit über die Ganoven geschrieben, Kotschura dagegen kannte ich gar nicht.

Schließlich drittens, und vor allem, ich mag keine Veränderungen. Ich komme zum Schlafen nach Hause, in das Haus, in dem ich wohne, Neues mag ich nicht einmal in der Möblierung, mit Mühe gewöhne ich mich an ein neues Möbelstück.

Stürmische Veränderungen sind in meinem Leben immer ohne meinen Willen geschehen, aus irgendjemandes offenkundig bösem Willen, denn ich habe niemals Veränderungen gesucht, nichts Besseres als das Gute gesucht.

Es gab auch einen Grund, der dem Ratenden seine Todsünde leichter machte. In Angelegenheiten des eigenen Herzens nimmt man nur solche Ratschläge an, die nicht gegen den eigenen inneren Willen gehen – alle anderen werden abgelehnt oder durch ein Vertauschen der Begriffe zunichte gemacht.

Wie jedes Orakel riskierte ich nicht viel. Ich riskierte nicht einmal meinen guten Namen.

Ich warnte Galina Pawlowna, dass mein Rat rein literarisch und keinerlei moralische Verpflichtung mit ihm verbunden sei.

Aber ehe Galina Pawlowna eine Entscheidung traf, mischten sich höhere Kräfte ein, in vollem Einvernehmen mit den Traditionen der Natur, die Arkagala zu Hilfe eilten.

Pjotr Jakowlewitsch Podossenow, Galina Pawlownas Mann, wurde getötet. Ein Ausgang wie bei Aischylos. Mit gut studierter Sujetsituation. Podossenow wurde in der winterlichen Dunkelheit von einem passierenden Fahrzeug überfahren und starb im Krankenhaus. Solche Autounfälle sind an der Kolyma häufig, und von der Möglichkeit eines Selbstmords wurde gar nicht gesprochen. Und er hätte sich auch nicht umgebracht. Er war ein wenig Fatalist: Wenn es nicht sein soll, soll es nicht sein. Wie sich aber zeigte, sollte es doch sein, allzu sehr sollte es sein. Man hätte Podossenow eben nicht töten müssen. Tötet man etwa für einen guten Charakter? Natürlich, an der Kolyma ist das Gute Sünde, aber auch das Böse ist Sünde. Dieser Tod entschied nichts, löste, zerschnitt keine Knoten – alles blieb beim Alten. Man sah nur, dass sich die höheren Kräfte interessierten für diese kleine, winzige Kolyma-Tragödie, sich interessierten für ein Frauenschicksal.

Auf die Stelle von Galina Pawlowna kam ein neuer Chemiker, ein neuer Leiter. Gleich mit der ersten Anweisung entließ er mich, das hatte ich erwartet. In Hinsicht auf die Häftlinge – und auch die Freien, scheint mir – kommt die Leitung an der Kolyma ohne Formulierung von Gründen aus, und ich erwartete auch keinerlei Erklärung. Das wäre zu literarisch, zu sehr nach dem Geschmack der russischen

Klassiker. Der Lager-Einsatzleiter brüllte einfach beim morgendlichen Ausrücken meinen Namen unter denen der Häftlinge von der Liste, die in den Schacht geschickt werden, ich stellte mich ins Glied, richtete die Handschuhe, der Begleitposten zählte uns, gab das Kommando, und ich nahm den gut bekannten Weg.

Galina Pawlowna habe ich niemals mehr wiedergesehen.

1970-1971

# Ljoscha Tschekanow,
# oder Mitangeklagte an der Kolyma

Ljoscha Tschekanow, ein Bauernjunge und ausgebildeter Bautechniker, war im Frühling und Sommer 1937 mein Pritschennachbar in Zelle 69 des Butyrka-Gefängnisses.

Als *starosta** der Zelle hatte ich Ljoscha Tschekanow, wie auch vielen anderen, erste Hilfe erwiesen: Ich gab ihm die erste Spritze, eine Injektion mit einem Elixier aus Munterkeit, Hoffnung, Kaltblütigkeit, Zorn und Eigenliebe – die komplexe Arzneimischung, die der Mensch im Gefängnis braucht, besonders der Neuling. Dasselbe Gefühl drücken die Ganoven – und die jahrhundertlange Erfahrung kann man ihnen nicht absprechen – in den bekannten drei Geboten aus: glaube nichts, fürchte nichts und bitte um nichts.

Ljoscha Tschekanows Geist war gestärkt, und im Juli fuhr er in die fernen Regionen an der Kolyma. Ljoscha war am selben Tag verurteilt worden wie ich, verurteilt nach demselben Artikel zu derselben Haftzeit. Wir wurden in einem gemeinsamen Waggon an die Kolyma gebracht.

Wir hatten die Tücke der Leitung unterschätzt – aus einem Paradies auf Erden sollte sich die Kolyma zu unserer Ankunft in eine Hölle auf Erden verwandeln.

Wir wurden zum Sterben an die Kolyma gebracht, und von Dezember 1937 an warf man uns in Garanins Erschießungen, in die Schläge und den Hunger. Listen der Erschossenen wurden Tag und Nacht verlesen.

357

Alle, die nicht an der Serpantinnaja umkamen – dem Untersuchungsgefängnis der Bergwerksverwaltung, dort wurden 1938 zum Knattern der Traktoren Zehntausende erschossen –, erschoss man nach Listen, die jeden Tag zum Orchester, zum Tusch zwei Mal täglich beim Ausrücken, zur Tag- und zur Nachtschicht, verlesen wurden.

Zufällig am Leben geblieben nach diesen blutigen Ereignissen, entkam ich nicht dem mir noch in Moskau zugemessenen Los: 1943 erhielt ich eine neue zehnjährige Haftstrafe.

Ich lief Dutzende Male »auf Grund«, wanderte vom Bergwerk ins Krankenhaus und zurück und fand mich im Dezember dreiundvierzig auf einer winzigen Außenstelle, die ein neues Bergwerk baute, »Spokojnyj«.

Die Vorarbeiter oder, wie man sie an der Kolyma nennt, die Aufseher waren für mich Personen von zu hohem Rang, mit einer besonderen Mission, mit einem besonderen Schicksal, deren Lebenslinien sich nicht mit meinen kreuzen konnten.

Unseren Vorarbeiter hatte man irgendwohin versetzt. Jeder Häftling hat ein Schicksal, das mit den Schlachten zwischen irgendwelchen höheren Kräfte verflochten ist. Der Häftling und Mensch oder Mensch und Häftling wird, ohne das selbst zu wissen, zum Werkzeug einer ihm fremden Schlacht und kommt um, und er weiß wofür, aber weiß nicht warum. Oder weiß warum, aber weiß nicht wofür.

Und nach den Gesetzen dieses geheimnisvollen Schicksals hatte man unseren Vorarbeiter entlassen und irgendwohin versetzt. Ich weiß weder den Namen des Vorarbeiters noch seine neue Bestimmung, und das musste ich auch nicht wissen.

In unserer Brigade, die nur aus zehn *dochodjagi* bestand, wurde ein neuer Vorarbeiter eingesetzt.

Die Kolyma, und auch nicht nur die Kolyma, zeichnet sich dadurch aus, dass dort jeder ein Chef ist – jeder. Selbst eine kleine Brigade von zwei Personen hat einen Ältesten und einen ihm Unterstellten; bei aller Universalität des dualen Systems werden Menschen nie in Gleiche unterteilt, werden zwei Leute nicht in Gleiche unterteilt. Für fünf Personen bestimmt man einen ständigen Brigadier, der natürlich nicht von der Arbeit freigestellt wird, einfach einen Arbeiter. In einer Brigade von fünfzig gibt es immer einen freigestellten Brigadier, das heißt einen Brigadier mit Stock.

Du lebst ja ohne Hoffnungen, doch das Rad des Schicksals ist unerforschlich.

Werkzeug der staatlichen Politik, Mittel der physischen Vernichtung der politischen Feinde des Staates – das ist die wichtigste Rolle des Brigadiers in der Produktion, und besonders noch solcher, die die Vernichtungslager bedient.

Der Brigadier kann hier niemanden schützen, er ist selbst verurteilt, aber wird versuchen nach oben zu klettern, sich an jeden Strohhalm klammern, den ihm die Leitung hinwirft, und im Namen dieser trügerischen Rettung – richtet er Menschen zugrunde.

Die Auswahl der Brigadiere ist für die Leitung eine vordringliche Aufgabe.

Der Brigadier ist quasi der Nährvater der Brigade, doch nur innerhalb jener Grenzen, die ihm von oben gewiesen sind. Er steht selbst unter strenger Kontrolle, im Bergwerk kommst du nicht weit – der Markscheider wird bei der nächsten Messung die falschen, vorgestreckten Kubik* aufdecken, und dann ist es aus mit dem Brigadier.

Darum geht der Brigadier den bewährten, den verlässlichen Weg – diese Kubik aus den Arbeitern, den *dochodjagi* herauszuprügeln, herauszuprügeln im buchstäblichsten physischen Sinn, mit der Hacke über den Rücken – und sobald nichts mehr herauszuprügeln ist, so scheint es, muss der Brigadier selbst Arbeiter werden, selbst das Schicksal der von ihm Umgebrachten teilen.

Aber manchmal ist es anders. Der Brigadier wird in eine neue Brigade versetzt, damit seine Erfahrung nicht verfällt. Der Brigadier wütet in einer neuen Brigade. Der Brigadier lebt, und seine Brigade ist unter der Erde.

Außer dem Brigadier selbst wohnt in der Brigade noch sein Stellvertreter, offiziell sein Barackendienst, der Helfer des Mörders, der seinen Schlaf vor einem Überfall schützt.

Bei der Jagd auf Brigadiere musste in den Kriegsjahren in »Spokojnyj« mit Ammonit die ganze Ecke der Baracke gesprengt werden, in der der Brigadier schlief. So war es verlässlich. Der Brigadier kam ebenso um wie der Barackendienst und wie ihre nächsten Freunde, die neben dem Brigadier schlafen, damit die Hand des Rächers mit dem Messer nicht den Brigadier selbst erreicht.

Die Verbrechen der Brigadiere an der Kolyma sind ungezählt – sie sind ja die physischen Erfüller der hohen Moskauer Politik der Stalinjahre.

Aber auch der Brigadier ist nicht ohne Kontrolle. Ihn beobachten im Alltag die Aufseher im Lagerpunkt, in den wenigen Stunden, die der Häftling der Arbeit fern ist und halbohnmächtig schläft.

Es beobachtet ihn auch der Chef des Lagerpunkts, es beobachtet ihn auch der bevollmächtigte Untersuchungsführer.

An der Kolyma verfolgt jeder jeden und meldet täglich an die entsprechenden Stellen.

Anzeiger und Zuträger empfinden wenig Zweifel – zu melden ist alles, und die Leitung wird schon wissen, was die Wahrheit und was Lüge war. Wahrheit und Lüge – sind Kategorien, die den Informanten gar nicht entsprechen.

Aber das sind Beobachtungen aus dem Innern der Zone, aus dem Innern der Lagerseele. Überaus sorgfältig und überaus offiziell wird die Arbeit des Brigadiers von seiner Produktionsleitung verfolgt – dem Vorarbeiter, der an der Kolyma genauso wie auf Sachalin Aufseher heißt. Den Aufseher beobachtet der Oberaufseher, den Oberaufseher der Einsatzleiter des Abschnitts, und den Einsatzleiter des Abschnitts – der Oberingenieur und der Bergwerkschef. Weiter will ich diese Hierarchie nicht führen – sie ist außerordentlich verzweigt und vielfältig und gibt Raum auch für jede dogmatisch oder poetisch inspirierte Phantasie.

Wichtig ist zu betonen, dass im Lagerleben eben der Brigadier der Berührungspunkt von Himmel und Erde ist.

Unter den besten Brigadieren, die ihre Beflissenheit als Mörder bewiesen haben, wirbt man auch die Aufseher an, die Vorarbeiter – ein schon höherer Rang als der Brigadier. Der Vorarbeiter hat den blutigen Brigadiersweg schon durchlaufen. Die Macht des Vorarbeiters ist für den Arbeiter grenzenlos.

Im schwankenden Licht des Benzinlämpchens, einer Konservendose mit vier Röhrchen mit brennenden Dochten aus Lumpen – außer den Öfen und der Sonne das einzige Licht für die Arbeiter und *dochodjagi* an der Kolyma –, entdeckte ich etwas Bekanntes an der Figur des neuen Vorarbeiters, des neuen Herrn über unser Leben und Tod.

Freudige Hoffnung wärmte meine Muskeln. Etwas Bekanntes war in der Gestalt des neuen Aufsehers. Etwas sehr Fernes, aber Vorhandenes, ewig Lebendiges wie das menschliche Gedächtnis.

Das Gedächtnis umzuwälzen ist sehr schwer im ausgetrockneten hungernden Hirn – die Anstrengung mich zu erinnern war begleitet von einem heftigen Kopfschmerz, einem rein physischen Schmerz.

Die Winkel meines Gedächtnisses hatten längst allen unnötigen Kehricht wie Gedichte ausgefegt. Ein wichtigerer, ewigerer Gedanke als die Kunst spannte sich, tönte, aber konnte sich einfach nicht losreißen in meinen damaligen Wortschatz, in die wenigen Hirnabschnitte, die das Hirn eines *dochodjaga* noch nutzte. Irgendjemandes eiserne Finger drückten das Gedächtnis wie eine Tube mit verdorbenem Kleister und drückten, trieben einen Tropfen, ein Tröpfchen nach oben, das noch menschliche Eigenschaften bewahrt hatte.

Dieser Prozess des Erinnerns, an dem der ganze Körper beteiligt war – kalter Schweiß, der auf der ausgetrockneten Haut hervortrat, auch Schweiß hatte ich ja keinen, der mir helfen würde, diesen Prozess zu beschleunigen –, führte zum Sieg ... Im Hirn tauchte der Name auf: Tschekanow!

Ja, das war er, Ljoscha Tschekanow, mein Nachbar aus dem Butyrka-Gefängnis, der, den ich von seiner Angst vor dem Untersuchungsführer befreit hatte. Die Rettung war gekommen in meiner kalten und hungrigen Baracke – acht Jahre waren vergangen, acht Jahrhunderte, längst war das zwölfte Jahrhundert angebrochen, die Skythen* sattelten die Pferde auf den Steinen der Kolyma, die Skythen begruben die Kaiser in den Mausoleen, und Millionen namenloser Arbeiter lagen dicht bei dicht in den Massengräbern der Kolyma.

Ja, das war er, Ljoscha Tschekanow, der Gefährte meiner heiteren Jugend, der heiteren Illusionen der ersten Hälfte des Jahres siebenunddreißig, die das ihnen vorbestimmte Schicksal noch nicht kannten.

Die Rettung war gekommen in meiner kalten und hungrigen Baracke in Gestalt von Ljoscha Tschekanow, Bautechniker von Beruf, unserem neuen Vorarbeiter.

Das war fabelhaft! Das war der wunderbare Zufall, der es wert war, acht Jahre zu warten!

»Aufgrundlaufen« – ich erlaube mir, das Vorrecht auf diesen Neologismus oder zumindest auf seine Zeitform geltend zu machen. Der *dochodjaga*, einer, der »auf Grund läuft«, tut das nicht an einem Tag. Es sammeln sich die Verluste, erst die physischen, dann die moralischen – und die Reste von Nerven, Gefäßen und Gewebe reichen nicht mehr aus, um die alten Gefühle festzuhalten.

Abgelöst werden sie von neuen – Ersatzgefühlen, Ersatzhoffnungen.

Im Prozess des »Aufgrundlaufens« gibt es eine Grenze, an der sich die letzten Stützen verlieren, jene Scheidelinie, hinter der man sich jenseits von Gut und Böse befindet und der Prozess des »Aufgrundlaufens« selbst sich lawinenartig beschleunigt. Eine Kettenreaktion, in der heutigen Sprache gesagt.

Damals wussten wir nichts von der Atombombe, von Hiroshima und Fermi. Aber die Unaufhaltsamkeit, die Unumkehrbarkeit des »Aufgrundlaufens« war uns sehr gut bekannt.

Zu dieser Kettenreaktion gibt es in der Gaunersprache eine geniale Einsicht, einen Terminus, der ins Wörterbuch einging – »die Böschung hinabstürzen«, ein absolut präziser Terminus, gefunden ohne Fermis Statistik.

Darum auch vermerkte man in den wenig zahlreichen Statistiken und den zahlreichen Memoiren die genaue, historisch ermittelte Formel: »Möglich ist ein Aufgrundlaufen innerhalb von zwei Wochen.« Das ist die Norm für einen Athleten, wenn man ihn bei den fünfzig, sechzig Grad Frost an der Kolyma hält, bei vierzehn Stunden schwerer Arbeit, wenn man ihn schlägt, nur mit der Lagerration ernährt und nicht schlafen lässt.

Auch die Akklimatisierung an den Hohen Norden ist eine sehr komplexe Sache.

Darum auch können die Kinder Medwedews nicht verstehen, warum ihr Vater so schnell gestorben ist, ein kräftiger Mann um die vierzig Jahre – wenn er den ersten

Brief aus Magadan vom Dampfer geschickt hat, und den zweiten aus dem Krankenhaus Sejmtschan, und dieser aus dem Krankenhaus war schon der letzte. Darum auch wurde General Gorbatow, ins Bergwerk »Maldjak« geraten, Vollinvalide in zwei Wochen, und nur sein zufälliger Abtransport zum Fischfang nach Ola, an die Küste, rettete ihm das Leben. Darum auch war Orlow, der Referent Kirows, zum Zeitpunkt seiner Erschießung im »Partisan« im Winter 1938 schon ein *dochodjaga*, der sowieso keinen Platz auf dieser Erde gefunden hätte.

Zwei Wochen – das ist genau die Frist, die einen gesunden Menschen in einen *dochodjaga* verwandelt.

Ich wusste all das, verstand, dass in der Arbeit keine Rettung liegt, und wanderte acht Jahre lang vom Krankenhaus in die Grube und zurück. Schließlich war die Rettung da. Im allergebotensten Moment hatte die Hand der Vorsehung Ljoscha Tschekanow in unsere Baracke geführt.

Ich fiel ruhig in einen festen, fröhlichen Schlaf, mit der unklaren Empfindung eines freudigen Ereignisses, das unmittelbar bevorstand.

Am nächsten Tag beim Ausrücken – so nennt sich kurz die Prozedur des Ausrückens zu den Arbeitsorten, das an der Kolyma für Vorarbeiter wie für Millionen Menschen zu ein und derselben Stunde passiert, zum Klang eines Gleisstücks als Ruf des Muezzins, als Klang der Glocke vom Glockenturm Iwan der Große – der Große und der Schreckliche sind im Russischen synonym* –, vergewisserte ich mich meiner wunderbaren Intuition, meiner wunderbaren Hoffnung.

Der neue Vorarbeiter war tatsächlich Ljoscha Tschekanow.

Aber es ist zu wenig, selbst zu erkennen in einer solchen Situation, auch du musst erkannt werden in diesem doppelten gegenseitigen Anstrahlen.

An Ljoscha Tschekanows Gesicht war deutlich zu sehen, dass er mich erkannt hat und natürlich helfen wird. Ljoscha Tschekanow lächelte warm.

Beim Brigadier erkundigte er sich sofort nach meinem Arbeitsverhalten. Ich erhielt eine negative Charakteristik.

»Was denn, du Scheißkerl«, sagte Ljoscha Tschekanow laut und sah mir direkt in die Augen, »glaubst du, wenn wir aus demselben Gefängnis kommen, dann brauchst du nicht zu arbeiten? Ich unterstütze keine Drückeberger. Verdien es dir durch Arbeit. Durch ehrliche Arbeit.«

Von diesem Tag an trieb man mich eifriger als früher. Nach ein paar Tagen verkündete Ljoscha Tschekanow beim Ausrücken:

»Ich will dich nicht schlagen für deine Arbeit, ich schicke dich einfach in den Abschnitt, in die Zone. Dort ist für dich Scheißkerl der richtige Platz. Du gehst in die Brigade Polupan. Er wird dir beibringen, wie man leben soll! Sonst heißt es, naja, ein Bekannter! Aus der Freiheit! Ein Freund! Dabei habt ihr Kanaillen uns zugrunde gerichtet. All die acht Jahre habe ich hier gelitten wegen dieser Dreckskerle – den Studierten!«

Am selben Abend führte mich der Brigadier mit Paket in den Abschnitt. Im zentralen Abschnitt der Verwaltung des Bergwerks »Spokojnyj« brachte man mich in der Baracke unter, in der die Brigade Polupan wohnte.

Den Brigadier selbst lernte ich am nächsten Morgen kennen, beim Ausrücken.

Der Brigadier Sergej Polupan war ein junger Kerl von etwa fünfundzwanzig Jahren, mit offenem Gesicht und hellblondem Schopf nach Ganovenart. Aber Ganove war Sergej Polupan nicht. Er war ein richtiger Bauernjunge. Polupan war im Jahr siebenunddreißig vom eisernen Besen hinweggefegt worden, hatte eine Haftstrafe nach achtundfünfzig erhalten und der Leitung angeboten, seine Schuld zu sühnen – die Feinde auf den christlichen Weg zu führen.

Der Vorschlag wurde angenommen, und aus der Brigade Polupan entstand eine Art Strafkompanie mit gleitendem, wechselndem Listenbestand. Ein Strafisolator im Strafisolator, ein Gefängnis im Gefängnis des Strafbergwerks selbst, das es noch nicht gab. Wir bauten dafür eine Zone und eine Siedlung.

Eine Baracke aus frischen Lärchenbalken, den feuchten Balken eines Baums, der, genauso wie die Menschen im Hohen Norden, um sein Leben kämpft und darum kantig und knorrig ist und sein Stamm gewunden. Diese feuchten Baracken wurden von den Öfen nicht durchwärmt. Kein Brennholz hätte ausgereicht, um diese dreihundertjährigen, im Sumpf gewachsenen Körper zu trocknen. Die Baracke wurde mit Menschen, den Körpern der Bauleute getrocknet.

Hier auch begann einer meiner Leidenswege.

Jeden Tag, vor den Augen der gesamten Brigade, schlug mich Sergej Polupan: mit den Füßen, den Fäusten, einem Holzscheit, mit dem Stiel der Hacke, der Schaufel. Er schlug die Studiertheit aus mir heraus.

Die Schläge wiederholten sich täglich. Brigadier Polupan trug eine Kalbsjacke, eine rosa Jacke aus Kalbsfell – ein Geschenk oder eine Bestechung, um sich von den Fäusten loszukaufen, sich Erholung wenigstens für einen Tag zu erflehen.

Solche Situationen kenne ich viele. Ich selbst hatte keine Jacke, und auch wenn ich sie gehabt hätte, hätte ich sie Polupan nicht gegeben – es sei denn, die Ganoven hätten sie mir aus der Hand gerissen, von den Schultern gezogen.

Wenn er aufgebracht war, zog Polupan die Jacke aus, blieb nur in der Weste und setzte Brecheisen und Hacke noch gewandter ein.

Polupan schlug mir mehrere Zähne aus und brach mir eine Rippe an.

All das geschah vor den Augen der gesamten Brigade. In der Brigade Polupan waren etwa zwanzig Mann. Es war eine Brigade mit gleitend wechselndem Bestand, eine Schulbrigade.

Das Prügeln am Morgen hielt so lange an, wie ich in diesem Bergwerk war, in »Spokojnyj« ...

Aufgrund des Rapports von Brigadier Polupan, der bestätigt wurde vom Bergwerkschef und der Leitung des Lagerpunkts, schickte man mich in die zentrale Nördliche Verwaltung, in die Siedlung Jagodnyj – als böswilligen Drückeberger, zur Einleitung eines Strafverfahrens und einer neuen Haftstrafe.

Ich saß im Isolator in Jagodnyj in Untersuchungshaft, ein Verfahren wurde eingeleitet, die Verhöre liefen. Ljoscha Tschekanows Initiative zeichnete sich ziemlich deutlich ab.

Es war Frühjahr vierundvierzig, ein greller Kriegsfrühling an der Kolyma.

Im Isolator treibt man die Untersuchungshäftlinge zur Arbeit, um wenigstens eine Arbeitsstunde aus dem Transittag herauszuschlagen, und die Untersuchungshäftlinge mögen diese alte Tradition der Lager und Durchgangslager nicht.

Doch ich ging natürlich nicht zur Arbeit, um zu versuchen, irgendeine Norm herauszuschlagen in der kleinen Steingrube, sondern einfach um Luft zu atmen und, wenn man sie mir gibt, eine weitere Schüssel Suppe zu erbitten.

In einer Stadt, selbst einer Lagerstadt wie der Siedlung Jagodnyj, war es besser als im Isolator, in dem jeder Balken nach Todesschweiß roch.

Für das Ausrücken zur Arbeit gab es Suppe und Brot, oder Suppe und Grütze, oder Suppe und Hering. Die Hymne auf den Kolyma-Hering, auf das einzige Eiweiß für den Häftling, werde ich noch schreiben – denn nicht das Fleisch wahrt ja an der Kolyma die Eiweißbilanz. Der Hering ist es, der die letzten Scheite in die Energiefeuerung des *dochodjaga* nachlegt. Und wenn ein *dochodjaga* am Leben blieb, dann eben darum, weil er Hering aß, Salzhering natürlich, und trank – das Wasser zählt nicht in dieser Todesbilanz.

Das Allerwichtigste – in Freiheit konnte man Tabak auftreiben, einen Zug tun oder schnupfen, wenn ein Kamerad raucht, falls schon selbst nicht rauchen. An die Schädlichkeit des Nikotins, an das Krebserregende des Tabaks wird kein einziger Häftling glauben. Übrigens, man kann das Ganze mit der äußersten Verdünnung jenes Tropfens Nikotin erklären, der ein Pferd umbringt.

»Ziehen«, einen einzigen Zug tun, ist wahrscheinlich trotz allem wenig Gift und viel Schwärmerei und Befriedigung.

Der Tabak ist die größte Freude des Häftlings, die Fortdauer seines Lebens. Ich wiederhole, dass ich nicht weiß, ob das Leben ein Segen ist oder nicht.

Im Vertrauen nur auf meine animalische Witterung bewegte ich mich durch die Straßen von Jagodnyj. Ich arbeitete, stemmte mit dem Brecheisen Löcher aus, kratzte mit der Schaufel, um wenigstens irgendetwas abzukratzen für die Pfosten der Siedlung, die ich sehr gut kannte. Hier hatte man mich vor nur einem Jahr vor Gericht gestellt – mir zehn Jahre gegeben, den »Volksfeind« eingebuchtet. Dieses zehnjährige Urteil, die neue Haftstrafe, die vor so Kurzem begonnen wurde, stoppte natürlich auch die Einleitung eines neuen Verweigerer-Verfahrens. Für Verweigerungen, für Drückebergerei kann man Haftzeit zugeben, aber wenn die neue Haftstrafe gerade angetreten wurde, ist es schwer.

Man führte uns zur Arbeit unter großem Konvoj – schließlich waren wir Menschen in der Untersuchung, wenn überhaupt noch Menschen ...

Ich nahm meinen Platz in der Steingrube ein und bemühte mich, die Vorübergehenden zu unterscheiden – wir arbeiteten parallel zum Weg, im Winter schlägt man an der Kolyma keine neuen Pfade, weder in Magadan noch an der Indigirka.

Die Kette der kleinen Gruben zog sich an der Straße entlang – unser Konvoj, wie groß auch immer, war auseinandergezogen über das von der Instruktion bestimmte Maß hinaus.

Auf uns zu, an unseren Gruben entlang, führte man eine große Brigade oder eine Gruppe von Leuten, die noch keine Brigade waren. Dazu muss man die Leute in Gruppen zu mindestens drei Mann einteilen und ihnen Begleitposten mit Gewehren geben. Diese Leute waren gerade erst aus den Fahrzeugen gestiegen. Die Fahrzeuge standen noch da.

Ein Soldat aus der Wache, die die Leute in unseren Lagerpunkt Jagodnyj brachte, fragte unseren Begleitposten etwas.

Und plötzlich hörte ich eine Stimme, einen gellenden Freudenschrei:

»Schalamow! Schalamow!«

Das war Rodionow aus der Brigade Polupan, Arbeiter und *dochodjaga* wie ich, aus dem Strafisolator von »Spokojnyj«.

»Schalamow! Ich habe Polupan totgeschlagen. Mit der Axt in der Kantine. Man bringt mich zur Untersuchung in dieser Sache. Er ist tot!« Rodionow tanzte einen verzückten Tanz. »In der Kantine mit der Axt.«

Von der freudigen Nachricht wurde mir tatsächlich warm ums Herz.

Die Begleitposten zogen uns in unterschiedliche Richtungen.

Meine Untersuchung führte zu nichts, eine neue Haftstrafe hängte man mir nicht an. Irgendwo oben wurde entschieden, dass der Staat wenig Nutzen davon haben wird, wenn man mir wieder eine neue Haftstrafe gibt.

Man entließ mich aus dem Untersuchungsgefängnis in eine der Vitaminaußenstellen.

Wozu die Untersuchung über den Mord an Polupan führte, weiß ich nicht. Damals wurden nicht wenige Brigadiersköpfe abgeschlagen, und in unserer Vitaminaußenstelle sägten die Ganoven dem verhassten Brigadier den Kopf mit der Waldsäge ab.

Ljoscha Tschekanow, meinen Bekannten aus dem Butyrka-Gefängnis, habe ich nicht wieder getroffen.

1970-1971

# Triangulation 3. Ordnung

Im Sommer 1939 von einer stürmischen Welle an die sumpfigen Ufer des Schwarzen Sees geworfen, in die Kohleschür-
fung, als Invalide, arbeitsunfähig nach der Goldmine des
Jahres 1938 im Bergwerk »Partisan« und zu erschießen, aber
nicht erschossen – grübelte ich in den Nächten nicht darüber
nach, was und wie es mir zugestoßen war. Wofür – diese
Frage stellte sich nicht im Verhältnis von Mensch und Staat.

Doch ich wollte mit meinem schwachen Willen, dass mir
irgendjemand das Geheimnis meines eigenen Lebens erzählt.

Ich erlebte Frühling und Sommer neununddreißig in der
Tajga und konnte noch immer nicht begreifen, wer ich war,
konnte nicht begreifen, dass mein Leben weitergeht. Ich
war wie gestorben im Jahr achtunddreißig in den Goldgruben von »Partisan«.

Zuerst musste ich herausfinden, ob dieses Jahr achtunddreißig Wirklichkeit war. Oder ist dieses Jahr ein Albtraum,
ganz gleich wessen – meiner, deiner, der Geschichte?

Meine Nachbarn, die fünf Mann, die mit mir vor einigen
Monaten aus Magadan gekommen waren, konnten nichts
erzählen: Ihre Lippen waren für immer verschlossen, die
Zungen für immer gebunden. Ich erwartete von ihnen auch
nichts anderes – der Chef Wassilenko, der Arbeiter Frisorger, der Skeptiker Nagibin. Unter ihnen war sogar der Zuträger Gordejew. Alle zusammen waren sie Russland.

Nicht von ihnen erwartete ich die Bestätigung meiner Verdachte, die Prüfung meiner Gefühle und Gedanken, nicht von ihnen. Und nicht von den Chefs natürlich.

Der Chef der Schürfung Paramonow hatte, als er sich in Magadan »Leute« für sein Revier holte, entschlossen Invaliden ausgewählt. Der ehemalige Chef von »Maldjak« wusste genau, wie sie sterben und wie sie sich ans Leben klammern. Und wie schnell sie vergessen.

Nach einer gewissen Zeit – vielleicht ein paar Monaten, vielleicht nur ein paar Momenten – meinte Paramonow, dass die Erholung ausreichend ist – darum betrachtete man die Invaliden nicht mehr als Invaliden. Aber Filippowskij war Lokführer, Frisorger Tischler, Nagibin Ofensetzer, Wassilenko Aufseher im Bergwerk. Nur ich, ein Literat Russlands, erwies mich als für grobe Arbeiten geeignet.

Ich wurde schon zu diesen groben Arbeiten gebracht. Der Vorarbeiter Bystrow betrachtete angewidert meinen schmutzigen, verlausten Körper, meine eiternden Wunden an den Füßen, die Kratzspuren von den Läusen, den hungrigen Glanz in den Augen, und er sprach mit Genuss seinen Lieblingswitz: »Was für eine Arbeit wollt ihr? Feine? Oder grobe? Wir haben keine feine Arbeit. Es gibt nur grobe Arbeit.«

Damals war ich Wassersieder. Aber wir hatten längst das Badehaus gebaut, kochten das Wasser im Badehaus auf – man musste mich woanders hinschicken.

Ein langer Mann in einem neuen billigen freien blauen Anzug stand am Baumstumpf vor dem Zelt.

Bystrow ist Vorarbeiter auf dem Bau, ein Freier, ehemaliger *seka*, der an den Schwarzen See gekommen war, um Geld fürs Festland zu verdienen. »Ihr fahrt in Zylindern aufs Große Land«, wie der Chef Paramonow witzelte. Bystrow hasste mich. In den Studierten sah Bystrow das Hauptübel des Lebens. Er sah in mir die Verkörperung all seiner Nöte. Er hasste und rächte blind und erbittert.

Bystrow war durch das Goldbergwerk des Jahres 1938 als Vorarbeiter, als Inspektor gegangen. Er hatte davon geträumt, soviel zusammenzusparen, wie er früher zusammengespart hatte. Doch sein Traum war zerstört durch dieselbe Welle, die ausnahmslos alle wegfegte – die Welle des Jahres siebenunddreißig.

Jetzt lebte er ohne eine Kopeke Geld an dieser verfluchten Kolyma, an der die Volksfeinde nicht arbeiten wollen.

Mich, der ich durch dieselbe Hölle gegangen bin, bloß von unten, durch die Grube, mit Schubkarre und Hacke – und Bystrow wusste davon und sah es, unsere Geschichte wird ganz offen auf unseren Gesichtern, unseren Körpern geschrieben –, er würde mich gerne schlagen, aber er hatte keine Macht.

Die Frage nach der feinen oder groben Arbeit, der einzige Witz, wurde mir von Bystrow zwei Mal gestellt, denn ich hatte ja schon im Frühjahr darauf geantwortet. Aber Bystrow hatte es vergessen. Vielleicht auch nicht vergessen, sondern absichtlich wiederholt und die Möglichkeit genossen, diese Frage zu stellen. Wem und wo hatte er sie früher gestellt?

Vielleicht hatte ich mir das auch alles ausgedacht und Bystrow war es vollkommen gleich – was er mich fragt und welche Antwort er bekommt.

Und vielleicht ist dieser ganze Bystrow nur mein entzündetes Hirn, das nichts verzeihen will.

Kurz, ich bekam eine neue Arbeit – als Helfer des Topographen, vielmehr als Lattenträger.

Im Schwarzsee-Kohlerevier war ein freier Topograph angekommen. Der Komsomolze, Journalist der Ischimer Zeitung, Iwan Nikolajewitsch Bossych, mein Jahrgang, war verurteilt nach achtundfünfzig, Punkt 10 – zu drei Jahren, nicht zu fünf wie ich. Wesentlich früher als ich verurteilt, schon sechsunddreißig, und schon damals an die Kolyma gekommen. Das Jahr achtunddreißig hatte er, so wie ich, in den Gruben und im Krankenhaus verbracht, war »auf Grund gelaufen«, aber zu seiner eigenen Verwunderung am Leben geblieben und hatte sogar die Papiere zur Ausreise erhalten. Jetzt ist er hier zu einer kurzzeitigen Arbeit – den topographischen »Anschluss« des Schwarzsee-Reviers für Magadan zu machen.

Und ich werde sein Arbeiter sein, werde die Messlatte schleppen und den Theodoliten. Wenn nötig, werden es zwei Lattenträger sein, dann nehmen wir einen Arbeiter dazu. Aber alles, was möglich ist, werden wir zu zweit machen.

Ich konnte wegen meiner Schwäche den Theodoliten nicht auf den Schultern tragen, aber Iwan Nikolajewitsch Bossych schleppte den Theodoliten selbst. Ich schleppte nur die Messlatte, aber auch die Messlatte war schwer für mich, bis ich mich daran gewöhnt hatte.

Zu dieser Zeit war der akute Hunger, der Hunger des Goldbergwerks schon vergangen – aber die Gier war die alte geblieben, ich aß wie früher alles, was ich sehen und mit der Hand erreichen konnte.

Als wir das erste Mal zur Arbeit hinausgingen und uns zum Ausruhen in der Tajga hinsetzten, wickelte Iwan Nikolajewitsch ein Bündel mit Essen aus – für mich. Ich brauchte das nicht, auch wenn ich mir keinen Zwang antat, ich knabberte am Gebäck, an Butter und Brot. Iwan Nikolajewitsch wunderte sich über meine Bescheidenheit, aber ich erklärte sie ihm.

Als echter Sibirjake, Träger eines klassischen russischen Vornamens, versuchte Iwan Nikolajewitsch Bossych, von mir eine Antwort auf unlösbare Fragen zu bekommen.

Es war klar, dass der Topograph kein Zuträger war. Das Jahr achtunddreißig brauchte keinerlei Zuträger – alles geschah gegen den Willen der Zuträger, kraft höherer Gesetze der menschlichen Gesellschaft.

»Bist du zu Ärzten gegangen, als du krank wurdest?«

»Nein, ich hatte Angst vor dem Feldscher im Bergwerk ›Partisan‹«, Ljogkoduch. *Dochodjagi* rettete er nicht.«

»Mein Schicksal lag in Utinaja in den Händen von Doktor Beridse. Die Ärzte an der Kolyma können zwei Arten von Verbrechen begehen – das tätige Verbrechen, wenn der Arzt dich in die Strafzone, unter die Kugeln schickt, denn juristisch braucht jedes Protokoll über Arbeitsverweigerung die ärztliche Billigung. Das ist die eine Art der Verbrechen der Ärzte an der Kolyma.

Die andere Art von ärztlichen Verbrechen ist das Verbrechen durch Untätigkeit. Im Fall mit Beridse war das Verbrechen die Untätigkeit. Er tat nichts, um mir zu helfen, sah meine Klagen gleichgültig an. Ich wurde zum *dochodjaga*, aber war noch nicht tot.«

»Warum haben du und ich überlebt?«, fragte Iwan Nikolajewitsch. »Weil wir Journalisten sind.« Diese Erklärung hat eine Logik. Wir verstehen es, uns bis ans Ende ans Leben zu klammern.

»Ich glaube, das ist vor allem für Tiere charakteristisch und nicht für Journalisten.«

»Keineswegs. Tiere sind schwächer als der Mensch im Kampf um das Leben.«

Ich stritt nicht. Ich wusste all das auch selbst. Dass ein Pferd im Norden stirbt und nicht eine Saison in der Goldmine aushält, dass ein Hund verreckt bei der menschlichen Brotration.

Ein anderes Mal warf Iwan Nikolajewitsch Familienprobleme auf.

»Ich bin ledig. Mein Vater ist im Bürgerkrieg umgekommen. Meine Mutter ist gestorben, während ich in Haft war. Ich habe niemanden, dem ich meinen Hass oder meine Liebe oder mein Wissen weitergeben kann. Aber ich habe einen Bruder, einen jüngeren Bruder. Er glaubt an mich wie an einen Gott. Und so lebe ich, um bis aufs Große Land zu gelangen, nach Ischim, in unsere Wohnung zu kommen, Woronzow-Straße zwei, meinem Bruder in die Augen zu schauen und ihm die ganze Wahrheit zu eröffnen. Verstehst du?«

»Ja«, sagte ich, »das ist ein lohnendes Ziel.«

Jeden Tag, und es waren sehr viele Tage, mehr als ein Monat, brachte mir Iwan Nikolajewitsch sein Essen – es unterschied sich in nichts von unserer Polarration, und ich aß, um den Topographen nicht zu kränken, gemeinsam mit ihm sein Brot und seine Butter.

Sogar seinen Alkohol – die Freien bekamen Alkohol – brachte mir Bossych.

»Ich trinke nicht.«

Ich trank. Aber dieser Alkohol war von so geringer Stärke, nachdem er einige Lagerhäuser und einige Chefs passiert hatte, dass Bossych nichts riskierte. Das war beinahe Wasser.

Im Jahr siebenunddreißig war Bossych im Sommer ein paar Tage im »Partisan« gewesen, noch zu Bersins Zeiten, und hatte die Verhaftung der berühmten Brigade Gerassimow erlebt. Das war eine geheimnisvolle Geschichte, von der kaum jemand weiß. Als man mich am 14. August 1937 ins »Partisan« überführte und in einem Segeltuchzelt unterbrachte, stand gegenüber unserem Zelt ein niedriges Holzblockhaus, fast eine Erdhütte, in der die Tür an einem einzigen Türband hing. Die Türbänder sind an der Kolyma nicht aus Eisen, sondern aus einem Stück Autoreifen. Alteingesessene haben mir erklärt, dass in dieser Baracke die Brigade

Gerassimow wohnte – fünfundsiebzig Trotzkisten, von denen keiner arbeitete.

Schon sechsunddreißig hatte die Brigade eine Reihe von Hungerstreiks durchgeführt und von Moskau die Genehmigung erreicht, nicht arbeiten zu müssen und dabei die »Produktions-« und nicht die Strafration zu erhalten. Bei der Verpflegung gab es damals vier »Kategorien« – das Lager nutzte die philosophische Terminologie an den unpassendsten Stellen: die »Stachanow«ration, bei Erfüllung der Norm zu 130% oder mehr – 1000 Gramm Brot, die »Stoßarbeiter«ration, zu 110 bis 130% – 800 Gramm Brot, die Produktionsration, 90 bis 100% – 600 Gramm Brot, und die Strafration – 300 Gramm Brot. Verweigerer wurden zu meiner Zeit auf die Strafration gesetzt, Wasser und Brot. Aber so war es nicht immer.

Der Kampf ging in den Jahren fünfunddreißig und sechsunddreißig – und durch eine Reihe von Hungerstreiks verschafften sich die Trotzkisten des Bergwerks »Spokojnyj« gesetzlich festgelegte 600 Gramm.

Man nahm ihnen die Lädchen*, die Bestellungen, aber zwang sie nicht zur Arbeit. Das Wichtigste ist hier die Heizung, die zehn Monate Winter an der Kolyma. Man erlaubte ihnen, nach Holz auszufahren für sich selbst und für das ganze Lager. Unter solchen Konditionen also existierte die Brigade Gerassimow in den Bergwerken von »Partisan«.

Wenn jemand zu beliebiger Tages- und Nacht- oder Jahreszeit den Wunsch äußerte, in eine »normale« Brigade zu wechseln, wurde er versetzt. Und andererseits – konnte jeder Arbeitsverweigerer direkt vom Ausrücken nicht einfach in die RUR oder in eine Strafkompanie oder in den Isolator gehen, sondern in die Brigade Gerassimow. Im Frühjahr 1937 lebten in dieser Baracke fünfundsiebzig Mann. In einer Nacht dieses Frühjahrs wurden sie alle an die Serpantinnaja gefahren, in das damalige Untersuchungsgefängnis der Nördlichen Bergwerksverwaltung.

Niemanden von ihnen hat man jemals irgendwo wiedergesehen. Iwan Nikolajewitsch Bossych hatte diese Leute gesehen, aber ich sah nur die vom Wind geöffnete Tür ihrer Baracke.

Iwan Nikolajewitsch erklärte mir die Finessen des Topographengeschäfts: wir haben in der Klamm ein paar Markierpfählchen aufgestellt, und von diesem Dreifuß dort, mit dem Theodoliten darauf, haben wir sie ins »Fadenkreuz« genommen.

»Eine gute Sache ist die Topographie. Besser als die Medizin.«

Wir schlugen Schneisen, zeichneten Ziffern auf den Kerben, die von gelbem Harz trieften. Die Ziffern zeichneten wir mir einfachem Bleistift, nur der schwarze Graphit, der Bruder des Diamanten, war verlässlich – alle Farben, die chemisch gemixten dunkelblauen und grünen waren zur Vermessung der Erde ungeeignet.

Unsere Außenstelle wurde allmählich eingefasst von einer leichten, gedachten Linie von einer Schneise zu anderen, in denen das Auge des Theodoliten die Nummer auf dem jeweiligen Pfahl entdeckte.

Feines Eis, weißes Eis erfasste schon die Flüsschen, die Bächlein. Kleine flammende Blätter bedeckten unsere Wege, und Iwan Nikolajewitsch hatte es eilig:

»Ich muss zurück nach Magadan, rasch meine Arbeit an die Verwaltung übergeben, die Abrechnung bekommen und losfahren. Die Dampfer fahren noch. Ich werde gut bezahlt, aber ich muss mich beeilen. Zwei Gründe habe ich für meine Eile. Der erste – ich will aufs Große Land, drei Jahre Kolyma sind genug für das Studium des Lebens. Obwohl es heißt, dass das Große Land noch im Nebel liegt für solche

Reisenden wie dich und mich. Aber ich muss mich ranhalten aus einem zweiten Grund.«

»Und was ist der zweite?«

»Der zweite ist, dass ich kein Topograph bin. Ich bin Journalist, Zeitungsmann. Die Topographie habe ich erst hier gelernt, an der Kolyma, im Bergwerk »Raswedtschik«, wo ich Lattenträger beim Topographen war. Ich habe diese Finessen erlernt, weil ich nicht auf Doktor Beridse hoffte. Mein Chef hat mir geraten, diese Arbeit zum Anschluss des Schwarzen Sees zu übernehmen. Aber ich habe etwas durcheinander gebracht, etwas übersehen. Und den ganzen Anschluss neu zu beginnen habe ich keine Zeit.«

»Ach so ...«

»Die Arbeit, die wir beide machen, ist grobe topographische Arbeit. Sie nennt sich Triangulation dritter Ordnung. Aber es gibt auch höhere Grade – zweiter Ordnung, erster Ordnung. Daran wage ich gar nicht zu denken, und ich werde mich kaum im Leben damit befassen.«

Wir verabschiedeten uns, und Iwan Nikolajewitsch fuhr ab nach Magadan.

Schon im folgenden Jahr, im Sommer vierzig hatte ich, obwohl ich längst mit Hacke und Schaufel in der Schürfung arbeitete, wieder Glück – der neue Topograph aus Magadan begann den »Anschluss« noch einmal von vorn. Ich wurde als erfahrener Lattenträger abkommandiert, aber sagte natürlich kein Wort von den Zweifeln Iwan Nikolajewitschs. Trotzdem fragte ich den neuen Topographen nach dem Schicksal von Iwan Bossych.

»Er ist längst auf dem Festland, die Kanaille. Wir korrigieren hier seine Arbeit«, sagte düster der neue Topograph.

1973

# Die Schubkarre I

Die Goldsaison ist kurz. Gold gibt es viel – aber wie darankommen? Das Goldfieber von Klondike, dem überseeischen Nachbarn Tschukotkas, hatte Tote zum Leben erwecken können – und in sehr kurzer Frist. Aber wenn man dieses Goldfieber zügeln würde, den Puls des Goldgräbers, des Goldsuchers weniger fiebrig machen, vielmehr verlangsamen, sogar kaum noch pochen lassen würde, dass das Leben nur noch glimmt in den sterbenden Menschen? Das Ergebnis war überzeugender als in Klondike. Ein Ergebnis, das nicht kennen wird, wer sich an die Pfanne, an die Schubkarre macht, wer schürft. Wer schürft – ist nur Bergarbeiter, nur Erdgräber, nur Steinhauer. Für das Gold in der Schubkarre interessiert er sich nicht. Und nicht einmal, weil es ihm »nicht zusteht«, sondern vor Hunger, vor Kälte, vor physischer und geistiger Auszehrung.

Eine Million Menschen an die Kolyma zu bringen und ihnen Arbeit über den Sommer zu geben ist schwer, aber möglich. Aber was sollen diese Leute im Winter tun? Saufen in Dawson*? Oder in Magadan? Womit hunderttausend, eine Million Menschen im Winter beschäftigen? Das Klima an der Kolyma ist extrem kontinental, die Fröste im Winter bis zu sechzig Grad, und bei fünfundfünfzig ist ein Arbeitstag.

Den ganzen Winter achtunddreißig wurde kältehalber freigestellt, und die Häftlinge blieben erst bei einer Temperatur von sechsundfünfzig Grad in der Baracke, sechsundfünfzig Grad Celsius natürlich, nicht Fahrenheit.

Im Jahr vierzig wurde diese Temperatur auf zweiundfünfzig gesenkt!

Wie das Land kolonisieren?

Im Jahr 1936 wurde die Lösung gefunden.

Das Fördern und Vorbereiten des Bodens, das Sprengen, Hacken und Beladen waren fest miteinander verbunden. Ingenieure errechneten die optimale Bewegung der Schubkarre, die Zeit für den Rückweg, die Zeit für das Beladen der Schubkarre mit Schaufeln, dazu der Hacke und manchmal dem Brecheisen zum Untersuchen des goldhaltigen Felsgesteins.

Es schob nicht jeder für sich – so machten es nur die Einmann-Goldgräber. Der Staat organisierte die Häftlingsarbeit anders.

Während der Förderer die Schubkarre schob, mussten seine Kameraden oder sein Kamerad es schaffen, eine neue Schubkarre zu beladen.

Das war zu berechnen – wie viele Leute muss man zum Beladen, zum Fördern abstellen. Reichen zwei Mann in der Gruppe aus, oder braucht man drei.

In dieser Goldmine wurde an der Schubkarre immer gewechselt. Ein originelles, ununterbrochen laufendes Fließband.

Wenn man mit dem Abfahren auf Loren, mit Pferden arbeitete, dann meistens beim »Abraum«, beim Torfabstechen im Sommer.

Erläutern wir gleich: Torf bedeutet im Gold – das ist eine Sedimentschicht, in der kein Gold vorkommt. Und der Sand ist eine Schicht, die Gold enthält.

Bei dieser Sommerarbeit mit der Lore, mit dem Pferd ging es um die Abfuhr des Torfs, die Freilegung des Sandes.

Den freigelegten Sand beförderten schon andere Brigaden, nicht wir. Aber uns war alles gleich.

An der Lore wurde auch gewechselt: wir hängten den unbeladenen Karren beim Pferdetreiber ab und hängten einen beladenen, schon vorbereiteten an. Das Kolyma-Fließband lief.

Die Goldsaison ist kurz. Von der zweiten Maihälfte bis Mitte September – drei Monate bloß.

Darum hatte man, um den Plan herauszuschlagen, alle technischen und supertechnischen Rezepte durchdacht.

Das Grubenfließband ist das Minimum, obwohl uns gerade die Wechselschubkarre die Kräfte nahm, den Rest gab, uns zu *dochodjagi* machte.

Es gab keinerlei Apparaturen, außer einem Seilband auf der Kreiswinde. Das Grubenfließband ist Bersins Beitrag. Kaum dass klar war, dass jede Grube um jeden Preis und in beliebiger Menge Arbeitskräfte bekommt – der Schifffahrtsbetrieb des Dalstroj wird auch hundert Dampfer pro Tag herbringen –, hörte man auf, die Menschen zu schonen. Und fing an, den Plan buchstäblich herauszuschlagen. Mit voller Billigung, mit Verständnis und Unterstützung von oben, aus Moskau.

Aber geht es um das Gold? Dass es Gold gibt an der Kolyma, weiß man seit dreihundert Jahren. Zu Beginn der Tätigkeit von Dalstroj an der Kolyma gab es viele Organisationen – die kraftlos, rechtlos waren und fürchteten, im Verhältnis zu ihren angeworbenen Arbeitern irgendeine Grenze zu überschreiten. An der Kolyma gab es auch Kontore von »Buntmetallgold« und Kulturstützpunkte – sie alle arbeiteten mit Freien, in Wladiwostok Angeworbenen.

Bersin brachte die Häftlinge.

Bersin suchte nicht nach Wegen, sondern baute eine Straße, die Kolyma-Chaussee, durch Sümpfe und Berge – vom Meer her ...

# Die Schubkarre II

Die Schubkarre ist das Symbol der Epoche, das Emblem der Epoche – die Häftlingsschubkarre.

Die Maschine des OSO –
zwei Griffe, ein Rad.

Das OSO ist ein Sonderkollegium beim Minister, dem Volkskommissar der OGPU, mit dessen Unterschrift ohne Gerichtsverhandlung Millionen Leute losgeschickt wurden, um im Hohen Norden ihren Tod zu finden. In jede Akte, einen ganz neuen, dünnen Pappdeckel, wurden zwei Dokumente eingelegt – ein Auszug aus der Anordnung der OSO, und dazu Sonderanweisungen: dass der Häftling Soundso nur zu schwerer körperlicher Arbeit eingesetzt werden soll und Soundso keine Möglichkeit haben darf, Posttelegraphverbindungen zu nutzen – ohne Recht auf Briefwechsel. Und dass die Lagerleitung das Verhalten des Häftlings Soundso mindestens ein Mal in sechs Monaten nach Moskau melden muss. An die lokale Verwaltung sollte so ein Rapport-Memorandum einmal pro Monat geschickt werden. »Mit Verbüßung der Haftzeit an der Kolyma« – das war das Todesurteil, Synonym für die Ermordung, eine schnelle oder langsame je nach Geschmack des örtlichen Bergwerk-, Minen- oder Lagerpunktchefs.

Der ganz neue, dünne Pappdeckel sollte später umwachsen mit einem Haufen von Angaben – anschwellen von den Protokollen über Arbeitsverweigerungen, von Kopien der Anzeigen durch Kameraden, von Memoranden der Untersuchungsorgane zu allen möglichen »Daten«. Manchmal kam es nicht dazu, dass der Pappdeckel anschwoll, an Umfang zulegte – nicht wenige Leute kamen schon im ersten Sommer des Kontakts zur »Maschine des OSO, zwei Griffe, ein Rad« um.

Ich aber gehöre zu denen, deren Akte anschwoll und schwer wurde, als hätte sich das Papier mit Blut vollgesogen. Die Buchstaben verblichen nicht – menschliches Blut ist ein gutes Fixierbad.

An der Kolyma nennt man die Schubkarre die kleine Mechanisierung. Ich bin ein Karrenschieber von hoher Qualifikation. Ich habe die Karre in den offenen Gruben des Bergwerks »Partisan«, in der Gold-Kolyma des Dalstroj den ganzen Herbst siebenunddreißig geschoben. Im Winter, wenn keine Goldsaison, keine Waschsaison ist, schiebt man an der Kolyma Behälter mit Erde, vier Mann auf einen Behälter, man errichtet Haldenberge, nimmt den Torfmantel ab und legt den Sand zum Sommer frei – die Schicht mit dem Goldgehalt. Im frühen Frühjahr achtunddreißig machte ich mich wieder an die Griffe der Maschine des OSO und ließ sie erst im Dezember 1938 wieder los, als ich im Bergwerk verhaftet und in der »Juristenaffäre« der Kolyma nach Magadan gebracht wurde.

Der Karrenschieber, an die Schubkarre gekettet – das ist das Emblem der *katorga* auf Sachalin. Aber Sachalin ist nicht die Kolyma. Um die Insel Sachalin gibt es den warmen Kuroshio-Strom*. Dort ist es wärmer als in Magadan, als an der Küste, dreißig, vierzig Grad, im Winter Schnee, im Sommer immer Regen. Doch das Gold – ist nicht in Magadan. Der Jablonowy-Pass ist die tausend Meter hohe Grenze, die Grenze für das Goldklima. Tausend Meter über dem Meeresspiegel der erste wichtige Pass auf dem Weg zum Gold. Hundert Kilometer von Magadan und weiter über die Chaussee – immer höher, immer kälter.

Das *katorga*-Sachalin ist für uns nicht maßgeblich. An die Karre ketten – das war eher eine moralische Qual. Ebenso wie die Fesseln. Die Fesseln der Zarenzeit waren leicht, ließen sich leicht von den Füßen abnehmen. Tausendwerstetappen machten die Häftlinge in diesen Fesseln. Das war eine Maßnahme zur Erniedrigung.

An der Kolyma wurde man nicht an die Schubkarre gekettet. Im Frühjahr achtunddreißig war mein Partner bei der Arbeit ein paar Tage lang Derfel, ein französischer Kommunist aus Cayenne, aus den *katorga*-Steinbrüchen. Derfel war etwa zwei Jahre in der französischen *katorga* gewesen. Das ist alles ganz anders. Dort war es leichter, warm, und es gab auch keine Politischen. Es gab keinen Hunger, keine Höllenkälte, keine erfrorenen Hände und Füße.

Derfel starb in der Grube, sein Herz blieb stehen. Aber die Erfahrung aus Cayenne half ihm doch – Derfel hielt sich einen Monat länger als seine Kameraden. Ist das gut oder schlecht? Dieser weitere Monat Leiden.

Und gerade in Derfels Gruppe schob ich die Schubkarre zum allerersten Mal.

Die Schubkarre kann man nicht mögen. Man kann sie nur hassen. Wie jede körperliche Arbeit, ist die Arbeit des Karrenschiebers maßlos erniedrigend wegen ihres Sklaven-, ihres Kolyma-Akzents. Doch wie jede körperliche Arbeit erfordert die Arbeit an der Schubkarre gewisse Fertigkeiten, eine gewisse Aufmerksamkeit und Hingabe.

Und wenn dein Körper dieses Wenige begreift, wird das Karreschieben leichter als die Hacke zu schwingen, mit dem Brecheisen zu hauen, mit der spitzen Schaufel zu kratzen.

Die ganze Schwierigkeit liegt im Gleichgewicht, darin, das Rad auf dem Steg, auf dem schmalen Brett zu halten.

In der Goldmine gibt es für Artikel achtundfünfzig nur die Hacke, die Schaufel mit langem Stiel, einen Satz Brechstangen zum Bohren und ein Eisenlöffelchen zum Auskratzen der Erde aus den *burki*. Und die Schubkarre. Andere Arbeit gibt es nicht. Am Waschgerät, an dem man sieben muss – einen Holzschaber hin- und herbewegen, die Erde zurechtschieben und zerkleinern – ist für Achtundfünfziger keinen Platz. Die Arbeit an der Waschtrommel ist für *bytowiki*. Sie ist leichter und näher am Gold. Als Wäscher an der Pfanne zu arbeiten war den Achtundfünfzigern verboten. Möglich ist die Arbeit mit dem Pferd – Pferdetreiber werden von den Achtundfünfzigern genommen. Aber ein Pferd ist ein zartes Geschöpf und anfällig für alle möglichen Krankheiten. Von seiner nördlichen Brotration stehlen die Stallknechte, die Chefs der Stallknechte und die Pferdetreiber. Bei sechzig Grad Frost verkümmert und stirbt das Pferd schneller als der Mensch. Es gibt so viele zusätzliche Sorgen, dass die Schubkarre einfacher, besser erscheint als die Lore, ehrlicher vor dir selbst, näher am Tod.

Der staatliche Plan reicht bis ans Bergwerk, bis an den Abschnitt, bis an die Grube, an die Brigade, an die Gruppe. Eine Brigade besteht aus Gruppen, und für jede Gruppe werden Schubkarren ausgegeben, zwei oder drei, so viele wie nötig, bloß nicht eine!

Darin besteht das große Produktionsgeheimnis, das *katorga*-Geheimnis der Kolyma.

Es gibt eine weitere Arbeit in der Brigade, eine ständige Arbeit, von der jeder Arbeiter am Morgen jedes Tages träumt – das ist die Arbeit des Werkzeugträgers.

Die Hacken werden schnell stumpf beim Schlagen auf Stein. Die Brecheisen werden schnell stumpf. Gutes Werkzeug zu verlangen ist das Recht der Sklaven, und die Leitung ist bestrebt, alles zu tun, damit das Werkzeug, die Schaufel bequem und das Schubkarrenrad gut geschmiert ist.

Jeder Abschnitt der Goldgewinnung hat eine eigene Schmiede, in der der Schmied und der Hämmerer rund um die Uhr eine Hacke strecken, ein Brecheisen schärfen können. Der Schmied hat viel Arbeit, und das ist der einzige Augenblick, in dem der Häftling Atem schöpfen kann – wenn er kein Werkzeug hat, es in die Schmiede getragen wurde. Natürlich sitzt er nicht herum – er harkt die Grube, füllt die Schubkarre. Und trotzdem ...

Und diese Arbeit als Werkzeugträger hätte jeder gern, auch nur für einen Tag, auch nur bis zum Mittagessen.

Die Frage der Schmieden ist von der Leitung gut durchdacht. Es gab viele Vorschläge, diese Werkzeugwirtschaft zu verbessern, diese Verfahren zu ändern, die der Planerfüllung im Weg stehen, damit die Hand der Leitung noch schwerer auf den Schultern der Häftlinge liegt.

Besteht hier nicht eine Ähnlichkeit mit den Ingenieuren, die an der technischen Lösung des wissenschaftlichen Problems des Baus einer Atombombe arbeiteten? Mit der Überlegenheit der Physik – wie Fermi und Einstein sagten?

Was habe ich mit einem Menschen, einem Sklaven zu tun. Ich bin Ingenieur und für technische Fragen verantwortlich.

Ja, an der Kolyma, bei dem Kollegium, wie man die Arbeit in der Goldmine besser organisieren, das heißt, wie man besser umbringen, schneller umbringen kann, trat ein Ingenieur auf und sagte, dass er die Kolyma von Grund auf verändern wird, wenn man ihm Feldschmieden gibt, mobile Feldschmieden. Dass sich dann mit Hilfe dieser Feldschmieden alles entscheiden wird. Es wird unnötig sein, die Werkzeuge hinzutragen. Die Werkzeugträger sollen an die Schubkarrengriffe gehen und durch die Grube laufen, statt in der Schmiede zu warten und alle Welt aufzuhalten.

In unserer Brigade war der Werkzeugträger ein Junge, ein sechzehnjähriger Schüler aus Jerewan, der beschuldigt wurde, ein Attentat auf Chandshjan* begangen zu haben — den Ersten Sekretär des Jerewaner Regionskommitees. Der Junge hatte ein Urteil über zwanzig Jahre Haft, und er starb sehr schnell — er konnte die Härten des Kolyma-Winters nicht ertragen. Viele Jahre später erfuhr ich aus den Zeitungen die Wahrheit über den Mord an Chandshjan. Wie sich zeigte, hatte Berija Chandshjan eigenhändig in seinem Kabinett erschossen. Diese ganze Sache, der Tod des Schülers in der Grube an der Kolyma, hat sich mir zufällig eingeprägt.

Ich wäre sehr gern wenigstens einen Tag lang Werkzeugträger gewesen, aber ich verstand, dass der Junge, ein Schüler mit erfrorenen Fingern in den schmutzigen Fäustlingen und mit Hungerglanz in den Augen, ein besserer Kandidat war als ich.

Mir blieb nur die Schubkarre. Ich sollte hacken können, mit der Schaufel umgehen, bohren können — ja, ja, aber in dieser steinigen Grube im Goldtagebau zog ich die Schubkarre vor.

Die Goldsaison ist kurz — von der zweiten Maihälfte bis Mitte September. Aber bei einer Tageshitze von vierzig Grad im Juli haben die Häftlinge unter den Füßen Eiswasser. Sie arbeiten in Gummi*schuni**. An Gummi*schuni*, wie auch an Werkzeug, mangelt es in den Gruben.

Auf dem Grund des Tagebaus — einer steinigen Grube von unregelmäßiger Form — sind dicke Bretter verlegt, nicht einfach so, sondern starr miteinander verbunden zu einer besonderen Konstruktion, dem zentralen Steg. Die Breite dieses Stegs beträgt einen halben Meter, nicht mehr. Der Steg ist stabil befestigt, damit die Bretter nicht durchhängen, damit das Rad nicht eiert, damit der Karrenschieber seine Schubkarre rennend rollen kann.

Dieser Steg ist etwa dreihundert Meter lang. Ein Steg stand in jeder Grube, er war Teil der Grube, die Seele der

Grube, der *katorga*-Handarbeit mit der kleinen Mechanisierung.

Vom Steg gehen Abzweige aus, viele Abzweige – in jeden Schurfgraben, in jedes Eckchen der Grube. Zu jeder Brigade führen Bretter, nicht ganz so gründlich befestigt wie am zentralen Steg, aber ebenfalls solide.

Wenn die Lärchenblöcke des zentralen Stegs vom irren Kreisen der Schubkarren zerrieben sind – die Goldsaison ist kurz –, werden sie durch neue ersetzt. Genau wie die Menschen.

Auf den zentralen Steg musste man geschickt herausfahren: die Schubkarre von seinem Steg her schieben, wenden, ohne das Rad in die Hauptspur zu führen, die in der Mitte des Bretts abgerieben ist und sich als schmales Band oder Schlange hinzieht – übrigens, Schlangen gibt es nicht an der Kolyma –, vom Schurfgraben bis zur Förderbrücke, ganz vom Anfang bis ganz ans Ende, bis zum Trichter. Wichtig war, wenn man die Schubkarre bis zum zentralen Steg gefahren hatte, sie zu wenden, sie dabei mit den eigenen Muskeln im Gleichgewicht zu halten und sich im richtigen Moment in die irre Jagd auf dem zentralen Steg einzureihen – dort wird ja nicht überholt, nicht überflügelt, es gibt keinen Platz zum Überholen, und du musst deine Karre im Galopp hoch, hoch, hoch über den langsam auf den Stützen ansteigenden zentralen Steg, unentwegt hoch fahren, im Galopp, damit dich die gut Genährten oder die Neulinge nicht vom Weg abbringen.

Hier darfst du nicht schlafen, musst dich in Acht nehmen, dass man dich nicht umrennt, bis du die Karre auf die Förderbrücke von etwa drei Metern Höhe herausgefahren hast, weiter brauchst du nicht zu fahren – dort ist der hölzerne Trichter, mit Brettern verkleidet, und du musst die Schubkarre in den Trichter kippen, in den Trichter schütten – weiter hast du nichts damit zu tun. Unter der Förderbrü-

cke läuft der Eisenwagen, und diesen Wagen fährst nicht du
zur Waschanlage, zur Waschtrommel. Der Wagen läuft auf
Gleisen zur Waschtrommel – zur Waschanlage. Aber damit
hast du nichts zu tun.

Du musst die Schubkarre mit den Griffen nach oben
schleudern, wenn du sie über dem Trichter ausleerst – der
größte Schick! –, und dann die leere Schubkarre auffangen
und rasch beiseite gehen, um dich umzuschauen, ein wenig
Atem zu holen und den Weg für jene frei zu machen, die
noch gut ernährt werden.

Zurück von der Förderbrücke zur Grube führt ein Reservesteg – aus alten, auf dem zentralen Steg abgenutzten, aber
ebenfalls guten, fest vernagelten Brettern. Mach den Weg frei
für die, die rennen, lass sie vorbei, nimm deine Schubkarre
vom Steg – den Warnschrei wirst du hören –, wenn du nicht
willst, dass man dich hinunterstößt. Atme irgendwie durch,
wenn du die Schubkarre säuberst oder den anderen den Weg
freimachst, denn denk daran: Wenn du zurückkommst über
den leeren Steg in deine Grube – wirst du keinen Moment
durchatmen, auf dem Arbeitssteg erwartet dich eine neue
Schubkarre, die deine Kameraden gefüllt haben, während du
die Schubkarre auf die Förderbrücke schobst.

Darum denk daran – die Kunst des Schubkarreschiebens
besteht auch darin, dass man die leere Karre über den Leer-
steg keineswegs so zurückfährt, wie man die beladene gefahren hat. Die leere Schubkarre muss man aufrichten, mit dem
Rad voran schieben. Dann hat man eine Atempause, Kräf-
teersparnis und Abfluss des Bluts aus den Armen. Zurück
kommt der Karrenschieber mit erhobenen Armen. Das Blut
fließt ab. Der Karrenschieber schont seine Kräfte.

Wenn du deine Karre bis zu deiner Grube gerollt hast,
wirfst du sie einfach hin. Für dich steht eine andere Karre
auf dem Arbeitssteg bereit, und ohne Beschäftigung, ohne

Bewegung, ohne sich zu regen darf in der Grube niemand stehen – zumindest niemand mit Artikel achtundfünfzig. Unter dem strengen Blick des Brigadiers, des Aufsehers, des Begleitpostens, des Chefs des Lagerpunkts, des Bergwerkschefs packst du die Griffe der anderen Schubkarre und fährst auf den zentralen Steg – das nennt sich auch Fließband, die Wechselkarre. Eines der schrecklichsten Gesetze der Produktion, auf das immer geschaut wird.

Gut, wenn die eigenen Kameraden gnädig sind – vom Brigadier braucht man das nicht zu erwarten, aber vom Ältesten in der Gruppe – denn überall gibt es Älteste und ihnen Unterstellte, die Möglichkeit, Ältester zu werden, ist niemandem verschlossen, nicht einmal den Achtundfünfzigern. Wenn die Kameraden gnädig sind und dir erlauben, ein wenig durchzuatmen. Von einer Rauchpause kann gar keine Rede sein. Eine Rauchpause war 1938 ein politisches Verbrechen, Sabotage, und wurde nach Artikel achtundfünfzig, Punkt vierzehn bestraft.

Nein. Die eigenen Kameraden schauen darauf, dass du den Staat nicht betrügst, dich nicht ausruhst, wenn sich das nicht gehört. Dass du dir die Brotration verdienst. Die Kameraden wollen sich nicht mit dir befassen, mit deinem Hass befassen, deiner Bitterkeit, deinem Hunger und deiner Kälte. Und wenn deinen Kameraden alles egal ist – solche waren sehr sehr selten im Jahr achtunddreißig an der Kolyma –, steht hinter ihnen der Brigadier, und wenn der Brigadier weggeht, um sich zu wärmen, lässt er einen offiziellen Beobachter da – einen Helfer des Brigadiers unter den Arbeitern. So trank Doktor Kriwizkij*, ehemaliger Stellvertreter Volkskommissar für Verteidigungsindustrie, Tag für Tag mein Blut in der Spezialzone an der Kolyma.

Und wenn der Brigadier es nicht sieht, dann sieht es der Vorarbeiter, der Aufseher, der Einsatzleiter, der Abschnittschef, der Bergwerkschef. Dann sieht es der Begleitposten und gewöhnt dir den Mutwillen mit dem Gewehrkolben ab. Dann sieht es der Bergwerkaufseher von der örtlichen Parteiorganisation, der Bevollmächtigte der Kreisabteilung und das Netz seiner Informanten. Dann sieht es der Vertreter der Westlichen, Nördlichen und Südwestlichen Verwaltung von Dalstroj oder von Magadan selbst, der GULag-Vertreter aus Moskau. Sie alle verfolgen jede deiner Bewegungen, die ganze Literatur und die ganze Publizistik verfolgt, ob du zum Scheißen gegangen bist zur falschen Zeit. Es ist schwer, die Hosen zuzuknöpfen, die Hände lassen sich nicht aufbiegen. Sie krümmen sich um den Griff der Hacke, um den Griff der Schubkarre. Das sind beinahe Kontrakturen. Und der Begleitposten schreit:

»Wo ist deine Scheiße? Wo ist deine Scheiße, frage ich.«

Und er fuchtelt mit dem Kolben. Der Begleitposten muss weder Pellagra noch Skorbut, noch Dysenterie kennen.

Darum atmet der Schubkarrenschieber unterwegs durch.

Jetzt wird unsere Erzählung von der Schubkarre durch ein Dokument unterbrochen: ein ausführliches Zitat aus dem Artikel »Das Problem der Schubkarre«, den die Zeitung »Die Sowjetische Kolyma« im November 1936 druckte:

»... Für einen gewissen Zeitabschnitt müssen wir das Problem der Förderung von Erde, Torf und Sand eng mit dem Problem der Schubkarre verknüpfen. Es ist schwer zu sagen, wie lang dieser Zeitabschnitt dauern wird, in dem wir die Förderung mit Handschubkarren durchführen müssen, doch wir können mit ausreichender Genauigkeit sagen, dass von der Konstruktion der Schubkarre in gewaltigem Maße sowohl die Produktionsgeschwindigkeiten als auch die Selbstkosten der Produktion abhängen. Die Schubkarren haben ein Fassungsvermögen von nur 0,075 Kubikmeter, während ein Fassungsvermögen von mindestens 0,12 Kubikmeter notwendig wäre ... Für unsere Bergwerke brauchen wir in den nächsten Jahren einige Zehntausend Schubkarren. Wenn diese Schubkarren nicht allen Forderungen entsprechen, die die Arbeiter selbst und die Produktionsgeschwindigkeit stellen, dann werden wir erstens die Produktion verzögern, zweitens die Muskelkraft der Arbeiter unproduktiv verausgaben und drittens gewaltige Geldmittel unnütz vergeuden.«

Alles richtig. Es gibt nur eine Ungenauigkeit: Für 1937 und die folgenden Jahre brauchte man nicht einige Zehntausend, sondern einige Millionen dieser großen, ein Zehntel Kubikmeter fassenden Schubkarren, die »den Forderungen entsprechen, die die Arbeiter selbst stellen.«

Viele, viele Jahre nach diesem Artikel, etwa dreißig Jahre später, erhielt mein guter Freund eine Wohnung, und wir feierten den Einzug. Jeder schenkte, was er konnte, und ein sehr nützliches Geschenk waren Lampenschirme samt Kabel. In den sechziger Jahren konnte man solche Lampenschirme in Moskau schon kaufen.

Die Männer kamen einfach nicht zurecht mit dem Stromanschluss des Geschenks. Zu dieser Zeit erschien ich, und eine andere Bekannte von mir rief: »Legen Sie doch ab und zeigen Sie diesen Tolpatschen, dass ein Kolymabewohner alles kann, jede Arbeit gelernt hat.«

»Nein«, sagte ich. »An der Kolyma habe ich nur gelernt, eine Schubkarre zu schieben. Und Stein zu hacken.«

Tatsächlich habe ich keinerlei Kenntnisse, keinerlei Fertigkeiten von der Kolyma mitgebracht.

Aber ich weiß mit meinem ganzen Körper, verstehe und kann es zeigen, wie man eine Schubkarre schiebt, fährt.

Wenn du dich an die Schubkarre machst, die verhasste große (zehn Schubkarren – ein Kubikmeter) oder die »be-

liebte« kleine, dann ist das erste für den Karrenschieber –
sich aufzurichten. Den ganzen Körper aufzurichten, gerade
zu stehen und die Arme hinter dem Rücken zu halten. Die
Finger beider Hände müssen fest die Griffe der beladenen
Schubkarre umfassen.

Den ersten Impuls zur Bewegung gibt der ganze Körper,
der Rücken, die Beine, die Muskeln des Schultergürtels – so,
dass der Druck auf dem Schultergürtel liegt. Wenn die Karre
angefahren ist, das Rad sich bewegt, kann man die Arme ein
wenig vorstrecken und den Schultergürtel ein wenig lockern.

Das Rad sieht der Karrenschieber nicht, er spürt es nur,
und alle Wenden werden auf gut Glück gemacht, von Anfang
bis Ende des Wegs. Die Muskeln der Schulter und des Un-
terarms sind geeignet, die Schubkarre zu drehen, ins Gleichgewicht zu bringen und auf der Förderbrückensteigung
hochzuschieben. Beim Bewegen der Schubkarre über den
Steg selbst sind diese Muskeln nicht die wichtigsten.

Die Einheit von Rad und Körper, die Richtung und das
Gleichgewicht werden vom gesamten Körper, von Hals und
Rücken nicht weniger gestützt und gehalten als vom Bizeps.

Solange der Automatismus dieser Bewegung, dieser Über-
tragung der Kraft auf die Schubkarre, das Schubkarrenrad,
nicht entwickelt ist – ist man noch kein Karrenschieber.

An die erworbenen Fertigkeiten aber erinnert sich der
Körper sein Leben lang, ewig.

An Schubkarren gibt es an der Kolyma drei Sorten: die
erste, gewöhnliche »Goldgräber«-Schubkarre mit einem Fassungsvermögen von 0,03 Kubikmeter, drei Hundertstel Kubikmeter, dreißig Karren auf einen Kubikmeter Erde. Wie-
viel wiegt so eine Schubkarre?

Zur Saison des Jahres siebenunddreißig wurden die Goldgräberschubkarren als beinahe schädlingshafte Untergrößen
aus den Goldgruben der Kolyma verbannt.

Die GULag- oder Bersinschubkarren hatten zur Saison der Jahre siebenunddreißig und achtunddreißig ein Fassungsvermögen von 0,1-0,12 Kubikmeter und nannten sich große Schubkarren. Zehn Schubkarren machten einen Kubikmeter. Hunderttausende solcher Schubkarren wurden für die Kolyma hergestellt und vom Festland hergeschafft, eine wichtigere Fracht als Vitamine.

Es gab in den Bergwerken auch Metallschubkarren, ebenfalls auf dem Festland hergestellt, genietet, aus Eisen. Diese Schubkarren hatten ein Fassungsvermögen von 0,075 Kubikmeter, doppelt so viel wie die Goldgräberschubkarren, aber sie stellten die Chefs natürlich nicht zufrieden. Der GULag nahm Fahrt auf.

Diese Schubkarren taugten nicht für die Gruben an der Kolyma. Etwa zwei Mal in meinem Leben musste ich an einer solchen Schubkarre arbeiten. Sie hatten einen Konstruktionsfehler – der Karrenschieber konnte sich nicht aufrichten, wenn er die Karre schob –, die Einheit von Körper und Metall war verfehlt. Mit einer Holzkonstruktion verträgt sich der Körper des Menschen gut, verbindet er sich leicht.

Diese Schubkarre konnte man nur vorwärts schieben, wenn man einen Buckel machte, und das Rad fuhr von selbst vom Steg. Ein Mann allein konnte die Schubkarre nicht auf den Steg stellen. Er brauchte Hilfe.

Die Metallschubkarren konnte man nicht an den Griffen halten, wenn man sich aufrichtete und die Karre vorwärts schob, und die Konstruktion, die Länge der Griffe, den Neigungswinkel zu verändern, war nicht möglich. So dienten auch diese Schubkarren ihre Zeit ab und quälten die Menschen mehr als die großen.

Ich hatte Gelegenheit, die Abrechnungen für die »Hauptproduktion«, für das »erste Metall« der Kolyma zu sehen – wenn man daran denkt, dass die Statistik eine Lügenwissenschaft ist und man niemals eine genaue Zahl publiziert. Doch selbst wenn man die mitgeteilte Zahl offiziell akzeptiert, auch dann wird der Leser und Betrachter die Geheimnisse der Kolyma leicht durchschauen. Man kann diese Zahlen der Kolyma als Wahrheit nehmen, und diese Zahlen lauteten so:

1) Sandgewinnung in den Gruben mit Karrenförderung per Hand bis zu 80 Meter oder mehr,

2) Abraum von Torf (eine Winterarbeit, das Abfahren von Fels und Gestein) mit Förderung per Hand bis zu 80 Meter.

Achtzig Meter – das ist eine bedeutende Förderung. Diese Durchschnittszahl bedeutet, dass man den besten Brigaden – den *bytowiki*, Ganoven, allen »Bestarbeitern«, die noch nicht die Sätze der *dochodjagi* bekamen, die noch die Stachanow- oder Stoßarbeiter-Ration bekamen, noch die Norm schafften – die nahegelegenen, günstigen Gruben gab, mit Förderung fünf, sechs Meter bis zum Trichter an der Förderbrücke.

Darin lag eine Produktionslogik, eine politische Logik, und eine Logik der Unmenschlichkeit und des Mordens.

Ich erinnere mich nicht, dass in den anderthalb Jahren Arbeit im Bergwerk »Partisan«, von August siebenunddreißig bis Dezember achtunddreißig, ich und unsere Brigade auch nur einen Tag und eine Stunde in der nächstgelegenen, günstigen, für die *dochodjagi* einzig möglichen Grube gearbeitet hätten.

Aber wir erfüllten nicht die »Prozente«, und darum wurde unsere Brigade (es fand sich immer eine solche Brigade, und ich arbeitete immer gerade in einer solchen Brigade von *dochodjagi*) zu einem weiten Förderweg abgestellt. Dreihundert, zweihundertfünfzig Meter Förderweg – das ist Mord, vorsätzlicher Mord an jeder Bestbrigade.

Und so karrten wir über diese dreihundert Meter zum Halali der Hunde, aber auch diese dreihundert Meter, wenn der Durchschnitt achtzig sind, bargen noch ein weiteres Geheimnis. Die rechtlosen Achtundfünfziger wurden immer geprellt und ihr Ausstoß eben jenen Ganoven oder *bytowiki* angerechnet, die nur zehn Meter bis zur Förderbrücke schoben.

Ich erinnere mich gut an eine Sommernacht, in der ich die von meinen Kameraden beladene große Schubkarre auf den Steg schob. Kleine Schubkarren zu benutzen war in unserer Grube nicht erlaubt. Eine Schubkarre, beladen mit Schlamm – an der Kolyma ist die Schicht, die Gold enthält, unterschiedlich: Kiesel, Schlamm oder auch Felsgestein mit Schlamm.

Meine Muskeln bebten vor Schwäche und zitterten jeden Moment an meinem ausgezehrten gequälten Körper mit den Skorbutgeschwüren und unbehandelten Erfrierungen, mit den Schmerzen von den Schlägen. Man musste auf den zentralen Steg herausfahren aus unserer Ecke, herausfahren von dem Brett, das von unserer Grube auf den zentralen Steg führt. Auf den zentralen Steg fuhren einige Brigaden – unter Poltern und Lärmen. Hier wird man auf dich nicht warten. Entlang des Stegs liefen die Chefs und trieben mit Stöcken und Fluchen an, lobten die, die die Schubkarre rennend schoben, und fluchten über hungrige Schnecken wie mich.

Fahren musste man trotzdem durch die Schläge, durch das Fluchen, durch das Gebrüll hindurch, und ich stieß die Schubkarre auf den zentralen Steg, wendete sie nach rechts und drehte mich selbst, der Bewegung der Karre folgend, um rechtzeitig einzugreifen, wenn das Rad abdreht.

Gut fährst du nur dann, wenn du mit dem Körper dabei bist, bei der Schubkarre, nur dann kannst du sie steuern. Das ist wie beim Fahrrad, vom physischen Gefühl her. Aber das Fahrrad war irgendwann ein Sieg. Die Schubkarre dagegen eine Niederlage, eine Beleidigung, die Hass und Verachtung für dich selbst weckte.

Ich schob die Schubkarre hinaus auf den Steg, und die Karre rollte zur Förderbrücke, und ich rannte hinter der Schubkarre, lief hinter der Schubkarre über den Steg, danebentretend und wankend, um bloß das Rad der Schubkarre auf dem Brett zu halten.

Ein paar Dutzend Meter — und in den zentralen Steg mündete der Abzweig einer anderen Brigade, und von diesem Brett, von dieser Stelle konnte man die Schubkarre nur im Rennen schieben.

Ich wurde sofort vom Steg gestoßen, grob gestoßen, hielt mit Mühe die Schubkarre im Gleichgewicht, denn es war ja Schlamm, und alles, was auf dem Weg verschüttet wurde, musste aufgesammelt und weitergefahren werden. Ich war sogar froh, dass man mich gestoßen hatte, ich konnte ein wenig Atem schöpfen.

Atem schöpfen durfte man in der Grube nicht einen Moment. Dafür schlugen einen die Brigadiere, die Vorarbeiter, die Begleitposten — ich wusste das genau, darum »wand« ich mich, belastete einfach andere Muskeln, statt der Muskeln des Schultergürtels und der Schulter hielten mich irgendwelche wechselnden Muskeln auf dem Boden.

Die Brigade mit den großen Schubkarren fuhr vorbei, und ich konnte wieder auf den zentralen Steg hinausfahren.

Ob man etwas zu essen bekommt an diesem Tag — darüber dachte man nicht nach, über gar nichts dachte man nach, im Hirn war nichts geblieben als Flüche, Bitterkeit und — Kraftlosigkeit.

Nicht weniger als eine halbe Stunde war vergangen, bis ich mit meiner Schubkarre an der Förderbrücke ankam. Die Förderbrücke ist nicht hoch, nur einen Meter, mit einem Belag aus dicken Brettern. Es gibt ein Loch — einen

Trichter, in diesen umzäunten Bunker musste man die Erde schütten.

Unter der Förderbrücke laufen Eisenwägelchen, und die Waggons segeln an einem Tau auf die Waschtrommel – auf das Waschgerät, in dem unter dem Wasserstrahl die Erde geschlämmt wird und auf dem Grund des Trogs sich das Gold absetzt. Oben an dem Waschtrog von ca. zwanzig Metern Länge arbeiten Leute, sie streuen mit kleinen Schaufeln Erde, sie sieben. Das Sieben machen nicht die Schubkarrenschieber, überhaupt lässt man die Achtundfünfziger gar nicht in die Nähe des Goldes. Aus irgendeinem Grund galt die Arbeit an der Waschtrommel – sie ist natürlich leichter als die Grube – als nur für »Volksfreunde« zulässig. Ich hatte einen Zeitpunkt gewählt, als auf der Förderbrücke keine Schubkarren und anderen Brigaden waren.

Die Förderbrücke ist nicht hoch. Ich hatte auch an hohen Förderbrücken gearbeitet – mit zehn Metern Steigung. Dort stand an der Einfahrt auf die Förderbrücke extra ein Mensch, der dem Karrenschieber half, seine Last auf den höchsten Punkt, zum Trichter hinauszufahren. Das war anspruchsvoller. In dieser Nacht war die Förderbrücke klein, aber trotzdem hatte ich nicht die Kräfte, die Schubkarre vorwärts zu schieben.

Ich spürte, dass ich zu spät komme, und unter Anspannung der letzten Kräfte schob ich die Schubkarre bis zum Anfang der Steigung. Aber ich hatte nicht die Kräfte, die Schubkarre, diese nicht einmal volle Schubkarre, bis oben zu schieben. Ich, der ich schon lange über die Erde des Bergwerks schlurfte, die Füße bewegte, ohne die Sohlen von der Erde zu lösen, nicht die Kräfte hatte, es anders zu machen – den Fuß weder höher zu heben, noch schneller. Ich lief schon lange so durch das Lager und durch die Grube – unter den Hieben der Brigadiere, der Begleitposten, der

Vorarbeiter, der Einsatzleiter, der Barackendienste und Aufseher.

Ich spürte einen Stoß in den Rücken, nicht stark, und spürte, wie ich von der Förderbrücke falle, mitsamt der Schubkarre, die ich noch am Griff hielt, als müsste ich noch irgendwohin fahren, irgendwohin steuern außer in die Hölle.

Man hatte mich einfach hinuntergestoßen – die großen Schubkarren der Achtundfünfziger rollten zum Trichter. Das waren unsere eigenen Kameraden, die Brigade, die in der Nachbarsektion lebte. Aber auch diese Brigade und ihr Brigadier Furssow wollten nur zeigen, dass er und seine Brigade und seine große Schubkarre gar nichts gemeinsam haben mit solch einem hungrigen Faschisten wie mir.

Am Trichter stand der Einsatzleiter unseres Abschnitts, der Freie Pjotr Brashnikow, mit dem Bergwerkschef Leonid Michajlowitsch Anissimow.

Jetzt wollte ich den Schlamm mit der Schaufel aufsammeln – das ist ein glitschiger Steinbrei, schwer wie Blei und ebensowenig zu fassen, ein glitschiger Steinteig. Mit der Schaufel musste ich ihn in Stücke zerhauen und aufnehmen, um ihn in die Schubkarre zu werfen, [und] es war unmöglich, meine Kräfte reichten nicht, und ich brach mit den Händen Stücke ab von diesem Schlammteig, dem schweren, glitschigen, kostbaren Schlamm.

Daneben standen Anissimow und Brashnikow und warteten, bis ich alles bis auf das letzte Steinchen in die Schubkarre befördert hatte. Ich schob die Schubkarre an den Steg heran und begann mit der Steigung und schob die Schubkarre wieder nach oben. Die Chefs hatten nur Sorge, dass ich den anderen Brigaden den Weg verstelle. Ich stellte die Schubkarre wieder auf den Steg und versuchte, sie auf die Förderbrücke hinauszustoßen.

Und wieder warf man mich um. Dieses Mal hatte ich den Schlag erwartet, und es gelang mir, die Schubkarre auf der Steigung selbst zur Seite zu ziehen. Andere Brigaden fuhren an und ab, und ich begann wieder mit der Steigung. Ich rollte vor, kippte – die Ladung war gering, ich kratzte mit der Schaufel die Reste des kostbaren Schlamms von den Seitenwänden meiner Karre und schob die Karre hinaus auf den Rücksteg, auf den Reservesteg, auf den zweiten Steg, über den man die leeren Schubkarren schob, die zurückgingen zur Goldgrube.

Brashnikow und Anissimow warteten das Ende meiner Arbeit ab und stellten sich neben mich, während ich die Leerwagen anderer Brigaden vorbeiließ.

»Wo ist denn der Höhenkompensator?«, sagte in feinem Tenor der Bergwerkschef.

»Hier braucht man ihn nicht«, sagte Brashnikow. Der Bergwerkschef war Mitarbeiter des NKWD und eignete sich den Bergbauberuf am Abend an.

»Der Brigadier will ja keinen Mann hergeben, soll ihn doch, sagt er, die Brigade der *dochodjagi* stellen. Auch Wenka Byk* will nicht. Der Anhaker, sagt er – das ist nicht meine Sache auf einer solchen Förderbrücke. Wer kann eine Schubkarre nicht zwei Meter hochschieben über eine sanfte Steigung? Ein Volksfeind, ein Verbrecher.«

»Ja«, sagte Anissimow, »ja!«

»Er fällt ja mit Absicht vor unseren Augen. Ein Höhenkompensator ist hier nicht nötig.«

Höhenkompensator nannte man einen Anhaker, einen zusätzlichen Arbeiter, der an den Steigungen zum Trichter die Schubkarre vorn an einem speziellen Haken befestigte und half, die kostbare Ladung auf die Förderbrücke zu ziehen. Diese Haken machte man aus Bohrlöffelchen von einem Meter Länge, der Löffel wurde in der Schmiede platt geschlagen, gebogen und zum Haken geformt.

Unser Brigadier wollte keinen Mann stellen, um den fremden Brigaden zu helfen.

Ich konnte in die Grube zurückkehren.

Der Schubkarrenschieber muss die Schubkarre spüren, den Schwerpunkt der Schubkarre, ihr Rad, die Radachse, die Richtung des Rades. Das Rad sieht ja der Karrenschieber nicht – weder unterwegs, mit der Ladung, noch zurück. Er muss das Rad spüren. Bei den Schubkarrenrädern gibt es zwei Typen, eines mit schmalem Reifenprofil und größerem Durchmesser, das andere mit einem breiteren Profil. In voller Entsprechung mit den Gesetzen der Physik läuft das erste leichter, dafür ist das zweite stabiler.

In das Rad wird ein Achsennagel gesteckt, mit Teer, mit Solidol, mit Radfett geschmiert und fest in die Öffnung am Boden der Schubkarre gesteckt. Die Schubkarre muss akkurat geschmiert sein.

Gewöhnlich stehen Fässer mit diesem Schmiermittel an den Werkzeugkammern.

Wie viele Hunderttausende Schubkarren gingen zu Bruch in einer Goldsaison an der Kolyma? Es gibt Angaben über Zehntausende allein für eine sehr kleine Verwaltung.

In der Transportverwaltung, wo kein Gold gewonnen wird, benutzt man dieselben Schubkarren, große und kleine. Stein ist überall Stein. Ein Kubikmeter überall ein Kubikmeter. Der Hunger überall Hunger.

Die Trasse selbst ist eine Art zentraler Steg des Goldreviers an der Kolyma. Seitlich gehen von der Trasse Abzweige ab – die steinernen Abzweige der Straßen mit zweiseitigem Verkehr – auf der zentralen Trasse läuft der Verkehr auf acht Spuren, die die Bergwerke und Minen mit der Trasse verbinden.

Die Trasse bis Nera ist in direkter Richtung eintausend-zweihundert Kilometer lang, und mit der Straße nach Deljankir-Kula – Richtung Tenka – sogar mehr als zweitausend Kilometer.

Aber während des Krieges kamen Bulldozer auf die Trasse. Und schon vorher die Bagger.

1938 gab es keine Bagger.

Sechshundert Kilometer Trasse bis hinter Jagodnyj waren noch im Bau, die Straßen zu den Bergwerken der Südlichen und Nördlichen Verwaltung waren bereits gebaut. Die Kolyma brachte schon Gold, die Leitung bekam schon Orden.

All diese Millliarden Kubikmeter gesprengter Felsen, all diese Straßen, Auffahrten und Wege, der Bau von Waschvorrichtungen, die Errichtung von Siedlungen und Friedhöfen – all das wurde von Hand geschaffen, mit Schubkarre und Hacke.

<1972>

# Der Schierling

Die Verabredung war so: Wenn es zum Abtransport ins Sonderlager »Berlag« kommt, bringen sich alle drei um, in diese Nummern-Welt* fahren sie nicht.

Der gewöhnliche Fehler im Lager. Jeder Lagerinsasse klammert sich an einen verlebten Tag, er denkt, dass es irgendwo außerhalb seiner Welt noch schlechtere Orte gibt als den, an dem er die Nacht verbracht hat. Und das ist richtig. Solche Orte gibt es, und die Gefahr, dorthin verlegt zu werden, schwebt immer über dem Häftling, kein einziger Lagerinsasse ist bestrebt, irgendwohin wegzufahren. Selbst die Frühlingswinde bringen nicht den Wunsch nach Veränderung. Veränderungen sind immer gefährlich. Das ist eine der wichtigen Lektionen, die der Mensch im Lager lernt.

An Veränderungen glaubt, wer noch nicht im Lager war. Das Lager ist gegen alle Veränderungen. So schlecht es hier auch ist − dort um die Ecke kann es noch schlechter sein.

Darum wurde beschlossen, im entscheidenden Augenblick zu sterben.

Der modernistische Maler Anti, ein Este, Verehrer von Čiurlionis*, sprach Estnisch und Russisch. Der Arzt ohne Diplom Draudvilas, ein Litauer, Student im fünften Kurs und Mickiewicz*-Liebhaber, sprach Litauisch und Russisch. Der Student im zweiten Kurs der Medizinischen Fakultät Garleis sprach Lettisch und Russisch.

Den Selbstmord vereinbarten alle drei Balten auf Russisch.

Anti, der Este, war der Kopf und der Wille der baltischen Hekatombe*.

Aber wie?

Brauchen sie Briefe? Testamente? Nein. Anti war gegen Briefe, und Garleis genauso. Draudvilas war »dafür«, aber die Freunde überzeugten ihn davon, dass, wenn der Versuch misslingt, die Briefe ein Anklagepunkt, eine Komplikation sein werden, die im Verhör erklärt werden müssen.

Sie beschlossen, keine Briefe zu hinterlassen.

Alle drei standen längst auf jenen Listen, und alle wussten: Sie erwartet das Nummernlager, das Sonderlager. Alle drei hatten beschlossen, das Schicksal nicht länger herauszufordern. Draudvilas als Arzt hatte nichts zu fürchten im Sonderlager. Aber der Litauer erinnerte sich, wie schwer es für ihn war, schon in einem normalen Lager eine medizinische Arbeit zu bekommen. Es musste ein Wunder geschehen. Genauso dachte auch Garleis, und der Maler Anti verstand, dass seine Kunst noch schlechter war als die Kunst des Schauspielers und Sängers und sicher nicht gebraucht würde im Lager, so wenig wie sie bislang gebraucht wurde.

Die erste Art sich das Leben zu nehmen war, sich in die Kugeln der Begleitposten zu stürzen. Aber das heißt Verwundungen, Schläge. Wen erschießen sie dort sofort? Die Lagerschützen sind wie die Soldaten von König George aus Bernard Shaws Stück »Der Teufelsschüler«* und können ihr Ziel verfehlen. Auf die Begleitposten war nicht zu hoffen, und diese Variante entfiel.

Sich im Fluss ertränken? Die Kolyma ist ganz nah, aber jetzt ist Winter, und wo findet man ein Loch, um den Körper durchzuzwängen? Das Dreimetereis verschließt Eislöcher fast augenblicklich. Einen Strick zu finden ist leicht. Eine sichere Methode. Aber wo soll sich der Selbstmörder erhängen – bei der Arbeit, in der Baracke? Es gibt keinen solchen Ort. Man wird ihn retten und seinen Ruf für immer verderben.

Sich erschießen? Die Häftlinge haben keine Waffe. Den Begleitposten überfallen ist noch schlimmer, als vor dem Begleitposten fliehen – eine Qual und nicht der Tod.

Sich die Pulsadern aufschneiden wie Petronius* ist schon ganz unmöglich. Man braucht warmes Wasser und eine Badewanne, sonst bleibt man Invalide mit gekrümmter Hand – Invalide, wenn man sich der Natur und dem eigenen Körper anvertraut.

Nur das Gift – der Schierlingsbecher, das ist eine sichere Methode.

Aber was wird als Schierling dienen? Denn Caliumcyanid bekommt man nicht. Doch im Krankenhaus, in der Apotheke werden ja Gifte gelagert. Das Gift geht gegen die Krankheit an, es vernichtet das Kranke und gibt dem Leben Platz.

Ja, nur das Gift. Nur der Schierlingsbecher – Sokrates' Todespokal.

Der Schierling fand sich, und Draudvilas und Garleis verbürgten sich für seine zuverlässige Wirkung.

Das ist Phenol. Karbolsäurelösung. Ein sehr starkes Antiseptikum, von dem immer ein Vorrat im Schränkchen jener chirurgischen Abteilung steht, in der Draudvilas und Garleis arbeiten.

Draudvilas zeigte diese famose Flasche Anti, dem Esten.

»Wie Kognak«, sagte Anti.

»So ähnlich.«

»Ich mache ein Etikett, ›Drei Sterne‹.«

Das Sonderlager holt sich seine Opfer einmal im Quartal. Man veranstaltet einfach eine Razzia, denn selbst in einer Einrichtung wie dem Zentralkrankenhaus gibt es Orte, an die man sich »verdrücken«, an denen man das Gewitter überleben kann. Aber wenn du nicht in der Lage bist, dich zu verdrücken, musst du dich anziehen, deine Sachen packen, deine Schulden bezahlen, dich auf die Bank setzen und geduldig abwarten, ob die Decke über dem Kopf der Angereisten einstürzt oder, in der anderen Variante, über deinem eigenen. Du musst demütig warten, ob der Krankenhauschef dich behält – ob der Chef von den Käufern die Ware erbittet, die er braucht und die dem Käufer gleichgültig ist.

Die Stunde oder der Tag ist da, und es stellt sich heraus, dass niemand dich retten und schützen kann, du bist noch immer auf den Listen »in die Etappe«.

Dann kommt die Zeit des Schierlings.

Anti nahm aus Draudvilas' Händen die Flasche und klebte das Kognaketikett darauf, denn Anti musste realistischer Künstler sein und seine modernistischen Neigungen auf dem Grund seiner Seele verstecken.

Die letzte Arbeit des Čiurlionis-Verehrers war das Etikett »Drei Sterne« – eine rein realistische Darstellung. So gab sich Anti im letzten Moment dem Realismus geschlagen. Der Realismus erwies sich als wertvoller.

»Und warum drei Sterne?«

»Drei Sterne – das sind wir drei, eine Allegorie, ein Symbol.«

»Und was hast du diese Allegorie so naturalistisch dargestellt?«, scherzte Draudvilas.

»Wenn sie hereinkommen, wenn sie uns schnappen, erklären wir – wir trinken Kognak zum Abschied, jeder ein Konservenglas.«

»Das ist klug.«

Und tatsächlich, sie kamen herein, aber schnappten sie nicht. Anti konnte die Flasche in den Apothekenschrank stellen und holte sie heraus, sobald der eingetretene Wachmann wieder gegangen war.

Anti goss das Phenol in die Becher.

»Also, auf eure Gesundheit!«

Anti trank, auch Draudvilas trank. Garleis nippte, aber schluckte nicht, sondern spuckte aus, und über die Körper der Hingefallenen gelangte er zur Wasserleitung und spülte seinen verbrannten Mund mit Wasser. Draudvilas und Anti krümmten sich und röchelten. Garleis versuchte zu überlegen, was er sagen soll in der Untersuchung.

Zwei Monate lag Garleis im Krankenhaus – die verbrannte Kehle wurde wieder hergestellt. Viele Jahre später war Garleis auf der Durchreise bei mir in Moskau. Er versicherte mir unter Eid, dass der Selbstmord ein tragischer Fehler war, dass der Kognak »Drei Sterne« echt war, dass Anti die Flasche mit dem Kognak im Apothekenschrank verwechselt und die ähnliche Flasche mit dem Phenol, mit dem Tod herausgeholt hatte.

Die Untersuchung zog sich lange hin, aber Garleis wurde nicht verurteilt, er wurde freigesprochen. Die Flasche mit dem Kognak wurde niemals gefunden. Schwer zu sagen, wer sie als Prämie bekommen hat, falls sie existierte. Der Untersuchungsführer hatte nichts gegen Garleis' Version, wozu sich quälen, um ein Geständnis, ein Bekenntnis und so weiter zu bekommen. Garleis hatte der Untersuchung einen vernünftigen und logischen Ausweg angeboten. Draudvilas und Anti, die Organisatoren der baltischen Hekatombe, haben niemals erfahren, ob man viel oder wenig über sie sprach. Man sprach viel über sie.

Seine medizinische Fachrichtung hatte Garleis in dieser Zeit gewechselt, sich spezialisiert. Er war Zahnprothesist, hatte sich dieses einträgliche Handwerk angeeignet.

Garleis war bei mir, um juristischen Rat zu suchen. Er hatte nicht die Genehmigung bekommen, sich in Moskau anzumelden. Man genehmigte ihm nur Riga, die Heimat sei-

ner Frau. Garleis' Frau war ebenfalls Ärztin, eine Moskaue-
rin. Garleis hatte, als er die Eingabe über die Rehabilitierung
machte, sich den Rat eines seiner Freunde von der Kolyma
erbeten, dem er ausführlich seine ganze lettische Jugendaf-
färe erzählte, von den Pfadfindern* und noch irgendetwas.

»Ich habe ihn um Rat gefragt, habe gefragt, soll ich alles schreiben? Und mein bester Freund sagte: ›Schreib die
ganze Wahrheit. Alles so, wie es war.‹ Das habe ich getan
und bekam keine Rehabilitation. Ich bekam nur die Genehmigung, in Riga zu wohnen. Wie er mich hereingelegt hat,
mein bester Freund ...«

»Er hat Sie nicht hereingelegt, Garleis. Sie brauchten einen Rat in einer Sache, in der man nicht raten kann. Was
hätten Sie bei jeder anderen Antwort getan? Ihr Freund
konnte denken, dass Sie ein Spion sind, ein Zuträger. Und
wenn Sie kein Zuträger sind, warum soll er ein Risiko eingehen. Sie haben die einzige Antwort bekommen, die man
auf Ihre Frage geben kann. Ein fremdes Geheimnis ist viel
schwerer als ein eigenes.«

1973

# Doktor Jampolskij

In meinen Erinnerungen aus der Kriegszeit wird oft der Name Doktor Jampolskij auftauchen. Das Schicksal hat uns während des Kriegs mehrmals in Strafabschnitten der Kolyma zusammengeführt. Nach dem Krieg, nach Abschluss des medizinischen Lehrgangs in Magadan 1946 arbeitete ich selbst als Feldscher und hatte mit der Tätigkeit Doktor Jampolskijs als praktizierendem Arzt und Chef der Sanitätsabteilung des Bergwerks nichts mehr zu tun.

Doktor Jampolskij war kein Doktor und kein Arzt. Moskauer, verurteilt nach irgendeinem Sozial-Artikel, begriff Jampolskij in der Haft schnell, welche Stabilität eine medizinische Ausbildung verleiht. Aber die Zeit, um eine ärztliche oder wenigstens Feldscherausbildung zu bekommen, hatte Jampolskij nicht.

Es gelang ihm, vom Krankenbett aus, als Sanitäter, der den Kranken Fieber misst und die Zimmer saubermacht, die Aufgaben eines praktizierenden Feldschers zu erfüllen. Das ist auch in Freiheit nicht verboten, und im Lager eröffnet es große Perspektiven. Feldschererfahrung ist leichte Erfahrung, und für die Leute ist es beim ewigen Mangel an medizinischen Kadern im Lager ein sicheres Stück Brot.

Jampolskij hatte Mittelschulbildung, darum schnappte er aus den Erklärungen des Arztes einiges auf.

Das Praktizieren unter Anleitung des Arztes – nicht eines, sondern mehrerer, denn Jampolskijs medizinische

Chefs wechselten –, vergrößerte auch das Wissen, und vor allem wuchs Jampolskijs Selbstvertrauen. Das war kein reines Feldscherselbstvertrauen – bekanntlich wissen sie insgeheim, dass die Kranken keinen Puls haben, trotzdem befühlen sie den Arm, zählen, vergleichen mit der Uhr –, ein Selbstvertrauen, das schon längst Anekdote geworden ist.

Jampolskij war klüger. Er arbeitete schon mehrere Jahre als Feldscher und verstand, dass ihm das Phonendoskop beim Abhören keinerlei Geheimnisse verrät, wenn ihm das medizinische Wissen fehlt.

Die Feldscherkarriere während der Haft ließ Jampolskij die Haftzeit ruhig überleben und sie wohlbehalten beschließen. Und hier nun, an einem wichtigen Scheideweg, entwarf Jampolskij für sich einen durchaus gefahrlosen, juristisch abgesicherten Lebensplan.

Jampolskij beschloss, nach der Haftzeit in der Medizin zu bleiben. Doch nicht, um eine ärztliche Ausbildung zu machen, sondern um auf die Kaderlisten eben der Mediziner zu kommen und nicht der Buchhalter oder Agronomen.

Jampolskij, als ehemaligem *seka*, stand kein Zuschlag zu, aber er dachte auch nicht an den schnellen Rubel.

Der schnelle Rubel war ihm schon durch den ärztlichen Satz gesichert.

Doch wenn der praktizierende Feldscher unter Anleitung eines Arztes als Feldscher arbeiten kann, wer wird dann den Arzt bei der ärztlichen Arbeit anleiten?

Im Lager, an der Kolyma und überall sonst, gibt es die Verwaltungstätigkeit eines Chefs der Sanitätsabteilung. Weil 90% der ärztlichen Arbeit aus Schreiberei besteht, soll diese Tätigkeit im Prinzip den Spezialisten Zeit freihalten. Das ist eine Verwaltungs-, eine Kanzleistelle. Wenn ein Arzt sie innehat – gut, doch wenn er kein Arzt ist, ist es auch nicht schlimm, sofern er tatkräftig ist und etwas von Organisation versteht.

Das gilt für alle Krankenhauschefs und Chefs der Sanitätsabteilungen – sie sind Sanitätsärzte, manchmal auch einfach Krankenhauschefs. Ihre Sätze sind höher als die eines Arztes und Spezialisten.

Und diese Tätigkeit strebte Jampolskij auch an.

Behandeln konnte er nicht, dazu war er nicht fähig. An Kühnheit mangelte es ihm nicht. Er trat einige ärztliche Stellen an, wurde aber jedes Mal auf die Position eines Chefs der Sanitätsabteilung, eines Verwalters abgedrängt. Auf dieser Stelle war er gegen jede Revision gefeit.

Die Sterblichkeit ist hoch. Nun ja! Man bräuchte einen Spezialisten. Den Spezialisten hat man nicht. Also muss man Doktor Jampolskij an seinem Platz lassen.

Allmählich, von Stelle zu Stelle, sammelte Jampolskij unweigerlich auch ärztliche Erfahrung, und vor allem lernte er die Kunst, zur rechten Zeit zu schweigen, und die Kunst, zur rechten Zeit eine Anzeige zu schreiben, zu informieren.

All das wäre nicht übel gewesen, wenn nicht zugleich Jampolskijs Hass auf alle *dochodjagi* gewachsen wäre und auf die *dochodjagi* aus der Intelligenz im Besonderen. Nicht anders als die gesamte Lagerleitung an der Kolyma sah Jampolskij in jedem *dochodjaga* einen Drückeberger oder Volksfeind.

Und weil er den Menschen nicht verstand und ihm nicht glauben wollte, übernahm Jampolskij die große Verantwortung, die auf Grund Gelaufenen in die Lageröfen der Kolyma – das heißt in 60 Grad Frost – zu schicken und in diesen Öfen sterben zu lassen. Kühn übernahm Jampolskij seinen Teil der Verantwortung, er unterschrieb die von der Leitung vorbereiteten Todesurkunden, schrieb diese Urkunden sogar selbst.

Zum ersten Mal traf ich Doktor Jampolskij im Bergwerk »Spokojnyj«. Nachdem er die Kranken befragt hatte, wählte mich der Doktor im weißen Kittel und mit dem Phonendoskop über der Schulter für die Sanitäterstelle aus – Fieber messen, die Krankensäle saubermachen, die Schwerkranken pflegen.

All das konnte ich schon dank meiner Erfahrung in »Belitschja«, dem Anfang meines mühsamen medizinischen Wegs. »Auf Grund gelaufen«, mit Pellagra ins Kreiskrankenhaus des Nordens gebracht und überraschend gesund geworden, auf die Beine gekommen, blieb ich dort als Sanitäter, und dann wurde ich von der obersten Leitung ins Bergwerk »Spokojnyj« gestürzt, ich wurde krank, hatte »Fieber« – Doktor Jampolskij, der mein mündliches Kolyma-Dossier studiert hatte, beschränkte sich auf die medizinische Seite der Sache, ihm war klar, dass ich nicht betrüge und mich mit den Vor- und Vatersnamen der Krankenhausärzte nicht vertue, und er schlug mir selbst vor, Sanitäter zu sein.

Ich war damals in einem Zustand, dass ich auch nicht Sanitäter sein konnte. Doch die Grenzen der menschlichen Durchhaltekraft sind unerforschlich – nachdem ich eine Kostbarkeit in die Hand bekommen hatte, ein echtes Thermometer, fing ich an, Fieber zu messen und die Fieberblätter auszufüllen.

Wie bescheiden meine Krankenhauserfahrung auch war, ich verstand genau, dass im Krankenhaus nur Sterbende liegen.

Sogar in eine heiße Wanne gesteckt, konnte ein aufgedunsener Gigant, ein von Ödemen aufgetriebener Dystrophiker aus dem Lager nicht warm werden.

Für all diese Kranken wurden Krankengeschichten ausgefüllt, wurden Verordnungen aufgeschrieben, die von niemandem ausgeführt wurden. In der Apotheke der Sanitätsabteilung gab es nichts als Permangansäure. Die verabreichte man auch, mal innerlich in schwacher Lösung, mal als Umschlag auf Skorbut- und Pellagrawunden.

Vielleicht war das im Grunde auch nicht die schlechteste Behandlung, aber auf mich wirkte sie bedrückend.

In einem Krankensaal lagen sechs oder sieben Mann.

Und diese Toten von morgen oder sogar von heute besuchte täglich der Chef der Sanitätsabteilung des Bergwerks, der freie Doktor Jampolskij, in schneeweißem Hemd, im gebügelten Kittel und im grauen freien Anzug, den die Ganoven dem Arzt geschenkt hatten, damit er sie, die Gesunden, ins Zentralkrankenhaus am Linken Ufer schickte und diese Toten bei sich behielt.

Und hier traf ich auch den Machno-Mann Rjabokon.

Der Doktor spazierte im glänzenden gestärkten Kittel an den acht Liegen entlang, an den Matratzen, die gestopft waren mit Krummholzzweigen, mit sandfein, zu grünem Pulver zerriebenen Nadeln, mit Ästen, so gekrümmt wie lebendige oder wenigstens tote menschliche Arme, genauso dünn, genauso schwarz.

Auf diesen Matratzen mit den schäbigen abgebrauchten Decken, die nicht das Geringste an Wärme bewahrten, konnten weder ich noch meine sterbenden Nachbarn, der Lette und der Machno-Mann, uns wärmen.

Doktor Jampolskij erklärte mir, dass der Chef ihm befohlen habe, das gesamte Krankenhaus in Eigenregie aufzubauen, und wir beide – er und ich – würden morgen mit diesem Aufbau anfangen. »Du bleibst erstmal auf der Krankengeschichte.«

Der Vorschlag freute mich nicht. Ich wollte nur den Tod, aber zum Selbstmord konnte ich mich nicht entschließen, ich zögerte, zögerte Tag um Tag.

Als er sah, dass ich ihm gar nicht helfen konnte bei seinen Aufbauplänen – ich konnte die Stämme und selbst Stöcke nicht vorwärtsstoßen, sondern saß einfach (fast hätte ich geschrieben – auf dem Boden, aber an der Kolyma sitzt man nicht auf dem Boden, wegen des Dauerfrosts, dort ist das nicht üblich wegen des möglichen letalen Ausgangs), ich saß auf einem Stämmchen, auf Fällholz und betrachtete meinen Chef und seine Übung des Entrindens eines Holzstamms, eines Langholzes –, da behielt mich Jampolskij nicht im Krankenhaus, sondern nahm sofort einen anderen Sanitäter, und der Arbeitsanweiser des Bergwerks »Spokojnyj« schickte mich als Hilfe zum Köhler.

Beim Köhler arbeitete ich einige Tage, dann wechselte ich zu einer anderen Arbeit, und dann zog die Begegnung mit Ljoscha Tschekanow mein Leben in einen tödlichen Strudel.

In Jagodnoje konnte ich während eines Verweigerungsverfahrens, eines eingestellten Verfahrens, Lesnjak kontaktieren, meinen Schutzengel an der Kolyma. Nicht, dass Lesnjak der einzige Hüter des mir bestimmten Schicksals war, dazu würden die Kräfte Lesnjaks und seiner Frau, Nina Wladimirowna Sawojewas, nicht ausreichen, das begriffen wir alle drei. Trotzdem macht der Versuch klug – einen Knüppel in die Räder dieser Todesmaschine zu werfen.

Aber ich, eine »lockere Hand«, wie die Ganoven sagen, ziehe es vor, zuerst mit meinen Feinden abzurechnen und erst dann meinen Freunden Ehre zu erweisen.

Erst sind die Sünder an der Reihe, dann die Gerechten. Darum lassen Lesnjak und Sawojewa dem Schurken Jampolskij den Vortritt.

So muss es offensichtlich auch sein. Ich rühre keinen Finger, den Gerechten zu rühmen, ehe nicht der Halunke genannt ist. Nach dieser keineswegs lyrischen, sondern notwendigen Abschweifung kehre ich zur Erzählung über Jampolskij zurück.

Als ich aus dem Untersuchungsisolator nach »Spokojnyj« zurückkam, waren mir natürlich alle Türen in die Sanitätsabteilung verschlossen, hatte ich mein Soll an Aufmerksamkeit schon bis zum Grund erschöpft, und als mich Doktor Jampolskij in der Zone traf, drehte er den Kopf weg, als hätte er mich nie zuvor gesehen.

Aber Doktor Jampolskij hatte schon vor unserer Begegnung in der Zone einen Brief bekommen, einen Brief von der freien Chefin des Kreiskrankenhauses Doktor Sawojewa, Vertragsarbeiterin und Parteimitglied, in dem Sawojewa bat, mir zu helfen – Lesnjak hatte ihr von meiner Lage berichtet –, mich einfach als Kranken ins Kreiskrankenhaus zu schicken. Krank war ich tatsächlich.

Diesen Brief hatte irgendein Arzt nach »Spokojnyj« mitgebracht.

Doktor Jampolskij gab Sawojewas Brief, ohne mich zu rufen und mir etwas zu sagen, an den Chef des Lagerpunkts, Jemeljanow. Das heißt, er zeigte Sawojewa an.

Als ich mich, ebenfalls informiert von diesem Brief, Jampolskij im Lager in den Weg stellte und, natürlich in den ehrerbietigsten Worten, wie es mir die Lagererfahrung eingab, nach dem Schicksal dieses Briefes fragte, sagte Jampolskij, er habe den Brief übergeben, dem Chef des Lagerpunkts ausgehändigt, und ich solle mich dorthin wenden und nicht an die Sanitätsabteilung und ihn, Jampolskij.

Ich wartete nicht lange und meldete mich bei Jemeljanow an. Der Chef des Lagerpunkts kannte mich auch ein wenig persönlich – wir waren gemeinsam durch den Schneesturm gelaufen, um dieses Bergwerk zu eröffnen – waren durchmarschiert –, der Wind warf alle um, Freie und Häftlinge, Chefs und Arbeiter. Er erinnerte sich natürlich nicht an mich, nahm aber den Brief der Oberärztin als vollkommen normale Bitte.

»Wir schicken dich, wir schicken dich.«

Und ein paar Tage später kam ich nach »Belitschja« – über die Waldaußenstelle des Lagerpunkts Jagodnoje, in der ein gewisser Efa Feldscher war, ebenfalls ein Praktiker, wie fast alle Feldscher an der Kolyma. Efa war bereit, Lesnjak von meiner Ankunft zu benachrichtigen. »Belitschja« lag sechs Kilometer von Jagodnoje. Am selben Abend kam ein Fahrzeug aus Jagodnoje, und ich kam zum dritten und letzten Mal ins Nördliche Kreiskrankenhaus – dasselbe, in dem man mir vor einem Jahr für die Krankengeschichte die Handschuhe von den Händen abgenommen hatte.

Hier arbeitete ich als Kulturorganisator, ganz offiziell, falls es an der Kolyma irgendetwas Offizielles gibt. Hier las ich den Kranken bis zum Ende des Kriegs, bis zum Frühjahr fünfundvierzig aus der Zeitung vor. Im Frühjahr fünfundvierzig wurde die Oberärztin Sawojewa auf eine andere Arbeit versetzt, und das Krankenhaus übernahm eine neue Oberärztin, mit einem künstlichen Auge rechts oder links und mit dem Spitznamen Flunder.

Diese Flunder entließ mich sofort und schickte mich am selben Abend mit Begleitposten in den Kommandantenlagerpunkt nach Jagodnoje, von wo ich noch in derselben Nacht zur Bereitstellung von Pfählen für Hochspannungsleitungen an den Diamantenquell geschickt wurde. Die Ereignisse, die sich dort zutrugen, habe ich in der Erzählung »Der Diamantenquell«* beschrieben.

Obwohl es dort keinen Begleitposten gab, waren die Bedingungen unmenschlich, extrem sogar für die Kolyma.

Wer die Tagesnorm nicht erfüllte, der bekam dort einfach gar kein Brot. Man hängte Listen aus, wer morgen kein Brot bekommt für die heutige Produktion.

Ich habe viel Willkür erlebt, aber so etwas habe ich niemals und nirgends gesehen. Als ich selbst auf diese Listen geriet, zögerte ich nicht, sondern floh, lief zu Fuß nach Jagodnoje. Meine Flucht gelang. Man konnte sie auch eigenmächtiges Fernbleiben nennen – denn ich ging nicht

»ins Eis«, sondern meldete mich in der Kommandantur. Ich wurde wieder festgenommen, und wieder wurde eine Untersuchung eingeleitet. Und wieder fand der Staat, dass meine neue Haftzeit erst zu kürzlich begonnen hatte.

Diesmal ging ich nicht ins Durchgangslager, sondern bekam eine Überweisung in die Spezialzone Dshelgala – dieselbe, in der ich vor einem Jahr vor Gericht stand. Gewöhnlich wird man an den Ort, von dem man zum Verfahren kam, nach dem Verfahren nicht mehr zurückgebracht. Hier machten sie es anders, vielleicht versehentlich.

Ich ging durch dasselbe Tor, stieg auf denselben Berg mit dem Bergwerk, in dem ich schon gewesen war und zehn Jahre bekommen hatte.

Weder Kriwizkij noch Saslawskij waren noch in Dshelgala, und ich begriff, dass die Leitung mit ihren Mitarbeitern ehrlich abrechnet und sich nicht auf Zigarettenkippen und Wassersuppe beschränkt.

Überraschend stellte sich heraus, dass ich in Dshelgala unter der freien Belegschaft einen sehr starken Feind hatte. Und wen? Den neuen Chef der Sanitätsabteilung des Bergwerks, Doktor Jampolskij, den man gerade erst hierher versetzt hatte. Jampolskij posaunte herum, dass er mich gut kennt, dass ich ein Zuträger bin und er das weiß, dass es zu meinem Schicksal sogar einen persönlichen Brief der freien Ärztin Sawojewa gegeben hat, dass mein Beruf im Lager Faulenzer, Drückeberger und Informant ist und ich die unglücklichen Kriwizkij und Saslawskij fast zugrunde gerichtet hätte.

Einen Brief von Sawojewa! Ohne Zweifel ein Zuträger! Aber er, Jampolskij, hatte Weisung von der obersten Leitung gehabt, mein Los zu lindern, und hatte den Befehl befolgt und das Leben dieses Halunken erhalten. Hier aber, in der Spezialzone, wird er, Jampolskij, mich nicht mehr schonen.

Von einer medizinischen Arbeit konnte keine Rede sein, und ich bereitete mich wieder einmal auf den Tod vor.

Das war im Herbst 1945. Plötzlich wurde Dshelgala geschlossen. Die Spezialzone mit ihrer wohldurchdachten Geographie und Topographie wurde gebraucht, dringend gebraucht.

Das gesamte »Kontingent« wurde in den Westen verlegt, in die Westliche Verwaltung bei Sussuman, und solange man einen Platz für die Spezialzone suchte – brachte man es im Gefängnis von Sussuman unter.

Nach Dshelgala wurden Repatrianten eingewiesen – der erste ausländische Fang, direkt aus Italien. Das waren russische Soldaten, die in der italienischen Armee gedient hatten. Eben jene Repatrianten, die nach dem Krieg dem Aufruf gefolgt waren, in die Heimat zurückzukehren.

An der Grenze wurden ihre Transporte von Begleitposten umstellt, und sie alle durchliefen im Eiltempo Rom-Magadan-Dshelgala.

Alle trugen, obwohl sie weder Wäsche noch goldene Sachen mehr hatten – unterwegs hatten sie alles gegen Brot getauscht –, noch italienische Uniform. Sie gaben sich noch munter. Sie wurden genauso ernährt wie wir, bekamen dasselbe wie wir. Nach dem ersten Mittagessen in der Lagerkantine fragte mich der neugierigste Italiener:

»Warum essen eure Leute in der Kantine alle Grütze und Suppe, aber das Brot, die Brotration, halten sie in der Hand und nehmen sie mit? Warum?«

»In einer Woche wirst du all das selbst verstehen«, sagte ich.

Mit der Etappe der Spezialzone wurde auch ich weggebracht – nach Sussuman, in die kleine Zone. Dort kam ich ins Krankenhaus und kam mit Hilfe des Arztes Andrej Maksimowitsch Pantjuchow auf den Feldscherlehrgang für Häftlinge in Magadan, genauer, an Kilometer 23 der Trasse.

Und dieser Lehrgang, den ich glücklich abschloss, teilte mein Leben an der Kolyma in zwei Hälften: von 1937 bis 1946, zehn Jahre Wanderschaft vom Krankenhaus zur Grube und zurück, mit Zugabe einer Haftzeit von zehn Jahren im Jahr 1943. Und von 1946 bis 1953, als ich als Feldscher arbeitete und 1951 unter Anrechung der Arbeitstage frei kam.

Nach 1946 begriff ich, dass ich tatsächlich am Leben geblieben war und dass ich das Haft-Ende und mehr als das Haft-Ende noch erleben würde, dass es meine Aufgabe – das Allerhauptsächlichste – sein würde, weiterzuleben, wie ich all diese vierzehn Jahre gelebt hatte.

Ich gab mir nur wenige Regeln, doch ich halte sie ein, halte sie noch heute ein.

1970-1971

# Oberstleutnant Fragin

Oberstleutnant Fragin, der Chef der Sonderabteilung, war degradierter Milizgeneral. Ein Generalmajor der Moskauer Miliz, der auf seinem ganzen ruhmreichen Weg erfolgreich gegen den Trotzkismus gekämpft hatte, während des Kriegs ein zuverlässiger Mitarbeiter des SMERSch*. Marschall Timoschenko, der die Juden hasste, hatte Fragin zum Oberstleutnant degradiert und ihm die Demobilisierung angeboten. Große Brotrationen, Dienstgrade und Perspektiven gab es, trotz Degradierung, nur bei der Arbeit im Lager – nur dort blieben den Kriegshelden die Dienstgrade, Stellen und Rationen erhalten. Nach dem Krieg also war der Milizgeneral Oberstleutnant in den Lagern. Fragin hatte eine große Familie, und im Hohen Norden musste er eine Arbeit suchen, bei der die Belange der Familie eine befriedigende Lösung fänden: Krippe, Kindergarten, Schule, Kino.

So kam Fragin ans Linke Ufer ins Häftlingskrankenhaus auf eine Stelle nicht als Kaderbeauftragter, wie er und die Leitung wollten, sondern als Chef der KWTsch – der Kultur- und Erziehungsabteilung. Man versicherte ihm, dass er die Erziehung der Häftlinge meistern würde. Die Versicherungen waren begründet. Alle wussten, was für ein Nichts jede KWTsch ist, dass das eine Sinekure ist, und nahmen Fragins Ernennung billigend, im besten Falle gleichgültig auf. Und tatsächlich, der grauhaarige, krausgelockte Oberstleutnant, elegant, mit immer sauberer Kragenbinde, parfümiert mit einem billigen, aber nicht Dreifach-Eau de Cologne, war sehr viel sympathischer als Unterleutnant Shiwkow, Fragins Vorgänger auf dem Posten des Chefs der KWTsch.

Shiwkow hatte sich weder für Konzerte noch für den Film, noch für Versammlungen interessiert, und seine ganze aktive Tätigkeit konzentrierte und arrangierte er glücklich um die Frage des Liebeslebens. Shiwkow, Junggeselle und ein kerngesunder schöner Mann, lebte gleich mit zwei Frauen, beide Häftlinge. Beide arbeiteten sie im Krankenhaus. Im Krankenhaus ist es wie auf dem Dorf hinter Twer, es gibt keine Geheimnisse – alle wissen alles. Seine eine Freundin war eine Ganovin, eine »Abgefallene«, die in die Welt der »*frajer*« gewechselt war, eine verwegene Schönheit aus Tbilisi*. Mehrfach hatten die Ganoven versucht, Tamara zur Raison zu bringen. Nichts half. Und auf alle Befehle der »Paten«*, da und da zu erscheinen zur Erfüllung ihrer klassischen Pflichten, antwortete Tamara mit Fluchen und Lachen, keineswegs mit feigem Schweigen.

Die zweite Passion Shiwkows war eine Krankenschwester und Estin mit Artikel achtundfünfzig, eine blonde Schönheit von markant deutschem Typ – das vollkommene Gegenteil der brünetten Tamara. Nichts Ähnliches war im Äußeren dieser beiden Frauen. Beide nahmen die Avancen des Unterleutnants sehr liebenswürdig entgegen. Shiwkow war ein großzügiger Mensch. Damals war es schwierig mit den Rationen. Den Freien gab man an bestimmten Tagen Lebensmittel, und Shiwkow trug immer zwei gleiche Päckchen ins Krankenhaus – eins für Tamara, das andere für die Estin. Es war bekannt, dass auch die Liebesbesuche von Shiwkow am selben Tag stattfanden, beinahe zur gleichen Stunde.

Und dieser Shiwkow, der gute Kerl, hatte einen Häftling vor aller Augen in den Hals geschlagen, aber weil die Leitung eine andere, eine höhere Welt ist, wurden diese Attacken nicht bestraft. Und nun löste ihn der schöne grauhaarige Fragin ab. Fragin hatte den Posten eines Chefs der ISTsch* angestrebt, der dritten Abteilung, das heißt eine Arbeit in seinem Beruf, aber solche Arbeit fand sich nicht. Und der Kaderspezialist musste sich mit der kulturellen Erziehung der Häftlinge befassen. Der Satz bei KWTsch und ISTsch war derselbe, sodass Fragin hier nichts verlor. Romane mit weiblichen Häftlingen fing der grauhaarige Oberstleutnant nicht an. Wir hörten zum ersten Mal aus der Zeitung vorlesen und, was noch wichtiger ist, wir hörten den persönlichen Bericht eines Kriegsteilnehmers vom Krieg.

Bis dahin hatten uns vom Krieg nur Wlassow-Anhänger, *polizei*, Marodeure und Leute erzählt, die mit den Deutschen kollaboriert hatten. Wir verstanden den Unterschied in der Information, wir wollten einen Sieger, einen Helden hören. Dies war für uns der Oberstleutnant, der in seiner ersten Versammlung der Häftlinge vom Krieg berichtete, von den Heerführern erzählte. Natürlich weckte Rokossowskij* besonderes Interesse. Wir hatten schon lange von ihm gehört. Und Fragin hatte eben in Rokossowskijs SMERSch gearbeitet. Fragin lobte Rokossowskij als Kommandeur, der den Kampf nicht scheut, auf die wichtigste Frage jedoch, ob Rokossowskij im Gefängnis gesessen hat und ob es stimmt, dass in seinen Einheiten Ganoven sind, gab Fragin keine Antwort. Das war der erste Bericht über den Krieg aus dem Mund eines Beteiligten, den ich seit Januar 1937 hörte, seit dem Tag meiner Verhaftung. Ich erinnere mich, ich fing jedes Wort auf. Das war im Sommer 1949 in einer großen Waldaußenstelle. Unter den Holzfällern war Andrussenko, ein blonder Panzerkommandeur, Teilnehmer an der Schlacht um Berlin, Held der Sowjetunion, verurteilt für Marodieren und für Diebstähle in Deutschland. Uns war die juristische Grenzlinie gut bekannt, die das Leben eines Menschen in Ereignisse vor und nach dem Tag der Verabschiedung eines Gesetzes zerschneidet, ein und derselbe Mensch ist bei gleichem Verhalten heute ein Held und morgen ein Verbrecher, und er weiß selbst nicht – ist er ein Verbrecher oder nicht.

Andrussenko war verurteilt zu zehn Jahren wegen Marodierens. Das Gesetz war eben erst verabschiedet. Leutnant Andrussenko wurde davon getroffen – und aus dem sowjetischen Militärgefängnis in Berlin brachte man ihn an die Kolyma. Je länger, desto schwerer wurde es nachzuweisen, dass er ein wahrer Held der Sowjetunion ist, dass er diesen Titel, dass er Orden besitzt. Die Zahl der falschen Helden nahm ständig zu. Die Verhaftungen und Entlarvungen von Hochstaplern und ihre Bestrafung taten es ebenfalls, mit Verzögerung um einige Monate. 1949 wurde von den Frontkämpfern in unserer Leitung der Oberarzt, ein Held der Sowjetunion verhaftet – kein Held und kein Arzt. Andrussenkos Beschwerden blieben ohne Antwort. Im Unterschied zu anderen Häftlingen, die aus dem Krieg an die Kolyma gekommen waren, hatte Andrussenko einen Zeitungsausschnitt aus der Frontzeitung von 1945 mit seinem Photo aufbewahrt. Fragin, als örtliche KWTsch und früherer Mitarbeiter des SMERSch, wusste seine Aufrichtigkeit zu schätzen und beförderte Andrussenkos Freilassung.

Ich hatte mein Leben lang einen starken Sinn für Gerechtigkeit, ich bin unfähig, Ereignisse nach groß und klein zu unterscheiden. Und aus diesem Krankenhaus, beim Klang dieser Namen – Andrussenko, Fragin – erinnere ich mich am deutlichsten an ein Schachturnier für Häftlinge, von Fragin organisiert, mit einer riesigen Tafel, die im Vestibül des Krankenhauses hing, einer Tafel zum Verlauf des Turniers. Nach Berechnungen Fragins musste Andrussenko den ersten Platz machen, und der Preis, ein Geschenk, war schon gekauft. Es war ein Taschenschachspiel, so groß wie ein lederenes Zigarettenetui. Dieses Zigarettenetui hatte der Chef, ohne das Ende des Wettkampfs abzuwarten, Andrussenko schon geschenkt – aber das Turnier gewann ich. Und bekam keinen Preis.

Portugalow, der versuchte, Einfluss auf die Leitung auszuüben, scheiterte komplett, und Fragin, der zu den Häftlingen in den Korridor hinaustrat, erklärte, dass die KWTsch nicht die Mittel hat, einen Preis zu kaufen. Sie hat sie nicht, und Schluss.

Vergangen sind der Krieg, der Sieg, die Entthronung Stalins, der Zwanzigste Parteitag, scharf gewendet hat sich die Linie meines Lebens – ich bin seit vielen Jahren in Moskau, aber die ersten Nachkriegsjahre bedeuten für mich diesen Stich gegen meine Eigenliebe, Fragins Ausfall gegen mich. Hunger und Erschießungen werden neben einer solchen Bagatelle erinnert. Übrigens war Fragin nicht nur zu Bagatellen fähig.

Ich war umgezogen ins Krankenhaus, in die Aufnahme, und aus dienstlicher Verpflichtung begegneten er und ich uns öfter. Damals war Fragin von der Stelle bei der KWTsch zur URTsch gewechselt, in die Registratur, die die Angelegenheiten der Häftlinge verwaltete, und bewies Eifer und Wachsamkeit. Ich hatte einen Sanitäter, Grinkewitsch, einen guten Jungen, der sichtlich zu Unrecht ins Lager geraten war, auch er aus dem Krieg, in diesem trüben Strom von Pseudogenerälen und getarnten Ganoven. Grinkewitschs Familie hatte viele Eingaben und Beschwerden geschrieben, und es war zur Revision des Verfahrens und zur Aufhebung des Urteils gekommen. Oberstleutnant Fragin rief Grinkewitsch zur Bekanntgabe nicht in seine URTsch, sondern erschien selbst bei mir in der Aufnahme und las Grinkewitsch mit lauter Stimme den Text des erhaltenen Dokuments vor.

»Sehen Sie, Bürger Schalamow«, sagte Fragin, »die Richtigen lässt man frei. Alle Fehler werden korrigiert, und die Falschen lässt man nicht frei. Haben Sie verstanden, Bürger Schalamow?«

»Vollkommen, Bürger Natschalnik.«

Als ich unter Anrechnung der Arbeitstage im Oktober 1951 freikam, äußerte sich Fragin aufs Entschiedenste dagegen, dass ich – bis zum Frühling, bis zur neuen Schifffahrtsperiode – als Freier im Krankenhaus arbeite. Doch das Eingreifen des damaligen Krankenhauschefs N. Winokurow entschied die Sache. Winokurow versprach, mich im Frühjahr mit der Etappe loszuschicken, mich nicht ins feste Personal zu übernehmen, und bis zum Frühjahr würde er einen Mitarbeiter für die Aufnahme auswählen. Juristisch bestand diese Möglichkeit, existierte ein solcher Status.

Aus dem Lager Entlassene hatten Anspruch auf eine staatlich finanzierte Etappe aufs Große Land. Als Vertragsarbeiter zu fahren, war zu teuer – die Karte nach Moskau kostete vom Linken Ufer der Kolyma mehr als dreitausend Rubel, von den Preisen für Lebensmittel ganz zu schweigen; das größte Unglück, die größte Misslichkeit des menschlichen Lebens ist die Notwendigkeit, drei oder vier Mal am Tag zu essen. In der Etappe gab es unterwegs Verpflegung, die Kantinen, die Kessel in den Häftlings- und Transitbaracken. Manchmal in ein und denselben Baracken: Bei der Reise in die eine Richtung nennt sich die Baracke Etappe, bei der Reise in die andere – »Karpunkt« (das heißt Quarantäne-Punkt). Die Baracken sind dieselben, und keinerlei Schilder hinter den Stacheldrahtzäunen.

Kurz, über den Winter 1951/1952 blieb ich im Krankenhaus Feldscher in der Aufnahme im Status eines »im Aufbruch Befindlichen«. Im Frühjahr wurde ich nicht losgeschickt, und der Krankenhauschef gab mir sein Wort, mich im Herbst loszuschicken. Aber auch im Herbst schickte er mich nicht los.

»Weißt du«, schnatterte während des Dienstes in der Aufnahme der junge neue Psychiater Doktor Schafran, ein Liberaler und Schwadroneur, der Wohnungsnachbar des Oberstleutnants, »wenn du willst, erzähle ich dir, warum du noch im Krankenhaus, warum du nicht in der Etappe bist?«

»Erzähl, Arkadij Dawydowitsch.«

»Du warst schon auf den Listen, schon seit dem Herbst, sie stellten schon ein Fahrzeug zusammen. Und du wärst gefahren, wenn nicht Oberstleutnant Fragin gewesen wäre. Er schaute in deine Dokumente und begriff, was du für einer bist. ›Berufstrotzkist und Volksfeind‹, so steht es in deinen Dokumenten. Allerdings ist das eine Aktennotiz von der Kolyma, nicht von Moskau. Aber aus der Luft schreibt man ja keine Aktennotiz. Fragin kommt aus der Moskauer Schule, er hat gleich begriffen, hier muss man Wachsamkeit zeigen, und im Ergebnis hat man nur Nutzen.«

»Danke, dass Sie es mir gesagt haben, Doktor Schafran. Ich merke ihn mir, den Oberstleutnant Fragin.«

»Kultur der Betreuung«, rief Schafran fröhlich. »Wenn irgendein Unterleutnant die Listen vorbereitet hätte, aber Fragin – er ist General. Generalswachsamkeit.«

»Oder Generalsfeigheit.«

»Aber Wachsamkeit und Feigheit sind beinahe dasselbe in unseren Tagen. Und wohl nicht nur in unseren«, sagte der junge Arzt, der eine Ausbildung zum Psychiater hatte.

Ich machte eine schriftliche Eingabe über die Abrechnung, erhielt aber die Anordnung Winokurows: »Entlassen gemäß Arbeitsgesetzbuch«. Damit verlor ich die Ansprüche des »im Aufbruch Befindlichen« und den Anspruch auf die kostenlose Fahrt. Ich hatte keine Kopeke verdient, doch natürlich dachte ich nicht daran, meine Entscheidung zu ändern. Ich hatte den Pass in der Hand, wenn auch ohne polizeiliche Meldung – die Meldung wird an der Kolyma anders gemacht als auf dem Großen Land, alle Stempel drückt man im Nachhinein auf, bei der Entlassung. Ich hoffte, in Magadan die Erlaubnis zur Ausreise zu bekommen, zur Aufnahme in die mir vor einem Jahr entgangene Etappe. Ich verlangte die Dokumente, ließ mir mein erstes und letztes Arbeitsbuch ausstellen, ich besitze es noch heute, packte meine Sachen, verkaufte alles Überflüssige – einen Halbpelz, ein Kissen –, verbrannte meine Gedichte in der Desinfektionskammer der Aufnahme und suchte eine Fahrgelegenheit nach Magadan. Diese Gelegenheit suchte ich nicht lange.

In derselben Nacht weckte mich Oberstleutnant Fragin mit zwei Begleitposten, nahm mir den Pass ab, versiegelte den Pass mitsamt irgendeinem Papier in einem Paket und händigte das Paket dem Begleitposten aus. Er wies mit der Hand in den Raum:

»Dort übergibst du ihn.«

Er – das bin ich.

Über viele Jahre Haft hatte ich mich daran gewöhnt, einige Achtung zu empfinden vor der Uniform des »Mannes mit Gewehr«, hatte Millionen Male millionenfach größere Willkür gesehen – Fragin war nur ein schüchterner Schüler seiner zahlreichen Lehrer von höchstem Rang –, ich schwieg und beugte mich dem beleidigend willkürlichen, unerwarteten Schlag in den Rücken. Handschellen wurden mir zwar nicht angelegt, aber man zeigte mir deutlich genug meinen Platz und was ein ehemaliger *seka* ist in unserer ernsten Welt. Noch einmal fuhr ich mit Begleitposten diese fünfhundert Werst bis Magadan, die ich so oft gefahren war. In der Kreisabteilung von Magadan nahmen sie mich nicht, und der Begleitposten stand auf der Straße und wusste nicht, wo mich abgeben. Ich riet dem Begleitposten, mich der Kaderabteilung der Sanitätsabteilung zu übergeben, in die man mich als Entlassenen auch hätte schicken sollen. Der Chef der Kaderabteilung, ich erinnere mich nicht an seinen Namen, äußerte größtes Erstaunen über einen solchen Transport von Freien. Doch er gab dem Begleitposten eine Bescheinigung, überreichte mir meinen Pass, und ich trat hinaus auf die Straße in den grauen Regen von Magadan.

<1973>

# Dauerfrostboden

Zum ersten Mal trat ich meine selbständige Arbeit als Feldscher an, nachdem ich einen Abschnitt übernommen hatte, zu dem die Ärzte nur ab und zu anreisten – in Adygalach, von der Transportverwaltung –, zum ersten Mal nicht unter der Obhut eines Arztes wie am Linken Ufer im Zentralkrankenhaus, in dem ich nicht völlig selbständig gearbeitet hatte.

Ich war der oberste Mediziner. An den drei Orten gab es nur ungefähr dreihundert Lagerinsassen, die ich versorgte. Nach dem Bereisen und der medizinischen Untersuchung jedes einzelnen meiner Schützlinge entwarf ich für mich einen Tätigkeitsplan, nach dem ich mich an der Kolyma bewegen wollte.

Auf meiner Liste standen sechs Namen.

Nummer eins – Tkatschuk. Tkatschuk war der Chef des Lagerpunkts, an dem ich arbeiten sollte. Tkatschuk musste von mir hören, dass in allen Außenstellen bei allen Häftlingen Läuse gefunden wurden, aber dass ich, der neue Feldscher, einen Plan zum zuverlässigen und schnellen Beenden jeder Verlausung habe, die gesamte Durchhitzung voll verantwortlich selbst durchführen werde und jeden zum Zuschauen einlade. Die Läuse sind eine alte Plage des Lagers. Alle Desinfektionskammern der Kolyma, mit Ausnahme des Durchgangslagers in Magadan – sie alle dienen nur der Quälerei der Häftlinge und nicht dem Beenden der Verlausung. Ich aber kannte eine sichere Methode – gelernt hatte ich sie beim Badewärter in der Waldaußenstelle am Linken Ufer: Durchhitzung in Benzintanks mit heißem Dampf, weder Läuse noch Nissen bleiben. Nur darf man in jeden Tank nicht mehr als fünf Garnituren Kleidung legen. Das hatte ich anderthalb Jahre in Debin gemacht, das hatte ich auch in Baragon gezeigt.

Nummer zwei – Sajzew. Sajzew war ein Häftling und Koch, den ich schon von Kilometer dreiundzwanzig kannte, aus dem Zentralkrankenhaus. Jetzt arbeitete er als Koch hier unter meiner Beobachtung. Ihm musste man nachweisen und dabei an sein Koch-Gewissen appellieren, dass man aus der Lebensmittellieferung, die wir beide kennen, viermal so viele Gerichte herstellen könnte, wie sie wegen Sajzews Faulheit bei uns herauskamen. Das lag nicht an Diebstählen durch die Aufseher und die übrige Belegschaft. Tkatschuk war ein strenger Mann, er ließ Dieben nichts durchgehen, eine bloße Grille des Kochs verschlechterte die Ernährung der Häftlinge. Es gelang mir, Sajzew zu überzeugen, ihn zu beschämen, Tkatschuk versprach ihm etwas, und Sajzew kochte aus denselben Lebensmitteln sehr viel mehr und fuhr sogar die heiße Suppe und Grütze in Blechkannen zur Produktion – etwas Unerhörtes für Kjubjuma und Baragon.

Der dritte – Ismajlow. Er war freier Badewärter, wusch die Wäsche der Häftlinge und wusch sie schlecht. Weder in die Grube noch zur Schürfung konnte man den physisch außerordentlich kräftigen Mann aufstellen. Der Badewärter für die Häftlinge verdient nur Groschen. Aber Ismajlow klammerte sich an seine Arbeit, er wollte auf keinen Ratschlag hören, und es blieb nur, ihn zu entlassen. Ein großes Geheimnis verbarg sich nicht in seinem Verhalten. Während er für die Häftlinge schlampig wusch, wusch Ismajlow ausgezeichnet für alle freien Chefs bis hin zum Bevollmächtigten und erhielt für alles großzügige Geschenke – sowohl Geld als auch Lebensmittel –, aber Ismajlow war ja Freier, und ich hoffte, dass ich für diese Arbeit eine Häftlingsstelle durchsetzen konnte.

Der vierte – Lichonossow. Das war ein Häftling, der bei der medizinischen Untersuchung in Baragon gefehlt hatte, und weil ich fahren musste, beschloss ich, die Abreise wegen eines Mannes nicht aufzuschieben und die alten Formeln aus der Akte zu bestätigen. Aber Lichonossows Akte fehlte in der URTsch, und weil Lichonossow als Barackendienst arbeitete, musste ich zu diesem heiklen Thema zurückkehren. Einmal traf ich Lichonossow auf der Durchreise im Abschnitt an und unterhielt mich mit ihm. Er war ein kräftiger, wohlgenährter, rotwangiger Mann von etwa vierzig Jahren, mit funkelnden Zähnen, einer dichten Mütze grauer Haare und einem riesigen grauen Vollbart. Alter? Lichonossows Akte interessierte mich eben in diesem Punkt.

»Fünfundsechzig.«

Lichonossow war Altersinvalide, und als Invalide arbeitete er als Barackendienst im Kontor. Das war ein offensichtlicher Betrug. Vor mir stand ein erwachsener, kräftiger Mann, der durchaus die allgemeinen Arbeiten verrichten konnte. Lichonossows Haftzeit waren fünfzehn Jahre, und der Artikel nicht achtundfünfzig, sondern neunundfünfzig* – so seine eigene Antwort.

Der fünfte – Nikischow. Nikischow war mein Sanitäter im Ambulatorium, ein Kranker. So einen Sanitäter gibt es in allen Lagerambulatorien. Aber Nikischow war zu jung, etwa fünfundzwanzig, und zu rotwangig. Über ihn musste man nachdenken.

Als ich Nummer sechs aufschrieb, klopfte es an der Tür, und auf der Schwelle meines Zimmers in der freien Baracke stand Leonow – Nummer sechs auf meiner Liste. Ich setzte ein Fragezeichen hinter den Namen Leonow und wandte mich dem Eingetretenen zu.

In Leonows Hand waren zwei Aufnehmer und eine Schüssel. Natürlich nicht das staatliche Modell einer Schüssel, sondern das von der Kolyma, kunstvoll hergestellt aus Konservendosen. Im Badehaus gab es ebenfalls solche Konservenschüsseln.

»Wie haben sie dich bei der Wache durchgelassen um diese Zeit, Leonow?«

»Sie kennen mich, ich habe immer die Böden gewischt beim früheren Feldscher. Der war ein sehr reinlicher Mensch.«

»Naja, ich bin nicht so reinlich. Heute muss man nicht wischen. Geh ins Lager.«

»Und für die anderen Freien? ...«

»Auch nicht nötig. Sie wischen selbst.«

»Ich wollte Sie bitten, Bürger Feldscher, lassen Sie mich auf diesem Platz.«

»Du bist ja auf gar keinem Platz.«

»Naja, sie haben mich als irgendwen verbucht. Ich werde die Böden wischen, es wird sauber sein, vollkommene Ordnung, ich bin krank, innen tut mir etwas weh.«

»Du bist nicht krank, du betrügst die Ärzte nur.«

»Bürger Feldscher, ich habe Angst vor der Grube, habe Angst vor der Brigade, habe Angst vor den allgemeinen Arbeiten.«

»Jeder hat Angst. Du bist ein völlig gesunder Mensch.«

»Sie sind ja kein Arzt.«

»Das stimmt, kein Arzt, aber — entweder gehst du morgen zu den allgemeinen Arbeiten, oder ich schicke dich in die Verwaltung. Dort sollen dich die Ärzte untersuchen.«

»Ich warne Sie, Bürger Feldscher, ich werde nicht weiterleben, wenn man mich von dieser Arbeit entlässt. Ich werde mich beschweren.«

»Genug geschwatzt, geh. Morgen in die Brigade. Du hörst auf, mich zu verkohlen.«

»Ich verkohle Sie nicht.«

Leonow schloss geräuschlos die Tür. Unter dem Fenster schlurften seine Schritte, und ich legte mich schlafen.

Beim Ausrücken fehlte Leonow, und nach Meinung Tkatschuchs war Leonow wohl in ein Fahrzeug gestiegen und längst in Adygalach, um sich zu beschweren.

Gegen zwölf Uhr mittags, an einem schönen Tag im Altweibersommer, die kalte Sonne der Kolyma stand mit blendenden Strahlen am tiefblauen Himmel, in der kalten, windstillen Luft, rief man mich in Tkatschuchs Kabinett.

»Gehen wir ein Protokoll schreiben. Der Häftling Leonow hat sich umgebracht.«

»Wo denn?«

»Er hängt im ehemaligen Pferdestall. Ich habe verboten, ihn abzunehmen. Ich habe nach dem Bevollmächtigten geschickt. Und du als Mediziner wirst den Tod bezeugen.«

Sich im Pferdestall aufzuhängen war schwer, er war eng. Der Körper Leonows nahm den Platz zweier Pferde ein, die einzige Erhebung, auf die er gestiegen war, um sie wegzutreten, war die Badehausschüssel. Leonow hing schon lange – der Striemen zeichnete sich am Hals ab. Der Bevollmächtigte, eben jener, für den der freie Badewärter Ismajlow die Wäsche wusch, schrieb: »Strangulationsfurche verläuft ...« Tkatschuk sagte:

»Bei den Topographen gibt es ja die Triangulation. Hat das mit der Strangulation zu tun?«

»Überhaupt nicht«, sagte der Bevollmächtigte.

Und wir alle unterschrieben das Protokoll. Der Häftling Leonow hatte keinen Brief hinterlassen. Leonows Leiche wurde weggefahren, um ihm ein Schildchen mit der Nummer seiner Akte an den linken Fuß zu binden und ihn im

Stein des Dauerfrostbodens zu vergraben, wo der Verstorbene bis zum Jüngsten Gericht oder zu einer anderen Auferstehung der Toten warten wird. Und ich begriff plötzlich, dass es für mich schon zu spät war, die Medizin und das Leben zu lernen.

1970

# Iwan Bogdanow

Iwan Bogdanow, ein Namensvetter des Chefs des Reviers am Schwarzen See, war ein schöner blonder grauäugiger Mann von athletischem Körperbau. Bogdanow war nach Artikel hundertneun – für Dienstvergehen – zu zehn Jahren verurteilt, aber er kannte sich aus und verstand, was damals los war, als Stalins Sense die Köpfe abmähte. Bogdanow verstand, dass ihn nur der reine Zufall vor dem tödlichen Brandmal des Artikels achtundfünfzig bewahrt hatte.

Bogdanow arbeitete bei uns in der Kohleprospektierung als Buchhalter, bewusst gewählt als Häftlingsbuchhalter, den man anschreien und dem man befehlen kann, jene Lecks in der schlecht geführten Statistik zu stopfen und zu flicken, um die herum sich die Familie des Ersten Revierchefs Paramonow und seine nächste Umgebung ernährte, nachdem sie unter einen Goldregen in Gestalt von Konzentraten, Polarrationen etc. geraten war.

Die Aufgabe Bogdanows, genau wie die seines Namensvetters, des Revierchefs, des ehemaligen Untersuchungsführers des Jahres siebenunddreißig – über ihn habe ich in der Erzählung »Bogdanow«* ausführlich geschrieben –, bestand nicht darin, Missbräuche aufzudecken, sondern umgekehrt alle Löcher zu flicken und in einen halbwegs christlichen Zustand zu bringen.

Häftlinge gab es im Revier 1939, als die Prospektierung begann, nur fünf (darunter auch ich – ein Invalide nach dem

Sturm in den Goldminen des Jahres 1938), und natürlich konnte man aus der Arbeit der Häftlinge nichts herauspressen.

Die Überlieferung – eine jahrhundertealte Lagertradition schon aus Zeiten des Ovidius Naso, der bekanntlich GULag-Chef im Alten Rom war – zeigt, dass man beliebige Löcher mit der kostenlosen erzwungenen, unbezahlten, von Häftlingen geleisteten Arbeit flicken kann, die mit dem Arbeitswert von Marx auch den größten Wert des Produkts ausmacht. Dieses Mal ließ sich die Sklavenarbeit nicht nutzen, wir waren zu wenige für einigermaßen begründete ökonomische Hoffnungen.

Nutzen ließ sich die Arbeit der freien Halbsklaven, der entlassenen *seki*, es waren mehr als vierzig Mann, denen Paramonow versprochen hatte, sie würden nach einem Jahr »im Zylinder« aufs Festland fahren. Als ehemaliger Chef des Bergwerks »Maldjak«, in dem General Gorbatow, ehe er »auf Grund lief« und sich unter die *dochodjagi* einreihte, seine zwei oder drei Wochen an der Kolyma abdiente, hatte Paramonow große Erfahrung darin, Polarbetriebe zu »eröffnen«, er kannte sämtliche Tricks. So stand Paramonow nicht wegen Willkür vor Gericht wie in »Maldjak«, denn hier war ja keinerlei Willkür, es war die Hand des Schicksals, die die Todessense schwang und Freie und vor allem Häftlinge mit dem Kürzel KRTD vernichtete.

Paramonow rechtfertigte sich, denn das Bergwerk »Maldjak«, wo im Jahr achtunddreißig pro Tag dreißig Mann starben, war keineswegs der schlimmste Ort an der Kolyma.

Paramonow und sein Stellvertreter für Wirtschaftsangelegenheiten Chochluschkin verstanden sehr gut, dass man schnell handeln muss, solange es im Revier keine Statistik, keine verantwortliche und qualifizierte Buchhaltung gab.

Das ist Diebstahl – und solche Sachen wie Konzentrate, wie Konserven, wie Tee, wie Wein und Zucker machen jeden Chef zum Millionär, der mit dem Reich des zeitgenössischen Midas* von der Kolyma in Berührung kommt –, all das verstand Paramonow genau.

Er verstand auch, dass er umgeben war von Zuträgern, dass man auf jeden seiner Schritte achten würde. Aber Frechheit, so eine Redensart der Ganoven, ist das zweite Glück, und die Sprache der Ganoven kannte Paramonow.

Kurz gesagt, nach dem Regiment Paramonows, eines sehr humanen, das quasi das Gleichgewicht wieder herstellte nach der Willkür des Vorjahrs, das heißt des Jahres achtunddreißig, das Paramonow im Bergwerk »Maldjak« verbracht hatte, zeigte sich ein gewaltiger Schwund bei allen, wirklich allen Schätzen des Midas.

Paramonow fand Möglichkeiten sich loszukaufen, seine Untersuchungsführer mit Geschenken zu überhäufen. Er wurde nicht verhaftet, sondern nur seines Postens enthoben. Um für Ordnung zu sorgen, kamen die beiden Bogdanows – der Chef und der Buchhalter. Für Ordnung wurde gesorgt, aber für alle Unterschlagungen der Chefs mussten eben jene vier Dutzend Freie zahlen, die nichts bekamen (so wie wir) – sie bekamen nur ein Zehntel des ihnen Zustehenden. Mit falschen Protokollen gelang es den beiden Bogdanows, das vor den Augen Magadans klaffende Loch zu flicken.

Diese Aufgabe also stand vor Iwan Bogdanow. Seine Ausbildung – Mittelschule und Buchhalterlehrgang in Freiheit.

Bogdanow kam aus demselben Dorf wie Twardowskij* und erzählte eine Menge Einzelheiten aus seiner wahren Biographie, aber Twardowskijs Schicksal interessierte uns damals wenig – es gab ernstere Probleme ...

Ich freundete mich mit Iwan Bogdanow an, und obwohl nach den Instruktionen ein *bytowik* sich über einen Häftling wie mich erheben muss, handelte Bogdanow auf unserer winzigen Außenstelle ganz anders.

Iwan Bogdanow scherzte gern, hörte gern einen »Ró-man«*, erzählte gern selbst – und mit seinem Erzählen trat die klassische Geschichte von den Hosen des Bräutigams in mein Leben. Die Geschichte wurde in der ersten Person erzählt, und es ging darum, dass die Braut vor der Hochzeit für den Bräutigam Iwan Hosen bestellt hatte. Der Bräutigam war eher arm, die Familie der Braut reicher, und ein solcher Schritt war durchaus im Geist der Zeit.

Auch bei mir, in meiner ersten Ehe, wurden auf Drängen der Braut alle Ersparnisse abgehoben und beim besten Schneider Moskaus schwarze Hosen bester Qualität bestellt. Zwar erlebten meine Hosen nicht jene Verwandlungen wie die Hosen Iwan Bogdanows. Aber psychologische Wahrheit, die Glaubwürdigkeit des Dokuments besaß Bogdanows Episode mit den Hosen.

Das Sujet von Bogdanows Hosen besteht darin, dass die Braut ihm vor der Hochzeit einen Anzug bestellt hatte. Der Anzug war einen Tag vor der Hochzeit fertig, aber die Hosen waren um etwa zehn Zentimeter zu lang. Man beschloss, sie am folgenden Tag zum Schneider zu tragen. Der Meister wohnte einige Dutzend Kilometer entfernt – der Tag der Hochzeit war festgesetzt, die Gäste geladen, die Piroggen gebacken. Die Hochzeit drohte wegen der Hosen zu platzen. Bogdanow selbst war bereit, auf der Hochzeit auch die alten zu tragen, aber die Braut wollte davon nichts hören. So trennten sich Bräutigam und Braut in Streit und Vorwürfen.

In der Nacht geschah Folgendes: Die Ehefrau beschloss, den Fehler des Schneiders persönlich zu korrigieren, und nachdem sie von den Hosen ihres künftigen Mannes zehn Zentimeter abgeschnitten hatte, ging sie freudig zu Bett und fiel in den tiefen Schlaf der treuen Ehefrau.

Kurz darauf wachte die Schwiegermutter auf, die für das Problem dieselbe Lösung hatte. Die Schwiegermutter stand auf, hantierte mit Zentimetermaß und Kreide, schnitt weitere zehn Zentimeter ab, bügelte sorgsam Falten und Saum und fiel in den tiefen Schlaf der treuen Schwiegermutter.

Die Katastrophe entdeckte der Bräutigam selbst, dessen Hosen um zwanzig Zentimeter gekürzt und hoffnungslos verdorben waren. Der Bräutigam musste die Hochzeit in den alten feiern, was er eigentlich auch vorgeschlagen hatte.

Später las ich all das entweder bei Soschtschenko* oder bei Awertschenko*, oder in irgendeinem Moskauer Decamerone*. Doch zum ersten Mal taucht dieses Sujet in meinem Leben eben in den Baracken des Schwarzen Sees in der Kohleprospektierung von Dalugol* auf.

Bei uns wurde der Posten des Nachtwächters frei – eine sehr wichtige Sache, die Möglichkeit einer bequemen Existenz für lange Zeit.

Der Wächter war ein Freier, ein Vertragsarbeiter, und jetzt ist das ein beneideter Posten.

»Warum hast du dich nicht um diesen Posten beworben?« fragte mich Iwan bald nach diesen wichtigen Ereignissen.

»Mir gibt man so einen Posten nicht«, sagte ich, ich dachte an die Jahre siebenunddreißig und achtunddreißig, als ich mich im Bergwerk »Partisan« an den Chef der KW-Tsch, den Freien Schwarow gewandt und gebeten hatte, mir irgendeine Verdienstmöglichkeit als Schriftsteller zu geben.

»Nicht mal Etiketten für Konservengläser wirst du bei uns schreiben!«, tat der KWTsch-Chef freudig kund und erinnerte mich lebhaft an das Gespräch mit dem Genossen Jeshkin im RONO* in Wologda 1924.

Zwei Monate nach diesem Gespräch wurde der KWTsch-Chef Scharow in der Bersin-Affäre verhaftet und erschossen, aber ich komme mir nicht vor wie der Geist aus »Tausendundeiner Nacht«, obwohl alles, was ich gesehen habe, die Phantasie der Perser wie auch die anderer Nationen übertrifft.

»Mir wird man so eine Arbeit nicht geben.«

»Warum denn nicht?«

»Ich habe KRTD.«

»Dutzende meiner Bekannten in Magadan, auch mit KRTD, haben so eine Arbeit bekommen.«

»Na, dann ist das die Folge des Entzugs des Rechts auf Briefwechsel.«

»Was ist denn das?«

Ich erklärte Iwan, dass man jeder Akte eines Kolyma-Häftlings ein gedrucktes Formular beilegt, mit Leerstellen für den Namen und sonstige Direktivdaten: 1) kein Recht auf Briefwechsel, 2) Einsatz nur bei schweren körperlichen Arbeiten. Dieser zweite Punkt war der wichtigste, im Vergleich zu dieser Weisung war das entzogene Recht auf Briefwechsel eine Bagatelle, ein Luftballon. Dann folgten die Weisungen: keine Nutzung von Apparaten der Nachrichtenverbindung – eine offensichtliche Tautologie, wenn man vom Recht der unter Sonderregime Gehaltenen auf Briefwechsel spricht.

Der letzte Punkt – Bericht über das Verhalten des So-undso an jeden Chef einer Lagerunterabteilung mindestens einmal pro Quartal.

»Aber ich habe dieses Fomular nicht gesehen. Ich habe ja deine Akte angeschaut, ich bin jetzt nebenamtlich auch noch Leiter der URTsch.«

Dann verging ein Tag, nicht mehr. Ich arbeitete in der Grube, in einer Probegrabung am Berghang, entlang des Bachs, am Schwarzen See. Ich hatte ein Feuer gegen die Mücken gemacht und achtete nicht sehr darauf, die Norm zu erfüllen.

Die Büsche teilten sich, und Iwan Bogdanow erschien bei meiner Probegrabung, setzte sich, zündete sich eine Papirossa an und grub in den Taschen.

»Das hier, ja?«

In der Hand hielt er eins der beiden Exemplare des berüchtigten Formulars über das »Recht auf Briefwechsel«,
aus der Akte ausgerissen.

»Natürlich«, sagte Iwan Bogdanow nachdenklich, »wird
die Akte in zwei Exemplaren ausgefertigt: eins bleibt in
der zentralen Kartothek der URO, und das andere reist
gemeinsam mit dem Häftling durch alle Lagerpunkte, ihre
sämtlichen Ecken und Winkel. Trotzdem wird kein einziger örtlicher Chef in Magadan anfragen, ob in deiner Akte
ein Formular über den Entzug des Rechts auf Briefwechsel
liegt.«

Bogdanow zeigte mir noch einmal das Papier und steckte
es am Feuer meines kleinen Lagerfeuers an.

»Und jetzt mach die Eingabe für den Wächter.«

Doch als Wächter nahmen sie mich trotzdem nicht, sie gaben die Stelle Gordejew, einem Esperantisten* mit zwanzig
Jahren Haft nach Artikel achtundfünfzig, aber einem Zuträger.

Kurze Zeit später wurde Bogdanow – der Revierchef,
nicht der Buchhalter – wegen Trunksucht entlassen, und
seine Stelle übernahm Ingenieur Viktor Plutalow, der die
Arbeit in unserer Kohleschürfe zum ersten Mal mit Blick
auf die Sache, auf das Ingenieur-, auf das Bauprojekt an-
packte.

Wenn die Verwaltungstätigkeit Paramonows gekennzeich-
net war durch Unterschlagungen und die Verwaltungstätigkeit Bogdanows durch das Verfolgen von Volksfeinden und
hemmungslose Trunksucht, so zeigte Plutalow zum ersten
Mal, was eine Arbeitseinheit ist – nicht die Denunziation,
sondern eben ein Arbeitsabschnitt, die Menge an Kubikme-
tern, die jeder ausheben kann, auch wenn er unter den nicht
normalen Bedingungen der Kolyma arbeitet. Wir kannten ja
nur das Erniedrigende einer perspektivlosen, einer vielstün-
digen, sinnlosen Arbeit.

Übrigens irrten wir uns wahrscheinlich. In unserer Sklaven-, unserer Zwangsarbeit von Sonnenaufgang bis -untergang – und wer die Gewohnheiten der Polarsonne kennt, weiß, was das bedeutet – war ein hoher Sinn verborgen, ein staatlicher Sinn – eben in der Sinnlosigkeit der Arbeit.

Plutalow bemühte sich, uns eine andere Seite unserer eigenen Arbeit zu zeigen. Plutalow war ein neuer Mensch – er war gerade erst vom Festland angereist.

Seine liebste Redensart war: »Ich bin ja kein Mitarbeiter des NKWD.«

Leider fand unsere Prospektierung keine Kohle, und unser Revier wurde geschlossen. Einen Teil der Leute schickte man nach Cheta (wo damals Anatolij Gidasch Barackendienst war) – Cheta liegt sieben Kilometer von uns entfernt –, und den anderen Teil nach Arkagala, in den Schacht des Kohlereviers von Arkagala. Nach Arkagala kam auch ich, und ein Jahr später dann, als ich mit Grippe in der Baracke lag und nicht wagte, bei Sergej Michajlowitsch Lunin, dem Beschützer nur der Ganoven und aller von der Leitung Wohlgelittenen, um Befreiung zu bitten, suchte ich die Krankheit zu überwinden und ging in den Schacht, stand die Grippe auf den Beinen durch.

In diesem Fieberwahn der Grippe, in der Baracke von Arkagala bekam ich plötzlich schreckliche Lust auf Zwiebeln, die ich seit Moskau nicht im Mund gehabt hatte, und obwohl ich niemals einer Zwiebeldiät anhing – ich weiß nicht, woher dieser Traum mit dem schrecklichen Drang, in eine Zwiebel zu beißen. Ein leichtfertiger Traum für einen Kolymabewohner. Das dachte ich auch beim Aufwachen. Doch ich wachte nicht mit dem Klang des Gleisstücks auf, sondern, wie so oft, eine Stunde vor dem Ausrücken.

Mein Mund war voller Speichel, der nach der Zwiebel verlangte. Ich dachte, wenn ein Wunder geschieht und eine Zwiebel auftaucht, werde ich wieder gesund.

Ich stand auf. Über die gesamte Länge unserer Baracke zog sich, wie in allen Baracken, ein langer Tisch mit zwei langen Bänken daran.

Mit dem Rücken zu mir saß in Wattejoppe und Halbpelz ein Mann. Er drehte das Gesicht zu mir. Das war Iwan Bogdanow.

Wir begrüßten uns.

»Komm, lass uns wenigstens einen Tee trinken zum Empfang, sein Stück Brot hat jeder selbst«, sagte ich und ging meinen Becher holen. Iwan zog seinen Becher und Brot hervor. Wir tranken Tee.

»Den Schwarzen See haben sie geschlossen, nicht mal ein Wächter ist mehr da. Schluss, alle abgereist. Ich als Prüfer mit dem letzten Trupp und hierher. Ich dachte, bei euch ist es besser mit Lebensmitteln. Habe mich darauf verlassen, ich hätte Konserven horten können. Jetzt habe ich nur ein Dutzend Zwiebeln unten im Sack – ich wusste nicht, wohin damit, und habe sie in den Sack gesteckt.«

Ich wurde blass.

»Zwiebeln?«

»Ja, Zwiebeln. Was wirst du so nervös?«

»Gib hierher!«

Iwan Bogdanow drehte den Sack um. Etwa fünf Zwiebeln polterten auf den Tisch.

»Ich hatte mehr, aber ich habe sie unterwegs verteilt.«

»Egal wie viele. Zwiebeln! Zwiebeln!«

»Was denn, habt ihr hier Skorbut?«

»Nein, nicht Skorbut, ich erzähle dir alles hinterher. Nach dem Tee.« Ich erzählte Bogdanow meine ganze Geschichte.

Dann arbeitete Iwan Bogdanow in seinem Beruf in der Buchhaltung des Lagers und erlebte in Arkagala den Ausbruch des Kriegs. Arkagala war die Revierverwaltung – die Treffen zwischen *bytowik* und *litjorka** mussten ein Ende ha-

444

ben. Aber manchmal sahen wir uns und erzählten einander etwas.

Einundvierzig, als das erste Unwetter – der Versuch, mir ein falsches Verfahren über einen Unfall im Schacht anzuhängen – über meinem Kopf niederging, scheiterte alles am unerwarteten Starrsinn meines Partners, der den Unfall auch verursacht hatte, des Schwarzmeermatrosen und *bytowik* Tschudakow. Als Tschudakow nach dem Absitzen der drei Monate im Isolator wieder freikam, das heißt in die Zone, und wir uns sahen, erzählte mir Tschudakow die Details seiner Untersuchung. Ich erzählte von all dem Bogdanow, nicht um ihn um Rat zu fragen – Ratschläge braucht nicht nur keiner an der Kolyma, man hat auch nicht das Recht auf Ratschläge, die die Psyche dessen belasten können, mit dem man sich beraten möchte, und die durch den umgekehrten Wunsch zu unerwarteten Ausbrüchen führen können – im besten Fall antwortet er nicht, beachtet dich nicht, hilft dir nicht.

Bogdanow interessierte mein Problem.

»Ich frage nach! Bei ihnen frage ich nach«, sagte er und zeigte mit ausdrucksvoller Geste auf den Horizont, Richtung Pferdestützpunkt, wo sich das Häuschen des Bevollmächtigten duckte. »Ich frage nach. Ich habe ja bei ihnen gearbeitet. Ich bin Zuträger. Vor mir verbergen sie nichts.«

Aber Iwan hatte nicht die Zeit, sein Versprechen einzulösen. Man hatte mich schon in die Spezialzone Dshelgala verlegt.

1970-1971

# Jakow Owsejewitsch Sawodnik

Jakow Owsejewitsch Sawodnik war älter als ich – zur Revolutionszeit war er ungefähr zwanzig, vielleicht sogar fünfundzwanzig. Er kam aus einer riesigen Familie, aber keiner von denen, die eine Zierde der Jeschiwot* wären. Trotz seines typischen deutlich jüdischen Äußeren – schwarzer Bart, schwarze Augen, lange Nase – sprach Sawodnik kein Jiddisch, auf Russisch hielt er kurze zündende Reden, Losungsreden, Kommandoreden, und ich konnte mir Sawodnik leicht in der Rolle des Kommissars im Bürgerkrieg vorstellen, der die Rotarmisten zum Angriff auf die Koltschak-Schützengräben* aufstachelte und durch sein persönliches Beispiel ins Gefecht mitriss. Sawodnik war tatsächlich Kommissar – im Krieg Kommissar an der Koltschak-Front, er hatte zwei Rotbannerorden*. Als Großmaul, als Raufbold, als einer, der ordentlich trinken konnte, »eine lockere Hand«, wie man in der Ganovensprache sagt, hatte Sawodnik seine besten Jahre, seine Leidenschaft und die Rechtfertigung seines Lebens in Aktionen im Hinterland und in die Gefechte, in die Attacken gesteckt. Sawodnik war ein hervorragender Kavallerist gewesen. Nach dem Bürgerkrieg arbeitete Sawodnik in Weißrussland, in Minsk, im Staatsapparat, gemeinsam mit Selenskij*, mit dem er sich während des Bürgerkriegs angefreundet hatte. Selenskij war es auch, der nach seiner Übersiedlung nach Moskau Sawodnik zu sich ins Volkskommissariat für Handel holte.

1937 wurde Sawodnik »in der Selenskija-Affäre« verhaftet, aber nicht erschossen, sondern er bekam fünfzehn Jahre Lager, was für Anfang siebenunddreißig eine lange Haftzeit war. Genauso wie bei mir verfügte sein Moskauer Urteil das Abbüßen der Haft an der Kolyma.

Sein wilder Charakter und die blinde Raserei, die Sawodnik in wichtigen Momenten des Schicksals ergriff und ihn dazu brachte, den Koltschak-Kugeln entgegenzuspringen, verließen Sawodnik auch während der Untersuchung nicht. In Lefortowo stürzte er sich von der Bank auf den Untersuchungsführer und versuchte ihn zu schlagen für seinen Vorschlag, den Volksfeind Selenskij zu entlarven. Man brach Sawodnik in Lefortowo den Oberschenkel und brachte ihn damit für lange Zeit ins Krankenhaus. Als der Oberschenkelknochen zusammengewachsen war, schickte man Sawodnik an die Kolyma. Mit dem Hinken aus Lefortowo lebte Sawodnik auch in den Bergwerken und Strafzonen.

Sawodnik wurde nicht erschossen, er bekam fünfzehn Jahre plus fünf »auf die Hörner«, das heißt Aberkennung der bürgerlichen Rechte. Sein Mitangeklagter Selenskij war längst auf dem Mond*. Sawodnik hatte in Lefortowo alles unterschrieben, was sein Leben retten konnte, Selenskij war erschossen, und das Bein war gebrochen.

»Ja, ich habe alles unterschrieben, was sie mir vorgelegt haben. Nachdem sie mir den Oberschenkel gebrochen hatten und der Knochen zusammengewachsen war, wurde ich aus dem Butyrka-Krankenhaus entlassen und zur Fortsetzung der Untersuchung nach Lefortowo gebracht. Ich habe alles unterschrieben, ohne ein einziges Protokoll zu lesen. Selenskij war zu der Zeit schon erschossen.«

Als man im Lager nach dem Ursprung des Hinkens fragte, antwortete Sawodnik: »Das ist noch aus dem Bürgerkrieg.« Aber tatsächlich lag der Ursprung des Hinkens in Lefortowo.

An der Kolyma führten Sawodniks wilder Charakter und die Anfälle von Raserei schnell zu einer ganzen Reihe von Konflikten. Während seines Lebens in den Bergwerken wurde Sawodnik für seine lautstarken und heftigen Streitereien, ausgelöst durch unbedeutende Bagatellen, mehrmals von Soldaten und Aufsehern verprügelt. So zettelte Sawodnik eine Schlägerei, eine richtige Schlacht mit den Aufsehern der Strafzone an, weil er sich Bart und Haare nicht scheren lassen wollte. In den Lagern werden alle maschinell geschoren; ihre Frisur, die Haare zu behalten, ist für die Häftlinge ein gewisses Privileg, eine Aufmunterung, die sich kein Häftling versagt. Die medizinischen Arbeiter unter den Häftlingen beispielsweise dürfen ihre Haare tragen, und das weckt immer allgemeinen Neid. Sawodnik war nicht Arzt und nicht Feldscher, aber dafür war sein Bart dicht, schwarz und lang. Und die Haare keine Haare, sondern Flammen eines schwarzen Feuers. Um seinen Bart vor dem Scheren zu bewahren, stürzte sich Sawodnik auf den Aufseher und bekam einen Monat *štrafnjak* – Strafisolator –, aber trug weiter Bart und [wurde] von den Aufsehern mit Gewalt geschoren. »Acht Mann haben mich gehalten«, sagte Sawodnik stolz, der Bart wuchs nach, und Sawodnik trug [ihn] wieder offen und provozierend.

Der Kampf um diesen Bart war Selbstbestätigung für den ehemaligen Frontkommissar, sein moralischer Sieg nach so vielen moralischen Niederlagen. Nach zahlreichen Abenteuern landete Sawodnik schließlich für lange Zeit im Krankenhaus.

Es war klar, dass er keine Revision seines Verfahrens erzwingen konnte. Es blieb, zu warten und zu leben.

Irgendjemand hatte der Leitung geraten, den Charakter, das Wesen des Bürgerkriegshelden, sein großes Maul, sein Ungestüm, seine persönliche Redlichkeit und unbändige

Energie durch sein Einsetzen als Lagervorarbeiter oder Brigadier zu nutzen. Doch von legaler fester Arbeit konnte für Volksfeinde, für Trotzkisten gar keine Rede sein. Und da erscheint Sawodnik als Mitglied des Genesungstrupps des bekannten GP (Genesungspunkts), eines GK – Genesungstrupps –, er erscheint mit einer Art Refrain:

Erst GP und dann GK
An den Fuß ein Schildchen, und das war's!

Aber Sawodnik bekam kein Schildchen an den linken Knöchel gebunden, wie man es bei der Beerdigung eines Lagerinsassen tut. Sawodnik fing an, für das Krankenhaus Brennholz zu bereiten.

Auf dem Planeten, auf dem zehn Monate im Jahr Winter* ist, ist das eine sehr wichtige Sache. Hundert Mann hält das Zentrale Häftlingskrankenhaus rund um das Jahr bei dieser Arbeit. Eine Lärche braucht bis zur Reife dreihundert, fünfhundert Jahre. Die dem Krankenhaus zugewiesenen Holzeinschläge waren natürlich Räuberei. Die Frage der Erneuerung der Waldbestände wurde an der Kolyma nicht gestellt, und wenn sie doch gestellt wurde, dann als formalistisches Schreiben oder romantischer Traum. Diese beiden Begriffe haben sehr viel gemeinsam, und irgendwann werden das die Historiker, die Literaturwissenschaftler, die Philosophen begreifen.

Der Wald wächst an der Kolyma in den Felsspalten, den Talkesseln, in den Betten der Flüsschen. Und so ritt Sawodnik auch alle großen Flüsschen und Quellen rund um das Krankenhaus ab, seinen Bericht unterbreitete er dem Krankenhauschef. Krankenhauschef war damals Winokurow, ein Profiteur, aber kein Schurke, keiner, der den Menschen Böses wünscht. Die Waldaußenstelle wurde eröffnet, das

Holz eingeschlagen. Natürlich arbeiteten hier, wie in allen Krankenhäusern, gesunde Menschen und nicht Kranke – nun ja, GP oder GK, die schon längst zurück ins Bergwerk mussten, aber einen anderen Ausweg gab es nicht. Winokurow galt als guter Wirtschaftler. Eine Schwierigkeit lag auch darin, dass eine gewisse Menge an Brennmaterial (eine sehr große!), an jeder Erfassung vorbei, für den Reservebestand eingeschlagen werden musste, aus dem Bevollmächtigte, lokale Wirtschaftler und der Chef selbst gewohnt waren, unkontrolliert und unbeschränkt, völlig kostenlos und unbegrenzt zu schöpfen. Im Krankenhaus bezahlt solche Güter wie das Holz die mittlere Schicht der Vertragsarbeiter, die hohen Chefs bekommen alles kostenlos, und das ist keine geringe Summe.

Zum Leiter dieser komplizierten Küche des Holzeinschlags und Lagerns wurde Jakow Sawodnik bestimmt. Kein Idealist, ließ er sich gern darauf ein, Produktion und Lagerhaus zu leiten und nur dem Chef unterstellt zu sein. Und gemeinsam mit dem Chef bestahl er den Staat skrupellos jeden Tag und jede Stunde. Der Chef empfing Gäste von der ganzen Kolyma, hielt einen Koch und einen gastfreien Tisch, Sawodnik aber, der Chef des Brennstofflagers, stand mit dem Kochgeschirr am Essensbehälter, wenn das Mittagessen gebracht wurde. Sawodnik war einer jener Lagerbrigadiere und ehemaligen Parteimitglieder, die öffentlich essen, immer mit der Brigade, und für sich nicht die kleinste Vergünstigung weder in der Kleidung noch im Essen beanspruchen, mit Ausnahme vielleicht des schwarzen Barts.

Ich machte es selbst auch immer so, als ich als Feldscher arbeitete. Im Frühjahr 1949 musste ich das Krankenhaus verlassen, nach einem großen und akuten Konflikt, in den auch Magadan hineingezogen war. Und ich wurde als Feldscher zu Sawodnik in den Wald geschickt, in die Waldaußenstelle etwa fünfzig Kilometer vom Krankenhaus, an die Quelle der Duskanja.

»Schon den dritten Feldscher entlässt Sawodnik, keiner gefällt ihm, der Kanaille.«

Das gaben mir die Kameraden mit.

»Und von wem werde ich die Sanitätsabteilung übernehmen?«

»Von Grischa Barkan.«

Grischa Barkan kannte ich, wenn auch nicht persönlich, sondern von fern. Barkan war ein repatriierter Militärfeldscher, der vor einem Jahr zur Arbeit im Krankenhaus abgestellt wurde und in der Tuberkuloseabteilung arbeitete. Von diesem Grischa sagten die Kameraden nicht viel Gutes, aber ich hatte mir angewöhnt, wenig auf Gespräche über Informanten und Zuträger zu achten. Zu hilflos bin ich vor dieser höchsten Macht der Natur. Doch es kam so, dass im Redaktionskollegium einer Wandzeitung, die wir zu irgendeinem festlichen Jahrestag herausbrachten, die Frau unseres neuen Bevollmächtigten Baklanow saß. Ich erwartete sie am Kabinett ihres Mannes, ich war gekommen, um die zensierten Zeitungsnotizen bei ihr abzuholen, und auf mein Klopfen hörte ich eine Stimme: »Herein!« Und trat ein.

Die Frau des Bevollmächtigten saß auf dem Sofa, und Baklanow führte eine Gegenüberstellung durch.

»Sie, Barkan, schreiben in Ihrer Eingabe, dass Saweljew, der Feldscher (er war ebenfalls hierher einbestellt worden), dass Saweljew auf die Sowjetmacht geschimpft und die Faschisten gelobt hat. Wo war das? Im Krankenbett. Und was hatte Saweljew zu dieser Zeit für eine Temperatur? Vielleicht war er im Fieberwahn. Nehmen Sie ihre Eingabe.«

Und so erfuhr ich, dass Barkan Zuträger ist. Baklanow selbst machte – als einziger Bevollmächtigter in meinem ganzen Lagerleben – nicht den Eindruck eines echten Untersuchungsführers, natürlich war er kein Tschekist. Er war direkt von der Front an die Kolyma gekommen, in Lagern hatte er niemals gearbeitet. Und hatte es nicht gelernt. Weder Baklanow noch seiner Frau gefiel die Arbeit an der Kolyma. Nach dem Ableisten ihrer Dienstzeit kehrten beide aufs Festland zurück und leben schon viele Jahre in Kiew. Baklanow selbst stammt aus Lwow.

Der Feldscher wohnte in einer eigenen Hütte, eine Hälfte davon ist das Ambulatorium. Die Hütte grenzte ans Badehaus. Mehr als zehn Jahre war ich weder nachts noch am Tag allein gewesen, und mit meinem ganzen Wesen empfand ich dieses Glück, auch noch getränkt mit dem feinen Duft der grünen Lärchen, der unzähligen, stürmisch blühenden Gräser. Ein Hermelin lief über den letzten Schnee, Bären kamen vorbei, aus den Höhlen gekrochen, und rüttelten an den Bäumen ... Hier fing ich an Gedichte zu schreiben. Diese Hefte haben sich erhalten. Grobes gelbes Papier ... Ein Teil der Hefte ist aus Einschlagpapier, weißem, von bester Qualität. Dieses Papier, zwei oder drei Rollen des wunderbarsten Papiers der Welt, hat mir der Zuträger Grischa Barkan geschenkt. Sein ganzes Ambulatorium stand voll mit solchen Rollen, woher er sie genommen hatte und wohin er sie brachte – weiß ich nicht. Im Krankenhaus arbeitete er nicht lange, er wurde ins benachbarte Bergwerk versetzt, aber kam oft zum Krankenhaus und hielt für die Rückfahrt Fahrzeuge an.

Grischa Barkan, ein Modenarr und Schönling, kam auf die Idee, im Stehen zu fahren, auf den Fässern, um sich die Chromlederstiefel und die dunkelblauen freien Hosen nicht mit Benzin zu beschmieren. Das Fahrerhaus war besetzt. Der Fahrer erlaubte ihm, für diese zehn Kilometer in den Kasten zu steigen, aber an einer steilen Stelle gab es einen Ruck, Barkan flog auf die Chaussee und spaltete sich den Schädel am Felsgestein. Ich sah seinen Körper in der Morgue. Barkans Tod ist, glaube ich, der einzige Fall, in dem sich das Schicksal nicht auf Seiten der Zuträger einmischte.

Warum Barkan sich mit Sawodnik nicht vertrug, erriet ich schnell. Wahrscheinlich hatte er »Signale« zu einer so delikaten Sache wie dem Holzeinschlag gegeben, ohne Interesse dafür zu zeigen, was diese Täuschung bedingte und wem sie nutzte. Schon bei der ersten Bekanntschaft mit Sawodnik sagte ich, dass ich ihm nicht im Weg stehen werde, aber ihn auch bitte, sich in meine Dinge nicht einzumischen. Keine meiner Arbeitsbefreiungen darf angefochten werden. Ich werde niemandem auf seine Weisung hin eine Arbeitspause geben. Mein Verhältnis zu den Ganoven ist allgemein bekannt, und von dieser Seite braucht Sawodnik keinen Druck, keine Überraschungen zu befürchten.

Genauso wie Sawodnik selbst aß ich aus dem allgemeinen Kessel. Die Holzfäller wohnten an drei Orten im Umkreis von hundert Kilometern vom ersten Abschnitt. Ich fuhr herum und übernachtete zwei, drei Nächte in jedem Abschnitt. Der Stützpunkt war die Duskanja. An der Duskanja erfuhr ich etwas für jeden Mediziner sehr Wichtiges – beim Badewärter (dort gab es einen Tataren aus dem Krieg) lernte ich das Desinfizieren ohne Desinfektionskammer. Eine für die Lager an der Kolyma, in denen die Läuse beständige Begleiter der Arbeiter sind, nicht unwichtige Sache. Ich führte mit hundertprozentigem Erfolg eine Desinfektion in Eisenfässern durch.

Später in der Transportverwaltung wurden diese meine Kenntnisse als Sensation aufgenommen – die Läuse beißen ja nicht nur den Häftling, sondern auch den Begleitposten, den Soldaten. Ich veranstaltete viele Desinfektionen mit gleichbleibendem Erfolg, aber gelernt hatte ich diese Sache bei Sawodnik an der Duskanja. Als er sah, dass ich mich bewusst nicht einmische in seine komplizierten Manöver mit Baumstümpfen, Stapeln und Festmetern, wurde Sawodnik gutmütiger, und als er merkte, dass ich keinerlei Lieblinge hatte, taute er völlig auf. Und hier erzählte er mir auch von Lefortowo und von seinem Kampf um den Bart. Er schenkte mir einen Gedichtband von Ehrenburg*. Jede Art von Literatur war ihm absolut fremd. Überhaupt mochte Sawodnik keine Romane etc., er gähnte bei den ersten Zeilen. Die Zeitung, politische Neuigkeiten sind etwas anderes. Sie lösten immer ein Echo aus. Sawodnik mochte die lebendige Arbeit mit lebendigen Menschen. Und vor allem langweilte er sich, er schmachtete und wusste nicht, wohin mit seinen Kräften, und versuchte, seinen ganzen Tag vom Aufwachen bis zum Schlaf mit den Sorgen von heute und morgen auszufüllen. Er schlief sogar immer möglichst nah bei der Arbeit – bei den Arbeitern, am Fluss, bei der Flößung, er schlief im Zelt oder auf einem Liegebett in irgendeiner Baracke, ganz ohne Matratze und Kissen –, nur die Steppjacke unter dem Kopf.

1950 im Sommer musste ich nach Bachajga fahren – vierzig Kilometer kolymaaufwärts, wo unser Abschnitt war, lebten Häftlinge am Ufer, und auf einer meiner Rundreisen musste ich dorthin. Die Strömung in der Kolyma ist stark – das Schnellboot braucht für diese vierzig Kilometer aufwärts zehn Stunden. Zurück kommt man auf dem Floß in einer Stunde, sogar weniger. Der Motorbootfahrer auf dem Schnellboot war ein Freier, sogar ein Vertragsarbeiter, Mechaniker, ein defizitärer Beruf; wie jeder Motorbootfahrer und Mechaniker an der Kolyma war er bei Abfahrt seines Bootes stark betrunken, aber auf verständige, auf Kolyma-Art betrunken, er stand auf den Beinen und unterhielt sich vernünftig, nur sein Atem roch schwer nach Schnaps. Der Motorbootfahrer bediente die Transporte der Holzfäller. Das Schnellboot sollte schon gestern ablegen, fuhr aber erst beim Morgengrauen der weißen

Kolyma-Nacht. Von meiner Reise wusste der Motorbootfahrer natürlich, aber irgendein Natschalnik, oder der Bekannte eines Natschalniks, oder einfach ein Passagier hatte sich für teures Geld in das Schnellboot gesetzt, das Dampf anließ, und wartete, das Gesicht abgewandt, bis der Motorbootfahrer das Gespräch mit mir beendet und mich abweist.

»Kein Platz. Nein, habe ich gesagt. Du fährst das nächste Mal.«

»Aber du hast doch gestern ...«

»Wer weiß, was ich gestern gesagt habe ... Und heute habe ich es mir überlegt. Geh vom Anleger.«

Eingestreut wird in all das ein erlesenes Kolyma-Gefluche, Lagergekeife.

Sawodnik wohnte nicht weit, auf dem Hügel, im Zelt, und zog sich zum Schlafen nicht aus. Er begriff gleich, was los ist, und sprang im bloßen Hemd ans Ufer, ohne Mütze, irgendwie in die Gummistiefel geschlüpft. Der Motorbootfahrer stand in hohen Gummistiefeln im Wasser, am Schnellboot, und ließ das Boot ins Wasser. Sawodnik kam direkt bis ans Wasser:

»Was ist, du willst den Feldscher nicht mitnehmen?« Der Motorbootfahrer richtete sich auf und wandte sich Sawodnik zu:

»Nein! Ich nehme ihn nicht mit. Nein habe ich gesagt, und Schluss!« Sawodnik schlug dem Motorbootfahrer mit der Faust ins Gesicht, und der fiel um und verschwand unter Wasser. Ich dachte schon, dass ein Unglück geschehen wäre, aber der Motorbootfahrer stand auf, das Wasser floss aus seinem Segeltuchoverall. Am Boot angekommen, stieg er schweigend an seinen Platz und ließ den Motor an. Ich setzte mich mit meiner Medizintasche an die Bordwand, streckte die Beine aus, und das Schnellboot legte ab. Es war noch nicht dunkel, als wir an der Bachajga-Mündung anlegten.

Sawodniks gesamte Energie, seine gesamten seelischen Kräfte konzentrierten sich auf die Erfüllung der Wünsche des Krankenhauschefs Winokurow. Hier bestand ein stillschweigender Vertrag zwischen Herr und Sklave. Der Herr übernimmt die volle Verantwortung dafür, dass er einen Volksfeind, einen Trotzkisten deckt, dessen Los es ist, in Sonderzonen zu leben, und der dankbare Sklave, der weder die Anrechnung der Arbeitstage noch irgendwelche Milderung erwartet, erzeugt für den Herrn materielle Güter in Gestalt von Holz, frischem Fisch, Wild, Beeren und sonstigen Gaben der Natur. Seine Holzfäller führt Sawodnik mit fester Hand, und er trägt nur staatliche Kleidung, und er isst aus dem allgemeinen Kessel. Der Sklave versteht, dass es nicht in der Macht seines Herrn steht, Anträgen auf vorfristige Freilassung stattzugeben, doch der Herr lässt den Sklaven sein Leben erhalten − im ganz buchstäblichen, ganz elementaren Wortsinn. Sawodnik wurde freigelassen nach der Haftzeit, nach der kalendarischen Haftzeit von fünfzehn Jahren, eine Anrechung von Arbeitstagen kam bei seinem Artikel nicht in Frage. Sawodnik wurde 1952 am Tag des Endes seiner kalendarischen Haftzeit von fünfzehn Jahren freigelassen, zu der er 1937 in Moskau, im Lefortowo-Gefängnis verurteilt wurde. Sawodnik hatte längst begriffen, dass eine Revision des Verfahrens zu beantragen nutzlos ist. Auf keine einzige seiner Beschwerden der ersten naiven Jahre an der Kolyma hatte Sawodnik Antwort bekommen. Sawodnik befasste sich ewig mit Projekten wie der Einrichtung eines »Eisschlittens« für die Holzeinschläge, er erfand und baute für die Holzfäller einen Waggon auf Rädern, vielmehr nicht auf Rädern, sondern auf Traktorkufen. Die Brigade konnte sich auf die Suche nach Holz machen. Der Wald an der Kolyma ist ja licht, die Waldtundra-Zone, dicke Bäume gibt es nicht; um nicht Zelte aufzustellen und nicht Hütten zu bauen, entwarf er einen Universalwaggon mit Doppelstockpritschen auf einem Schlitten. Die Holzfällerbrigade von zwanzig Mann und das Werkzeug fanden bequem Platz. Aber noch war Sommer, und der Sommer ist an der Kolyma sehr heiß, nur die Tage sind heiß und die Nächte kalt, der Waggon war gut, aber sehr viel schlechter als ein einfaches Segeltuchzelt. Im Winter jedoch waren die Wände des Waggons zu kalt, zu dünn. Der Frost der Kolyma stellt jedes Ruberoid, jede Dachpappe, jedes Sperrholz auf die Probe, zerbröselt, zerbricht sie. Im Waggon konnte man im Winter nicht leben, und die Holzfäller kehrten in die in Jahrtausenden erprobten Hütten zurück. Der Waggon wurde im Wald stehengelassen. Ich riet Sawodnik, ihn ins landeskundliche Museum von Magadan zu geben, aber ich weiß nicht, ob er auf meinen Rat gehört hat.

Die zweite Spielerei von Sawodnik und Winokurow war ein Aeroschlitten – wie ein Gleitboot, das über den Schnee fliegt. Die irgendwo vom Großen Land bezogenen Aeroschlitten wurden in Lehrbüchern zur Erschließung des Nordens verstärkt empfohlen. Doch die Aeroschlitten brauchen grenzenlose weiße Räume, und das Land an der Kolyma besteht zu hundert Prozent aus Höckern und Gruben, kaum mit Schnee überstreut, der bei Wind und Sturm aus allen Ritzen geblasen wird. Die Kolyma ist schneearm, und die Aeroschlitten zerbrachen schon bei den ersten Versuchen. Aber selbstverständlich legte Winokurow in seinen Rechenschaftsberichten sehr großen Nachdruck auf all diese Waggons und Aeroschlitten.

Sawodnik hieß Jakow Owsejewitsch. Nicht Jewsejewitsch, nicht Jewgenjewitsch, sondern Owsejewitsch, worauf er bei allen Kontrollen und Appellen lautstark bestand, was die Mitarbeiter der Registrierung immer in Aufregung versetzte. Sawodnik las und schrieb perfekt, er besaß eine kalligraphische Handschrift. Ich weiß nicht, was Sujew-Insarow* zum Charakter von Sawodniks Handschrift meint, aber die obligatorische, langsame, sehr komplexe Verzierung war erstaunlich. Nicht die Initialien, kein Ja. S., ein nachlässiges Schwänzchen – sondern ein sorgfältig, langsam ausgeschriebenes kompliziertes Muster, das man nur in früher Jugend oder im späten Gefängnis lernen und behalten kann. Auf das Malen seines Namens verwendete Sawodnik mindestens eine Minute. Dort fügten sich auf feinste und klarste Weise das Initial Ja wie das Initial des Vatersnamens O – ein sehr rundes, besonderes O –, wie der Nachname Sawodnik, schwungvoll gemalt mit deutlichen großen Buchstaben, und eine energische Verzierung, die nur den Nachnamen einfasste, und dann noch besonders komplizierte, besonders luftige Schnörkel – quasi der Abschied des Künstlers von einer mit Liebe ausgeführten Arbeit. Ich habe es viele Male unter beliebigen Umständen geprüft, ob im Sattel oder auf dem Zeichenbrett, aber die Unterschrift von Kommissar Sawodnik wird langsam, sicher und klar sein.

Unser Verhältnis war hervorragend, gut wäre zu wenig gesagt. Damals, im Sommer 1950, wurde mir angeboten, ins Krankenhaus zurückzukehren, auf den Posten des Leiters der Aufnahme. Die Aufnahme eines riesigen Lagerkrankenhauses mit tausend Betten ist keine einfache Sache, und jahrelang konnte man sie nicht in Gang bringen. Auf den Rat sämtlicher Organisationen berief man mich. Mit dem neuen Oberarzt Amossow verabredete ich ein paar Prinzipien, auf denen die Arbeit der Aufnahme gründen wird, und sagte zu. Sawodnik kam zu mir gerannt.

»Ich werde sofort für Aufhebung sorgen, Schluss mit der Vetternwirtschaft«.

»Nein, Jakow Owsejewitsch«, sagte ich. »Sie und ich kennen beide das Lager. Ihr Schicksal ist Winokurow, der Chef. Er hat vor, in Urlaub zu fahren. Eine Woche nach seiner [Abreise] wird man Sie aus dem Krankenhaus entlassen. Aber für meine Arbeit hat Winokurow nicht so große Bedeutung. Ich möchte im Warmen schlafen, wo das einmal möglich ist, und möchte an einer einzigen Frage arbeiten, einen Nutzen bringen.«

Mir war klar, dass ich in der Aufnahme keine Gedichte würde schreiben können, höchstens gelegentlich. Alles Papier von Barkan war schon beschrieben. Und dort hatte ich jede freie [Minute] geschrieben. Das Gedicht mit der Schlusszeile »Manchmal friert es im Paradies« ist an der gefrorenen Mündung der Duskanja-Quelle entstanden, krakelig in ein Rezepturenheft geschrieben. Und gedruckt erst fünfzehn Jahre später in der »Literaturzeitung«*.

Sawodnik wusste nicht, dass ich Gedichte schreibe, und er hätte auch nichts verstanden. Für Prosa war das Territorium an der Kolyma zu gefährlich, Gedichte konnte man riskieren, aber nicht Prosaaufzeichnungen. Das ist der Hauptgrund, warum ich an der Kolyma nur Gedichte schrieb. Zwar hatte ich auch ein anderes Vorbild, den englischen Schriftsteller Thomas Hardy*, der die letzten zehn Jahre seines Lebens nur Gedichte schrieb und auf die Fragen der Reporter antwortete, ihn treibe das Schicksal Galileis um. Hätte Galilei in Versen geschrieben, hätte er keine Unannehmlichkeiten mit der Kirche gehabt. Ich wollte dieses Galileische Risiko nicht eingehen, wenn auch selbstverständlich nicht aus Erwägungen der literarischen und historischen Tradition, mein Häftlingsinstinkt gab mir einfach ein, was gut ist und was schlecht, wo es warm ist und wo kalt im Blindekuhspiel mit dem Schicksal.

Und wirklich, ich war hellsichtig gewesen: Winokurow fuhr ab, und einen Monat später wurde Sawodnik irgendwo in die Bergwerke geschickt, wo er übrigens schon bald das Ende seiner Haftzeit erlebte. Aber Hellsichtigkeit war nicht nötig gewesen. All das ist sehr einfach und elementar in jener Kunst oder Wissenschaft, die sich Leben nennt. Das ist das Einmaleins.

Wenn ein Mensch wie Sawodnik freigelassen wird, muss er Null Komma Null auf seinem persönlichen Häftlingskonto haben. So war es auch bei Sawodnik. Aufs Große Land ließ man ihn natürlich nicht, und er fand Arbeit als Dispatcher beim Fahrzeugstützpunkt in Sussuman. Auch wenn man ihm als ehemaligen *seka* nicht die Nordzulagen zahlte, reichte der Satz zum Leben.

Im Winter einundfünfzig brachte man mir einen Brief. Die Ärztin Mamutschaschwili brachte mir einen Brief von Pasternak an die Kolyma. Und so machte ich mich – ich hatte Urlaub genommen, ich arbeitete als Feldscher in der Transportverwaltung – mit angehaltenen Fahrzeugen auf die Reise. Der Tarif fürs Mitfahren – die Fröste hatten schon begonnen – war ein Rubel pro Kilometer. Ich arbeitete damals bei Ojmjakon, dem Kältepol, und schlug mich von dort durch bis Sussuman. In Sussuman traf ich auf der Straße Sawodnik, den Dispatcher beim Fahrzeugstützpunkt. Was gäbe es Besseres? Um fünf Uhr morgens setzte mich Sawodnik ins Führerhaus eines riesigen »Tatra« mit Anhänger. Ich stellte den Koffer in den Wagenkasten – ich hätte auch im Kasten fahren können, aber der Fahrer wollte die Bitte seines Chefs erfüllen und setzte mich ins Führerhaus. Ich musste es riskieren und den Koffer aus den Augen lassen.

Der »Tatra« flog.

Das Fahrzeug fuhr unbeladen, bremste an jeder Siedlung und nahm Mitfahrer auf. Die einen stiegen aus, andere stiegen ein. In einer kleinen Siedlung hielt ein Soldat den »Tatra« an und setzte zehn Mann Soldaten vom Festland hinein – junge Leute, die zum Militärdienst kamen. Sie alle hatten noch nicht die heftige nördliche Sonnenbräune abbekommen, waren nicht verbrannt von der Sonne der Kolyma. Nach etwa vierzig Kilometern kam ihnen ein Militärfahrzeug entgegen und wendete. Die Soldaten luden die Sachen um und fuhren los. Ich war irgendwie aufgeregt, misstrauisch. Ich bat den Fahrer anzuhalten und schaute in den Wagenkasten. Kein Koffer war da.

»Das sind die Soldaten«, sagte der Fahrer. »Aber wir holen sie ein, sie entkommen uns nicht.«

Der »Tatra« dröhnte auf, brummte und stürzte auf der Trasse voran. Nach einer halben Stunde hatte der »Tatra« das Fahrzeug mit den Soldaten tatsächlich eingeholt, und der Fahrer überholte den SIS* und schnitt ihm mit dem »Tatra« den Weg ab. Wir erklärten, was los ist, und ich fand meinen Koffer mit dem Brief Pasternaks.

»Ich habe den Koffer einfach als unseren ausgeladen, ganz ohne Absicht«, erklärte der Unteroffizier.

»Nun, ohne Absicht heißt ohne Absicht – wichtig ist das Ergebnis.«

Wir waren bei Adygalach angekommen, und ich suchte ein Fahrzeug nach Ojmjakon oder Baragon.

Im Jahr siebenundfünfzig wohnte ich schon in Moskau und erfuhr, dass Sawodnik zurückgekehrt ist und im Ministerium für Handel auf derselben Stelle arbeitet wie vor zwanzig Jahren. Das erzählte mit Jarozkij, der Leningrader Ökonom, der zu Winokurows Zeiten sehr viel für Sawodnik getan hat. Ich dankte, ließ mir von Jarozkij Sawodniks Adresse geben, schrieb hin und bekam eine Einladung zu einem Treffen – gleich auf der Arbeit, wo ein Passierschein bestellt wird, und so weiter. Der Brief war unterschrieben mit der mir bekannten kalligraphischen Verzierung. Auf ein Haar, nicht eine einzige überflüssige Schleife. Hier erfuhr ich, dass Sawodnik auf die Rente »wartet«, formal fehlen noch ein paar Monate. Ich beklagte, dass es Jarozkij nicht gelungen war, nach Leningrad zurückzukehren, obwohl er sich viel früher von der Kolyma getrennt hatte als Sawodnik und ich, und dass er jetzt in Kischinjow leben muss.

Jarozkijs Verfahren, das Verfahren eines Leningrader Komsomolzen, der für die Opposition gestimmt hatte, kannte ich sehr gut. Es gab keinerlei Gründe, warum er nicht in der Hauptstadt leben sollte, aber Sawodnik sagte plötzlich:

»Die Regierung weiß es besser. Bei uns, bei mir und bei Ihnen ist ja alles klar, aber bei Jarozkij ist es bestimmt ganz anders ...«

Ich habe Jakow Owsejewitsch Sawodnik nie wieder besucht, obwohl ich noch immer sein Freund bin.

1970-1971

# Das Schachspiel von Doktor Kusmenko

Doktor Kusmenko schüttete die Schachfiguren auf den Tisch.

»Wie reizend«, sagte ich und stellte die Figuren auf der Sperrholzplatte auf. Das waren Schachfiguren von feinster, filigraner Arbeit. Ein Spiel zum Thema »Zeit der Wirren in Russland«*. Polnische Infanteristen und Kosaken umgaben die hohe Figur des ersten Usurpators* – des Königs der Weißen. Die weiße Dame hatte die scharfen, energischen Züge Marina Mniszechs*. Hetman Sapieha* und Radziwill* standen auf dem Brett als Offiziere des Usurpators. Die Schwarzen auf dem Brett waren in Mönchskleidung – Metropolit Filaret* führte sie an. Pereswet und Osljabja*, im Harnisch über den Mönchskutten, hielten kurze Schwerter gezückt. Die Türme des Dreifaltigkeits- und Sergius-Klosters* standen auf den Feldern a8 und h8.

»Wirklich reizend. Ich kann mich nicht sattsehen ...«

»Nur«, sagte ich, »eine historische Ungenauigkeit: Der erste Usurpator hat die Lawra nicht belagert.«

»Jaja«, sagte der Doktor, »Sie haben recht. Aber kommt es Ihnen nicht sonderbar vor, dass die Geschichte bis heute nicht weiß, wer der erste Usurpator war, Grischka Otrepjew?«

»Das ist nur eine von vielen Hypothesen, und eine wenig wahrscheinliche. Von Puschkin allerdings. Boris Godunow war auch nicht so wie bei Puschkin*. Das ist die Rolle des

Dichters, des Dramatikers, des Romanautors, des Komponisten, des Bildhauers. Ihnen obliegt es, das Ereignis zu deuten. Das ist das neunzehnte Jahrhundert mit seiner Gier, das Unerklärliche zu erklären. Mitte des zwanzigsten Jahrhunderts hätte das Dokument alles verdrängt. Und man würde nur dem Dokument glauben.«

»Es gibt einen Brief des Usurpators.«

»Ja, Zarewitsch Dmitrij hat gezeigt, dass er ein kultivierter Mann ist, ein gebildeter Herrscher, der besten Zaren auf dem russischen Thron würdig.«

»Und trotzdem, wer ist er? Niemand weiß, wer der russische Herrscher war. Hier sieht man, was ein polnisches Geheimnis ist. Die Machtlosigkeit der Historiker. Eine Schande. Wäre das Ganze in Deutschland gewesen – hätten sich irgendwo Dokumente gefunden. Die Deutschen mögen Dokumente. Und die hohen Herrschaften hinter dem Usurpator wussten sehr gut, wie man ein Geheimnis wahrt. Wie viele Menschen wurden umgebracht – von denen, die an dieses Geheimnis rührten.«

»Sie übertreiben, Doktor Kusmenko, wenn Sie uns die Fähigkeit absprechen, ein Geheimnis zu bewahren.«

»Ich streite sie keineswegs ab. Ist denn der Tod Ossip Mandelstams* kein Geheimnis? Wo und wann er starb? Es gibt hundert Zeugen seines Todes an Schlägen, an Hunger und Kälte – über die Todesumstände gehen die Meinungen nicht auseinander –, und jeder der hundert erfindet seine eigene Erzählung, seine eigene Legende. Und der Tod des Sohnes von German Lopatin, der nur darum umgebracht wurde, weil er der Sohn von German Lopatin* war? Nach seinen Spuren sucht man schon dreißig Jahre. Den Verwandten von ehemaligen Parteiführern wie Bucharin und Rykow* gab man Bescheinigungen über den Tod, diese Bescheinigungen verteilen sich über viele Jahre von siebenunddreißig bis fünfundvierzig. Aber niemand hat diese Leute nach siebenunddreißig oder achtunddreißig irgendwo getroffen. All diese Bescheinigungen dienen dem Trost der Verwandten. Die Todeszeitpunkte sind willkürlich. Vielmehr müsste man annehmen, dass sie alle spätestens achtunddreißig in Moskauer Kellern erschossen wurden.«

»Ich glaube …«

»Erinnern Sie sich an Kulagin?«

»Den Bildhauer?«

»Ja! Er verschwand spurlos, wie viele verschwanden. Er verschwand unter einem fremden Namen, der im Lager durch eine Nummer ersetzt wurde. Und die Nummer wurde wieder durch einen dritten Namen ersetzt.«

»Ich habe von solchen Stückchen gehört«, sagte ich.

»Dieses Schachspiel hier ist seine Arbeit. Kulagin hat es im Jahr siebenunddreißig im Butyrka-Gefängnis aus Brot hergestellt. Alle Häftlinge, die in Kulagins Zelle saßen, kauten stundenlang Brot. Dabei muss man den Moment abpassen, wenn der Speichel und das gekaute Brot eine einzigartige Verbindung eingehen – das beurteilte der Meister selbst, sein Gespür –, und den Teig aus dem Mund holen, wenn er bereit ist, unter Kulagins Fingern jede Form anzunehmen und auf ewig zu erstarren wie der Zement der ägyptischen Pyramiden.

Zwei Spiele hat Kulagin so gemacht. Das zweite ist ›Die Eroberung Mexikos durch Cortes*‹. Die mexikanische Zeit der Wirren. Die Spanier und Mexikaner hat Kulagin verkauft oder irgendjemandem von der Gefängnisleitung umsonst überlassen, die russische ›Zeit der Wirren‹ nahm er mit in die Etappe. Mit einem Streichholz, mit dem Fingernagel gemacht – jedes Eisenstückchen ist ja im Gefängnis verboten.«

»Hier fehlen zwei Figuren«, sagte ich. »Die schwarze Dame und ein weißer Turm.«

»Ich weiß«, sagte Kusmenko. »Der Turm existiert nicht, und die schwarze Dame – sie hat keinen Kopf – ist in meinem Schreibtisch eingeschlossen. So weiß ich auch bis heute nicht, wer von den schwarzen Verteidigern der Lawra in der Zeit der Wirren die Dame war.

Alimentäre Distrophie ist eine schreckliche Sache. Erst nach der Leningrader Blockade nannte man diese Krankheit in unseren Lagern bei ihrem richtigen Namen. Vorher stellte man die Diagnose: Polyavitaminose, Pellagra, Abmagerung aufgrund von Dysenterie. Und so weiter. Auch ein Haschen nach einem Geheimnis. Nach dem Geheimnis des Häftlingstodes. Den Ärzten war es verboten, vom Hunger zu sprechen und zu schreiben in offiziellen Dokumenten, in der Krankengeschichte, auf Konferenzen, auf Lehrgängen zur Weiterbildung.«

»Ich weiß.«

»Kulagin war ein großer schwerer Mann. Als man ihn ins Krankenhaus brachte, wog er vierzig Kilogramm – das Gewicht der Knochen und der Haut. Eine irreversible Phase der alimentären Dystrophie.

Bei allen Hungernden tritt in einer schweren Stunde eine Bewusstseinstrübung ein, eine logische Verschiebung, eine Demenz, das eine ›D‹ der berühmten Kolyma-Triade – Demenz, Diarrhoe, Dystrophie ... Wissen Sie, was Demenz ist?«

»Irrsinn?«

»Ja, ja, Irrsinn, erworbener Irrsinn, erworbener Schwachsinn. Als sie Kulagin brachten, habe ich als Arzt gleich verstanden, dass der neue Kranke längst Zeichen der Demenz zeigt ... Kulagin kam nicht zu sich vor seinem Tod. Er hatte ein Säckchen mit den Schachfiguren bei sich, die alles überstanden hatten – die Desinfektion wie die Gier der Ganoven.

Kulagin hatte den weißen Turm gegessen, gelutscht, heruntergeschluckt, hatte den Kopf der schwarzen Dame abgebissen, abgebrochen, heruntergeschluckt. Und er muhte nur, als die Sanitäter versuchten, ihm das Säckchen aus der Hand zu nehmen. Ich glaube, er wollte seine Arbeit verschlingen, einfach um seine Spur von der Erde zu tilgen, zu löschen.

Ein paar Monate früher hätte er anfangen müssen, die Schachfigürchen zu verschlingen. Sie hätten Kulagin gerettet.«

»Aber wollte er die Rettung?«

»Ich habe den Turm nicht aus seinem Magen holen lassen. Während der Obduktion hätte man das gekonnt. Und genauso den Kopf der Dame ... Darum fehlen diesem Spiel, dieser Partie zwei Figuren. Ihr Zug, Maestro.«

»Nein«, sagte ich. »Irgendwie mag ich nicht mehr ...«

<1967>

# Der Mann vom Dampfer

»Schreiben Sie, Krist, schreiben Sie«, sagte der alte müde Arzt.

Es war nach zwei Uhr morgens, der Kippenberg auf dem Tisch des Behandlungsraums wuchs. An den Fensterscheiben klebte flauschiges dickes Eis. Lila Marchorkanebel füllte das Zimmer, aber das Klappfenster zu öffnen und das Kabinett zu lüften war keine Zeit. Wir hatten die Arbeit gestern Abend um acht Uhr begonnen, und sie nahm kein Ende. Der Arzt rauchte Papirossa um Papirossa, drehte sie rasch »auf Flottenart« und riss Blätter aus der Zeitung. Oder er drehte sich – wenn er ein bisschen ausruhen wollte, einen »Geißfuß«*. Die nach Bauernart vom Machorkarauch verbrannten Finger tanzten vor meinen Augen, das standfeste Tintenfass klapperte wie eine Nähmaschine. Die Kräfte des Arztes gingen zur Neige – die Augen fielen ihm zu, weder die »Geißfüße« noch die »Flotten«-Papirossy konnten die Müdigkeit besiegen.

»Und einen *tschifir*? Einen *tschifir* aufkochen ...«, sagte Krist.

»Und wo nimmst du ihn her, den *tschifir* ...«

*Tschifir* war besonders starker Tee – Labsal der Ganoven und der Fahrer auf dem weiten Weg – fünfzig Gramm auf ein Glas, ein besonders verlässliches Mittel gegen den Schlaf, die Währung der Kolyma, die Währung der endlosen Strecken, der vieltägigen Fahrten.

»Ich mag ihn nicht«, sagte der Arzt. »Übrigens, eine zerstörerische Wirkung auf die Gesundheit sehe ich im *tschifir* nicht. Ich habe nicht wenige *tschifir*-Trinker gesehen. Und dieses Mittel ist auch schon lange bekannt. Nicht die Ganoven haben es sich ausgedacht und nicht die Fernfahrer. Jacques Paganel* kochte in Australien *tschifir*, bot das Getränk den Kindern von Käpt'n Grant an. ›Auf einen Liter Wasser ein halbes Pfund Tee und drei Stunden kochen‹, das ist das Rezept von Paganel ... Und Sie sagen ›die Fahrer‹!, die Ganoven! Es gibt auf der Welt nichts Neues.«

»Legen Sie sich hin.«

»Nein, später. Sie müssen die Befragung und die Erstuntersuchung lernen. Das verbietet zwar das medizinische Gesetz, aber irgendwann muss ich ja schlafen. Die Kranken kommen rund um die Uhr. Groß wird der Schaden nicht sein, wenn Sie die Erstuntersuchung machen, Sie – ein Mann im weißen Kittel. Wer weiß denn, ob Sie Sanitäter, Feldscher, Arzt, Akademiemitglied sind, Sie werden noch in den Memoiren auftauchen als Arzt des Abschnitts, des Bergwerks, der Verwaltung.«

»Und Memoiren wird es geben?«

»Unbedingt. Wenn irgendetwas Wichtiges sein wird, wecken Sie mich. Also«, sagte der Arzt, »fangen wir an. Der Nächste.«

Ein nackter, schmutziger Kranker saß vor uns auf dem Hocker. Er sah nicht aus wie ein anatomisches Modell, sondern wie ein Skelett.

»Eine gute Schule für Feldscher, was?«, sagte der Arzt. »Und für Ärzte auch. Übrigens, ein Mediziner muss ganz andere Dinge sehen und wissen. Alles, was wir heute vor uns haben, ist eine Frage der engen, überaus spezifischen Qualifikation. Und wenn unsere Inseln – haben Sie mich verstanden? – unsere Inseln in der Erde versinken würden ... Schreiben Sie, Krist, schreiben Sie.

Geburtsjahr 1893. Geschlecht – männlich. Ich lenke Ihre Aufmerksamkeit auf diese wichtige Frage. Geschlecht –

männlich. Diese Frage beschäftigt den Chirurgen, den Pathologen, den Morgue-Statistiker, den Demographen in den Metropolen. Doch sie beschäftigt keineswegs den Kranken selbst, ihm ist sein Geschlecht egal ...«

Mein Tintenfass klapperte.

»Nein, der Kranke muss nicht aufstehen, bringen Sie ihm heißes Wasser zum Durstlöschen. Schneewasser aus dem Behälter. Er wärmt sich, und dann gehen wir an die Analyse der »vita«, die Daten über die Krankheiten der Eltern«, der Arzt klopfte mit dem Druckformular auf die Krankengeschichte, »müssen Sie nicht sammeln, keine Zeit auf Unsinn verwenden. Aha, hier, durchgemachte Krankheiten: alimentäre Dystrophie, Skorbut, Dysenterie, Pellagra, Avitaminose A, B, C, D, E, F, G, H, I, J, K, L, M, N, O, P, Q, R, S, T, U, V, W, X, Y, Z... Sie können die Aufzählung an beliebiger Stelle unterbrechen. Venerische Krankheiten verneint er, Kontakt zu Volksfeinden verneint er. Schreiben Sie ... Wurde aufgenommen mit Klagen über Erfrierungen beider Füße, entstanden durch lange Einwirkung von Kälte auf das Gewebe. Haben Sie geschrieben? Auf das Gewebe ... Bedecken Sie sich hier mit einer Decke.« Der Arzt zog eine dünne, mit Tinte befleckte Decke vom Bett des diensthabenden Arztes und warf sie dem Kranken um die Schultern. »Wann bringen sie denn das verdammte kochende Wasser? Er bräuchte süßen Tee, aber weder Tee noch Zucker sind vorgesehen in der Aufnahme. Machen wir weiter. Größe – mittel. Wie groß? Wir haben keine Messlatte. Haare – grau. Ernährungszustand«, der Arzt schaute die Rippen an, auf denen die blasse trockene welke Haut spannte, »wenn Sie einen solchen Ernährungszustand sehen, müssen Sie schreiben ›unter Mittelmaß‹.« Mit zwei Fingern zog der Arzt die Haut des Kranken ab.

»Turgordruck der Haut schwach. Verstehen Sie, was Turgordruck ist?«

»Nein.«

»Die Elastizität. Was hat er auf der Inneren zu suchen? Nichts, das ist ein Chirurgiepatient, nicht wahr? Lassen wir Platz in der Krankengeschichte für Leonid Markowitsch, er wird morgen, vielmehr heute Morgen schauen und schreiben. Schreiben Sie in russischen Buchstaben ›status lokalis‹. Machen Sie einen Doppelpunkt. Der Nächste!«

‹1962›

# Aleksandr Gogoberidse

So ist das: Erst fünfzehn Jahre sind vergangen, und ich habe
den Vatersnamen des Lagerfeldschers Aleksandr Gogoberidse
vergessen. Sklerose! Ich dachte, sein Name hätte sich für
immer in die Zellen meines Hirns eingraben müssen – Gogoberidse gehörte zu jenen Leuten, auf die das Leben stolz
ist, und ich habe seinen Vatersnamen vergessen. Er war nicht
einfach Feldscher der Hautabteilung des Zentralen Häftlingskrankenhauses an der Kolyma. Er war mein Professor
für Pharmakologie, Dozent auf dem Feldscherlehrgang. Ach,
wie schwer war es, einen Lehrer für Pharmakologie zu finden für die zwanzig glücklichen Häftlinge, für die das Lernen auf dem Feldscherlehrgang die Garantie ihres Lebens,
ihrer Rettung war. Der Brüsseler Professor Umanskij hatte
sich bereiterklärt, Latein zu unterrichten. Umanskij war po-
lyglott, ein glänzender Kenner der orientalischen Sprachen
und kannte die Morphologie des Wortes noch besser als die
pathologische Anatomie, die er auf dem Feldscherlehrgang
las. Übrigens gab es im Kurs für pathologische Anatomie
eine Ausnahme. Mit dem Lager ein wenig vertraut (Umanskij saß, wie alle nach den Stalinschen Verfahren der dreißiger oder vierziger Jahre, schon die dritte oder vierte Haftzeit),
weigerte sich der Brüsseler Professor kategorisch, seinen Studenten an der Kolyma das Kapitel über die Geschlechtsorgane
zu lesen – die männlichen und die weiblichen. Und nicht aus
übergroßer Schamhaftigkeit. Kurz, dieses Kapitel wurde den

Studenten zur selbständigen Aneignung vorgeschlagen. Für die Pharmakologie hatte es viele Interessenten gegeben, aber es war so, dass der, der diesen Gegenstand unterrichten sollte, »an die Peripherie« oder »in die Tajga« gezogen war, »an die Trasse«, wie man sich zu jenen Zeiten ausdrückte. Die Eröffnung des Lehrgangs hatte sich sowieso hingezogen, und nun gab Gogoberidse – früher Direktor eines großen pharmakologischen Forschungsinstituts in Georgien –, der sah, dass der Lehrgang zu platzen drohte, unerwartet sein Einverständnis. Der Lehrgang wurde eröffnet.

Gogoberidse verstand die Bedeutung dieses Lehrgangs sowohl für die »Studenten« als auch für die Kolyma. Der Lehrgang vermittelte etwas Gutes, säte Vernünftiges. Die Macht des Lagerfeldschers ist groß, der Nutzen (oder Schaden) überaus bedeutsam.

Darüber sprach ich später mit ihm, als ich vollberechtigter Lager-»Knochenklempner« war und zu ihm in sein »Kabäuschen« in der Dermatologie des Krankenhauses kam. Die Krankenhausbaracken wurden nach Einheitsentwürfen gebaut – im Unterschied zu den Gebäuden ferner von Magadan, wo Krankenhäuser und Ambulatorien eine Art »Tajga«-Erdhütten waren. Übrigens war die Sterblichkeit so hoch, dass man die Erdhütten aufgeben und den medizinischen Einrichtungen Wohnbaracken zuweisen musste. Gebäude brauchte auch die berüchtigte »Gruppe W«, auf Zeit von der Arbeit Befreite, deren Zahl immer größer und größer wurde. Tod ist Tod, wie man ihn auch erklärt. In den Erklärungen kann man lügen und die Ärzte zwingen, die verschlungensten Diagnosen zu erfinden – die ganze Klaviatur mit Endungen auf »ose« und »itis«, wenn es nur irgendeine Möglichkeit gibt, sich auf Nebensächliches zu beziehen und das Offensichtliche zu bemänteln. Doch selbst dann, wenn das Offensichtliche nicht zu bemänteln war, eilten dem Arzt

»Polyavitaminose«, »Pellagra«, »Dysenterie«, »Skorbut« zu
Hilfe. Niemand wollte das Wort Hunger aussprechen. Erst
in der Zeit der Leningrader Blockade erschien in pathologischen und seltener in klinischen Diagnosen der Terminus
»alimentäre Dystrophie«. Er ersetzte sofort die Polyavita-
minosen und machte die Sache einfacher. Gerade zu dieser
Zeit gewann im Lager eine Zeile aus Vera Inbers »Pulkowo-
Meridian«* große Popularität:

Das Brennen einer Kerze, die zergeht,
Die trockenen Symptome, Zeichen dessen,
Was unsere Ärzte auf gelehrt
Alimentäre Dystrophie zu nennen wissen.
Und was der Nichtlateiner, der Nichtphilologe
Auf Russisch sagt, mit der Vokabel »Hunger«.

Leider war Professor Umanskij außer Pathologe auch
Philologe und Lateiner. Viele Jahre schrieb er die wunderli-
chen »osen« und »iten« in die Sektionsprotokolle.

Aleksandr Gogoberidse war schweigsam, bedächtig – im
Lager hatte er Zurückhaltung und Geduld gelernt, er hatte
gelernt, einen Menschen nicht nach seiner Kleidung zu empfangen, nach der Wattejoppe und der BAM-Lager*-Mütze,
sondern nach einer ganzen Reihe unerklärbarer, aber sicherer
Zeichen. Die Sympathien stützen sich gerade auf diese nicht
zu fassenden Zeichen. Die Menschen haben einander noch
nicht zwei Worte gesagt, aber spüren eine gegenseitige seelische Zuneigung oder Feindschaft, oder Gleichgültigkeit, oder
Vorsicht. »In Freiheit« verläuft dieser Prozess langsamer.
Hier aber entstehen diese unbewussten Sympathien oder An-
tipathien überzeugter, schneller, unfehlbarer. Die gewaltige
Lebenserfahrung des Lagerinsassen, die Gespanntheit seiner
Nerven und die große Einfachheit der menschlichen Bezie-

hungen, die große Einfachheit der Menschenkenntnis ist der Grund für die Unfehlbarkeit solcher Urteile.

In der Krankenhausbaracke – einem Gebäude mit zwei Ausgängen, mit einem Korridor in der Mitte – gab es Zimmerchen, sogenannte »Kabäuschen«, die man leicht zu einer Kammer, einer kleinen Apotheke oder einer Krankenhaus»box« machen konnte – zu einem Isolator. Ärzte und Feldscher, die selbst Häftlinge waren, wohnten gewöhnlich auch in diesen »Kabäuschen«. Ein sehr bedeutendes praktisches Privileg.

Die »Kabäuschen« waren winzig, zwei mal zwei oder zwei mal drei Meter. Im Zimmerchen stand dort ein Bett, ein Nachttisch, manchmal etwas wie ein winziger Tisch. In der Mitte des »Kabäuschens« wurde winters wie sommers ein kleines Öfchen geheizt, wie die Öfchen in den Fahrerkabinen an der Kolyma. Dieser Ofen und das Holz dafür – die Holzklötzchen – nahmen auch nicht wenig vom Wohnraum ein. Aber trotzdem war es ein eigener Wohnraum – wie eine separate Wohnung in Moskau. Ein kleines Fensterchen, mit Gaze bezogen. Den gesamten übrigen Raum des »Kabäuschens« nahm Gogoberidse ein. Von gewaltigem Wuchs, breitschultrig, dickarmig und dickbeinig, immer mit kahlgeschorenem Kopf, großohrig, war er einem Elefanten sehr ähnlich. Der weiße Feldscherkittel saß stramm an ihm und verstärkte den »zoologischen« Eindruck. Nur Gogoberidses Augen waren nicht die eines Elefanten – grau, schnell, Adleraugen.

Gogoberidse dachte Georgisch, sprach aber Russisch, langsam die Worte wählend. Er verstand und erfasste den Kern des Gesagten sofort – das sah man am Glanz der Augen.

Ich denke, er war weit über sechzig, als wir uns 1946 trafen, bei Magadan. Die großen Hände waren aufgedunsen, greisenhaft bläulich. Er lief langsam, fast immer am Stock. Die Brille für Weitsichtige, die »Alters«brille wurde mit geübter Hand aufgesetzt. Wir erfuhren bald, dass sich dieser gigantische Körper noch die Geschmeidigkeit der Bewegungen und alles Furchtgebietende bewahrt hatte.

Unmittelbarer Chef von Gogoberidse war Doktor Krol, ein Facharzt für Hautkrankheiten, verurteilt nach einem Sozial-Artikel entweder für Spekulation oder für Betrug. Ein kichernder Kriecher, ein alter Fiesling, der den Lehrgangsteilnehmern in der Vorlesung versicherte, sie würden schon »ihre Butter aufs Brot« bekommen, wenn sie die Hautkrankheiten studieren, – der jede »Politik« wie das Feuer scheute (wer scheute sie übrigens in jenen Jahren nicht!). Bestechlich, ein Lagerspekulant und Kombinator*, ewig mit den Dieben zugange, die ihm »Kluften und Buxen« brachten.

Die Diebe hatten Krol längst »auf dem Kieker«, sie schubsten ihn herum, wie sie wollten. Gogoberidse sprach überhaupt nicht mit seinem Chef, er machte seine Sache – Spritzen, Verbände, Verordnungen –, aber trat mit Krol in kein Gespräch ein. Einmal jedoch erfuhr Gogoberidse, dass Krol von einem der Häftlinge – keinem Ganoven, sondern einem *frajer* – Chromlederstiefel dafür verlangt, dass er ihn zur Behandlung in die Abteilung legt, und dass das Schmiergeld schon übergeben wurde. Gogoberidse durchmaß die gesamte Abteilung bis zum Zimmer Krols. Krol saß schon zuhause, das Zimmer war mit einem schweren Riegel versperrt, den ein Kranker kunstvoll für Krol gefertigt hatte. Gogoberidse riss die Tür auf und trat in Krols Zimmer. Sein Gesicht war purpurrot, die Hände zitterten. Gogoberidse brüllte und trompetete wie ein Elefant. Er packte die Stiefel und verbleute Krol mit diesen Chromlederstiefeln vor den Augen der Sanitäter und Kranken. Und gab die Stiefel dem Besitzer zurück. Dann wartete Gogoberidse auf einen Besuch des Arbeitsanweisers oder Kommandanten. Der Kommandant wird den Rowdy natürlich auf Krols Rapport hin in den Isolator setzen, und vielleicht schickt der Lagerchef Gogoberidse zu den allgemeinen körperlichen Arbeiten – in solchen »Straf«fällen konnte das vorgerückte Alter nicht vor Bestrafung retten. Aber Krol erstattete keinen Rapport. Es war für ihn ungünstig, das geringste Licht auf die Spur seiner dunklen Geschäfte zu lenken. Arzt und Feldscher arbeiteten weiter zusammen.

Während des Lehrgangs saß auf der Schulbank neben mir Barateli. Ich weiß nicht, nach welchem Artikel er verurteilt war, ich denke, nicht nach achtundfünfzig. Barateli nannte ihn mir einmal, aber die Strafgesetzbücher drückten sich zu jenen Zeiten so verschlungen aus, dass ich diesen Artikel vergessen habe. Barateli sprach schlecht Russisch und hatte die Aufnahmeprüfung nicht bestanden, aber Gogoberidse arbeitete schon lange im Krankenhaus, er war geachtet und bekannt und konnte erreichen, dass Barateli aufgenommen wurde. Gogoberidse lernte mit ihm, ernährte ihn ein ganzes Jahr von seiner Ration, kaufte ihm Machorka und Zucker, Barateli hatte ein dankbares, warmes Verhältnis zu dem alten Mann. Was auch sonst!

Acht Monate dieses heroischen Lernens waren vergangen. Ich sollte als vollberechtigter Feldscher zur Arbeit in das neue Krankenhaus 500 Kilometer von Magadan fahren.

Ich ging mich von Gogoberidse verabschieden. Und da fragte er mich, ganz ganz langsam:

»Wissen Sie, wo Eschba* ist?«

Die Frage wurde im Oktober 1946 gestellt. Eschba, ein namhafter Politiker der Kommunistischen Partei Georgiens, war vor langer Zeit repressiert worden, zu Jeshows Zeiten.

»Eschba ist tot«, sagte ich, »an der Serpantinnaja ist er ganz am Ende des Jahres siebenunddreißig gestorben, vielleicht hat er bis achtunddreißig gelebt. Er war mit mir im Bergwerk ›Partisan‹; und Ende 1937, als es ›losging‹ an der Kolyma, brachte man Eschba unter vielen, vielen anderen ›nach Listen‹ an die Serpantinnaja, wo das Untersuchungsgefängnis der Nördlichen Bergwerksverwaltung war und wo das ganze Jahr achtunddreißig fast ununterbrochen Erschießungen stattfanden.«

»Serpantinnaja«, was für ein Name! Die Straße windet sich dort zwischen den Bergen wie ein Serpentinenband – es waren die Kartographen, die sie so nannten. Sie haben ja bedeutende Rechte. An der Kolyma gibt es auch ein Flüsschen mit dem Foxtrott-Namen »Rio-Rita«, und einen »See der tanzenden Äschen«, und die Quellen »Nechaj*«, »Tschekoj*« und »Na gut!«. Eine Zerstreuung für Stilisten.

1952 im Winter war ich mit wechselnden Fortbewegungsmitteln unterwegs – Hirsche, Hunde, Pferde, Lastwagenkasten, Fußmarsch und wieder ein Lastwagenkasten – der eines riesigen tschechoslowakischen »Tatra« –, Pferde, Hunde, Hirsche – ins Krankenhaus, in dem ich früher, noch vor einem Jahr, gearbeitet hatte. Hier erfuhr ich auch von den Ärzten jenes Krankenhauses, in dem ich gelernt hatte, dass Gogoberidse – er hatte eine Haftzeit von 15 Jahren plus 5 Aberkennung der bürgerlichen Rechte – seine Haftzeit lebend beschlossen und die Verbannung zur ewigen Ansiedlung in Jakutien erhalten hatte. Das war noch härter als die gewöhnliche lebenslange Bindung an das dem Lager nächstgelegene Dorf – so wurde es dort auch später praktiziert, fast bis 1955. Gogoberidse erkämpfte für sich das Recht, in einer der Siedlungen an der Kolyma zu bleiben und nicht nach Jakutien überzusiedeln. Es war klar, dass der Organismus des alten Mannes eine solche Reise durch den Hohen Norden nicht aushält. Gogoberidse siedelte sich in der Siedlung Jagodnyj an, bei Kilometer 543 von Magadan. Er arbeitete dort

im Krankenhaus. Als ich an den Ort meiner Arbeit bei Ojmjakon zurückkehrte, übernachtete ich in Jagodnyj und ging
Gogoberidse besuchen, er lag im Krankenhaus für Vertragsarbeiter, lag als Kranker und arbeitete dort nicht als Feldscher
oder Pharmazeut. Hypertonie! Extreme Hypertonie!

Ich trat in den Krankensaal. Rote und gelbe Bettdecken,
grell irgendwo von der Seite beleuchtet, drei leere Betten –
und auf dem vierten, bis zum Gürtel mit einer grellgelben
Decke bedeckt, lag Gogoberidse. Er erkannte mich sofort,
aber konnte vor Kopfschmerzen fast nicht sprechen.

»Wie geht es Ihnen?«

»Es geht so.« Die grauen Augen blitzten in der alten Le-
bendigkeit. Die Falten waren mehr geworden.

»Sie werden sich erholen und gesund werden.«

»Ich weiß nicht, ich weiß nicht.« Wir verabschiedeten
uns.

Und das ist alles, was ich von Gogoberidse weiß. Schon
auf dem Großen Land erfuhr ich aus Briefen, dass Aleksandr Gogoberidse in Jagodnyj starb, ohne Rehabilitierung
zu Lebzeiten.

Das ist das Schicksal von Aleksandr Gogoberidse, der nur
darum umkam, weil er der Bruder von Lewan Gogoberidse*
war. Doch zu Lewan – siehe die Erinnerungen Mikojans*.

1970-1971

# Lektionen der Liebe

»Sie sind ein guter Mensch«, sagte mir kürzlich unser Stegbauer – der Brigadezimmermann, der die Stege anlegte, über die man die Schubkarren mit Erde und Sand zum Waschgerät, zur Waschtrommel fährt. »Sie sprechen niemals schlecht und schmutzig über Frauen.«

Dieser Stegbauer war Issaj Rabinowitsch, ehemaliger Leiter der Staatlichen Versicherungsanstalt der Sowjetunion. Vor Zeiten war er unterwegs gewesen, um von den Norwegern das Gold für das verkaufte Spitzbergen* im Nordmeer entgegenzunehmen, zwecks Konspiration, zwecks Verwischens der Spuren verlud er bei Sturmwetter die Säcke mit Gold von einem Schiff auf das andere. Er hatte fast sein ganzes Leben im Ausland gelebt und war vielen sehr reichen Leuten durch langjährige Freundschaft verbunden – Ivar Kreuger zum Beispiel. Ivar Kreuger, der Zündholzkönig*, beging Selbstmord, aber 1918 war er noch am Leben, und Issaj Rabinowitsch war mit seiner Tochter bei Kreuger an der französischen Riviera zu Gast.

Die sowjetische Regierung suchte Aufträge im Ausland, und Gewährsmann für Kreuger war Issaj Rabinowitsch. 1937 wurde er verhaftet und bekam zehn Jahre. In Moskau blieben seine Frau und seine Tochter – die einzigen Verwandten. Die Tochter heiratete während des Krieges den MarineAttaché der Vereinigten Staaten von Amerika, den Kapitän 1. Ranges Tolly. Kapitän Tolly bekam ein Schlachtschiff im

Stillen Ozean und reiste von Moskau an seinen neuen Einsatzort. Davor hatten Kapitän Tolly und die Tochter von Issaj Rabinowitsch Briefe ins Konzentrationslager geschrieben – an den Vater und künftigen Schwiegervater –, der Kapitän bat um die Erlaubnis zur Ehe. Rabinowitsch trauerte und seufzte ein wenig und gab eine positive Antwort. Tollys Eltern schickten ihren Segen. Der Marine-Attaché heiratete. Als er ausreiste, durfte seine Frau, die Tochter von Issaj Rabinowitsch, ihren Mann nicht begleiten. Das Ehepaar ließ sich sofort scheiden, Kapitän Tolly fuhr an den Ort seiner neuen Bestimmung, und seine ehemalige Frau arbeitete irgendwo auf einer unbedeutenden Stelle im Volkskommissariat für Auswärtige Angelegenheiten. Sie stellte den Briefwechsel mit dem Vater ein. Kapitän Tolly schrieb weder seiner ehemaligen Frau noch dem ehemaligen Schwiegervater. Es vergingen zwei ganze Kriegsjahre, und die Tochter Rabinowitschs wurde auf eine kurze Dienstreise nach Stockholm geschickt. In Stockholm wartete ein Sonderflugzeug auf sie, und die Frau des Kapitän Tolly wurde zu ihrem Mann gebracht ...

Danach bekam Issaj Rabinowitsch ins Lager Briefe mit amerikanischen Briefmarken und auf Englisch, was die Zensoren außerordentlich reizte ... Diese Geschichte mit der Flucht nach zwei Jahren Warten – denn Kapitän Tolly hielt seine Heirat keineswegs für eine flüchtige Moskauer Affäre –, ist eine der Geschichten, die wir sehr nötig hatten. Ich habe niemals wahrgenommen, ob ich gut oder schlecht von Frauen rede – alles war ja, so schien es, längst ausgetrieben und vergessen, und ich träumte keineswegs von Begegnungen mit Frauen. Um ein Onanist nach Gefängnisart zu sein, muss man vor allem satt sein. Einen Wüstling, einen Onanisten und genauso einen Päderasten kann man sich nicht hungrig vorstellen.

Beim Krankenhaus war ein schöner junger Mann um die achtundzwanzig, Vorarbeiter im Baubetrieb, der Häftling Waska Schwezow. Das Krankenhaus gehörte zur Frauensowchose, die Aufsicht war schwach und auch gekauft – Waska Schwezow hatte unerhörten Erfolg.

»Ich habe einen Haufen Frauen gekannt, einen Haufen. Das ist ganz einfach. Nur, Sie können es mir glauben, ich bin fast dreißig geworden und habe noch kein einziges Mal mit einer Frau im Bett gelegen – ist nicht vorgekommen. Immer überstürzt, auf irgendwelchen Kisten, Säcken, im Schnellverfahren ... Ich bin ja schon als Junge ins Gefängnis gekommen ...«

Ein anderer war Ljubow, ein Ganove, oder eher ein Grünling, ein »verdorbener *schtymp*«* – und aus »verdorbenen *schtympy*« werden ja Leute, die in ihrer bösen Phantasie die krankhafte Einbildungskraft jedes Ganoven übertreffen können. Ljubow, hochgewachsen, lächelnd, ziemlich frech, ständig in Bewegung, erzählte von seinem Glück:

»Ich hatte Schwein mit den Weibern, muss ich sagen, wirklich Schwein. Dort, wo ich vor der Kolyma war, ist ein Frauenlager, wir waren Zimmerleute beim Lager, und ich habe dem Arbeitsanweiser fast neue Hosen gegeben, graue, um reinzukommen. Dort gab es einen Tarif – eine Brotration, einen Sechshunderter, und die Abmachung – während wir liegen, muss sie diese Brotration essen. Was sie nicht aufisst – habe ich das Recht zurückzunehmen. Dieser Handel besteht schon lange – nicht von uns ausgedacht. Nur, ich bin schlauer als die anderen. Es ist Winter. Ich stehe morgens auf, raus aus der Baracke – und die Brotration in den Schnee. Ich friere sie ein und trage sie ihr hin – soll sie sie gefroren benagen, viel nagt sie so nicht ab. Wir haben günstig gelebt ...«

Kann sich ein Mensch so etwas ausdenken?

Und wer stellt sich eine Frauenbaracke im Lager vor, in der Nacht, eine Baracke, in der alle Lesbierinnen sind, eine

Baracke, in die alle Aufseher und Ärzte ungern gehen, die sich noch einen Funken Menschliches bewahrt haben, während die Erotomanen unter den Aufsehern oder den Ärzten gern hineingehen. Und die weinende Nadja Gromowa, eine neunzehnjährige Schönheit, Lesbierin, ein »Mann« der lesbischen Liebe, mit Fassonschnitt und in Männerhosen, die sich, zum Schrecken der Sanitäter, auf den verbotenen Sessel der Leiterin der Aufnahme gesetzt hat – nur ein einziger, auf Bestellung gefertigter Sessel fasste den Hintern der Leiterin –, Nadja Gromowa, die weinte, weil man sie nicht ins Krankenhaus aufnahm.

»Der diensthabende Arzt nimmt mich nicht, weil er denkt, dass ich ... aber ich, Ehrenwort, niemals, niemals. Schauen Sie doch meine Hände an – sehen Sie, was für lange Nägel – kann man denn ...?«

Und der empörte alte Sanitäter Rakita spuckte entrüstet aus: »Ah, das Aas, das Aas.«

Aber Nadja Gromowa weinte und konnte nicht verstehen, warum sie niemand verstehen will – sie war ja in Lagern aufgewachsen, unter Lesbierinnen.

Und der Installationsschlosser Chardshijew, jung, rotwangig, zwanzigjährig, ehemaliger Wlassow-Anhänger, der in Paris wegen Diebstahls im Gefängnis gesessen hat. Im Pariser Gefängnis wurde Chardshijew von einem Neger vergewaltigt. Der Neger hatte Syphilis – eben jene akute Sorte des letzten Krieges –, Chardshijew hatte im After Kondylome, syphilitische Wucherungen, den berüchtigten »Blumenkohl«. Aus dem Bergwerk schickte man ihn ins Krankenhaus mit der Diagnose »prolapsus recti« – das heißt »Ausfall des Mastdarms«. Über solche Dinge wunderte man sich im Krankenhaus längst nicht mehr – einen aus dem fahrenden Auto geworfenen Zuträger, der einen mehrfachen Ober- und Unterschenkelbruch erlitt, wies der örtliche Feldscher mit der Diagnose »prolapsus aus dem Fahrzeug« ein. Der Schlosser Chardshijew war ein sehr guter Schlosser, der Mann, den das Krankenhaus brauchte. Es war praktisch, dass er Syphilis hatte – eine ganze Kur machte man mit ihm, während er vollkommen kostenlos an der Montage der Dampfheizung arbeitete und als Kranker geführt wurde.

Im Untersuchungsgefängnis, in der Butyrka, wurde über Frauen fast nicht gesprochen. Dort war jeder darauf aus, sich als guter Familienvater vorzustellen – und vielleicht stimmte das auch, und einige Ehefrauen, die nicht Parteimitglied waren, kamen zur Besuchszeit und brachten Geld und bewiesen die Berechtigung von Herzens Einschätzung der Frauen der russischen Gesellschaft nach dem 14. Dezember, die er im ersten Band von »Erlebtes und Gedachtes«* gibt.

Hat mit Liebe die Schändung einer Hündin durch einen Ganoven zu tun, mit der der Ganove vor den Augen des gesamten Lagers lebte wie mit einer Frau? Und die verdorbene Hündin wedelte mit dem Schwanz und benahm sich vor jedem Menschen wie eine Prostituierte. Dafür kam man aus irgendeinem Grund nicht vor Gericht, obwohl es ja im Strafgesetzbuch einen Artikel über »Sodomie« gab. Aber viele kamen im Lager für vieles nicht vor Gericht. Nicht vor Gericht kam Doktor Penelopow, ein alter Päderast, dessen Frau der Feldscher Wolodarskij war.

Hat mit dem Thema Liebe das Schicksal einer kleinen Frau zu tun, die niemals inhaftiert war und vor einigen Jahren mit ihrem Mann und zwei Kindern hergekommen war? Ihr Mann wurde totgeschlagen – er war Vorarbeiter und stieß nachts im Dunkeln auf dem Eis an einen eisernen Schrapper, den die Kreiswinde zog, und der Schrapper schlug ihren Mann ins Gesicht, man brachte ihn noch lebend ins Krankenhaus. Der Schlag traf ihn mit voller Wucht ins Gesicht. Sämtliche Gesichts- und Schädelknochen unterhalb der Stirn waren nach hinten verschoben, aber er war noch am Leben, lebte ein paar Tage. Seine Frau blieb mit zwei kleinen Kindern zurück, vier und sechs Jahre, ein Junge und ein Mädchen. Sie heiratete bald wieder, den Förster, und lebte mit ihm drei Jahre in der Tajga, ohne sich in den großen Siedlungen zu zeigen. In den drei Jahren brachte sie zwei weitere Kinder zur Welt, ein Mädchen und einen Jungen – sie entband sie selbst, der Mann reichte ihr mit zitternden Händen die Schere, sie selbst band die Nabelschnur ab und durchschnitt sie und rieb das Nabelschnurende mit Jod ein. Mit vier Kindern blieb sie ein weiteres Jahr in der Tajga, ihr Mann erkältete sich das Ohr, fuhr nicht ins Krankenhaus, er bekam eine eitrige Mittelohrentzündung, dann ging die Entzündung noch tiefer, das Fieber stieg, und er fuhr doch ins Krankenhaus. Er wurde sofort operiert, aber zu spät – er starb. Sie kehrte zurück in den Wald, ohne zu weinen – was helfen Tränen?

Gehört zum Thema das Entsetzen von Igor Wassiljewitsch Glebow, der den Vor- und Vatersnamen seiner eigenen Frau vergessen hatte? Der Frost war streng, die Sterne hoch und leuchtend. Nachts sind die Begleitposten menschlicher – bei Tag haben sie Angst vor der Leitung. Nachts ließen sie uns der Reihe nach zum Wärmen an den Boiler – der Boiler ist der Kessel, in dem Wasser zu Dampf erhitzt wird. Vom Kessel führen Rohre mit heißem Wasser in die Gruben, und dort bohren die Bohrleute mithilfe des Dampfes Löcher ins Gestein – Bohrlöcher, und die Sprengmeister sprengen den Grund. Der Boiler steht in einer Bretterhütte, und dort ist es warm, wenn der Boiler geheizt wird. Boilerwart ist die meistgeneidete Stelle im Bergwerk, der Traum aller. Für diese Arbeit nimmt man auch Leute mit Artikel achtundfünfzig. Die Boilerwarte waren 1938 in allen Bergwerken Ingenieure, den Ganoven mochte die Leitung solche

»Technik« lieber nicht anvertrauen, aus Angst vor dem Kartenspiel oder etwas anderem.

Aber Igor Wassiljewitsch Glebow war nicht Boilerwart. Er war Hauer aus unserer Brigade, und bis zum Jahr siebenunddreißig war er Professor für Philosophie an der Leningrader Universität. Frost, Kälte und Hunger hatten ihn dazu gebracht, den Namen seiner Frau zu vergessen. Im Frost kann man nicht denken. Man kann an nichts denken – der Frost nimmt die Gedanken. Darum errichtet man die Lager im Norden.

Igor Wassiljewitsch Glebow stand am Boiler und wärmte, Weste und Hemd mit den Händen hochgezogen, seinen nackten frierenden Bauch am Boiler. Wärmte sich und weinte, und die Tränen erstarrten nicht in den Wimpern und auf den Wangen, wie bei uns allen – im Boiler war es warm. Zwei Wochen später weckte mich Glebow nachts in der Baracke, er strahlte. Er erinnerte sich wieder: Anna Wassiljewna. Und ich schimpfte nicht und bemühte mich, wieder einzuschlafen. Glebow starb im Frühjahr achtunddreißig – er war zu groß, zu hochgewachsen für die Lagerration.

Bären kamen mir nur im Zoologischen Garten echt vor. In der Tajga an der Kolyma und noch früher in der Tajga des Nördlichen Urals war ich mehrmals Bären begegnet, jedes Mal am Tag, und jedes Mal kamen sie mir vor wie Spielzeugbären. Auch in jenem Frühjahr, als überall das vorjährige Gras stand, und noch kein einziges hellgrünes Gräschen hatte sich aufgerichtet, und hellgrün war nur das Krummholz, und noch braun die Lärchen mit den smaragdenen Fingernägeln, und der Duft der Nadeln – nur die junge Lärche und die blühende Heckenrose riechen überhaupt an der Kolyma.

Der Bär lief an der Hütte vorbei, in der unsere Soldaten, unsere Wache wohnte – Ismajlow, Kotschetow und noch ein dritter, an dessen Namen ich mich nicht erinnere. Dieser dritte kam im letzten Jahr oft in die Baracke der Häftlinge und holte sich von unserem Brigadier Mütze und Weste – er fuhr an die »Trasse«, um Preiselbeeren in Gläsern oder »im Ganzen« zu verkaufen, und in der Uniformmütze war es ihm peinlich. Die Soldaten waren friedlich, sie verstanden, dass man sich im Wald anders verhält als in der Siedlung. Die Soldaten waren nicht grob und zwangen niemanden zur Arbeit. Ismajlow war Ältester. Wenn er weggehen musste, versteckte er das schwere Gewehr unter dem Fußboden, drehte die schweren Lärchenblöcke mit der Axt um und rückte sie beiseite. Der andere, Kotschetow, hatte Angst, das Gewehr unter dem Fußboden zu verstecken, und schleppte es immer mit. An diesem Tag war nur Ismajlow zu Hause. Als ihm der Koch vom Erscheinen des Bären berichtete, zog Ismajlow die Stiefel an, griff sich das Gewehr und rannte in Unterwäsche hinaus – aber der Bär war schon in der Tajga verschwunden. Ismajlow und der Koch liefen ihm nach, aber der Bär war nirgends zu sehen, der Sumpf war morastig, und sie kehrten in die Siedlung zurück. Die Siedlung lag am Ufer einer kleinen Bergquelle, doch das andere Ufer war ein beinahe lotrechter Berg, spärlich mit Lärchen und Krummholzbüschen bedeckt.

Der Berg war ganz zu sehen – von oben bis unten, bis ans Wasser – und schien sehr nah. Auf einer kleinen Lichtung standen Bären, der eine größer, der andere kleiner – eine Bärin. Sie balgten sich, brachen Lärchen ab, bewarfen einander mit Steinen, ohne Eile, ohne die Menschen unten und die Blockhütten unserer Siedlung zu bemerken, insgesamt auch nur fünf zusammen mit dem Pferdestall.

Ismajlow in Nesselwäsche mit Gewehr, hinter ihm die Bewohner der Siedlung, jeder mit einer Axt oder einem Stück Eisen und der Koch mit einem riesigen Küchenmesser in der

Hand, näherten sich den spielenden Bären von der Windseite. Es schien, als seien sie nahe herangekommen, und der Koch, das riesige Messer über dem Kopf des Begleitpostens Ismajlow schüttelnd, röchelte: »Schieß! Schieß!«

Ismajlow stützte das Gewehr auf eine umgefallene faule Lärche, und die Bären hörten etwas, oder ein Vorgefühl des Jägers, des Wildes, ein Vorgefühl, das zweifellos existiert, warnte die Bären vor der Gefahr.

Die Bärin stürzte hangaufwärts – sie lief schneller hoch als ein Hase, und das alte Männchen floh nicht, nein – es lief den Berg entlang, ohne Eile, den Schritt beschleunigend, nahm alle Gefahr auf sich, die das Tier natürlich ahnte. Ein Gewehrschuss knallte, und in diesem Moment verschwand die Bärin hinter dem Bergkamm. Der Bär lief schneller, lief durch den Windbruch, durch das Grün, das bemooste Gestein, aber hier schaffte es Ismajlow, noch einmal zu schießen – und der Bär rollte den Berg hinab wie ein Baumstamm, wie ein riesiger Stein, rollte direkt in die Schlucht auf das dicke Eis des Baches, das erst von August an taut. Auf dem blendenden Eis lag der Bär reglos, auf der Seite, und sah aus wie ein riesiges Kinderspielzeug. Er starb wie ein Tier, wie ein Gentleman.

Viele Jahre zuvor lief ich mit einem Erkundungstrupp mit der Axt über einen Bärenpfad. Hinter mir ging der Geologe Machmutow mit dem Kleinkalibergewehr über der Schulter. Der Pfad umging einen riesigen, hohlen, halbverfaulten Baum, und ich schlug im Gehen mit dem Axtrücken an den Baum, und aus einem Astloch fiel ein Wiesel auf das Gras. Das Wiesel war der Niederkunft nahe und bewegte sich mühsam über den Pfad, ohne zu versuchen zu fliehen. Machmutow nahm das Kleinkalibergewehr herunter und schoss aus nächster Nähe auf das Wiesel. Umbringen hatte er es nicht können, er riss ihm nur ein Bein ab, und das winzige blutüberströmte Tierchen, die sterbende schwangere Mutter kroch stumm auf Machmutow zu und biss in seine Kunstlederstiefel. Seine funkelnden Augen waren furchtlos und böse. Und der Geologe erschrak und floh auf dem Pfad vor dem Wiesel. Und ich denke, er kann zu seinem Gott beten, dass ich ihn nicht gleich auf dem Bärenpfad totgeschlagen habe. In meinen Augen war etwas, weswegen mich Machmutow auf seine nächste geologische Expedition nicht mitnahm ...

Was wissen wir von fremdem Leid? Nichts. Von fremdem Glück? Noch weniger. Wir versuchen ja auch, das eigene Leid zu vergessen, und das Gedächtnis ist verlässlich schlecht bei Leid und Unglück. Die Fähigkeit zu leben ist die Fähigkeit zu vergessen, und niemand weiß das so genau, wie die Kolymabewohner, wie die Häftlinge.

Was ist Auschwitz? Literatur oder ... nach Auschwitz hatte ja Stefa die seltene Freude der Befreiung erlebt, und dann kam sie, unter Zehntausenden anderen, als Opfer der Spionomanie in etwas Schlimmeres als Auschwitz, sie kam an die Kolyma. Natürlich, an der Kolyma gab es keine »Kammern«, hier zog man es vor, durch Frost zu vertilgen, »so weit zu bringen« – das Ergebnis war das allerermutigendste.

Stefa war Sanitäterin in der Frauen-Tuberkuloseabteilung des Häftlingskrankenhauses – alle Sanitäterinnen waren Kranke. Jahrzehntelang hatte man gelogen, die Berge des Hohen Nordens seien etwas wie die Schweiz, und »Opas Glatze«* ähnele irgendwie Davos. In den Arztberichten der ersten Lagerjahre an der Kolyma wurde die Tuberkulose überhaupt nicht erwähnt oder extrem selten erwähnt.

Aber der Sumpf, die Feuchtigkeit und der Hunger taten das Ihre, die Laboranalysen bewiesen eine Zunahme von Tuberkulose, bestätigten die Sterblichkeit an Tuberkulose. Hier konnte man sich nicht (wie in Zukunft) darauf berufen, dass die Syphilis im Lager deutsch sei, aus Deutschland mitgebracht.

Tuberkulosekranke wurden jetzt ins Krankenhaus gelegt, von der Arbeit befreit, die Tuberkulose eroberte sich die »Bürgerrechte«. Um welchen Preis? Die Arbeit im Norden war schrecklicher als jede Krankheit – die Gesunden betrogen die Ärzte und ließen sich furchtlos in die Tuberkuloseabteilung aufnehmen. Sie nahmen den Auswurf, den »Rotz« von offenkundig Tuberkulosekranken, von sterbenden Kranken, wickelten diesen Auswurf sorgsam in einen Stofffetzen, steckten ihn ein wie einen Talisman, und wenn man die Analyse für das Labor machte – nahmen sie den fremden Auswurf »mit den segensreichen Stäbchen« in den Mund und spuckten in das vom Laboranten bereitgestellte Geschirr. Der Laborant war ein erfahrener und zuverlässiger Mann – was nach den damaligen Begriffen der Leitung wichtiger war als eine medizinische Ausbildung, er zwang den Kranken, den Auswurf in seinem Beisein auszuspucken. Jede Aufklärungsarbeit war umsonst – das Leben im Lager und die Arbeit in der Kälte waren schrecklicher als der Tod. Die Gesunden wurden schnell zu Kranken und nutzten schon auf gesetzlicher Grundlage den berüchtigten Liegetag.

Stefa war Sanitäterin und wusch, und Berge von schmutziger Nesselwäsche und der ätzende Geruch nach Seife, nach Lauge, nach menschlichem Schweiß und dem stinkenden warmen Dampf umgaben ihren »Arbeitsplatz« …

<1963>

490

# Attische Nächte*

Als ich den Feldscherlehrgang beendet hatte und anfing, im Krankenhaus zu arbeiten, war die wichtigste Frage des Lagers – leben oder nicht leben* – gelöst, und es war klar, dass nur ein Schuss oder ein Axthieb, oder das auf meinen Kopf stürzende Weltall mich daran hindern werden, bis an die Grenze zu leben, die der Himmel mir gesteckt hat.

All das spürte ich mit meinem ganzen Lagerkörper, ohne jede Beteiligung von Gedanken. Vielmehr tauchte ein Gedanke auf, aber ohne logische Vorbereitung, als Erleuchtung, die die rein physischen Prozesse krönt. Diese Prozesse begannen in meinen ausgemergelten, gequälten Skorbutwunden – ein Dutzend Jahre vernarbten diese Wunden nicht am Lagerkörper, am menschlichen Gewebe, das eine Zerreißprobe durchgemacht und sich, zu meinem größten Erstaunen, einen kolossalen Kräftevorrat bewahrt hatte.

Ich stellte fest, dass sich die Formel des Thomas Morus mit neuem Inhalt füllte. Thomas Morus hatte in »Utopia*« die vier Grundbedürfnisse des Menschen, deren Befriedigung nach Morus höchste Seligkeit bringt, so bestimmt: An die erste Stelle setzte Morus den Hunger – die Befriedigung von der verzehrten Nahrung; das zweitstärkste Bedürfnis ist das geschlechtliche; das dritte die Harnentleerung, das vierte die Defäkation.

Eben diese vier wichtigsten Befriedigungen waren uns im Lager genommen. Die Chefs hielten die Liebe für ein Bedürfnis, das man austreiben, fesseln, entstellen kann ... »Du wirst dein Leben lang keine lebendige V... sehen« – das war der Standardwitz der Lagerchefs.

Die Liebe bekämpfte die Lagerleitung mit Rundschreiben, sie hielt sich an das Gesetz. Die alimentäre Dystrophie war ein beständiger Bündnispartner, ein starker Bündnispartner der Macht im Kampf mit der menschlichen Libido. Aber auch die drei anderen Bedürfnisse erfuhren unter den Schlägen des Schicksals in Gestalt der Lagerleitung dieselben Veränderungen, dieselben Verzerrungen, dieselben Verwandlungen.

Der Hunger ließ nie nach, und nichts kann sich mit dem Gefühl des Hungers, des nagenden Hungers vergleichen – dem Dauerzustand des Lagerhäftlings, wenn er zu den Achtundfünfzigern, zu den *dochodjagi* zählt. Der Hunger der *dochodjagi* ist noch nicht besungen. Das Näpfe-Sammeln in der Kantine, das Auslecken fremden Geschirrs, Brotkrümel, die in die Hand geschüttet und aufgeleckt werden, bewegen sich nur in einer qualitativen Reaktion zum Magen. Einen solchen Hunger zu befriedigen ist nicht leicht, es ist auch unmöglich. Viele Jahre werden vergehen, bis der Häftling sich die dauernde Bereitschaft zu essen abgewöhnt. So viel er auch isst – eine halbe Stunde später möchte er wieder essen.

Die Harnentleerung? Harnträufeln ist eine Massenkrankheit im Lager, wo gehungert und auf Grund gelaufen wird. Was ist das schon für eine Befriedigung von solcher Harnentleerung, wenn dir von der oberen Pritsche fremder Harn aufs Gesicht läuft – aber du erträgst es. Du liegst selbst zufällig auf der unteren Pritsche, du könntest ebenso oben liegen und würdest auf den urinieren, der unten liegt. Darum schimpfst du nicht ernsthaft, wischt dir einfach den Urin vom Gesicht und schläfst weiter den schweren Schlaf mit einem einzigen Traum – Brotlaibe, die wie die Engel im Himmel im Flug dahinschweben.

Die Defäkation. Der Stuhlgang der *dochodjagi* ist keine einfache Aufgabe. Die Hosen bei fünfzig Grad Frost zuzuknöpfen übersteigt die Kräfte, und der *dochodjaga* hat auch Stuhl nur einmal in fünf Tagen und widerlegt die Lehrbücher der Physiologie, selbst der Pathophysiologie. Ein Ausstoßen trockener Kotkügelchen – der Organismus hat alles herausgepresst, was das Leben bewahren kann.

Befriedigung, ein angenehmes Gefühl hat kein einziger *dochodjaga* bei der Defäkation. Wie auch bei der Harnentleerung – der Organismus funktioniert unwillkürlich, und der *dochodjaga* muss sich beeilen, die Hosen herunterzulassen. Der listige Häftling, ein halbes Tier, nutzt die Defäkation als Erholung, als Atempause auf dem Kreuzweg der Goldmine. Die einzige Häftlingslist im Kampf mit der Macht des Staats – mit einer millionenköpfigen Armee von Soldaten und Begleitposten, mit gesellschaftlichen Organisationen und staatlichen Einrichtungen. Durch den Instinkt seines Hinterns leistet der *dochodjaga* Widerstand gegen diese große Gewalt.

Der *dochodjaga* hofft nicht auf die Zukunft – in allen Memoiren, in allen Romanen wird der *dochodjaga* ausgelacht als Faulenzer, der den Kameraden im Weg ist, als Verräter der Brigade, der Mine, des Goldplans des Bergwerks. Ein Schriftsteller und Geschäftemacher* wird kommen und den *dochodjaga* in komischem Licht darstellen. Er hat solche Versuche schon gemacht, dieser Schriftsteller, er findet, dass es keine Sünde ist, über das Lager auch zu lachen. Alles sozusagen zu seiner Zeit. Einem Scherz ist der Weg ins Lager nicht verschlossen.

Mir aber erscheinen solche Worte als frevelhaft. Ich finde, einen »Auschwitz«-Rumba oder »Serpantinnaja«-Blues ver-

fassen oder tanzen kann nur ein Schuft oder ein Geschäftemacher, was oft ein und dasselbe ist.

Das Lagerthema kann nicht Thema einer Komödie sein.
Unser Schicksal ist nicht Gegenstand der humoristischen Literatur – weder morgen noch in tausend Jahren.

Niemals wird man mit einem Lächeln zu den Öfen von
Dachau, an die Schluchten von Serpantinnaja gehen dürfen.

Die Versuche, sich auszuruhen und, die Hosen aufgeknöpft, eine Sekunde, einen Augenblick, eine halbe Sekunde
in der Hocke zu verharren und sich von der Qual der Arbeit
abzulenken, verdienen Respekt. Doch diesen Versuch machen nur Neulinge – anschließend ist es ja noch schwerer,
noch schmerzhafter, den Rücken aufzurichten. Aber der
Neuling nutzt manchmal diese illegale Art der Erholung,
stiehlt dem Staat Minuten des Arbeitstags.

Und dann schreitet der Begleitposten mit dem Gewehr in
der Hand zur Entlarvung des gefährlichen verbrecherischen
Simulanten. Im Frühjahr 1938 in der Goldmine des Bergwerks »Partisan« war ich selbst Zeuge, wie ein Begleitposten, mit dem Gewehr fuchtelnd, von meinem Kameraden
verlangte:

»Zeig deine Scheiße! Du setzt dich das dritte Mal hin.
Wo ist die Scheiße?«, und er beschuldigte den halbtoten *dochodjaga* der Simulation.

Scheiße fand man keine.

Den *dochodjaga* Serjosha Kliwanskij, meinen Kameraden
aus der Universität, die zweite Geige im Stanislawskij-Theater*, beschuldigte man vor meinen Augen der Sabotage, der
illegalen Erholung während des Stuhlgangs bei sechzig Grad
Frost – beschuldigte ihn der Störung der Arbeit der Gruppe,
der Brigade, des Abschnitts, des Bergwerks, der Region, des
Staates: wie im bekannten Lied von dem Huf, an dem ein
Nagel fehlt. Beschuldigt wurde Serjosha nicht nur von Be-

gleitposten, Aufsehern und Brigadieren, sondern auch von seinen Kameraden bei der Arbeit, der heilsamen, alle Vergehen sühnenden Arbeit.

Scheiße war in Serjoshas Darm tatsächlich nicht vorhanden; der Drang, sich »hinzusetzen« jedoch war da. Aber man musste Mediziner sein, und auch nicht von der Kolyma, sondern aus einer der Hauptstädte, vom Festland, von vor der Revolution, um all das zu verstehen und anderen zu erklären. Hier aber wartete Serjosha darauf, dass man ihn aus dem einfachen Grund erschießt, dass in seinem Darm keine Scheiße war.

Doch Serjosha wurde nicht erschossen.

Er wurde später erschossen, wenig später – an der Serpantinka während Garanins Massenaktionen.

Mein Disput mit Thomas Morus hat sich hingezogen, doch er kommt zum Ende. All diese vier Bedürfnisse, die zertreten, zerbrochen, zermalmt waren – ihre Vernichtung war noch nicht das Ende des Lebens –, sie alle erstanden doch wieder auf. Nach dem Wiedererstehen – dem wenn auch entstellten, hässlichen Wiedererstehen jedes dieser vier Bedürfnisse – saß der Lagerinsasse über dem »Auge« und nahm mit Interesse wahr, wie etwas Weiches durch seinen wunden Darm kriecht, nicht schmerzhaft, sondern zärtlich und warm, und dem Kot schien es leid zu tun, sich vom Darm zu trennen. Wie er in die Grube fällt mit Gespritze und Geplätscher – in der Assanierungsgrube schwimmt der Kot lange obenauf und weiß nicht wohin: Das ist ein Anfang, ein Wunder. Schon kannst du sogar stoßweise urinieren, die Harnentleerung auf eigenen Wunsch unterbrechen. Und auch das ist ein kleines Wunder.

Schon begegnest du den Augen von Frauen mit einem vagen und unirdischen Interesse – nicht mit Aufregung, nein, und ohne übrigens zu wissen, was dir für sie geblieben ist und ob der Prozess der Impotenz, man müsste richtiger sagen – der Kastration, umkehrbar ist. Impotenz bei Männern, Amenorrhoe bei Frauen ist die regelmäßige unausbleibliche Folge der alimentären Dystrophie oder einfach des Hungers. Das ist das Messer, das das Schicksal jedem Häftling in den Rücken rammt. Zur Kastration kommt es nicht duch die lange Enthaltsamkeit im Gefängnis und Lager, sondern aus anderen Gründen, direkteren und handfesteren. Die Lagerration ist des Rätsels Lösung, trotz aller Formeln des Thomas Morus.

Wichtiger ist es, den Hunger zu besiegen. Und all deine Organe spannen sich an, um nicht zu viel zu essen. Du bist hungrig auf viele Jahre. Mühsam zerreißt du den Tag in Frühstück, Mittagessen und Abendessen. Alles andere existiert nicht in deinem Hirn, in deinem Leben, jahrelang. Für dich gibt es kein leckeres Mittagessen, kein reichliches Mittagessen, kein ordentliches Mittagessen – du möchtest immerzu essen.

Doch es kommt die Stunde und der Tag, an dem du durch eine Willensanstrengung den Gedanken ans Essen, an Nahrung, daran, ob es Grütze gibt zum Abendessen oder ob man sie für das Frühstück am nächsten Tag übriglässt, von dir abwirfst. Kartoffeln gibt es nicht an der Kolyma. Darum ist die Kartoffel von der Speisekarte meiner gastronomischen Träumereien ausgeschlossen, prinzipiell ausgeschlossen, denn dann wären die Träume keine Träume mehr – sie wären allzu irreal. Die gastronomischen Träume der Kolymabewohner handeln vom Brot, nicht von Törtchen, von Grieß-, Buchweizen-, Hafer-, Graupen-, Magar- und Hirsegrütze, aber nicht von Kartoffeln.

Ich habe fünfzehn Jahre keine Kartoffel im Mund gehabt, und als ich sie, schon in Freiheit, auf dem Großen Land, in Turkmen im Gebiet Kalinin kostete – erschien mir die Kartoffel als Gift, als unbekanntes gefährliches Gericht, wie einer Katze, der man etwas Lebensbedrohliches ins Maul schieben will. Bestimmt ein Jahr verging, ehe ich mich wieder an die Kartoffel gewöhnt hatte. Aber nur gewöhnt – genießen kann ich Kartoffelbeilagen bis heute nicht. Ich habe mich noch einmal davon überzeugt, dass die Empfehlungen der Lagermedizin, die »Austauschtabellen« und »Ernährungsnormen« auf zutiefst wissenschaftlichen Grundlagen fußen.

Man denke, die Kartoffel! Hoch sollen sie leben, die Vor-Kolumbus-Zeiten! Der menschliche Organismus kommt ohne Kartoffeln aus.

Akuter als der Gedanke ans Essen, an die Nahrung ist ein neues Bedürfnis, ein neues Verlangen, das von Thomas Morus ganz vergessen wurde in seiner groben Klassifizierung der vier Bedürfnisse.

Das fünfte Bedürfnis ist das Verlangen nach Gedichten.

Jeder gebildetere Feldscher, Arbeitskollege in der Hölle, hat ein Notizbuch, in das er mit zufälliger verschiedenfarbiger Tinte fremde Gedichte schreibt – nicht Zitate von Hegel oder aus dem Evangelium, sondern eben Gedichte. Hier zeigt sich, welches Verlangen hinter dem Hunger steht, hinter dem geschlechtlichen Bedürfnis, der Defäkation und der Harnentleerung.

Das Verlangen nach Gedichten wurde von Thomas Morus nicht berücksichtigt.

Und Gedichte findet man bei allen.

Dobrowolskij* zieht unter dem Hemd ein dickes schmutziges Notizbuch hervor, aus dem göttliche Klänge ertönen. Der ehemalige Drehbuchautor Dobrowolskij arbeitete als Feldscher im Krankenhaus.

Portugalow, der Leiter der Kulturbrigade des Krankenhauses, verblüfft mit Proben seines wunderbar funktionierenden Schauspielergedächtnisses, das schon ein wenig geschmiert ist vom Öl der Kulturarbeit. Portugalow liest nichts ab – alles aus dem Gedächtnis.

Ich strenge mein Hirn an, das früher den Gedichten so viel Zeit gewidmet hat, und sehe zu meinem eigenen Erstaunen, wie in meiner Kehle unwillkürlich von mir längst vergessene Worte auftauchen. Die Erinnerung kommt, nicht an die eigenen Gedichte, sondern an Gedichte meiner Lieblingsdichter – Tjuttschew*, Baratynskij*, Puschkin, Annenskij* – in meiner Kehle.

Wir sind zu dritt im Verbandsraum der Chirugie, in der ich als Feldscher arbeite und Wachdienst habe.

Der diensthabende Feldscher der Augenabteilung, Dobrowolskij, und Portugalow, Schauspieler aus der Kulturabteilung. Es ist mein Raum und auch meine Verantwortung für diesen Abend. Doch an die Verantwortung denkt keiner – alles wird eigenmächtig getan. Getreu meiner alten, sogar ständigen Gewohnheit – zuerst tun und dann nach Erlaubnis fragen – habe ich dieses Lesen angefangen in unserem Verbandsraum in der septischen Chirurgie.

Die Stunde des Gedichtelesens. Eine Stunde der Rückkehr in eine Zauberwelt. Wir sind alle bewegt. Ich habe Dobrowolskij sogar Bunins »Kain«* diktiert. Das Gedicht war mir zufällig im Gedächtnis geblieben – Bunin ist kein großer Dichter, aber für die mündliche Anthologie, die an der Kolyma entstand, klang es ganz vortrefflich.

Diese Poesienächte begannen um neun Uhr abends nach der Kontrolle im Krankenhaus und endeten um elf, zwölf Uhr nachts. Dobrowolskij und ich hatten Dienst, Portugalow durfte später kommen. Solche Poesienächte, die später im Krankenhaus den Namen Attische Nächte bekamen, veranstalteten wir mehrmals.

Gleich stellte sich heraus, dass wir alle Verehrer der russischen Lyrik vom Anfang des zwanzigsten Jahrhunderts sind.

Mein Beitrag: Blok, Pasternak, Annenskij, Chlebni-kow, Sewerjanin, Kamenskij, Belyj, Jessenin, Tichonow, Chodassewitsch, Bunin\*. Von den Klassikern: Tjuttschew, Baratynskij, Puschkin, Lermontow, Nekrassow und Aleksej Tolstoj\*.

Portugalows Beitrag: Gumiljow, Mandelstam, Achma-towa, Zwetajewa, Tichonow, Selwinskij\*. Von den Klassi-kern – Lermontow und Grigorjew\*, den Dobrowolskij und ich eher vom Hörensagen kannten, erst an der Kolyma lern-ten wir den Wert seiner erstaunlichen Gedichte ermessen.

Der Beitrag Dobrowolskijs: Marschak\* mit Übersetzun-gen von Burns und Shakespeare, Majakowskij, Achmatowa, Pasternak – bis zu den letzten Neuheiten des damaligen »Samisdat«\*. »An Liletschka anstelle eines Briefs«\* wurde gerade von Dobrowolskij gelesen, und auch »Der Winter naht«\* prägten wir uns damals ein. Die erste Taschkenter Variante des künftigen »Poems ohne Held«\* las ebenfalls Dobrowolskij. Pyrjew und Ladynina\* hatten dem ehemali-gen Drehbuchautor der »Traktoristen«\* auch dieses Poem geschickt.

Wir alle verstanden, dass ein Gedicht ein Gedicht ist und kein Gedicht – kein Gedicht, dass in der Poesie die Bekannt-heit nichts entscheidet. Jeder von uns hatte seine Rechnung die Poesie betreffend, ich würde sie Hamburger Rechnung\* nennen, wenn dieser Terminus nicht so abgegriffen wäre. Wir beschlossen einträchtig, die Zeit unserer Poesienächte nicht mit der Aufnahme solcher Namen wie Bagrizkij, Lugowskoj und Swetlow\* in unsere mündliche Gedicht-Anthologie zu verausgaben, obwohl Portugalow gemeinsam mit einem von ihnen in einer literarischen Gruppe war. Un-sere Liste hatte sich längst geläutert. Unsere Abstimmung war die allergeheimste gewesen – denn für ein und diesel-ben Namen hatten wir vor vielen Jahren gestimmt, jeder für sich, an der Kolyma. Die Auswahl deckte sich in den Namen, den Gedichten, den Strophen und sogar einzelnen Versen, die jeder besonders hervorhob. Das lyrische Erbe des neunzehnten Jahrhunderts befriedigte uns nicht, erschien uns unzureichend. Jeder las, was ihm wieder eingefallen war und er während der Pause zwischen diesen Gedichtnächten aufgeschrieben hatte. Wir waren noch nicht zum Lesen der eigenen Gedichte gekommen – es war klar, alle drei schreiben oder schrieben Gedichte –, als unsere Attischen Nächte auf unerwartete Weise unterbrochen wurden.

In der Chirurgie lagen mehr als zweihundert kranke Häftlinge, und das ganze Krankenhaus hatte tausend Häftlingsbetten. Ein Teil des T-förmigen Gebäudes sollte für kranke Vertragsarbeiter genutzt werden. Das war eine vernünftige und nützliche Maßnahme. Die Ärzte, die selbst Häftlinge waren – unter ihnen nicht wenige Leuchten der Medizin im Unionsmaßstab –, erhielten offiziell das Recht, Vertragsarbeiter zu behandeln, als Konsultanten, die immer bei der Hand waren, zu jeder Tages-, Jahres- und Dekadenzeit ...

In dem Winter unserer Poesieabende gab es die Abteilung für Vertragsarbeiter noch nicht. Nur in der Chirurgie des Häftlingskrankenhauses war ein Krankensaal mit zwei Betten – für Vertragsarbeiter bei dringender Hospitalisierung, bei einer Verletzung, zum Beispiel einem Autounfall. Das Zimmer stand nicht leer. Dieses Mal lag in dem Zimmer eine junge Frau, etwa dreiundzwanzig, eine in den Hohen Norden angeworbene Moskauer Komsomolzin. Rundum lagen ausschließlich Kriminelle, aber die junge Frau bestürzte das nicht – sie war Komsomol-Sekretärin in einem der Nachbar-Bergwerke. An die Kriminellen dachte die junge Frau nicht, sie verhielt sich unbefangen, wahrscheinlich aus mangelnder Vertrautheit mit den Besonderheiten der Kolyma. Die junge Frau kam um vor Langeweile. Die Krankheit, derentwegen sie eilig eingewiesen worden war, hatte sie nicht. Aber die Medizin ist die Medizin, die junge Frau musste die vorgesehene Quarantäne abliegen, um über die Krankenhausschwelle zu treten und im Abgrund des Frosts zu verschwinden. Sie hatte bedeutende Beziehungen in der Magadaner Verwaltung selbst. Darum war sie auch eingewiesen worden in das Lagerkrankenhaus für Männer.

Die junge Frau fragte mich, ob sie bei einem Poesieabend zuhören dürfte. Ich erlaubte es. Sobald das nächste Lesen begann, kam sie in den Verbandsraum der septischen Abteilung und blieb bis zum Ende der Lesung. Zum folgenden Poesieabend war sie ebenfalls da. Diese Abende fanden zu meiner Dienstzeit statt – jeden dritten Tag. Ein weiterer Abend war vergangen, und als der dritte Abend begann, wurde die Tür des Verbandsraums aufgerissen, und über die Schwelle schritt der Krankenhauschef Doktor Doktor selbst.

Doktor Doktor hasste mich. Dass man ihm unsere Abende anzeigt, hatte ich nicht bezweifelt. Die Chefs an der Kolyma gehen gewöhnlich so vor: Gibt es ein »Signal«, dann ergreifen sie Maßnahmen. »Signal« wurde hier als Terminus der Information noch vor der Geburt Norbert Wieners* geprägt, wurde im Bereich von Gefängnis und Untersuchung immer im Sinne der Information benutzt. Gibt es jedoch kein »Signal«, das heißt keinen Antrag – ein mündliches, aber förmliches »Pfeifen« oder einen Befehl der obersten Leitung, die das »Signal« rascher aufgefangen hat: Vom Berg herab sieht man nicht nur besser, man hört auch besser. Aus eigener Initiative schreitet selten ein Chef zur offiziellen Untersuchung eines neuen Phänomens im Leben des ihm anvertrauten Lagers.

Doktor Doktor war anders. Er hielt die Verfolgung aller »Volksfeinde« in jeder Form, aus jedem Anlass, unter allen Umständen und bei jeder Gegenheit für seine Berufung, seine Pflicht, seinen moralischen Imperativ.

In der vollen Überzeugung, etwas Wichtiges ausheben zu können, stürzte er in den Verbandsraum, ohne auch nur einen Kittel überzuziehen, obwohl ihm der diensthabende Feldscher der Inneren, ein ehemaliger rumänischer Offizier und Liebling von König Mihai, der rotgesichtige Pomane, den Kittel in den ausgestreckten Händen hinterhertrug. Doktor Doktor kam in den Verbandsraum in einer Lederjacke vom Schnitt von Stalins Uniformrock, selbst Doktor Doktors Puschkinscher blonder Backenbart – Doktor Doktor war stolz auf seine Ähnlichkeit mit Puschkin – sträubte sich vor Jagdfieber.

»A-a-a«, sagte der Krankenhauschef gedehnt, er ließ die Augen von einem Lesungsteilnehmer zum anderen gleiten und hielt bei mir an, »gerade dich brauche ich!«

Ich stand auf, Hände an die Hosennaht, und meldete, wie es sich gehört.

»Und woher kommst du?«, Doktor Doktor zeigte mit dem Finger auf die junge Frau, die in der Ecke saß und nicht aufgestanden war beim Erscheinen des wütenden Chefs.

»Ich liege hier«, sagte die junge Frau trocken, »und bitte, mich nicht zu duzen.«

»Was heißt, liegt hier?«

Der Kommandant, der gemeinsam mit dem Chef gekommen war, erklärte Doktor Doktor den Status der kranken jungen Frau.

»Gut«, sagte Doktor Doktor drohend, »ich kläre das. Wir unterhalten uns noch!« Und verließ den Verbandsraum. Portugalow und Dobrowolskij waren längst aus dem Verbandsraum hinausgeschlüpft.

»Was wird jetzt passieren?«, sagte die junge Frau, aber in ihrem Ton spürte man keinen Schreck, sondern nur Interesse an der juristischen Natur der aufziehenden Ereignisse. Interesse, aber keine Furcht oder Angst um das eigene oder ein fremdes Schicksal.

»Mir«, sagte ich, »wird, denke ich, nichts passieren. Und Sie könnte man aus dem Krankenhaus entlassen.«

»Na, wenn er mich entlässt«, sagte die junge Frau, »dann verspreche ich diesem Doktor Doktor ein gutes Leben. Soll er sich nur mucksen, ich mache ihn mit der ganzen obersten Leitung bekannt, die es an der Kolyma gibt.«

Aber Doktor Doktor hielt den Mund. Sie wurde nicht entlassen. Doktor hatte sich mit ihren Möglichkeiten bekannt gemacht und beschlossen, das Ereignis zu übergehen. Die junge Frau blieb die für die Quarantäne vorgesehene Zeit und fuhr ab, verschwand im Nichts.

Mich ließ der Krankenhauschef auch nicht verhaften, nicht in den Karzer setzen, nicht in den Strafisolator schicken, nicht zu den allgemeinen Arbeiten versetzen. Aber beim nächsten Rechenschaftsvortrag auf der Vollversammlung der Mitarbeiter des Krankenhauses, im überfüllten Kinosaal mit sechshundert Plätzen, berichtete der Chef eingehend von jenen Schandtaten, die er, der Chef, in der Chirurgie bei der Visite mit eigenen Augen gesehen hat, als der Feldscher Soundso im Operationssaal saß und mit einer dort erschienenen Frau aus einer gemeinsamen Schüssel Preiselbeeren aß. Hier, im Operationssaal ...

»Nicht im Operationssaal, sondern im Verbandsraum der septischen Abteilung.«

»Na, ganz egal!«

»Überhaupt nicht egal!«

Doktor Doktor blinzelte. Die Stimme gehörte Rubanzew, dem neuen Leiter der Chirurgischen Abteilung – einem Frontchirurgen aus dem Krieg. Doktor Doktor überging den Kritikaster und setzte seine Invektiven fort. Die Frau wurde nicht beim Namen genannt. Doktor Doktor, der mit allen Machtbefugnissen ausgestattete Herr unserer Seelen, Herzen und Körper, verschwieg aus irgendeinem Grund den

Namen der Heldin. In allen ähnlichen Fällen werden in Vorträgen und Ordern alle möglichen und unmöglichen Einzelheiten ausgemalt.

»Und was ist dem Feldscher, dem *seka* für einen so offensichtlichen Verstoß, den auch noch der Chef persönlich festgestellt, passiert?«

»Gar nichts.«

»Und ihr?«

»Auch nichts.«

»Und wer ist sie?«

»Das weiß niemand.«

Irgendjemand hatte Doktor Doktor geraten, dieses Mal seine administrative Begeisterung zu zügeln.

Ein halbes Jahr oder ein Jahr nach diesen Ereignissen, als auch Doktor Doktor längst nicht mehr im Krankenhaus war – für seine Beflissenheit hatte man ihn irgendwohin vorwärts und nach oben versetzt –, fragte mich ein Feldscher, mein Mitschüler aus dem Lehrgang, als wir durch den Korridor der chirurgischen Abteilung liefen:

»Das ist doch der Verbandsraum, in dem eure Attischen Nächte stattfanden? Dort, sagt man, gab es ...«

»Ja«, sagte ich, »eben der.«

1973

# Reise nach Ola

An einem sonnigen Magadaner Tag, an einem klaren Sonntag sah ich mir das Spiel der örtlichen Mannschaften »Dynamo 3« und »Dynamo 4« an. Der Geist der Stalinschen Unifizierung prägte diese langweilige Einförmigkeit der Namen. Das Finale wie die Vorrunden bestritten sämtlich Mannschaften namens »Dynamo«, was übrigens auch zu erwarten war in der Stadt, in der wir uns befanden. Ich saß weit entfernt, auf den fernen oberen Plätzen, und wurde Opfer einer optischen Täuschung, mir war, als liefen die Spieler beider Mannschaften beim Vorbereiten der Tormanöver sehr langsam, und wenn es zum Angriff auf das Tor kam, beschrieb der Ball in der Luft eine so langsame Bahn, dass man den ganzen Tor-Akt mit einer Zeitlupenaufnahme im Fernsehen vergleichen konnte. Aber die Zeitlupenaufnahme im Fernsehen war noch nicht aufgekommen, noch nicht aufgekommen war auch der Fernseher selbst, sodass mein Vergleich ein in der Literaturwissenschaft gut bekannter Fehler war. Im Film, übrigens, gab es die Zeitlupenaufnahme schon zu meiner Zeit, sie kam vor mir in die Welt oder ist meine Altersgenossin. Mit der Zeitlupenaufnahme im Film hätte ich dieses Fußballspiel vergleichen können und merkte erst dann, dass es hier nicht um Filmaufnahmen geht, sondern dass das Fußballspiel einfach im Hohen Norden stattfindet, auf anderen Längen- und Breitengraden, dass die Bewegung der Spieler hier verlangsamt ist, wie ihr ganzes Leben verlangsamt ist. Ich weiß nicht, ob es unter den Teilnehmern Opfer der berühmten Stalinschen Repressalien gegen die Fußballer gab. Stalin mischte sich nicht nur in die Literatur und in die Musik ein, sondern auch in den Fußball. Die Mannschaft von ZSKA*, die beste Mannschaft des Landes, den Meister jener Jahre, hatte man 1952 nach der Niederlage bei der Olympiade auseinandergejagt. Und diese Mannschaft ist niemals wiedererstanden. Unter den Teilnehmern des Magadaner Spiels durften diese Spieler nicht sein. Doch dafür konnte das Quartett der Starostin-Brüder spielen – Nikolaj, Andrej, Aleksandr und Pjotr –, alles Spieler der nationalen Auswahlmannschaft. Zu meiner Zeit, der beschriebenen Zeit, wie sich die Historiker ausdrücken, saßen alle Starostin-Brüder im Gefängnis, der Spionage für Japan beschuldigt.

Manzew, der Vorsitzende des WSFK – des Obersten Sowjets für Körperkultur – war vernichtet, erschossen. Manzew kam aus den Reihen der alten Bolschewiki, der Aktivisten des Oktoberumsturzes. Das war auch der Grund für seine Vernichtung. Die Sinekure, die Manzew die letzten Monate innehatte, die ihn vom Tod trennten, konnte natürlich Stalins Rachedurst nicht dämpfen, nicht stillen.

In der Kreisabteilung von Magadan sagte man mir:

»Wir haben keinerlei Einwände gegen Ihre Abreise aufs Festland, aufs Große Land. Lassen Sie sich einstellen oder entlassen, fahren Sie ab – von uns wird es keinerlei Hemmnisse geben, und an uns muss man sich überhaupt nicht wenden.«

Das war ein alter Trick, ein Spiel, das ich aus meiner Kindheit kenne. Die Ausweglosigkeit, die Notwendigkeit, drei Mal am Tag zu essen, nötigten die ehemaligen Häftlinge, sich solche Belehrungen anzuhören. Ich gab meine ersten freien Dokumente, die mageren freien Dokumente bei der Kaderabteilung des Dalstroj ab, das Arbeitsbuch mit einem einzigen Eintrag und eine Kopie des Zeugnisses über den Abschluss des Feldscherlehrgangs, beglaubigt durch Zeugenaussagen zweier Ärzte, ehemaliger Dozenten. Zwei Tage später kam die Anforderung eines Feldschers nach Ola, einem Nationalrayon, in dem die Staatsmacht die Bevölkerung vor dem Strom der Häftlinge bewahrte – der millionenstarke Strom zog vorüber, über die Kolyma-Trasse in den Norden. Das Ufer – Arman, Ola, Siedlungen, in denen wenn nicht Kolumbus, dann Erik der Rote* Station gemacht hat, waren am Ochotskischen Ufer seit alten Zeiten bekannt. Es gab an der Kolyma auch die topographische Legende, der Fluss und das Land selbst seien nach – nicht mehr und nicht weniger – Kolumbus benannt, und der berühmte Seefahrer sei mehrmals selbst dort gewesen während seines Besuchs von England und Grönland. Das Ufer war gesetzlich geschützt. Dort durften nicht alle ehemaligen *seki* leben – Ganoven ließ man nicht in diese Region, weder ehemalige noch heutige, weder ausgestiegene noch aktive, aber ich als frischgebackener Freier hatte das Recht, die gesegneten Inseln zu besuchen. Dort gab es Fischfang – und also zu essen. Dort gab es Jagd – und wieder zu essen. Dort gab es landwirtschaftliche Betriebe – zu essen zum dritten. Dort gab es Hirschherden – zu essen zum vierten.

Diese Hirschherden – außerdem hatte Bersin zu Beginn der Tätigkeit von Dalstroj wohl noch Yaks hergebracht – machten dem Staat nicht geringe Sorgen. Sie erforderten gewaltige Zuwendungen. Unter den zahlreichen Kuriosa erinnere ich mich gut an jahrelange hoffnungslose Anstrengungen von Dalstroj, Schäferhunde zum Hirschehüten abzurichten. Die Schäferhunde, die in der gesamten Union mit dem größtem Erfolg Menschen bewachten, Lageretappen führten, in der Tajga nach Flüchtigen suchten – sie versagten völlig dabei, eine Hirschherde zu bewachen, und die örtliche Bevölkerung musste die Hirschherden mit ihren gewöhnlichen Polarhunden hüten. Dieses erstaunliche historische Faktum ist kaum jemandem bekannt. Was war da los? Ist im Hirn der Schäferhunde ein Programm für Menschen angelegt, aber nicht für Hirsche? Ist das so? Die Gruppenjagd beispielsweise der Wölfe in den Hirschherden enthält alle Elemente des Bewachens von Hirschen. Aber kein Schäferhund, nicht einer, konnte lernen, die Herde zu hüten. Weder ließen sich die erfahrenen umerziehen, noch aus den Welpen Hüter statt Jäger heranziehen. Der Versuch scheiterte, die Natur obsiegte ganz und gar.

Dorthin, in dieses Hirsch-, Fisch- und Beeren-Ola, hatte ich mir zu fahren gewünscht. Natürlich, dort waren die Sätze halb so hoch wie im Lager, bei Dalstroj, aber dafür wurden Faulenzer, Diebe und Trinker dort von Staats wegen bekämpft, sie wurden einfach aus dem Rayon nach Magadan verwiesen, auf den Boden von Dalstroj, wo andere Gesetze galten. Der Vorsitzende des Exekutivkomitees hatte das Recht zu einer solchen Ausweisung – ohne Verfahren und Untersuchung –, der Rückführung des Gerechten in die sündige Welt. Diese Anordnung betraf natürlich nicht die »Autochthonen«. Diese Ausweisung wurde auf unkompliziertem Weg vollzogen – nach Magadan waren es auf dem Seeweg hundert, durch die Tajga dreißig Kilometer. Ein Milizionär nahm den Sünder beim Arm und führte ihn ins Fegefeuer des Magadaner Durchgangslagers, wo auch für Freie das Transitlager war, der »Karpunkt«* – mit denselben Rechten wie für die Häftlinge. All das zog mich an, und ich akzeptierte den Reiseschein nach Ola.

Aber wie gelangt man nach Ola? Natürlich wird man mir Tagegelder zahlen von der Stunde an, seit mir der Reiseschein von der wohlriechenden Hand eines Leutnants, Inspektor der Kaderabteilung, aus dem Schalterfenster herausgereicht wurde, doch der Winter kommt hier schnell, ich wollte an meinen Arbeitsplatz gelangen – denn Neulinge lässt man nicht in Ola selbst. Ein Fahrzeug anhalten? Diese Entscheidung vertraute ich der Institution der öffentlichen Meinung an, nach der Methode von Gallup*, und befragte alle Nachbarn, die mit mir in der Kaderabteilung in der endlosen Schlange standen – 99,9% waren für das Boot. Ich entschied mich für das Boot, es fuhr in der Wesjolaja-Bucht ab. Hier hatte ich märchenhaftes, erstaunliches Glück. Ich traf auf der Straße Boris Lesnjak, der mir mit seiner Frau Sawojewa so viel geholfen hat in einem meiner Hungerjahre, der pharaonischen mageren Jahre.

Es gibt in der Wissenschaft vom Leben den bekannten Ausdruck »Glückssträhne«. Ein Glück kann klein sein oder groß. Ein Unglück, heißt es, kommt selten allein. Auch ein Pech kommt selten allein. Am nächsten Tag, als ich überlegte, wie ich auf das Boot komme, traf ich ebenfalls auf der Straße Jarozkij, den ehemaligen Hauptbuchhalter im Krankenhaus. Jarozkij arbeitete in der Wesjolaja-Bucht, seine Frau erlaubte mir, in seiner Wohnung die Wäsche zu waschen, und ich wusch den ganzen (Tag) mit Vergnügen das, was sich während meines Wegs in den Händen von Oberstleutnant Fragin angesammelt hatte. Und das war ebenfalls ein Glück. Jarozkij gab mir einen Zettel für den Dispatcher. Das Boot ging einmal pro Tag, ich schleppte meine beiden Koffer an Bord, ein Koffer war leer – ich trickste auf Ganovenart –, und im zweiten war mein einziger billiger blauer Anzug, von mir noch als Häftling, damals am Linken Ufer, gekauft, und die Hefte mit Gedichten, dünne Heftchen, schon nicht mehr aus dem Papier von Barkan. Ein Heftchen füllte sich ganz ohne meinen Willen allmählich mit gereimten Versen und sollte keinen Verdacht wecken bei dem, der sie stiehlt. Aber sie wurden nicht gestohlen. Das Boot legte zu einer bestimmten Stunde ab und brachte mich nach Ola, ins Tuberkulosekrankenhaus für die »Autochthonen«. Im Hotel, in einer Baracke war auch die Kreissanitätsabteilung mit einer jungen Ärztin als Leiterin untergebracht. Die Leiterin war auf einer Dienstreise, und ich musste zwei, drei Tage warten. Ich machte mich mit Ola bekannt.

Ola war leer und lautlos. Die Keta- und die Buckellachse zogen von den Laichplätzen zurück ins offene Meer, mit derselben Eile, mit derselben stürmischen Leidenschaft, durch die Klamm zu hechten. Dieselben Jäger warteten in denselben Verstecken. Die gesamte Siedlung – Männer, Frauen, Kinder, Chefs und Untergebene – alle standen am Fluss in diesen Tagen des Einbringens der Fischernte. Fischfabriken, Räuchereien, Pökelkammern arbeiteten rund um die Uhr. Im Krankenhaus blieb nur, wer Dienst hatte, alle genesenden Kranken waren auch beim Fisch. Von Zeit zu Zeit fuhr ein Fuhrwerk durch die staubige Siedlung, auf dem in einem riesigen Kasten aus Zweimeterbrettern ein silbernes Meer von Keta- und Buckellachsen plätscherte. Jemand schrie mit verwegener Stimme: »Senka, Senka!« Wer konnte an diesem verrückten Erntetag schreien? Ein Faulenzer? Ein Schädling? Ein Schwerkranker?

»Senka, gib mir einen ordentlichen Fisch!«

Und ohne das Fuhrwerk anzuhalten, die Zügel für einen Moment aus den Händen legend, warf Senka einen riesigen, zweimeterlangen, in der Sonne funkelnden Ketalachs in den Staub. Ein Alter aus dem Ort, der Nachtwächter und diensthabende Feldscher, (sagte), als ich zu verstehen gab, dass ich gern etwas essen würde, wenn es etwas gibt:

»Was hätten wir denn? Es gibt noch Suppe aus Ketalachs, von gestern, aber Keta-, nicht Buckellachs. Sie steht da. Nimm und wärme sie dir auf. Aber du isst sie bestimmt nicht. Wir zum Beispiel essen keine gestrige.«

Nachdem ich einen halben Napf der gestrigen Suppe gegessen und mich ausgeruht hatte, ging ich ans Ufer zum Baden. Das Baden im Ochotskischen Meer – dass es schmutzig, kalt und salzig war, war bekannt, doch für meine Allge-
meinbildung schwamm ich ein bisschen.

Die Siedlung Ola war staubig. Das fahrende Fuhrwerk
wirbelte Berge von Staub auf. Aber es war schon lange heiß,
und ob sich dieser Staub in steinartigen Lehm verwandelt,
wie zum Beispiel im Gebiet Kalinin*, habe ich so niemals erfahren. An dem Tag, den ich in der Siedlung Ola zubrachte,
konnte ich zwei Eigenheiten dieses nördlichen Paradieses
kennenlernen.

Eine ungewöhnliche Menge Hühner einer italienischen
Rasse, weißflügelige Leghorns, alle Halter hielten nur diese
Rasse, offensichtlich wegen der Legeleistung. Ein Ei kostete
damals auf dem Basar in Magadan hundert Rubel. Und weil
alle Hühner ähnlich aussehen, färbte jeder Halter die Flügel
seiner Hühner. Mit einer Kombination von Farben, wenn
die sieben Farben nicht ausreichten – die Hühner waren
bunt gezeichnet wie die Fußballspieler auf (Massen-)Wett-
kämpfen und (erinnerten) an eine Parade von Staatsflaggen
oder eine geographische Karte. Kurz, an alles, was du willst,
bloß nicht an eine Hühnerschar.

Das zweite waren gleichartige Zäune an allen Häuschen.
Die Zäune drückten sich sehr eng ans Gebäude, die Gehöfte
waren winzig, trotzdem waren es Gehöfte. Und weil ge-
schlossene Bretter- oder Stacheldrahtzäune ein Privileg des
Staates waren und der russische Staketenzaun den Besitzern
nicht sicher genug, waren in Ola die Zäune sämtlicher Häuser mit alten Netzen behängt. Das sorgt für Schönheit und
Kolorit, so als wäre die ganze Welt von Ola zum sorgfälti-
gen Studium auf Millimeterpapier gesetzt: Die Fischernetze
bewachten die Hühner.

Ich hatte einen Reiseschein auf die Insel Siglan – im Ochotskischen Meer, aber die Leiterin der Kreisabteilung wollte mich »mit meinem Fragebogen« nicht haben und schickte mich zurück nach Magadan. Einen großen Schaden empfand ich nicht – ich hatte meine Papiere bekommen. Zufällig sind diese meine Reisescheine erhalten geblieben. Ich musste nach Magadan gelangen, mit demselben Boot, das mich hergebracht hatte. Das war nicht einfach, und nicht darum, weil ich ein passloser Landstreicher oder ehemaliger *seka* war.

Der Motorbootfahrer wohnte direkt in Ola, und ihn in sein Boot, an seine Arbeit zu bugsieren erwies sich als sehr schwierig. Nach drei Tagen Suff und Vor-Anker-Liegen des Bootes wurde der Motorbootfahrer schließlich untergehakt und aus der heimischen Hütte langsam, mal ihn auf dem Boden absetzend, mal ihn hochziehend, die zwei Kilometer bis zum Anleger geführt, an dem das Boot lag und eine große Gruppe Passagiere zusammengekommen war – etwa zehn Mann. Es dauerte mindestens eine Stunde, vielleicht auch zwei. Der riesige Fettwanst näherte sich dem Boot, stieg ins Steuerhaus und ließ den Motor der »Kawasaki« an. Das Boot erbebte, aber bis zur Abfahrt war es noch sehr weit. Nach allerlei Schütteln und Warmreiben nahmen die Hände des Motorbootfahrers die gewohnte Stellung am Steuerrad ein. Neun Passagiere von zehn (der zehnte war ich) stürzten zum Steuerhaus und beschworen ihn, abzubrechen und nach Hause zurückzukehren. Die Zeit der Ebbe war verpasst, wir kämen nicht pünktlich nach Magadan. Wir würden sowieso umkehren oder im offenen Meer driften müssen. Zur Antwort ertönte ein Gebrüll des Fahrers, er werde alle Passagiere in den Mund und in die Nase ... und er, der Fahrer, werde die Flut nicht verpasst. Die »Kawasaki« schoss ins offene Meer, und die Frau des Motorbootfahrers lief die

Passagiere mit der Mütze ab, »für einen auf den Rausch« – ich gab einen Fünfer. Und stieg auf Deck, um zu schauen, wie die Seehunde und Wale spielen und wie Magadan näherkommt. Magadan war nicht in Sicht, aber ein Ufer, ein felsiges Ufer, das wir ansteuerten, ansteuerten und nicht erreichen konnten.

»Spring, spring«, hörte ich plötzlich den Rat einer Frau, die nicht zum ersten Mal auf dem Seeweg Ola-Magadan reiste, »spring, spring, ich werfe dir die Koffer zu, hier kommst du noch auf den Boden.«

Die Frau sprang und streckte die Arme hoch. Das Meer reichte ihr bis zum Gürtel. Weil klar war, dass die Flut nicht wartet, warf ich meine beiden Koffer ins Meer – und hier dankte ich den Ganoven für ihren weisen Rat –, und sprang selbst, spürte den glitschigen, aber festen, sicheren Grund des Ozeans. In den Wellen fing ich meine Koffer auf, die nicht nur dem Meersalz, sondern auch dem Gesetz des Archimedes* ausgesetzt waren, und machte mich auf den Weg zum Ufer, folgte den Reisegefährten, die mit den Koffern über dem Kopf dem Ufer zustrebten, überholte die Wellen der Flut und schlug mich durch ans Pier der Wesjolaja-Bucht – von Ola und dem Bootsfahrer hatte ich mich verabschiedet, für immer. Der Bootsfahrer, der sah, dass sich alle Passagiere wohlbehalten an die Anlegestelle durchgeschlagen hatten, wendete die »Kawasaki« und verschwand Richtung Ola – um das auszutrinken, was noch übrig war.

1973

# Der Oberstleutnant des Medizinischen Dienstes

An die Kolyma brachte den Oberstleutnant Rjurikow die
Angst vor dem Alter – er ging auf die Pensionierung zu, und
die nördlichen Gehälter waren doppelt so hoch wie in Moskau. Der Oberstleutnant des Medizinischen Dienstes Rjurikow war weder Chirurg noch Internist, noch Venerologe.
In den ersten Jahren der Revolution war er – als Student an
der Arbeiterfakultät – an die Medizinische Fakultät der Universität gekommen, hatte als Neuropathologe abgeschlossen,
aber alles längst vergessen – niemals, nicht einen Tag hat er
als behandelnder Arzt gearbeitet, er war immer in der Verwaltung gewesen, als Oberarzt des Krankenhauses, als Leiter. Und jetzt kam er hierher als Chef eines großen Häftlingskrankenhauses – des Zentralkrankenhauses mit tausend
Betten. Nicht dass ihm das Gehalt des Chefs eines der Moskauer Krankenhäuser nicht gereicht hätte. Oberstleutnant
Rjurikow war weit über sechzig, und er lebte allein. Seine
Kinder waren erwachsen, alle drei arbeiteten irgendwo als
Ärzte, aber Rjurikow wollte nichts davon wissen, vom Geld
der Kinder zu leben oder ihre Hilfe in Anspruch zu nehmen.
Schon in der Jugend hatte er hierzu die feste Überzeugung
entwickelt, niemals von jemandem abhängig zu sein, und
wenn es so kommt, lieber zu sterben. Es gab einen weiteren
Aspekt der Sache, von dem Oberstleutnant Rjurikow sogar
vor sich selbst zu schweigen bemüht war. Die Mutter seiner
Kinder war längst gestorben – vor dem Tod aber hatte sie

Rjurikow das sonderbare Wort abgenommen, niemals wieder zu heiraten. Rjurikow hatte der Toten dieses Wort gegeben und es seitdem, seit seinem fünfunddreißigsten Jahr, streng gehalten und niemals auch nur versucht, über eine andere Entscheidung in dieser Frage nachzudenken.

Ihm schien, sobald er anders darüber dächte, würde er etwas so Schmerzliches und Heiliges berühren, schlimmer als jede Lästerung. Dann gewöhnte er sich daran, und es fiel ihm nicht schwer. Niemandem erzählte er davon, mit niemandem beriet er sich – weder mit seinen Kindern, noch mit den Frauen, die ihm nahestanden. Die Frau, mit der er die letzten Jahre lebte, eine Ärztin aus seinem Krankenhaus, hatte von ihrem ersten Mann Kinder – zwei Schulmädchen, und Rjurikow wollte, dass auch diese seine Familie ein bisschen besser leben sollte. Das war der zweite Grund für ihn, eine so große Reise zu unternehmen.

Es gab noch einen dritten Grund, einen Kleine-Jungen-Traum. Es war so, dass Oberstleutnant Rjurikow sein Leben lang nichts gesehen hatte, nichts, außer den Kreis Tuma im Moskauer Gebiet, wo er geboren war, und Moskau selbst, wo er aufgewachsen war, studiert hatte und arbeitete. Selbst in seinen jungen Jahren vor der Heirat und während des Studiums an der Universität hatte Rjurikow keinen einzigen Urlaub und keine einzigen Ferien anders verbracht, als bei seiner Mutter im Kreis Tuma. Es war ihm unpassend, unanständig erschienen, zum Urlaub in einen Kurort oder irgendwohin sonst zu fahren. Er fürchtete zu sehr die eigenen Gewissensbisse. Seine Mutter lebte lang, zum Sohn übersiedeln wollte sie nicht, und Rjurikow verstand sie – die ihr gesamtes Leben in ihrem Heimatdorf verbracht hatte. Die Mutter starb unmittelbar vor dem Krieg. An die Front kam Rjurikow nicht, obwohl er Militäruniform anlegte, und den ganzen Krieg über war er Lazarettchef in Moskau.

Er war weder im Ausland noch im Süden, im Osten oder im Westen gewesen und dachte oft, dass er jetzt bald sterben und so im Leben nichts mehr sehen würde. Besonders aufregend und interessant fand er die Arktisflüge und überhaupt das ganze ungewöhnliche, romantische Leben der Eroberer des Nordens. Nicht nur Jack London, den der Oberstleutnant sehr mochte, nährte in ihm das Interesse am Norden, sondern auch die Flüge von Slepnjow und Gromow und die Drift der »Tscheljuskin«*.

Würde er etwa so sein Leben verleben, ohne das Schönste gesehen zu haben? Und als man ihm eine Reise in den Norden für drei Jahre anbot – begriff Rjurikow gleich, dass das die Erfüllung all seiner Wünsche war, dass das ein Glück war, die Belohnung für all seine vieljährige Arbeit. Und er sagte zu, ohne sich mit irgendjemandem zu beraten.

Ein Umstand nur machte Rjurikow stutzig. Man berief ihn in ein Häftlingskrankenhaus. Natürlich wusste er, dass es im Hohen Norden ebenso wie im Fernen Osten, im nahen Süden und im nahen Westen Arbeitslager gibt. Aber er würde die Arbeit unter freiem Personal vorziehen. Dort jedoch gab es keine offenen Stellen, und außerdem lagen auch die Gehälter der freien Ärzten für die Häftlinge viel höher – und Rjurikow ließ die Zweifel fallen. In den zwei Gesprächen, die die Leitung mit dem Oberstleutnant geführt hatte, war dieser Aspekt der Sache keineswegs verbrämt, nicht verschleiert, sondern im Gegenteil unterstrichen worden. Man hatte die Aufmerksamkeit des Oberstleutnants Rjurikow sehr ernstlich darauf gelenkt, dass dort Volksfeinde, Feinde der Heimat gehalten werden, die heute den Hohen Norden kolonisieren, Kriegsverbrecher, die jeden Moment der Schwäche, der Unentschlossenheit seitens der Leitung für ihre gemeinen, arglistigen Zwecke nutzen, sodass man die größte Wachsamkeit beweisen müsse gegenüber diesem »Kontingent«, so drückte sich die Leitung aus. Wachsamkeit und Festigkeit. Aber Rjurikow solle nicht erschrecken. Treue Helfer werden ihm alle freien Mitarbeiter des Krankenhauses sein, ein umfängliches Kollektiv von Parteimitgliedern, das unter den sehr schwierigen Bedingungen des Nordens arbeitet.

Rjurikow hatte in den dreißig Jahren Verwaltungsarbeit bei seinen Untergebenen etwas anderes gesehen. Die Veruntreuungen von staatlichem Inventar, die gegenseitigen Intrigen, das Saufen hingen ihm zum Hals heraus. Rjurikow freute sich über diesen Bericht, man rief ihn quasi in den Krieg gegen die Feinde des Staates. Er wird auf seinem Gebiet seine Pflicht erfüllen können. Rjurikow kam mit dem Flugzeug in den Norden, in einem weichen Sessel. Geflogen war der Oberstleutnant auch noch nie – er hatte es niemals gemusst, und das Gefühl war großartig. Rjurikow wurde nicht übel, nur bei der Landung wurde ihm etwas schwindlig. Er bedauerte aufrichtig, früher nicht geflogen zu sein. Die Felsen und die reinen Farben des nördlichen Himmels begeisterten ihn. Er wurde fröhlich, fühlte sich fast wie ein Zwanzigjähriger und wollte auch nicht ein paar Tage bleiben, um die Stadt ein wenig kennenzulernen – es zog ihn zur Arbeit.

Der Chef der Sanitätsverwaltung gab ihm seinen persönlichen SIS-110*, und der Oberstleutnant traf im Zentralkrankenhaus ein, das fünfhundert Kilometer von der örtlichen »Hauptstadt« liegt.

Von der Ankunft des Oberstleutnants hatte der liebenswürdige Chef der Sanitätsabteilung nicht nur das Krankenhaus unterrichtet. Der frühere Chef war in Urlaub aufs »Festland« gefahren und hatte die Wohnung noch nicht geräumt. Neben dem Krankenhaus, dreihundert Meter von der Chaussee entfernt, war das sogenannte Direktionshaus, eine der Reiseunterkünfte für die oberste Leitung – für die Generalsränge.

Dort verbrachte Rjurikow eine Nacht, betrachtete staunend die gestickten Samtvorhänge, die Teppiche, die aus Bein geschnitzten Gegenstände, die zahlreichen riesigen geschnitzten Schränke für handgearbeitete Kleidung.

Seine Sachen packte Rjurikow nicht aus, am Morgen trank er reichlich Tee und ging ins Krankenhaus.

Das Gebäude des Krankenhauses war kurz vor dem Krieg für eine Militäreinheit gebaut worden. Allerdings stellte das große, dreistöckige »T«-förmige Gebäude inmitten der nackten Felsen einen zu bequemen Orientierungspunkt für feindliche Flugzeuge dar (die Technik war weit fortgeschritten, während die Frage des Baus entschieden wurde und das Bauen selbst voranschritt) – und der Besitzer brauchte das Gebäude nicht mehr und übergab es der Medizin.

In der kurzen Zeit, während das Regiment auszog und das Gebäude ohne Aufsicht blieb, wurden die Kanalisation und die Wasserleitung zerstört und das Kohleelektrizitätswerk mit zwei Kesseln völlig untauglich gemacht. Kohle wurde nicht angefahren, alles Holz, das man verheizen konnte, wurde verheizt, und für den Abschiedsabend der Armee verheizte man im Elektrizitätswerk sämtliche Stühle aus dem Zuschauersaal.

Die Sanitätsverwaltung hatte all das allmählich wieder hergestellt – dank der kostenlosen Arbeit der kranken Häftlinge, und jetzt bot das Krankenhaus einen imposanten Anblick.

Der Oberstleutnant betrat sein Kabinett und war verblüfft von seinen Dimensionen. Noch niemals hatte er in Moskau ein Kabinett von solcher Geräumigkeit gehabt. Das war kein Kabinett, sondern, nach Moskauer Maßstäben, ein Konferenzsaal für hundert Personen.

Die Wände der Nachbarzimmer waren eingerissen und die Zimmer zusammengelegt worden, die Fenster bedeckten Leinenvorhänge mit wunderbarer Stickerei, und die rote Herbstsonne glitt über die goldenen Bilderrahmen, über die Lederpolster der handgefertigten Diwane und ging über die polierte Fläche des ungewöhnlich groß bemessenen Schreibtischs.

All das gefiel dem Oberstleutnant. Es drängte ihn, die Sprechzeiten bekanntzugeben, das sofort zu tun war jedoch unmöglich und gelang erst nach zwei Tagen. Der frühere Chef hatte auch keine Zeit verlieren wollen bei seinem Aufbruch – das Flugticket war längst bestellt, noch früher, als Oberstleutnant Rjurikow aus der Hauptstadt abgereist war.

Diese zwei Tage sah er sich die Leute und das Krankenhaus an. Im Krankenhaus gab es eine große innere Abteilung, geleitet von dem Arzt Iwanow, ehemaliger Militärarzt und ehemaliger Häftling. Die neuropsychiatrische Abteilung leitete Pjotr Iwanowitsch Polsunow, ebenfalls ehemaliger Häftling, wenn auch Kandidat der Wissenschaften*. Das war die Kategorie von Menschen, die besonderen Verdacht weckte, und darauf hatte man Rjurikow schon in Moskau aufmerksam gemacht. Das waren Leute, die einerseits durch die Schule des Lagers gegangen waren, zweifellos Feinde, und die andererseits das Recht auf die Gesellschaft der freien »Vertragsarbeiter« hatten. »Denn ihr Hass auf den Staat und die Heimat endet ja nicht mit dem Tag, an dem sie das Dokument über ihre Freilassung bekommen«, dachte der Oberstleutnant. »Und doch haben sie ja ein anderes Recht, eine andere Position, die mich nötigt, ihnen zu vertrauen.« Beide Leiter und früheren Häftlinge gefielen dem Oberstleutnant nicht – er wusste nicht, wie sich zu ihnen verhalten. Dafür gefiel Rjurikow der Leiter der chirurgischen Abteilung, Regimentschirurg Gromow, außerordentlich – er war Freier, wenn auch parteilos, hatte gekämpft, und hier in der Abteilung standen alle vor ihm stramm – was könnte besser sein.

Rjurikow selbst hatte den Armeedienst, noch dazu in der Rolle des Mediziners, nur während des Krieges gekostet – darum gefiel ihm die militärische Subordination mehr als nötig. Jenes Element von Organisation, die sie ins Leben brachte, war zweifellos nützlich, und Rjurikow erinnerte sich manchmal mit Ärger und Kränkung an seine Mühen vor dem Krieg: das endlose Überreden, Erklären, Nahelegen, die unverlässlichen Versprechungen der Untergebenen statt eines kurzen Befehls und ganz konzisen Rapports.

Und ihm gefiel an dem Chirurgen Gromow, dass er die Verhältnisse eines Militärlazaretts auf die chirurgische Abteilung des Krankenhauses hatte übertragen können. Er besuchte Gromow – in der Totenstille der Krankenhauskorridore mit ihren blank geputzten Kupferklinken.

»Womit putzt du die Klinken?«

»Mit Preiselbeeren«, rapportierte Gromow, und Rjurikow staunte. Er selbst hatte, um die Knöpfe seines Uniformrocks und seines Mantels zu putzen, aus Moskau eine spezielle Creme eingesteckt. Und hier, so erweist sich, Preiselbeeren.

In der Chirurgie glänzte alles vor Sauberkeit. Die abgeschabten Böden, die geputzten Aluminiumkästen in der Ausgabe, die Schränke mit den Instrumenten ...

Doch hinter den Türen der Krankensäle atmete das vielgesichtige Ungeheuer, vor dem sich Rjurikow ein wenig fürchtete. Alle Häftlinge schienen ihm dasselbe Gesicht zu haben: voller Erbitterung, voller Hass ...

Gromow öffnete einen der kleinen Krankensäle vor dem Chef. Der schwere Geruch von Eiter und schmutziger Wäsche missfiel Rjurikow; er schloss die Tür und ging weiter.

Heute reisten der frühere Chef und seine Frau ab. Der Gedanke war angenehm, dass er morgen schon selbständiger Chef wäre. Er war allein geblieben in der riesigen Fünfzimmerwohnung mit der breiten Balkon-Veranda. Die Zimmer

waren leer, die Möbel des früheren Chefs – wunderbare hand-
gefertigte Spiegelschränke, Sekretäre aus Pseudomahagoni, ein
massives geschnitztes Buffet –, all das war der Traum des Be-
sitzers, des früheren Chefs gewesen. Weiche Diwane, irgendwelche Puffs und Stühle – all das war der Besitz des früheren
Chefs gewesen. Die Wohnung war kahl und leer.

Oberstleutnant Rjurikow befahl dem Verwalter der Chirurgie, ihm ein Bett und Bettwäsche aus dem Krankenhaus
zu bringen, und der Verwalter brachte auf eigene Faust noch
einen Nachttisch mit und stellte ihn an die Wand im großen
Zimmer.

Rjurikow fing an auszupacken. Aus dem Koffer zog er
ein Handtuch und Seife und trug sie in die Küche.

Zuallererst hängte er seine Gitarre mit dem roten verbli-
chenen Band an die Wand. Das war keine gewöhnliche Gitarre. Zu Beginn des Bürgerkriegs, als die Sowjetmacht noch
weder Orden noch andere Auszeichnungen hatte, als im Jahr
achtzehn Podwojskij* in der Presse für die Einführung von
Orden eintrat und man ihn als »Überbleibsel des Zarismus«
beschimpfte, wurde an der Front für Verdienste im Kampf
auch ohne Orden ausgezeichnet – mit einem Gewehr mit
Namenszug oder mit Gitarren und Balalaikas.

Und so würdigte man den Rotgardisten Rjurikow für die
Gefechte bei Tula – man überreichte ihm eine Gitarre. Rjurikow hatte selbst kein musikalisches Gehör, nur wenn er
allein war, zupfte er vorsichtig und ängstlich mal diese, mal
jene Saite. Die Saiten erklangen, und der alte Mann kehrte
zumindest für einen Moment in die große und ihm teure
Welt seiner Jugend zurück. So hatte er seinen Schatz mehr
als dreißig Jahre gehütet.

Er bezog sein Bett, stellte den Spiegel auf den Nachttisch,
zog sich aus und trat, die Füße in die Pantoffeln geschoben, nur in Unterwäsche ans Fenster und schaute hinaus:

Ringsum standen die Berge wie Betende auf den Knien. Als wären viele Menschen hierher zu einem Wundertäter gekommen – um zu beten und um Belehrung und Aufzeigen eines Wegs zu bitten.

Rjurikow kam es vor, als wüsste auch die Natur keine Lösung für ihr Schicksal, als suchte auch die Natur nach Rat.

Er nahm die Gitarre von der Wand, und im leeren nächtlichen Zimmer wirkten die Akkorde besonders klangvoll, besonders feierlich und bedeutsam. Wie immer beruhigte ihn das Zupfen der Saiten. Die ersten Entscheidungen wurden hier, bei diesem nächtlichen Spiel auf der Gitarre, durchdacht. Er fand den Willen für ihre Ausführung. Er legte sich aufs Bett und schlief sofort ein.

Morgens, noch vor Beginn seines Diensttages im neuen, geräumigen Kabinett, rief Rjurikow Leutnant Maksimow zu sich, seinen Stellvertreter in der Wirtschaftsabteilung, und sagte, dass er nur eines der fünf Zimmer bewohnen wird – das größte. In die anderen solle man ruhig jene Mitarbeiter einziehen lassen, die keinen Wohnraum haben. Leutnant Maksimow war unschlüssig und versuchte zu erklären, dass das unangemessen ist.

»Ich habe ja keine Familie«, sagte Rjurikow.

»Der frühere Chef hatte auch nur eine Frau«, sagte Maksimow. »Es werden ja Besucher kommen – die zahlreichen Chefs aus der Hauptstadt, die sich einquartieren, übernachten werden.«

»Sie können in jenem Haus übernachten, in dem ich die erste Nacht verbracht habe. Zwei Schritt von hier. Kurz, tun Sie, wie Ihnen gesagt wurde.«

Aber noch mehrmals im Lauf dieses Tages kam Maksimow ins Kabinett und fragte, ob Rjurikow seine Meinung nicht geändert habe. Und erst als der neue Chef böse wurde, gab er nach.

Als erster erschien in der Sprechstunde der örtliche Bevollmächtigte Koroljow. Nach dem Bekanntmachen und einem kurzen Bericht sagte Koroljow:

»Ich habe eine Bitte an Sie. Morgen fahre ich nach Dolgoje.«

»Was ist das für ein Dolgoje?«

»Das ist das Kreiszentrum – achtzig Kilometer von hier ... Dorthin fährt jeden Morgen der große Bus.«

»Nun, fahr«, sagte Rjurikow.

»Nein, Sie haben mich nicht verstanden«, lächelte Koroljow. »Ich bitte um Erlaubnis, Ihren Dienstwagen zu nehmen ...«

»Ich habe hier einen Dienstwagen?«, sagte Rjurikow.

»Ja.«

»Mit Fahrer?«

»Mit Fahrer ...«

»Und ist Smolokurow (das war der Name des früheren Chefs) mit diesem Dienstwagen irgendwohin gefahren?«

»Er ist wenig gefahren«, sagte Koroljow. »Was wahr ist, ist wahr. Wenig.«

»Also gut«, Rjurikow hatte schon alles verstanden und eine Entscheidung getroffen, »fahr du mit dem Bus. Den Wagen lasst vorläufig stehen. Und den Fahrer übergebt an die Garage zur Arbeit bei den Lastwagen ... Ich brauche den Wagen auch nicht. Und wenn ich fahren muss, fahre ich entweder mit der ›Ersten Hilfe‹ oder mit dem Lastwagen.«

Die Sekretärin öffnete die Tür einen Spaltbreit.

»Der Schlosser Fedotow möchte Sie sprechen – er sagt, es ist sehr eilig ...«

Der Schlosser war verstört. Aus seinem verworrenen und hastigen Bericht verstand Rjurikow, dass in der Wohnung des Schlossers in der ersten Etage die Decke heruntergekommen ist – der Putz abgefallen, und von oben rinnt es. Eine

Renovierung ist notwendig, aber die Wirtschaftsabteilung will nicht renovieren, und der Schlosser selbst hat nicht das Geld für so eine Renovierung. Und es ist auch ungerecht. Zahlen soll der, der das Herabfallen des Putzes verschuldet hat, auch wenn er Parteimitglied ist. Es rinnt ja ...

»Warte mal«, sagte Rjurikow. »Wieso rinnt es? Oben wohnen doch Leute.«

Mit Mühe begriff Rjurikow, dass in der Wohnung oben ein Ferkel haust, Mist und Harn sammeln sich, und jetzt ist der Putz in der ersten Etage heruntergekommen, das Ferkel uriniert auf die Köpfe der unteren Bewohner.

Rjurikow wurde wild.

»Anna Petrowna«, rief er der Sekretärin zu, »rufen Sie mir den Parteisekretär und den Halunken, dem das Ferkel gehört.«

Anna Petrowna zuckte die Schultern und verschwand.

Zehn Minuten später trat Mostowoj ins Kabinett, der Parteisekretär, und setzte sich an den Tisch. Alle drei – Rjurikow, Mostowoj und der Schlosser – schwiegen. So vergingen zehn Minuten.

»Anna Petrowna!«

Anna Petrowna schob sich durch die Tür.

»Und wo ist der Besitzer des Ferkels?«

Anna Petrowna verschwand.

»Der Besitzer des Ferkels ist hier – Genosse Mostowoj«, sagte der Schlosser.

»Aha«, Rjurikow stand auf. »Gehen Sie erstmal nach Hause.« Und brachte den Schlosser zur Tür.

»Was fällt Ihnen ein«, schrie er Mostowoj an. »Was fällt Ihnen ein, es in der Wohnung zu halten? ...«

»Hör auf zu schreien«, sagte Mostowoj ruhig. »Wo soll ich es halten? Auf der Straße? Wenn du dir selbst Geflügel oder ein Schweinchen anschaffst, wirst du sehen wie das ist.

Wie oft habe ich gebeten – gebt mir eine Wohnung in der ersten Etage. Tun sie nicht. In allen Häusern ist es so. Bloß redet dieser Schlosser so viel. Der frühere Chef wusste ihnen den Mund zu stopfen. Aber du hörst grundlos alle möglichen an.«

»Die gesamte Renovierung geht auf deine Kosten, Genosse Mostowoj.«

»Nein, nein, das wird sie nicht ...«

Aber Rjurikow klingelte schon, rief den Buchhalter und diktierte eine Order.

Die Sprechstunde war verdorben, missraten. Dem Oberstleutnant war es nicht gelungen, einen einzigen seiner Stellvertreter kennenzulernen, während er eine endlose Zahl von Malen seine Unterschrift auf die endlosen Papiere setzte, die geschickte, geübte Hände vor ihm auslegten. Jeder der Vortragenden bewaffnete sich mit einem gewaltigen Tintenlöscher, der auf dem Tisch des Chefs stand – ein handgefertigter Kremlturm mit roten Plastiksternen –, und trocknete sorgsam die Unterschrift des Oberstleutnants.

So ging es weiter bis zum Mittagessen, und nach dem Mittagessen ging der Chef durchs Krankenhaus. Doktor Gromow, rotes Gesicht, weiße Zähne, wartete schon auf den Chef.

»Ich möchte Ihre Arbeit sehen«, sagte der Chef. »Zeigen Sie, wen entlassen Sie heute?«

In Gromows allzu geräumiges Kabinett zogen in langen Reihen die Kranken. Zum ersten Mal sah Rjurikow jene, die er behandeln sollte. Reihen von Skeletten bewegten sich vor ihm.

»Haben Sie Läuse?«

Der Kranke zuckte die Schultern und sah Doktor Gromow verstört an.

»Erlauben Sie, das sind doch chirurgische ... Warum sind sie denn derart ...?«

»Das ist nicht unsere Sache«, sagte fröhlich Doktor Gromow.
»Sie entlassen sie?«

»Wie lange soll ich sie denn halten? Und der Liegetag?«

»Und wie kann man ihn hier entlassen?« Rjurikow zeigte auf einen Kranken mit dunklen eitrigen Wunden.

»Ihn – er hat Brot von seinen Nachbarn gestohlen.«

Oberst Akimow war angereist, der Chef jenes unbestimmten Truppenteils – eines Regiments, einer Division, eines Korps, einer Armee –, der über den riesigen Raum des Nordens verteilt war. Dieser Truppenteil hatte einmal das Krankenhausgebäude gebaut – für sich selbst. Akimow war jugendlich für seine fünfzig Jahre, straff und fröhlich. Fröhlicher geworden war auch Rjurikow. Akimow brachte seine kranke Frau, »niemand kann ihr helfen, so eine Geschichte, aber ihr habt ja Ärzte.«

»Ich werde gleich Anordnung geben«, sagte Rjurikow, er klingelte, und Anna Petrowna zeigte sich in der Tür mit dem Ausdruck vollkommener Bereitschaft zur Erfüllung der weiteren Anordnungen.

»Beeilen Sie sich nicht«, sagte Akimow. »Ich werde hier nicht das erste Jahr behandelt. Wem wollen Sie meine Frau vorstellen?«

»Nun, wenigstens Stebelew.« Stebelew war der Leiter der Inneren.

»Nein«, sagte Akimow. »So einen Stebelew habe ich zu Hause auch. Ich möchte, dass Sie sie Doktor Gluschakow vorstellen.«

»Gut«, sagte Rjurikow. »Aber Doktor Gluschakow ist ja Häftling. Meinen Sie nicht ...«

»Nein, ich meine nicht«, sagte Akimow fest, und in seinen Augen war kein Lächeln. Er schwieg. »Wissen Sie«, sagte er, »meine Frau braucht einen Arzt und nicht ...«, der Oberst sprach nicht zu Ende.

Anna Petrowna lief los, um den Einlassschein und die Vorladung für Gluschakow ausfertigen zu lassen, und Oberst Akimow stellte Rjurikow seine Frau vor.

Bald wurde Gluschakow aus dem Lager herbeigebracht, ein weißhaariger runzliger alter Mann.

»Guten Tag, Professor«, sagte Akimow, er stand auf und begüßte Gluschakow mit Handschlag, »ich komme mit einer Bitte an Sie.«

Gluschakow schlug vor, die Frau Akimows in der Sanitätsabteilung des Lagers zu untersuchen (dort habe ich alles bei der Hand, und hier kenne ich mich nicht aus), und Rjurikow rief seinen Stellvertreter für das Lager an, damit man für den Oberstleutnant und seine Frau einen Einlassschein ausstellt.

»Hören Sie, Anna Petrowna«, sagte Rjurikow zur Sekretärin, als die Gäste gegangen waren. »Ist es wahr, dass Gluschakow ein solcher Spezialist ist?«

»Jedenfalls solider als unsere«, kicherte Anna Petrowna.

Oberstleutnant Rjurikow seufzte. Jeder durchlebte Tag seines Lebens war für Rjurikow von einer besonderen, einzigartigen Farbe gefärbt. Es gab Tage der Verluste, Tage der Misserfolge, Tage des Glücks, Tage der Güte, Tage des Mitgefühls, Tage des Misstrauens, Tage der Erbitterung … Alles, was an diesem Tag geschah, trug einen bestimmten Charakter, und Rjurikow konnte manchmal seine Entscheidungen, seine Schritte diesem »Hintergrund« anpassen, der praktisch nicht von seinem Willen abhing. Heute war ein Tag der Zweifel, ein Tag der Enttäuschungen.

Oberst Akimows Bemerkung hatte etwas Wesentliches, Grundlegendes in Rjurikows jetzigem Leben berührt. Ein Fenster hatte sich geöffnet, an dessen Existenz sich Rjurikow bis zum Besuch von Oberst Akimow nicht hatte entschließen können zu denken. Es hatte sich gezeigt, dass dieses Fenster nicht nur existierte, man konnte darin etwas sehen, das Rjurikow niemals zuvor gesehen, bemerkt hatte.

Alles an diesem Tag bestätigte Oberst Akimow. Der neue, provisorische Leiter der Chirurgie, der Arzt Braude trug vor, dass die Hals- und Ohren-Operationen, die für den heutigen Tag vorgesehen waren, verlegt seien, weil der Stolz des Krankenhauses – die scharfsinnige Diagnostikerin und Chirurgiekünstlerin Adelaida Iwanowna Simbirzewa – eine alte Spezialistin, Schülerin des berühmten Wojatschek, die vor Kurzem zur Arbeit an das Krankenhaus gekommen war – »Betäubungsmittel eingepfiffen« hat, wie sich Braude ausdrückte, und jetzt tobt sie im Behandlungsraum der Chirurgie. Sie zerschlägt alles Glas, das ihr unter die Finger kommt. Was tun? Kann man sie fesseln, einen Begleitposten rufen und sie in die Wohnung bringen?

Oberstleutnant Rjurikow verfügte, Adelaida Iwanowna nicht zu fesseln, sondern ihr den Mund mit einem Umschlagtuch zu verbinden, sie nach Hause zu bringen und dort einzuschließen. Oder ihr ein Schlafmittel einzuflößen – doppeltes Chloralhydrat, unbedingt die doppelte Dosis – und sie schlafend wegzutragen. Nur sollen Freie sie führen und tragen, nicht Häftlinge.

In der neuropsychiatrischen Abteilung hatte ein Kranker seinen Nachbarn mit einer angespitzten Eisenpike umgebracht. Doktor Pjotr Iwanowitsch, der Leiter, teilte mit, dass der Mord durch eine blutige Feindschaft unter Kriminellen hervorgerufen war, beide Kranken – der Mörder wie der Ermordete – waren Diebe.

In der Inneren Abteilung bei Stebelew hatte der Verwalter, ein Häftling, vierzig Laken gestohlen und verkauft. Lwow, der Bevollmächtigte, hatte diese Laken schon aufgefunden, unter einem Boot, am Flussufer.

Die Leiterin der Frauenabteilung forderte für sich eine

Offiziersration, und über ihre Frage wurde irgendwo in der Hauptstadt entschieden.

Aber das Unangenehmste war eine Mitteilung Anissimows, des Stellvertreters für das Lager. Anissimow hatte lange auf dem tiefen Lederdiwan in Rjurikows Kabinett gesessen und gewartet, bis der Besucherstrom versiegte. Und als sie allein waren, sagte er:

»Und was, Wassilij Iwanowitsch, soll mit Ljusja Popowkina geschehen?«

»Mit was für einer Ljusja Popowkina?«

»Ja, wissen Sie denn nicht?«

Wie sich zeigte, war sie eine Ballerina, ein Häftling, mit der Semjon Abramowitsch Smolokurow, der frühere Chef, sich eingelassen hatte. Sie arbeitete nirgends und hatte nur dem Vergnügen Smolokurows gedient. Jetzt (»fast einen Monat«, dachte Rjurikow) war sie noch immer ohne Arbeit – es fehlte an einer Verfügung.

Rjurikow hatte das Bedürfnis, sich die Hände zu waschen.

»Was denn für eine Verfügung? Schicken Sie sie sofort zum Teufel.«

»Ins Straflager?«

»Warum denn unbedingt ins Straflager? Ist sie denn schuld? Und auch dir werde ich einen Verweis erteilen – einen ganzen Monat hat sie nicht gearbeitet.«

»Wir haben sie aufgehoben«, sagte Anissimow.

»Für wen?« Und Rjurikow stand auf und lief durchs Zimmer. »Sofort, gleich morgen schicken Sie sie los.«

\*\*\*

Als Pjotr Iwanowitsch die schmale Holztreppe in die zweite Etage hinaufstieg, zu Antonina Sergejewna, dachte er, dass er in den zwei Jahren, die sie gemeinsam in diesem Krankenhaus arbeiten, noch nie bei der Oberärztin zu Hause gewesen war. Er lächelte, er verstand, warum er eingeladen wurde. Natürlich, mit dieser Einladung führte man ihn, den ehemaligen Häftling, in die örtlichen »höchsten Kreise« ein. Pjotr Iwanowitsch verstand solche Leute wie Rjurikow nicht, und weil er sie nicht verstand, verachtete er sie. Ihm erschien das als ein besonderer Karriereweg, der Weg des »Ehrenmannes« in großen Anführungszeichen, des »Ehrenmannes«, der nicht mehr und nicht weniger werden will als Chef der Sanitätsverwaltung. Und da ziert und windet er sich und mimt die heilige Unschuld.

Pjotr Iwanowitsch hatte richtig gelegen. Im verrauchten Zimmer war es eng. Hier saßen der Röntgenologe wie auch Mostowoj und der Hauptbuchhalter. Antonina Sergejewna selbst verteilte aus einer Aluminiumkanne aus dem Krankenhaus warmen und dünnen Tee.

»Kommen Sie herein, Pjotr Iwanowitsch«, sagte sie, als der Neuropathologe seinen Segeltuchmantel ausgezogen hatte.

»Fangen wir an«, sagte Antonina Sergejewna, und Pjotr Iwanowitsch dachte: »Noch immer sehr ansehnlich« und schaute in die andere Richtung.

Der Lagerchef sagte:

»Ich habe Sie eingeladen, meine Herrschaften (Mostowoj zog die Brauen hoch), um Ihnen eine unangenehme Nachricht zu überbringen.« Alle lachten, auch Mostowoj lachte, er dachte ebenfalls, dass das etwas Literarisches ist. Mostowoj beruhigte sich, sonst wäre ihm das Wort »Herrschaften« Anlass zur Besorgnis gewesen, selbst wenn es ein Witz oder ein Versprecher war.

»Was sollen wir tun?«, sagte Antonina Sergejewna. »Wir werden arm sein in einem Jahr. Und er ist für drei Jahre hergekommen. Uns allen wurde verboten, Häftlinge als Dienstpersonal zu halten. Wozu sollen diese unglücklichen Mädchen bei den allgemeinen Arbeiten leiden? Wessentwegen? Seinetwegen. Vom Brennholz will ich gar nicht reden. Im letzten Winter habe ich nicht einen Rubel aufs Sparbuch gelegt. Schließlich habe ich Kinder.«

»Alle haben Kinder«, sagte der Hauptbuchhalter. »Aber was, was kann man hier tun?«

»Ihn zum Teufel schicken«, brüllte Mostowoj.

»Bemühen Sie sich, in meiner Gegenwart solche Dinge nicht zu sagen«, sagte der Hauptbuchhalter. »Sonst werde ich gezwungen sein, es an die entsprechende Stelle zu melden.«

»Ich habe einen Witz gemacht.«

»Bemühen Sie sich, keine solchen Witze zu machen. Pjotr Iwanowitsch hat sich gemeldet.«

»Tschurbakow muss hierher gerufen werden. Und Sie, Antonina Sergejewna, müssen mit ihm reden.«

»Warum ich?«, Antonina Sergejewna wurde rot. Der Major im Medizinischen Dienst Tschurbakow — der Chef der Sanitätsverwaltung — war berühmt für seine zügellosen Ausschweifungen und eine unwahrscheinliche Trinkfestigkeit. Beinahe in jedem Bergwerk hatte er Kinder — von den Ärztinnen, den Feldscherinnen, von Krankenschwestern und Sanitäterinnen.

»Ja, unbedingt Sie. Und Sie müssen Major Tschurbakow erklären, dass Oberstleutnant Rjurikow mit seinem Posten liebäugelt, verstehen Sie? Sagen sie ihm — dass der Major erst seit Kurzem Parteimitglied ist, und Rjurikow ...«

»Rjurikow ist Parteimitglied seit 1917«, sagte seufzend Mostowoj. »Aber wozu braucht er Tschurbakows Posten?«

»Ach, Sie verstehen gar nichts. Pjotr Iwanowitsch hat vollkommen recht.«

»Und wenn man Tschurbakow schreibt?«

»Und wer wird diesen Brief hinschaffen? Wem ist sein Kopf auf den Schultern nicht lieb? Womöglich wird unser Bote abgefangen oder, noch einfacher, er erscheint mit dem Brief gleich in Rjurikows Kabinett? Solche Geschichten hat es gegeben.«

»Und per Telefon?«

»Per Telefon laden Sie ihn nur ein. Sie wissen doch, dass bei Smolokurow Zuhörer saßen.«

»Na, bei diesem sitzen keine.«

»Wer weiß. Kurz gesagt, Vorsicht und Aktivität, Aktivität und Vorsicht ...«

<1963>

# Der Kriegskommissar

Die Operation – die Extraktion eines Fremdkörpers aus
der Speiseröhre – war ins Operationsbuch eingetragen von
der Hand Valentin Nikolajewitsch Trauts, eines der drei
Chirurgen, die die Extraktion machen. Der Chef war hier
nicht Traut – sondern Anna Sergejewna Nowikowa, eine
Wojatschek-Schülerin, Otolaryngologin aus der Hauptstadt,
eine südliche Schönheit, die niemals in Haft gewesen war
wie ihre beiden Assistenten, Traut und Lunin. Eben weil die
Chefin Nowikowa war, hatte man die Operation zwei Tage
später als möglich anberaumt. Achtundvierzig Stunden hatte
man die glänzende Wojatschek-Schülerin mit Wassergüssen
behandelt, ihr Salmiak eingeflößt, Magen und Darm gespült
und sie mit starkem Tee vollgepumpt. Nach zwei Tagen zitterten Anna Sergejewnas Finger nicht mehr – und die Operation begann. Die Quartalssäuferin und Drogensüchtige,
die nach dem Rausch alle Flakons in eine einzige schwarze
Schale gekippt und diesen Trunk geschlürft hatte, um sich
erneut zu berauschen und einzuschlafen. In diesen Fällen
reichte ein kleiner Trunk. Jetzt schrie Nowikowa, in Kittel
und mit Maske, die Assistenten an und gab kurze Kommandos – ihr Mund war gespült, ausgewaschen, und nur
manchmal drang Schnapsgeruch zu den Assistenten herüber.
Die Operationsschwester, die die Nasenflügel blähte beim
Einatmen des unpassenden Schnapsgeruchs, lächelte ganz
wenig unter der Maske und vertrieb das Lächeln eilig von

ihrem Gesicht. Die Assistenten lächelten nicht und dachten nicht an den Schnapsgeruch. Die Operation verlangte Aufmerksamkeit. Traut hatte solche Operationen schon gemacht, aber selten, und Lunin sah sie zum ersten Mal. Für Nowikowa aber war das Anlass, ihre besondere Klasse, ihre goldenen Hände, ihre höchste Qualifikation zu zeigen.

Der Kranke begriff nicht, warum man die Operation um einen Tag und einen weiteren Tag verlegt, aber er schwieg – kommandieren konnte er hier nicht. Der Kranke wohnte beim Krankenhauschef – man hatte ihm gesagt: Er wird gerufen. Zuerst war bekannt, dass Traut operiert, dann verging ein weiterer Tag – und es hieß: morgen, und nicht Traut, sondern Nowikowa. All das war für den Kranken quälend, aber er war ein Militär, noch dazu gerade erst aus dem Krieg – er beherrschte sich. Dieser Kranke hatte einen hohen Rang, Oberst-Schulterstücke, er war Kreiskriegskommissar eines der acht Bezirke an der Kolyma.

Gegen Ende des Kriegs hatte Leutnant Kononow ein Regiment kommandiert, er wollte sich von der Armee nicht trennen, aber für Friedenszeiten brauchte es andere Kenntnisse. Allen, die die Umattestierung durchliefen, bot man an, weiter im selben Rang in der Armee zu dienen, jedoch in den Truppen des MWD, die für die Lagerwache eingesetzt waren. 1946 wurde die gesamte Lagewache an Kadertruppenteile übergeben, nicht der WOChR*, sondern Kaderoffizieren mit Tressen, mit Orden. Alle behielten den früheren Rang, die Polarration, den Satz, den Urlaub, alle Polarvergünstigungen des Dalstroj. Kononow – er hatte Frau und Tochter – machte sich schnell einen Begriff; in Magadan eingetroffen, lehnte er sich auf und trat die Lagerarbeit nicht an. Frau und Tochter schickte er aufs Festland, er selbst erhielt die Ernennung auf die Planstelle eines Kreiskriegskommissars. Sein »Revier« verteilte sich entlang der Trasse über Hunderte Kilometer – die Menschen, die der Kreiskriegskommissar zu berücksichtigen hatte, lebten zehn Kilometer abseits davon. Kononow verstand schnell, dass hier jemanden zu sich zu rufen bedeutet, die Zeit der Gerufenen zu vergeuden. In einer Woche erreichten sie die Siedlung, in der der Kriegskommissar wohnte. Eine Woche zurück. Darum wurde die gesamte Erfassung und Korrespondenz über durchreisende Fahrzeuge abgewickelt, und einmal pro Monat und öfter bereiste Kononow seinen Kreis selbst im Wagen. Mit der Arbeit kam er zurecht, doch er wartete nicht auf eine Beförderung, sondern auf das Ende des »Nordens« – die Versetzung, einfach die Demobilisierung, ohne einen Gedanken an die Oberst-Schulterstücke. All das zusammen – der Norden und die Ungewissheit – führte dazu, dass Kononow allmählich zu trinken anfing. Eben darum konnte er nicht erklären, wie in seine Speiseröhre ein sich groß anfühlender Knochen geraten konnte, der auf die Luftröhre drückte – er sprach sogar nur mühsam flüsternd.

Kononow hätte mit dem Fremdkörper in seiner Speiseröhre natürlich bis Magadan fahren können, wo es in der Verwaltung Ärzte gab, die ihm Hilfe geleistet hätten ... Aber Kononow hatte etwa ein Jahr im Kriegskommissariat gearbeitet und wusste, dass man das »Linke Ufer« lobte, das große Häftlingskrankenhaus. Die Krankenhausarbeiter – Männer und Frauen – hatten ihre Soldbücher bei Kononow in Verwahrung. Als der Knochen Kononow quer im Hals steckte und klar war, dass ihn ohne Ärzte keine Kraft herausholen wird, nahm Kononow einen Wagen und fuhr ins Häftlingskrankenhaus am Linken Ufer.

Krankenhauschef war damals Winokurow. Ihm war bewusst, wie das Prestige des Krankenhauses wachsen wird, das er gerade übernommen hatte, wenn die Operation erfolgreich verläuft. Die größte Hoffnung lag auf der Wojatschek-

Schülerin, denn solche Spezialisten gab es in Magadan nicht. Oje, Nowikowa hatte auch in Magadan gearbeitet, noch vor einem Jahr: »Versetzung ans Linke Ufer oder Entlassung aus dem Dalstroj.« – »Ans Ufer, ans Ufer«, hatte Nowikowa in der Kaderabteilung geschrien. Vor Magadan hatte Nowikowa in Aldan gearbeitet, vor Aldan – in Leningrad. Von überall wurde sie immer weiter nach Norden vertrieben. Hundert Versprechungen, tausend gebrochene Eide. Am Ufer gefiel es ihr, sie nahm sich zusammen. Ihre hohe Qualifikation war in jeder Bemerkung von Anna Sergejewna zu spüren. Als Otolaryngologin behandelte sie Freie wie Häftlinge, begleitete die Kranken, machte Operationen und beriet – und plötzlich begann das Quartalssaufen, die Kranken blieben ohne Überwachung, die Freien reisten ab, und die Häftlinge wurden vom Feldscher behandelt. Anna Sergejewna schaute nicht einmal in der Abteilung vorbei.

Als aber Kononow anreiste und klar war, dass man eilig würde operieren müssen, wurde befohlen, Anna Sergejewna auf die Beine zu bringen. Doch die Schwierigkeit bestand darin, dass Kononow lange im Krankenhaus liegen musste. Das Entfernen eines Fremdkörpers ist eine sterile Operation. Natürlich, im großen Krankenhaus gab es zwei chirurgische Abteilungen – eine septische und eine sterile, unterschiedliches Personal – in der sterilen besser ausgebildet, in der septischen schlechter. Man muss verfolgen, wie die Wundheilung verläuft, umso mehr – in der Speiseröhre. Natürlich, ein Einzelzimmer wird sich für den Kommissar finden. Kononow wollte nicht nach Magadan fahren, in der Hauptstadt der Kolyma hilft ihm sein Oberstenrang nicht viel. Man wird ihn dort natürlich aufnehmen, aber an Aufmerksamkeit und Sorge wird es fehlen. Dort nehmen Generäle und Generalsfrauen die Zeit der Ärzte in Anspruch. Kononow wird dort sterben. Sterben mit vierzig Jahren wegen eines verdammten Knochens im Hals. Kononow quittierte alles, alles, was man von ihm verlangte. Er verstand, dass es für ihn um Leben und Tod ging. Kononow quälte sich.

»Sie werden es machen, Valentin Nikolajewitsch?«

»Ja, ich«, sagte Traut unsicher.

»Und worauf warten wir denn?«

»Warten wir noch einen Tag ab.«

Kononow verstand nichts. Man ernährte ihn durch die Nase, flößte ihm Nahrung ein, und an Hunger sollte er nicht sterben.

»Morgen wird Sie noch ein anderer Arzt anschauen.«

An Kononows Bett wurde eine Ärztin geführt. Die erfahrenen Finger ertasteten den Knochen sofort und berührten ihn beinahe schmerzfrei.

»Nun, Anna Sergejewna?«

»Morgen früh.«

Diese Operation hat zu dreißig Prozent tödlichen Ausgang. Jetzt war Kononow im Postoperationszimmer. Der Knochen hatte sich als so riesig erwiesen, dass sich Kononow schämte, ihn anzuschauen, man brachte ihn ihm für ein paar Stunden im Glas. Kononow lag im Postoperationszimmer. Der Chef brachte ihm ab und zu Zeitungen.

»Alles verläuft gut.«

Kononow lag in einem winzigen Zimmer, in dem kaum ein Bett Platz fand. Die Kontrollfristen waren abgelaufen, alles war gutgegangen – besser könnte es nicht sein –, hier zeigte sich die Qualifikation der Wojatschek-Schülerin, aber was für eine Kontrollfrist für die Schwermut! Der Arrestant, der Häftling kann dieses Gefühl noch in irgendwelchen materiellen Schranken halten, kann es mithilfe des Begleitpostens, der Gitter, der Kontrollen, der Appelle, der Essensverteilung steuern, aber wie all das für den Oberst? Kononow beriet sich mit dem Krankenhauschef.

»Ich warte schon lange auf diese Frage – der Mensch ist immer Mensch. Natürlich, die Schwermut. Aber ich kann Sie erst in einem Monat entlassen – zu groß ist das Risiko und zu selten der Erfolg, um ihn nicht zu schätzen. Ich kann Ihnen erlauben, in den Krankensaal für Häftlinge umzuziehen, dort werden vier Personen sein, Sie sind der fünfte. Dann gleichen sich auch das Interesse des Krankenhauses und Ihres genau aus.«

Kononow stimmte sofort zu. Das war ein guter Ausweg. Vor den Häftlingen hatte der Oberst keine Angst. Sein Umgang mit dem Krankenhaus hatte Kononow überzeugt, dass Häftlinge genauso Menschen sind, sie werden ihn, Oberst Kononow, nicht beißen, nicht mit einem Tschekisten oder Staatsanwalt verwechseln, immerhin ist er, Oberst Kononow, Soldat im aktiven Dienst. Oberst Kononow hat nicht vor, die neuen Leute, die neuen Nachbarn auszuforschen, zu beobachten. Ihm ist es einfach langweilig, allein zu liegen, und fertig.

Viele Wochen wanderte der Oberst noch im grauen Krankenhauskittel über den Korridor. Der Kittel war staatlich, ein Häftlingskittel. Durch die offene Tür sah ich den Oberst, in den Kittel gehüllt, aufmerksam dem üblichen Romanisten lauschen.

Ich war damals Oberfeldscher in der Chirurgie, und dann wurde ich in den Wald versetzt, und Kononow verschwand aus meinem Leben, wie Tausende Menschen verschwanden und kaum merkliche Spuren im Gedächtnis, kaum spürbare Sympathie hinterließen.

Einmal noch erinnerte mich an den Namen Kononows ein Vortragender auf einer medizinischen Konferenz, der neue Oberarzt des Krankenhauses, Medizinmajor Koroljow. Er war ein Mann, der gern trank und dazu aß, Frontkämpfer. Als Oberarzt im Krankenhaus hielt er sich nicht lange

– er konnte nicht nein sagen bei kleinen Bestechungen, bei einem Gläschen staatlichem Alkohol – und nach einem großen Skandal wurde er als Chef entlassen, seines Postens enthoben, dann erneut zugelassen und tauchte als Leiter der Sanitätsabteilung der Nördlichen Verwaltung wieder auf.

Nach dem Krieg ergoss sich an die Kolyma zu Dalstroj, zum schnellen Rubel ein Strom von Abenteurern und Schwindlern, die sich vor dem Gericht und dem Gefängnis versteckten.

Zum Krankenhauschef wurde ein Major Aleksejew ernannt, der den Roten Stern und die Schulterstücke eines Majors trug. Einmal kam Aleksejew zu Fuß zu mir, interessierte sich für den Abschnitt, stellte jedoch keine einzige Frage und machte sich auf den Rückweg. Die Waldsanitätsstelle war zwanzig Kilometer vom Krankenhaus entfernt. Kaum war Aleksejew zurückgekehrt, wurde er <am selben Tag> von Leuten, die aus Magadan anreisten, verhaftet. Aleksejew wurde verurteilt für den Mord an seiner Frau. Er war weder Arzt noch Militär, hatte aber mit gefälschten Papieren von Magadan bis in unser Gebüsch am Linken Ufer entweichen und sich dort verstecken können. Der Orden, die Schulterstücke, alles war falsch.

Noch zuvor war ans Linke Ufer oft der Chef der Sanitätsabteilung der Nördlichen Verwaltung gekommen. Diese Stelle übernahm <später> der trinkende Oberarzt. Der Angereiste, sehr gut gekleidet, ein parfümierter Junggeselle, hatte Erlaubnis bekommen, ein Praktikum zu machen und bei Operationen anwesend zu sein.

»Ich habe beschlossen, auf Chirurg umzuschulen«, flüsterte Palzyn, gönnerhaft lächelnd.

Monat um Monat verging, jeden Operationstag kam Palzyn in seinem Wagen aus dem Nördlichen Zentrum – der Siedlung Jagodnyj, aß beim Chef zu Mittag und machte seiner Tochter ein wenig den Hof. Unser Arzt Traut wies darauf hin, dass Palzyn die ärztliche Terminologie schlecht beherrscht, aber – die Front, der Krieg, alle vertrauten ihm und weihten den neuen Chef gern in die Geheimnisse der Operation ein und erst recht in die Frage, was (Diurese) ist. Und plötzlich wurde Palzyn verhaftet – wieder ein Mord an der Front, Palzyn ist auch kein Arzt, sondern ein sich versteckender *polizei*.

Alle erwarteten, dass mit Koroljow etwas Ähnliches passiert. Aber nein, alles – Orden, Parteibuch und Rang –, alles war echt. Und dieser Koroljow hielt, als er Oberarzt im Zentralkrankenhaus war, auch einen Vortrag auf einer medizinischen Konferenz. Der Vortrag des neuen Oberarztes war nicht schlechter und nicht besser als jeder andere Vortrag. Natürlich, Traut gehörte zur Intelligenz, war Schüler von Krause, dem Regierungschirurgen, als der in Saratow arbeitete.

Aber Natürlichkeit, Aufrichtigkeit und Liberalität finden Wiederhall in jedem Herzen, und als der Oberarzt, der Chefchirurg vom Linken Ufer, auf der wissenschaftlichen Konferenz, zu der man von der gesamten Kolyma anreiste, genüsslich zum Bericht über einen chirurgische Erfolg ansetzte ...

»Bei uns hat ein Kranker einen Knochen verschluckt – einen solchen Knochen«, zeigte Koroljow. »Und was glauben Sie, wir haben den Knochen entfernt. Diese Ärzte sind hier, und der Kranke ist hier.«

Doch der Kranke war nicht hier. Bald wurde ich krank, wurde zur Arbeit in die Waldaußenstelle versetzt, kam ein Jahr später zurück ins Krankenhaus, um die Aufnahme zu leiten, begann mit der Arbeit und traf gleich am zweiten Tag den Oberst Kononow in der Aufnahme. Der Oberst freute sich unsäglich über mich. Die Leitung hatte vollständig gewechselt. Kononow hatte niemanden Bekanntes gefunden, nur ich war ihm bekannt, gut bekannt.

Ich tat alles, was ich konnte – Aufnahmen, Anmeldung bei den Ärzten, rief den Chef an und erklärte, dass das der Held der berühmten Operation am Linken Ufer war. Alles war in Ordnung bei Kononow, und vor der Abreise kam er zu mir in die Aufnahme.

»Ich schulde dir ein Geschenk.«

»Ich nehme keine Geschenke.«

»Ich habe ja allen – dem Krankenhauschef und den Chirurgen und der Krankenschwester, sogar den Kranken, die mit mir lagen – Geschenke gebracht, den Chirurgen – jedem Stoff für einen Anzug. Aber dich habe ich nicht gefunden. Ich zeige mich erkenntlich. Mit Geld, du wirst es sowieso gebrauchen können.«

»Ich nehme keine Geschenke.«

»Na, dann bringe ich wenigstens eine Flasche.«

»Auch Kognak nehme ich nicht, bringen Sie keinen.«

»Was kann ich denn für dich tun?«

»Nichts.«

Man führte Kononow ins Röntgenkabinett, und die freie Krankenschwester aus dem Röntgenkabinett, die Kononow geholt hatte, (sagte):

»Das ist doch der Kriegskommissar, nicht?«

»Ja, der Kreiskriegskommissar.«

»Sie kennen ihn offenbar gut?«

»Ja, ich kenne ihn, er hat hier gelegen, im Krankenhaus.«

»Bitten Sie ihn, wenn Sie schon für sich nichts brauchen, er soll mir im Soldbuch die Ummeldung machen. Ich bin Komsomolzin, und so eine Gelegenheit – nicht die dreihundert Kilometer fahren, Gott selbst hat ihn geschickt.«

»Gut, ich sage es ihm.«

Kononow kam zurück, ich trug ihm die Bitte der Krankenschwester vor.

»Wo ist sie denn?«

»Dort steht sie.«

»Na, gib das Soldbuch, ich habe keine Stempel dabei, aber ich bringe es in einer Woche, ich werde hier vorbeikommen und bringe es.« Und Kononow steckte das Soldbuch in die Tasche. Der Wagen hupte am Eingang.

Es verging eine Woche – der Kriegskommissar kam nicht. Zwei Wochen ... Ein Monat ... Nach drei Monaten wollte mich die Krankenschwester sprechen.

»Ach, was habe ich für einen Fehler gemacht! Ich hätte ... Das ist eine Falle.«

»Was für eine Falle?«

»Ich weiß nicht was für eine, ich werde aus dem Komsomol ausgeschlossen.«

»Wofür schließt man Sie denn aus?«

»Für die Verbindung zu einem Volksfeind, dass ich das Soldbuch aus der Hand gegeben habe.«

»Aber Sie haben es doch dem Kommissar gegeben.«

»Nein, so war das nicht. Ich habe es Ihnen gegeben, und Sie, glaube ich, dem Kommissar ... Und das klären sie jetzt im Komitee. Wem ich es in die Hand gegeben habe – Ihnen oder direkt dem Kommissar. Ich habe gesagt – Ihnen. Doch Ihnen?«

»Ja, mir, aber ich habe es doch in Ihrem Beisein dem Kommissar übergeben.«

»Ich weiß davon nichts. Ich weiß nur, dass ein entsetzliches Unglück geschehen ist, ich werde aus dem Komsomol ausgeschlossen und aus dem Krankenhaus entlassen.«

»Man muss in die Siedlung fahren, ins Kreiskriegskommissariat.«

»Zwei Wochen verlieren? Man hätte es von Anfang an so machen müssen.«

»Wann fahren Sie?«

»Morgen.«

Zwei Wochen später traf ich die Krankenschwester im Korridor, düster wie eine Regenwolke.

»Na, was?«

»Der Kriegskommissar ist aufs Festland gefahren, er hat schon abgerechnet. Jetzt habe ich Scherereien – ein neues Soldbuch. Ich werde dafür sorgen, dass man Sie aus dem Krankenhaus wirft, Sie ins Strafbergwerk schickt.«

»Was habe ich damit zu tun?«

»Wer denn sonst? Das ist eine hinterlistige Falle – das hat man mir im MWD erklärt.«

Ich versuchte, diese Geschichte zu vergessen. Schließlich hatte mich noch niemand beschuldigt und nicht zum Verhör vorgeladen, aber die Erinnerung an Oberst Kononow gewann ein neues Kolorit.

Plötzlich wurde ich nachts an die Wache gerufen.

»Da ist er«, rief hinter der Barriere Oberst Kononow. »Lassen Sie mich ein.«

»Kommen Sie herein. Es heißt, Sie wollen aufs Festland?«

»Ich wollte in Urlaub, aber man ließ mich nicht in Urlaub gehen. Ich habe die Abrechnung durchgesetzt und wurde entlassen. Ganz. Ich fahre. Ich bin vorbeigefahren, um mich zu verabschieden.«

»Nur sich zu verabschieden?«

»Nein. Als ich meine Dinge übergab, fand ich in einer Ecke meines Schreibtischs ein Soldbuch – ich konnte mich einfach nicht erinnern, woher ich es hatte. Wenn es auf deinen Namen gewesen wäre, hätte ich mich erinnert. Und am Linken Ufer war ich seitdem nicht mehr. Hier ist alles fertig. Stempel, Unterschrift, nimm und gib es dieser Dame.«

»Nein«, sagte ich. »Geben Sie es ihr selbst.«

»Wie das? Es ist Nacht.«

»Ich rufe sie von zu Hause mit einem Kurier hierher. Und übergeben müssen Sie es persönlich, Oberst Kononow.«

»Wie du willst.«

Die Krankenschwester kam angebraust, und Kononow händigte ihr das Dokument aus.

»Schon zu spät, alle Erklärungen habe ich schon abgegeben, man hat mich aus dem Komsomol ausgeschlossen. Warten Sie, schreiben Sie ein paar Worte auf dem Formular.«

»Ich bitte um Verzeihung.«

Und er verschwand im Frostnebel.

»Na, Glückwunsch. Im Jahr siebenunddreißig – hätte man Sie erschossen für solche Stückchen«, sagte die Schwester erbittert.

»Ja«, sagte ich, »und Sie auch.«

1970-1971

# Riva-Rocci

Der Tod Stalins brachte keine neuen Hoffnungen in die verhärteten Herzen der Häftlinge, trieb die auf Verschleiß arbeitenden Motoren nicht an, die es müde waren, das dick gewordene Blut durch die verengten, harten Gefäße zu stoßen.

Aber über alle Radiowellen der Rundfunksendungen, reflektiert im vielfachen Echo der Berge, des Schnees und des Himmels, kroch in alle Unterpritschenecken und -winkel der Häftlingsvita ein Wort, ein wichtiges Wort, das versprach, all unsere Probleme zu lösen: entweder die Gerechten zu Sündern zu erklären oder die Übeltäter zu bestrafen, oder es ist eine Methode gefunden, schmerzfrei alle ausgeschlagenen Zähne wieder einzusetzen.

Es entstanden und verbreiteten sich die klassischen Gerüchte – Gerede von einer Amnestie.

Jubiläum eines beliebigen Staates vom Jahrestag bis zur Dreihundertjahrfeier, Krönungen der Thronfolger, ein Macht- und selbst Kabinettwechsel – all das tritt in die unterirdische Welt aus den höheren Regionen in Gestalt einer Amnestie. Das ist die klassische Form des Verkehrs von Oben und Unten.

Die traditionelle Latrinenparole, an die alle glauben – ist die bürokratischste Form der Häftlingshoffnungen.

Die Regierung antwortet auf die traditionellen Erwartungen ebenfalls mit einem traditionellen Schritt – sie erklärt jene Amnestie.

Von dieser Sitte wich auch die Regierung der Nach-Stalin-Epoche nicht ab. Ihr schien, diesen traditonellen Akt zu begehen, diese Geste der Zaren zu wiederholen bedeute, eine moralische Pflicht vor der Menschheit zu erfüllen, und schon die Form der Amnestie in jeder Variante sei voller bedeutsamen und traditionellen Inhalts.

Zur Erfüllung der moralischen Pflicht jeder neuen Regierung gibt es eine alte traditionelle Form, auf die zu verzichten bedeutet, seine Pflicht vor der Geschichte und dem Land zu verletzen.

Die Amnestie wurde vorbereitet, sogar in aller Eile, um das klassische Muster zu erfüllen.

Berija, Malenkow* und Wyschinskij mobilisierten getreue und weniger getreue Juristen – sie gaben ihnen die Idee einer Amnestie vor, alles Übrige war Sache der bürokratischen Technik.

Die Amnestie kam nach dem 5. März 1953 an die Kolyma zu Menschen, die den gesamten Krieg in den Pendelschwüngen des Häftlingsschicksals von blinden Hoffnungen bis zur tiefsten Enttäuschung gelebt hatten – bei jeder militärischen Niederlage und jedem militärischen Erfolg. Und es hatte niemand Weitblickenden, Weisen gegeben, der ermittelt hätte, was besser, vorteilhafter, heilbringender war für den Häftling – die Siege oder die Niederlagen des Landes.

Die Amnestie kam zu den davongekommenen Trotzkisten und Kürzelträgern*, die am Leben geblieben waren nach Garanins Erschießungen, die die Kälte und den Hunger der Goldmine der Kolyma von siebenunddreißig überlebt hatten – Stalins Vernichtungslager.

Zu allen, die nicht umgebracht, erschossen, mit den Stiefeln und Kolben der Begleitposten, Brigadiere, Arbeitsanweiser und Vorarbeiter totgeschlagen waren – zu allen, die davongekommen waren und den vollen Preis für das Leben gezahlt hatten – einen doppelten, dreifachen Aufschlag auf die fünf Jahre Haft, die der Häftling aus Moskau an die Kolyma brachte ...

Es gab keine Häftlinge an der Kolyma, die nach Artikel achtundfünfzig zu fünf Jahren verurteilt waren. Die Fünfjährigen – das ist die schmale, sehr dünne Schicht derer, die 1937 verurteilt wurden, noch vor dem Treffen Berijas mit Stalin und Shdanow* im Juni 1937 auf Stalins Datscha, auf dem die fünfjährigen Haftzeiten vergessen waren und Methode Nummer drei zur Beschaffung von Aussagen zugelassen wurde.

Doch auf dieser kurzen Liste einer winzigen Zahl von Fünfjährigen gab es kurz vor dem Krieg und während des Kriegs nicht einen, der nicht eine Zugabe von zehn, fünfzehn, fünfundzwanzig Jahren erhalten hätte.

Und jene Raren unter den raren Fünfjährigen, die keine Zugabe erhalten hatten, nicht gestorben, nicht im Archiv Nummer drei* gelandet waren – waren längst freigelassen und hatten einen Dienst angetreten, das Töten, als Vorarbeiter, Aufseher, Brigadier, Abschnittschef in jenem selben Gold, hatten selbst begonnen, ihre ehemaligen Kameraden umzubringen.

Fünf Jahre Haft hatten an der Kolyma 1953 nur in lokalen Prozessen nach Sozialartikeln Verurteilte. Das waren sehr wenige. Bei ihnen waren die Untersuchungsführer einfach zu faul gewesen, ihnen einen Achtundfünfziger anzuhängen, aufzudrücken. Anders gesagt: Die Lagerakte war so überzeugend, so klar ein *bytowik*, dass es nicht nötig war, zu dem alten, aber fürchterlichen Werkzeug von Artikel achtundfünfzig zu greifen, einem universalen Artikel, der weder Geschlecht noch Alter schonte. Wer als Häftling seine Haftzeit nach achtundfünfzig abgesessen hatte und zur immerwährenden Ansiedlung belassen wurde, drehte es so, dass man ihn noch einmal verschickte, jedoch für einen von allen –

den Menschen, Gott und dem Staat – geachteten Diebstahl oder für eine Unterschlagung. Kurz, wer sich eine Haftzeit nach einem Sozialartikel einfing, war durchaus nicht traurig.

Die Kolyma war ein Lager nicht nur der politischen, sondern auch der kriminellen Rückfalltäter.

Der Gipfel der juristischen Vollkommenheit der Stalinzeit – darin trafen sich beide Schulen, beide Pole des Strafrechts, Krylenko* und Wyschinskij – waren die »Amalgame«, das Zusammenkleben von zwei Verbrechen, einem kriminellen und einem politischen. Und Litwinow* – der Satz in seinem berühmten Interview, in der UdSSR gebe es keine politischen Gefangenen, es gebe dagegen Staatsverbrecher –, Litwinow wiederholte nur Wyschinskij.

Ein Verbrechen zu finden und es einem rein Politischen anzuhängen war auch das Wesen des »Amalgams«.

Formal jedoch ist die Kolyma ein Sonderlager wie Dachau für Rückfalltäter – kriminelle wie politische gleichermaßen. Sie wurden auch gemeinsam gehalten. Auf Verordnung von oben. Auf eine prinzipielle theoretische Verordnung von oben hatte Garanin die kriminellen Verweigerer von Freunden des Volkes in Volksfeinde verwandelt und wegen Sabotage nach 58 Punkt 14 vor Gericht gestellt.

So brachte es den meisten Nutzen. Die größten Ganoven wurden achtunddreißig erschossen, den kleineren gab man für Verweigerungen fünfzehn, zwanzig, fünfundzwanzig Jahre. Man brachte sie gemeinsam mit den *frajera* mit Artikel achtundfünfzig unter und gab damit den Ganoven die Möglichkeit, komfortabel zu leben.

Garanin war keineswegs Anhänger der Kriminellen. Das Hin und Her mit den Rückfalltätern war Bersins Manie. Bersins Erbe wurde von Garanin auch in dieser Hinsicht revidiert.

Wie in einem Diaskop aus dem Schulunterricht, tauchten im Jahrzehnt um den Krieg, von siebenunddreißig bis siebenundvierzig, vor den schon in allem bewanderten, schon an alles gewöhnten Augen der Gefängnischefs, der Eiferer der Lagerakte, der Enthusiasten der *katorga* – einander mal ersetzend, mal ergänzend, wie in Beachs Experiment in der Verschmelzung von Strahlenbündeln –, Gruppen, Kontingente, Kategorien von Häftlingen auf, je nachdem, wie der Strahl der Rechtsprechung mal die eine, mal die andere Gruppe beleuchtete – kein Strahl, sondern ein Schwert, das Köpfe abhackte und ganz real umbrachte.

Im beleuchteten Fleck des Diaskops, das der Staat betätigte, erschienen einfache Häftlinge, sogenannte ITL – nicht ITR, Ingenieure und technische Mitarbeiter, sondern ITL, Arbeits-Besserungs-Lager. Aber oft war die Ähnlichkeit der Buchstaben auch eine Ähnlichkeit der Schicksale. Die ehemaligen Häftlinge, ehemaligen *seki* – eine ganze gesellschaftliche Gruppe, das ewige Brandmal der Rechtlosigkeit. Die Häftlinge der Zukunft – alle, deren Fälle schon zu den Akten genommen, aber noch nicht vollständig abgewickelt waren, und die, für deren Verfahren die Abwicklung noch nicht begonnen hatte.

In einem Scherzlied aus den Besserungsanstalten der zwanziger Jahre – den ersten Arbeitskolonien – verglich ein namenloser Autor, ein Bojan oder Pimen* des kriminellen Rückfalls, in Versen das Schicksal der Freiheit mit dem Schicksal der Strafanstalt, ganz zum Vorteil der zweiten:

Vor uns liegt die Freiheit,
Und vor euch – was?

Dieser Witz war gar kein Witz mehr in den dreißiger und vierziger Jahren. In den höchsten Sphären plante man die

Verschickung ins Lager aus der Verbannung, die Ausweisung aus den Städten oder, wie es in den Instruktionen heißt, Ortschaften von minus eins bis minus fünfhundert*.

Drei Vorführungen bei der Miliz wurden gemäß einer klassischen Arithmetik einer Vorstrafe gleichgesetzt. Und zwei Vorstrafen gaben juristischen Anlass, die Gewalt des Gitters, der Zone anzuwenden.

An der Kolyma selbst existierten in jenen Jahren – jeweils mit eigener Verwaltung, mit eigenem Versorgungsstab – die Kontingente A, B, W, G und D*.

Das Kontingent »D« bildeten für die geheimen Uranbergwerke mobilisierte, durchaus freie Bürger, die an der Kolyma erheblich geheimer bewacht wurden als jeder Baideman.

Neben dem Uranbergwerk, wohin aus Geheimhaltungsgründen gewöhnliche *seki* nicht gelassen wurden, lag das Bergwerk Kartoshnyj. Dort gab es nicht nur die Nummer und die gestreifte Kleidung, dort standen Galgen und wurden Urteile durchaus real vollstreckt, unter Wahrung aller Gesetzlichkeiten.

Neben dem Bergwerk Katorshnyj lag das Bergwerk des Berlag, ebenfalls ein Nummernlager, aber keine *katorga*, wo der Häftling die Nummer – ein Stück Blech, eine Plakette – auf dem Rücken trug und unter verstärktem Konvoj mit der doppelten Anzahl Hunde gehalten wurde.

Ich war selbst dorthin unterwegs, kam aber nicht hin, für das Berlag wurde nach dem Fragebogen aufgenommen. Viele meiner Kameraden kamen in diese Lager mit den Nummern.

Dort war es nicht schlechter, sondern besser als in einem gewöhnlichen Arbeitsbesserungslager des allgemeinen Regimes.

Unter dem allgemeinen Regime ist der Häftling Beute der Ganoven und Aufseher und der Brigadiere, ihrerseits

Häftlingen. In den Nummerlagern bestand die Versorgung aus Freien, und für die Küche und das Lädchen wurden ebenfalls Freie angeheuert. Die Nummer auf dem Rücken ist keine große Sache. Wenn man dir nur das Brot nicht wegnimmt, wenn nur die eigenen Kameraden dich nicht zur Arbeit zwingen und das Resultat, das die Planerfüllung verlangt, mit Stöcken herausprügeln. Der Staat bat die »Volksfreunde«, bei der physischen Vernichtung der Volksfeinde zu helfen. Und die »Freunde« – Ganoven und *bytowiki* – taten das auch im unmittelbaren physischen Sinn.

Ein weiteres Bergwerk lag in der Nähe, in dem die zu Gefängnis Verurteilten arbeiteten, aber die *katorga* ist günstiger – die Haftzeiten wurden ersetzt durch die »frische Luft« des Arbeitslagers. Wer die Haftzeit im Gefängnis verbrachte, der überlebte, wer sie im Lager absaß – der starb.

Im Krieg fiel die Zufuhr von Kontingent auf Null. Allerlei Entlastungskommissionen schickten die Gefängnisinsassen an die Front und nicht an die Kolyma – die Schuld in Marschrotten abbüßen.

Die Listenbelegschaft der Kolymabewohner sank katastrophal – obwohl niemand von der Kolyma aufs Große Land an die Front gebracht wurde, kein einziger Häftling an die Front ging, auch wenn natürlich die Anträge, die Schuld abzubüßen, sehr zahlreich waren – von allen Artikeln außer den Ganoven.

Die Leute starben den natürlichen Kolyma-Tod, und das Blut in den Adern des Sonderlagers begann langsamer zu kreisen, ständig gab es Thromben und Stockungen.

Frisches Blut versuchte man durch Kriegsverbrecher zuzuführen. In die Lager brachte man fünfundvierzig und sechsundvierzig ganze Dampfer mit Neulingen, mit Repatrianten, die man vom Dampfer ans Magadaner Felsenufer entlud, einfach nach einer Liste, ohne Verfahren und weitere

Formalitäten. Die Formalitäten hinkten, wie immer, dem lebendigen Leben hinterher. Nach einer Liste auf Papirossapapier, zerknüllt von den schmutzigen Händen der Begleitposten.

All diese Leute (es waren Zehntausende) hatten einen durchaus formalen juristischen Platz in der Lagerstatistik – die Unregistrierten.

Hier gab es wiederum unterschiedliche Kontingente – das Feld der juristischen Phantasie jener Jahre wartet noch auf seine gesonderte Beschreibung.

Es gab (sehr große) Gruppen mit durchaus formal »ausgestellten« Urteilen: »Zu sechs Jahren zur Prüfung.«

Je nach Verhalten entschied sich das Schicksal eines solchen Häftlings ganze sechs Jahre an der Kolyma, wo auch sechs Monate eine unheilvolle, tödliche Frist sind. Doch es waren sechs Jahre, nicht sechs Monate und nicht sechs Tage.

Der größte Teil dieser Sechsjährigen starb an der Arbeit, die Überlebenden – kamen auf Beschluss des XX. Parteitags alle am selben Tag frei.

Mit den Unregistrierten – denen, die anhand von Listen an die Kolyma gekommen waren – befasste sich Tag und Nacht ein Justizapparat, der vom Festland angereist war. In den engen Erdhütten und Kolyma-Baracken liefen Tag und Nacht Verhöre, und Moskau traf die Entscheidungen – diesem fünfzehn, jenem fünfundzwanzig und dem dritten auch die Höchststrafe. An Freisprüche, an Lossprechungen kann ich mich nicht erinnern, aber ich kann nicht alles wissen. Vielleicht gab es auch Freisprüche und die volle Rehabilitation.

All diese Untersuchungshäftlinge und auch die Sechsjährigen, im Grunde ebenfalls Untersuchungshäftlinge, zwang man zur Arbeit nach allen Kolyma-Gesetzen: drei Verweigerungen – Erschießung.

Sie kamen an die Kolyma, um die toten Trotzkisten zu ersetzen oder die noch lebenden, aber so erschöpften, dass sie nicht nur kein Gramm Gold aus dem Stein herausschlagen konnten, sondern auch kein Gramm dieses Steins selbst.

Vaterlandsverräter und Marodeure füllten die während des Krieges entvölkerten Häftlingsbaracken und Erdhütten. Man erneuerte die Türen, wechselte die Gitter in den Baracken und Erdhütten, wickelte neuen Stacheldraht um die Zonen und frischte die Orte auf, an denen im Jahr achtunddreißig das Leben – richtiger wäre zu sagen: der Tod – sprudelte.

Außer nach Artikel achtundfünfzig waren zahlreiche Häftlinge nach einem besonderen Artikel verurteilt – nach hundertzweiundneunzig*. Dieser Artikel hundertzweiundneunzig, ganz unbemerkt zu Friedenszeiten, erblühte in üppiger Blüte mit dem ersten Kanonenschuss, mit der ersten Bombenexplosion und dem ersten MP-Feuer. Artikel hundertzweiundneunzig umwuchs, so wie jeder ordentliche Artikel in einer solchen Situation, zu jener Zeit eilig mit Ergänzungen, Anmerkungen, Punkten und Paragraphen. Im Nu erschienen hundertzweiundneunzig »a«, »b«, »c«, »d«, »e« – bis das gesamte Alphabet ausgeschöpft war. Jeder Buchstabe dieses fürchterlichen Alphabets umwuchs mit Teilen und Paragraphen. So – hundertzweiundneunzig »a«, Teil eins, Paragraph zwei. Jeder Paragraph umwuchs mit Erläuterungen, und der bescheiden wirkende Artikel hundertzweiundneunzig wurde fett wie eine Spinne und erinnerte in seinen Konturen an einen Urwald.

Kein Paragraph, Teil, Punkt, Buchstabe strafte mit weniger als fünfzehn Jahren, keiner befreite von der Arbeit. Die Arbeit – das ist das Wichtigste, worum sich die Gesetzgeber sorgten.

Alle nach Artikel hundertzweiundneunzig Verurteilten erwartete an der Kolyma die unvermeidliche veredelnde Arbeit

– nur allgemeine Arbeiten mit Hacke, Schaufel und Schubkarre. Und trotzdem war das nicht Artikel achtundfünfzig.

Hundertzweiundneunzig gab man während des Krieges jenen Opfern der Justiz, aus denen man weder Agitation noch Verrat noch Sabotage herausholen konnte.

Entweder besaß der Untersuchungsführer nicht die erforderlichen Willensqualitäten, war nicht auf der Höhe und nicht in der Lage, das modische Etikett für ein altmodisches Verbrechen anzukleben, oder der Widerstand der physischen Person war dem Untersuchungsführer lästig, und die Methode Nummer drei anwenden zu lassen konnte er sich nicht entschließen. Diese Welt der Untersuchung hat ihre Ebbe und Flut, ihre Moden, ihren untergründigen Kampf um Einfluss.

Das Urteil ist immer Ergebnis des Wirkens einer Reihe von oftmals äußeren Gründen.

Die Schaffenspsychologie ist hier noch nicht beschrieben, nicht einmal die Grundsteine sind gelegt zu dieser wichtigen Baustelle der Zeit.

Nach eben diesem Artikel hundertzweiundneunzig wurde mit fünfzehn Jahren Haftzeit auch der Minsker Bauingenieur Michail Iwanowitsch Nowikow an die Kolyma gebracht.

Ingenieur Nowikow war schwerer Hypertoniker mit ständigem hohen Blutdruck um die zweihundertvierzig in der oberen Ziffer des Riva-Rocci-Apparats*.

Als chronischer Hypertoniker lebte Nowikow ständig in der Gefahr eines Schlaganfalls, eines Hirnschlags. Alle wussten das in Minsk wie in Magadan. An die Kolyma durften solche Kranken nicht gebracht werden – dazu war auch die medizinische Untersuchung da. Doch seit neunzehnhundertsiebenunddreißig waren durch alle medizinischen Einrichtungen der Gefängnisse, Durchgangslager und Lager – und für die Etappe Wladiwostok-Magadan wurde dieser Befehl zweimal bestätigt für Häftlinge der Sonderlager, für KRTD und überhaupt das Kontingent, das leben und vor allem sterben sollte an der Kolyma – alle Beschränkungen aufgrund von Invalidität und Alter aufgehoben.

Der Kolyma wurde angeboten, die Schlacke selbst wieder auszuwerfen, auf demselben bürokratischen Weg: Protokolle, Listen, Kommissionen, Etappen, tausend Visa.

Tatsächlich kam viel Schlacke zurück.

Man schickte nicht nur die Schwachen und Beinlosen, nicht nur die sechzigjährigen Alten in die Goldgruben, man schickte auch die Tuberkulose- und die Herzkranken.

Ein Hypertoniker erschien in so einer Reihe nicht als Kranker, sondern als gesunder rotgesichtiger Drückeberger, der nicht arbeiten will und das Brot des Staats isst. Frisst die Brotration ohne Gegenleistung.

So ein rotgesichtiger Drückeberger war in den Augen der Leitung im Sommer 1953 der Ingenieur Nowikow, Häftling der Transportverwaltung der Nordöstlichen Arbeitsbesserungslager im Abschnitt Baragon bei Ojmjakon.

Mit dem Riva-Rocci-Apparat weiß leider nicht jeder Mediziner an der Kolyma umzugehen, obwohl ja den Puls zählen und seinen Schlag fühlen der Feldscher wie der Sanitäter, wie der Arzt können müsste.

Riva-Rocci-Apparate hatte man an jeden Medizinabschnitt gebracht – zusammen mit Thermometern, Binden und Jod. Aber weder Thermometer noch Binden gab es an dem Punkt, den ich soeben als freier Feldscher übernommen hatte – meine erste Arbeit als Freier in zehn Jahren. Es gab nur den Riva-Rocci-Apparat; er war nicht kaputt wie die Thermometer. An der Kolyma ein kaputtes Thermometer abzuschreiben war ein Problem, darum hebt man alle Glasscherben bis zur Abschreibung, bis zum Protokoll auf, als wären es Relikte Pompeis, ein Splitter irgendeiner hethitischen Keramik.

Die Ärzte an der Kolyma waren es gewöhnt, nicht nur ohne Riva-Rocci-Apparat, sondern auch ohne Thermometer auszukommen. Das Thermometer gibt man selbst im Zentralkrankenhaus nur Schwerkranken, bei den anderen schätzt man das Fieber »nach dem Puls« – genauso macht man es auch in den zahllosen Lagerambulatorien.

All das war mir gut bekannt. In Baragon sah ich, dass der Riva-Rocci völlig in Ordnung war, der Feldscher, den ich ablöste, hatte ihn nur nicht verwendet.

Auf dem Feldscherlehrgang hatte man mich für die Verwendung des Apparates gut ausgebildet. Ich hatte eine Million Mal geübt während der Lehrzeit, man trug mir auf, sämtlichen Insassen der Invalidenbaracken den Blutdruck zu messen. Auf den Riva-Rocci war ich gut vorbereitet.

Ich übernahm den Listenbestand, zweihundert Mann, Medikamente, Instrumente, Schränke. Das ist kein Scherz – ich war freier Feldscher, wenn auch ehemaliger *seka*; ich wohnte schon außerhalb der Zone, nicht in einem Einzel-»Kabäuschen« in der Baracke, sondern im freien Wohnheim mit vier Liegen – viel karger, kälter, ungemütlicher als mein Kabäuschen im Lager.

Aber ich musste vorwärts gehen, vorwärts schauen.

Die unwesentlichen Veränderungen in meinem persönlichen Alltag bestürzten mich wenig. Alkohol trinke ich nicht, und im Übrigen war alles im Rahmen der allgemein menschlichen und also auch Häftlingsnorm.

Gleich in der ersten Sprechstunde erwartete mich an der Tür ein Mann von etwa vierzig Jahren in Häftlingsjacke, um mich unter vier Augen zu sprechen.

Ich führe im Lager keine Gespräche unter vier Augen, sie alle enden mit dem Angebot von Bestechungsgeld, wobei das Versprechen oder die Bestechung einfach so gemacht werden, aufs Geratewohl, für alle Fälle. Darin liegt ein tiefer Sinn, und irgendwann werde ich diese Frage ausführlich untersuchen.

Hier, in Baragon, war etwas im Ton des Kranken, das mich seine Bitte anhören ließ.

Der Mann bat, ihn noch einmal zu untersuchen, obwohl er die allgemeine Untersuchung schon durchlaufen hatte – etwa vor einer Stunde.

»Was ist der Grund für diese Bitte?«

»Bürger Feldscher«, sagte der Mann. »Es ist so, Bürger Feldscher, dass ich krank bin, aber man gibt mir nicht die Freilassung.«

»Wie denn das?«

»Ja, der Kopf tut mir weh, es pocht in den Schläfen.«

Ich schrieb ins Buch: Nowikow Michail Iwanowitsch.

Ich fühlte den Puls. Der Puls polterte und raste, unmöglich zu zählen. Erstaunt hob ich die Augen von der Sanduhr.

»Können Sie«, flüsterte Nowikow, »diesen Apparat dort benutzen?«, er zeigte auf den Riva-Rocci auf der Ecke des Tisches.

»Natürlich.«

»Und Sie können mir den Blutdruck messen?«

»Bitte sehr, meinetwegen sofort.«

Nowikow zog sich eilig aus, setzte sich an den Tisch und legte die Manschette um seine »Manschetten«, d.h. Arme, genauer Oberarme.

Ich steckte das Phonendoskop in die Ohren. Der Puls begann in lauten Schlägen zu pochen, das Blei des Riva-Rocci stürzte rasend nach oben.

Ich notierte die Anzeigen des Riva-Rocci – zweihundertsechzig zu hundertzehn.

»Den anderen Arm!«

Das Ergebnis war dasselbe.

Ich schrieb fest ins Buch: »Von der Arbeit zu befreien. Diagnose – Hypertonie 260/110.«

»Das heißt, ich muss morgen nicht arbeiten?«

»Natürlich.« Nowikow brach in Tränen aus.

»Was ist denn deine Frage? Wo ist der Konflikt?«

»Sehen Sie, Feldscher«, sagte Nowikow, er vermied das »Bürger« hinzuzufügen, als wollte er mich daran erinnern, dass ich ein ehemaliger *seka* bin. »Der Feldscher, den Sie abgelöst haben, konnte den Apparat nicht benutzen und sagte, dass der Apparat kaputt ist. Und ich bin Hypertoniker schon von Minsk her, vom Festland, von der Freiheit. An die Kolyma hat man mich gebracht, ohne den Blutdruck zu prüfen.«

»Nun, vorläufig bekommst du die Befreiung, und dann schreibt man dich arbeitsunfähig, und du fährst wenn nicht aufs Große Land, dann nach Magadan.«

Gleich am nächsten Tag wurde ich ins Kabinett zu Tkatschuk gerufen, dem Chef unseres Lagerpunkts im Rang eines Hauptfeldwebels. Im Prinzip soll den Posten eines Lagerpunktchefs ein Leutnant besetzen: Tkatschuk klammerte sich sehr an seine Stelle.

»Du hast hier Nowikow von der Arbeit befreit. Ich habe es überprüft – er ist ein Simulant.«

»Nowikow ist kein Simulant, sondern Hypertoniker.«

»Ich rufe an und bestelle eine Kommission. Eine ärztliche. Und dann werden wir ihn von der Arbeit befreien.«

»Nein, Genosse Natschalnik«, sagte ich, Tkatschuk auf Freienart anredend, ich war mehr gewöhnt an »Bürger Natschalnik« – noch vor einem Jahr. »Nein, Genosse Natschalnik. Zuerst befreie ich ihn von der Arbeit, und Sie rufen die Kommission aus der Verwaltung. Die Kommission bestätigt entweder mein Handeln, oder sie entlässt mich. Sie können einen Bericht über mich schreiben, aber ich bitte Sie, sich in meine rein medizinischen Dinge nicht einzumischen.«

Damit war das Gespräch mit Tkatschuk beendet. Nowikow blieb in der Baracke, und Tkatschuk bestellte die Kommission aus der Verwaltung. In der Kommission waren nur zwei Ärzte, beide mit Riva-Rocci-Apparaten – einer mit einem einheimischen, demselben wie meiner, und der andere mit einem japanischen, mit einem runden Trophäen-Manometer. Aber an das Manometer konnte man sich leicht gewöhnen.

Sie prüften Nowikows Blutdruck, die Zahlen stimmten mit meinen überein. Sie schrieben Nowikow invalide, und Nowikow erwartete in der Baracke eine Invalidenetappe oder einen durchfahrenden Begleitposten zur Abreise nach Magadan.

Mir aber dankten meine medizinischen Chefs nicht einmal.

Mein Kampf mit Tkatschuk blieb den Häftlingen in der Baracke nicht verborgen.

Die Vernichtung von Läusen, die ich mit einer Methode erreichte, die ich im Zentralkrankenhaus gelernt hatte, das Durchhitzen in Benzintanks, ist ein Ertrag des Zweiten Weltkriegs. Die Läusevernichtung im Lager, ihre Handlichkeit, die Desinfektion, Zuverlässigkeit und Schnelligkeit – die Entlausung nach meinem System versöhnte Tkatschuk mit mir.

Nowikow langweilte sich und wartete auf die Etappe.

»Ich kann ja etwas Leichtes machen«, sagte Nowikow irgendwann in meiner Abendsprechstunde. »Wenn Sie darum bitten.«

»Ich werde nicht darum bitten«, sagte ich. Nowikows Frage war zu meiner persönlichen Frage geworden, einer Frage meines Prestiges als Feldscher.

Die neuen stürmischen Ereignisse fegten das Drama des Hypertonikers und die Wunder der Entlausung beiseite.

Es kam die Amnestie, die als Berija-Amnestie* in die Geschichte einging. Ihr Text wurde in Magadan gedruckt und in alle abgelegenen Winkel der Kolyma verschickt, damit die edle Lagermenschheit spüre, sich freue und zu schätzen wisse, sich verneige und danke. Der Amnestie unterlagen alle Häftlinge, wo auch immer sie waren, und alle Rechte wurden ihnen wieder zuerkannt.

Befreit wurde der gesamte Artikel achtundfünfzig – alle Punkte, Teile und Paragraphen – mit einer Haftdauer bis zu fünf Jahren.

Nach Artikel achtundfünfzig gab man fünf Jahre nur im Morgendämmer der Jugend des Jahres siebenunddreißig. Diese Leute waren entweder gestorben oder freigelassen oder hatten eine zusätzliche Haftzeit erhalten.

Die Haftzeiten, die Garanin den Ganoven gegeben hatte – sie standen vor Gericht wegen Sabotage, nach achtundfünfzig, Punkt vierzehn –, wurden aufgehoben und die Ganoven freigelassen. Eine ganze Reihe von Sozialartikeln erhielt eine Verkürzung, das heißt, die Verkürzung erhielten die nach Artikel hundertzweiundneunzig Verurteilten.

Diese Amnestie betraf nicht die Häftlinge nach Artikel achtundfünfzig, die zum zweiten Mal verurteilt waren, sie betraf nur kriminelle Rückfalltäter. Das war eine typische Stalinsche »Volte«.

Kein einziger Mensch, der früher nach Artikel achtundfünfzig verurteilt worden war, konnte das Gebiet des Lagers verlassen. Es sei denn, man gebrauchte das Wort »Mensch« in der Terminologie der Ganoven. In der Gaunersprache bedeutet Mensch – Ganove, *urka*, Mitglied der Verbrecherwelt.

Das war der wichtigste Schluss aus der Berija-Amnestie. Berija übernahm Stalins Stafette.

Entlassen wurden nur die Ganoven, die Garanin so sehr verfolgt hatte.

Alle Kriminellen wurden nach der Berija-Amnestie »komplett« mit Zuerkennung aller Rechte freigelassen. In ihnen sah die Regierung wahre Freunde, eine solide Stütze.

Unerwartet war der Schlag nicht für die Häftlinge nach Artikel achtundfünfzig. Sie waren an solche Überraschungen gewöhnt.

Unerwartet war der Schlag für die Administration Magadans, die völlig anderes erwartet hatte. Extrem unerwartet war der Schlag für die Ganoven selbst, deren Himmel plötzlich wolkenlos war. Durch Magadan und durch alle Siedlungen an der Kolyma wanderten Mörder, Diebe, Gewalttäter, die unter allen Umständen vier oder wenigstens drei Mal am Tag essen mussten – und wenn nicht kräftige Kohlsuppe mit Hammelfleisch, dann doch mindestens Perlgraupen.

Darum war das Vernünftigste, was ein praktisch begabter Chef tun konnte, das Einfachste und das Vernünftigste – rasch den Transport für die Weiterbewegung dieser mächtigen Welle aufs Festland, auf das Große Land vorzubereiten. An Wegen gab es zwei: über Magadan und auf dem Seeweg nach Wladiwostok – der klassische Weg der Kolymabewohner mit allen Routinen und einer Terminologie noch aus den Zeiten Sachalins, noch der Zaren-, Nikolajschen Prägung.

Und es gab den zweiten Weg – durch die Tajga bis Aldan, weiter bis zum Lena-Oberlauf und per Dampfer über die Lena. Dieser Weg war weniger populär, aber sowohl Freie als auch Flüchtige erreichten das Große Land auch auf diesem Weg.

Der dritte war der Luftweg. Aber die Arktisflüge von Sewmorput* versprachen bei wechselhaftem arktischen Sommerwetter hier nur Überraschungen. Außerdem konnte die Last-»Douglas«, die vierzehn Mann aufnahm, das Transportproblem sichtlich nicht lösen.

Aber die Freiheit ist sehr begehrt, darum hatten es alle eilig, Ganoven wie *frajer*, sich die Papiere ausstellen zu lassen und loszufahren, denn — das verstanden auch die Ganoven — die Regierung kann es sich überlegen und ihre Entscheidung ändern.

Die Lastwagen aller Lager an der Kolyma wurden zum Etappieren dieser trüben Welle eingesetzt.

Und es gab keine Hoffnung, dass man unsere, die Baragoner Ganoven bald losschicken würde.

Da schickte man sie Richtung Lena zur selbständigen Reise lenaabwärts — ab Jakutsk. Die Lena-Dampfschifffahrt stellte den Befreiten einen Dampfer und verabschiedete sie mit erleichtertem Seufzen.

Unterwegs zeigte sich, dass die Lebensmittel nicht ausreichten. Bei der Bevölkerung konnte man nichts eintauschen, denn man hatte nichts zu tauschen, es gab auch keine Bevölkerung, die etwas Essbares verkaufen konnte. Die Ganoven, die den Dampfer und das Kommando (Kapitän und Steuermann) in ihre Gewalt gebracht hatten, beschlossen auf ihrer Vollversammlung: die *frajer*, ihre Mitreisenden auf dem Dampfer, zu Fleisch zu verarbeiten. Die Ganoven waren wesentlich zahlreicher als die *frajer*. Doch selbst wenn die Ganoven weniger gewesen wären, hätte sich an ihrem Beschluss nichts geändert.

Die *frajer* wurden nach und nach geschlachtet und im Schiffskessel gekocht, und bis zur Ankunft waren alle geschlachtet. Übriggeblieben, so scheint mir, war der Kapitän oder der Steuermann.

Die Arbeit in den Bergwerken war zum Stehen gekommen und nahm nur langsam den üblichen Rhythmus auf.

Die Ganoven hatten es eilig — der Fehler konnte bemerkt werden. Auch die Leitung hatte es eilig, sich von dem gefährlichen Kontingent zu trennen. Doch das war kein Fehler, sondern eine vollkommen bewusste Handlung des freien Willens Berijas und seiner Kollegen.

Ich kenne die Einzelheiten dieser Geschichte gut, weil aus Baragon in dieser Etappe ein Kamerad und Mitangeklagter des Invaliden Nowikow fuhr – Blumstejn. Blumstejn sputete sich, den Rädern der Maschine zu entkommen, er versuchte ihren Lauf zu beschleunigen und kam um.

Es gab Befehl aus Magadan – mit allen Mitteln die Beurteilung und Erledigung der Fälle zu beschleunigen. Man richtete Sonderkommissionen ein, eine Art Ausreisetribunale, die die Papiere vor Ort verteilten und nicht in der Verwaltung, in Magadan, um den fürchterlichen und trüben Druck dieser Wellen wenigstens irgendwie zu mildern. Von Wellen, die man nicht menschlich nennen konnte.

Die Kommissionen brachten die fertigen Papiere mit – diesem einen Abschlag, jenem die Umwandlung, einem dritten gar nichts und dem vierten die völlige Freiheit. Die Befreiungsgruppe, so nannte sie sich, hatte in der Lagerregistratur gute Arbeit geleistet.

Unser Lager – eine Transportaußenstelle, in der es viele *bytowiki* gab – wurde völlig entvölkert. Die angereiste Kommission überreichte in feierlicher Atmosphäre zum selben Blasorchester, dessen Silbertrompeten in den Gruben des Jahres achtunddreißig nach jedem Erschießungsbefehl einen Tusch spielten, mehr als hundert Bewohnern unseres Lagers den Reiseschein ins Leben*.

Unter diesen hundert Mann mit Befreiung oder Abschlag auf die Haftzeit (was man auf einem getippten und mit sämtlichen Wappen beglaubigten Formblatt unterschreiben musste) gab es in unserem Lager einen Mann, der nichts unterschrieb und das Formblatt zu seinem Verfahren nicht in die Hand nahm.

Dieser Mann war Michail Iwanowitsch Nowikow, mein Hypertoniker.

Der Text der Berija-Amnestie war an alle Zäune in der Zone geheftet, und Michail Iwanowitsch Nowikow hatte Zeit gehabt, ihn zu lesen, zu bedenken und eine Entscheidung zu treffen.

Nach seinem Kalkül sollte Nowikow komplett und nicht mit irgendeiner Haftverkürzung freigelassen werden. Komplett, wie ein Ganove. In den Papieren aber, die man Nowikow brachte, hatte man nur die Haftzeit geändert, sodass noch ein paar Monate bis zum Eintritt in die Freiheit blieben. Nowikow nahm die Papiere nicht entgegen und unterschrieb nichts.

Die Vertreter der Kommission sagten Nowikow, er solle den Bescheid über die Neuberechnung seiner Haftzeit nicht zurückweisen. Man werde ihn in der Verwaltung revidieren und, falls man einen Fehler gemacht hat, den Fehler korrigieren. An diese Möglichkeit wollte Nowikow nicht glauben. Er nahm die Papiere nicht an und reichte seinerseits Einspruch ein, er wurde von einem Juristen geschrieben, seinem Minsker Landsmann Blumstejn, mit dem Nowikow durch das Weißrussische Gefängnis und das Lager an der Kolyma gegangen war. In der Baragoner Baracke schliefen sie auch gemeinsam und, wie die Ganoven sagen, »aßen aus demselben Napf«. Einen Einspruch mit eigener Berechnung der eigenen Haftzeit und der eigenen Möglichkeiten.

So blieb Nowikow in der entvölkerten Baragoner Baracke, mit dem Beinamen eines Dummkopfs, der der Leitung nicht glauben will.

Derartige Einsprüche von erschöpften, müden Leuten im Moment einer aufgekommenen Hoffnung sind eine extreme Seltenheit an der Kolyma und überhaupt in den Lagern.

Nowikows Eingabe wurde nach Moskau geschickt. Selbstverständlich! Seine juristischen Kenntnisse und das Ergebnis dieser Kenntnisse konnte nur Moskau anfechten. Das wusste auch Nowikow.

Ein trüber blutiger Strom ergoss sich über die Erde der Kolyma, über die Trassen, und drängte ans Meer, nach Magadan, in die Freiheit des Großen Landes. Ein anderer trüber Strom drängte über die Lena und stürmte die Anleger, Flugplätze, Bahnhöfe Jakutiens, Ost- und Westsibiriens, ergoss sich bis Irkutsk, bis Nowossibirsk und strömte weiter aufs Große Land und verschmolz mit den trüben, ebenso blutigen Wellen der Magadaner und Wladiwostoker Ströme. Die Ganoven veränderten das Klima der Städte – in Moskau raubten sie ebenso leicht wie in Magadan. Nicht wenige Jahre wurden darauf verwendet, nicht wenig Menschen kamen um, bis die trübe Welle zurück hinter Gitter gedrängt war.

Tausende neue »Latrinenparolen« krochen in die Lagerbaracken, eine fürchterlicher und phantastischer als die andere.

Mit Kurierpost kam aus Moskau über Magadan nicht eine Latrinenparole – Latrinenparolen kommen selten mit der Kurierpost –, sondern ein Dokument über die vollständige Befreiung Nowikows.

Nowikow bekam seine Papiere, verspätet selbst zum Torschluss der Amnestie, und wartete auf eine Fahrgelegenheit, voller Angst vor dem bloßen Gedanken, er könne denselben Weg gehen wie Blumstejn.

Nowikow saß jeden Tag bei mir auf dem Liegebett im Ambulatorium und wartete, wartete ...

Zu dieser Zeit hatte Tkatschuk erstmals nach der verheerenden Amnestie Nachschub von Leuten erhalten. Das Lager wurde nicht geschlossen, es vergrößerte sich sogar und wuchs. Unserem Baragon wurde eine neue Unterbringung zugewiesen, eine neue Zone, in der Baracken errichtet wurden, und also auch eine Wache, Wachtürme, ein Isolator und ein Platz für das Ausrücken zur Arbeit. Am Torgiebel war schon die offiziell übliche Losung angeschlagen: »Die Arbeit ist eine Sache der Ehre, eine Sache des Ruhmes, der Tapferkeit und des Heldentums.«

An Arbeitskräften gab es soviel man wollte, die Baracken waren aufgestellt, doch das Herz des Chefs des Lagerpunkts war bedrückt: es gab kein Beet, es gab keinen Rasen mit Blumen. Alles war bei der Hand – Gras, Blumen, Rasen und Latten für den Vorgarten, es gab nur keinen Menschen, der Beete und Rasen abstecken konnte. Und ohne Beete und Rasen, ohne Lagersymmetrie – was ist denn das für ein Lager, und sei es auch dritter Klasse. Baragon war von Magadan, Sussuman, Ust Nera weit entfernt.

Doch auch die dritte Klasse verlangt nach Blumen und Symmetrie.

Tkatschuk befragte jeden einzelnen Lagerinsassen, fuhr in den benachbarten Lagerpunkt – nirgends gab es einen Menschen mit Ingenieurausbildung, einen Techniker, der Rasen und Beet ohne Nivellierinstrument abstecken konnte.

So ein Mensch war Michail Iwanowitsch Nowikow. Aber Nowikow, tief gekränkt, wollte nicht einmal zuhören. Tkatschuks Befehle waren für ihn schon keine Befehle mehr.

Tkatschuk, in der grenzenlosen Gewissheit, dass ein Häftling alles vergisst, bot Nowikow an, das Lager abzustecken. Doch das Gedächtnis des Häftlings merkte sich viel mehr, als der Chef des Lagerpunkts gedacht hatte.

Der Tag der »Inbetriebnahme« des Lagers rückte näher. Das Blumenbeet konnte niemand abstecken. Zwei Tage vor der Eröffnung überwand Tkatschuk seine Eigenliebe und bat Nowikow – er befahl nicht, er riet nicht, sondern bat.

Auf die Bitte des Chefs des Lagerpunkts reagierte Nowikow so:

»Es kommt gar nicht in Frage, dass ich auf Ihre Bitte im Lager irgendetwas tue. Aber um Ihnen herauszuhelfen, schlage ich Ihnen eine Lösung vor. Bitten Sie Ihren Feldscher, dass er es mir sagt – und in etwa einer Stunde ist alles fertig.«

Dieses ganze Gespräch mit den entsprechenden schmutzigen Flüchen an Nowikows Adresse wurde mir von Tkatschuk wiedergegeben. Ich überlegte und bat Nowikow, das Lager abzustecken. Nach etwa zwei Stunden war alles fertig, und das Lager glänzte vor Sauberkeit. Die Beete waren umgegraben, die Blumen gesetzt, der Lagerpunkt eröffnet.

Nowikow verließ Baragon mit der allerletzten Etappe des Winters dreiundfünfzig-vierundfünfzig.

Vor der Abreise sahen wir uns.

»Ich wünsche Ihnen, von hier wegzufahren, tatsächlich freigelassen zu werden«, sagte mir der Mann, der sich selbst befreit hatte. »Es geht darauf hin, ich versichere Sie. Viel würde ich dafür geben, Sie irgendwo in Minsk oder in Moskau zu treffen.«

»Das sind alles Dummheiten, Michail Iwanowitsch.«

»Nein, nein, keine Dummheiten. Ich bin Prophet. Ich ahne es, ich ahne Ihre Freilassung voraus!«

............................................

Drei Monate später war ich in Moskau.

<1972>

Franziska Thun-Hohenstein
»Die Kraft des Authentischen«

»Ich schreibe Gedichte seit meiner Kindheit, in meiner Jugend wollte ich Shakespeare werden oder, zumindest, Lermontow und war überzeugt, die Kraft dafür zu besitzen«, vermerkte Warlam Schalamow am 5. August 1964 in einem Brief an Boris Lesnjak, einen ehemaligen Arzthelfer, mit dem er seit der gemeinsamen Zeit im Lager befreundet war: »Der Hohe Norden, genauer gesagt, das Lager, denn der Norden erschien mir nur in seiner Lager-Gestalt, hat alle meine Vorsätze zunichte gemacht. Der Norden verstümmelte, verarmte, verengte, verunstaltete meine Kunst und hinterließ in der Seele nur großen Zorn, dem ich mit den Überresten meiner schwächer werdenden Kräfte diene. Darin und nur darin liegt die Bedeutung des Hohen Nordens für mein Schaffen. Das Lager an der Kolyma ist (wie jedes Lager) eine negative Schule von der ersten bis zur letzten Stunde. Der Mensch sollte, um Mensch zu sein, das Lager nicht kennen und sogar nicht einmal sehen. Der Norden hat mir keinerlei Geheimnisse der Kunst eröffnet.« Kaum zu überhören sind die bitteren Untertöne Schalamows im Rückblick auf den eigenen schriftstellerischen Werdegang nach fast vierzehn Jahren Lagerhaft in der fernöstlichen Kolyma-Region.

Genau vierzig Jahre war es her, dass der siebzehnjährige, als Sohn eines orthodoxen Priesters in der nordrussischen

Provinzstadt Wologda aufgewachsene Warlam Schalamow (1907-1982) nach Moskau aufgebrochen war, um »den Himmel zu erstürmen«. Moskau, die Hauptstadt, schien ihm alle Wege zu öffnen, um am revolutionären Aufbruch in eine neue Welt teilhaben zu können, sei es durch die, wie er hoffte, bei Künstlern der linken Avantgarde erlernbare Schärfung des eigenen Dichterwortes, sei es durch politisches Handeln.

Doch auf die Euphorie folgte die Ernüchterung: Führende Vertreter der »Linken Front der Künste« (LEF) wie Wladimir Majakowskij oder Ossip Brik weckten in ihm Zweifel an der Notwendigkeit von Dichtung. Und Sergej Tretjakow, der Begründer der »Literatur des Faktums«, der die operative, unmittelbar ins Leben eingreifende Kraft der literarischen Skizze favorisierte, schürte diese Zweifel noch. Im Rückblick schrieb Schalamow, er sei wegen seiner eigenen Widerspenstigkeit, aber auch weil »ihm die Gedichte leid getan« hätten, nicht mehr lange zu den Treffen bei Tretjakow gegangen. Befreit vom »geistigen Joch« der »Literatur des Faktums« habe er »voller Zorn« Gedichte geschrieben, über den Regen, die Sonne, kurz über alles, was die LEF ablehnte. Niemand aber habe seine Gedichte drucken wollen. Auch seine politischen Aktivitäten, die ihn in die Reihen der linken Opposition führten, hatten für den Studenten des »sowjetischen Rechts« ein gänzlich anderes als das erhoffte Resultat: Er wurde denunziert, 1928 aus der Universität ausgeschlossen, später verhaftet und wegen »konterrevolutionärer Agitation und Organisation« zu drei Jahren Lagerhaft im Nordural verurteilt (1929-1931); 1931 kehrte er nach Moskau zurück, arbeitete als Journalist, schrieb Reportagen und Erzählungen; 1937 wurde er zum zweiten Mal verhaftet und zu fünf Jahren Lagerhaft wegen »konterrevolutionärer trotzkistischer Tätigkeit« verurteilt, schließlich im Lager (1943) erneut denunziert und zu weiteren zehn Jahren Lagerhaft verurteilt. Nahezu siebzehn Jahre sollte es dauern, bis Schalamow im November 1953 die Region der Kolyma wieder verlassen durfte. (Ausführlicher zu Leben und Werk Warlam Schalamows siehe das Nachwort in: Warlam Schalamow, »Durch den Schnee. Erzählungen aus Kolyma I«. Aus dem Russischen von Gabriele Leupold. Herausgegeben und mit einem Nachwort von Franziska Thun-Hohenstein. Matthes & Seitz Berlin 2007)

Sein Überleben hielt Schalamow für das Ergebnis glücklicher Zufälle und einer auch für ihn erstaunlichen körperlichen Zähigkeit. Er hatte sein Leben den extremen Umständen an der Kolyma buchstäblich abgetrotzt. Zu einem Symbol der Rückkehr ins Leben wurde für ihn die Wiederkehr der Dichtung, die Auferweckung des Dichter-Wortes noch während der letzten Jahre im Lager, in denen er als Arzthelfer etwas leichtere Lebensbedingungen hatte. Zum Zeitpunkt, als Schalamow die eingangs zitierten Briefzeilen an Boris Lesnjak schrieb, lebte er seit acht Jahren wieder in Moskau und arbeitete bereits seit einem Jahrzehnt unter Hochdruck an seiner Prosa über die Kolyma. Selbstbewusst sprach er schon 1956 von deren grundlegendem literarischem Neuwert.

»Wie tritt man einen Weg in unberührten Schnee?« – mit dieser Frage beginnt die erste von Warlam Schalamows »Erzählungen aus Kolyma«. Einprägsam und mit präziser Kenntnis kleinster Details wird in »Durch den Schnee« geschildert, wie mehrere Männer irgendwo in einer von Menschen unberührten Gegend mühsam einen Pfad durch den Schnee bahnen. Der erste Mann gehe weit voraus, markiere den Weg »mit ungleichen schwarzen Löchern«, bleibe dabei jedoch immer wieder »im lockeren Tiefschnee« stecken. Seine Fußstapfen legen eine kaum begehbare Fährte, so dass jeder der nachfolgenden fünf oder sechs Männer »auf ein Stückchen unberührten Schnee« treten müsse. Sie folgten ihm daher, traten aber nicht in die Spur des ersten Mannes, sondern um diese herum, damit überhaupt ein Weg entstehe, den Menschen, Schlitten oder Traktoren nehmen könnten. »Auf Traktoren und Pferden«, heißt es im Schlusssatz der äußerst kurzen Erzählung, »kommen nicht die Schriftsteller, sondern die Leser«. Damit wendet Schalamow die realistische Szene ins Gleichnishafte: Er verschiebt den Fokus auf die Fähigkeit der Literatur, Unbekanntes zu erschließen und er setzt sich selbst als Schriftsteller ein, der den ersten Schritt in ein noch gänzlich unerschlossenes Terrain wagt. Die Auftakterzählung zu den sechs Zyklen der »Erzählungen aus Kolyma« gewinnt die Kraft eines schriftstellerischen Credos.

Schalamow ging es aber nicht so sehr um das freie Spiel der literarischen Einbildungskraft. Seine Selbstverpflichtung, literarisch zu erfassen, was ihm und Tausenden anderen in den Lagern der Kolyma-Region – am »Pol der Grausamkeit« des stalinschen GULag – widerfahren war, verstand er zugleich als ästhetische Aufgabe, »neue Verfahren der Beschreibung zu schaffen«, um eine neue Art von Literatur, eine »neue Prosa« zu schreiben. Nach den Katastrophen des 20. Jahrhunderts, nach Auschwitz, Kolyma und Hiroshima, die sich aus seiner Sicht überall und jederzeit wiederholen könnten, hielt er es für die ethische Pflicht des Schriftstellers, die gesamte europäische humanistische Tradition mit den Mitteln der Literatur einer prinzipiellen Überprüfung zu unterziehen. Die »Vernichtung des Menschen mit Hilfe des Staates« markierte für Schalamow einen unhintergehbaren existentiellen und epistemischen Bruch. Angesichts dieser Zäsur dürfe die Literatur den Menschen nicht weiterhin mit einer trügerischen Hoffnung auf Rettung und Erlösung abspeisen.

Indem Schalamow den Autor programmatisch mit Pluto, dem Herrscher der Unterwelt, gleichsetzt, markiert er sein literarisches Sprechen als eines, das gleichsam aus dem Tod heraus erfolgt. Es ist der Mensch jenseits des Lebens, der *dochodjaga*, der in den »Erzählungen aus Kolyma« sprechen soll. Damit macht Schalamow den prekären Status des Subjekts im Lager zum Ausgangspunkt seines Erzählens.

Der Autor dürfe nicht bloß Augen- oder Ohrenzeuge der Geschehnisse sein, sondern müsse diese buchstäblich durchlebt, physisch »durchlitten« haben. Auf diese Weise, so Schalamow, sei jede Erzählung »ein Dokument über den Autor« und rücke die singuläre Erfahrung ihres Autors ins Zentrum. Der russische Schriftsteller Andrej Sinjawskij sprach von den »Erzählungen aus Kolyma« als einem »Lehrbuch des ›Materialwiderstands‹« und spielte darauf an, dass der Mensch im Lager zu bloßem »Menschenmaterial« degradiert wurde. Wo immer Schalamow die eigene Poetik literarischer Zeugenschaft erläutert, kommt er auf die Physiologie des menschlichen Körpers zu sprechen und verwendet häufig Begriffe wie Haut, Pore, Nerv, Blut oder Muskel. Die nachträgliche Rekonstruktion des im Lager Erlebten ist für ihn untrennbar an sichtbare wie unsichtbare Einschreibungen der Terror- und Gewaltpraktiken in den menschlichen Körper gebunden: »Man muss und kann eine Erzählung schreiben, die von einem Dokument nicht zu unterscheiden ist. Nur muss der Autor sein Material mit der eigenen Haut erforschen – nicht nur mit dem Geist, nicht nur mit dem Herzen, sondern mit jeder Pore seiner Haut, mit jedem Nerv.« Die Darstellung des »Durchlittenen« auf der Ebene rein physiologischer Vorgänge macht die Operationen, durch die der Mensch im Lager zum *dochodjaga* wurde, in ihrer brutalen Materialität für den Leser sichtbar und fühlbar. Es geht Schalamow um das »Wiedererwecken des Gefühls« von einst, wie er seine zentrale ästhetische Aufgabe definiert hat.

Authentizität als zentrales Kriterium seines literarischen Schreibens hervorzuheben, veranlasste Schalamow zugleich, mit aller Entschiedenheit auf den Unterschied hinzuweisen zwischen der »Wahrheit der Wirklichkeit« und der »künstlerischen Wahrheit«, die immer Auswahl, Verallgemeinerung, Zuspitzung sei: »Der dokumentarische Essay ist bis zur äußersten künstlerischen Potenz getrieben«, heißt es in einer Tagebuchnotiz über die eigene Erzählprosa. Entschieden wandte er sich immer wieder gegen jedwede politische Instrumentalisierung der Dichtkunst. Einziger Garant der künstlerischen Qualität eines literarischen Textes könne das Talent des Autors sein, wobei sich Schalamow emphatisch auf so unterschiedliche Dichter wie Alexander Puschkin oder Ossip Mandelstam berief und damit letztlich an die Tradition des romantischen Geniedenkens anknüpfte.

Schalamow war Dichter. Seine Prosa, die er selbst als »schlicht« und »klar« bezeichnete, ist die eines Dichters, der über ein besonderes Gespür für Komposition, für Rhythmisierung und Melodik der Sprache verfügte. Dabei sah sich Schalamow als unmittelbaren Erben der ästhetischen Moderne vom Beginn des 20. Jahrhunderts, vor allem der musikalischen Struktur von Andrej Belyjs Prosa, seiner Arbeit mit Variationen, mit Wiederholungen. Schalamows literarische Gestaltungskraft setzte nicht primär am Sujet ein oder am nuancierten psychologischen Portrait, das sich aus seiner Sicht für die Situation des Menschen im Lager ohnehin grundsätzlich verbot. Wichtiger war für ihn, was er im Sinne der literarischen Moderne als »musikalische Stimmung« bezeichnete: »Überprüfung am Klang. Vielschichtigkeit und Symbolik.« Dabei spiele das »Detail als Symbol« eine wesentliche Rolle, bekräftigte Schalamow 1965 im programmatischen Essay »Über Prosa«. Es sei das »Detail als Symbol«, das »Detail als Zeichen«, das die gesamte Erzählung nicht lediglich wie eine Information auf den Leser wirken lasse, sondern sie auf eine andere Ebene überführe. Für die »Reinheit der Töne« – an anderer Stelle ist sogar die Rede von der »asketischen Reinheit des Tones« – müsse vieles geopfert werden. Und das betreffe nicht nur die »Nüchternheit der Adjektive«, sondern auch die Komposition der Erzählung.

Es ist ein Raum der Willkür, der Unberechenbarkeit, in den Schalamow seine literarischen Figuren stellt, ein Raum, in dem sie mit der unaufhaltsamen eigenen physischen wie seelischen Zerstörung konfrontiert werden und dennoch versuchen zu leben, den nächsten Tag oder zumindest die nächste Stunde zu überleben. Menschen tauchen wie aus dem Nichts auf und verschwinden wieder, die meisten von ihnen spurlos, einige treten unverhofft erneut ins Blickfeld des Erzählers, aber in einer anderen Erzählung oder auch in einem anderen Zyklus, wobei die Erzählerfigur dann durchaus eine andere sein kann. In den Episoden wie bei der Figurenzeichnung mischt sich Reales mit Fiktivem. Reale und erfundene Personen sind nur schwer voneinander zu unterscheiden. Der autobiographische Ich-Erzähler tritt unter verschiedenen Namen in Erscheinung (am häufigsten als Krist oder Andrejew, manchmal aber auch offen als Schalamow). Motive wandern von einer Erzählung in eine andere, Episoden werden mehrfach erzählt, aber aus unterschiedlichen Perspektiven oder sie betreffen verschiedene Personen. Einige der Erzählungen handeln, ohne dass es der Leser gleich zu erkennen vermag, im Nordural, in der Region am Fluss Wischera, wo Schalamow seine ersten Haftzeit verbüßt hatte. Andere – wie »Das Kreuz« (1959) aus dem Zyklus »Künstler der Schaufel« – wiederum stehen thematisch außerhalb der Lagerwelt und sind doch konzeptionell untrennbar mit dem Epochenbruch verbunden, der die Maßstäbe für immer verschoben und die Fragilität des Menschen wie der Zivilisation vor Augen geführt hatte.

Auf diese Weise entsteht ein dichtes Gewebe aus eng miteinander verwobenen Erzählungen, in dem Wiederholungen, Auslassungen und Unterbrechungen ebenso ihre klare literarische Funktion haben wie die Wechsel der Erzählperspektiven oder der Raum- und Zeitkoordinaten. Die kurze poetische Skizze »Das Krummholz« (1960) aus dem ersten Erzählzyklus schildert nicht einfach die Landschaft an der Kolyma, sondern ist Schalamow wichtig, wie er unterstreicht, »als Seelenzustand«, den man »für den Kampf« brauche in den Erzählungen »Schocktherapie« (1956), »Die Juristenverschwörung« (1962) und »Typhusquarantäne« (1959). Schalamow war sich bewusst, dass er seinen Leser auf sehr direkte Weise mit dem Kampf ums Überleben in den Lagern konfrontierte. Es war ein Kampf, den er selbst in der von Kälte, Gewalt und harter physischer Arbeit beherrschten Realität des Lagers jahrelang führen musste und dem er sich im Niederschreiben der »Erzählungen aus Kolyma« nochmals stellte. Schalamow wusste, welche seelischen Kräfte dieser Kampf dem Leser abverlangen werden und war daher darauf bedacht, ihn entsprechend zu wappnen, ihm auch Momente des Innehaltens, des Durchatmens oder sogar der Entspannung zu verschaffen.

Die Eigenheiten der Poetik der »Erzählungen aus Kolyma« legen den Schluss nahe, ihr Autor sei der reale Träger der in den Erzählungen beschriebenen Erfahrungen, und nicht nur sein Körper, sondern ebenso sein Gedächtnis sei von Narben gezeichnet. In der gleichen Weise wie das Gedächtnis des Kolyma-Überlebenden sei auch das Textgewebe der »Erzählungen aus Kolyma« von Narben, von Unebenheiten und Unterbrechungen gezeichnet. Dieses Argument gewinnt an Kraft, bedenkt man, dass Schalamow, wie aus Selbstzeugnissen und Erinnerungen hervorgeht, über ein außerordentliches Gedächtnis verfügte. Auch hatte er sich zeitlebens für Geschichte interessiert, insbesondere für die Geschichte der revolutionären Freiheitsbewegung in Russland, und in der Moskauer Lenin-Bibliothek, soweit ihm das möglich war, in alten Publikationen historische Recherchen betrieben für die »Erzählungen aus Kolyma« und die anderen Prosatexte – für die beiden »Antiromane« über seine Kindheit (»Die vierte Wologda«, 1968-1971) und die erste Gefängnis- und Lagerhaft (»Wischera«, 1971) sowie für die fragmentarischen Erinnerungen an Moskau der 1920er/1930er Jahre und an die Kolyma.

Da Schalamow den Dokumentcharakter seiner Erzählungen hervorhob, fallen faktische Ungenauigkeiten sowie betont subjektive Wertungen stärker ins Gewicht und öffnen den Horizont für unterschiedliche Interpretationen. Das betrifft beispielsweise die Frage, warum Schalamow den einstigen Medizinstudenten und Häftling Sergej Michajlowitsch Lunin, der im Mittelpunkt der Erzählung »Der Nachkomme des Dekabristen« (1962) aus dem ersten Zyklus steht und auch in anderen Erzählungen eine Rolle spielt, zum unmittelbaren Nachfahren des Dekabristen Michail Lunin (1787-1845) erklärt, obgleich dieser keine direkten Nachkommen hatte. Auch werde, so wird in Erinnerungen anderer Kolyma-Überlebender vermerkt, die Figur des Lunin von Schalamow wider besseres Wissen in einem eindeutig negativen Licht dargestellt, wie in »Iwan Bogdanow« (1970-1971), wo er als »Beschützer der Ganoven« bezeichnet wird.

Eine weitere zunächst irritierende Ungenauigkeit betrifft die Figur des Sozialrevolutionärs Andrejew, der in der Erzählung »Das beste Lob« (1964) aus dem zweiten Zyklus »Linkes Ufer« unter seinem vollen Namen Aleksandr Georgijewitsch Andrejew erscheint und von dem der Ich-Erzähler in der Zelle des Butyrka-Gefängnisses 1929 ein für ihn, wie es heisst, »prophetisches Lob« erhält: »Sie *können* im Gefängnis sitzen, Sie können es.« Schalamow bezeichnet ihn, obgleich er das nicht der historischen Wahrheit entspricht, nicht nur als Mitglied, sondern als Generalsekretär der in der Sowjetunion bis Anfang der dreißiger Jahre zugelassenen Vereinigung der politischen *katorga*-Häftlinge und Verbannten. In anderen Erzählungen verbirgt sich hinter dem Namen Andrejew das autobiographische Erzähler-Ich Warlam Schalamows.

Unterschiedlich gewertet werden werden auch Ungenauigkeiten bei historischen Fakten aus der Geschichte des GULag-Systems oder widersprüchliche Darstellungen ein und desselben Ereignisses in verschiedenen Erzählungen – sei es z.b. die Frage nach der unmittelbaren Beteiligung Garanins, eines der Leiter des Dalstroj, an den Massenerschießungen an der Kolyma von 1938, sei es die Frage, ob sich die Ereignisse während einer Razzia zu Schalamows Zeit im Lagerkrankenhaus wirklich so abgespielt haben wie in der gleichnamigen Erzählung beschrieben (»Die Razzia«, 1965) oder sei es auch der für das weitere Schicksal des Ich-Erzählers entscheidende Wegfall des Buchstabens »T« (für »trotzkistisch«) in der Urteilsbegründung nach dem Prozess von 1943. Das Urteil wurde als Buchstabenfolge kodiert, wobei das T in KRTD – für »konterrevolutionär-trotzkistische Tätigkeit« – die Lage des Verurteilten erschwerte und u.a. zur Folge hatte, dass er nach der Entlassung aus dem Lager keinen Pass ausgehändigt bekam.

Schalamow war Schriftsteller und kein Historiker. Die (vermeintlichen) Ungenauigkeiten, Widersprüchlichkeiten oder Fehlleistungen seines Gedächnisses sind nicht so sehr als Produkte einer schöpferischen Phantasie zu lesen, die den fehlenden Zugang zu historischen Dokumenten über die Geschichte des GULag kompensieren musste. Schalamows jeweilige literarische Version, sein Umgang mit einzelnen

Fakten ist stets einer spezifischen künstlerischen Aufgabe untergeordnet und zielt immer auf das »Detail als Symbol«, das dem Leser einen Überschuss an Deutungspotenzial bieten soll. Ob sich der reale Schalamow angesichts einer Razzia seinerzeit wirklich eigenmächtig aus dem Krankenhaus entfernt hatte oder ob er rechtzeitig von jemandem gewarnt und geschützt wurde, ist für die Komposition einer Erzählung, die die Abhängigkeit des Einzelnen von Zufällen im Lager zeigt, letztlich nicht von entscheidender Bedeutung. Die biographische Ungenauigkeit in Bezug auf den Sozialrevolutionär Andrejew, dem eine herausragendere Position innerhalb der Bewegung der ehemaligen Polithäftlinge der Zarenzeit zugeschrieben wird, ist auch als Versuch zu deuten, ihn als eine Art symbolischer Vorbildfigur aufzuwerten. Nicht zufällig wählt er den Nachnamen Andrejew als *alter ego* in zahlreichen Erzählungen, wie u.a. in »Die Juristenverschwörung«, »Typhusquarantäne«, »Juni« (1959), »Mai« (1959).

Die auffallenden poetologischen Eigenheiten der »Erzählungen aus Kolyma« zeugen in erster Linie von der Fähigkeit Schalamows, ein Textgewebe zu schaffen, das der von Unberechenbarkeit und Undurchschaubarkeit gekennzeichneten Situation des einzelnen Häftlings in der Lagerwelt adäquat ist und doch – thematisch wie durch die Formgebung – von der grundsätzlichen Überwindbarkeit des Todes kündet. Dieses ausgeprägte Formbewusstsein, von Jelena Wolkowa prägnant als »Katharsis der Form« bezeichnet, manifestiert einen ästhetischen wie menschlichen Sieg Schalamows.

Der Autor der »Erzählungen aus Kolyma« war sich seiner künstlerischen Leistung bewusst, verteidigte insbesondere die innere Geschlossenheit und Durchdachtheit aller Zyklen. Die öffentliche Anerkennung aber blieb Schalamow in der Sowjetunion wie im Westen versagt. Als Autor von Lagerliteratur stand er zeitlebens im Schatten Aleksandr Solshenizyns, dessen künstlerisches Aufklärungsbuch über das Stalinsche Lagersystem »Der Archipel Gulag« insbesondere nach der 1974 erfolgten Ausweisung Solshenizyns aus der Sowjetunion weltweite Beachtung fand. Da der GULag aus der offiziellen sowjetischen Erinnerungskultur ausgeblendet wurde, konnte Schalamow in seiner Heimat ausschließlich als Autor einiger schmaler, von der Zensur entstellter Gedichtbände in Erscheinung treten, während sein Hauptwerk, die »Erzählungen aus Kolyma«, unveröffentlicht blieb. Schalamow war auf die Kommunikation mit jenen angewiesen, denen er vertraute und seine Manuskripte zu lesen gab. Mit diesem Schritt aber traten die Texte in die internen Kommunikationskreise des Samisdat ein, wo sie unabhängig von ihrem Autor kursierten, gelesen, vielfach abgetippt und weitergereicht wurden. Ende der sechziger Jahre gelangten sie über verschiedene Kanäle ins westliche Ausland und wurden in russischen Emigrantenzeitschriften publiziert. Erste Übersetzungen ins Deutsche und Englische erschienen.

Zu Lebzeiten Schalamows wussten vermutlich nur wenige Eingeweihte, dass es sich bei den »Erzählungen aus Kolyma« nicht um einzelne Erzählungen über den Lageralltag handelte, sondern um ein sorgsam durchkomponiertes literarisches Ganzes, genauer gesagt, um eine aus sechs Teilen bestehende Sammlung von Novellen. Das gesamte Textkorpus umfasst 155 Erzählungen, an denen der Schriftsteller über einen Zeitraum von nahezu zwanzig Jahren, zwischen 1954 und Anfang der siebziger Jahre, arbeitete. Die Datierungen der Erzählungen legen zunächst die Vermutung nahe, die sechs Zyklen folgten der Chronologie ihrer Entstehungszeit: Die dreiunddreißig Erzählungen des ersten Zyklus, der wie das gesamte Textkorpus den Titel »Erzählungen aus Kolyma« trägt, entstanden von 1954 bis 1962. Die Entstehungsdaten der Erzählungen aus den beiden folgenden Zyklen sind identisch – die fünfundzwanzig Erzählungen des zweiten Zyklus »Linkes Ufer« wie die achtundzwanzig des dritten Zyklus »Künstler der Schaufel« wurden zwischen 1959 und 1965 geschrieben. Die »Skizzen aus der Verbrecherwelt« des vierten Zyklus nehmen eine Sonderstellung ein, Schalamow verfasste sie alle innerhalb des Jahres 1959. Auch verweist bereits der Titel darauf, dass es sich um einen Texttyp handelt, dessen fiktionale Qualitäten zugunsten einer auf den Gegenstand – die Verbrecherwelt – bezogenen Darstellung in den Hintergrund treten. Der fünfte Zyklus »Die Auferweckung der Lärche« wiederum enthält dreißig Erzählungen aus den Jahren 1965 bis 1967, während die überwiegende Mehrzahl der einundzwanzig Erzählungen des letzten Zyklus »Der Handschuh« erst Anfang der siebziger Jahre, zwischen 1970 und 1973, entstanden. Die Ausnahme bilden vier Erzählungen aus den sechziger Jahren: »Der Mann vom Dampfer« (1962), »Lektionen der Liebe« (1963), »Der Oberstleutnant des Medizinischen Dienstes« (1963) und »Das Schachspiel von Doktor Kusmenko« (1967).

Doch der erste Eindruck einer Anordnung der Erzählzyklen entsprechend der Chronologie ihrer Entstehung täuscht. Die Komposition der »Erzählungen aus Kolyma« folgt einer anderen Logik. Schalamow hatte klare Vorstellungen von der poetologischen Struktur der einzelnen Erzählungen wie aller Zyklen. Aus Selbstzeugnissen und aus Erinnerungen geht hervor, dass er in Fragen der Komposition zumindest in Einzelfällen das Gespräch mit anderen suchte. Belegen lässt sich ein solcher Austausch bislang nur für die sechziger Jahre. Das mag aber auch der Tatsache geschuldet sein, dass sich der Gesundheitszustand Schalamows, insbesondere sein Hörvermögen, Anfang der siebziger Jahre deutlich verschlechterte, er zog sich in der Folge immer mehr in sich selbst zurück und brach die Kontakte zu vielen rigoros ab.

Zu den wichtigsten Gesprächspartnern Mitte der sechziger Jahre gehörte Nadeshda Mandelstam, die Witwe des im GULag umgekommenen Dichters Ossip Mandelstam. Schalamow hatte 1965 das Manuskript der »Erinnerungen« Nadeshda Mandelstams gelesen und ihrer menschlichen wie literarischen Leistung, insbesondere ihrer »ökonomischen« und »sachlichen« Sprache hohes Lob gezollt. Sie hatte seiner Ansicht nach »eine neue Form der Memoria« in der russischen Literatur geschaffen, deren wohldurchdachtes Zusammenspiel so unterschiedlicher Strukturelemente wie eines chronologischen Berichts über das Leben des Dichters Ossip Mandelstam, Portraitskizzen, historisch-philosophischer Exkurse, Alltagsszenen oder auch kunstphilosophischer Reflexionen den Text zu einem bleibenden »Denkmal« des von Epochen- und Biographiebrüchen geprägten Jahrhunderts russischer Geschichte machte.

Schalamow legte Wert auf ihr kritisches Urteil, er gab ihr seine Erzählungen zu lesen und gewährte ihr sogar einen Einblick in seine Überlegungen über den Aufbau der einzelnen Zyklen. So schrieb er Nadeshda Mandelstam in einem Brief vom 21. Juli 1965: »Im Band ›Künstler der Schaufel‹ muss als Abschluss ›Der Zug‹ stehen. Ich habe zwei neue Erzählungen aufgenommen, die ich Ihnen noch nicht zeigen konnte (›Die Jagd nach dem Rauch der Lokomotive‹ und ›RUR‹). Diese Erzählungen bringe ich mit. Außerdem bringe ich noch verschiedene andere Aufzeichnungen mit. Die Erzählungen in ›Künstler der Schaufel‹ sind ein wenig umgruppiert. Mir scheint, so ist es stärker, besser. ›Das Akademiemitglied‹ ist in einen anderen Band eingegangen, der nicht ›Lektionen der Liebe‹ (so der Titel einer der Erzählungen) heißen wird, sondern ›Linkes Ufer‹, die offizielle geographische Bezeichnung jener Siedlung an der Kolyma, in der ich sechs Jahre gelebt habe.« Nadeshda Mandelstam ging in ihrem Antwortbrief nur kurz auf Schalamows Bemerkungen ein, sie pflichtete ihm vor allem hinsichtlich der Veränderung des Titels bei: »Es ist gut, dass Sie den Titel der Sammlung verändert haben. ›Lektionen der Liebe‹ ist nicht ganz passend ... ›Linkes Ufer‹ ist durchaus ›geographisch‹.« Der »geographische« Titel des zweiten Zyklus ist geblieben, andere Entscheidungen sind aber von Schalamow später mit Blick auf die Gesamtkomposition – 1965 arbeitete er, wie aus der Briefstelle auch hervorgeht, parallel am zweiten und dritten Zyklus – noch revidiert worden. So verschob er beispielsweise die Erzählung »Lektionen der Liebe« noch aus dem zweiten in den sechsten Zyklus »Der Handschuh«.

Eine andere Spur führt zum Philologen Leonid Pinskij (1906-1981), einem hervorragenden Kenner der westeuropäischen Literatur der Renaissance, der im Zuge der Stalinschen antijüdischen Kampagne gegen den »Kosmopolitismus« 1951 verhaftet und zu zehn Jahren Lagerhaft verurteilt worden war, nach seiner Rehabilitierung 1956 aber wieder in Moskau lebte. Schalamow war in den sechziger Jahren Gast bei dessen ›Freitagstreffen‹, zwanglosen Treffen von Dichtern, Schriftstellern und Malern, die zur erstarkenden Subkultur der Dissidenten gehörten. Pinskijs Witwe, die Übersetzerin Jewgenija Lyssenko, erwähnt in ihren Erinnerungen, ihr Mann habe Schalamow geholfen, die einzelnen Erzählungen über die Lager an der Kolyma zu Zyklen zusammenzustellen. Der Hinweis ist aufschlussreich, hatte sich Leonid Pinskij doch mit der Novellistik der Renaissance beschäftigt. Und Schalamow, der sich zeitlebens intensiv mit der literarischen Kurzform des Erzählens auseinandersetzte, bezeichnete sich durchaus auch als einen Novellisten: »Wie jeder Novellist«, schrieb er 1971, »messe ich dem ersten und dem letzten Satz eine außerordentliche Bedeutung zu.«

Mit der gleichen Sorgfalt sind alle sechs Zyklen durchkomponiert, wobei nicht nur dem ersten und dem letzten Satz jeder Erzählung, sondern auch der ersten und der letzten Erzählung jeweils eine besondere Bedeutung zukommt. Die einzelnen Zyklen unterscheiden sich in ihrer Erzählerperspektive, in dem jeweils entworfenen Raum-Zeit-Kontinuum.

So beginnt der erste Zyklus mit der eingangs erwähnten Erzählung »Durch den Schnee« (1956), in der es im übertragenen Sinne auch um einen literarischen Pfad geht, den der Schriftsteller bahnt, um den Leser in die menschenvernichtende Lagerwelt einzuführen. Am Ende des Zyklus, in »Typhusquarantäne« (1959), steht der Versuch des Ich-Erzählers, den Aufenthalt in einer Quarantänebaracke so lange wie möglich auszudehnen und den drohenden Abtransport in die Goldminen zu vermeiden. Es bleibt ein vergebliches Unterfangen, denn am Ende steht für ihn die erneute Etappe ins Ungewisse. In ihrer Gesamtheit entwerfen die Erzählungen des ersten Zyklus das Raum-Zeit-Kontinuum einer extrem – auf den Lagerpunkt, die Goldmine, die Baracke – begrenzten Lagerwelt auf der ohnehin als Insel geltenden Kolyma-Region.

Im zweiten Zyklus »Linkes Ufer« weitet sich der Horizont – die Erzählerperspektive ist nicht mehr die des Häftlings in der Goldmine, sondern des Arzthelfers in einem Lagerkrankenhaus, der mehr gesehen hat, mehr erlebt hat. Raum und Zeit werden weiter gefasst: Vor dem Hintergrund des an der Kolyma Erlebten, das die Maßstäbe für immer verschoben hatte, werden schlaglichtartig Situationen aus dem Leben vor und nach der Kolyma skizziert – Szenen, die im Moskauer Butyrka-Gefängnis spielen, in dem Schalamow 1929 inhaftiert war (»Das beste Lob«), oder im Gebiet am nordsibirischen Fluss Wischera, der Region der ersten Lagerhaft Schalamows (»Die Diamantenkarte«), oder auch in einer Moskauer Wohnung in den 1950er Jahren (»Das Akademiemitglied«).

Das Thema des Gedächtnisses, von Erinnern und Vergessen strukturiert den gesamten Zyklus. Die erste Erzählung »Der Statthalter von Judäa« (1965) greift den Titel einer Erzählung von Anatole France auf. Geht es bei France um den Gedächtnisverlust von Pontius Pilatus, der sich nach siebzehn Jahren nicht mehr an Christus erinnerte, so steht bei Schalamow ein freier Lagerarzt im Mittelpunkt, der Jahre später die grausamen Geschehnisse an der Kolyma aus seinem Gedächtnis bewusst getilgt hat. In »Das Akademiemitglied« (1961) kommt es im Moskau des Jahres 1957, ein Jahr nach der Öffnung der Lager, zum Zusammentreffen zwischen einem Journalisten und einem namhaften Wissenschaftler. Die autobiographischen Bezüge sind kaum zu übersehen, zumal Schalamow zu dieser Zeit als Journalist für die Literaturzeitschrift »Moskwa« arbeitete. Der Journalist und der Wissenschaftler verkörpern gleichsam die Gegenpole Erinnern und Vergessen: Der Journalist erinnert sich unter großen Schmerzen an all das, was ihm im Lager widerfahren war und was er aus Gründen des Selbstschutzes eigentlich besser vergessen sollte. Sein Antipode, der erfolgreiche Wissenschaftler, ein Zeitzeuge des massenhaften Terrors, hat die Geschehnisse von einst vollständig aus seinen Erinnerungen getilgt. Die letzte Erzählung »Sentenz« (1965) über einen Häftling, zu dem Sprache und Erinnerung ganz ohne sein eigenes Zutun zurückkehren, kann als eine Art Hymnus auf das Gedächtnis gelesen werden. Die Erinnerung an ein einzelnes, dem Ich-Erzähler zunächst völlig unverständliches lateinisches Wort (Sentenz), das unverhofft in die arme und grobe Lagersprache eingedrungen war, wird hier zum Symbol des Lebens, des Überlebens. Es ist symptomatisch, dass dieses Wort zuerst auf der Zunge entsteht, d.h. nicht Ergebnis eines bewussten Willensaktes ist. Das ist ein auch in anderen Erzählungen immer wieder vorkommendes Motiv und bringt die Überzeugung des Autors zum Ausdruck, der Mensch lebe im Lager nur durch den Instinkt und müsse auf seinen Körper hören, um zu überleben. Spuren dieses Wissens trage der menschliche Körper – sichtbar wie unsichtbar – selbst Jahrzehnte später noch in sich.

Auch in den Zyklen »Künstler der Schaufel«, »Die Auferweckung der Lärche« und »Der Handschuh« lotet Schalamow das Verhältnis von Erinnern und Vergessen aus. Dabei werden historisch weiter zurückliegende Geschehnisse einbezogen und das Spektrum an erzählerischen Mitteln wird vielfältiger. Selbst biographische Skizzen und psychologische Portraits, die er 1965 in seinem poetologischen Essay »Über Prosa« mit Blick auf den ersten Zyklus entschieden ablehnte, nehmen jetzt größeren Raum ein. Obgleich Schalamow seinem grundlegenden Prinzip der literarischen Verdichtung des Dokumentarischen treu bleibt, kommt Autobiographisches unverhüllter ins Blickfeld. Im letzten der Zyklen wird der Ich-Erzähler in vier Erzählungen offen mit dem Namen Schalamow angesprochen.

Der dritte Zyklus »Künstler der Schaufel« setzt ein mit »Der Anfall« (1960), der äußerst knappen Schilderung eines Schwindelanfalls aus der Perspektive eines Ich-Erzählers, der sich, gepeinigt von Übelkeit, erneut in der eisigen Kälte des Nordens wähnte und erst erleichtert aufatmen konnte, als er begriff, dass er nicht im Hohen Norden, sondern im Institut für Neurologie war. Die autobiographische Erzählung – Schalamow selber litt an der Ménière-Krankheit, zu deren Symptomen Drehschwindel und Hörverlust zählen – schließt mit dem für den gesamten Zyklus programmatischen Satz: »Ich hatte keine Angst vor meinen Erinnerungen.« Dieses Leitmotiv wird in der letzten Erzählung »Der

Zug« (1964) erneut aufgegriffen. Berichtet wird von einem Ich-Erzähler, der sich auf der Fahrt aus dem sibirischen Irkutsk nach Moskau befindet und von sich sagt, er werde seinem Gedächtnis nicht erlauben, etwas von dem zu vergessen, was er gesehen hatte. Welcherart diese Erinnerungen waren, erfährt der Leser aus dem lakonischen Schlusssatz: »Ich kehrte zurück aus der Hölle.«

Im Mittelpunkt der acht »Skizzen aus der Verbrecherwelt« (1959) des vierten Zyklus steht eine essayistische Erkundung der Welt der Ganoven. Deren Romantisierung in der russischen Literatur, vor allem aber die Stalinsche Politik hat der Verbrecherwelt aus Schalamows Perspektive neuen Nährboden gegeben. Am Ende steht daher ein für den Grundton der »Erzählungen aus Kolyma« ungewohnt emphatischer Appell: »Karthago muss zerstört werden! Die Welt der Ganoven muss vernichtet werden!«

In »Die Auferweckung der Lärche« verlagert sich der Akzent auf Momente der Rückkehr ins Leben. In »Der Pfad« (1967), einer poetischen Skizze, beschreibt der Ich-Erzähler einen einsamen Pfad, den er in der Tajga selbst ausgetreten hat und auf dem er während dreier Sommer Gedichte schrieb. In der titelgebenden Erzählung »Die Auferweckung der Lärche« (1966), die den Zyklus beschließt, sendet der Ich-Erzähler, ein Überlebender der Arbeitslager an der Kolyma, den vertrockneten Zweig einer sibirischen Lärche nach Moskau. Schalamow könnte zu dieser Erzählung angeregt worden sein, als Boris Lesnjak und dessen Frau, die Ärztin Nina Sawojewa, ihm Lärchenzweige aus der Kolyma-Region nach Moskau schickten. In der Erzählung stellt die Empfängerin – erkennbar die Witwe des Dichters Ossip Mandelstam, der auf dem Weg in die Kolyma-Region in einem Durchgangslager bei Wladiwostok gestorben war – diesen Zweig zum Gedenken in ein Glas mit Wasser. Der scheinbar tote Zweig erwacht nach einer gewissen Zeit zu neuem Leben. Er wird zum Symbol des Lebens und der Erinnerung. Der Anblick dieses sibirischen Zweiges, der möglicherweise dem Todesort des Dichters nahe war, bewahrt die Erinnerung und stiftet auf diese Weise Leben. Wer seine Auferweckung ansehen, seinen Duft einatmen werde, schreibt Schalamow im letzten Satz, nehme das »nicht als Erinnerung an Vergangenes, sondern als lebendiges Leben«. In der Formel vom »lebendigen Leben« klingt Christliches an. Das mag verwundern, denn der Priestersohn Schalamow betonte zeitlebens seine Areligiosität. Die Häufigkeit christlicher Motive und Sprachbilder in Gedichten wie Prosawerken deuten darauf hin, dass christliche Denkfiguren vielfach seine Weltwahrnehmung prägen.

In der Auftakterzählung des letzten Zyklus »Der Handschuh« (1972) stellt Schalamow die Frage von Erinnern und Vergessen im Kontext der Suche nach einer Schreibposition, von der aus sich das im Lager Erlebte zu einer Prosa formen lässt, die »durchlitten ist wie ein Dokument«. Es ist die abgestorbene Haut an den Händen des chronisch unterernährten Häftlings, die sich wie ein Handschuh abziehen lässt und die im Bild des »Handschuhs« zu einem vielschichtigen Symbol wird. Streng genommen bewahrt allein dieser abgestorbene Handschuh das Wissen des Häftlings, da die Spuren des erlittenen Leids regelrecht in ihn eingraviert sind. Der Handschuh aber, der in sechsunddreißig Jahren zum Teil seines Körpers geworden war, »der in Formalin oder Spiritus im Museum liegen sollte«, liegt statt dessen »im anonymen Eis«. An die Stelle der nicht mehr vorhandenen materiellen Spur (des toten Handschuhs) tritt die im Nachhinein (vom neuen Handschuh) geschriebene Erzählung. Sie wird zum Ort, an dem die Erinnerung konstituiert und aufbewahrt wird. Indem Schalamow das identische daktyloskopische Muster auf beiden Handschuhen hervorhebt, bekräftigt er den Dokumentcharakter seiner Prosa. Die Schlusssätze führen das Nachdenken fort und münden in eine prinzipielle Bekräftigung der eigenen schriftstellerischen Grundposition: »An das Böse sich vor dem Guten erinnern. An alles Gute sich hundert Jahre erinnern, an alles Schlechte – zweihundert. Darin unterscheide ich mich von allen russischen Humanisten des neunzehnten und zwanzigsten Jahrhunderts.« Den Zyklus beschließt die Erzählung »Riva Rocci« (1972), in deren letzter Satz nüchtern ein Einschnitt konstatiert wird, der zugleich einen Rückverweis auf die Selbstverpflichtung zur literarischen Erinnerungsarbeit enthält: »Drei Monate später war ich in Moskau.« Moskau bedeutete Leben.

Der (Wieder-)Eintritt ins Leben war auch ein Schritt hin zum Schreiben.

Jorge Semprúns existenzielle Frage »Schreiben oder Leben« stellte sich Schalamow nie in der gleichen Weise. Leben war für ihn identisch mit Schreiben. Und Schreiben bedeutete unmittelbare Teilhabe am Leben.

Nadeshda Mandelstam hat Warlam Schalamow einmal mit einer Avantgarde-Skulptur aus Eisen verglichen und damit ein Bild gefunden, in dem die Operationen, die das 20. Jahrhundert russischer Geschichte am Menschen vorgenommen hat, gleichnishaft verdichtet sind.

# Anmerkungen

*In den Anmerkungen werden Begriffe, geographische Bezeichnungen, Personennamen u.a.m. erläutert, die im Text mit \* versehen sind. Weitere Begriffe, die in mehr als einer Erzählung vorkommen, finden sich in alphabetischer Reihenfolge im Glossar. Spitze und eckige und an wenigen Stellen auch runde Klammern stammen von der Herausgeberin der russischen Werkausgabe. Die wissenschaftliche Transkription der Namen wird, falls abweichend, in Klammern eingefügt.*

## Die Auferweckung der Lärche

### Graphit

Theodolit – ein Winkelmessinstrument, das in der Landvermessung und der Seefahrt eingesetzt wird.

Benzoeharz – Harz des Benzoebaumes; wichtiger Bestandteil des in der orthodoxen Kirche verwendeten Weihrauchs; für den Priestersohn Schalamow tatsächlich ein Geruch aus der Kindheit.

Andrej Bogoljubskij – (ca. 1111-1174, ermordet); russischer Fürst; Sohn von Jurij Dolgorukij (1090-1157; seit 1155 Großfürst von Kiew); Hauptziel seiner Politik war die Bildung einer Zentralmacht in Russland; wurde 1707 durch die russisch-orthodoxe Kirche heiliggesprochen.

Alphonse Bertillon – (1853-1914); französischer Kriminalist und Anthropologe; entwickelte das erste anthropometrische System zur Personenidentifizierung.

*Stille*

Tschimkent – früherer Name der Stadt Schymkent im heutigen Kasachstan.

als Klasse liquidiert – Anspielung auf die Entkulakisierung (siehe Glossar: Entkulakisierte).

Stadt Gorkij – Stadt an der Wolga, historischer Name: Nishnij Nowgorod, trug zwischen 1932 und 1990 zu Ehren des Schriftstellers Maksim Gorkij den Namen Gorkij.

Sekte »Gott weiß« – Wortspiel bei Schalamow, da es eine solche Sekte nicht gab und der Ausdruck »Gott weiß« ebenso wie im deutschen Sprachgebrauch auch für »keiner weiß« bzw. »es ist ungewiss« steht.

des Spanischen Kriegs – gemeint ist der spanische Bürgerkrieg 1936-1939.

Makarenko – Anton (1888-1939); Schriftsteller und einer der bekanntesten sowjetischen Pädagogen; gründete 1920 bei Poltawa die Gorkij-Arbeitskolonie zur Umerziehung obdachloser und verwahrloster Kinder; setzte auf paramilitärische Disziplin und die erzieherische Kraft des Kollektivs.

*Zwei Begegnungen*

Zerschlagung des Internationalen Klubs in Moskau – möglicherweise Anspielung auf die 1943 erfolgte Auflösung der Kommunistischen Internationale (Komintern), des 1919 gegründeten internationalen Zusammenschlusses Kommunistischer Parteien; die Komintern wurde weitgehend von der KP der Sowjetunion dominiert.

die Menschen, die Kader – Anspielung auf Stalins Rede vom 4. Mai 1935 vor Absolventen der Militärakademien, in der es hieß, »die Menschen, die Kader« seien das »wertvollste und entscheidende Kapital«.

Tschukotstroj – 1949 gegründete Verwaltung der Zwangsarbeitslager im Autonomen Kreis der Tschuktschen im Fernen Nordosten; existierte bis 1956.

Pelz*kragi* – Handschuhe mit langen Stulpen aus Fell.

### Das Thermometer von Grischka Logun

›Ach mein Hausflur, du mein Hausflur ...‹ – Anfangsvers eines russischen Volkslieds.

Docht – (russ.: fitil) in der Lagersprache Bezeichnung für einen Menschen an der Schwelle zum Tod (siehe Glossar: *dochodjaga*).

Kalinin – Michail (1875-1946); sowjetischer Politiker und Staatsfunktionär; war als Vorsitzender des Präsidiums des Obersten Sowjets nominelles Staatsoberhaupt der Sowjetunion und daher Adressat zahlreicher Eingaben aus der Bevölkerung.

nach dem Totenhaus – Fjodor Dostojewskij (siehe Glossar) schrieb über seine Haft in einem sibirischen Zwangsarbeitslager die autobiographische Erzählung »Aufzeichnungen aus einem Totenhaus« («Записки из мертвого дома»; 1860-61); nach der Haft war er in sibirischer Verbannung zum Militärdienst eingezogen worden.

ganz neue Schulterstücke – nachdem in der Roten Armee das militärische Rangsystem aus zaristischer Zeit zunächst abgeschafft worden war, wurden während des Zweiten Weltkrieges, im Januar 1943, erneut Schulterstücke als Rangabzeichen eingeführt.

»Die Sonne Russlands« – illustrierte Unterhaltungszeitschrift, erschien wöchentlich (1910-1916).

von Guderians Panzern – Heinz Wilhelm Guderian (1888-1954); deutscher Heeresoffizier, im Zweiten Weltkrieg Kommandeur größerer Panzerverbände.

*burunduks* – sibirische Streifenhörnchen.

»Belitschja« – der Name des Lagerkrankenhauses ist abgeleitet vom russischen Wort belka: Eichhörnchen.

Tag »T« – Anspielung auf das englische »d-day«, die Bezeichnung für einen militärischen Stichtag.

*Marcel Proust*

eines Romans von Marcel Proust – gemeint ist der mehrteilige, von Marcel Proust (1871-1922) immer wieder überarbeitete Roman »Auf der Suche nach der verlorenen Zeit« (À la recherche du temps perdu; französische Erstpublikation in 15 Bänden: 1913-1927).

Bergdörfer – das im Original für Dörfer verwendete altrussische Wort »wesi« (Pluralform von wes – Dorf) verweist auf einen ironischen Unterton, da es in der Kolyma-Region keine Bergdörfer gab.

»Guermantes« – »Die Welt der Guermantes« (Le côté de Guermantes) bildet nach der heute gültigen Einteilung den dritten Band von Marcel Prousts Roman »Auf der Suche nach der verlorenen Zeit«.

Capstan – eine Pfeifentabaksorte.

Achtundfünfzig eins »a« oder eins »b« – Artikel achtundfünfzig war der berüchtigte Paragraph des sowjetischen Strafgesetzbuches, der eine Verurteilung wegen angeblicher konterrevolutionärer Tätigkeit und Agitation vorsah; der Unterpunkt eins »a« sah für »Vaterlandsverrat« Erschießung plus Konfiszierung des Eigentums oder zehn Jahre plus Konfiszierung des Eigentums vor; der Unterpunkt eins »b« sah für das gleiche »Vergehen« seitens Militärangehöriger die Erschießung plus Konfiszierung des Eigentums vor.

Fünfundzwanzig und fünf – gemeint ist die Verurteilung zu fünfundzwanzig Jahren Lagerhaft plus anschließender Aberkennung der bürgerlichen Rechte für fünf Jahre.

Wassermannsche Reaktion – nach dem deutschen Immunologen August Paul von Wassermann (1866-1925) benannte serologische Untersuchungsmethode (seit 1906) zum Nachweis von Syphilis-Antikörpern; wird heute nicht mehr durchgeführt; die Anzahl der Kreuze entspricht den Stadien der Syphilis (auf der Skala von eins bis vier).

*Der Chef der Politverwaltung*

Utrobin, Ugrobin – sprechende Namen, die ein Wortspiel beinhalten; Utrobin – vom russ. utroba: (Mutter-)Leib; Ugrobin – vom russ. ugrobit: zugrunde richten, ruinieren.

Nikischow – Iwan Fjodorowitsch (Ivan Fedorovič Nikišev; 1894-1958); hoher Beamter der OGPU (siehe Glossar); von 1939 bis 1948 Leiter des Dalstroj (siehe Glossar).

Partorg – Abkürzung für Parteiorganisator (partijnyyj organisator).

*Rjabokon*

an sämtlichen Fronten des Bürgerkriegs – möglicherweise Anspielung auf die Lettischen Schützen, Militäreinheiten, die 1915 zusammengestellt wurden, um im Ersten Weltkrieg gegen die Deutschen zu kämpfen; ein Großteil von ihnen kämpfte auf Seiten der Bolschewiki an verschiedenen Fronten des Bürgerkriegs.

Schepetowka – russischer Name der ukrainischen Stadt Schepetiwka.

Suetons Geschichte der zwölf Kaiser – der römische Verwaltungsbeamte und Schriftsteller Gaius Suetonius Tranquillus (deutsche Namensform: Sueton; ca. 70-ca. 130-140) verfasste historische und biographische Arbeiten, darunter die Biographien der ersten zwölf römischen Kaiser.

Batko – ukrainisch: der Vater; Bezeichnung für die Anführer zahlreicher Banden, die während des Bürgerkrieges auf Seiten der Roten oder der Weißen Armee kämpften (hier für Nestor Machno, siehe Glossar).

Maruska – siehe Glossar: Nikiforowa, Marija.

Guljaj-Pole – der Ort im Gebiet von Saporoshje (Ukraine) war von 1917 bis 1921 Zentrum der Aufständischen Armee des Anarchisten Nestor Machno; der in den siebziger Jahren des 18. Jahrhunderts gegründete Ort diente ursprünglich der Verteidigung des Krim-Khanats.

*Die Vita des Ingenieurs Kiprejew*

Kiprejew – Prototyp ist der Ingenieur und Physiker Georgij Demidow (Demidov; 1908-1987), der 1938 verhaftet wurde und 14 Jahre
in der Kolyma-Region inhaftiert war; Schalamow lernte ihn dort
kennen; später standen beide im Briefwechsel; Demidow verfasste
ebenfalls Romane und Erzählungen über das Leben in den Lagern
der Kolyma-Region, die 1980 vom KGB beschlagnahmt wurden; erst
nach seinem Tod erhielt die Tochter die Manuskripte zurück; 2008
erfolgte die erste Buchpublikation.

Vereinigung der politischen *katorga*-Häftlinge und Verbannten – bestand in der Sowjetunion von 1921 bis 1935; sie gab die historische
Zeitschrift »*katorga* und Verbannung« heraus (siehe auch Glossar:
*katorga*).

Kurtschatow – Igor (Igor' Kurčatov; 1903-1960); sowjetischer Atom-
physiker, »Vater« der sowjetischen Atombombe; wandte sich später
gegen Nuklearbombentests.

»neun Monate im Jahr« Winter – Vers aus einem populären Lied
über die Kolyma, der auf die extrem langen Winter in der Kolyma-
Region anspielt; es existieren verschiedene Versionen – mal ist Rede
von neun, mal von zehn oder gar von zwölf Monaten Winter und
der »übrigen Zeit« Sommer.

Gioconda – gemeint ist das Gemälde »Mona Lisa« (ital.: Gioconda)
von Leonardo da Vinci (1503/1505).

Lend-Lease – während des Zweiten Weltkriegs in den USA verab-
schiedetes Leih- und Pacht-Gesetz, das die käufliche oder leih- und
pachtweise Überlassung von kriegswichtigem Material an die Staaten
der Anti-Hitler-Koalition regelte; vgl. die gleichnamige Erzählung
aus dem Zyklus »Linkes Ufer« der »Erzählungen aus Kolyma«.

der Selbstmord Forrestals – James Vincent (1892-1949), von 1944 bis Kriegsende Marineminister der USA; 1947 zum Verteidigungsminister der USA ernannt; wenige Tage nach seinem Rücktritt (1949) erlitt er einen Nervenzusammenbruch; stürzte aus dem Fenster des Hospitals, was offiziell als Selbstmord gedeutet wurde.

Protokoll über den Genozid – gemeint ist die »Konvention über die Verhütung und Bestrafung des Völkermordes«, die am 9. Dezember 1948 von der Generalversammlung der Vereinten Nationen angenommen wurde.

›Nicht Sklaven sind wir ...‹ – Sätze aus der ersten nachrevolutionären sowjetrussischen Fibel für Erwachsene (1919); russisch: »My ne raby. Raby ne my«.

Ojmjakon – (auch: Oimjakon) Ort in Jakutien, im fernen Osten Russlands; gilt als Kältepol der bewohnten Orte der Erde.

Berlag – Arbeitsbesserungslager im Lagersystem des Dalstroj (1948-1954); Abkürzung von: beregowoj lager – Uferlager; gehörte zum System der Speziallager (siehe Glossar: Nummernlager).


*Der Schmerz*

die Geschichte wiederholt sich ... – Ausspruch von Marx, anknüpfend an einen Gedanken von Hegel.

»*prawilki*« – in der Gaunersprache eine Art »Ehrengerichte«, in denen Ganoven über Ihresgleichen richteten (vom russ. Wort prawo: Recht).

der König – über einen Ganoven mit Beinamen »König« schreibt Schalamow in »Der ›suki‹-Krieg« aus »Skizzen aus der Verbrecherwelt«, dem 4. Zyklus der »Erzählungen aus Kolyma« (im Band »Künstler der Schaufel«).

der Schelgunows – möglicherweise Anspielung auf Nikolaj Schelgunow (Šelgunov; 1824-1891), Publizist, Literaturkritiker, Professor, Mitglied der Geheimorganisation »Land und Freiheit«.

»Land und Freiheit« – russische revolutionäre Geheimorganisation, bestand zunächst 1861-1864; Neugründung 1876 in St. Petersburg als Organisation der sozialrevolutionären Volkstümler, die für eine Erneuerung Russlands aus der Bauernschaft eintraten; 1879 kam es zur Spaltung in die terroristische Organisation »Volkswille« (russ.: Narodnaja wolja; das russische Wort »wolja« bedeutet sowohl Freiheit als auch Wille) und »Tschornyj Peredel« (wörtl.: Schwarzer Umbau), den gemäßigteren Flügel.

einem Menschen – in der Gaunersprache dient die Bezeichnung »ein Mensch« mitunter dazu, der betreffenden Person eine gewisse Bedeutung zu attestieren; vgl. auch »Über einen Fehler der schönen Literatur« aus dem Zyklus »Skizzen der Verbrecherwelt«.

Cyrano – Anspielung auf Cyrano de Bergerac, Hauptfigur des gleichnamigen Versdramas von Edmond Rostand (1868-1918); Cyrano hält sich wegen seiner sehr großen Nase für hässlich und wagt es daher nicht, seiner hübschen Cousine Roxane zu gestehen, dass er sie liebt; Roxane indes hat sich in den gutaussehenden Christian de Neuvillette verliebt, der aber etwas einfältig ist und daher Cyrano darum bittet, für ihn Liebesbriefe zu schreiben.

*urki* – Pluralform von *urka* (siehe Glossar).

*operatiwniki* – Angehörige einer mobilen Einsatzgruppe für besondere Aufgaben (russ.: operatiwka).

Rastorgujewo – Bahnstation in der näheren Umgebung von Moskau; im Roman »Anna Karenina« («Анна Каренина»; 1878) von Lew Tolstoj wirft sich Anna Karenina an der Bahnstation Obiralowka unter den Zug (in der Sowjetzeit umbenannt in Shelesnodoroshnyj).

Chlestakow – Hauptfigur aus Nikolaj Gogols Komödie »Der Revisor« («Ревизор»; 1835); Iwan Chlestakow ist ein Hochstapler, der in einer russischen Provinzstadt auf der Durchreise ist, dort für einen hohen Revisor aus Sankt Petersburg gehalten wird und diese Rolle dann spielt.

im neunten Kreis der Hölle – in Dantes »Göttlicher Komödie« herrscht im neunten Kreis der Hölle eisige Kälte.

Gottesmutter von den drei Händen – (auch Dreihändige Gottesmutterikone, Tricheirousa) Ikonentyp; die bekannteste ist eine als wundertätig geltende Ikone der serbisch-orthodoxen Kirche aus dem 14. Jahrhundert (heute im Hilandar-Kloster auf Athos), von der verschiedene Versionen existieren.

Antabus – wird als Entwöhnungsmittel bei der Behandlung von Alkoholabhängigkeit eingesetzt; kann zum Tod führen, wenn man trotzdem Alkohol trinkt.

*loch* – in der Gaunersprache Bezeichnung für einen dummen, etwas einfältigen Menschen.

*Die Stadt auf dem Berg*

bis an der Welt Ende – Anspielung auf eine Bibelstelle (Matthäus 28, 20).

Nesterenko, Schajlewitsch – Aleksandr Nesterenko sagte im erneuten Verfahren im Lager (Mai 1943) gegen Schalamow aus; bei Schajlewitsch handelt es sich möglicherweise um den in den Verhörprotokollen erwähnten A.E. Schojlewitsch (Šojlevič).

ein »beschlagener *frajer*« – ein durch Schläge (russ.: bityj, von bit – schlagen) ›klug‹ gewordener *frajer* (siehe Glossar).

Warpachowskij – Leonid (Varpachovskij; 1908-1976); russischer Theaterregisseur, arbeitete 1933-1935 bei Meyerhold; 1936 zunächst nach Kasachstan verbannt; 1937 erneute Verhaftung, Verurteilung zu zehn Jahren Lagerhaft wegen »konterrevolutionärer Agitation«; war in der Region der Kolyma; vgl. auch die Erzählung »Iwan Fjodorowitsch« aus dem Zyklus »Linkes Ufer«.

*Das Examen*

des blinden Zufalls – Anspielung auf Fjodor Dostojewskijs (Fedor Dostoevskij; 1821-1881) Roman »Der Spieler« («Игрок»; 1867).

»Kon-Tiki« – Floß, mit dem der Norweger Thor Heyerdahl 1947 den Pazifik überquerte.

KRA – Kürzel für »Konterrevolutionäre Agitation«.

ASA – Kürzel für »Antisowjetische Agitation«.

KRD – Kürzel für »Konterrevolutionäre Tätigkeit«.

Turgenjew, Babajewskij – Iwan Turgenjew (Ivan Turgenev; 1818-1883), bedeutender russischer realistischer Schriftsteller; Semjon Babajewskij (Semen Babaevskij; 1909-2000), zählte in der späten Stalinzeit zu den hochdekorierten Autoren des sozialistischen Realismus.

Eine Fünf – die Fünf war in der Sowjetunion die beste Note.

Kedrow – Michail (Kedrov; 1878-1941); Revolutionär, sowjetischer Parteifunktionär und ab September 1918 Chef der Militärabteilung der Sicherheitsorgane (Tscheka; siehe Glossar NKWD); war Sonderbeauftragter der Tscheka an verschiedenen Fronten; wurde 1937 verhaftet und 1941 erschossen.

Schigaljow – Figur eines Terroristen und Nihilisten aus Fjodor Dostojewskijs Roman »Die Dämonen« (1872; «Бесы»; deutsch auch: »Böse Geister«).

WTschK – siehe Glossar: NKWD.

Mendelejew – Dmitrij (Mendeleev; 1834-1907); bedeutender russischer Chemiker; erarbeitete das Periodensystem der Elemente (PSE); Vater von Ljubow Mendelejewa-Blok (Ljubov' Mendeleeva-Blok; 1881-1939), der Ehefrau des Dichters Aleksandr Blok (1880-1921), eines der bekanntesten Dichter der russischen Moderne.

### Der Brief

Papagei – möglicherweise Anspielung auf die Tatsache, dass Wahrsager oftmals die »Schicksalskarte« durch einen Papageien ziehen ließen.

Brief von Pasternak – siehe Glossar: Pasternak.

### Die Goldmedaille

Im Anfang ... – möglicherweise Anspielung auf den ersten Vers des Evangeliums des Johannes (Joh. 1, 1).

das Anwesen Stolypins – am 12. 8. 1906 wurde auf Pjotr Stolypin (siehe Glossar) ein Sprengstoffattentat verübt, an dessen Vorbereitung Natalja Klimowa beteiligt war (Natal'ja Klimowa; 1885-1918); es gab zahlreiche Tote; Stolypin selbst blieb unverletzt; sein Sommerhaus auf der Apothekerinsel in der Newa wurde zerstört.

Peter und Pauls-Festung – Festungsanlage aus dem frühen 18. Jahrhundert in St. Petersburg; bildet den Ursprung der Stadt; wurde insbesondere als politisches Gefängnis genutzt; die Peter- und Paul-Kathedrale diente als Grabstätte der meisten russischen Zaren seit dem 18. Jahrhundert.

Nadeshda Terentjewa – (Nadežda Terent'eva; 1881-nach 1934); russische Sozialrevolutionärin; Freundin von Natalja Klimowa.

Chamowniki – Stadtbezirk im Zentrum von Moskau; in diesem Bezirk befand sich auch das Moskauer Wohnhaus von Lew Tolstoj (erworben 1882).

Presnja – Industriebezirk im Stadtzentrum Moskaus; während der Revolution von 1905 war dort das Zentrum des bewaffneten Dezemberaufstands; zur Erinnerung wurde der Bezirk später in »Krasnaja Presnja« (Rote Presnja; Presnja: Name eines kleinen Flüsschens) umbenannt.

Sokolow – Michail (Sokolov; 1881-1906); Deckname: »der Bär«; führte die Kampforganisation der Sozialrevolutionäre-Maximalisten an; einer der Organisatoren des bewaffneten Dezemberaufstands von 1905 in Moskau; wurde im November 1906 verhaftet, zum Tode verurteilt und hingerichtet.

die Heldentat Perowskajas – Anspielung auf die Beteiligung der Revolutionärin Sofja Perowskaja (Sof'ja Perovskaja; 1853-1881) an der Ermordung des russischen Zaren Aleksandr II. (1881); sie wurde hingerichtet. Dezemberaufstand – siehe im Glossar: Presnja.

Spiridowitsch – Aleksandr (Spiridovič; 1873-1952); russischer Militär, Gendarmeriegeneral; starb im amerikanischen Exil; verfasste 1914-1916 eine Geschichte der revolutionären Bewegung in Russland in zwei Bänden für den internen Gebrauch der Polizei, deren erster Teil der Sozialdemokratischen Arbeiterpartei Russlands und der zweite Teil der Partei der Sozialrevolutionäre gewidmet war.

DPS – Abkürzung für Untersuchungsgefängnis (dom predwaritelnogo sakljutschenija).

Zeitschrift »Bildung« – russische Monatszeitschrift, die 1892-1909 in St. Petersburg zunächst als eine rein pädagogische, später als literarische und gesellschaftspolitische Zeitschrift erschien.

Marcel Prévost – (1862-1941); französischer Schriftsteller; Autor von Romanen und Dramen.

Frank – Semjon (Semen; 1877-1950); russischer Religionsphilosoph; wurde 1922 gemeinsam mit anderen führenden Philosophen und Vertretern der Intelligenzija aus Sowjetrussland ausgewiesen; der Artikel »Die Überwindung der Tragödie« erschien 1908.

Oscar Wildes »De profundis« – (1854-1900) anglo-irischer Schriftsteller; wurde 1895 wegen seiner homosexuellen Neigungen angeklagt und verurteilt; verfasste im Zuchthaus in Briefform eine Art Lebensbeichte, die 1905 postum unter dem Titel »De profundis« publiziert wurde.

Koridse und Kalaschnikow – Sergej Koridse (Koridze; weiterer Deckname: »erwachsener Junge«); eigentl.: Isidor Mortschadse

(Morčadze; 1887-1956); Berufsrevolutionär; Wassilij Kalaschnikow (Vasilij Kalašnikov; Deckname: »Teufelchen«); Berufsrevolutionär.

*katorga*-Insassin Helme – Wilhelmina Helms (Vil'gel'mina Gel'ms), zum Zeitpunkt der Flucht 25 Jahre alt.

Murawjow – Nikolaj (Murav'ev; 1870-1936); Jurist und Sozialdemokrat; Verteidiger in vielen politischen Prozessen; nach der Februarrevolution von 1917 zum Vorsitzenden der Untersuchungskommission der Provisorischen Regierung ernannt; auch nach der Oktoberrevolution von 1917 als Anwalt bei politischen Prozessen tätig; der Prozess gegen Ramsin (siehe Glossar) fand 1930 statt.

der neunten Welle – die neunte Welle gilt im Sturm als die stärkste; in der russischen Kultur, vor allem in der Kunst, wurde sie zu einem Symbol für übermächtige Kräfte; am bekanntesten ist das gleichnamige Gemälde (1850) des russischen Malers Iwan Ajwasowskij (Ivan Ajvazovskij; 1817-1900).

Sawinkow – Boris (Savinkov; 1879-1925); einer der Führer der Kampforganisation der Sozialrevolutionäre; floh ins Ausland; kehrte illegal in die Sowjetunion zurück, nachdem er in eine vom NKWD fingierte antisowjetische Verschwörung verwickelt wurde; 1924 verhaftet und zum Tode verurteilt; das Todesurteil wurde in Haft umgewandelt; nahm sich 1925 in der Haft das Leben.

Tschernawskij – Michail (Černavskij; 1855-1943); revolutionärer Volkstümler, später Mitglied der Partei der Sozialrevolutionäre (siehe Glossar); Mitglied der »Vereinigung ehemaliger politischer *katorga*-Häftlinge und Verbannter«.

»*katorga* und Verbannung« – (russ.: Katorga i ssylka), historische Zeitschrift (1921-1935), wurde von der »Vereinigung ehemaliger politischer *katorga*-Häftlinge und Verbannter« herausgegeben; Tschernawskijs Erinnerungen »In der Kampforganisation«, aus denen Schalamow zitiert, wurden 1930 in der Zeitschrift abgedruckt.

A.W. Jakimowa, W. Smirnow – Anna Jakimowa (Jakimova; 1856-1942); Revolutionärin, Mitglied der Geheimorganisation »Volkswille«, Mitorganisatorin der »Vereinigung ehemaliger politischer *katorga*-Häftlinge und Verbannter«; Smirnow: Wsewolod Smirnow (Vsevolod Smirnov); lehnte das von Tschernawskij überbrachte Angebot, Mitglied in Sawinkows Kampfgruppe zu werden, ab.

M.A. Prokofjewa – Marija (Prokof'eva; 1883-1913; genannt: Ma); russische Sozialrevolutionärin; war beteiligt an der Verschwörung gegen den Zaren 1907; das Todesurteil wurde in ewige Verbannung umgewandelt, aus der sie ins Ausland floh.

»Die Schwelle« – («Порог»; 1878); gleichnishaftes Prosagedicht des russischen realistischen Schriftstellers Iwan Turgenjew (Ivan Turgenev; 1818-1883).

Altgläubigenfamilie – als Altgläubige werden Angehörige verschiedener Gruppen des russisch-orthodoxen Glaubens bezeichnet, die nach den Kirchenreformen des Patriarchen Nikon (um 1650) auf dem traditionellen Ritus beharrten und sich von der Amtskirche abgespalten hatten.

Kirjuchin – Iwan (Ivan; 1883-?); Matrose der Schwarzmeerflotte; seit 1907 Mitglied der Kampforganisation der Sozialrevolutionäre; in Haft 1907 als Spitzel der Geheimpolizei angeworben; wurde 1909 Mitglied von Sawinkows Kampfgruppe, im September 1910 jedoch enttarnt und aus dieser ausgeschlossen; die von Natascha Klimowa verwendete Anrede »Jakow Ipatytsch« verweist möglicherweise auf einen Decknamen.

608

Guernsey – zweitgrößte der britischen Kanalinseln.

F.A. Nasarow – vermutlich handelt es sich um den Arbeiter und Anarchisten Fjodor Nasarow (Fedor Nazarov).

Provokateur Tatarow – vermutlich handelt es sich um den Spitzel Nikolaj Tatarow (Tatarov).

Dieppe – französische Stadt im Département Seine-Maritime in der Region Haute-Normandie.

Fabrikant – Wladimir (Vladimir); Industrieller und Sozialrevolutionär; soll dem Chef der Provisorischen Regierung Aleksandr Kerenskij zur Flucht aus Russland verholfen haben; starb in der Emigration.

Moissejenko – Boris (Moiseenko; 1880-1918); Sozialdemokrat, dann Sozialrevolutionär; floh aus der Verbannung; kehrte 1917 nach Russland zurück; Delegierter der Verfassungsgebenden Versammlung; wurde von den Weißen umgebracht.

Newquay – englische Stadt an der Nordküste von Cornwall.

des Restaurants Palkin – 1874 eröffnetes Nobelrestaurant des Kaufmanns Konstantin Palkin in St. Petersburg (Newskij Prospekt 74).

Fejt – Andrej (1864-1926); Arzt und Revolutionär, Volkstümler; emigrierte nach 1905 ins Ausland; kehrte später nach Russland zurück; war in der Sowjetunion Leiter von Sanatorien (in Puschkino und Moskau).

Rotmistr – Deckname, eigentlich Jan Berdo; lettischer Sozialrevolutionär; Mitglied von Sawinkows Kampfgruppe; wurde im Juni 1910 aufgrund des Verdachts, ein Spitzel zu sein, aus der Kampfgruppe ausgeschlossen; erschoss sich im November 1910.

Mischa – Deckname: eigentl. Wazlaw M. Komorskij (auch: Kamorskij; weitere Decknamen: Vaclav Roginskij, Michel); war schon als Gymnasiast (1906) an einem terroristischen Anschlag in Tula beteiligt; 1909-1910 jüngstes Mitglied von Sawinkows Kampfgruppe; wurde wegen seines unsteten Charakters ausgeschlossen; erschoss sich 1911.

Asef – eigentl.: Jewno Mejer Fischelewitsch (Evno Mejer Fišelevič; 1869-1918); bekannter russischer Revolutionär (Mitbegründer der Sozialrevolutionären Partei) und zugleich Geheimagent der zaristischen Geheimpolizei, der er zahlreiche seiner Komplizen auslieferte.

Mäusetritt – Anspielung auf den Vers »des Lebens Mäusetritt« aus dem Gedicht »Verse, in einer schlaflosen Nacht geschrieben« (»Стихи, сочиненные ночью, во время бессонницы«; 1830) von Puschkin (siehe Glossar).

Lochwizkaja-Skalon – Marija (Lochvickaja-Skalon) leitete ein Mädchengymnasium, auf dessen Basis naturwissenschaftliche Hochschulkurse für Frauen eingerichtet wurden (1903-1918).

Akatuj – Ort in der Nähe des Baikalsees; dort befand sich ein bekanntes *katorga*-Gefängnis.

*oboronez* – wörtl.: Verteidiger (oboronec); die Anhänger der politischen Richtung des revolutionären *oborontschestwo* (oborončestvo), die sich nach der Februarrevolution 1917 formierte, waren für eine Fortsetzung des Krieges durch Russland bis zum siegreichen Ende.

Ding – möglicherweise Anspielung auf die so genannte »Literatur des Faktums«, eine literarische Richtung der russischen Avantgarde, die eine operative, lebensgestaltende Darstellung der Fakten anstrebte; zu den bekanntesten Vertretern gehörten Sergej Tretjakow (Tret'jakov; 1892-1939) und Nikolaj Tschuschak (Čužak; 1872-1937); Schalamow nahm in den zwanziger Jahren an den Treffen bei Tretjakow teil, distanzierte sich später von den Prinzipien der »Literatur des Faktums«, obgleich er in seiner Begrifflichkeit wie in seiner Poetik immer wieder auf diese zurückgriff.

*paleja* – in der altrussischen Literatur eine Auswahl aus dem Alten Testament (vom griech. Palaia diatheke, ›alter Bund‹), entweder historisch geordnet oder mit Kommentar versehen.

I. Kachowskaja – Irina (Kachovskaja; 1888-1960); Terroristin, Sozialrevolutionärin; war in der Sowjetunion als Mitglied der Sozialrevolutionäre mehrfach verhaftet und zur Zwangsarbeit verurteilt worden.

Balmont – Konstantin (Bal'mont; 1867-1942); russischer symbolistischer Dichter.

»Seien wir wie die Sonne« – («Будем как солнце. Книга символов»; 1903); vollständiger deutscher Titel: »Seien wir wie die Sonne. Buch der Symbole«; Gedichtband von Konstantin Balmont.

Gorkij und sein Sturmvogel – Maksim Gorkij (Gor'kij; 1868-1936); russischer realistischer Schriftsteller; gilt als der Begründer des Sozialistischen Realismus; war der erste Vorsitzende des Verbandes Sowjetischer Schriftsteller; sein Gedicht »Lied vom Sturmvogel« (»Песня о Буревестнике«; 1901) avancierte zum Revolutionssymbol.

winddurchblasenen Russlands – Anspielung auf die Versdichtung »Die Zwölf« («Двенадцать»; 1918) von Aleksandr Blok (siehe Glossar); Blok preist hier die Oktoberrevolution; Schlüsselmotiv ist der Schneesturm, der das anarchische Russland symbolisiert.

der ältesten Tochter – gemeint ist Natalja Stoljarowa (Natal'ja Stoljarova; 1912-1984); sie war in Frankreich aufgewachsen; kam als Repatriantin 1934 in die Sowjetunion; wurde 1937 verhaftet; war bis 1945 im GULag-Lager in Kasachstan; kehrte 1956 nach Moskau zurück; arbeitete als Übersetzerin und war Sekretärin von Ilja Ehrenburg (Il'ja Ėrenburg; 1891-1967); war mit Warlam Schalamow bekannt und stand mit ihm im Briefwechsel, auch über diese Erzählung.

Nikitina – Jekaterina (Ekaterina); in der von Mortschadse angeführten Liste der Geflohenen steht sie unter dem Namen Akinfijewa (Akinfieva); in ihren Erinnerungen (»Unsere Flucht«; veröffentlicht 1929 in »*katorga* und Verbannung«) erwähnt Nikitina, sie sei lange unter dem Namen Jelisaweta Artjomowa (Elizaveta Artemova) inhaftiert gewesen.

Siwzew Wrashek-Gasse – Straße im Stadtzentrum von Moskau.

»ohne Recht auf Briefwechsel« – in der Stalinzeit offiziell benutzter Euphemismus für ein (meist bereits vollstrecktes) Todesurteil.

polizeiliche Anmeldungen – offizielles sowjetisches Meldesystem zur Kontrolle der Migration der Bevölkerung (russ.: propiska; der Begriff wurde 1925 eingeführt; das einheitliche Anmeldesystem und die Einführung der Inlandspässe wurde 1932 beschlossen).

»Regime«städte und -kreise – Bezeichnung für Städte und Kreise in der Sowjetunion, in denen gemäß der Instruktion über die Ausstellung der Inlandspässe von 1933 angeblich verdächtigen Personen (z.B. nach Abbüßung der Lagerhaft) die polizeiliche Anmeldung und damit der Zuzug verweigert wurde.

Artikel einhundertneun – sah eine Verurteilung für ein dienstliches Vergehen vor.

Achtundfünfziger, Punkt sieben – siehe Glossar: Artikel achtundfünfzig.

ein Tschechowsches Sujet – charakteristisch für die Erzählungen von Anton Tschechow (Anton Čechov; 1860-1904) ist die Fähigkeit, in einem knappen Sujet ein ganzes menschliches Leben einzufangen; »Der Reisende erster Klasse« («Пассажир 1-го класса»; 1886) – Erzählung von Tschechow (Erstpublikation 1891).

»Manhattan-Projekt« – Manhattan Engineer District (MED); Deckbezeichnung für alle Tätigkeiten der USA zum Bau der Atombombe unter der militärischen Leitung von General Leslie R. Groves; die wissenschaftliche Leitung lag beim Physiker J. Robert Oppenheimer.

Hftl./Hftl. – (russ. *s/k s/k*) archaische Pluralbildung der im Lager gebräuchlichen Abkürzung für Häftling »Hftl.« (*s/k, seka*) durch Verdoppelung (siehe Glossar: *seka*).

Verfahren um den »Stillen Don« – seit der Veröffentlichung der ersten Kapitel des Romanepos »Der Stille Don« («Тихий Дон»; 1928) von Michail Scholochow (Šolochov; 1905-1984) über das Leben der Donkosaken und über deren schwankende Haltung zur Oktoberrevolution gab es Vorwürfe des Plagiats und Gerüchte, Scholochow sei nicht der Verfasser.

*solowtschanka* – Mütze mit Ohrenklappen aus dem Stoff alter zaristischer Soldatenmäntel für die Gefangenen des Solowezker Lagers zur besonderen Verwendung (siehe Glossar: SLON).

Kirow-Affäre – Sergej Kirow (Kirov; 1886-1934); Parteifunktionär und Vertrauter Stalins; nach der Entmachtung Trotzkijs und seiner Anhänger 1926 zum Sekretär des Leningrader Gebietskomitees ernannt; seine Ermordung 1934 wurde von Stalin selbst in die Wege geleitet, um Rivalen zu beseitigen, und diente ihm als Vorwand für die Massenrepressionen der Jahre 1936-1938.

Berman – Matwej (Matvej; eigentl.: Moses Berman; 1898-1939); hoher Beamter des NKWD; einer der Organisatoren des GULag; 1937-1938 Volkskommissar für Nachrichtenwesen; wurde im Dezember 1938 verhaftet und 1939 erschossen.

Prokofjew – Georgij (Prokof'ev; 1895-1937); hoher Beamter des NKWD; 1937 erschossen.

Sekretär des Metropoliten Pitirim – Iwan Ossipenko (Ivan Osipenko; 1882-?): Sekretär des Metropoliten Pitirim ab 1912; nach 1917 bei der Petrograder Miliz tätig; wegen seiner Vergangenheit zu 8 Jahren Lagerhaft verurteilt; im Lager Beresniki inhaftiert; Metropolit Pitirim: eigentl. Pawel Oknow (Pavel Oknov; 1858-1920); hoher Geistlicher der Russisch-Orthodoxen Kirche; 1915-1917 Metropolit von Petrograd; galt als Günstling von Grigorij Rasputin; wurde am 6. 3. 1917 in Ruhestand versetzt.

Rasputin – Grigorij (1869-1916); russischer Wanderprediger bäuerlicher Herkunft; hatte die Reputation eines Geistheilers; stand dem Zarenhof nahe; bekannt durch ein ausschweifendes Leben; wurde am 17. 12. 1916 ermordet.

URO – Abkürzung für Registrierungs- und Verteilungsabteilung eines Zwangsarbeitslagers.

»Rasseja« – umgangssprachliche Bezeichnung für Russland.

*Khan-Girej*

Tamarin-Merezkij — Aleksandr (Tamarin-Mereckij; 1882-1938);
Krim-Tatare; vor 1918 unter dem Namen Khan-Girej; diente in der
zaristischen Armee, dann in der Roten Armee; 1925 demobilisiert,
lebte in Moskau; 1927 verhaftet und zu drei Jahren Lagerhaft verurteilt; war im Lager an der Wischera; ging nach der Entlassung 1932
mit Bersin (siehe Glossar) als Freiwilliger zur Arbeit im Dalstroj in
die Kolyma-Region; 1938 verhaftet und erschossen.

Nikolaj II. — (1868–1918); der letzte russische Imperator (1894–1917)
wurde zusammen mit seiner Familie 1918 von den Bolschewiki umgebracht.

Kornilow — Lawr (Lavr Kornilov; 1870-1918); General der zaristischen Armee; nach der Februarrevolution Kommandeur des Petrograder Militärbezirks; mitbeteiligt am Aufbau einer Freiwilligen-
armee gegen die Bolschewiki; wurde 1918 beim Angriff auf sein
Hauptquartier getötet.

Wilde Division — 1914 auf Anweisung Nikolajs II. gebildete Kaukasische Kavalleriedivision.

Brussilow — Aleksej (Brusilov; 1853-1926); General der zaristischen
Armee; trat 1920 in die Rote Armee ein; erarbeitete die theoreti-
schen Grundlagen der Reiterarmee Budjonnyjs; war u.a. Kavallerie-
Inspekteur der Roten Armee.

Basmatschen — Bezeichnung für mittelasiatische Aufständische, die
sich 1916 gegen die allgemeine Mobilmachung im Ersten Weltkrieg
wehrten; nach der Oktoberrevolution kämpften die ethnisch wie
religiös heterogenen Rebellen zunächst auf Seiten der Bolschewiki;
zunehmend kam es zu prinzipiellen Differenzen, da einige der Re-
bellenführer politische Ambitionen hatten; die Bolschewiki übernah-

men dann den Begriff »Basmatschen« als Bezeichnung für ihre Gegner; die Auseinandersetzungen gingen bis in die zwanziger Jahre in einen Bandenkrieg über.

Enver-Pascha – eigentl. Ismail Enver (Enver-Paşa; 1881-1922); Politiker, General und Kriegsminister (bis 1918) des Osmanischen Reiches; einer der führenden Jungtürken; während der Wirren in Mittelasien nach der Oktoberrevolution hoffte er, ein Kalifat mit Sitz in Samarkand errichten zu können; kommandierte Abteilungen der Basmatschen; kam 1922 in den Kämpfen um.

Ghazawat – Pluralform (ghazawāt), urspr. arabische Bezeichnung für jene Schlachten, an denen der Prophet Muhammad persönlich teilgenommen hatte; später auch für Schlachten, die mit einer Erweiterung der moslemischen Territorien verbunden sind.

»Komsomolskaja Prawda« – seit 1925 erscheinende zentrale Tageszeitung des Kommunistischen Jugendverbandes der Sowjetunion (Komsomol).

Suworow – Aleksandr (Suvorov; 1729-1800); bedeutender russischer Militär, Generalissimus.

Februarrevolution – gemeint ist die Russische Februarrevolution 1917, in deren Ergebnis die Zarenherrschaft durch eine parlamentarische Republik unter Führung einer Provisorischen Regierung abgelöst wurde.

Landwirtschaft – (russ.: selchos) gemeint ist hier der Landwirtschaftsbetrieb eines Lagers.

*tschekmen* – traditionelles tatarisches Kleidungsstück einem Kaftan ähnlich.

Hamilton – Alexander (1755 od. 1757-1804); erster Finanzminister der USA; wurde von Thomas Jefferson des Verrats an der Französischen Revolution bezichtigt.

Wallenrod – Konrad von Wallenrode (auch Wallenrod, Wallenrodt; zw. 1330 u. 1340-1393); Hochmeister des Deutschen Ordens; im Gedicht »Konrad Wallenrod« von Adam Mickiewicz (1828) wird sein Leben verfälscht: dort ist er litauischer Herkunft und führt die Ordensritter absichtlich in die Niederlage.

Barbizon-Schule – Gruppe französischer Landschaftsmaler, die sich im Dorf Barbizon (im Wald von Fontainebleau) zwischen 1830 bis 1870 traf; zu ihr gehörten u.a. Th. Rousseau, J.-B. C. Corot, J.-F. Millet.

die Akmeisten von den Imaginisten – Akmeismus: eine um 1910 entstandene russische Dichterschule, zu der u.a. Nikolaj Gumiljow (Gumilev; 1886-1921), Anna Achmatowa (Achmatova; 1889-1966), Ossip Mandelstam (siehe Glossar) gehörten; setzte auf Dinglichkeit und Klarheit im Ausdruck, gegen die Mystik und Überfrachtung symbolistischer Dichtung mit symbolträchtigen Bildern und Metaphern; Imaginismus: russische Dichtergruppe der Moderne, die sich um 1920 in Abgrenzung vom Futurismus bildete und auf das Wort in seiner rein bildlichen Funktion setzte; zu ihr gehörten u.a. Sergej Jessenin (Esenin; 1895-1925), Wadim Scherschenewitsch (Vadim Šeršenevič; 1893-1942), Rjurik Iwnew (Ivnev; 1891-1981).

UWLON – Abkürzung für die Verwaltung des Straflagers zur besonderen Verwendung an der Wischera.

das Höchstmaß – gemeint ist die Todesstrafe.

der Lette – gemeint ist Bersin (siehe Glossar).

Bilibin und Zaregradskij – die Geologen Julij Bilibin (1901-1952) und Walentin Zaregradskij (Valentin Caregradskij; 1902-1990) leiteten beide 1928 die erste geologische Expedition in die Region der Kolyma.

des Dekabristen Pestel – gemeint ist Pawel Pestel (Pavel Pestel'; 1793-1826); russischer Offizier und einer der Anführer der Dekabristen (siehe Glossar); wurde hingerichtet.

Mitschurin – Iwan (Ivan Mičurin; 1855-1935); russischer Botaniker und Pflanzenzüchter; war der Überzeugung, dass Pflanzen durch Pfropfung und durch Erziehung entgegen der Mendelschen Gesetze beeinflussbar wären und diese Veränderungen vererbbar seien; seine Ideen fanden in der Stalinzeit große Anerkennung.

Pawlow – Karp (Pavlov; 1895-1957); hochrangiger Funktionär des NKWD (siehe Glossar); war von 1937-1939 Leiter des Dalstroj (siehe Glossar); erschoss sich 1957.

*Das Abendgebet*

Fließbänder – euphemistischer Ausdruck für Verhöre, die ohne Unterbrechung mehrere Tage und Nächte hindurch geführt wurden.

Chimstroj – Abkürzung für Baustelle eines Chemiewerks.

*Boris Jushanin*

»*lischenzy*« – Bezeichnung für Bürger Sowjetrusslands und dann der Sowjetunion (meist Vertreter der alten Eliten), denen zwischen 1918 und 1936 das Wahlrecht aberkannt wurde.

»Blaue Bluse« – das Theater »Die Blaue Bluse« (russ.: Sinjaja blusa) existierte von 1923 bis Anfang der 1930er Jahre; die erste Gruppe

wurde 1923 am Staatlichen Institut für Journalistik in Moskau als sowjetisches Agitations-Theater und »Lebende Zeitung« gegründet; der
Name verweist auf die blauen Arbeitsblusen, in denen die Teilnehmer
auftraten; seit 1924 erschien eine gleichnamige Monatszeitschrift; im
Zuge der Bewegung der »Blauen Bluse« entstanden zahlreiche Laien-
gruppen; Anfang der dreißiger Jahre zerfiel die Bewegung.

Jushanin – Boris (Južanin; eigentl.: Gurewitsch; Gurevič; 1896-1962);
Journalist, Gründer, Autor und Darsteller der ersten Gruppe der
»Blauen Bluse«; 1929 verhaftet und zu drei Jahren Lagerhaft verurteilt;
im Lager an der Wischera leitete er eine Gruppe der »Blauen Bluse«,
für die er Sketche schrieb; wurde 1930 aus dem Lager entlassen.

Tretjakow – Sergej (Tret'jakov; 1892-1937); sowjetischer Schriftsteller
und Theoretiker der avantgardistischen Vereinigung LEF (Linke Front
der Künste; Lewyj Front Iskusstwa); wurde im Herbst 1937 unter An-
schuldigung der Spionage verhaftet und erschossen; 1956 rehabilitiert.

Foregger – Nikolaj (Baron Foregger von Grejfenturn; 1892-1939);
Choreograph und Regisseur der linken Avantgarde, der in seinen
Inszenierungen unterschiedliche experimentelle Formen erprobte;
Gründer und Leiter des Theaters »Masterskaja Foreggera« (Foreg-
ger-Studio) in Moskau (1921-1924).

Jutkewitsch – Sergej (Jutkevič; 1904-1985); sowjetischer Filmregisseur; 1921 Mitbegründer der Avantgardegruppe »Fabrik des exzen-
trischen Schauspielers« (FEKS); Schüler von Meyerhold; Regisseur
bekannter Spielfilme über Lenin.

Tenin – Boris (1905-1990); bekannter russischer Theater- und Film-
schauspieler; spielte u.a. bei den »Blauen Blusen«, am Theater von
Meyerhold, später am Moskauer Satire-Theater und am Majakow-
skij-Theater.

Kirssanow – Semjon (Semen Kirsanov; 1906-1972); russischer Dichter, gehörte der avantgardistischen Künstlervereinigung LEF an.

Meyerhold – Wsewolod (Vsevolod Mejerchol'd; 1884-1940); bedeutender russischer avantgardistischer Schauspieler, Theaterregisseur und Theatererneurer; leitete von 1922 bis 1924 das Theater der Revolution in Moskau; gründete 1920 sein eigenes Theater, das von 1923 bis zur Schließung 1938 unter dem Namen Meyerhold-Theater existierte; Meyerhold wurde 1939 verhaftet und 1940 erschossen.

das Künstler- und das Kleine Theater – das Künstlertheater; siehe Glossar; das Kleine Theater (russ.: Malyj Teatr) im Stadtzentrum Moskaus ist eines der ältesten russischen dramatischen Theater (1824 eröffnet); spielt bis heute vor allem ein klassisch-realistisches Repertoire.

Twerskaja – zentrale Straße im Stadtzentrum Moskaus; führt vom Kreml bis zum Triumph-Platz (dem Majakowskij-Platz); war von 1935 bis 1990 Teil der Gorkij-Straße.

Mamont-Dalskij – eigentl.: Mamont Nejolow (Neelov; Pseudonym: Dal'skij; 1865-1918); bekannter russischer Schauspieler; war überzeugter Anarchist; kam 1918 bei einem Verkehrsunfall ums Leben.

Furmanow – Dmitrij (Furmanov; 1891-1926); russischer Kriegskommissar und Schriftsteller; bekannt geworden durch den Romanbericht »Tschapajew« («Чапаев»; 1923) über die Schützendivision Tschapajews, an deren Kampfhandlungen er als Divisionskommissar selbst teilgenommen hatte.

dem Theater der Revolution, dem Kammertheater – das Moskauer Theater der Revolution wurde 1922 gegründet, 1922-1924 von Meyerhold geleitet; seit 1954 trägt es den Namen Wladimir-Majakowskij-Theater; das Kammertheater wurde 1914 durch Aleksandr Tairow (Tairov; 1885-1950) gegründet und bestand bis 1950.

zur »Neuen Lef« – ist hervorgegangen aus der Künstlervereinigung LEF (Linke Front der Kunst; Lewyj Front Iskusstw; 1922-1928) um Wladimir Majakowskij (siehe Glossar), Sergej Tretjakow u.a.; die Avantgardekünstler verstanden sich als eigentliches Zentrum der revolutionären Kunst; sie gaben die Zeitschrift »LEF« (1923-1925) bzw. »Neue LEF« (Novyj LEF; 1927-1928) heraus.

Listow – Konstantin (Listov; 1900-1983); russischer Komponist; kämpfte während des Bürgerkriegs als Freiwilliger in den Reihen der Roten Armee; Verfasser von Opern, Operetten und populär gewordenen Liedern.

Möwe – 1898 fand im Künstlertheater die erfolgreiche Moskauer Premiere von Anton Tschechows Drama »Die Möwe« (»Чайка«) statt; nach 1900 wurde die Möwe zum Emblem des Theaters und ist auch auf dem Theatervorhang abgebildet.

Andrejewa – Marija Fjordorowna (Andreeva; 1868-1953); Schauspielerin (u.a. am Moskauer Künstlertheater); verließ 1904 das Theater, um sich der illegalen revolutionären Tätigkeit zu widmen; war die zweite Ehefrau von Maksim Gorkij.

Mossowjet – Abkürzung für Moskauer Stadtsowjet (die Moskauer Stadtverwaltung).

Lenin-Bibliothek – auf der Basis der Bibliothek des Moskauer Rumjanzew-Museums gegründete Russische Staatsbibliothek; trug von 1925 bis 1992 den Namen Staatliche Lenin-Bibliothek der UdSSR; seit 1992 Russische Staatsbibliothek.

Zeitschrift – möglicherweise handelt es sich um die literarische Monatszeitschrift »Moskwa« (Moskau), die ab 1957 erschien und deren freier Korrespondent Schalamow 1957 war.

*Der Besuch des Mister Popp*

des Sensationsprozesses – siehe Glossar: Schachty-Prozess; in diesem Prozess war auch Ramsin (siehe Glossar) angeklagt.

roter Direktor – nach der Oktoberrevolution wurden Betriebsdirektoren aus der Arbeiterklasse aufgrund ihrer Herkunft als »rote Direktoren« bezeichnet.

Selbstbewachung – seit der ersten Hälfte der zwanziger Jahre wurde im Solowezker Lager (siehe Glossar: SLON), später auch in anderen Lagern, die Bewachung Häftlingen selbst übertragen; zunächst ehemaligen Angehörigen der Sicherheitsorgane, die wegen krimineller Vergehen verurteilt waren, später auch anderen Kriminellen; ab Mitte der dreißiger Jahre wurde diese Praxis weitgehend eingestellt.

Moskanal – gemeint ist der Moskwa-Wolga-Kanal, der von 1932 bis 1937 vor allem von Häftlingen des GULag erbaut wurde.

Entwicklungskader – Bezeichnung für einen Arbeiter, dem verantwortungsvolle Tätigkeiten im Staats- oder Wirtschaftsapparat übertragen wurden.

*Das Eichhörnchen*

*burshujs* – russische Schreibweise für Bourgeois (singular: burshuj; plural: burshui); oft pejorativ benutzt.

*Der Wasserfall*

der Leibeigene Nikitka – einer Legende zufolge lebte im 16. Jahrhundert in Aleksandrowa sloboda (Aleksandrsiedlung) der Leibeigene Nikitka, der vom Kirchturm aus einen Flugversuch mit hölzernen Flügeln unternahm und dabei zu Tode kam.

Tatlin-Letatlin – Wladimir Tatlin (Vladimir; 1885-1953); russischer avantgardistischer Maler und Bildhauer; unterrichtete u.a. am Moskauer Künstlerisch-Technischen Institut (Wchutein); »Letatlin«: ein von Tatlin 1930 gebautes Flugobjekt, dessen Titel ein Wortspiel ist, da es sowohl seinen Namen als auch das russische »letat« (fliegen) enthält.

*Die Auferweckung der Lärche*

den Dichter – es handelt sich um Ossip Mandelstam (siehe Glossar); seine Witwe Nadeshda Mandelstam (Nadežda Mandel'štam; 1899-1980) ist Autorin mehrerer von Schalamow hochgeschätzter Erinnerungsbücher.

Natalja Scheremetewa-Dolgorukowa – (Natal'ja Šeremeteva-Dolgorukova; auch: Scheremet'jewa-Dolgorukaja; 1714-1771); Tochter des Grafen Boris Scheremetew; Ehefrau von Iwan Dolgorukow (Ivan Dolgorukov; auch: Dolgorukij; 1708-1739), einem Freund Peters II.; folgte ihrem Mann in die Verbannung; Verfasserin von Memoiren (1810 publiziert).

# Der Handschuh

*Der Handschuh*

Ilse Koch – (1906-1967); Frau des Lagerkommandanten des KZ Buchenwald Karl Otto Koch; von ihr wurde behauptet, sie habe sich aus tätowierter Häftlingshaut Handschuhe, Lampenschirme u.ä. anfertigen lassen.

Latimeria – Quastenflosser, bekanntestes Beispiel eines lebenden Fossils.

weiten Weg – Euphemismus für eine neue Etappe, d.h. einen Weitertransport der Häftlinge mit ungewissem Ziel.

»Menière-Syndrom« – Erkrankung des Innenohres (auch Menière-Krankheit), bei der es zu Anfällen von Drehschwindel, einseitigem Hörverlust und Ohrensausen kommt; Warlam Schalamow hatte seit seiner Kindheit Gleichgewichtsprobleme; die Menière-Krankheit wurde bei ihm erst nach der Lagerhaft diagnostiziert.

feuchte Mutter Erde – personifizierte Erd-Gottheit in der slawischen Mythologie; galt als Mutter aller Lebewesen und Pflanzen.

»Iwan Iwanytsch« – siehe Glossar: Iwan Iwanowitsch.

»*vitaminki*« – Abkürzung für Vitamin-Außenstellen des Lagers, wo die Nadeln des Krummholzes zur Produktion eines Vitaminpräparats gegen Skorbut gesammelt wurden.

*lekpom* – Abkürzung für Arzthelfer (pomoschnik lekarja).

der blaue Traum – im russischen Sprachgebrauch synonymisch für

»die Blaue Blume« verwendet, das Symbol der Romantik für das Streben nach dem Unendlichen.

*pridurki* – (Plural von *pridurok*) in der Lagersprache des GULag Bezeichnung für Funktionshäftlinge.

Asarhaddon – biblische Namensform eines assyrischen Königs (680 v. Chr.-669 v. Chr.).

das Wunder von Kana – Erzählung aus dem Neuen Testament (Joh. 2,1-12), in der Jesus auf einer Hochzeitsfeier in Kana Wasser in Wein verwandelt.

das Wunder in Fausts Keller – gemeint ist die Szene in Auerbachs Keller, in der Mephisto einen Tisch anbohrt, aus dem dann Wein fließt; im Urfaust handelt an dieser Stelle noch Faust.

eine der Republiken Georgiens – die Sowjetrepublik Georgien bestand aus mehreren autonomen Teilrepubliken.

Lieferant – Auftragnehmer (podrjadtschik); hier: Helfer der Polizei.

der ersten MGU – 1918 wurde auf der Basis der Moskauer Höheren Mädchenkurse die sogenannte ‚zweite MGU' gegründet (sie bestand bis 1930); dem Ziel einer Demokratisierung des Zugangs zu höherer Bildung diente etwa die Abschaffung der Aufnahmeprüfungen; die bisherige MGU (Moskauer Staatliche Universität) galt daher als erste MGU.

KWShD – Abkürzung für die von der Sowjetunion und China gemeinsam betriebene Chinesische Osteisenbahn.

»PP«-Injektion – es handelt sich um eine Injektion mit Nicotinsäure, ein Vitamin, das gegen Pellagra gespritzt wurde (Abkürzung für Pellagra Prävention).

*Galina Pawlowna Sybalowa*

Menschewiki – (wörtl.: Minderheitler); 1902 geprägter Begriff für die Fraktion der Russischen Sozialdemokratischen Arbeiterpartei, die sich gegen Lenins Plan stellte, die Partei in eine straff durchorganisierte Kaderpartei zu verwandeln; nach dem Oktober 1917 eigene Partei, deren Mitglieder zunehmend Repressionen ausgesetzt waren.

Solvay – Ernest Solvay (1838-1922); Erfinder des nach ihm benannten Verfahrens der Sodagewinnung; gründete mit seinem Bruder Alfred eine eigene Firma, ein bis heute international aktives Chemieunternehmen.

Kartensystem – in der Sowjetunion wurden Karten zur Versorgung mit Grundnahrungsmitteln und mit Waren des täglichen Bedarfs mehrfach eingeführt bzw. wieder abgeschafft; hier bezieht sich Schalamow möglicherweise auf das im Januar 1931 eingeführte Kartensystem.

in Beresniki Arbeit zu finden – Schalamow arbeitete nach seiner ersten Haftzeit von Oktober 1931 bis Januar 1932 beim Bau des Chemiekombinats in Beresniki.

die berühmten linguistischen Glücksgriffe – in der Sowjetkultur der 1920/30er Jahre gab es eine Flut von Abkürzungen, die sehr skurrile Formen annehmen konnten.

Huminsäuren – chemische Verbindungen, die beim Abbau biologischen Materials entstehen.

Waskow ... – Rodion Waskow (Vaskov) war zu dieser Zeit Leiter der »Verwaltung der nordwestlichen Besserungsarbeitslager« (USWITL; siehe Glossar: Dalstroj); A.N. Majssuradse (Majsuradze) wurde 1932 Leiter der URO (siehe Glossar) des USWITL; Iwan Filippow (Ivan Filippov), Leiter des USWITL, wurde 1937 verhaftet, starb in der Haft; Sergej Jegorow (Egorov; 1905-1959); sowjetischer Staats- und Militärfunktionär; 1939-1945 stellvertretender Leiter des Dalstroj; Zwirko (Cvirko) war Leiter der Nordverwaltung innerhalb des Dalstroj.

Dalkraj – geographisch-administrativer Begriff für den sowjetischen Fernen Osten.

SPO – Geheime Politische Abteilung (Sekretnyj Polititscheskij Otdel) innerhalb der OGPU bzw. des NKWD; ihr oblag die Beobachtung zunächst der Tätigkeit von politischen Gruppierungen und in den 30er Jahren auch der Arbeit von Partei- und Staatsorganen sowie der künstlerischen und wissenschaftlichen Intelligenzija.

»Die Juristenverschwörung« – Erzählung Schalamows aus dem ersten Zyklus der »Erzählungen aus Kolyma«, enthalten im Band »Durch den Schnee«.

Petja – Koseform von Pjotr.

»Tschiktosy und Komantschi« – vermutlich Anspielung auf die absolute Fremdheit der Sprachen von Indianerstämmen, etwa der Comanchen.

Donbass – Kurzform für Donezbecken, ein großes Steinkohle- und Industriegebiet in der Ukraine.

des Lavater-, des Lombroso-Typs – Johann Caspar Lavater (1741-1801); Pfarrer, Philosoph und Schriftsteller aus der Schweiz; entwickelte eine Theorie der Physiognomik, die helfen sollte, unterschiedliche Charaktere anhand der Gesichtszüge und Körperformen zu erkennen; Cesare Lombroso (1835-1909); italienischer Psychiater und Begründer der Kriminalanthropologie; vertrat die These, dass Verbrechen eine Folge angeborener menschlicher Eigenschaften seien.

### Ljoscha Tschekanow, oder Mitangeklagte an der Kolyma

starosta – Ältester (von russ. Wort staryj: alt); gewählter Vertreter der Häftlinge; die Wählbarkeit war seit der Zarenzeit Tradition, wurde aber unter Jeshow (siehe Glossar) im Sommer 1938 abgeschafft.

Kubik – gemeint sind Kubikmeter Abbauvolumen; d.h. sollte der Brigadier mehr Kubikmeter angeben, als vom Markscheider gemessen, fällt dies auf.

Skythen – Bezeichnung für die Reiternomadenvölker im 1. Jahrtausend vor Chr., die bis in die eurasischen Steppenregionen nördlich des Schwarzen Meeres vordrangen.

im Russischen synonym – der Zar Iwan IV. (1530-1584) oder der Große wurde auch Iwan der Schreckliche genannt.

### Triangulation 3. Ordnung

Lädchen – (russ.: larjok) in der Lagersprache Begriff für die Erlaubnis, sich im Lagerladen eine zusätzliche Lebensmittelration kaufen zu dürfen.

### Die Schubkarre I

Dawson – eigentl.: Dawson City; kanadische Stadt; als Siedlung während des Klondike-Goldrausches 1896 gegründet.

*Die Schubkarre II*

Kuroshio-Strom – warme Oberflächen-Meeresströmung im westlichen Pazifik.

Chandshjan – Agassi (Agasi Chandžjan; 1901-1936); armenisch-sowjetischer Parteifunktionär; von 1920 bis 1922 Sekretär des Jerewaner Stadtkommitees der KP Armeniens; ab 1930 1. Sekretär der Armenischen Kommunistischen Partei.

*tschuni* – Gummi*tschuni*.

Doktor Kriwizkij – siehe Glossar: Kriwizkij.

Wenka Byk – sprechender Name: byk – der Stier; möglicherweise Anspielung auf Benja Krik, einen Odessaer Gauner, die zentrale literarische Figur mehrerer »Erzählungen aus Odessa« («Одесские рассказы»; 1923/1924) des russisch-jüdischen, in Odessa geborenen Schriftstellers Isaak Babel (Babel'; 1894-1940).

*Der Schierling*

Nummern-Welt – siehe Glossar: Nummernlager.

Čiurlionis – Mikalojus (1875-1911); litauischer Maler und Komponist; als Maler stand er dem Symbolismus nahe.

Mickiewicz – Adam (1798-1855); in Litauen geborener polnischer Dichter, Begründer und wichtigster Vertreter der polnischen Romantik.

Hekatombe – bei den Griechen ursprünglich Bezeichnung für ein Opfer von 100 Rindern, später für jedes reichere Tieropfer; im übertragenen Sinne auch für eine sehr große Zahl von Menschen, die Opfer eines großes Unglücks werden.

»Der Teufelsschüler« – Melodram (1897) des irischen Dramatikers George Bernard Shaw (1856-1950).

Petronius – Titus Petronius (ca. 14-66); römischer Senator und Autor des satirischen Romans »Satyricon«; wurde der Teilnahme an einer Verschwörung gegen den Kaiser Nero beschuldigt; kam einer Anklage zuvor und wählte den Freitod (er schnitt sich die Pulsadern auf).

von den Pfadfindern – die Pfadfinderbewegung war eine internationale unabhängige Bewegung zur Erziehung und Förderung der Entwicklung von Jugendlichen (das erste Pfadfinderlager fand 1907 in England statt); die russische Pfadfinder-Bewegung wurde 1923 verboten.

*Doktor Jampolskij*

»Der Diamantenquell« – Erzählung von Schalamow aus dem Zyklus »Künstler der Schaufel« der »Erzählungen aus Kolyma«.

*Oberstleutnant Fragin*

SMERSch – wörtl.: »Tod den Spionen« (Smert špionam); Spionageabwehrabteilung des Volkskommissariats für Verteidigung; 1943 vom NKWD (siehe Glossar) gegründet; 1946 aufgelöst.

Tbilisi – (auch Tiflis), Hauptstadt Georgiens.

»Paten« – (russ.: pachany) Anführer der professionellen Verbrecher.

ISTsch – Informations- und Untersuchungsabteilung (informazionno-sledstwennaja tschast) der Verwaltung eines Lagerpunkts; führte Untersuchungsverfahren wegen nichtpolitischer Delikte im Lager; war die Vorläuferin der Anfang der 30er Jahre gebildeten OperTsch, der Operativabteilung (Operatiwnaja Tschast).

Rokossowskij – Konstantin (Rokossovskij; 1896-1968); hochrangiger sowjetischer Militär polnischer Herkunft; war während der Säuberungen von August 1937 bis März 1940 in Haft; wurde gefoltert; 1940 entlassen und rehabilitiert; erhielt seinen militärischen Generalsrang zurück; wurde 1944 zum Marschall der Sowjetunion ernannt; kommandierte die Siegesparade auf dem Roten Platz am 24. 6. 1945.

*Dauerfrostboden*

Artikel neunundfünfzig – definierte ›Verbrechen‹, die eine richtige Tätigkeit der Verwaltungsorgane und der Wirtschaft beeinträchtigten und mit Widerstand gegen die Autorität der Macht verbunden waren.

*Iwan Bogdanow*

»Bogdanow« – Erzählung Schalamows aus dem Zyklus »Künstler der Schaufel« der »Erzählungen aus Kolyma«.

Midas – sagenhafter König von Phrygien; der Sage nach ging sein Wunsch, dass alles, was er berühre, zu Gold würde, in Erfüllung.

Twardowskij – Aleksandr (Tvardovskij; 1910-1971); russischer Dichter aus einem Dorf im Gebiet von Smolensk; seine Familie wurde in den 1930er Jahren entkulakisiert (siehe Glossar: Entkulakisierte); war später Chefredakteur der Zeitschrift »Neue Welt« (Nowyj mir) und publizierte Aleksandr Solshenizyns »Ein Tag im Leben des Iwan Denissowitsch« («Один день Ивана Денисовича»; 1962) über den Tag eines Gefangenen in einem sowjetischen Zwangsarbeitslager.

»*Róman*« – siehe Glossar: Romanist.

Soschtschenko – Michail (Zočšenko; 1894-1958); russischer satiri-
scher Schriftsteller; wurde in der Stalin-Zeit massiv kritisiert und
1946 aus dem Schriftstellerverband ausgeschlossen.

Awertschenko – Arkadij (Averčenko; 1881-1925); russischer humoris-
tischer Schriftsteller; lebte ab 1922 in Prag.

Decamerone – Novellensammlung (Liebesnovellen, anekdotische
Geschichten) aus dem 14. Jahrhundert von Giovanni Boccaccio (1313-
1375).

Dalugol – (Dal'ugol') Vereinigung verschiedener Unternehmen der
Kohleproduktion im Fernen Osten.

RONO – Abkürzung für Kreisabteilung der Volksbildung (Rajon-
noe Otdelenije Narodnogo Obrasowanija).

Esperantisten – ab März 1937 begann im Rahmen der »Großen Säuberung« die Verhaftung, Liquidierung und Verbannung der Mitglieder der »Gesellschaft sowjetischer Esperantisten«. Die Esperantisten
fielen nach einer Liste des NKWD unter die Kategorie SI (Menschen mit Auslandskontakten).

*litjorka* – siehe Glossar: Kürzel.


*Jakow Owsejewitsch Sawodnik*

Jeschiwot – (hebr. Singular: Jeschiwa, auch: Yeshiva) Talmudhoch-
schulen, an denen meist männliche Studenten die Tora und den Tal-
mud studieren.

Koltschak-Schützengräben – Aleksandr (Kolčak; 1874-1920); Admi-
ral der russischen Marine, Oberbefehlshaber der Schwarzmeerflotte;

mit Unterstützung der Mächte der Entente führte er den Kampf gegen die Rote Armee in Sibirien an; wurde von den Bolschewiki in Irkutsk hingerichtet.

Rotbannerorden – der 1918 eingeführte Rotbannerorden wurde für besondere militärische Verdienste (bis 1991) verliehen.

Selenskij – Isaak (Zelenskij; 1890-1938); hochrangiger Parteifunktionär; von 1921-1924 Erster Sekretär des Moskauer Parteikomitees; ab 1931 Vorsitzender der Gewerkschaften; Mitangeklagter im Schauprozess gegen Bucharin und Rykow.

auf dem Mond – euphemistisch für »erschießen«.

zehn Monate im Jahr Winter – Anspielung auf ein populäres Lied, in dem es heißt, die Kolyma sei ein »wundersamer Planet«, auf dem »neun Monate im Jahr Winter« und die übrige Zeit Sommer sei; es existieren verschiedene Versionen: mal ist Rede von neun, mal von zehn oder gar von zwölf Monaten Winter und der »übrigen Zeit« Sommer.

Ehrenburg – Ilja (Il'ja Érenburg; 1891-1967); russisch-jüdischer Dichter, Schriftsteller und Journalist.

Sujew-Insarow – Dmitrij (Zuev-Insarov); bekannter russischer Graphologe der ersten Hälfte des 20. Jahrhunderts.

»Literaturzeitung« – (Literaturnaja gaseta) führende sowjetische literarische Wochenzeitung.

Thomas Hardy – (1840-1928); englischer Dichter und Schriftsteller; beschäftigte sich in seinen Romanen mit dem Wirken irrationaler Schicksalskräfte; nach der Ablehnung seiner Romantrilogie »Die Herrscher« (1904-1908) verfasste er ausschließlich Lyrik sowie zwei Dramen.

SIS – Fahrzeug aus der Produktion des Moskauer »Stalin-Automobilwerkes« (Sawod imeni Stalina)

## Das Schachspiel von Doktor Kusmenko

»Zeit der Wirren in Russland« – Bezeichnung für eine krisenhafte Phase in der russischen Geschichte zwischen 1598 (Ende der Rjurikiden-Dynastie) und 1613 (Beginn der Romanow-Dynastie mit Michail I.).

des ersten Usurpators – gemeint ist Grigorij Otrepjew (auch: Grischka; weltl. Name: Jurij Otrep'ev; ca. 1580-17. 5. 1606, ermordet); aus einem Moskauer Kloster um 1601 entlaufener Mönch, der sich als Zarensohn Dmitrij ausgab (der letzte Sohn von Ivan IV., Dmitrij, kam 1591 im Alter von neun Jahren unter ungeklärten Umständen ums Leben); auch bekannt als »Falscher Demetrius« oder »Pseudodemetrius« (Lshedmitrij); wurde 1606 wenige Tage nach der russischen Trauung mit Marina Mniszech ermordet.

Marina Mniszech – (gest. 1614); Tochter des Wojewoden von Sandomierz, Jerzy Mniszech; heiratete 1606 in Moskau den Falschen Demetrius, der ihretwegen in Polen zum römischen Katholizismus übergetreten war.

Hetman Sapieha – möglicherweise Lew Sapieha (1557-1633); Großhetman von Litauen und Wilna aus dem bedeutenden polnisch-litauischen Adelsgeschlecht; war 1600 mit einer Gesandtschaft in Moskau, aber entgegen der verbreiteten Meinung kein Anhänger des Falschen Demetrius.

Radziwill – möglicherweise Mikołaj Krzysztof Radziwiłł (1549-1616); Wojewode von Wilna.

Metropolit Filaret – möglicherweise Anspielung auf den Patriarchen Filaret (1554-1633; weltl. Name: Feodor Romanow; Vater des Zaren Michail I.; übernahm 1619 das Moskauer Patriarchat); bekleidete in der »Zeit der Wirren« verschiedene hohe politische und kirchliche Ämter; wurde vom Falschen Demetrius zwangsweise zum »Patriarchen von Tuschino« ernannt (dort befand sich das Lager des Falschen Demetrius).

Pereswet und Osljabja – russische Mönche und Krieger; Teilnehmer an der siegreichen Schlacht russischer Truppen auf dem Kulikowo-Feld (8. 9. 1380) gegen mongolische Truppen der Goldenen Horde; beide wurden von der russisch-orthodoxen Kirche heiliggesprochen.

Dreifaltigkeits- und Sergius-Klosters – eines der ältesten und bekanntesten russischen Klöster (in Sergijew Possad bei Moskau); gegründet 1340 durch Sergius von Radonesh; wird auch Lawra genannt – so die russische Bezeichnung für große orthodoxe Männerklöster, die direkt dem Patriarchen unterstehen.

wie bei Puschkin – Anspielung auf Aleksandr Puschkins (siehe Glossar) Drama »Boris Godunow« («Борис Годунов»; 1825) über den Falschen Demetrius; Boris Godunow (Godunov; 1552-1605); 1584-1598 Regent Russlands für den schwachsinnigen Zaren Fjodor I. (Sohn Ivan IV.); Godunov wurde nach dem Tod von Fjodor I. (1598) zum Zaren gewählt und blieb auf dem Zarenthron bis zu seinem Tod 1605; bei Puschkin hat Godunow Schuldgefühle wegen der Ermordung des Zarensohnes Dmitrij; in der Gleichsetzung des Falschen Demetrius mit dem entlaufenen Mönch Grischka Otrepjew folgt Puschkin der Hypothese des Historikers und Schriftstellers Nikolaj Karamsin (Karamzin; 1766-1826).

der Tod Ossip Mandelstams – siehe Glossar: Mandelstam; Schalamows Erzählung »Cherry Brandy« aus dem 1. Zyklus der »Erzählungen aus Kolyma« (enthalten im Band »Durch den Schnee«) über den Hungertod eines anonymen Dichters in einem Durchgangslager spielt auf Mandelstams Schicksal an.

Sohn von German Lopatin – gemeint ist Bruno Lopatin-Bart (1877-1938); russischer Rechtsanwalt; Sohn des Revolutionärs German Lopatin (siehe Glossar) und dessen Frau Sinaida Korali (1854-1919); da der Vater zur Zeit der Geburt seines Sohnes unter dem Decknamen Bart lebte, erhielt dieser den Nachnamen Bart, durfte nach der Februarrevolution den Doppelnamen Lopatin-Bart tragen; wurde 1938 in Leningrad wegen Mitgliedschaft in einer angeblichen »antisowjetischen sozialrevolutionären Organisation« verhaftet und erschossen.

Bucharin und Rykow – die beiden sowjetischen Partei- und Staatsfunktionäre Nikolaj Bucharin (1888-1938) und Aleksej Rykow (Aleksej Rykov; 1881-1938) wurden im 3. öffentlichen Schauprozess gegen den sogenannten »Block der Rechten und Trotzkisten« (2.-13. März 1938, auch: »Prozess der 21«) angeklagt, zum Tode verurteilt und hingerichtet.

›Die Eroberung Mexikos durch Cortes‹ – gemeint ist die dritte Expedition der Spanier, die 1519 unter der Leitung des spanischen Konquistadors Hernán Cortés von Havanna aus 1521 zum Sieg über die Azteken und zur Eroberung von Mexiko führte.

*Der Mann vom Dampfer*

»einen Geißfuß« – selbstgedrehte Papirossa.

Jacques Paganel – Professor Jacques Paganel ist eine Figur aus dem Roman »Die Kinder des Kapitäns Grant« (1868) des französischen Autors Jules Verne (1828-1905); der Roman war in der Sowjetunion durch eine Verfilmung von 1936 sehr bekannt.

*Aleksandr Gogoberidse*

Vera Inbers »Pulkowo-Meridian« – Versdichtung («Пулковский меридиан»; 1941-1943) der russischen Dichterin und Prosaautorin Vera Inber (1890-1972) über die Leningrader Blockade, für die sie 1946 den Stalin-Preis erhielt.

BAM-Lager – GULag-Lager entlang der Baikal-Amur-Magistrale, einer Eisenbahnstrecke in Sibirien, die in den dreißiger Jahren größtenteils von Zwangsarbeitern errichtet wurde; war ursprünglich ein einziges Lager, wurde aber Ende der dreißiger Jahre reorganisiert und in verschiedene Lager aufgespalten.

Kombinator – möglicherweise Anspielung auf Ostap Bender, die Hauptfigur des satirischen Romans »Die zwölf Stühle« («Двенадцать стульев»; 1928) von Ilja Ilf (Il'ja Il'f; 1897-1937) und Jewgenij Petrow (Evgenij Petrov; 1903-1942); eines der Kapitel trägt den Titel »Der große Kombinator«.

Eschba – Jefrem (Efrem Ėšba; 1893-1939); Revolutionär abchasischer Herkunft und sowjetischer Parteifunktionär; wurde repressiert und hingerichtet.

»Nechaj« – umgangssprachlich für: meinetwegen.

»Tschekoj« – umgangssprachlich für: Warte! (aus dem Polnischen: czekaj!)

Lewan Gogoberidse – (Levan Gogoberidze; 1896-1937); Revolutionär georgischer Herkunft; sowjetischer Partei- und Staatsfunktionär; 1926-1930 einer der Sekretäre der KP Georgiens; 1937 verhaftet und erschossen.

Mikojan – Anastas (1895-1978); Revolutionär armenischer Herkunft;

hoher sowjetischer Partei- und Staatsfunktionär; 1939-1966 Mitglied des Politbüros der KP; 1964-1965 sowjetisches Staatsoberhaupt (Vorsitzender des Präsidiums des Obersten Sowjets).

*Lektionen der Liebe*

das verkaufte Spitzbergen – Spitzbergen wurde nicht verkauft; der Spitzbergen-Vertrag von 1920 erklärte die Inselgruppe zu einer entmilitarisierten Zone; die Sowjetunion trat dem Vertrag erst 1935 bei; 1925 erlangte Norwegen die Souveränität über Svalbard; zuvor gab es keine Zuordnung zu einem Staat; 1867 kauften die USA Alaska von Russland.

der Zündholzkönig – Ivar Kreuger (1880-1932); schwedischer Unternehmer, der ein weltweites Zündwarenmonopol aufbaute.

»verdorbener *schtymp*« – in der Gaunersprache jemand, der nicht zur Ganovenwelt gehört, aber bereits unter dem Einfluss der Ganoven steht.

»Erlebtes und Gedachtes« – («Былое и думы») Autobiographie von Aleksandr Herzen (Gercen; 1812-1870); einflussreicher russischer Philosoph, Publizist und Schriftsteller; war wegen antizaristischer Äußerungen in der Verbannung; emigrierte 1847; lebte von 1852 bis 1863 in London; später in Brüssel oder in der Schweiz; die ersten Teile der Autobiographie erschienen ab 1854, die erste zusammenhängende Ausgabe 1868; 14. Dezember: Anspielung auf die missglückte Adelsrevolte der Dekabristen (siehe Glossar) vom 14. Dezember 1825; zahlreiche adlige Frauen folgten ihren Ehemännern in die sibirische Verbannung.

»Opas Glatze« – Gebirgspass in der Region von Magadan.

*Attische Nächte*

Attische Nächte – der Erzähltitel spielt auf das gleichnamige Sammelwerk (Noctes Atticae; um 170) des römischen Schriftstellers und Richters Aulus Gellius an, das Auszüge aus Werken zahlreicher Autoren enthält.

leben oder nicht leben – Anspielung auf ein bekanntes Zitat aus William Shakespeares Drama *Hamlet, Prinz von Dänemark*: »Sein oder Nichtsein; das ist hier die Frage« (in der Übersetzung von August Wilhelm von Schlegel).

»Utopia« – Thomas Morus (Sir Thomas More; 1477-1535); englischer Humanist und Staatsmann; wurde hingerichtet; 1935 heilig gesprochen; in der staatsphilosophischen Schrift »Utopia« (1516) entwarf er das Bild eines Idealstaates auf der Insel Utopia und begründete damit das literarische Genre der Sozialutopie.

ein Schriftsteller und Geschäftemacher – möglicherweise Anspielung auf Aleksandr Solshenizyn (1918-2008); russischer Schriftsteller; erlangte mit »Der Archipel GULag« («Архипелаг Гулаг»; 1973), einer künstlerischen Dokumentation über das sowjetische System der Zwangsarbeitslager, Weltruhm; wurde 1974 aus der Sowjetunion vertrieben; kehrte 1994 nach Russland zurück; Schalamow und Solshenizyn lernten sich 1962 kennen; beide verband zunächst eine Freundschaft, die aber bald von einer harten ästhetischen und ethischen Kontroverse abgelöst wurde; Schalamow bezeichnete ihn in einer Tagebuchnotiz aus den 1970er Jahren als Geschäftemacher (vgl. den Band Warlam Schalamow »Über Prosa«).

Stanislawskij-Theater – siehe Glossar: Künstlertheater.

Dobrowolskij – Arkadij (Dobrovol'skij; 1911-1969); Drehbuchautor; arbeitete bis 1936 im Filmstudio in Kiew; wurde 1937 repressiert;

war 21 Jahre in Haft; kehrte 1959 in die Ukraine zurück und arbeitete erneut im Kiewer Filmstudio.

Tjuttschew — Fjodor (Fedor Tjutčev; 1803-1873); russischer philosophischer Dichter und Diplomat.

Baratynskij — Jewgenij (Evgenij; 1800-1844); die richtige Schreibweise des Namens ist Boratynskij; russischer romantischer Dichter und enger Freund Aleksandr Puschkins (siehe Glossar).

Annenskij — Innokentij (1855-1909); Altphilologe, Dramenautor, Lyriker und Kritiker; hat die Antikenrezeption der russischen Moderne, vor allem der Symbolisten, maßgeblich beeinflusst.

Bunins »Kain« — gemeint ist Bunins (siehe Glossar) Übersetzung der von Lord Byron (George Gordon Noel Byron; 1788-1824) 1821 verfassten dramatischen Bearbeitung des biblischen Stoffes.

Blok ... Bunin — Welimir Chlebnikow (Velimir Chlebnikov; 1885-1922); bedeutender Dichter des russischen Futurismus; seine radikalen Sprachexperimente (lexikalische Neubildungen, Schaffung einer Universalsprache) und seine Beschäftigung mit Zahlenmystik übten einen nachhaltigen Einfluss auf die literarische Avantgarde aus; Igor Sewerjanin (Igor' Severjanin; eigentl.: Igor' Lotarev; 1887-1941); russischer Dichter der Avantgarde; begründete den so genannten Ego-Futurismus, dem eine radikale individualistische Lebensphilosophie zugrunde lag; Wassilij Kamenskij (Vasilij; 1884-1961); russischer futuristischer Dichter und Flugpionier; verfasste nach der Revolution Versdichtungen über Anführer großer russischer Volksaufstände (Stenka Rasin, Jemeljan Pugatschow); Andrej Belyj (1880-1934); einer der führenden Dichter und Theoretiker des russischen Symbolismus; Schalamow betrachtete Belyj als einen seiner wichtigsten Lehrer; Sergej Jessenin (Esenin; 1895-1925); russischer Dichter bäuerlicher

Herkunft; nahm sich 1925 im Leningrader Hotel »Angleterre« das Leben; Nikolaj Tichonow (Tichonov; 1896-1979); russisch-sowjetischer Dichter; gehörte zur Schriftstellervereinigung »Die Serapionsbrüder«, die sich 1921 in Petrograd zusammenfand; später Funktionär des sowjetischen Schriftstellerverbandes; Wladislaw Chodassewitsch (Vladislav Chodasevič; 1886-1939); russischer Dichter und Schriftsteller der Moderne; ging 1922 in die Emigration.

Tjuttschew ... Aleksej Tolstoj – Michail Lermontow (Lermontov; 1814-1841); bedeutender russischer romantischer Dichter; Aleksej Tolstoj (1817-1875); russischer Schriftsteller und Dichter; viele seiner Gedichte und Balladen wurden vertont.

Gumiljow ... Selwinskij – Nikolaj Gumiljow (Gumilev; 1886-1921); russischer Dichter der Moderne; gehörte neben Ossip Mandelstam (siehe Glossar) und Anna Achmatowa zu den Begründern des Akmeismus, einer Dichtung, die auf Dinglichkeit und Klarheit im Ausdruck setzte; wurde im August 1921 wegen angeblicher Beteiligung an einer konterrevolutionären Verschwörung erschossen; erster Ehemann von Anna Achmatowa; Anna Achmatowa (Achmatova; 1889-1966); bedeutende russische Dichterin der Moderne; Marina Zwetajewa (Cvetaeva; 1892-1941); russische Dichterin der Moderne; folgte 1922 ihrem Ehemann Sergej Efron in die Emigration (er hatte in der Weißen Armee gedient); sie kehrte 1939 in die Sowjetunion zurück; nahm sich 1941 das Leben; Ilja Selwinskij (Il'ja Sel'vinskij; 1899-1968); russischer Dichter und Dramenautor; gehörte in den zwanziger Jahren zu den führenden Akteuren des literarischen Konstruktivismus, wandte sich später jedoch von den konstruktivistischen Experimenten ab.

Grigorjew – Apollon (Grigor'ev; 1822-1864); russischer Dichter und Literaturkritiker.

Marschak – Samuil (Maršak; 1887-1964); russisch-sowjetischer Dichter, Übersetzer und Kritiker; war in den 1920er und 1930er Jahren vor allem als Kinderbuchautor bekannt; der von ihm gegründete Kinderbuchverlag wurde 1937 zerschlagen, viele Autoren verhaftet; Marschak hatte sich auch als Übersetzer einen Namen gemacht, u.a. des schottischen Lyrikers Robert Burns (1759-1796).

»Samisdat« – (Samizdat; wörtl.: sich selbst verlegen) Bezeichnung für die Verbreitung nicht genehmigter Literatur über informelle, alternative Kommunikationskreise in den sozialistischen Ländern.

»An Liletschka anstelle eines Briefs« – («Лилечка! Вместо письма»; 1916); Gedicht von Majakowskij an seine Geliebte und Muse Lilja Brik (1891-1978).

»Der Winter naht« – («Зима приближается»; 1943) Gedicht von Boris Pasternak.

des künftigen »Poems ohne Held« – Anna Achmatowa vollendete die erste Variante des Verspoems »Poem ohne Held« («Поэма без героя»), das den dramatischen Brüchen in der russischen Geschichte des 20. Jahrhunderts gewidmet ist, 1943 während der Evakuierung in Taschkent (Hauptstadt des sowjetischen Usbekistan).

Pyrjew und Ladynina – Iwan Pyrjew (Ivan Pyr'ev; 1901-1968); bekannter sowjetischer Filmregisseur; für seine Filme zwischen 1941-1951 sechs Mal mit dem Stalin-Preis ausgezeichnet; Marina Ladynina (1908-2003); Schauspielerin und Ehefrau von Iwan Pyrjew; spielte die Hauptrollen in vielen seiner Filme.

»Traktoristen« – Musikfilm von Iwan Pyrjew (1939); das Drehbuch zum Film »Traktoristen« hatte Arkadij Dobrowolskij 1936, noch vor seiner Verhaftung, beendet.

642

Hamburger Rechnung – Redewendung, steht für gerechtes, aufrichtiges Handeln; Titel eines Essaybandes des Literaturtheoretikers (gehörte zur Formalen Schule) und Schriftstellers Viktor Schklowskij (Šklovskij; 1893-1984).

Bagrizkij ... Swetlow – Eduard Bagrizkij (Ėduard Bagrickij; 1895-1934); Wladimir Lugowskoj (Vladimir Lugovskoj; 1901-1957); Michail Swetlow (Svetlov; 1903-1964); russisch-sowjetische Dichter, die in den dreißiger Jahren populär waren und deren Werke vorwiegend Themen der Revolution, des Bürgerkriegs und des sozialistischen Aufbaus behandelten.

Norbert Wieners – (1894-1964) Wiener war ein amerikanischer Mathematiker, Mitbegründer der Kybernetik.

*Reise nach Ola*

ZSKA – Abkürzung für: Zentraler Armeesportklub.

Erik der Rote – (ca. 950-1003) Wikinger, gilt als Entdecker Grönlands.

»Karpunkt« – Quarantänestation (russ.: karantijnyj punkt); gab es in den Lagern meist nur in Ausnahmefällen, bei Epidemien (Aufenthalt ca. 30 Tage).

Methode von Gallup – George Gallup (1901-1984); amerikanischer Meinungsforscher; nach ihm benannte Methode, mit der die öffentliche Meinung durch Befragen eines ausgewählten Personenkreises ermittelt wird.

Gebiet Kalinin – nach seiner Entlassung aus dem Lager lebte Schalamow, da ihm der Zuzug nach Moskau verwehrt wurde, von 1953 bis 1956 im Gebiet von Kalinin (heute Twer).

Gesetz des Archimedes – gemeint ist das Gesetz vom Auftrieb, demzufolge ein Körper dann auf dem Wasser schwimmt, wenn das verdrängte Wasservolumen ein größeres Gewicht hat als der Körper.

*Der Oberstleutnant des Medizinischen Dienstes*

die Flüge von Slepnjow und Gromow und die Drift der »Tscheljuskin« – Mawrikij Slepnjow (Mavrikij Slepnev; 1896-1965); Flieger der Nordpolarflotte, der sich an der Rettung der Mannschaft der »Tscheljuskin« beteiligte; Michail Gromow (Gromov; 1899-1985); legendärer sowjetischer Flieger, der in den 1930er Jahren mehrere Flugrekorde aufstellte; die Tscheljuskin war ein sowjetisches Schiff, das 1933 zu einer Expedition ins Nordpolarmeer aufbrach, im Packeis steckenblieb, nach einer dreimonatigen Drift sank das Schiff; die Mehrzahl der Besatzungsmitglieder wurde auf dem Luftweg gerettet.

SIS-110 – repräsentativer Personenwagen aus der Produktion des Moskauer »Stalin-Automobilwerkes«.

Kandidat der Wissenschaften – akademischer Grad; entspricht dem deutschen Doktortitel.

Podwojskij – Nikolaj (Podvojskij; 1880-1948); Revolutionär und sowjetischer Partei- und Staatsfunktionär; einer der Initiatoren der 1918 erfolgten Einführung des Rotbannerordens für individuelle militärische Verdienste im Bürgerkrieg.

*Der Kriegskommissar*

WOChR – bewaffnete Wacheinheiten in den Lagern des GULag (russ.: Woennisirowannaja ochrana – wörtl.: militarisierte Wache).

*Riva-Rocci*

Malenkow – Georgij (Malenkov; 1902-1988); sowjetischer Partei-
und Staatsfunktionär; übernahm nach Stalins Tod dessen Position als
Vorsitzender des Ministerrats (bis 1955).

Kürzelträgern – siehe Glossar: Kürzel.

Shdanow – Andrej (Ždanov; 1896-1948); hoher sowjetischer Parteifunktionär; von 1934-1945 Sekretär des Stadt- und Gebietsparteiko-
mitees von Leningrad.

Archiv Nummer drei – Bezeichnung für die Abteilung Statistik von
Häftlingstoden im Lager.

Krylenko – Nikolaj (Deckname: Abram; 1885-1938); Revolutionär;
sowjetischer Partei- und Staatsfunktionär; von 1936 bis 1938: Volkskommissar für Justiz; wurde repressiert und erschossen.

Litwinow – Maksim (Litvinov; 1876-1951); Revolutionär und sowjetischer Staatsfunktionär; Diplomat; 1930-1939: Volkskommisar
für Äußere Angelegenheiten.

Bojan oder Pimen – Bojan: sagenumwobener Epensänger; wird u.a.
im Igorlied (Rede vom Feldzug des Igor; «Слово о полку Игореве»),
der bekanntesten Dichtung der altrussischen Literatur, erwähnt;
Pimen: Figur eines alten Mönchs und Chronisten aus Aleksandr
Puschkins (siehe Glossar) Drama «Boris Godunow» über den Falschen Demetrius.

minus eins bis minus fünfhundert – offiziell gängige Bezeichnung
für das Verbot, sich in einer bestimmten Anzahl von Städten anzu-
siedeln.

Kontingente A, B, W, G und D – siehe Glossar: Gruppe »W« und »B«.

Artikel hundertzweiundneunzig – definierte Vergehen gegen Verfügungen der örtlichen Machtorgane als zu ahndende Verbrechen.

Riva-Rocci-Apparat – Apparat zur Blutdruckmessung.

Berija-Amnestie – Bezeichnung für eine beschränkte Amnestie, die nach Stalins Tod, Ende März 1953 von Lawrentij Berija (siehe Glossar), dem damaligen Innenminister, erlassen wurde.

Sewmorput – Abkürzung für nördliche Meeresstraße (Severnyj morskoj put'); hier vermutlich Name einer Fluggesellschaft.

Reiseschein ins Leben – möglicherweise Anspielung auf den gleichnamigen sowjetischen Spielfilm von 1931 («Путевка в жизнь»; Regie: Nikolaj Ekk; Drehbuch: Anton Makarenko; deutscher Titel: Der Weg ins Leben) über die Umerziehung von Jugendlichen in einer Arbeitskommune während der ersten Jahre nach der Oktoberrevolution.

# Glossar

»an den Hügel« – euphemistisch für Friedhof.

Artikel achtundfünfzig – berüchtigter Paragraph des sowjetischen Strafgesetzbuches, der eine Verurteilung wegen angeblicher konterrevolutionärer Tätigkeit vorsah; Punkt sieben: wegen Sabotage in Wirtschaft, Handel oder Transport; Punkt zehn: wegen Agitation und Propaganda gegen die Sowjetmacht; Punkt elf: wegen jeglicher Art organisatorischer Tätigkeit bei der Durchführung oder Vorbereitung ›konterrevolutionärer Tätigkeit‹.

Ataman – Bezeichnung für den höchsten militärischen Rang bei den russischen Kosaken.

auf Grund laufen – (wörtl.: dahinschwimmen, dahingehen) gemeint ist die physische Auflösung des Menschen, bis er zu einem *dochodjaga* (siehe Glossar) wird, einem Menschen an der Schwelle zum Tod.

XX. Parteitag – gemeint ist der XX. Parteitag der KPdSU von 1956, auf dem Nikita Chruschtschow in der sogenannten Geheimrede erstmals von Stalins Verbrechen sprach.

Beresniki – Stadt im Gebiet von Perm; das Arbeitsbesserungslager an der Wischera, in dem Schalamow von 1929 bis 1931 inhaftiert war, befand sich in der Siedlung Malaja Wischaicha (heute: die Stadt Krasnowischersk).

Beresnikchimstroj – Abkürzung für das Baukombinat zum Bau des Chemiewerkes von Beresniki.

Berija – Lawrentij (Lavrentij; auch: Beria; 1899-1953); sowjetischer Politiker, leitete seit 1938 das Volkskommissariat des Innern, dem die Staatssicherheitsorgane unterstanden (siehe Glossar: NKWD); nach Stalins Tod verhaftet, als Verräter verurteilt und hingerichtet.

Bersin – Eduard (Ėduard Berzin; 1894-1938); lettischer Kommunist und hochrangiger NKWD-Funktionär; 1930-1931 leitete er den Bau des Chemiekombinats von Wischera; von 1932-1937 Gründer und Leiter des Dalstroj (siehe Glossar) und der Straflager des Hohen Nordens an der Kolyma; im Dezember 1937 verhaftet und im August 1938 erschossen.

Blok – Aleksandr (1880-1921); einer der bedeutenden Dichter der russischen Moderne.

Braude – die Figur des Chirurgen Braude kommt in mehreren der »Erzählungen aus Kolyma« vor, u.a. auch in »Der Statthalter von Judäa« aus dem Zyklus »Linkes Ufer«.

Bürgerkrieg – gemeint ist der russische Bürgerkrieg (1918-1921) zwischen der Roten Armee sowie Anhängern der Bolschewiki einerseits und der Weißen Armee sowie Gegnern der Oktoberrevolution von 1917 andererseits.

Bunin – Iwan (Ivan; 1870-1953); russischer realistischer Prosaautor; ging 1919/20 in die Emigration, erhielt 1933 den Nobelpreis; seine Werke wie sein Name waren in der Sowjetunion jahrzehntelang tabuisiert.

*burki* – Stiefel aus verschiedenen Materialien (Fell, Lumpen, Watte).

Butyrka-Gefängnis – im 17. Jahrhundert erbautes Gefängnis in Moskau; nach 1917 war es politisches Gefängnis und Durchgangsstation auf dem Weg in den GULag.

*bytowik* – (Pl.: *bytowiki* oder *bytowye*; vom russ. Wort byt: Alltag) Bezeichnung für einen Häftling, der wegen Diebstahls, Betrugs oder ähnlicher Delikte verurteilt wurde, aber nicht zur Gruppe der Berufsverbrecher gehörte; während die Grenze zu den politischen Gefangenen damit klar abgesteckt war, wird die Grenze zur Gruppe der Kriminellen nicht immer eindeutig definiert. Der Begriff war schon vor 1922, vor der Einführung der ersten sowjetischen Strafgesetzgebung gebräuchlich, als die Auffassung dominierte, die Lebensbedingungen im zaristischen Russland seien die Ursache für kriminelle Handlungen.

Dalstroj – Hauptbauverwaltung des Hohen Nordens, Bezeichnung für das 1931 gegründete NKWD-Unternehmen zur Erschließung und Industrialisierung des nordöstlichen Sibirien, mit Sitz in Magadan an der oberen Kolyma, dem das gesamte Lagergebiet (SWITLag; Verwaltung: USWITL; nordöstliche Lager) unterstand.

Dekabristen – (vom russ. Wort dekabr: Dezember) Bezeichnung für die Teilnehmer an der konspirativen Bewegung zur Vorbereitung von sozialen Reformen im zaristischen Russland; vorwiegend westlich gebildete Offiziere aus dem Adel; die Revolte in Petersburg vom 14. Dezember 1825 missglückte; die Anführer wurden hingerichtet, Hunderte zur Zwangsarbeit nach Sibirien verbannt.

*dochodjaga* – (Plural: *dochodjagi*) Ausdruck in der Lagersprache des GULag für einen Menschen, dessen physische Auszehrung ein Stadium erreicht hatte, dass er dem Tod näher war als dem Leben. Mit aller gebotenen Vorsicht sei auf den im Lagerjargon der deutschen Konzentrationslager gebräuchlichen Begriff »Muselmann«, den »Menschen in Auflösung« (Primo Levi), hingewiesen.

Dostojewskij – Fjodor (Fedor Dostoevskij; 1821-1881); russischer realistischer Schriftsteller.

»Douglas« – amerikanischer Flugzeugtyp.

Dsershinskij – Feliks (Dzeržinskij; poln. Schreibweise: Dzierżyński; 1877-1926); polnisch-russischer Revolutionär, Bolschewik und sowjetischer Staatsfunktionär; Gründer und erster Chef der sowjetischen Geheimpolizei (siehe NKWD).

Dshelgala – Strafarbeitslager in der Kolyma-Region mit einem besonders strengen Arbeitsregime.

Elgen – Lagerort in der Kolyma-Region (vorwiegend für Frauen) mit einem Landwirtschaftsbetrieb und einem Krankenhaus.

Entkulakisierte – abgeleitet von »Kulaken«, der Bezeichnung für begüterte Bauern (wörtl. von *kulak* – Faust); während der forcierten Zwangskollektivierung (1929 und 1932) galten alle Mittelbauern als »Kulaken« und sollten »als Klasse« liquidiert werden (Entkulakisierung); bei Massendeportationen wurden Hunderttausende aus südlichen und westlichen Regionen in entlegene sibirische Gebiete transportiert, ohne dass ihnen die elementarsten Mittel zum Überleben zur Verfügung gestellt wurden.

Etappe – Durchgangsstation bzw. Gefangenentransport von einem Lager in ein anderes.

Faschist – in den Lagern des GULag wurden die politischen Gefangenen, die in der offiziellen sowjetischen Terminologie »Volksfeinde« (siehe Glossar) genannt wurden, auch als Faschisten bezeichnet.

Fermi – Enrico (1901-1954); einer der bedeutendsten Kernphysiker des 20. Jahrhunderts; wirkte an der Entwicklung der ersten Atombomben mit.

Festland – die Kolyma-Region war auf Grund ihrer geographischen Lage bis in die fünfziger Jahre nicht auf dem Landweg erreichbar, wurde daher einer Insel gleichgesetzt und dem übrigen Territorium der Sowjetunion als dem Festland gegenübergestellt.

*frajer* – in der Gaunersprache Bezeichnung für einen Nicht-Ganoven.

Ganove – (russ.: blatar) Bezeichnung für einen Berufsverbrecher bzw. Dieb (russ.: wor, vgl. hebr.: gannew); das Wort Dieb wird in der Gaunersprache als Synonym für Ganove gebraucht.

Garanin – Stepan (1898-1950); Oberst Garanin war 1937-1938 Leiter des Sewwostlag (Teil des Dalstroj); unter seiner Leitung kam es zu Massenerschießungen und einer drastischen Verschärfung der Arbeitsbedingungen der Gefangenen in den Lagern der Kolyma-Region, deren Personifizierung sich im Begriff »Garaninschtschina« manifestierte; wurde 1938 verhaftet, zu acht Jahren Lagerhaft verurteilt; später wurde die Haftzeit verlängert; starb im Lager.

Genesungspunkt und Genesungskommando – Abkürzung: GP und GK; Bezeichnung für einen Sonderaufenthalt (ca. 15 Tage) mit etwas besserer Versorgung für Häftlinge, wenn in den Lagern die Zahl der Toten zu hoch wurde und Arbeitskräfte fehlten.

Gorbatow – Aleksandr (Gorbatov; 1891-1973); hoher sowjetischer Militär; 1938 verhaftet; zu 15 Jahren Lagerhaft verurteilt; im Juli 1939 Ankunft in Magadan; Arbeit im Goldbergwerk; wegen Krankheit im März 1940 in ein anderes Lager überführt; 1940: Transport nach Moskau zur Wiederaufnahme des Verfahrens; im März 1941: Freispruch; hoher Militär im Zweiten Weltkrieg; wurde im Juni 1945 Stadtkommandant von Berlin.

**Grossman-Roschtschin** – Iuda (Grossman-Roščin; eigentl.: Iuda Grossman; 1883-1934); russischer Anarchist und späterer Literaturkritiker auf Seiten der RAPP (Russische Assoziation Proletarischer Schriftsteller; Rossijskaja Assoziazija Proletarskich Pisatelej); war 1919 im Stab der aufständischen Armee von Nestor Machno.

**Gruppe »W« und »B«** – die Häftlinge wurden je nach ihrer Arbeitsfähigkeit in Arbeitsgruppen bzw. Kontingente eingeteilt, deren Bezeichnungen den ersten Buchstaben des russischen Alphabets entsprechen (A, B, W, G, D).

**GULag** – Abkürzung für »Hauptverwaltung der Lager«, die Behörde, der alle »Arbeitsbesserungslager« (ispravitelno-trudowyje lagerja) unterstellt waren; wurde 1956 offiziell aufgelöst.

**Hftl.** – siehe: »*seka*«.

**Iwan Iwanowitsch** – in der Gaunersprache abfällige Bezeichnung für einen Angehörigen der Intelligenz.

**Jakute** – Angehöriger eines sibirischen Volkes, das eine nordturkische Sprache spricht.

**Jeshow** – Nikolaj (Ežov; 1895-1940); sowjetischer Parteifunktionär; 1935-38 Sekretär des ZK; 1936 von Stalin zum Volkskommissar für Inneres ernannt (siehe NKWD); unter seiner Leitung wurden die Säuberungen drastisch verschärft (»Jeshowschtschina«); wurde Ende 1938 auf diesem Posten von Berija (siehe Glossar) abgelöst und 1940 hingerichtet.

»Kara-Bugas« – die Erzählung («Кара-Бугаз»; 1932; dt.: »Der Mensch erobert die Wüste«) des russisch-sowjetischen Schriftstellers Konstantin Paustowskij (Paustovskij; 1892-1968) schildert den industriellen Aufbau in der turkmenischen Wüste.

*katorga* – russischer Begriff für Zwangsarbeit.

Kirow – Sergej (Kirov, 1886-1934); Parteifunktionär und Vertrauter Stalins; nach der Entmachtung Trotzkijs und seiner Anhänger 1926 zum Sekretär des Leningrader Gebietskomitees ernannt; seine Ermordung 1934 wurde von Stalin selbst in die Wege geleitet, um Rivalen zu beseitigen, und diente ihm als Vorwand für die Massenrepressionen der Jahre 1936-1938.

Komsomol – Bezeichnung für den Kommunistischen Jugendverband der Sowjetunion (Abkürzung für: Kommunistitscheskij Sojuz Molodjoshi).

Kolyma – Region um den gleichnamigen Fluss im fernen Nordosten Sibiriens, am Kältepol der Erde; aufgrund großer Vorkommen strategisch wichtiger Bodenschätze (Gold, Uran u.a.) eines der Zentren des GULag-Wirtschaftsimperiums; der Begriff »Kolyma« avancierte daher zum Symbol für das GULag-System.

*kragi* – Handschuhe mit langen Stulpen, vielfach aus Fell.

Kriwizkij – Jefim (Efim Krivickij; geb. 1897); denunzierte Schalamow im Lager und sagte als Zeuge im erneuten Verfahren im Mai 1943 gegen ihn aus; vermutlich ehemaliger Stellvertretender Volkskommissar für Verteidigungsindustrie.

KRTD – Abkürzung für konterrevolutionär-trotzkistische Tätigkeit in der Urteilsverkündung (vgl. im Glossar: Kürzel); der Buchstabe T (für trotzkistisch) erschwerte die Lage des Verurteilten und hatte u.a. zur Folge, dass er nach der Entlassung keinen Pass ausgehändigt bekam.

Künstlertheater – ein 1897 in Moskau von Konstantin Stanislawskij (Stanislavskij; 1863-1938) und Wladimir Nemirowitsch-Dantschenko (Vladimir Nemirovič-Dančenko; 1858-1943) gegründetes dramatisches Theater; ab 1901 Moskauer Künstlertheater (auch: MChAT); war einem realistisch-naturalistischen Theaterkonzept verpflichtet; trägt den Namen Anton Tschechows (Čechov; 1860-1904), da hier dessen wichtigste Dramen uraufgeführt wurden.

Kürzel – (russ.: liter, wörtl.: Buchstabe); auch: *litjorka*; in Buchstabenfolgen erfolgte Kodierung des Urteils, das in einem außergerichtlichen Verfahren gefällt wurde.

Kurs – russische Bezeichnung für Studienjahr.

KWTsch – Kultur- und Erziehungsabteilung (kulturno-wospitatelnaja tschast); solche Abteilungen wurden im Rahmen der sowjetischen Umerziehungskampagne (siehe Glossar: Umschmiedung) erstmals Ende der zwanziger Jahre organisiert; verantwortlich z.B. für Kulturensembles oder die Lagerzeitung

Lefortowo – Untersuchungsgefängnis in Moskau, wurde während des Großen Terrors (1937/38) als Folterstätte des NKWD genutzt.

Leningrader Blockade – die Belagerung von Leningrad (heute: St. Petersburg) durch die deutschen Truppen im Zweiten Weltkrieg dauerte vom 8. 9. 1941 bis 27. 1. 1944 (der Blockadering wurde am 18. 1. 1943 durchbrochen).

Lesnjak – Boris (1917-2004); war zuerst Häftling und dann Feldscher im Lagerkrankenhaus; nach dem Ende der Lagerhaft (1.11.

1945) blieb er freiwillig als Feldscher in der Region tätig; Ehemann der Lagerärztin Nina Sawojewa (Savoeva).

Linkes Ufer – am linken Ufer der Kolyma befand sich das Lagerkrankenhaus, in dem Schalamow als Feldscher tätig war; vgl. auch den Zyklus »Linkes Ufer« der »Erzählungen aus Kolyma«.

Lockhart-Affäre – (auch Lockhart-Verschwörung); Robert H. Lockhart (1887-1970); britischer Diplomat und Geheimagent; war 1918 in ein Attentatsversuch gegen Lenin verwickelt; wurde verhaftet und gegen den in London verhafteten russischen Diplomaten M. Litwinow ausgetauscht.

Lopatin – German (1845-1918); russischer Revolutionär, Publizist; erster Übersetzer des »Kapitals« von Karl Marx ins Russische; 1884 Mitglied der revolutionären Organisation »Volkswille«.

Machno – Nestor (1888-1934); ukrainischer Anarchist und Anführer einer Volksbewegung, die im Bürgerkrieg gegen die Weiße Armee kämpfte, sich aber gegen eine Sowjetisierung der Ukraine wehrte; starb im Pariser Exil.

Magadan – Hafenstadt in der Kolyma-Region im fernöstlichen Sibirien, entstand 1932 als Strafarbeitslager und wurde zum Verwaltungszentrum der Region ausgebaut.

Majakowskij – Wladimir (Vladimir Majakovskij, 1893-1930); revolutionärer Dichter, führender Vertreter des russischen Futurismus, nahm sich 1930 das Leben.

Mandelstam – Ossip (Osip Mandel'štam; 1891-1938); einer der bedeutendsten Dichter der russischen Moderne; wurde 1934 zum ersten Mal verhaftet und nach Woronesh verbannt; 1938 zum zweiten

Mal verhaftet und wegen angeblicher konterrevolutionärer Tätigkeit zu fünf Jahren Lagerhaft verurteilt; starb in einem Durchgangslager bei Wladiwostok.

Medwed – Filipp (Medved'; 1890-1937); hoher Beamter des NKWD (siehe Glossar); 1935 im Zusammenhang mit der »Kirow-Affäre« verhaftet und zu drei Jahren Haft verurteilt; war 1935 bis 1937 Leiter der Südlichen Bergbauverwaltung des Dalstroj (siehe Glossar); 1937 erneut verhaftet und erschossen.

Methode Nummer drei – Bezeichnung für die ab Mitte 1937 genehmigte physische Folter während der Untersuchung.

MWD – Abkürzung für Innenministerium.

Natschalnik – russisch für Chef.

Nekrassow – Nikolaj (Nekrasov; 1821-1876); russischer Dichter und Publizist, der den revolutionären Demokraten nahestand.

Nikiforowa – Marija, auch: Maruska, Marusja (Nikiforova; 1885-1919); bekannte Anarchistin, hatte sich bereits mit 16 Jahren den Anarchisten angeschlossen; kommandierte anarchistische Einheiten auf Seiten der Roten Armee im Süden Russlands; Mitstreiterin von Nestor Machno; organisierte anarchistische Banden im Hinterland der Weißen; wurde 1919 in Sewastopol von den Weißen gefangen und hingerichtet; siehe die Erzählung »Die Goldmedaille«.

NKWD – Abkürzung für »Volkskommissariat für innere Angelegenheiten«; Sicherheitsbehörde der Sowjetunion; im Dezember 1917 wurde eine »Allrussische Außerordentliche Kommission« (Abkürzung: VČK, auch ČK, deutsch: WTschK, Tscheka) zur Bekämpfung von Konterrevolution und Sabotage gebildet; wurde 1922 in GPU

(Politische Hauptverwaltung) bzw. OGPU (Vereinigte Staatliche Politische Hauptverwaltung) umbenannt; nach weiteren Umstrukturierungen seit 1954 unter dem Namen KGB (Komitee für Staatssicherheit) bekannt.

Nowinskij-Gefängnis – das Frauengefängnis in der Nowinskij-Gasse im Moskauer Stadtzentrum wurde 1907 in Betrieb genommen und existierte bis Ende der 1950er Jahre; es wurde 1960 abgerissen.

Nummernlager – Sonderlager (ossobyje lagerja) oder Speziallager (spezlagerja), die 1948 auf einen geheimen Beschluss des Innenministeriums hin gebildet wurden und in denen ein besonders strenges Arbeitsregime herrschte.

OGPU – siehe NKWD.

Ola – eine der ältesten Siedlungen in der Kolyma-Region (gegründet im 17. Jh., ca. 30 km östlich von Magadan); in den ersten Jahren der Erschließung der Kolyma im 20. Jahrhundert kam ihr eine größere Bedeutung zu.

Ovidius Naso – Publius Ovidius Naso, genannt Ovid (43 v. Chr.-ca. 17. n. Chr. in Tomis); römischer Dichter; wurde von seiner reichen Familie zur Beamtenlaufbahn gedrängt; überwachte als Strafbeamter u.a. die Auspeitschung von Gefangenen; gab dann alle öffentlichen Ämter auf.

Päderasten – in der Gaunersprache Bezeichnung für alle Homosexuellen.

Pasternak – Boris (1890-1960); russischer Dichter der Moderne; gehörte zu den von Schalamow am meisten verehrten russischen Dichtern; Schalamow arbeitete nach der Entlassung aus dem Lager als

Feldscher in einer jakutischen Siedlung in der Nähe von Ojmjakon; von dort schickte er Pasternak 1952 über Bekannte Gedichte; Pasternak besprach diese ausführlich in einem Brief vom 9. Juli 1952; zwischen beiden entwickelte sich in der Folgezeit ein reger Briefwechsel (vgl. die Erzählung: »Der Brief«).

*polizei* – aus dem Deutschen ins Russische übernommene Bezeichnung für Sowjetbürger, die während der deutschen Besatzung als Polizisten dienten.

Portugalow – Wenjamin (Ven'jamin Portugalov; 1913-1989); Dichter und Übersetzer; wurde 1937 repressiert; arbeitete in der Kultur- und Erziehungsabteilung (siehe Glossar: KWTsch) des Lagerkrankenhauses, in dem Schalamow als Feldscher arbeitete.

Puschkin – Aleksandr (Puškin, 1799-1837); einer der wichtigsten Vertreter der russischen klassischen Literatur des 19. Jahrhunderts; gilt als russischer Nationaldichter und Begründer der modernen russischen Literatursprache.

Ramsin – Leonid (Ramzin; 1887-1948); Ingenieur, 1930 mitangeklagt im Schauprozess gegen die sogenannte »Industrie-Partei« (Schachty-Prozess), eine angeblich existierende Organisation bürgerlicher Wirtschaftsleute, die »Schädlingsarbeit« in Industrie und Transport betrieben; erfand einen Durchlaufkessel (Ramsin-Kessel), an dessen Weiterentwicklung er während der Haft arbeitete; wurde 1936 aus der Haft entlassen und erhielt später hohe Auszeichnungen für seine Erfindung.

Romanist – in der Gaunersprache Bezeichnung für jemanden, der zur Unterhaltung der Ganoven Romane (*Rómans*), vor allem Abenteuerromane, nacherzählt, was als »Rómans stanzen« (russ.: tiskat romans) bezeichnet wurde.

Rotte mit verschärftem Regime – (russ.: rota usilennogo reshima) Abkürzung: RUR; die Bezeichnung wurde erstmals Anfang der zwanziger Jahre im Lager auf den Solowezki-Inseln (siehe Glossar: SLON) verwendet.

Sachalin – russische Insel im Pazifik, auf der sich seit dem 19. Jahrhundert eine Strafkolonie befand; 1890 reiste der russische Schriftsteller Anton Tschechow (Čechov; 1860-1904) nach Sachalin und verfasste den Reisebericht »Die Insel Sachalin« («Остров Сахалин»; 1893-94) über die Zustände in der dortigen Strafkolonie.

Saslawskij – Il'ja (geb. 1904); denunzierte Schalamow im Lager und sagte als Zeuge im erneuten Verfahren im Mai 1943 gegen ihn aus.

Sawojewa – Nina (Savoeva; 1916-2003); Lagerärztin; hatte sich nach dem Medizinstudium 1940 in die Region der Kolyma versetzen lassen und wurde später Chefärztin des Lagerkrankenhauses; lernte 1943 Lesnjak (siehe Glossar) kennen; sie heirateten 1946; beide waren bestrebt, den Häftlingen zu helfen; Schalamow schrieb über sie die Erzählung »Die schwarze Mama« («Черная мама»), die er aber nicht in die »Erzählungen aus Kolyma« aufnahm.

Schachty-Prozess – Schauprozess (Mai bis Juli 1928) gegen Ingenieure aus Schachty (im Bergbaugebiet von Donezk) wegen angeblicher antisowjetischer Sabotage.

Schädling – euphemistische Bezeichnung für einen unter falschen Anschuldigungen der Sabotage Bezichtigten.

Séance – in der Gaunersprache Bezeichnung für das Hervorrufen einer sexuellen Erregung durch das Betrachten eines Objekts oder eines Bildes.

*seka* – (auch: *s/k*), Plural *seki*, die in der Lagersprache seit den drei-ßiger Jahren übliche Abkürzung für Häftling (sakljutschonnyj); wird hier auch mit Hftl. übersetzt; abgeleitet von »inhaftierter Kanalsol-dat« (sakljutschonnyj kanaloarmejez), wie ein am Bau des Weißmeer-Ostsee-Kanals beteiligter Zwangsarbeiter genannt wurde.

Serpantinka – auch Serpantinnaja, gebräuchliche Bezeichnung für eine Baracke nahe der Goldmine und Siedlung Chatynnach in der Kolyma-Region, die als Untersuchungsgefängnis diente; 1937/38 wurden hier Massenerschießungen durchgeführt.

Sinekure – verkürzt aus dem Lateinischen »sine cura animarum« (ohne Sorge für die Seelen, d.h. ohne Verpflichtung zur Seelsorge); Bezeichnung für ein Amt (ursprünglich im kirchlichen Bereich), mit dem keine Amtspflichten, aber Einkünfte verbunden sind.

Sirotinskaja – Irina Pawlowna (Irina Pavlovna; 1932-2011); Geliebte und Vertraute Warlam Schalamows; Herausgeberin der russischen Werkausgabe; lernte Schalamow 1966 kennen; betreute sein Archiv im Zentralen Staatlichen Archiv für Literatur und Kunst der Sowjet-union (ZGALI, heute RGALI).

Slaschtschow – Jakow (Jakov Slaščev; 1885-1929); hoher russischer Militär, während des Bürgerkriegs (1918-1921) Kommandeur der Weißen Armee auf der Krim; nach der Niederlage floh er mit der Armee nach Konstantinopel; nach der auf Initiative von Dsershin-skij (siehe Glossar) erfolgten Amnestie kehrte er 1921 zunächst nach Sewastopol zurück; ging dann nach Moskau, wo er an einer Militär-schule unterrichtete; wurde 1929 ermordet.

SLON – Abkürzung für das Solowezker Lager zur besonderen Verwendung (Solowezkij lager osobogo nasnatschenija); andere Abkürzung für die Verwaltung des Lagers: USLON; erstes so-

wjetisches Konzentrationslager; wurde 1922-1923 auf den Solowezki-Inseln (kurz: Solowki) im Nordmeer, dem Ort eines alten
Klosters, errichtet.

Solowezker Lager zur besonderen Verwendung – siehe Glossar:
SLON.

»Die Sowjetische Kolyma« – Regionalzeitung des Dalstroj; erschien
in Magadan 1936-1954; ab 20. 1. 1954 unter dem Titel »Magadans-
kaja Prawda« (Die Magadaner Wahrheit).

Sozialrevolutionäre – (auch: SR) Mitglieder der Partei der Sozialrevolutionäre, die sich 1901/1902 im Russischen Reich konstituierte;
einige der linken Sozialrevolutionäre kooperierten zeitweilig mit den
Bolschewiki; 1922 wurde den Sozialrevolutionären der Prozess gemacht.

Stachanow – Aleksej (Stachanov; 1905-1977); Bergarbeiter; nach einem inszenierten »Rekord« bei der Kohleförderung (1935) erhielt die
sowjetische Kampagne zur Steigerung der Arbeitsproduktivität seinen Namen (Stachanowbewegung).

Stirn – in der Gaunersprache Bezeichnung für Intelligenzler.

Stolypin – Pjotr (Petr; 1862-1911); von 1906-1911 russischer Premier-
minister; plante tiefgreifende Reformen; trat 1911 von seinem Posten
zurück; wurde kurz darauf bei einem Attentat schwer verletzt und
erlag wenige Tage später diesen Verletzungen.

Subbotniks – außerplanmäßige Arbeitseinsätze in der Sowjetunion
(von russ. subbotnik: Sonnabend); siehe auch: udarnik.

»Tatra« – tschechische Automarke (seit 1920).

Timoschenko – Semjon (Semen Timošenko; 1895-1970); sowjetischer Militärführer; wurde im Mai 1940 zum Marschall ernannt; war von Mai 1940 bis Juli 1941 Volkskommissar für Verteidigung der UdSSR.

Tod Stalins – Stalin starb am 5. März 1953.

Trotzkisten – in den Lagern Bezeichnung für Häftlinge (meist nach Artikel 58 Verurteilte), die als Politische galten; ursprünglich: Bezeichnung für die Anhänger von Leo Trotzkij (Lev Trockij; 1879-1940); Revolutionär und sowjetischer Politiker (Volkskommissar für Äußeres, Kriegswesen und Inneres); nach prinzipiellen Differenzen mit Stalin wurde er 1929 aus der Sowjetunion abgeschoben; ging über die Türkei, Frankreich, Norwegen nach Mexiko; dort auf Stalins Veranlassung ermordet.

Tschekist – Angehöriger der Sicherheitsorgane (siehe: NKWD).

*tschifir* – extrem stark aufgebrühter Tee (ca. 50g Tee auf ein Glas) mit narkotisierender Wirkung.

Tschukotka – Halbinsel im äußersten Nordosten Russlands, die vorwiegend von den Tschuktschen bewohnt ist und an die Behringstraße grenzt.

»*tufta*« – Lüge, Vortäuschung falscher Tatsachen; taucht erstmals in der Sprache der kriminellen Rückfalltäter im Lager auf den Solowezker Inseln auf und findet von dort Eingang in die russische Umgangssprache.

*udarnik* – Arbeitseinsatz mit dem Ziel einer besonders hohen Arbeitsleistung (Stoßarbeit; russ.: udarnyj trud, von udar: Stoß); siehe auch: Subbotniks.

»Umschmiedung« – (russ.: perekowka) propagandistisches Schlagwort für die sowjetische Umerziehungspolitik mittels physischer Zwangsarbeit; geprägt Anfang der dreißiger Jahre bezogen auf die am Bau des Weißmeer-Ostsee-Kanals beteiligten Lagerhäftlinge; es implizierte die Vorstellung vom »Menschenmaterial« (Nikolaj Bucharin), aus dem »neue sowjetische Menschen« geformt werden sollten.

*urka* – (Pl.: *urki*) auch: *urkagan, urkatsch*; in der Gaunersprache Bezeichnung für professionelle Verbrecher.

URO – siehe: URTSch.

URTSch – Abkürzung für Registrierungs- und Verteilungsabteilung eines Zwangsarbeitslagers.

USLON – siehe: SLON

»Volksfeinde« – offizieller Begriff der sowjetischen Terminologie, mit dem Menschen zu politischen Gegnern gemacht wurden; wurde zum juristischen Terminus; im Gegensatz dazu wurden Kriminelle als »Volksfreunde« bezeichnet und als »sozial Nahestehende« (sozialno bliskie) eingestuft.

»Volkswille« – (russ.: Narodnaja wolja; das russische Wort »wolja« bedeutet sowohl Freiheit als auch Wille); konspirative revolutionäre Organisation, die 1879 aus der Spaltung der Partei »Land und Freiheit« (Semlja i wolja) hervorging; Hauptmittel ihres Kampfes war der Terror (u.a. das Attentat, bei dem 1881 der Zar Aleksandr II. getötet wurde).

Weißmeerkanal – der Bau des Ostsee-Weißmeer-Kanals (1931-1933) ist das erste Großbauprojekt unter Stalin, bei dem ausschließlich Strafgefangene aus den Lagern des GULag eingesetzt wurden; die

Baugeschichte des Kanals ist in einem mit Fotos von Aleksandr Rodtschenko ausgestatteten Band mit Essays und Erzählungen namhafter Schriftsteller dokumentiert, die den Bau 1933 besichtigt hatten.

»Willys« – Bezeichnung für die amerikanischen Militärgeländewagen.

Wischchims – Abkürzung für den Chemiebetrieb in der Region des Wischera-Flusses im Nordural (Wischerskij chimitscheskij sawod).

Wischera – Region im Nordural; dort befand sich ein großes »Arbeitsbesserungslager«, das zum »Solowezker Lager zur Besonderen Verwendung« (siehe: SLON) gehörte und in dem Schalamow seine erste Lagerhaft (1929-1931) verbrachte.

Wlassow – Andrej (Vlasov; 1901-1946); sowjetischer General, wechselte in deutscher Kriegsgefangenschaft die Seiten und baute die »Russische Befreiungsarmee« auf, die mit der Wehrmacht gegen die Sowjetunion kämpfte; wurde 1946 in Moskau zum Tode verurteilt und hingerichtet.

Wojatschek – Wladimir (Vojaček, Vladimir; 1876-1971); bekannter sowjetischer Arzt für Hals-Nasen-Ohren-Krankheiten; Professor an der sowjetischen Militärmedizinischen Akademie.

Wyschinskij – Andrej (Vyšinskij; 1883-1954); Jurist, Revolutionär; sowjetischer Politiker; 1935-1939 Generalstaatsanwalt der Sowjetunion; 1949-1953 sowjetischer Außenminister; war in den Jahren von 1936 bis 1938 Chefankläger bei den Moskauer Schauprozessen.

Textgrundlage:

Varlam Šalamov, Sobranie sočinenij v šesti tomach

Tom 2

Rasskazy tridcatych godov

Kolymskie rasskazy

Sostavitel' Irina Sirotinskaja

Moskva, TERRA Knižnyj klub 2004

© Varlam Šalamov, nasledniki.

Die Übersetzerin bedankt sich für die Förderung ihrer Arbeit an den sechs Zyklen der »Erzählungen aus Kolyma« durch den Deutschen Literaturfonds e. V., durch den Deutschen Übersetzerfonds e. v. und durch den Freundeskreis zur internationalen Förderung literarischer und wissenschaftlicher Übersetzungen e. V.

Der Verlag bedankt sich für die Förderung der Übersetzung durch die S. Fischer Stiftung, Berlin, und für die Verwendung der Bilder bei Tomasz Kizny, Wrocław.

*www.warlamschalamow.de*

Umschlaggestaltung unter Verwendung

einer Fotografie von Tomasz Kizny, Wrocław

Druck & Bindung: Friedrich Pustet GmbH, Regensburg

ISBN 978-3-88221-502-1

Editorische Notiz:

Im Rahmen einer Ausgabe der Werke von Warlam Schalamow in Einzelbänden erscheinen die 6 Zyklen der »Erzählungen aus Kolyma« in vier Bänden:

1 – Durch den Schnee

»Erzählungen aus Kolyma 1« (Werke, Bd. 1)

2 – Linkes Ufer

»Erzählungen aus Kolyma 2« (Werke, Bd. 2)

3 – Künstler der Schaufel

4 – Skizzen aus der Verbrecherwelt

»Erzählungen aus Kolyma 3« (Werke, Bd. 3)

5 – Die Auferweckung der Lärche

6 – Der Handschuh

»Erzählungen aus Kolyma 4« (Werke, Bd. 4)

*Warlam Schalamow bei Matthes & Seitz Berlin*

Warlam Schalamow
**Über Prosa**
Mit einem Nachwort von Jörg Drews
Aus dem Russ. von Gabriele Leupold
Hg. von Franziska Thun-Hohenstein
144 Seiten, Klappenbroschur

»Schalamow hat den Schrecken Stalins ungebremst in die russische Literatur getragen [...]. Alles, was der Band ›Über Prosa‹ zusammenfasst, ist eine unentbehrliche Brücke zu den ›Erzählungen aus Kolyma‹.«         Jürgen Verdofsky, Frankfurter Rundschau

»Überraschend, dass Schalamow, der zu oft auf das Lagerthema reduziert wird, seine Ideen von einer ›neuen Prosa‹, einem ›kargen‹, der ›Reinheit des Tons‹ und dem ›Abwerfen jeglicher Verzierungen‹ verpflichteten Schreiben von der Malerei herleitet, aus Gauguins ›Noa, Noa‹. Immer wieder zeigt er sich als begnadeter Aphoristiker.«         Hans-Peter Kunisch, Süddeutsche Zeitung

Matthes & Seitz Berlin
www.matthes-seitz-berlin.de

# Das Gedächtnis

Die Unvollkommenheit des Instruments, das sich Gedächtnis nennt, lässt mir keine Ruhe. Viele höchst charakteristische Details sind unweigerlich vergessen – ich muss nach zwanzig Jahren schreiben. Fast spurlos verloren ist allzu vieles – in der Landschaft wie in den Innenräumen und vor allem in der Abfolge der Empfindungen. Der gesamte Ton der Darstellung kann nicht so sein, wie er sein sollte. Der Mensch erinnert sich an das Schöne und Gute besser und vergisst das Schlechte leichter. Schlechte Erinnerungen bedrücken, und die Kunst zu leben, falls es diese gibt – ist im Grunde die Kunst zu vergessen.

Ich habe keinerlei Aufzeichnungen gemacht, konnte sie nicht machen. Es gab eine einzige Aufgabe – zu überleben. Die schlechte Ernährung führte zu schlechter Versorgung der Hirnzellen – und das Gedächtnis ließ aus rein physischen Gründen unweigerlich nach. Es wird sich natürlich nicht an alles erinnern. Dabei ist ja die Erinnerung der Versuch, das Frühere zu erleben, und jeder weitere Monat, jedes weitere Jahr lassen den Eindruck und die Empfindung unweigerlich verblassen und verändern ihre Bewertung.

Viele Male kam mir in aller Augenfälligkeit in den Sinn, dass der intellektuelle Abstand zwischen dem sogenannten »einfachen Menschen« und Immanuel Kant wohl um ein Vielfaches größer ist als der Abstand zwischen dem »einfachen Menschen« und seinem Arbeitspferd.

Knut Hamsun hat uns mit dem »Segen der Erde« einen genialen Versuch hinterlassen, die Psychologie eines einfachen Bauern darzustellen, der fern der Kultur lebt – seine Interessen, seine Handlungen und ihre Motive. Ich kenne in der Weltliteratur kein anderes solches Buch. Überall sonst statten die Autoren ihre Helden mit beklemmender Beharrlichkeit mit einer wirklichkeitsfernen, viel komplexeren Psychologie aus. Der Mensch hat viel mehr vom Tier, als wir glauben. Er ist um vieles primitiver, als wir glauben. Und selbst wenn er gebildet ist, nutzt er dieses Instrument zur Verteidigung seiner primitiven Gefühle. In einer Situation aber, wo die tausendjährige Zivilisation abfällt wie eine Schale und das animalische biologische Wesen vollkommen offen hervortritt, werden die Reste der Kultur zum realen und brutalen Kampf um das Leben in seiner unmittelbaren, primitiven Form genutzt.

Wie davon erzählen? Wie begreiflich machen, dass das Denken, die Gefühle, die Handlungen des Menschen schlicht und brutal sind, seine Psychologie äußerst schlicht, sein Wortschatz reduziert und seine Sinne abgestumpft? Von diesem Leben kann man nicht in der ersten Person erzählen. Denn eine solche Erzählung würde niemanden interessieren – so arm und begrenzt wäre die seelische Welt des Helden.

Wie zeigen, dass der seelische Tod vor dem physischen Tod eintritt? Und wie den Prozess des physischen Verfalls und parallel des geistigen Verfalls zeigen? Wie zeigen, dass geistige Kraft keine Stütze sein, den physischen Verfall nicht aufhalten kann?

Vor Zeiten stritt ich in der Zelle des Butyrka-Gefängnisses mit Aron Kogan, einem talentierten Dozenten der Fliegerakademie. Kogan war der Ansicht, dass die Intelligenz als gesellschaftliche Gruppe erheblich schwächer sei als jede andere Klasse. Doch in Person ihrer Vertreter sei sie in wesentlich höherem Grad zu Heroismus fähig als jeder Arbeiter und jeder Kapitalist. Das war ein freundlicher, aber falscher Gedanke. Das bestätigte sich schnell bei der Anwendung der berüchtigten »Methode Nr. 3« in Verhören. Das Gespräch mit Kogan fand Anfang 1937 statt, und geschlagen wurde in der Untersuchungshaft ab der zweiten Hälfte von 1937, und die Schläge des Untersuchungsrichters trieben allen Intellektuellen-Heroismus schnell aus. Das bestätigte sich auch in meinen langjährigen Beobachtungen an den unglücklichen Menschen. Geistige Überlegenheit verkehrte sich in ihr Gegenteil, Stärke verkehrte sich in Schwäche und wurde zur Quelle zusätzlicher moralischer Leiden – für jene im Übrigen wenigen Intellektuellen, die außerstande waren, sich von der Zivilisation als einer unbequemen, ihre

Bewegungsfreiheit einschränkenden Kleidung zu trennen. Das bäuerliche Leben unterschied sich wesentlich weniger vom Lagerleben als das Leben der Intelligenz, und darum wurden physische Leiden von den Bauern leichter ertragen und waren kein weiterer moralischer Druck.

Der Intellektuelle konnte das Lager im voraus nicht durchdenken, konnte es theoretisch nicht erfassen. Die gesamte persönliche Erfahrung des Intellektuellen ist reinster Empirismus in jedem Einzelfall. Wie von diesen Schicksalen erzählen? Es sind ihrer Tausende, Zehntausende ...

Wie das Gesetz des Verfalls herleiten? Das Gesetz des Widerstands gegen den Verfall? Wie davon erzählen, dass nur die Religiösen eine vergleichsweise aufrechte Gruppe waren? Dass sich Parteimitglieder und Geistesarbeiter schneller demoralisieren ließen als andere? Worin gründete das Gesetz? In der physischen Stärke? Im Vorhandensein irgendeiner Idee? Wer kommt eher um? Die Schuldigen oder die Unschuldigen? Warum waren in den Augen des einfachen Volks die Intellektuellen im Lager nicht Märtyrer einer Idee? Dass der Mensch des Menschen Wolf ist und wann das so ist. An welcher letzten Grenze kommt das Menschliche abhanden? Wie von all dem erzählen?

&lt;1970er Jahre&gt;

(Aus: Warlam Schalamow, Über Prosa (2009), S. 32-35)